campusmad

La diferencia entre aprobar y sacar plaza

Curso MADTEST

AF212415

Normativa general, presupuestaria y contable de las Entidades Locales

TEST COMENTADOS PARA OPOSICIONES

Accede a tu **Curso MADTEST** y disfruta de los siguientes recursos:

- Técnicas de Memoria 360.
- Test *online*.
- Actualizaciones legislativas (Boletines Oficiales).
- Enlace a Legislación consolidada de la Ley.
- Recursos y novedades exclusivas.

Para acceder a esta prueba del Curso MADTEST*, valida el código que encontrarás en la última página del libro de esta edición 2025.

Regístrate en **mad.es/iniciar-sesion**, en la pestaña MIS CURSOS.

NOTA IMPORTANTE:

* El acceso al CURSO MADTEST estará disponible desde diciembre de 2025 (algunos recursos podrían estar disponibles en fecha posterior).

Tendrá una duración de 30 días con opción de RENOVAR, desde la validación de códigos o hasta el 30 de junio de 2027, lo que se cumpla antes.

MAD se reserva el derecho a ampliar dichas fechas.

Normativa general, presupuestaria y contable de las Entidades Locales

Normativa general, presupuestaria y contable de las Entidades Locales

Test comentados para oposiciones

JORGE ULLÓ MUÑOZ
Economista del Área de Hacienda y Fondos Europeos del Ayuntamiento de Zaragoza
Director de Oposiciones Nueva Romareda

© 7 Editores Recursos para la Cualificación Profesional y el Empleo, S.L. (7 Editores)
© El autor
Primera edición, noviembre 2025 (788 páginas)
Derechos de edición reservados a favor de 7 Editores
IMPRESO EN ESPAÑA
Diseño Portada: 7 Editores
Edita: 7 Editores
Avda. San Francisco Javier, 9 · Edificio Sevilla 2 · Planta 11 · Módulos 25-27 · 41018 Sevilla
Teléfono: 954 784 411 · WEB: www.mad.es · e-mail: administracion@7editores.com
ISBN: 979-137-02-8310-0
© "Editorial Mad" y "Eduforma" son nombres comerciales registrados de
7 Editores Recursos para la Cualificación Profesional y el Empleo, S.L.

Presentación

El presente volumen constituye un instrumento muy útil para todos los opositores/as a procesos selectivos de entidades locales en toda España. El libro contiene 1700 preguntas de test (con cuatro respuestas posibles) sobre 12 normas jurídicas de carácter nacional habituales en todos los procesos selectivos para corporaciones locales.

Entre dichas normas, además de encontrarnos con leyes habituales en manuales con preguntas de test, como la Ley del Procedimiento Administrativo, Contratación, Régimen Local o Haciendas Locales; el volumen incluye preguntas sobre otras normas que generalmente no figuran en libros de test: Ley de Estabilidad Presupuestaria, Ley General Tributaria, RD 500/1990 que desarrolla la Ley de Haciendas Locales en materia presupuestaria, RD 424/2017 que regula el régimen jurídico del control interno de las entidades locales, Orden relativa a la estructura presupuestaría de las Entidades Locales, Instrucción del modelo normal de contabilidad, etc.

La estructura y el tipo de preguntas de los test son muy similares a las que se plantean en los exámenes de las distintas oposiciones, con enunciados claros y con referencias directas a la normativa a aplicar. La dificultad de los test también es elevada y las preguntas abarcan las cuestiones más susceptibles de ser preguntadas en los distintos procesos selectivos. Todas las preguntas cuentan con una justificación de la respuesta correcta reproduciendo el contenido de la norma donde se halla la respuesta a la pregunta, y con indicación del artículo y de la norma concreta, a fin de facilitar la labor de comprobación y repaso al opositor/a.

En cuanto a los procesos selectivos para los que está indicado el presente manual, como se ha indicado, resulta útil para todos los procesos de las distintas Administraciones locales. No obstante, dado su contenido, resulta especialmente indicado para los procesos de Economista, Técnico de Administración General, Técnico Medio de Gestión, Técnico de Hacienda, así como para poder reforzar conceptos en procesos de habilitados nacionales, como Interventor Tesorero.

Finalmente, indicar que el manual es fruto de la experiencia del autor, tanto como opositor (al tener aprobadas tres oposiciones por turno libre en el Ayuntamiento de Zaragoza), como preparador de oposiciones (con más de 15 años de experiencia preparando múltiples procesos selectivos a entidades locales).

Índice

Ley 39/2015, de 1 de octubre, del Procedimiento Administrativo Común de las Administraciones Públicas

TEST N.º 1

Disposiciones Generales. Los interesados

1. La Ley 39/2015 de 1 de octubre del Procedimiento Administrativo Común de las Administraciones Públicas (en adelante LPAC), tiene por objeto:

a) Regular los requisitos de validez y eficacia de los actos administrativos.

b) Regular el procedimiento administrativo común a todas las Administraciones Públicas, excluyendo el sancionador y el de reclamación de responsabilidad de las Administraciones Públicas.

c) Regular los principios a los que se ha de ajustar el ejercicio de la iniciativa reglamentaria y la potestad legislativa.

d) Todas son correctas.

2. De conformidad con el artículo 1 de la LPAC, ¿podrán incluirse trámites adicionales o distintos a los contemplados en dicha ley?

a) No, en ningún caso.

b) Solo mediante ley, cuando resulte eficaz, proporcionado y necesario para la consecución de los fines propios del procedimiento, y de manera motivada.

c) Solo reglamentariamente cuando resulte eficaz, proporcionado y necesario para la consecución de los fines propios del procedimiento, y de manera motivada.

d) Ninguna es correcta.

3. El sector público institucional se integra por:

a) Cualesquiera organismos públicos y entidades de derecho público vinculados o dependientes de las Administraciones Públicas.

b) Las entidades de derecho privado vinculadas o dependientes de las Administraciones Públicas, que quedarán sujetas a lo dispuesto en las normas de esta ley que específicamente se refieran a las mismas, y en todo caso, cuando ejerzan potestades administrativas.

c) Las Universidades Públicas, que se regirán por su normativa específica y supletoriamente por las previsiones de esta ley.

d) Todas las respuestas son correctas.

4. El Título I de la Ley 39/2015, de los interesados en el procedimiento, regula en el Capítulo I:

a) La capacidad de obrar y el concepto de interesado.
b) Identificación y firma de los interesados en el procedimiento administrativo.
c) Identificación y capacidad de obrar.
d) Ninguna es correcta.

5. Los poderes que se inscriban en los registros electrónicos generales y particulares de apoderamientos deberán corresponder a alguna de las siguientes tipologías (art. 6.4 Ley 39/2015):

a) Un poder general para que el apoderado pueda actuar en nombre del poderdante en cualquier actuación administrativa y ante cualquier Administración.
b) Un poder para que el apoderado pueda actuar en nombre del poderdante en cualquier actuación administrativa ante una Administración u Organismo concreto.
c) Un poder para que el apoderado pueda actuar en nombre del poderdante únicamente para la realización de determinados trámites especificados en el poder.
d) Todas son correctas.

6. Cuando la condición de interesado derivase de alguna relación jurídica transmisible (art. 4 Ley 39/2015):

a) El derecho-habiente no sucederá en tal condición cualquiera que sea el estado del procedimiento.
b) El derecho-habiente sucederá en tal condición según cual sea el estado del procedimiento.
c) El derecho-habiente sucederá en tal condición cualquiera que sea el estado del procedimiento.
d) Ninguna es correcta.

7. Señala la respuesta correcta sobre los nuevos interesados en el procedimiento (art. 8 Ley 39/2015):

a) Si durante la resolución de un procedimiento que no haya tenido publicidad, se advierte la existencia de personas que sean titulares de derechos o intereses legítimos y directos cuya identificación resulte del expediente, se comunicará a dichas personas la tramitación del procedimiento.
b) Si durante la instrucción de un procedimiento que ya ha tenido publicidad, se advierte la existencia de personas que sean titulares de derechos o intereses legítimos y directos cuya identificación resulte del expediente y que puedan resultar afectados por la resolución que se dicte, se comunicará a dichas personas la tramitación del procedimiento.
c) Si durante la instrucción de un procedimiento que no haya tenido publicidad, se advierte la existencia de personas que sean titulares de derechos o intereses legítimos y directos cuya identificación resulte del expediente y que puedan resultar afectados por la resolución que se dicte, se comunicará a dichas personas la tramitación del procedimiento.
d) Ninguna es correcta.

8. Se consideran interesados en el procedimiento administrativo (art. 4 Ley 39/2015):

a) Quienes lo promuevan como titulares de derechos o intereses legítimos individuales o colectivos.

b) Los que, sin haber iniciado el procedimiento, tengan derechos que puedan resultar afectados por la decisión que en el mismo se adopte.

c) Aquellos cuyos intereses legítimos, individuales o colectivos, puedan resultar afectados por la resolución y se personen en el procedimiento en tanto no haya recaído resolución definitiva.

d) Todas son correctas.

9. El Título I de la Ley 39/2015, de los interesados en el procedimiento, regula en el Capítulo II:

a) Identificación y firma de los interesados en el procedimiento administrativo.

b) Identificación y capacidad de obrar.

c) La capacidad de obrar y el concepto de interesado.

d) Ninguna es correcta.

10. Serán titulares de intereses legítimos colectivos en los términos que la ley reconozca (art. 4.2 Ley 39/2015):

a) Quienes lo promuevan como titulares de derechos o intereses legítimos individuales.

b) Las asociaciones y organizaciones representativas de intereses económicos y sociales.

c) Los que sin haber iniciado el procedimiento tengan intereses que puedan resultar afectados por la resolución que se adopte.

d) Ninguna es correcta.

11. Dispondrán de un registro electrónico general de apoderamientos (art. 6.1 Ley 39/2015):

a) Solo la Administración General del Estado y las Comunidades Autónomas.

b) La Administración General del Estado, las Comunidades Autónomas y las Entidades Locales.

c) Solo la Administración General del Estado.

d) Ninguna es correcta.

12. ¿Podrán los interesados con capacidad de obrar actuar por medio de representante? (art. 5 Ley 39/2015)

a) Sí, en cualquier caso.

b) No.

c) Sí, salvo manifestación expresa en contra del interesado.

d) No, salvo excepciones.

13. Tendrán capacidad de obrar ante las Administraciones Públicas, según el artículo 3 Ley 39/2015:

a) Las personas físicas o jurídicas que ostenten capacidad de obrar con arreglo a las normas mercantiles.

b) Los menores de edad para el ejercicio y defensa de aquellos de sus derechos e intereses cuya actuación esté permitida por el ordenamiento jurídico sin la asistencia de la persona que ejerza la patria potestad, tutela o curatela. Se incluye el supuesto de los menores incapacitados, cuando la extensión de la incapacitación afecte al ejercicio y defensa de los derechos o intereses de que se trate.

c) Cuando la Ley así lo declare expresamente, los grupos de afectados, las uniones y entidades sin personalidad jurídica y los patrimonios independientes o autónomos.

d) Las respuestas a) y c) son correctas.

14. Cuando en una solicitud haya una pluralidad de interesados (art. 7 Ley 39/2015):

a) Las actuaciones a que den lugar se efectuarán con el representante o el interesado que expresamente hayan señalado y, en su defecto, con el que figure en primer término.

b) Las actuaciones a que den lugar se efectuarán con el interesado que figure en primer término.

c) Las actuaciones a que den lugar se efectuarán el interesado que hayan señalado por cualquier medio.

d) Ninguna es correcta.

15. Señala la respuesta incorrecta sobre el uso de medios de identificación y firma en el procedimiento administrativo (art. 11 Ley 39/2015):

a) Las Administraciones Públicas requerirán a los interesados el uso obligatorio de firma para renunciar a derechos.

b) Con carácter general, para realizar cualquier actuación prevista en el procedimiento administrativo, será suficiente con que los interesados acrediten previamente su identidad a través de cualquiera de los medios de identificación previstos en esta ley.

c) Las Administraciones Públicas requerirán siempre a los interesados el uso obligatorio de firma.

d) Las Administraciones Públicas requerirán a los interesados el uso obligatorio de firma para formular solicitudes.

16. La Administración General del Estado, las Comunidades Autónomas y las Entidades Locales mantendrán actualizado un registro, u otro sistema equivalente (art. 12.3 Ley 39/2015):

a) Donde constarán los funcionarios habilitados para la identificación o firma regulada en este artículo.

b) Estos registros o sistemas deberán ser plenamente interoperables y estar interconectados con los de las restantes Administraciones Públicas, a los efectos de comprobar la validez de las citadas habilitaciones.

c) En este registro o sistema equivalente, al menos, constarán los funcionarios que presten servicios en las oficinas de asistencia en materia de registros.

d) Todas son correctas.

17. Las Administraciones Públicas están obligadas a verificar la identidad de los interesados en el procedimiento administrativo (art. 9.1 Ley 39/2015):

a) Mediante la comprobación de su nombre y apellidos exclusivamente de forma electrónica.

b) Mediante la comprobación de su denominación social, que consten en el Documento Nacional de Identidad o documento identificativo equivalente.

c) Mediante la comprobación de su nombre y apellidos o denominación o razón social, según corresponda, que consten en el Documento Nacional de Identidad o documento identificativo equivalente.

d) Ninguna es correcta.

18. Las prórrogas otorgadas por el poderdante al registro tendrán una validez determinada máxima (art. 6.6 Ley 39/2015):

a) De cinco años a contar desde la fecha de inscripción.

b) De cuatro años a contar desde la fecha de inscripción.

c) De dos años a contar desde la fecha de inscripción.

d) De un año a contar desde la fecha de inscripción.

19. Señala la respuesta correcta sobre la representación regulada en el artículo 5 Ley 39/2015:

a) Las personas físicas y las personas sin personalidad jurídica, siempre que ello esté previsto en sus Estatutos, podrán actuar en representación de otras ante las Administraciones Públicas.

b) Para formular solicitudes, presentar declaraciones responsables o comunicaciones, interponer recursos, desistir de acciones y renunciar a derechos en nombre de otra persona, no deberá acreditarse la representación.

c) La representación podrá acreditarse mediante cualquier medio válido en Derecho que deje constancia fidedigna de su existencia.

d) Todas son correctas.

20. La falta o insuficiente acreditación de la representación (art. 6 Ley 39/2015):

a) Impedirá que se tenga por realizado el acto de que se trate.

b) No impedirá que se tenga por realizado el acto de que se trate, siempre que se aporte aquella o se subsane el defecto dentro del plazo de diez días que deberá conceder al efecto el órgano administrativo, o de un plazo superior cuando las circunstancias del caso así lo requieran.

c) No impedirá que se tenga por realizado el acto de que se trate, siempre que se aporte aquella o se subsane el defecto dentro del plazo de quince días que deberá conceder al efecto el órgano administrativo, o de un plazo superior cuando las circunstancias del caso así lo requieran.

d) Ninguna es correcta.

21. La Administración General del Estado, las Comunidades Autónomas y las Entidades Locales dispondrán de un registro electrónico general de apoderamientos (art. 6 Ley 39/2015):

a) En el que deberán inscribirse, al menos, los de carácter particular otorgados *apud acta*, presencial o electrónicamente, por quien ostente la condición de interesado en un procedimiento administrativo a favor de representante, para actuar en su nombre ante las Administraciones Públicas u otras personas jurídicas.

b) Deberá constar el bastanteo realizado del poder.

c) En el ámbito estatal, este registro será el Registro Electrónico General Estatal.

d) Todas son correctas.

22. El Capítulo III del Título I de la Ley 39/2015, de los interesados en el procedimiento, regula:

a) La capacidad de obrar y el concepto de interesado.

b) Identificación y firma de los interesados en el procedimiento administrativo.

c) Normas generales de actuación.

d) Ninguna es correcta.

23. No tendrán capacidad de obrar ante las Administraciones Públicas, según el artículo 3 de la Ley 39/2015:

a) Las personas físicas o jurídicas sin capacidad de obrar con arreglo a las normas civiles.

b) Los menores de edad para el ejercicio y defensa de aquellos de sus derechos e intereses cuya actuación esté permitida por el ordenamiento jurídico sin la asistencia de la persona que ejerza la patria potestad, tutela o curatela. Se exceptúa el supuesto de los menores incapacitados, cuando la extensión de la incapacitación afecte al ejercicio y defensa de los derechos o intereses de que se trate.

c) Cuando la ley así lo declare expresamente, los grupos de afectados, las uniones y entidades sin personalidad jurídica y los patrimonios independientes o autónomos.

d) Las respuestas a) y c) son correctas.

24. ¿Deberán las Administraciones Públicas garantizar que los interesados pueden relacionarse con la Administración a través de medios electrónicos?:

a) No, siendo responsabilidad de los interesados el relacionarse electrónicamente con las Administraciones Públicas.

b) Sí, para lo que pondrán a su disposición los canales de acceso que sean necesarios, así como los sistemas y aplicaciones que en cada caso se determinen.

c) Sí, según el artículo 12 Ley 39/2015.
d) Las respuestas b) y c) son correctas.

25. Señala la respuesta correcta: los registros electrónicos generales y particulares de apoderamientos pertenecientes a todas y cada una de las Administraciones (art. 6 Ley 39/2015):

a) Deberán ser plenamente interoperables entre sí, de modo que se garantice su interconexión, compatibilidad informática, así como la transmisión telemática de las solicitudes, escritos y comunicaciones que se incorporen a los mismos.
b) Los registros electrónicos generales y particulares de apoderamientos permitirán comprobar válidamente la representación de quienes actúen ante las Administraciones Públicas en nombre propio, pero no en representación de un tercero.
c) Los registros mercantiles, de la propiedad, y de los protocolos notariales no serán interoperables con los registros electrónicos generales y particulares de apoderamientos, salvo excepciones.
d) Todas son correctas.

26. La representación podrá acreditarse (artículo 5 Ley 39/2015):

a) Mediante cualquier medio que deje constancia de su existencia.
b) Mediante cualquier medio.
c) Mediante cualquier medio válido en Derecho que deje constancia fidedigna de su existencia.
d) Ninguna es correcta.

27. Las solicitudes de inscripción del poder, de revocación, de prórroga o de denuncia del mismo podrán dirigirse a cualquier registro (art. 6.7 Ley 39/2015):

a) Debiendo quedar inscrita esta circunstancia en cualquier registro de la Administración u Organismo.
b) Surtiendo efectos desde el día siguiente a la fecha en la que se produzca dicha inscripción.
c) Las respuestas a) y b) son correctas.
d) Ninguna es correcta.

28. Señala la respuesta correcta sobre los sistemas de firma admitidos por las Administraciones Públicas regulados en la Ley 39/2015:

a) Se regula en el artículo 8 de la LPAC.
b) Los interesados podrán firmar a través de cualquier medio que permita acreditar la autenticidad de la expresión de su voluntad y consentimiento, así como la integridad e inalterabilidad del documento.
c) En todo caso, las Administraciones Públicas podrán admitir los sistemas de identificación contemplados en la LPAC como sistema de firma.
d) Todas son correctas.

29. ¿Las Administraciones Públicas podrán habilitar a personas físicas o jurídicas autorizadas para la realización de determinadas transacciones electrónicas en representación de los interesados?

a) No.
b) Sí con carácter general o específico.
c) Sí, pero solo con carácter general.
d) Sí, pero solo con carácter específico.

30. Se consideran interesados en el procedimiento administrativo (art. 4.1 Ley 39/2015):

a) Los que, sin haber iniciado el procedimiento, tengan derechos que puedan resultar afectados por la decisión que en el mismo se adopte.
b) Los que, habiendo iniciado el procedimiento, tengan intereses que puedan resultar afectados por la decisión que en el mismo se adopte.
c) Los que, sin haber iniciado el procedimiento, no tengan derechos que puedan resultar afectados por la decisión que en el mismo se adopte.
d) Ninguna es correcta.

31. ¿Los asientos que se realicen en los registros electrónicos generales y particulares de apoderamientos deberán contener? (art. 6.3 Ley 39/2015). Marcar la respuesta correcta o más correcta:

a) Nombre y apellidos o la denominación o razón social de poderdante, sin ser necesario ningún dato obligatorio más.
b) Nombre y apellidos o la denominación o razón social, documento nacional de identidad, número de identificación fiscal o documento equivalente del poderdante.
c) Periodo de tiempo por el cual se otorga el poder, sin que pueda exceder de 2 años.
d) Nombre y apellidos o la denominación o razón social, documento nacional de identidad, número de identificación fiscal o carnet de conducir del apoderado.

32. Las Administraciones Públicas solo requerirán a los interesados el uso obligatorio de firma para (art. 11.2 Ley 39/2015):

a) Formular solicitudes.
b) Presentar declaraciones responsables o comunicaciones.
c) Interponer recursos.
d) Todas son correctas.

33. Señala la respuesta incorrecta sobre la representación (art. 5 Ley 39/2015):

a) Las Administraciones Públicas podrán habilitar solo con carácter general a personas físicas autorizadas para la realización de determinadas transacciones electrónicas en representación de los interesados.
b) Las Administraciones Públicas podrán requerir, en cualquier momento, la acreditación de dicha representación y no podrá comparecer el interesado por sí mismo en el procedimiento en ningún caso.

c) La falta o insuficiente acreditación de la representación impedirá que se tenga por realizado el acto de que se trate.

d) Ninguna es correcta.

34. La identificación y firma de los interesados en el procedimiento administrativo, se regula en:

a) El Capítulo II del Título I Ley 40/2015.

b) El Capítulo III del Título I Ley 39/2015.

c) El Capítulo II del Título I Ley 39/2015.

d) El Capítulo I del Título I Ley 39/2015.

35. El Título I de la Ley 39/2015 se denomina:

a) La actividad de las Administraciones Públicas.

b) La capacidad de obrar y el concepto de interesado.

c) De los interesados con capacidad de obrar.

d) Ninguna es correcta.

36. Tendrán capacidad de obrar (art. 3 Ley 39/2015), marcar la respuesta correcta o más correcta:

a) Las personas físicas que ostenten capacidad de obrar con arreglo a las normas civiles.

b) Las personas jurídicas que ostenten capacidad de obrar con arreglo a las normas mercantiles.

c) Las personas físicas mayores de edad que ostenten capacidad de obrar con arreglo a las normas administrativas.

d) Las personas jurídicas que ostenten capacidad de obrar con arreglo a las normas mercantiles.

37. Los registros generales de apoderamientos (art. 6 Ley 39/2015):

a) No impedirán la existencia de registros particulares en cada Organismo donde se inscriban los poderes otorgados para la realización de trámites específicos en el mismo.

b) Cada Organismo podrá disponer de su propio registro electrónico de apoderamientos.

c) Impedirán la existencia de registros particulares en cada Organismo donde se inscriban los poderes otorgados para la realización de trámites específicos en el mismo.

d) Las respuestas a) y b) son correctas.

Soluciones comentadas

1. **a) Regular los requisitos de validez y eficacia de los actos administrativos.**

   Justificación: Artículo 1 LPAC: 1. La presente ley tiene por objeto regular los requisitos de validez y eficacia de los actos administrativos, el procedimiento administrativo común a todas las Administraciones Públicas, incluyendo el sancionador y el de reclamación de responsabilidad de las Administraciones Públicas, así como los principios a los que se ha de ajustar el ejercicio de la iniciativa legislativa y la potestad reglamentaria.

2. **b) Solo mediante ley, cuando resulte eficaz, proporcionado y necesario para la consecución de los fines propios del procedimiento, y de manera motivada.**

   Justificación: Artículo 1 LPAC: 2. Solo mediante ley, cuando resulte eficaz, proporcionado y necesario para la consecución de los fines propios del procedimiento, y de manera motivada, podrán incluirse trámites adicionales o distintos a los contemplados en esta ley. Reglamentariamente podrán establecerse especialidades del procedimiento referidas a los órganos competentes, plazos propios del concreto procedimiento por razón de la materia, formas de iniciación y terminación, publicación e informes a recabar.

3. **d) Todas las respuestas son correctas.**

   Justificación: Artículo 2 LPAC: 2. El sector público institucional se integra por: a) Cualesquiera organismos públicos y entidades de derecho público vinculados o dependientes de las Administraciones Públicas. b) Las entidades de derecho privado vinculadas o dependientes de las Administraciones Públicas, que quedarán sujetas a lo dispuesto en las normas de esta ley que específicamente se refieran a las mismas, y en todo caso, cuando ejerzan potestades administrativas. c) Las Universidades públicas, que se regirán por su normativa específica y supletoriamente por las previsiones de esta ley.

4. **a) La capacidad de obrar y el concepto de interesado.**

   Justificación: Estructura de la LPAC.

5. **d) Todas son correctas.**

   Justificación: Artículo 6 LPAC: 4. Los poderes que se inscriban en los registros electrónicos generales y particulares de apoderamientos deberán corresponder a alguna de las siguientes tipologías: a) Un poder general para que el apoderado pueda actuar en nombre del poderdante en cualquier actuación administrativa y ante cualquier

Administración. b) Un poder para que el apoderado pueda actuar en nombre del poderdante en cualquier actuación administrativa ante una Administración u Organismo concreto. c) Un poder para que el apoderado pueda actuar en nombre del poderdante únicamente para la realización de determinados trámites especificados en el poder.

6. **c) El derecho-habiente sucederá en tal condición cualquiera que sea el estado del procedimiento.**

    Justificación: Artículo 4 LPAC: 3. Cuando la condición de interesado derivase de alguna relación jurídica transmisible, el derecho-habiente sucederá en tal condición cualquiera que sea el estado del procedimiento.

7. **c) Si durante la instrucción de un procedimiento que no haya tenido publicidad, se advierte la existencia de personas que sean titulares de derechos o intereses legítimos y directos cuya identificación resulte del expediente y que puedan resultar afectados por la resolución que se dicte, se comunicará a dichas personas la tramitación del procedimiento.**

    Justificación: Artículo 8 LPAC: Si durante la instrucción de un procedimiento que no haya tenido publicidad, se advierte la existencia de personas que sean titulares de derechos o intereses legítimos y directos cuya identificación resulte del expediente y que puedan resultar afectados por la resolución que se dicte, se comunicará a dichas personas la tramitación del procedimiento.

8. **d) Todas son correctas.**

    Justificación: Artículo 4 LPAC: 1. Se consideran interesados en el procedimiento administrativo: a) Quienes lo promuevan como titulares de derechos o intereses legítimos individuales o colectivos. b) Los que, sin haber iniciado el procedimiento, tengan derechos que puedan resultar afectados por la decisión que en el mismo se adopte. c) Aquellos cuyos intereses legítimos, individuales o colectivos, puedan resultar afectados por la resolución y se personen en el procedimiento en tanto no haya recaído resolución definitiva.

9. **a) Identificación y firma de los interesados en el procedimiento administrativo.**

    Justificación: Estructura LPAC.

10. **b) Las asociaciones y organizaciones representativas de intereses económicos y sociales.**

    Justificación: Artículo 4 LPAC: 2. Las asociaciones y organizaciones representativas de intereses económicos y sociales serán titulares de intereses legítimos colectivos en los términos que la ley reconozca.

11. **b) La Administración General del Estado, las Comunidades Autónomas y las Entidades Locales.**

    Justificación: Artículo 6 LPAC: 1. La Administración General del Estado, las Comunidades Autónomas y las Entidades Locales dispondrán de un registro electrónico general de apoderamientos, en el que deberán inscribirse, al menos, los de carácter general otorgados *apud acta*, presencial o electrónicamente, por quien ostente la condición de interesado en un procedimiento administrativo a favor de representante, para actuar en su nombre ante las Administraciones Públicas. También deberá constar el bastanteo realizado del poder.

12. c) Sí, salvo manifestación expresa en contra del interesado.

Justificación: Artículo 5 LPAC: 1. Los interesados con capacidad de obrar podrán actuar por medio de representante, entendiéndose con este las actuaciones administrativas, salvo manifestación expresa en contra del interesado.

13. c) Cuando la ley así lo declare expresamente, los grupos de afectados, las uniones y entidades sin personalidad jurídica y los patrimonios independientes o autónomos.

Justificación: Artículo 3 LPAC: A los efectos previstos en esta ley, tendrán capacidad de obrar ante las Administraciones Públicas: a) Las personas físicas o jurídicas que ostenten capacidad de obrar con arreglo a las normas civiles. b) Los menores de edad para el ejercicio y defensa de aquellos de sus derechos e intereses cuya actuación esté permitida por el ordenamiento jurídico sin la asistencia de la persona que ejerza la patria potestad, tutela o curatela. Se exceptúa el supuesto de los menores incapacitados, cuando la extensión de la incapacitación afecte al ejercicio y defensa de los derechos o intereses de que se trate. c) Cuando la ley así lo declare expresamente, los grupos de afectados, las uniones y entidades sin personalidad jurídica y los patrimonios independientes o autónomos.

14. a) Las actuaciones a que den lugar se efectuarán con el representante o el interesado que expresamente hayan señalado y, en su defecto, con el que figure en primer término.

Justificación: Artículo 7 LPAC: Cuando en una solicitud, escrito o comunicación figuren varios interesados, las actuaciones a que den lugar se efectuarán con el representante o el interesado que expresamente hayan señalado y, en su defecto, con el que figure en primer término.

15. c) Las Administraciones Públicas requerirán siempre a los interesados el uso obligatorio de firma.

Justificación: Artículo 11 LPAC: 2. Las Administraciones Públicas solo requerirán a los interesados el uso obligatorio de firma para: a) Formular solicitudes. b) Presentar declaraciones responsables o comunicaciones. c) Interponer recursos. d) Desistir de acciones. e) Renunciar a derechos.

16. d) Todas son correctas.

Justificación: Artículo 12 LPAC: 3. La Administración General del Estado, las Comunidades Autónomas y las Entidades Locales mantendrán actualizado un registro, u otro sistema equivalente, donde constarán los funcionarios habilitados para la identificación o firma regulada en este artículo. Estos registros o sistemas deberán ser plenamente interoperables y estar interconectados con los de las restantes Administraciones Públicas, a los efectos de comprobar la validez de las citadas habilitaciones.

17. c) Mediante la comprobación de su nombre y apellidos o denominación o razón social, según corresponda, que consten en el Documento Nacional de Identidad o documento identificativo equivalente.

Justificación: Artículo 9 LPAC: 1. Las Administraciones Públicas están obligadas a verificar la identidad de los interesados en el procedimiento administrativo, mediante la comprobación de su nombre y apellidos o denominación o razón social, según corresponda, que consten en el Documento Nacional de Identidad o documento identificativo equivalente.

18. a) De cinco años a contar desde la fecha de inscripción.

Justificación: Artículo 6 LPAC: 6. Los poderes inscritos en el registro tendrán una validez determinada máxima de cinco años a contar desde la fecha de inscripción. En todo caso, en cualquier momento antes de la finalización de dicho plazo el poderdante podrá revocar o prorrogar el poder. Las prórrogas otorgadas por el poderdante al registro tendrán una validez determinada máxima de cinco años a contar desde la fecha de inscripción.

19. c) La representación podrá acreditarse mediante cualquier medio válido en Derecho que deje constancia fidedigna de su existencia.

Justificación: Artículo 5 LPAC: 4. La representación podrá acreditarse mediante cualquier medio válido en Derecho que deje constancia fidedigna de su existencia. El resto de respuestas contienen errores.

20. b) No impedirá que se tenga por realizado el acto de que se trate, siempre que se aporte aquella o se subsane el defecto dentro del plazo de diez días que deberá conceder al efecto el órgano administrativo, o de un plazo superior cuando las circunstancias del caso así lo requieran.

Justificación: Artículo 6 LPAC: 6. La falta o insuficiente acreditación de la representación no impedirá que se tenga por realizado el acto de que se trate, siempre que se aporte aquella o se subsane el defecto dentro del plazo de diez días que deberá conceder al efecto el órgano administrativo, o de un plazo superior cuando las circunstancias del caso así lo requieran.

21. b) Deberá constar el bastanteo realizado del poder.

Justificante: Artículo 6 LPAC: 1. La Administración General del Estado, las Comunidades Autónomas y las Entidades Locales dispondrán de un registro electrónico general de apoderamientos, en el que deberán inscribirse, al menos, los de carácter general otorgados *apud acta*, presencial o electrónicamente, por quien ostente la condición de interesado en un procedimiento administrativo a favor de representante, para actuar en su nombre ante las Administraciones Públicas. También deberá constar el bastanteo realizado del poder. En el ámbito estatal, este registro será el Registro Electrónico de Apoderamientos de la Administración General del Estado.

22. d) Ninguna es correcta.

Justificación: Estructura LPAC, no existe dicho capítulo en el título I.

23. a) Las personas físicas o jurídicas sin capacidad de obrar con arreglo a las normas civiles.

Justificación: Artículo 3 LPAC: A los efectos previstos en esta ley, tendrán capacidad de obrar ante las Administraciones Públicas: a) Las personas físicas o jurídicas que ostenten capacidad de obrar con arreglo a las normas civiles. b) Los menores de edad para el ejercicio y defensa de aquellos de sus derechos e intereses cuya actuación esté permitida por el ordenamiento jurídico sin la asistencia de la persona que ejerza la patria potestad, tutela o curatela. Se exceptúa el supuesto de los menores incapacitados, cuando la extensión de la incapacitación afecte al ejercicio y defensa de los derechos o intereses de que se trate. c) Cuando la ley así lo declare expresamente, los grupos de afectados, las uniones y entidades sin personalidad jurídica y los patrimonios independientes o autónomos.

24. d) Las respuestas b) y c) son correctas.

Justificación: Artículo 12 LPAC: 1. Las Administraciones Públicas deberán garantizar que los interesados pueden relacionarse con la Administración a través de medios electrónicos, para lo que pondrán a su disposición los canales de acceso que sean necesarios, así como los sistemas y aplicaciones que en cada caso se determinen.

25. a) Deberán ser plenamente interoperables entre sí, de modo que se garantice su interconexión, compatibilidad informática, así como la transmisión telemática de las solicitudes, escritos y comunicaciones que se incorporen a los mismos.

Justificación: Artículo 6 LPAC: 2. Los registros electrónicos generales y particulares de apoderamientos pertenecientes a todas y cada una de las Administraciones, deberán ser plenamente interoperables entre sí, de modo que se garantice su interconexión, compatibilidad informática, así como la transmisión telemática de las solicitudes, escritos y comunicaciones que se incorporen a los mismos. Los registros electrónicos generales y particulares de apoderamientos permitirán comprobar válidamente la representación de quienes actúen ante las Administraciones Públicas en nombre de un tercero, mediante la consulta a otros registros administrativos similares, al registro mercantil, de la propiedad, y a los protocolos notariales. Los registros mercantiles, de la propiedad, y de los protocolos notariales serán interoperables con los registros electrónicos generales y particulares de apoderamientos.

26. c) Mediante cualquier medio válido en Derecho que deje constancia fidedigna de su existencia.

Justificación: Artículo 5 LPAC: 4. La representación podrá acreditarse mediante cualquier medio válido en Derecho que deje constancia fidedigna de su existencia.

27. d) Ninguna es correcta.

Justificación: Artículo 6 LPAC: 7. Las solicitudes de inscripción del poder, de revocación, de prórroga o de denuncia del mismo podrán dirigirse a cualquier registro, debiendo quedar inscrita esta circunstancia en el registro de la Administración u Organismo ante la que tenga efectos el poder y surtiendo efectos desde la fecha en la que se produzca dicha inscripción.

28. b) Los interesados podrán firmar a través de cualquier medio que permita acreditar la autenticidad de la expresión de su voluntad y consentimiento, así como la integridad e inalterabilidad del documento.

Justificación: Artículo 10 LPAC: 1. Los interesados podrán firmar a través de cualquier medio que permita acreditar la autenticidad de la expresión de su voluntad y consentimiento, así como la integridad e inalterabilidad del documento. (…) 4. Cuando así lo disponga expresamente la normativa reguladora aplicable, las Administraciones Públicas podrán admitir los sistemas de identificación contemplados en esta ley como sistema de firma cuando permitan acreditar la autenticidad de la expresión de la voluntad y consentimiento de los interesados.

29. b) Sí con carácter general o específico.

Justificación: Artículo 5 LPAC: 7. Las Administraciones Públicas podrán habilitar con carácter general o específico a personas físicas o jurídicas autorizadas para la realización de determinadas transacciones electrónicas en representación de los interesados. Dicha habilitación deberá especificar las condiciones y obligaciones a las que se comprometen los que así adquieran la condición de representantes, y determinará la presunción de validez de la representación salvo que la normativa de aplicación prevea otra cosa. Las Administraciones Públicas podrán requerir, en cualquier momento, la acreditación de dicha representación. No obstante, siempre podrá comparecer el interesado por sí mismo en el procedimiento.

30. a) Los que, sin haber iniciado el procedimiento, tengan derechos que puedan resultar afectados por la decisión que en el mismo se adopte.

Justificación: Artículo 4 LPAC: b) Los que, sin haber iniciado el procedimiento, tengan derechos que puedan resultar afectados por la decisión que en el mismo se adopte.

31. b) Nombre y apellidos o la denominación o razón social, documento nacional de identidad, número de identificación fiscal o documento equivalente del poderdante.

Justificación: Artículo 6 LPAC: 3. Los asientos que se realicen en los registros electrónicos generales y particulares de apoderamientos deberán contener, al menos, la siguiente información: a) Nombre y apellidos o la denominación o razón social, documento nacional de identidad, número de identificación fiscal o documento equivalente del poderdante. b) Nombre y apellidos o la denominación o razón social, documento nacional de identidad, número de identificación fiscal o documento equivalente del apoderado. c) Fecha de inscripción. d) Periodo de tiempo por el cual se otorga el poder. e) Tipo de poder según las facultades que otorgue.

32. d) Todas son correctas.

Justificación: Artículo 11 LPAC: 2. Las Administraciones Públicas solo requerirán a los interesados el uso obligatorio de firma para: a) Formular solicitudes. b) Presentar declaraciones responsables o comunicaciones. c) Interponer recursos. d) Desistir de acciones. e) Renunciar a derechos.

33. d) Ninguna es correcta.

Justificación: Artículo 5 LPAC: 6. La falta o insuficiente acreditación de la representación no impedirá que se tenga por realizado el acto de que se trate, siempre que se aporte aquella o se subsane el defecto dentro del plazo de diez días que deberá conceder al efecto el órgano administrativo, o de un plazo superior cuando las circunstancias del caso así lo requieran. 7. Las Administraciones Públicas podrán habilitar con carácter general o específico a personas físicas o jurídicas autorizadas para la realización de determinadas transacciones electrónicas en representación de los interesados. Dicha habilitación deberá especificar las condiciones y obligaciones a las que se comprometen los que así adquieran la condición de representantes, y determinará la presunción de validez de la representación salvo que la normativa de aplicación prevea otra cosa. Las Administraciones Públicas podrán requerir, en cualquier momento, la acreditación de dicha representación. No obstante, siempre podrá comparecer el interesado por sí mismo en el procedimiento.

34. c) El Capítulo II del Título I Ley 39/2015.

Justificación: Estructura de la LPAC.

35. d) Ninguna es correcta.

Justificación: Estructura de la LPAC. (Título I: de los interesados en el procedimiento).

36. a) Las personas físicas que ostenten capacidad de obrar con arreglo a las normas civiles.

Justificación: Artículo 3 LPAC: a) Las personas físicas o jurídicas que ostenten capacidad de obrar con arreglo a las normas civiles.

37. d) Las respuestas a) y b) son correctas.

Justificación: Artículo 6 LPAC: Los registros generales de apoderamientos no impedirán la existencia de registros particulares en cada Organismo donde se inscriban los poderes otorgados para la realización de trámites específicos en el mismo. Cada Organismo podrá disponer de su propio registro electrónico de apoderamientos.

TEST N.º 2

Actividad de las Administraciones Públicas

1. Estarán obligados, en todo caso, a relacionarse a través de medios electrónicos con las Administraciones Públicas para la realización de cualquier trámite de un procedimiento administrativo, los siguientes sujetos (art. 14 LPAC):

a) Las personas físicas.
b) Los empleados públicos en cualquier caso.
c) Quienes representen a un interesado que esté obligado a relacionarse electrónicamente con la Administración.
d) Todas son correctas.

2. El Capítulo I del Título II de la LPAC se titula:

a) Normas principales de actuación.
b) Normas subsidiarias de actuación.
c) Normas generales de actuación.
d) Normas de actuación.

3. El Derecho a comunicarse con las Administraciones Públicas a través de un Punto de Acceso General electrónico de la Administración, es un derecho de (art. 13 LPAC):

a) Las personas en sus relaciones con las Administraciones Públicas.
b) Las Administraciones en sus relaciones con otros organismos.
c) Los organismos públicos con las personas.
d) Ninguna es correcta.

4. Señala la respuesta incorrecta sobre la lengua de los procedimientos:

a) Los interesados que se dirijan a los órganos de la Administración General del Estado con sede en el territorio de una Comunidad Autónoma podrán utilizar también la lengua que sea cooficial en ella.
b) En los procedimientos tramitados por las Administraciones de las Comunidades Autónomas y de las Entidades Locales, el uso de la lengua se ajustará a lo previsto en la legislación estatal.

c) La Administración Pública instructora deberá traducir al castellano los documentos, expedientes o partes de los mismos que deban surtir efecto fuera del territorio de la Comunidad Autónoma y los documentos dirigidos a los interesados que así lo soliciten expresamente. Si debieran surtir efectos en el territorio de una Comunidad Autónoma donde sea cooficial esa misma lengua distinta del castellano, no será precisa su traducción.

d) La lengua de los procedimientos tramitados por la Administración General del Estado será el castellano.

5. Quienes, de conformidad con el artículo 3, tienen capacidad de obrar ante las Administraciones Públicas, son titulares, en sus relaciones con ellas, de los siguientes derechos (art. 13 LPAC):

a) A la obtención y utilización de los medios de identificación y firma electrónica contemplados en cualquier ley.

b) A la protección de datos de carácter público, y en particular a la seguridad y confidencialidad de los datos que figuren en los ficheros, sistemas y aplicaciones de las Administraciones Públicas o privadas.

c) Las respuestas a) y b) son correctas.

d) Ninguna es correcta.

6. La Administración Pública instructora deberá traducir al castellano (art. 15.3 LPAC):

a) Los documentos, expedientes o partes de los mismos que deban surtir efecto fuera del territorio de la Comunidad Autónoma y los documentos dirigidos a los interesados que así lo soliciten expresamente.

b) Si debieran surtir efectos en el territorio de una Comunidad Autónoma donde sea cooficial esa misma lengua distinta del castellano, no será precisa su traducción.

c) Las respuestas a) y b) son correctas.

d) Ninguna es correcta.

7. ¿Establece la LPAC cuál será la lengua de los procedimientos tramitados por la Administración General del Estado?

a) Sí, el artículo 15 de la LPAC establece que será el castellano.

b) Sí, el artículo 16 de la LPAC establece que será el castellano.

c) Sí, el artículo 1 de la LPAC establece que será el castellano.

d) Ninguna es correcta.

8. Señala la respuesta incorrecta sobre los Derechos a las personas del artículo 13 LPAC:

a) Estos derechos excluyen los reconocidos en el artículo 53 referidos a los interesados en el procedimiento administrativo.

b) Quienes de conformidad con el artículo 3 tienen capacidad de obrar ante las Administraciones Públicas, son titulares, en sus relaciones con ellas de estos derechos.

c) Es un derecho de este artículo utilizar las lenguas oficiales en el territorio de su Comunidad Autónoma, de acuerdo con lo previsto en esta ley y en el resto del ordenamiento jurídico.

d) En dicho artículo se recoge el derecho a exigir las responsabilidades de las Administraciones Públicas y autoridades, cuando así corresponda legalmente.

9. Quienes, de conformidad con el artículo 3 tienen capacidad de obrar ante las Administraciones Públicas son titulares, en sus relaciones con ellas, de los siguientes derechos (art. 13 LPAC):

a) Al acceso a la información privada, archivos y registros, de acuerdo con lo previsto en la Ley 19/2013, de 9 de diciembre, de transparencia, acceso a la información pública y buen gobierno y el resto del Ordenamiento Jurídico.

b) A ser tratados con respeto y deferencia por las autoridades y empleados públicos, que habrán de facilitarles el ejercicio de sus derechos y el cumplimiento de sus obligaciones.

c) A exigir las responsabilidades de las Administraciones Públicas, pero no a las autoridades, cuando así corresponda legalmente.

d) Todas son correctas.

10. Los documentos que los interesados dirijan a los órganos de las Administraciones Públicas podrán presentarse (art. 16 LPAC):

a) En el registro electrónico de la Administración u Organismo al que se dirijan, así como en los restantes registros electrónicos de cualquiera de los sujetos a los que se refiere el artículo 2.1 de la LPAC.

b) En las oficinas de Correos, en todo caso.

c) En las representaciones diplomáticas u oficinas consulares extranjeras en España.

d) Todas son correctas.

11. ¿Cuándo será obligatoria la comparecencia de las personas? (art. 19 LPAC):

a) Solo será obligatoria cuando así esté previsto en una norma con rango de ley.

b) Solo será obligatoria cuando así esté previsto en una norma con rango de ley o un reglamento.

c) Será obligatoria cuando así se establezca por la Administración correspondiente.

d) Nunca.

12. Quienes de conformidad con el artículo 3, tienen capacidad de obrar ante las Administraciones Públicas, son titulares, en sus relaciones con ellas, de los siguientes derechos (art. 13 LPAC):

a) A comunicarse con las Administraciones Públicas a través de un Punto de Acceso Particular electrónico de la Administración.

b) A ser asistidos en el uso de medios electrónicos y físicos en sus relaciones con las Administraciones Públicas.

c) A utilizar las lenguas oficiales en el territorio de su Comunidad Autónoma, de acuerdo con lo previsto en esta ley y en el resto del ordenamiento jurídico.

d) Todas son correctas.

13. ¿Qué artículo de la LPAC regula los registros?

a) Artículo 13.
b) Artículo 16.
c) Artículo 22.
d) Artículo 23.

14. El Capítulo II del Título II de la LPAC se titula:

a) Plazos.
b) Términos y plazos.
c) Fines y plazos.
d) Términos y fines.

15. Los registros electrónicos de todas y cada una de las Administraciones deberán ser (art. 16.4 LPAC):

a) Formalmente operable, de modo que se garantice su compatibilidad informática e interconexión, así como la transmisión telemática de los asientos registrales y de los documentos que se presenten en cualquiera de los registros.

b) Plenamente interoperables, de modo que se garantice su compatibilidad informática e interconexión, así como la transmisión telemática de los asientos registrales y de los documentos que se presenten en cualquiera de los registros.

c) Plenamente interoperables, de modo que se garantice su compatibilidad informática e interconexión, pero no la transmisión telemática de los asientos registrales y de los documentos que se presenten en cualquiera de los registros.

d) Ninguna es correcta.

16. Señala la respuesta correcta o la más correcta. Cada Administración dispondrá de (art. 16 LPAC):

a) Varios Registros Electrónicos Generales.
b) Un Registro General.
c) Un Registro Electrónico Particular.
d) Un Registro Electrónico General.

17. El Registro Electrónico General de cada Administración funcionará (art. 16 LPAC):

a) Como un portal que facilitará el acceso a los registros electrónicos de cada Organismo.

b) Tanto el Registro Electrónico General de cada Administración como los registros electrónicos de cada Organismo cumplirán con las garantías y medidas de seguridad previstas en la legislación en materia de protección de la salud.

c) Como un portal, que no facilitará el acceso a los registros electrónicos de cada Organismo.

d) Las respuestas a) y b) son correctas.

18. ¿Las Administraciones podrán establecer la obligación de presentar determinados documentos por medios electrónicos para ciertos procedimientos y colectivos de personas físicas que, por razón de su capacidad económica, técnica, dedicación profesional u otros motivos quede acreditado que tienen acceso y disponibilidad de los medios electrónicos necesarios? (art. 16 LPAC)

a) No, salvo excepciones tasadas en el artículo 17 de la LPAC.

b) Sí, reglamentariamente.

c) No.

d) Sí, mediante resolución motivada.

19. ¿Podrá la Administración ampliar los plazos? (art. 32 LPAC):

a) Sí, la Administración, salvo precepto en contrario, podrá conceder de oficio o a petición de los interesados, una ampliación de los plazos establecidos, que no exceda de la mitad de los mismos, si las circunstancias lo aconsejan y con ello no se perjudican derechos de tercero.

b) No, salvo que disposición reglamentaria.

c) Sí, la Administración podrá conceder de oficio o a petición de los interesados, una ampliación de los plazos establecidos, que no exceda del doble de los mismos, si las circunstancias lo aconsejan y con ello no se perjudican derechos de tercero.

d) Ninguna es correcta.

20. Marca la respuesta correcta o la más correcta. Cuando los plazos se hayan señalado por días naturales por declararlo así una ley o por el Derecho de la Unión Europea (art. 30 LPAC):

a) Se hará constar esta circunstancia en las correspondientes notificaciones.

b) No será necesario hacer constar esta circunstancia.

c) Se hará constar esta circunstancia de forma escrita u oral.

d) Ninguna es correcta.

21. Marca la respuesta correcta o la más correcta. Los términos y plazos establecidos en la LPAC u otras leyes obligan a (art. 29 LPAC):

a) Las autoridades y personal al servicio de las Administraciones Públicas competentes para la tramitación de los asuntos, así como a los interesados en los mismos.

b) Las autoridades al servicio de las Administraciones Públicas competentes para la tramitación de los asuntos, así como a los interesados.

c) Las autoridades y personal al servicio de las Administraciones y empresas, así como a los interesados en los mismos.

d) Ninguna es correcta.

22. Marca la respuesta incorrecta sobre la tramitación de urgencia del artículo 33 LPAC:

a) Cuando razones de interés público lo aconsejen, se podrá acordar, de oficio o a petición del interesado, la aplicación al procedimiento de la tramitación de urgencia.

b) Cabrá recurso alguno contra el acuerdo que declare la aplicación de la tramitación de urgencia al procedimiento.

c) Se reducirán a la mitad los plazos establecidos para el procedimiento ordinario, salvo los relativos a la presentación de solicitudes y recursos.

d) Las respuestas a) y c) son correctas.

23. Si el plazo se fija en meses o años, estos se computarán a partir (art. 30 LPAC):

a) Del día a aquel en que tenga lugar la notificación o publicación del acto de que se trate.

b) Del día en que tenga lugar la notificación o publicación del acto de que se trate, o desde el siguiente a aquel en que se produzca la estimación o desestimación por silencio administrativo.

c) Del día siguiente a aquel en que tenga lugar la notificación del acto de que se trate, o desde el día en que se produzca la estimación por silencio administrativo.

d) Del día siguiente a aquel en que tenga lugar la notificación o publicación del acto de que se trate, o desde el siguiente a aquel en que se produzca la estimación o desestimación por silencio administrativo.

24. Señala la respuesta correcta sobre la ampliación de los plazos del artículo 32 LPAC:

a) Cuando como consecuencia de un ciberincidente se hayan visto gravemente afectados los servicios y sistemas utilizados para la tramitación de los procedimientos y el ejercicio de los derechos de los interesados que prevé la normativa vigente, la Administración podrá acordar la ampliación general de plazos de los procedimientos administrativos.

b) El acuerdo de ampliación deberá ser notificado a los interesados.

c) Las respuestas a) y b) son correctas.

d) Ninguna es correcta.

25. ¿Cuándo se podrá acordar la tramitación de urgencia? (art. 33 LPAC)

a) Cuando razones de interés público lo aconsejen, a petición del interesado.

b) Cuando razones de interés público lo aconsejen, de oficio o a petición del interesado.

c) Cuando razones de interés público lo aconsejen, de oficio.

d) Ninguna es correcta.

26. Señala la respuesta correcta sobre el cómputo de los plazos (art. 30 LPAC):

a) Salvo que por Ley o en el Derecho de la Unión Europea se disponga otro cómputo, cuando los plazos se señalen por horas, se entiende que estas son hábiles.

b) Son hábiles todas las horas del día que formen parte de un día hábil o inhábil.

c) Los plazos expresados por horas se contarán de hora en hora y de minuto en minuto desde la hora y minuto en que tenga lugar la notificación del acto de que se trate y podrán tener una duración superior a veinticuatro horas, en cuyo caso se expresarán en días.

d) Todas son correctas.

27. La declaración de un día como hábil o inhábil a efectos de cómputo de plazos (art. 30.8 LPAC):

a) No determina por sí sola el funcionamiento de los centros de trabajo de las Administraciones Públicas, la organización del tiempo de trabajo o el régimen de jornada y horarios de las mismas.

b) No determina el funcionamiento de los centros de trabajo de las Administraciones Públicas y entidades privadas del municipio.

c) Determina por sí sola el funcionamiento de los centros de trabajo de las Administraciones Públicas, la organización del tiempo de trabajo o el régimen de jornada y horarios de las mismas.

d) Las respuestas b) y c) son correctas.

28. Cuando una incidencia técnica haya imposibilitado el funcionamiento ordinario del sistema o aplicación que corresponda, y hasta que se solucione el problema (art. 32.4 LPAC):

a) La Administración no podrá determinar una ampliación de los plazos no vencidos, debiendo publicar en la sede electrónica la incidencia técnica acontecida.

b) La Administración podrá determinar una ampliación de los plazos vencidos, debiendo publicar en la sede electrónica tanto la incidencia técnica acontecida como la ampliación concreta del plazo vencido.

c) La Administración podrá determinar una ampliación de los plazos no vencidos, debiendo publicar en la sede electrónica tanto la incidencia técnica acontecida como la ampliación concreta del plazo no vencido.

d) Ninguna respuesta es correcta.

29. Siempre que por ley o en el Derecho de la Unión Europea no se exprese otro cómputo, cuando los plazos se señalen por días, se entiende que estos son (art. 30.2 LPAC):

a) Hábiles, excluyéndose del cómputo los sábados y los declarados festivos.

b) Hábiles, incluyéndose en el cómputo los sábados, los domingos y los declarados festivos.

c) Hábiles, excluyéndose del cómputo los domingos y los declarados festivos.

d) Hábiles, excluyéndose del cómputo los sábados, los domingos y los declarados festivos.

30. Señala la respuesta incorrecta sobre el cómputo de plazos del artículo 30 LPAC:

a) Cuando un día fuese hábil en el municipio o Comunidad Autónoma en que residiese el interesado, e inhábil en la sede del órgano administrativo, o a la inversa, se considerará inhábil en todo caso.

b) La declaración de un día como hábil o inhábil a efectos de cómputo de plazos determina por sí sola el funcionamiento de los centros de trabajo de las Administraciones Públicas, la organización del tiempo de trabajo o el régimen de jornada y horarios de las mismas.

c) Cuando el último día del plazo sea inhábil, se entenderá prorrogado al primer día hábil siguiente.

d) Salvo que por Ley o en el Derecho de la Unión Europea se disponga otro cómputo, cuando los plazos se señalen por horas, se entiende que estas son hábiles.

31. ¿Qué artículo de la LPAC recoge la tramitación de urgencia?

a) Artículo 30.
b) Artículo 3.
c) Artículo 33.
d) Ninguno.

32. Si el plazo se fija en meses o años (art. 30 LPAC):

a) El plazo concluirá el mismo día en que se produjo la notificación, publicación o silencio administrativo en el mes o el año de vencimiento.
b) Si en el mes de vencimiento no hubiera día equivalente a aquel en que comienza el cómputo, se entenderá que el plazo expira el último día del mes.
c) Las respuestas a) y b) son correctas.
d) Ninguna es correcta.

33. Cuando un día fuese hábil en el municipio o Comunidad Autónoma en que residiese el interesado, e inhábil en la sede del órgano administrativo, o a la inversa, se considerará (art. 30 LPAC):

a) Hábil en todo caso.
b) Inhábil en determinados casos.
c) Hábil.
d) Inhábil en todo caso.

34. El funcionamiento del registro electrónico se regirá por las siguientes reglas:

a) Permitirá la presentación de documentos todos los días del año durante las veinticuatro horas, excepto navidad y año nuevo.
b) A los efectos del cómputo de plazo fijado en días hábiles, y en lo que se refiere al cumplimiento de plazos por los interesados, la presentación en un día inhábil se entenderá realizada en la primera hora del primer día hábil siguiente salvo que una norma permita expresamente la recepción en día inhábil.
c) Los documentos se considerarán presentados por el orden de hora efectiva en el que lo fueron en el día hábil.
d) Ninguna es correcta.

35. Señala la respuesta correcta sobre la ampliación de plazos (art. 32 LPAC):

a) La Administración, salvo precepto en contrario, podrá conceder de oficio o a petición de los interesados, una ampliación de los plazos establecidos, que no exceda de la mitad de los mismos, si las circunstancias lo aconsejan y con ello no se perjudican derechos de tercero.
b) El acuerdo de ampliación deberá ser notificado a los interesados.
c) La ampliación de los plazos por el tiempo máximo permitido se aplicará en todo caso a los procedimientos tramitados por las misiones diplomáticas y oficinas consulares, así como a aquellos que, sustanciándose en el interior, exijan cumplimentar algún trámite en el extranjero o en los que intervengan interesados residentes fuera de España.
d) Todas son correctas.

36. Señala la respuesta correcta sobre la ampliación de los plazos del artículo 32 LPAC:

a) Tanto la petición de los interesados como la decisión sobre la ampliación deberán producirse, en todo caso, antes del vencimiento del plazo de que se trate.

b) En ningún caso podrá ser objeto de ampliación un plazo ya vencido.

c) Los acuerdos sobre ampliación de plazos o sobre su denegación no serán susceptibles de recurso, sin perjuicio del procedente contra la resolución que ponga fin al procedimiento.

d) Todas son correctas.

37. De conformidad con el artículo 21 de la LPAC, el plazo máximo en el que debe notificarse la resolución expresa será:

a) Tres meses.

b) Seis meses.

c) El fijado por la norma reguladora del correspondiente procedimiento.

d) Doce meses.

38. El plazo máximo en el que debe notificarse la resolución expresa no podrá exceder de:

a) Seis meses salvo que una norma con rango de ley establezca uno mayor o así venga previsto en el Derecho de la Unión Europea.

b) Tres meses salvo que una norma con rango de ley establezca uno mayor o así venga previsto en el Derecho de la Unión Europea.

c) Nueve meses salvo que una norma con rango de ley establezca uno mayor o así venga previsto en el Derecho de la Unión Europea.

d) Cinco meses salvo que una norma con rango de ley establezca uno mayor o así venga previsto en el Derecho de la Unión Europea.

39. Cuando las normas reguladoras de los procedimientos no fijen el plazo máximo:

a) Este será de dos meses.

b) Este será de tres meses.

c) Este será de seis meses.

d) Este será de doce meses.

40. El transcurso del plazo máximo legal para resolver un procedimiento y notificar la resolución se podrá suspender en los siguientes casos:

a) Cuando se soliciten informes preceptivos a un órgano de la misma o distinta Administración, por el tiempo que medie entre la petición, que deberá comunicarse a los interesados, y la recepción del informe, que igualmente deberá ser comunicada a los mismos. Este plazo de suspensión no podrá exceder en ningún caso de tres meses. En caso de no recibirse el informe en el plazo indicado, proseguirá el procedimiento.

b) Cuando el órgano competente para resolver decida realizar alguna actuación complementaria de las previstas en el artículo 87 de la LPAC, desde el momento en que se notifique a los interesados el acuerdo motivado del inicio de las actuaciones hasta que se produzca su terminación.

c) Cuando los interesados promuevan la recusación en cualquier momento de la tramitación de un procedimiento, desde que esta se plantee hasta que sea resuelta por el superior jerárquico del recusado.

d) Todas son correctas.

41. ¿Podrá el órgano competente para resolver, ampliar el plazo máximo de resolución y notificación?

a) No, en ningún caso.

b) Sí, de manera motivada, a propuesta, en su caso, del órgano instructor o el superior jerárquico del órgano competente para resolver, no pudiendo ser este superior al establecido para la tramitación del procedimiento.

c) Sí, de manera motivada, a propuesta, en su caso, del órgano instructor o el superior jerárquico del órgano competente para resolver, no pudiendo ser este superior a la mitad del establecido para la tramitación del procedimiento.

d) Sí, en cualquier caso.

42. Contra el acuerdo que resuelva sobre la ampliación de plazos, que deberá ser notificado a los interesados:

a) Se podrá interponer recurso potestativo de reposición.

b) Se podrá interponer recurso de alzada ante el órgano superior jerárquico.

c) Se podrá interponer recurso contencioso administrativo.

d) No procederá recurso alguno.

43. En los procedimientos iniciados a solicitud del interesado, sin perjuicio de la resolución que la Administración debe dictar en la forma prevista en el apartado 3 del artículo 24 de la LPAC, el vencimiento del plazo máximo sin haberse notificado resolución expresa, legitima al interesado o interesados:

a) Para entenderla estimada por silencio administrativo, excepto en los supuestos en los que una norma con rango de ley o una norma de Derecho de la Unión Europea o de Derecho internacional aplicable en España establezcan lo contrario.

b) Para entenderla desestimada por silencio administrativo, excepto en los supuestos en los que una norma con rango de ley o una norma de Derecho de la Unión Europea o de Derecho internacional aplicable en España establezcan lo contrario.

c) Para entenderla desestimada en los procedimientos relativos al ejercicio del derecho de petición, a que se refiere el artículo 29 de la Constitución, aquellos cuya estimación tuviera como consecuencia que se transfirieran al solicitante o a terceros facultades relativas al dominio público o al servicio público, impliquen el ejercicio de actividades que puedan dañar el medio ambiente y en los procedimientos de responsabilidad patrimonial de las Administraciones Públicas.

d) Las respuestas a) y c) son correctas.

44. En los procedimientos iniciados de oficio, el vencimiento del plazo máximo establecido sin que se haya dictado y notificado resolución expresa no exime a la Administración del cumplimiento de la obligación legal de resolver, produciendo los siguientes efectos:

a) En el caso de procedimientos de los que pudiera derivarse el reconocimiento o, en su caso, la constitución de deberes u otras situaciones jurídicas desfavorables, los interesados que hubieren comparecido podrán entender desestimadas sus pretensiones por silencio administrativo.

b) En los procedimientos en que la Administración ejercite potestades sancionadoras o, en general, de intervención, susceptibles de producir efectos favorables, se producirá la prescripción. En estos casos, la prescripción que declare la caducidad ordenará el archivo de las actuaciones, con los efectos previstos en el artículo 100 de la LPAC.

c) En el caso de procedimientos de los que pudiera derivarse el reconocimiento o, en su caso, la constitución de derechos u otras situaciones jurídicas favorables, los interesados que hubieren comparecido podrán entender desestimadas sus pretensiones por silencio administrativo.

d) Ninguna respuesta es correcta.

45. De conformidad con el artículo 36 de la LPAC, para ser considerados válidos, los documentos electrónicos administrativos deberán:

a) Contener información de cualquier naturaleza archivada en un soporte electrónico según un formato determinado susceptible de identificación y tratamiento diferenciado.

b) Disponer de los datos de identificación que permitan su individualización, sin perjuicio de su posible incorporación a un expediente electrónico.

c) Incorporar una referencia temporal del momento en que han sido emitidos.

d) Todas son correctas.

Soluciones comentadas

1. c) Quienes representen a un interesado que esté obligado a relacionarse electrónicamente con la Administración.

Justificación: Artículo 14 LPAC: 2. En todo caso, estarán obligados a relacionarse a través de medios electrónicos con las Administraciones Públicas para la realización de cualquier trámite de un procedimiento administrativo, al menos, los siguientes sujetos:

a) Las personas jurídicas.

b) Las entidades sin personalidad jurídica.

c) Quienes ejerzan una actividad profesional para la que se requiera colegiación obligatoria, para los trámites y actuaciones que realicen con las Administraciones Públicas en ejercicio de dicha actividad profesional. En todo caso, dentro de este colectivo se entenderán incluidos los notarios y registradores de la propiedad y mercantiles.

d) Quienes representen a un interesado que esté obligado a relacionarse electrónicamente con la Administración.

e) Los empleados de las Administraciones Públicas para los trámites y actuaciones que realicen con ellas por razón de su condición de empleado público, en la forma en que se determine reglamentariamente por cada Administración.

2. c) Normas generales de actuación.

Justificación: Estructura LPAC.

3. a) Las personas en sus relaciones con las Administraciones Públicas.

Justificación: LPAC: Artículo 13. Derechos de las personas en sus relaciones con las Administraciones Públicas.

4. b) En los procedimientos tramitados por las Administraciones de las Comunidades Autónomas y de las Entidades Locales, el uso de la lengua se ajustará a lo previsto en la legislación estatal.

Justificación: Artículo 15 LPAC: 2. En los procedimientos tramitados por las Administraciones de las Comunidades Autónomas y de las Entidades Locales, el uso de la lengua se ajustará a lo previsto en la legislación autonómica correspondiente.

5. d) Ninguna es correcta.

Justificación: Artículo 13 LPAC: g) A la obtención y utilización de los medios de identificación y firma electrónica contemplados en esta ley. h) A la protección de datos de carácter personal, y en particular a la seguridad y confidencialidad de los datos que figuren en los ficheros, sistemas y aplicaciones de las Administraciones Públicas.

6. c) Las respuestas a) y b) son correctas.

Justificación: Artículo 15 LPAC: 3. La Administración Pública instructora deberá traducir al castellano los documentos, expedientes o partes de los mismos que deban surtir efecto fuera del territorio de la Comunidad Autónoma y los documentos dirigidos a los interesados que así lo soliciten expresamente. Si debieran surtir efectos en el territorio de una Comunidad Autónoma donde sea cooficial esa misma lengua distinta del castellano, no será precisa su traducción.

7. a) Sí, el artículo 15 de la LPAC establece que será el castellano.

Justificación: Artículo 15 LPAC: 1. La lengua de los procedimientos tramitados por la Administración General del Estado será el castellano. No obstante lo anterior, los interesados que se dirijan a los órganos de la Administración General del Estado con sede en el territorio de una Comunidad Autónoma podrán utilizar también la lengua que sea cooficial en ella.

8. a) Estos derechos excluyen los reconocidos en el artículo 53 referidos a los interesados en el procedimiento administrativo.

Justificación: Artículo 13 LPAC: Estos derechos se entienden sin perjuicio de los reconocidos en el artículo 53 referidos a los interesados en el procedimiento administrativo.

9. b) A ser tratados con respeto y deferencia por las autoridades y empleados públicos, que habrán de facilitarles el ejercicio de sus derechos y el cumplimiento de sus obligaciones.

Justificación: Artículo 13 LPAC: e) A ser tratados con respeto y deferencia por las autoridades y empleados públicos, que habrán de facilitarles el ejercicio de sus derechos y el cumplimiento de sus obligaciones. El resto de respuestas contienen errores.

10. a) En el registro electrónico de la Administración u Organismo al que se dirijan, así como en los restantes registros electrónicos de cualquiera de los sujetos a los que se refiere el artículo 2.1 de la LPAC.

Justificación: Artículo 16 LPAC: 4. Los documentos que los interesados dirijan a los órganos de las Administraciones Públicas podrán presentarse: a) En el registro electrónico de la Administración u Organismo al que se dirijan, así como en los restantes registros electrónicos de cualquiera de los sujetos a los que se refiere el artículo 2.1. b) En las oficinas de Correos, en la forma que reglamentariamente se establezca. c) En las representaciones diplomáticas u oficinas consulares de España en el extranjero. d) En las oficinas de asistencia en materia de registros. e) En cualquier otro que establezcan las disposiciones vigentes.

11. a) Solo será obligatoria cuando así esté previsto en una norma con rango de ley.

Justificación: Artículo 19 LPAC: 1. La comparecencia de las personas ante las oficinas públicas, ya sea presencialmente o por medios electrónicos, solo será obligatoria cuando así esté previsto en una norma con rango de ley.

12. c) A utilizar las lenguas oficiales en el territorio de su Comunidad Autónoma, de acuerdo con lo previsto en esta ley y en el resto del ordenamiento jurídico.

Justificación: Artículo 13 LPAC: c) A utilizar las lenguas oficiales en el territorio de su Comunidad Autónoma, de acuerdo con lo previsto en esta ley y en el resto del ordenamiento jurídico. El resto de respuestas contienen errores.

13. b) Artículo 16.

Justificación: LPAC: Artículo 16. Registros.

14. b) Términos y plazos.

Estructura de la LPAC.

15. b) Plenamente interoperables, de modo que se garantice su compatibilidad informática e interconexión, así como la transmisión telemática de los asientos registrales y de los documentos que se presenten en cualquiera de los registros.

Justificación: Artículo 16 LPAC: Los registros electrónicos de todas y cada una de las Administraciones, deberán ser plenamente interoperables, de modo que se garantice su compatibilidad informática e interconexión, así como la transmisión telemática de los asientos registrales y de los documentos que se presenten en cualquiera de los registros.

16. d) Un Registro Electrónico General.

Justificación: Artículo 16 LPAC: 1. Cada Administración dispondrá de un Registro Electrónico General, en el que se hará el correspondiente asiento de todo documento que sea presentado o que se reciba en cualquier órgano administrativo, Organismo público o Entidad vinculado o dependiente a estos. También se podrán anotar en el mismo, la salida de los documentos oficiales dirigidos a otros órganos o particulares.

17. a) Como un portal que facilitará el acceso a los registros electrónicos de cada Organismo.

Justificación: Artículo 16 LPAC: El Registro Electrónico General de cada Administración funcionará como un portal que facilitará el acceso a los registros electrónicos de cada Organismo. Tanto el Registro Electrónico General de cada Administración como los registros electrónicos de cada Organismo cumplirán con las garantías y medidas de seguridad previstas en la legislación en materia de protección de datos de carácter personal.

18. b) Sí, reglamentariamente.

Justificación: Artículo 16 LPAC: Reglamentariamente, las Administraciones podrán establecer la obligación de presentar determinados documentos por medios electrónicos para ciertos procedimientos y colectivos de personas físicas que, por razón de su capacidad económica, técnica, dedicación profesional u otros motivos quede acreditado que tienen acceso y disponibilidad de los medios electrónicos necesarios.

19. a) Sí, la Administración, salvo precepto en contrario, podrá conceder de oficio o a petición de los interesados, una ampliación de los plazos establecidos, que no exceda de la mitad de los mismos, si las circunstancias lo aconsejan y con ello no se perjudican derechos de tercero.

Justificación: Artículo 32 LPAC: 1. La Administración, salvo precepto en contrario, podrá conceder de oficio o a petición de los interesados, una ampliación de los plazos establecidos, que no exceda de la mitad de los mismos, si las circunstancias lo aconsejan y con ello no se perjudican derechos de tercero. El acuerdo de ampliación deberá ser notificado a los interesados.

20. a) Se hará constar esta circunstancia en las correspondientes notificaciones.

Justificación: Artículo 30 LPAC: Cuando los plazos se hayan señalado por días naturales por declararlo así una ley o por el Derecho de la Unión Europea, se hará constar esta circunstancia en las correspondientes notificaciones.

21. a) Las autoridades y personal al servicio de las Administraciones Públicas competentes para la tramitación de los asuntos, así como a los interesados en los mismos.

Justificación: Artículo 29 LPAC: Los términos y plazos establecidos en esta u otras leyes obligan a las autoridades y personal al servicio de las Administraciones Públicas competentes para la tramitación de los asuntos, así como a los interesados en los mismos.

22. b) Cabrá recurso alguno contra el acuerdo que declare la aplicación de la tramitación de urgencia al procedimiento.

Justificación: Artículo 33 LPAC: 1. Cuando razones de interés público lo aconsejen, se podrá acordar, de oficio o a petición del interesado, la aplicación al procedimiento de la tramitación de urgencia, por la cual se reducirán a la mitad los plazos establecidos para el procedimiento ordinario, salvo los relativos a la presentación de solicitudes y recursos. 2. No cabrá recurso alguno contra el acuerdo que declare la aplicación de la tramitación de urgencia al procedimiento, sin perjuicio del procedente contra la resolución que ponga fin al procedimiento.

23. d) Del día siguiente a aquel en que tenga lugar la notificación o publicación del acto de que se trate, o desde el siguiente a aquel en que se produzca la estimación o desestimación por silencio administrativo.

Justificación: Artículo 30 LPAC: 4. Si el plazo se fija en meses o años, estos se computarán a partir del día siguiente a aquel en que tenga lugar la notificación o publicación del acto de que se trate, o desde el siguiente a aquel en que se produzca la estimación o desestimación por silencio administrativo.

24. c) Las respuestas a) y b) son correctas.

Justificación: Artículo 32 LPAC: 1. La Administración, salvo precepto en contrario, podrá conceder de oficio o a petición de los interesados, una ampliación de los plazos establecidos, que no exceda de la mitad de los mismos, si las circunstancias lo aconsejan y con ello no se perjudican derechos de tercero. El acuerdo de ampliación deberá ser notificado a los interesados. (…) 5. Cuando como consecuencia de un ciberincidente se hayan visto gravemente afectados los servicios y sistemas utilizados para la tramitación de los procedimientos y el ejercicio de los derechos de los interesados que prevé la normativa vigente, la Administración podrá acordar la ampliación general de plazos de los procedimientos administrativos.

25. b) Cuando razones de interés público lo aconsejen, de oficio o a petición del interesado.

Justificación: Artículo 33 LPAC: 1. Cuando razones de interés público lo aconsejen se podrá acordar, de oficio o a petición del interesado, la aplicación al procedimiento de la tramitación de urgencia, por la cual se reducirán a la mitad los plazos establecidos para el procedimiento ordinario, salvo los relativos a la presentación de solicitudes y recursos.

26. a) Salvo que por Ley o en el Derecho de la Unión Europea se disponga otro cómputo, cuando los plazos se señalen por horas, se entiende que estas son hábiles.

Justificación: Artículo 30 LPAC: 1. Salvo que por Ley o en el Derecho de la Unión Europea se disponga otro cómputo, cuando los plazos se señalen por horas, se entiende que estas son hábiles. Son hábiles todas las horas del día que formen parte de un día hábil. Los plazos expresados por horas se contarán de hora en hora y de minuto en minuto desde la hora y minuto en que tenga lugar la notificación o publicación del acto de que se trate y no podrán tener una duración superior a veinticuatro horas, en cuyo caso se expresarán en días.

27. a) No determina por sí sola el funcionamiento de los centros de trabajo de las Administraciones Públicas, la organización del tiempo de trabajo o el régimen de jornada y horarios de las mismas.

Justificación: Artículo 30 LPAC: 8. La declaración de un día como hábil o inhábil a efectos de cómputo de plazos no determina por sí sola el funcionamiento de los centros de trabajo de las Administraciones Públicas, la organización del tiempo de trabajo o el régimen de jornada y horarios de las mismas.

28. c) La Administración podrá determinar una ampliación de los plazos no vencidos, debiendo publicar en la sede electrónica tanto la incidencia técnica acontecida como la ampliación concreta del plazo no vencido.

Justificación: Artículo 32 LPAC: 4. Cuando una incidencia técnica haya imposibilitado el funcionamiento ordinario del sistema o aplicación que corresponda, y hasta que se solucione el problema, la Administración podrá determinar una ampliación de los plazos no vencidos, debiendo publicar en la sede electrónica tanto la incidencia técnica acontecida como la ampliación concreta del plazo no vencido.

29. d) Hábiles, excluyéndose del cómputo los sábados, los domingos y los declarados festivos.

Justificación: Artículo 30 LPAC: 2. Siempre que por Ley o en el Derecho de la Unión Europea no se exprese otro cómputo, cuando los plazos se señalen por días, se entiende que estos son hábiles, excluyéndose del cómputo los sábados, los domingos y los declarados festivos.

30. b) La declaración de un día como hábil o inhábil a efectos de cómputo de plazos determina por sí sola el funcionamiento de los centros de trabajo de las Administraciones Públicas, la organización del tiempo de trabajo o el régimen de jornada y horarios de las mismas.

Justificación: Artículo 30 LPAC: 8. La declaración de un día como hábil o inhábil a efectos de cómputo de plazos no determina por sí sola el funcionamiento de los centros de trabajo de las Administraciones Públicas, la organización del tiempo de trabajo o el régimen de jornada y horarios de las mismas.

31. c) Artículo 33.

Justificación: LPAC: Artículo 33. Tramitación de urgencia.

32. c) Las respuestas a) y b) son correctas.

Justificación: Artículo 30 LPAC: 4. Si el plazo se fija en meses o años, estos se computarán a partir del día siguiente a aquel en que tenga lugar la notificación o publicación del acto de que se trate, o desde el siguiente a aquel en que se produzca la estimación o desestimación por silencio administrativo. El plazo concluirá el mismo día en que se produjo la notificación, publicación o silencio administrativo en el mes o el año de vencimiento. Si en el mes de vencimiento no hubiera día equivalente a aquel en que comienza el cómputo, se entenderá que el plazo expira el último día del mes.

33. d) Inhábil en todo caso.

Justificación: Artículo 30 LPAC: 6. Cuando un día fuese hábil en el municipio o Comunidad Autónoma en que residiese el interesado, e inhábil en la sede del órgano administrativo, o a la inversa, se considerará inhábil en todo caso.

34. b) A los efectos del cómputo de plazo fijado en días hábiles, y en lo que se refiere al cumplimiento de plazos por los interesados, la presentación en un día inhábil se entenderá realizada en la primera hora del primer día hábil siguiente salvo que una norma permita expresamente la recepción en día inhábil.

Justificación: Artículo 31 LPAC: El funcionamiento del registro electrónico se regirá por las siguientes reglas: a) Permitirá la presentación de documentos todos los días del año durante las veinticuatro horas. b) A los efectos del cómputo de plazo fijado en días hábiles, y en lo que se refiere al cumplimiento de plazos por los interesados, la presentación en un día inhábil se entenderá realizada en la primera hora del primer día hábil siguiente salvo que una norma permita expresamente la recepción en día inhábil.

35. d) Todas son correctas.

Justificación: Artículo 32 LPAC: 1. La Administración, salvo precepto en contrario, podrá conceder de oficio o a petición de los interesados, una ampliación de los plazos establecidos, que no exceda de la mitad de los mismos, si las circunstancias lo aconsejan y con ello no se perjudican derechos de tercero. El acuerdo de ampliación deberá ser notificado a los interesados. 2. La ampliación de los plazos por el tiempo máximo permitido se aplicará en todo caso a los procedimientos tramitados por las misiones diplomáticas y oficinas consulares, así como a aquellos que, sustanciándose en el interior, exijan cumplimentar algún trámite en el extranjero o en los que intervengan interesados residentes fuera de España.

36. d) Todas son correctas.

Justificación: Artículo 32 LPAC: 3. Tanto la petición de los interesados como la decisión sobre la ampliación deberán producirse, en todo caso, antes del vencimiento del plazo de que se trate. En ningún caso podrá ser objeto de ampliación un plazo ya vencido. Los acuerdos sobre ampliación de plazos o sobre su denegación no serán susceptibles de recurso, sin perjuicio del procedente contra la resolución que ponga fin al procedimiento.

37. c) El fijado por la norma reguladora del correspondiente procedimiento.

Artículo 21 LPAC: 2. El plazo máximo en el que debe notificarse la resolución expresa será el fijado por la norma reguladora del correspondiente procedimiento.

38. a) Seis meses salvo que una norma con rango de ley establezca uno mayor o así venga previsto en el Derecho de la Unión Europea.

Justificación: Artículo 21 LPAC: Este plazo no podrá exceder de seis meses salvo que una norma con rango de ley establezca uno mayor o así venga previsto en el Derecho de la Unión Europea.

39. b) Este será de tres meses.

Justificación: Artículo 21 LPAC: 3. Cuando las normas reguladoras de los procedimientos no fijen el plazo máximo, este será de tres meses.

40. a) Cuando se soliciten informes preceptivos a un órgano de la misma o distinta Administración, por el tiempo que medie entre la petición, que deberá comunicarse a los interesados, y la recepción del informe, que igualmente deberá ser comunicada a los mismos. Este plazo de suspensión no podrá exceder en ningún caso de tres meses. En caso de no recibirse el informe en el plazo indicado, proseguirá el procedimiento.

Justificación: Artículo 22 LPAC: a) Cuando deba requerirse a cualquier interesado para la subsanación de deficiencias o la aportación de documentos y otros elementos de juicio necesarios, por el tiempo que medie entre la notificación del requerimiento y su efectivo cumplimiento por el destinatario o, en su defecto, por el del plazo concedido, todo ello sin perjuicio de lo previsto en el artículo 68 de la presente ley. El resto de respuestas son supuestos en los que el transcurso del plazo máximo legal deberá suspenderse.

41. b) Sí, de manera motivada, a propuesta, en su caso, del órgano instructor o el superior jerárquico del órgano competente para resolver, no pudiendo ser este superior al establecido para la tramitación del procedimiento.

Justificación: Artículo 22 LPAC: 1. Excepcionalmente, cuando se hayan agotado los medios personales y materiales disponibles a los que se refiere el apartado 5 del artículo 21, el órgano competente para resolver, a propuesta, en su caso, del órgano ins-tructor o el superior jerárquico del órgano competente para resolver, podrá acordar de manera motivada la ampliación del plazo máximo de resolución y notificación, no pudiendo ser este superior al establecido para la tramitación del procedimiento.

42. d) No procederá recurso alguno.

Justificación: 2. Contra el acuerdo que resuelva sobre la ampliación de plazos, que deberá ser notificado a los interesados, no cabrá recurso alguno.

43. d) Las respuestas a) y c) son correctas.

Justificación: Artículo 24 LPAC: 1. En los procedimientos iniciados a solicitud del interesado, sin perjuicio de la resolución que la Administración debe dictar en la forma prevista en el apartado 3 de este artículo, el vencimiento del plazo máximo sin haberse notificado resolución expresa, legitima al interesado o interesados para entenderla estimada por silencio administrativo, excepto en los supuestos en los que una norma con rango de ley o una norma de Derecho de la Unión Europea o de Derecho internacional aplicable en España establezcan lo contrario. Cuando el procedimiento tenga por objeto el acceso a actividades o su ejercicio, la ley que disponga el carácter desestimatorio del silencio deberá fundarse en la concurren-cia de razones imperiosas de interés general. El silencio tendrá efecto desestima-torio en los procedimientos relativos al ejercicio del derecho de petición, a que se refiere el artículo 29 de la Constitución, aquellos cuya estimación tuviera como consecuencia que se transfirieran al solicitante o a terceros facultades relativas al dominio público o al servicio público, impliquen el ejercicio de actividades que puedan dañar el medio ambiente y en los procedimientos de responsabilidad pa-trimonial de las Administraciones Públicas.

44. c) En el caso de procedimientos de los que pudiera derivarse el reconocimiento o, en su caso, la constitución de derechos u otras situaciones jurídicas favora-bles, los interesados que hubieren comparecido podrán entender desestima-das sus pretensiones por silencio administrativo.

Justificación: Artículo 25 LPAC: 1. En los procedimientos iniciados de oficio, el venci-miento del plazo máximo establecido sin que se haya dictado y notificado resolución expresa no exime a la Administración del cumplimiento de la obligación legal de resolver, produciendo los siguientes efectos:

a) En el caso de procedimientos de los que pudiera derivarse el reconocimiento o, en su caso, la constitución de derechos u otras situaciones jurídicas favorables, los interesados que hubieren comparecido podrán entender desestimadas sus pre-tensiones por silencio administrativo.

b) En los procedimientos en que la Administración ejercite potestades sancionadoras o, en general, de intervención, susceptibles de producir efectos desfavorables o de gravamen, se producirá la caducidad. En estos casos, la resolución que declare la caducidad ordenará el archivo de las actuaciones, con los efectos previstos en el artículo 95.

45. d) Todas son correctas.

Justificación: Artículo 36 LPAC: 2. Para ser considerados válidos, los documentos electrónicos administrativos deberán:

a) Contener información de cualquier naturaleza archivada en un soporte electrónico según un formato determinado susceptible de identificación y tratamiento diferenciado.

b) Disponer de los datos de identificación que permitan su individualización, sin perjuicio de su posible incorporación a un expediente electrónico.

c) Incorporar una referencia temporal del momento en que han sido emitidos.

d) Incorporar los metadatos mínimos exigidos.

e) Incorporar las firmas electrónicas que correspondan de acuerdo con lo previsto en la normativa aplicable.

TEST N.º 3

De los actos administrativos

1. ¿Qué regula el Título III de la Ley 39/2015?

a) Los actos legislativos.
b) Las disposiciones sobre el procedimiento administrativo común.
c) Los actos administrativos.
d) Disposiciones generales.

2. ¿Cuántos capítulos tiene el Título III de la Ley 39/2015?

a) Ninguno.
b) Tres.
c) Cuatro.
d) Cinco.

3. Serán motivados (art. 35 Ley 39/2015):

a) Los actos que resuelvan procedimientos de revisión de oficio de disposiciones o actos administrativos, recursos administrativos y procedimientos de arbitraje y los que declaren su inadmisión.
b) Los actos que respeten el criterio seguido en actuaciones precedentes o del dictamen de órganos consultivos.
c) Los actos que admitan pruebas propuestas por los interesados.
d) Todas son correctas.

4. Cuando deba dictarse una serie de actos administrativos de la misma naturaleza (art. 36.3 Ley 39/2015):

a) Nunca podrán refundirse en un único acto.
b) Podrán refundirse en un único acto, acordado por el órgano competente, que especificará las personas u otras circunstancias que individualicen los efectos del acto para cada interesado.
c) Podrán refundirse en varios actos acordado por cualquier órgano.
d) Ninguna es correcta.

5. ¿Qué regula el Capítulo I del Título III de la Ley 39/2015?

a) Eficacia de los actos.
b) Requisitos de los actos administrativos.
c) Disposiciones generales.
d) Ninguna es correcta.

6. Los actos administrativos se producirán:

a) De manera oral o a través de medios electrónicos, a menos que su naturaleza exija otra forma más adecuada de expresión y constancia.
b) Por escrito, a menos que su naturaleza exija otra forma más adecuada de expresión y constancia.
c) Por escrito a través de medios electrónicos, a menos que su naturaleza exija otra forma más adecuada de expresión y constancia.
d) Ninguna es correcta.

7. ¿Qué regula el Capítulo II del Título III de la Ley 39/2015?

a) Eficacia de los actos.
b) Requisitos de los actos administrativos.
c) Disposiciones generales.
d) Ninguna es correcta.

8. Señala la respuesta correcta sobre la forma de los actos administrativos del artículo 36 Ley 39/2015:

a) Cuando deba dictarse una serie de actos administrativos de la misma naturaleza, tales como nombramientos, concesiones o licencias, podrán refundirse en un único acto, acordado por el órgano competente, que especificará las personas u otras circunstancias que individualicen los efectos del acto para cada interesado.
b) Cuando deba dictarse una serie de actos administrativos de distinta naturaleza, tales como nombramientos, concesiones o licencias, podrán refundirse en un único acto, acordado por el órgano competente, que especificará las personas u otras circunstancias que individualicen los efectos del acto para cada interesado.
c) Cuando deba dictarse una serie de actos administrativos de la misma naturaleza, tales como nombramientos, concesiones o licencias, podrán refundirse en un único acto, acordado por el órgano competente, sin que sea necesario especificar las personas u otras circunstancias que individualicen los efectos del acto para cada interesado.
d) Ninguna es correcta.

9. ¿Qué regula el Capítulo III del Título III de la Ley 39/2015?

a) Eficacia de los actos.
b) Requisitos de los actos administrativos.

c) Nulidad y anulabilidad.
d) Ninguna es correcta.

10. En ningún caso se efectuarán por medios electrónicos las siguientes notificaciones:

a) Aquellas en las que el acto a notificar vaya acompañado de elementos que no sean susceptibles de conversión en formato electrónico.
b) Las que contengan medios de pago a favor de los obligados, tales como cheques.
c) Las respuestas a) y b) son correctas.
d) Ninguna es correcta.

11. Los actos que limiten derechos subjetivos o intereses legítimos:

a) No serán motivados.
b) No serán motivados, salvo excepciones.
c) Serán motivados en determinados casos.
d) Serán motivados, con sucinta referencia de hechos y fundamentos de derecho.

12. Las resoluciones administrativas de carácter particular (art. 37 Ley 39/2015):

a) No podrán vulnerar lo establecido en otra disposición de carácter particular, aunque aquellas procedan de un órgano de igual o superior jerarquía al que dictó la disposición general.
b) Podrán vulnerar lo establecido en una disposición de carácter general, aunque aquellas procedan de un órgano de igual o superior jerarquía al que dictó la disposición general.
c) No podrán vulnerar lo establecido en una disposición de carácter general, aunque aquellas procedan de un órgano de igual o superior jerarquía al que dictó la disposición general.
d) Ninguna es correcta.

13. Los actos que acuerden la terminación del procedimiento por la imposibilidad material de continuarlo por causas sobrevenidas, así como los que acuerden el desistimiento por la Administración en procedimientos iniciados de oficio:

a) No serán motivados.
b) No serán motivados, salvo excepciones.
c) Serán motivados en determinados casos.
d) Serán motivados, con sucinta referencia de hechos y fundamentos de derecho.

14. Cuando la notificación por medios electrónicos sea de carácter obligatorio, o haya sido expresamente elegida por el interesado, se entenderá rechazada cuando hayan transcurrido (art. 43.2 Ley 39/2015):

a) Diez días hábiles desde la puesta a disposición de la notificación sin que se acceda a su contenido.
b) Diez días naturales desde la puesta a disposición de la notificación sin que se acceda a su contenido.

c) Cinco días naturales desde la puesta a disposición de la notificación sin que se acceda a su contenido.

d) Quince días hábiles desde la puesta a disposición de la notificación sin que se acceda a su contenido.

15. ¿En qué consiste la conservación de actos y trámites?

a) El órgano que declare la nulidad o anule las actuaciones dispondrá siempre la conservación de aquellos actos y trámites cuyo contenido se hubiera mantenido igual de no haberse cometido la infracción.

b) Los actos nulos o anulables que, sin embargo, contengan los elementos constitutivos de otro distinto producirán los efectos de este.

c) La Administración podrá convalidar los actos anulables, subsanando los vicios de que adolezcan.

d) Todas son correctas.

16. ¿Qué artículo regula la anulabilidad de los actos administrativos en la Ley 39/2015?

a) El 47.
b) El 48.
c) El 25.
d) El 5.

17. Las propuestas de resolución en los procedimientos de carácter sancionador, así como los actos que resuelvan procedimientos de carácter sancionador o de responsabilidad patrimonial:

a) Serán motivados, con sucinta referencia de hechos y fundamentos de derecho.
b) No serán motivados, salvo excepciones.
c) Serán motivados en determinados casos.
d) Ninguna es correcta.

18. Son nulas las resoluciones administrativas (art. 37.2 Ley 39/2015):

a) Que vulneren lo establecido en una disposición reglamentaria.
b) Aquellas que incurran en alguna de las causas recogidas en el artículo 47 de la LPAC.
c) Aquellas que incurran en alguna de las cusas de anulabilidad del artículo 48 de la LPAC.
d) Las respuestas a) y b) son correctas.

19. Cuando el interesado fuera notificado por distintos cauces (art. 41.7 Ley 39/2015):

a) Se tomará como fecha de notificación la de aquella que se hubiera producido en último lugar.
b) Se tomará como fecha de notificación la de aquella que elija el interesado.
c) Se tomará como fecha de notificación la de aquella que se hubiera producido en primer lugar.
d) Ninguna es correcta.

20. Serán motivados (art. 35 Ley 39/2015):

a) Los actos que limiten derechos subjetivos o intereses legítimos.

b) Los actos que resuelvan procedimientos de revisión de oficio de disposiciones o actos administrativos, recursos administrativos y procedimientos de arbitraje y los que declaren su inadmisión.

c) Los actos que se separen del criterio seguido en actuaciones precedentes o del dictamen de órganos consultivos.

d) Todas son correctas.

21. Los actos de las Administraciones Públicas sujetos al Derecho Administrativo:

a) No se presumirán válidos, salvo manifestación expresa del órgano competente para resolver.

b) Siempre producirán efectos desde la fecha en que se dicten.

c) Se presumirán válidos y producirán efectos desde la fecha en que se dicten, salvo que en ellos se disponga otra cosa.

d) Ninguna es correcta.

22. ¿Qué actos son nulos de pleno derecho?

a) Los que incurran en cualquier infracción del ordenamiento jurídico, incluso la desviación de poder.

b) La realización de actuaciones administrativas fuera del tiempo establecido para ellas.

c) Los que lesionen los derechos y libertades susceptibles de amparo constitucional.

d) Todas son correctas.

23. Los actos administrativos serán objeto de publicación (art. 45 Ley 39/2015):

a) Cuando así lo establezcan las normas reguladoras de cada procedimiento o cuando lo aconsejen razones de interés particular apreciadas por el órgano competente.

b) Cuando así lo establezcan las normas reguladoras de cada procedimiento o cuando lo aconsejen razones de interés público apreciadas por cualquier órgano.

c) Cuando así lo establezcan las normas reguladoras de cada procedimiento o cuando lo aconsejen razones de interés público apreciadas por el órgano competente.

d) Ninguna es correcta.

24. La realización de actuaciones administrativas fuera del tiempo establecido para ellas (art. 48.3 Ley 39/2015):

a) Implicará la nulidad del acto administrativa.

b) Solo implicará la anulabilidad del acto cuando así lo imponga la naturaleza del término o plazo.

c) Nunca implicará la anulabilidad del acto.

d) Ninguna es correcta.

25. La eficacia quedará demorada (art. 39.2 Ley 39/2015):

a) Cuando así lo exija el contenido del acto.
b) Cuando esté supeditada a su notificación, publicación o aprobación superior.
c) Las respuestas a) y b) son correctas.
d) Ninguna es correcta.

26. Con independencia del medio utilizado, las notificaciones serán válidas:

a) Siempre que permitan tener constancia de su envío o puesta a disposición, de la recepción o acceso por el interesado o su representante.
b) Que permitan tener constancia de sus fechas y horas, y del contenido íntegro.
c) Que permitan tener constancia de la identidad fidedigna del remitente y destinatario de la misma.
d) Todas son correctas.

27. La Administración podrá convalidar subsanando los vicios de que adolezcan:

a) Los actos anulables.
b) Los actos nulos.
c) Los actos nulos y los anulables.
d) Ninguna es correcta.

28. ¿Cómo se practicarán las notificaciones?

a) Preferentemente por medios físicos.
b) Preferentemente por medios electrónicos y, en todo caso, cuando el interesado resulte obligado a recibirlas por esta vía.
c) Siempre por medios electrónicos.
d) Ninguna es correcta.

29. ¿Qué artículo regula la nulidad de los actos administrativos en la Ley 39/2015?

a) El 48.
b) El 24.
c) El 47.
d) Ninguno de los anteriores.

30. ¿En qué consiste la conversión de actos viciados?

a) El órgano que declare la nulidad o anule las actuaciones dispondrá siempre la conservación de aquellos actos y trámites cuyo contenido se hubiera mantenido igual de no haberse cometido la infracción.
b) Los actos nulos o anulables que, sin embargo, contengan los elementos constitutivos de otro distinto producirán los efectos de este.

c) La Administración podrá convalidar los actos anulables, subsanando los vicios de que adolezcan.

d) Todas son correctas.

31. En todo caso, los actos administrativos serán objeto de publicación en los siguientes casos:

a) Cuando el acto tenga por destinatario a una pluralidad determinada de personas o cuando la Administración estime que la notificación efectuada a un solo interesado es suficiente para garantizar la notificación a todos, siendo, en este último caso, adicional a la individualmente realizada.

b) Cuando se trate de actos integrantes de un procedimiento selectivo o de concurrencia competitiva de cualquier tipo. En este caso, la convocatoria del procedimiento deberá indicar el medio donde se efectuarán las sucesivas publicaciones, produciendo validez las que se lleven a cabo en lugares distintos.

c) Las respuestas a) y b) son correctas.

d) Ninguna es correcta.

32. Las notificaciones deberán ser cursadas:

a) Dentro del plazo de quince días a partir de la fecha en que el acto haya sido dictado.

b) Dentro del plazo de veinte días a partir de la fecha en que el acto haya sido dictado.

c) Dentro del plazo de diez días a partir de la fecha en que el acto haya sido dictado.

d) Ninguna es correcta.

33. Cuando la notificación se practique en el domicilio del interesado, de no hallarse presente este en el momento de entregarse la notificación:

a) Si nadie se hiciera cargo de la notificación, se hará constar esta circunstancia en el expediente, junto con el día y la hora en que se intentó la notificación, intento que se repetirá por una sola vez y en una hora distinta dentro de los tres días siguientes.

b) Si nadie se hiciera cargo de la notificación, se hará constar esta circunstancia en el expediente, junto con el día y la hora en que se intentó la notificación, intento que se repetirá por una sola vez y en una hora distinta dentro de los dos días siguientes.

c) Si nadie se hiciera cargo de la notificación, se hará constar esta circunstancia en el expediente, junto con el día y la hora en que se intentó la notificación, intento que se repetirá por una sola vez y en una hora distinta dentro de los cinco días siguientes.

d) Ninguna es correcta.

34. Los actos que se dicten en el ejercicio de potestades discrecionales, así como los que deban serlo en virtud de disposición legal o reglamentaria expresa:

a) No serán motivados, salvo excepciones.

b) Serán motivados, con sucinta referencia de hechos y fundamentos de derecho.

c) Serán motivados en determinados casos.

d) Ninguna es correcta.

35. Serán nulas de pleno derecho según el artículo 47.2 Ley 39/2015 las disposiciones administrativas que:

a) Vulneren la Constitución, las leyes u otras disposiciones administrativas de rango superior.

b) Las que regulen materias reservadas a la ley.

c) Las que establezcan la retroactividad de disposiciones sancionadoras no favorables o restrictivas de derechos individuales.

d) Todas son correctas.

36. Señala la respuesta correcta sobre las notificaciones en papel:

a) Podrán ser puestas a disposición del interesado en la sede electrónica de la Administración u Organismo actuante para que pueda acceder al contenido de las mismas de forma voluntaria.

b) Deberán ser puestas a disposición del interesado en la sede electrónica de la Administración u Organismo actuante para que pueda acceder al contenido de las mismas de forma voluntaria.

c) Deberán ser puestas a disposición del interesado en la sede física de la Administración u Organismo actuante para que pueda acceder al contenido de las mismas de forma obligatoria.

d) Ninguna es correcta.

37. Cuando los interesados en un procedimiento sean desconocidos, se ignore el lugar de la notificación o bien, intentada esta, no se hubiese podido practicar, la notificación se hará (art. 44 Ley 39/2015):

a) Por medio de un anuncio publicado en el «Boletín Oficial de Aragón».

b) Por medio de un anuncio publicado en el «Boletín Oficial de la Provincia».

c) Por medio de un anuncio publicado en el «Boletín Oficial del Estado».

d) Todas son correctas.

38. ¿Qué actos son nulos de pleno derecho?

a) Los dictados por órgano manifiestamente incompetente por razón de la materia o del territorio.

b) Los que tengan un contenido posible.

c) Los que sean constitutivos de infracción administrativa o se dicten como consecuencia de esta.

d) Todas son correctas.

39. Cuando la notificación se practique en el domicilio del interesado, de no hallarse presente este en el momento de entregarse la notificación:

a) Podrá hacerse cargo de la misma cualquier persona mayor de dieciséis años que se encuentre en el domicilio y haga constar su identidad.

b) Podrá hacerse cargo de la misma cualquier persona mayor de dieciocho años que se encuentre en el domicilio y haga constar su identidad.

c) Podrá hacerse cargo de la misma cualquier persona mayor de catorce años que se encuentre en el domicilio y haga constar su identidad.

d) Ninguna es correcta.

40. Las notificaciones por medios electrónicos se entenderán practicadas (art. 43.2 Ley 39/2015), indicar la correcta o la más correcta:

a) En el momento en que se produzca el acceso a su contenido.

b) En el momento en que se produzca la notificación.

c) En el momento en que se el que se conozca su contenido por el medio que sea.

d) Ninguna es correcta.

41. Cuando se produzca una notificación infructuosa, según el artículo 44 Ley 39/2015:

a) La notificación se hará por medio de un anuncio publicado en el «Boletín Oficial del Estado».

b) Asimismo, previamente y con carácter obligatorio, las Administraciones publicarán un anuncio en el boletín oficial de la Comunidad Autónoma o de la Provincia, en el tablón de edictos del Ayuntamiento del último domicilio del interesado o del Consulado o Sección Consular de la Embajada correspondiente.

c) Se deberá volver a iniciar el procedimiento correspondiente.

d) Ninguna es correcta.

42. Las Administraciones Públicas podrán establecer otras formas de notificación complementarias a través de los restantes medios de difusión (art. 44 Ley 39/2015):

a) Que excluirán la obligación de publicar el correspondiente anuncio en el «Boletín Oficial del Estado».

b) Que no excluirán la obligación de publicar el correspondiente anuncio en el «Boletín Oficial del Estado».

c) Que no excluirán la obligación de publicar el correspondiente anuncio en el «Boletín Oficial de la Provincia».

d) Ninguna es correcta.

43. ¿Qué actos son nulos de pleno derecho?

a) Los dictados prescindiendo total y absolutamente del procedimiento legalmente establecido o de las normas que contienen las reglas esenciales para la formación de la voluntad de los órganos individuales.

b) Los actos expresos o presuntos conformes al ordenamiento jurídico por los que se adquieren facultades o derechos cuando se carezca de los requisitos esenciales para su adquisición.

c) Los que tengan un contenido imposible.

d) Todas son correctas.

44. ¿En qué Capítulo del Título III de la Ley 39/2015 se regula la nulidad de pleno derecho?

a) En el Capítulo I.
b) En el Capítulo III.
c) En el Capítulo II.
d) Ninguna es correcta.

45. Los actos de la Administración que incurran en cualquier infracción del ordenamiento jurídico, incluso la desviación de poder son:

a) Anulables.
b) Nulos de pleno derecho.
c) Anulables de pleno derecho.
d) Ninguna es correcta.

46. Excepcionalmente, podrá otorgarse eficacia retroactiva a los actos cuando (art. 39.3 Ley 39/2015):

a) Se dicten en sustitución de actos anulados.
b) Produzcan efectos favorables al interesado, siempre que los supuestos de hecho necesarios existieran ya en la fecha a que se retrotraiga la eficacia del acto y esta no lesione derechos o intereses legítimos de otras personas.
c) Las respuestas a) y b) son correctas.
d) Ninguna es correcta.

47. Serán motivados, con sucinta referencia de hechos y fundamentos de derecho:

a) Los actos que se dicten en el ejercicio de potestades discrecionales, así como los que deban serlo en virtud de disposición legal o reglamentaria expresa.
b) Los actos que rechacen pruebas propuestas por los interesados.
c) Los acuerdos de aplicación de la tramitación de urgencia, de ampliación de plazos y de realización de actuaciones complementarias.
d) Todas son correctas.

Soluciones comentadas

1. c) Los actos administrativos.

Justificación: Estructura LPAC.

2. b) Tres.

Justificación: Estructura LPAC.

3. a) Los actos que resuelvan procedimientos de revisión de oficio de disposiciones o actos administrativos, recursos administrativos y procedimientos de arbitraje y los que declaren su inadmisión.

Justificación: Artículo 35 LPAC: b) Los actos que resuelvan procedimientos de revisión de oficio de disposiciones o actos administrativos, recursos administrativos y procedimientos de arbitraje y los que declaren su inadmisión. El resto de respuestas contienen errores.

4. b) Podrán refundirse en un único acto, acordado por el órgano competente, que especificará las personas u otras circunstancias que individualicen los efectos del acto para cada interesado.

Justificación: Artículo 36 LPAC: 3. Cuando deba dictarse una serie de actos administrativos de la misma naturaleza, tales como nombramientos, concesiones o licencias, podrán refundirse en un único acto, acordado por el órgano competente, que especificará las personas u otras circunstancias que individualicen los efectos del acto para cada interesado.

5. b) Requisitos de los actos administrativos.

Justificación: Estructura LPAC.

6. c) Por escrito a través de medios electrónicos, a menos que su naturaleza exija otra forma más adecuada de expresión y constancia.

Justificación: Artículo 36 LPAC: 1. Los actos administrativos se producirán por escrito a través de medios electrónicos, a menos que su naturaleza exija otra forma más adecuada de expresión y constancia.

7. a) Eficacia de los actos.

Justificación: Estructura de la LPAC.

8. a) Cuando deba dictarse una serie de actos administrativos de la misma naturaleza, tales como nombramientos, concesiones o licencias, podrán refundirse en un único acto, acordado por el órgano competente, que especificará las personas u otras circunstancias que individualicen los efectos del acto para cada interesado.

Justificación: Artículo 36 LPAC: 3. Cuando deba dictarse una serie de actos administrativos de la misma naturaleza, tales como nombramientos, concesiones o licencias, podrán refundirse en un único acto, acordado por el órgano competente, que especificará las personas u otras circunstancias que individualicen los efectos del acto para cada interesado.

9. c) Nulidad y anulabilidad.

Justificación: Estructura LPAC.

10. c) Las respuestas a) y b) son correctas.

Justificación: Artículo 41 LPAC: 2. En ningún caso se efectuarán por medios electrónicos las siguientes notificaciones: a) Aquellas en las que el acto a notificar vaya acompañado de elementos que no sean susceptibles de conversión en formato electrónico. b) Las que contengan medios de pago a favor de los obligados, tales como cheques.

11. d) Serán motivados, con sucinta referencia de hechos y fundamentos de derecho.

Justificación: Artículo 35 LPAC: 1. Serán motivados, con sucinta referencia de hechos y fundamentos de derecho: a) Los actos que limiten derechos subjetivos o intereses legítimos. (…).

12. c) No podrán vulnerar lo establecido en una disposición de carácter general, aunque aquellas procedan de un órgano de igual o superior jerarquía al que dictó la disposición general.

Justificación: Artículo 37 LPAC: 1. Las resoluciones administrativas de carácter particular no podrán vulnerar lo establecido en una disposición de carácter general, aunque aquellas procedan de un órgano de igual o superior jerarquía al que dictó la disposición general.

13. d) Serán motivados, con sucinta referencia de hechos y fundamentos de derecho.

Justificación: Artículo 35 LPAC: 1. Serán motivados, con sucinta referencia de hechos y fundamentos de derecho: (…) g) Los actos que acuerden la terminación del procedimiento por la imposibilidad material de continuarlo por causas sobrevenidas, así como los que acuerden el desistimiento por la Administración en procedimientos iniciados de oficio.

14. b) Diez días naturales desde la puesta a disposición de la notificación sin que se acceda a su contenido.

Justificación: La disposición de la notificación sin que se acceda a su contenido.

Artículo 43 LPAC: Cuando la notificación por medios electrónicos sea de carácter obligatorio, o haya sido expresamente elegida por el interesado, se entenderá rechazada cuando hayan transcurrido diez días naturales desde la puesta a disposición de la notificación sin que se acceda a su contenido.

15. a) El órgano que declare la nulidad o anule las actuaciones dispondrá siempre la conservación de aquellos actos y trámites cuyo contenido se hubiera mantenido igual de no haberse cometido la infracción.

Justificación: Artículo 51 LPAC: El órgano que declare la nulidad o anule las actuaciones dispondrá siempre la conservación de aquellos actos y trámites cuyo contenido se hubiera mantenido igual de no haberse cometido la infracción.

16. b) El 48.

Justificación: LPAC: Artículo 48. Anulabilidad.

17. a) Serán motivados, con sucinta referencia de hechos y fundamentos de derecho.

Justificación: Artículo 35 LPAC: 1. Serán motivados, con sucinta referencia de hechos y fundamentos de derecho: (…) h) Las propuestas de resolución en los procedimientos de carácter sancionador, así como los actos que resuelvan procedimientos de carácter sancionador o de responsabilidad patrimonial.

18. d) Las respuestas a) y b) son correctas.

Justificación: Artículo 37 LPAC: 2. Son nulas las resoluciones administrativas que vulneren lo establecido en una disposición reglamentaria, así como aquellas que incurran en alguna de las causas recogidas en el artículo 47.

19. c) Se tomará como fecha de notificación la de aquella que se hubiera producido en primer lugar.

Justificación: Artículo 41 LPAC: 7. Cuando el interesado fuera notificado por distintos cauces, se tomará como fecha de notificación la de aquella que se hubiera producido en primer lugar.

20. d) Todas son correctas.

Justificación: Todas ellas aparecen en el listado del artículo 35 de la LPAC.

21. c) Se presumirán válidos y producirán efectos desde la fecha en que se dicten, salvo que en ellos se disponga otra cosa.

Justificación: Artículo 39 LPAC: 1. Los actos de las Administraciones Públicas sujetos al Derecho Administrativo se presumirán válidos y producirán efectos desde la fecha en que se dicten, salvo que en ellos se disponga otra cosa.

22. c) Los que lesionen los derechos y libertades susceptibles de amparo constitucional.

Justificación: Artículo 47 LPAC: 1. Los actos de las Administraciones Públicas son nulos de pleno derecho en los casos siguientes: a) Los que lesionen los derechos y libertades susceptibles de amparo constitucional. (…). El resto de supuestos hacen referencia a la anulabilidad.

23. c) Cuando así lo establezcan las normas reguladoras de cada procedimiento o cuando lo aconsejen razones de interés público apreciadas por el órgano competente.

Artículo 45 LPAC: 1. Los actos administrativos serán objeto de publicación cuando así lo establezcan las normas reguladoras de cada procedimiento o cuando lo aconsejen razones de interés público apreciadas por el órgano competente.

24. b) Solo implicará la anulabilidad del acto cuando así lo imponga la naturaleza del término o plazo.

Justificación: Artículo 48 LPAC: 3. La realización de actuaciones administrativas fuera del tiempo establecido para ellas solo implicará la anulabilidad del acto cuando así lo imponga la naturaleza del término o plazo.

25. c) Las respuestas a) y b) son correctas.

Justificación: Artículo 39 LPAC: 2. La eficacia quedará demorada cuando así lo exija el contenido del acto o esté supeditada a su notificación, publicación o aprobación superior.

26. d) Todas son correctas.

Justificación: Artículo 41 LPAC: Con independencia del medio utilizado, las notificaciones serán válidas siempre que permitan tener constancia de su envío o puesta a disposición, de la recepción o acceso por el interesado o su representante, de sus fechas y horas, del contenido íntegro, y de la identidad fidedigna del remitente y destinatario de la misma. La acreditación de la notificación efectuada se incorporará al expediente.

27. a) Los actos anulables.

Justificación: Artículo 52 LPAC: 1. La Administración podrá convalidar los actos anulables, subsanando los vicios de que adolezcan.

28. b) Preferentemente por medios electrónicos y, en todo caso, cuando el interesado resulte obligado a recibirlas por esta vía.

Justificación: Artículo 41 LPAC: 1. Las notificaciones se practicarán preferentemente por medios electrónicos y, en todo caso, cuando el interesado resulte obligado a recibirlas por esta vía.

29. c) El 47.

Justificación: PAC: Artículo 47. Nulidad de pleno derecho.

30. b) Los actos nulos o anulables que, sin embargo, contengan los elementos constitutivos de otro distinto producirán los efectos de este.

Justificación: Artículo 50 LPAC: Los actos nulos o anulables que, sin embargo, contengan los elementos constitutivos de otro distinto producirán los efectos de este.

31. d) Ninguna es correcta.

Justificación: Artículo 45 LPAC: En todo caso, los actos administrativos serán objeto de publicación, surtiendo esta los efectos de la notificación, en los siguientes casos: a) Cuando el acto tenga por destinatario a una pluralidad indeterminada de personas o cuando la Administración estime que la notificación efectuada a un solo interesado es insuficiente para garantizar la notificación a todos, siendo, en este último caso, adicional a la individualmente realizada. b) Cuando se trate de actos integrantes de un procedimiento selectivo o de concurrencia competitiva de cualquier tipo. En este caso, la convocatoria del procedimiento deberá indicar el medio donde se efectuarán las sucesivas publicaciones, careciendo de validez las que se lleven a cabo en lugares distintos.

32. c) Dentro del plazo de diez días a partir de la fecha en que el acto haya sido dictado.

Justificación: Artículo 40 LPAC: 2. Toda notificación deberá ser cursada dentro del plazo de diez días a partir de la fecha en que el acto haya sido dictado, y deberá contener el texto íntegro de la resolución, con indicación de si pone fin o no a la vía administrativa, la expresión de los recursos que procedan, en su caso, en vía administrativa y judicial, el órgano ante el que hubieran de presentarse y el plazo para interponerlos, sin perjuicio de que los interesados puedan ejercitar, en su caso, cualquier otro que estimen procedente.

33. a) Si nadie se hiciera cargo de la notificación, se hará constar esta circunstancia en el expediente, junto con el día y la hora en que se intentó la notificación, intento que se repetirá por una sola vez y en una hora distinta dentro de los tres días siguientes.

Justificación: Artículo 42 LPAC: 2. Cuando la notificación se practique en el domicilio del interesado, de no hallarse presente este en el momento de entregarse la notificación, podrá hacerse cargo de la misma cualquier persona mayor de catorce años que se encuentre en el domicilio y haga constar su identidad. Si nadie se hiciera cargo de la notificación, se hará constar esta circunstancia en el expediente, junto con el día y la hora en que se intentó la notificación, intento que se repetirá por una sola vez y en una hora distinta dentro de los tres días siguientes. En caso de que el primer intento de notificación se haya realizado antes de las quince horas, el segundo intento deberá realizarse después de las quince horas y viceversa, dejando en todo caso al menos un margen de diferencia de tres horas entre ambos intentos de notificación. Si el segundo intento también resultara infructuoso, se procederá en la forma prevista en el artículo 44.

34. b) Serán motivados, con sucinta referencia de hechos y fundamentos de derecho.

Justificación: Artículo 42 LPAC: 2. Cuando la notificación se practique en el domicilio del interesado, de no hallarse presente este en el momento de entregarse la notificación, podrá hacerse cargo de la misma cualquier persona mayor de catorce años que se encuentre en el domicilio y haga constar su identidad. Si nadie se hiciera cargo de la notificación, se hará constar esta circunstancia en el expediente, junto con el día y la hora en que se intentó la notificación, intento que se repetirá por una sola vez y en una hora distinta dentro de los tres días siguientes. En caso de que el primer intento de notificación se haya realizado antes de las quince horas, el segundo intento deberá realizarse después de las quince horas y viceversa, dejando en todo caso al menos un margen de diferencia de tres horas entre ambos intentos de notificación. Si el segundo intento también resultara infructuoso, se procederá en la forma prevista en el artículo 44.

35. d) Todas son correctas.

Justificación: Todas ellas aparecen en el artículo 47 de la LPAC.

36. b) Deberán ser puestas a disposición del interesado en la sede electrónica de la Administración u Organismo actuante para que pueda acceder al contenido de las mismas de forma voluntaria.

Justificación: Artículo 42 LPAC: 1. Todas las notificaciones que se practiquen en papel deberán ser puestas a disposición del interesado en la sede electrónica de la Administración u Organismo actuante para que pueda acceder al contenido de las mismas de forma voluntaria.

37. c) Por medio de un anuncio publicado en el «Boletín Oficial del Estado».

Justificación: Artículo 44 LPAC: Cuando los interesados en un procedimiento sean desconocidos, se ignore el lugar de la notificación o bien, intentada esta, no se hubiese podido practicar, la notificación se hará por medio de un anuncio publicado en el «Boletín Oficial del Estado».

38. a) Los dictados por órgano manifiestamente incompetente por razón de la materia o del territorio.

Justificación: Artículo 47 LPAC: b) Los dictados por órgano manifiestamente incompetente por razón de la materia o del territorio. El resto de respuestas contienen errores.

39. c) Podrá hacerse cargo de la misma cualquier persona mayor de catorce años que se encuentre en el domicilio y haga constar su identidad.

Justificación: Artículo 42 LPAC: 2. Cuando la notificación se practique en el domicilio del interesado, de no hallarse presente este en el momento de entregarse la notificación, podrá hacerse cargo de la misma cualquier persona mayor de catorce años que se encuentre en el domicilio y haga constar su identidad. Si nadie se hiciera cargo de la notificación, se hará constar esta circunstancia en el expediente, junto con el día y la hora en que se intentó la notificación, intento que se repetirá por una sola vez y en una hora distinta dentro de los tres días siguientes. En caso de que el primer intento de notificación se haya realizado antes de las quince horas, el segundo intento deberá realizarse después de las quince horas y viceversa, dejando en todo caso al menos un margen de diferencia de tres horas entre ambos intentos de notificación. Si el segundo intento también resultara infructuoso, se procederá en la forma prevista en el artículo 44.

40. a) En el momento en que se produzca el acceso a su contenido.

Justificación: Artículo 43 LPAC: 2. Las notificaciones por medios electrónicos se entenderán practicadas en el momento en que se produzca el acceso a su contenido.

41. a) La notificación se hará por medio de un anuncio publicado en el «Boletín Oficial del Estado».

Justificación: Artículo 44 LPAC: Cuando los interesados en un procedimiento sean desconocidos, se ignore el lugar de la notificación o bien, intentada esta, no se hubiese podido practicar, la notificación se hará por medio de un anuncio publicado en el «Boletín Oficial del Estado". Asimismo, previamente y con carácter facultativo, las Administraciones podrán publicar un anuncio en el boletín oficial de la Comunidad Autónoma o de la Provincia, en el tablón de edictos del Ayuntamiento del último domicilio del interesado o del Consulado o Sección Consular de la Embajada correspondiente.

42. b) Que no excluirán la obligación de publicar el correspondiente anuncio en el «Boletín Oficial del Estado».

Justificación: Artículo 44 LPAC: Las Administraciones Públicas podrán establecer otras formas de notificación complementarias a través de los restantes medios de difusión, que no excluirán la obligación de publicar el correspondiente anuncio en el «Boletín Oficial del Estado».

43. c) Los que tengan un contenido imposible.

Justificación: Artículo 47 LPAC: c) Los que tengan un contenido imposible. El resto de respuestas contienen errores.

44. b) En el Capítulo III.

Justificación: Estructura LPAC.

45. a) Anulables.

Justificación: Artículo 48 LPAC: 1. Son anulables los actos de la Administración que incurran en cualquier infracción del ordenamiento jurídico, incluso la desviación de poder.

46. c) Las respuestas a) y b) son correctas.

Justificación: Artículo 39 LPAC: 3. Excepcionalmente, podrá otorgarse eficacia retroactiva a los actos cuando se dicten en sustitución de actos anulados, así como cuando produzcan efectos favorables al interesado, siempre que los supuestos de hecho necesarios existieran ya en la fecha a que se retrotraiga la eficacia del acto y esta no lesione derechos o intereses legítimos de otras personas.

47. d) Todas son correctas.

Justificación: Todas las respuestas aparecen en la enumeración del artículo 35 de la LPAC.

TEST N.º 4

De las Disposiciones sobre el Procedimiento Administrativo Común

1. El Título IV de la Ley 39/2015 se titula:

a) Las disposiciones sobre el procedimiento administrativo.
b) Las disposiciones sobre el proceso administrativo general.
c) Las disposiciones sobre el procedimiento administrativo común.
d) Ninguna es correcta.

2. Señala la respuesta incorrecta sobre las solicitudes de iniciación en los procedimientos de responsabilidad patrimonial (art. 67 Ley 39/2015):

a) Los interesados solo podrán solicitar el inicio de un procedimiento de responsabilidad patrimonial, cuando haya prescrito su derecho a reclamar.
b) El derecho a reclamar prescribirá al año de producido el hecho o el acto que motive la indemnización o se manifieste su efecto lesivo.
c) En caso de daños de carácter físico o psíquico a las personas, el plazo empezará a computarse desde la curación o la determinación del alcance de las secuelas.
d) En los casos en que proceda reconocer derecho a indemnización por anulación en vía administrativa o contencioso-administrativa de un acto o disposición de carácter general, el derecho a reclamar prescribirá al año de haberse notificado la resolución administrativa o la sentencia definitiva.

3. El Capítulo I del Título IV de la LPAC regula:

a) Garantías especiales.
b) Garantía y disposición del procedimiento administrativo común.
c) Garantías del procedimiento.
d) Ninguna respuesta es correcta.

4. Los derechos del interesado se regulan en:

a) Artículo 52 LPAC.
b) Artículo 53 LPAC.
c) Artículo 55 LPAC.
d) Artículo 54 LPAC.

5. Podrán acordarse las siguientes medidas provisionales, en los términos previstos en la Ley 1/2000, de 7 de enero, de Enjuiciamiento Civil (art. 56.3 Ley 39/2015):

a) Suspensión definitiva de actividades.
b) Prestación de fianzas.
c) Embargo preventivo de bienes, rentas y cosas no fungibles computables en metálico por aplicación de precios ciertos.
d) Todas son correctas.

6. ¿Cuántos Capítulos tiene el Título IV Ley 39/2015?

a) 3.
b) 7.
c) 6.
d) 5.

7. El acuerdo de iniciación deberá contener al menos en los procedimientos de naturaleza sancionadora (art. 64.2 Ley 39/2015):

a) Identificación de la persona o personas presuntamente responsables.
b) Los hechos que motivan la incoación del procedimiento, su posible calificación y las sanciones que pudieran corresponder, sin perjuicio de lo que resulte de la instrucción.
c) Identificación del instructor y, en su caso, Secretario del procedimiento, con expresa indicación del régimen de recusación de los mismos.
d) Todas son correctas.

8. ¿Cuál de los siguientes no es un derecho regulado en el artículo 53 LPAC?

a) A no presentar datos y documentos no exigidos por las normas aplicables al procedimiento de que se trate, que ya se encuentren en poder de las Administraciones Públicas o que hayan sido elaborados por estas.
b) A obtener información y orientación acerca de los requisitos jurídicos o técnicos que las disposiciones vigentes impongan a los proyectos, actuaciones o solicitudes que se propongan realizar.
c) A actuar asistidos de asesor cuando lo consideren conveniente en defensa de sus intereses o de terceros.
d) A cumplir las obligaciones de pago a través de los medios electrónicos previstos en el artículo 98.2.

9. En el caso de procedimientos de naturaleza sancionadora (art. 55 Ley 39/2015):

a) Las actuaciones previas se orientarán a determinar, con la mayor precisión posible, los hechos susceptibles de motivar la incoación del procedimiento, la identificación de la persona o personas que pudieran resultar responsables y las circunstancias relevantes que concurran en unos y otros.
b) Se regulan el apartado 2 del artículo 55 Ley 39/2015.

c) Las actuaciones previas serán realizadas por los órganos que tengan atribuidas funciones de investigación, averiguación e inspección en la materia y, en defecto de estos, por la persona u órgano administrativo que se determine por el órgano competente para la iniciación o resolución del procedimiento.

d) Todas son correctas.

10. ¿Qué se regula en el artículo 103 de la Ley 39/2015, relativo a la multa coercitiva?

a) Los actos administrativos que impongan una obligación personalísima de no hacer o soportar podrán ser ejecutados por multa coercitiva sobre las personas en los casos en que la ley expresamente lo autorice, y dentro siempre del respeto debido a su dignidad y a los derechos reconocidos en la Constitución.

b) Cuando así lo autoricen las leyes, y en la forma y cuantía que estas determinen, las Administraciones Públicas pueden, para la ejecución de determinados actos, imponer multas coercitivas, reiteradas por lapsos de tiempo que sean suficientes para cumplir lo ordenado.

c) Si en virtud de acto administrativo hubiera de satisfacerse cantidad líquida, se seguirá el procedimiento previsto en las normas reguladoras del procedimiento de apremio.

d) No se admitirán a trámite acciones posesorias contra las actuaciones de los órganos administrativos realizadas en materia de su competencia y de acuerdo con el procedimiento legalmente establecido.

11. Cuando las Administraciones Públicas decidan iniciar de oficio un procedimiento de responsabilidad patrimonial será necesario:

a) Que no haya prescrito el derecho a la reclamación del interesado al que se refiere el artículo 17 de la LPAC.

b) Que haya prescrito el derecho a la reclamación del interesado al que se refiere el artículo 17 de la LPAC.

c) Que no haya prescrito el derecho a la reclamación del interesado al que se refiere el artículo 67 de la LPAC.

d) Que haya prescrito el derecho a la reclamación del interesado al que se refiere el artículo 67 de la LPAC.

12. ¿Qué capítulo del Título IV Ley 39/2015 regula la tramitación simplificada?

a) IV.
b) V.
c) VI.
d) III.

13. Cuando así lo autoricen las leyes, y en la forma y cuantía que estas determinen, las Administraciones Públicas pueden, para la ejecución de determinados actos, imponer multas coercitivas, reiteradas por lapsos de tiempo que sean suficientes para cumplir lo ordenado, en los siguientes supuestos (art. 103 Ley 39/2015):

a) Actos personalísimos en que proceda la compulsión directa sobre la persona del obligado.

b) Actos en que, procediendo la compulsión, la Administración no la estimara conveniente.

c) Actos cuya ejecución no pueda el obligado encargar a otra persona.

d) Todas son correctas.

14. Señala la respuesta incorrecta sobre la terminación convencional (art. 86 Ley 39/2015):

a) Las Administraciones Públicas no podrán celebrar acuerdos, pactos, convenios o contratos con personas tanto de Derecho público como privado, siempre que no sean contrarios al ordenamiento jurídico ni versen sobre materias no susceptibles de transacción.

b) Requerirán en todo caso la aprobación del Consejo de Ministros o del Pleno en el caso de las Entidades Locales, los acuerdos que versen sobre materias de la competencia directa de dichos órganos.

c) Los acuerdos que se suscriban supondrán alteración de las competencias atribuidas a los órganos administrativos, ni de las responsabilidades que correspondan a las autoridades y funcionarios, relativas al funcionamiento de los servicios públicos.

d) Ninguna es correcta.

15. ¿Cuál de los siguientes es un derecho regulado en el artículo 53 LPAC?

a) A identificar a las autoridades y al personal al servicio de las Administraciones Públicas bajo cuya responsabilidad se tramiten los procedimientos.

b) A presentar documentos originales salvo que, de manera ordinaria, la normativa reguladora aplicable establezca lo contrario.

c) A presentar datos no exigidos por las normas no aplicables al procedimiento de que se trate, que ya se encuentren en poder de las Administraciones Públicas o que hayan sido elaborados por estas.

d) A obtener información y orientación acerca de los requisitos jurídicos o técnicos que las disposiciones vigentes establezcan en cualquier proyecto.

16. Señala la respuesta correcta o más correcta. La inactividad del interesado en la cumplimentación de trámites, siempre que no sean indispensables para dictar resolución, indicar la respuesta correcta o más correcta:

a) Podrá acordar la caducidad.

b) No podrá acordar la caducidad.

c) Podrá acordar la caducidad solo en determinados casos tasados en el artículo 97 Ley 39/2015.

d) Ninguna es correcta.

17. Las medidas provisionales podrán ser alzadas o modificadas durante la tramitación del procedimiento (art. 56.5 Ley 39/2015):

a) De oficio, en virtud de circunstancias sobrevenidas o que no pudieron ser tenidas en cuenta en el momento de su adopción.

b) A instancia de parte, en virtud de circunstancias sobrevenidas o que no pudieron ser tenidas en cuenta en el momento de su adopción.

c) Las respuestas a) y b) son correctas.
d) Ninguna es correcta.

18. La caducidad aparece regulada en:

a) Iniciación del procedimiento.
b) Ordenación del procedimiento.
c) Instrucción del procedimiento.
d) Finalización del procedimiento.

19. No se podrán iniciar nuevos procedimientos de carácter sancionador por hechos o conductas tipificadas como infracciones (art. 63.3 Ley 39/2015):

a) En cuya comisión el infractor persista de forma continuada, en tanto no haya recaído una primera resolución sancionadora, con carácter ejecutivo.
b) En cuya comisión el infractor no persista de forma continuada, en tanto no haya recaído una primera resolución sancionadora, con carácter ejecutivo.
c) En cuya comisión el infractor persista de forma continuada, en tanto haya recaído una primera resolución sancionadora, con carácter ejecutivo.
d) Ninguna es correcta.

20. La ejecución forzosa por las Administraciones Públicas se efectuará, respetando siempre el principio de proporcionalidad, por los siguientes medios (art. 100 Ley 39/2015):

a) Apremio subsidiario.
b) Ejecución coercitiva.
c) Multa subsidiaria.
d) Ninguna es correcta.

21. ¿En qué artículo de la Ley 39/2015 se regula la tramitación simplificada?

a) En el 96.
b) En el 100.
c) En el 56.
d) En el 80.

22. Señala la respuesta incorrecta sobre la acumulación:

a) Está regulada en el artículo 57 Ley 39/2015.
b) El órgano administrativo que finalice un procedimiento, cualquiera que haya sido la forma de su iniciación, podrá disponer, de oficio o a instancia de parte, su acumulación.
c) Contra el acuerdo de acumulación no procederá recurso alguno.
d) Se regula en el Capítulo II del Título IV de la Ley 39/2015.

23. Señala la respuesta correcta sobre la compulsión de las personas regulada en la Ley 39/2015:

a) Se regula en el artículo 103.

b) Los actos administrativos que impongan una obligación personalísima de no hacer o soportar podrán ser ejecutados por compulsión directa sobre las personas en los casos en que la ley expresamente lo autorice, y dentro siempre del respeto debido a su dignidad y a los derechos reconocidos en la Constitución.

c) Si, tratándose de obligaciones personalísimas de hacer, no se realizase la prestación, el obligado no deberá resarcir los daños y perjuicios, a cuya liquidación y cobro se procederá en vía administrativa.

d) Todas son correctas.

24. Las clases de iniciación del procedimiento administrativo se regulan en el artículo:

a) 55 LPAC.

b) 65 LPAC.

c) 54 LPAC.

d) 64 LPAC.

25. A los efectos de la Ley 39/2015, se entenderá por declaración responsable:

a) Aquel documento mediante el que los interesados ponen en conocimiento de la Administración Pública competente sus datos identificativos o cualquier otro dato relevante para el inicio de una actividad o el ejercicio de un derecho.

b) El documento suscrito por un interesado en el que este manifiesta, bajo su responsabilidad, que cumple con los requisitos establecidos en la normativa vigente para obtener el reconocimiento de un derecho o facultad o para su ejercicio, que dispone de la documentación que así lo acredita, que la pondrá a disposición de la Administración cuando le sea requerida, y que se compromete a mantener el cumplimiento de las anteriores obligaciones durante el período de tiempo inherente a dicho reconocimiento o ejercicio.

c) Las respuestas a) y b) son correctas.

d) Ninguna es correcta.

26. Indica la respuesta correcta sobre la caducidad del artículo 95 Ley 39/2015:

a) La caducidad no producirá por sí sola la prescripción de las acciones del particular o de la Administración, pero los procedimientos caducados no interrumpirán el plazo de prescripción.

b) En los casos en los que sea posible la iniciación de un nuevo procedimiento por no haberse producido la prescripción, podrán incorporarse a este los actos y trámites cuyo contenido se hubiera mantenido igual de no haberse producido la caducidad. En todo caso, en el nuevo procedimiento deberán cumplimentarse los trámites de alegaciones, proposición de prueba y audiencia al interesado.

c) Podrá no ser aplicable la caducidad en el supuesto de que la cuestión suscitada afecte al interés general, o fuera conveniente sustanciarla para su definición y esclarecimiento.

d) Todas son correctas.

27. La prueba aparece regulada en la:

a) Ordenación del procedimiento.
b) Instrucción del procedimiento.
c) Finalización del procedimiento.
d) Iniciación del procedimiento.

28. Podrán acordarse las siguientes medidas provisionales, en los términos previstos en la Ley 1/2000, de 7 de enero, de Enjuiciamiento Civil (art. 56.3 Ley 39/2015):

a) La intervención y depósito de ingresos obtenidos mediante una actividad que se considere lícita.
b) Consignación o constitución de depósito de las cantidades que se reclamen.
c) La retención de gastos que deban ingresarse a las Administraciones Públicas.
d) Todas son correctas.

29. La renuncia aparece regulada en la:

a) Iniciación del procedimiento.
b) Ordenación del procedimiento.
c) Instrucción del procedimiento.
d) Finalización del procedimiento.

30. ¿Qué capítulo del Título IV Ley 39/2015 regula la revisión de oficio?

a) I.
b) II.
c) IV.
d) Ninguno.

31. Indica la respuesta correcta. El artículo 63 LPAC establece las especialidades en el inicio de los procedimientos de naturaleza sancionadora:

a) Se iniciarán siempre de oficio por acuerdo del órgano competente y establecerá si así lo considera la debida separación entre la fase instructora y la sancionadora, que se encomendará a órganos distintos.
b) Se considerará que un órgano es competente para iniciar el procedimiento cuando así lo determinen las normas reguladoras del mismo.
c) En determinados casos excepcionales se podrá imponer una sanción sin que se haya tramitado el oportuno procedimiento.
d) Todas son correctas.

32. Los actos de las Administraciones Públicas sujetos al Derecho Administrativo serán inmediatamente ejecutivos, salvo que (art. 98 Ley 39/2015):

a) Se produzca la suspensión de la ejecución del acto.
b) Se trate de una resolución de un procedimiento de naturaleza sancionadora contra la que quepa algún recurso en vía administrativa, incluido el potestativo de reposición.

c) Una disposición establezca lo contrario.

d) Todas son correctas.

33. ¿Qué artículo de la Ley 39/2015 regula la declaración responsable?

a) 15.

b) 56.

c) 69.

d) 2.

34. Las cuestiones incidentales aparecen reguladas en:

a) Ordenación del procedimiento.

b) Instrucción del procedimiento.

c) Finalización del procedimiento.

d) Iniciación del procedimiento.

35. De conformidad con la Ley 39/2015 se entenderá por comunicación:

a) Aquel documento mediante el que los interesados ponen en conocimiento de la Administración Pública competente sus datos identificativos o cualquier otro dato relevante para el inicio de una actividad o el ejercicio de un derecho.

b) El documento suscrito por un interesado en el que este manifiesta, bajo su responsabilidad, que cumple con los requisitos establecidos en la normativa vigente para obtener el reconocimiento de un derecho o facultad o para su ejercicio, que dispone de la documentación que así lo acredita, que la pondrá a disposición de la Administración cuando le sea requerida, y que se compromete a mantener el cumplimiento de las anteriores obligaciones durante el período de tiempo inherente a dicho reconocimiento o ejercicio.

c) El documento suscrito por la Administración en el que esta manifiesta, bajo su responsabilidad, que cumple con los requisitos establecidos en la normativa vigente para obtener el reconocimiento de un derecho o facultad o para su ejercicio, que dispone de la documentación que así lo acredita, que la pondrá a disposición de la Administración cuando le sea requerida, y que se compromete a mantener el cumplimiento de las anteriores obligaciones durante el período de tiempo inherente a dicho reconocimiento o ejercicio.

d) El documento suscrito por un interesado en el que este manifiesta, sin perjuicio de incurrir en responsabilidad, que cumple con los requisitos establecidos en la normativa vigente para obtener el reconocimiento de un derecho o facultad o para su ejercicio, que no dispone de la documentación que así lo acredita, que la pondrá a disposición de la Administración cuando le sea requerida, y que se compromete a mantener el cumplimiento de las anteriores obligaciones durante el período de tiempo inherente a dicho reconocimiento o ejercicio.

36. Los expedientes administrativos:

a) Tendrán formato electrónico.

b) Se formarán mediante la agregación ordenada alfabéticamente de cuantos documentos, pruebas, dictámenes, informes, acuerdos, notificaciones y demás diligencias deban integrarlos, así como un índice numerado de todos los documentos que contenga cuando se remita.

c) Deberá constar en el expediente copia electrónica o manuscrita certificada de la resolución adoptada.

d) Todas son correctas.

37. De conformidad con el artículo 73 de la LPAC, Los trámites que deban ser cumplimentados por los interesados:

a) Deberán realizarse en el plazo de quince días a partir del siguiente al de la notificación del correspondiente acto, salvo en el caso de que en la norma correspondiente se fije plazo distinto.

b) Deberán realizarse en el plazo de diez días a partir del siguiente al de la notificación del correspondiente acto, salvo en el caso de que en la norma correspondiente se fije plazo distinto.

c) Deberán realizarse en el plazo de diez días a partir del anterior al de la notificación del correspondiente acto, salvo en el caso de que en la norma correspondiente se fije plazo distinto.

d) Deberán realizarse en el plazo de cinco días a partir del siguiente al de la notificación del correspondiente acto, salvo en el caso de que en la norma correspondiente se fije plazo distinto.

38. Marca la respuesta correcta o la más correcta. En el caso de los procedimientos de responsabilidad patrimonial será preceptivo solicitar:

a) Informe al servicio cuyo funcionamiento haya ocasionado la presunta lesión indemnizable, no pudiendo exceder de diez días el plazo de su emisión.

b) Informe del Consejo de Estado u órgano consultivo de la Comunidad Autónoma.

c) Informe del Consejo General del Poder judicial.

d) Ninguna es correcta.

39. Respecto a la terminación de los procedimientos sancionadores:

a) Si el infractor reconoce su responsabilidad, se resolverá el procedimiento en todo caso con la imposición de la sanción que proceda.

b) Cuando la sanción tenga únicamente carácter pecuniario o bien quepa imponer una sanción pecuniaria y otra de carácter no pecuniario, pero se ha justificado la improcedencia de la segunda, el pago voluntario por el presunto responsable, en cualquier momento anterior a la resolución, implicará la terminación del procedimiento, salvo en lo relativo a la reposición de la situación alterada o a la determinación de la indemnización por los daños y perjuicios causados por la comisión de la infracción.

c) Cuando la sanción tenga únicamente carácter pecuniario, el órgano competente para resolver el procedimiento aplicará reducciones de, al menos, el 10 % sobre el importe de la sanción propuesta, siendo estos acumulables entre sí. Las citadas reducciones, deberán estar determinadas en la notificación de iniciación del procedimiento y su efectividad estará condicionada al desistimiento o renuncia de cualquier acción o recurso en vía administrativa contra la sanción.

d) Todas son correctas.

40. En el inicio del procedimiento administrativo se entiende por denuncia:

a) La emitida por un órgano administrativo superior jerárquico del competente para la iniciación del procedimiento.

b) La propuesta de iniciación del procedimiento formulada por cualquier órgano administrativo que no tiene competencia para iniciar el mismo y que ha tenido conocimiento de las circunstancias, conductas o hechos objeto del procedimiento, bien ocasionalmente o bien por tener atribuidas funciones de inspección, averiguación o investigación.

c) El acto por el que cualquier persona, en cumplimiento o no de una obligación legal, pone en conocimiento de un órgano administrativo la existencia de un determinado hecho que pudiera justificar la iniciación de oficio de un procedimiento administrativo.

d) La actuación derivada del conocimiento directo o indirecto de las circunstancias, conductas o hechos objeto del procedimiento por el órgano que tiene atribuida la competencia de iniciación.

41. Los interesados en un procedimiento administrativo tienen derecho a conocer:

a) En cualquier momento, el estado de la tramitación de los procedimientos en los que tengan la condición de interesados.

b) El sentido del silencio administrativo que corresponda, en caso de que la Administración no dicte ni notifique resolución expresa en plazo.

c) El órgano competente para su instrucción, en su caso, y resolución; y los actos de trámite dictados. Asimismo, también tendrán derecho a acceder y a obtener copia de los documentos contenidos en los citados procedimientos.

d) Todas son correctas.

42. Según el artículo 55 de la Ley 39/2015, con anterioridad al inicio del procedimiento:

a) El órgano competente no podrá abrir un período de información o actuaciones previas con el fin de conocer las circunstancias del caso concreto y la conveniencia o no de iniciar el procedimiento.

b) El órgano competente tendrá que abrir un período de información o actuaciones previas con el fin de conocer las circunstancias del caso concreto y la conveniencia o no de iniciar el procedimiento.

c) El órgano competente podrá abrir un período de información o actuaciones previas con el fin de conocer las circunstancias del caso concreto y la conveniencia o no de iniciar el procedimiento.

d) Ninguna es correcta.

43. En el caso de procedimientos de naturaleza sancionadora las actuaciones previas (art. 55.2 Ley 39/2015):

a) Se orientarán a determinar, con la mayor precisión posible, los hechos susceptibles de motivar la incoación del procedimiento, la identificación de la persona o personas que pudieran resultar responsables y las circunstancias relevantes que concurran en unos y otros.

b) Las actuaciones previas serán realizadas por los órganos que tengan atribuidas funciones de investigación, averiguación e inspección en la materia y, en defecto de estos, por la persona u órgano administrativo que se determine por el órgano competente para la iniciación o resolución del procedimiento.

c) Las respuestas a) y b) son correctas.

d) Ninguna es correcta.

44. Señala la respuesta correcta sobre las medidas provisionales (art. 56 de la Ley 39/2015):

a) Iniciado el procedimiento, el órgano administrativo competente para iniciarlo, podrá adoptar, de oficio y de forma motivada, las medidas provisionales que estime oportunas para asegurar la eficacia de la resolución que pudiera recaer, si existiesen elementos de juicio suficientes para ello.

b) Iniciado el procedimiento, el órgano administrativo competente para resolver, podrá adoptar, de oficio o a instancia de parte y de forma motivada, las medidas provisionales que estime oportunas para asegurar la eficacia de la resolución que pudiera recaer, si existiesen elementos de juicio suficientes para ello, de acuerdo con los principios de proporcionalidad, efectividad y menor onerosidad.

c) Antes de la iniciación del procedimiento, el órgano administrativo competente para resolver, podrá adoptar, de oficio o a instancia de parte sin ser necesaria motivación, las medidas provisionales que estime oportunas para asegurar la eficacia de la resolución que pudiera recaer.

d) Ninguna es correcta.

45. Señala la respuesta correcta sobre los modelos y sistemas de presentación masiva de solicitudes de iniciación del artículo 66.4 Ley 39/2015:

a) Las Administraciones Públicas deberán establecer modelos y sistemas de presentación masiva que permitan a los interesados presentar simultáneamente varias solicitudes.

b) Estos modelos, de uso voluntario, estarán a disposición de los interesados en las correspondientes sedes electrónicas y en las oficinas de asistencia en materia de registros de las Administraciones Públicas.

c) Los solicitantes podrán acompañar los elementos que estimen convenientes para precisar o completar los datos del modelo, los cuales deberán ser admitidos y tenidos en cuenta por el órgano al que se dirijan.

d) Todas son correctas.

46. De las solicitudes, comunicaciones y escritos que presenten los interesados electrónicamente o en las oficinas de asistencia en materia de registros de la Administración (art. 66.3 Ley 39/2015):

a) Podrán estos exigir el correspondiente recibo que acredite la fecha y hora de presentación.

b) No podrán estos exigir el correspondiente recibo.

c) Podrán estos exigir el correspondiente recibo sin necesidad de acreditación de fecha y hora.

d) Ninguna es correcta.

47. En las solicitudes de iniciación en los procedimientos de responsabilidad patrimonial (art. 67 Ley 36/2015):

a) Los interesados solo podrán solicitar el inicio de un procedimiento de responsabilidad patrimonial, cuando haya prescrito su derecho a reclamar.

b) El derecho a reclamar prescribirá al año de producido el hecho o el acto que motive la indemnización o se manifieste su efecto lesivo.

c) En caso de daños de carácter físico o psíquico a las personas, el plazo empezará a computarse desde el momento en que se produjo el hecho.

d) Todas son correctas.

48. Los procedimientos se iniciarán de oficio (art. 58 Ley 39/2015):

a) Por acuerdo del órgano competente, bien por propia iniciativa o como consecuencia de orden superior.

b) A petición razonada de otros órganos.

c) Por denuncia.

d) Todas son correctas.

49. Cuando las pretensiones correspondientes a una pluralidad de personas tengan un contenido y fundamento idéntico o sustancialmente similar (art. 66.2 Ley 39/2015):

a) Podrán ser formuladas en una única solicitud.

b) No podrán ser formuladas en una única solicitud, salvo que las normas reguladoras de los procedimientos específicos dispongan otra cosa.

c) Podrán ser formuladas en una única solicitud, salvo que las normas reguladoras de los procedimientos específicos dispongan otra cosa.

d) Ninguna es correcta.

50. Señala la respuesta correcta sobre la acumulación (art. 57 Ley 39/2015):

a) Contra el acuerdo de acumulación procederá recurso correspondiente.

b) Solamente el órgano administrativo que inicie un procedimiento podrá disponer, a instancia de parte, su acumulación a otros con los que guarde identidad sustancial.

c) El órgano administrativo que inicie o tramite un procedimiento, cualquiera que haya sido la forma de su iniciación, podrá disponer, de oficio o a instancia de parte, su acumulación a otros con los que guarde identidad sustancial o íntima conexión, siempre que sea el mismo órgano quien deba tramitar y resolver el procedimiento.

d) Todas son correctas.

51. En el inicio del procedimiento administrativo se entiende por propia iniciativa:

a) La emitida por un órgano administrativo superior jerárquico del competente para la iniciación del procedimiento.

b) La propuesta de iniciación del procedimiento formulada por cualquier órgano administrativo que no tiene competencia para iniciar el mismo y que ha tenido conocimiento de las circunstancias, conductas o hechos objeto del procedimiento, bien ocasionalmente o bien por tener atribuidas funciones de inspección, averiguación o investigación.

c) El acto por el que cualquier persona, en cumplimiento o no de una obligación legal, pone en conocimiento de un órgano administrativo la existencia de un determinado hecho que pudiera justificar la iniciación de oficio de un procedimiento administrativo.

d) La actuación derivada del conocimiento directo o indirecto de las circunstancias, conductas o hechos objeto del procedimiento por el órgano que tiene atribuida la competencia de iniciación.

52. En los procedimientos de naturaleza sancionadora, el acuerdo de iniciación deberá contener al menos (art. 64 Ley 39/2015):

a) Identificación de la persona o personas presuntamente responsables.

b) Los hechos que motivan la incoación del procedimiento, su posible calificación y las sanciones que pudieran corresponder, sin perjuicio de lo que resulte de la instrucción.

c) Indicación del derecho a formular alegaciones y a la audiencia en el procedimiento y de los plazos para su ejercicio, así como indicación de que, en caso de no efectuar alegaciones en el plazo previsto sobre el contenido del acuerdo de iniciación, este podrá ser considerado propuesta de resolución cuando contenga un pronunciamiento preciso acerca de la responsabilidad imputada.

d) Todas son correctas.

53. Las solicitudes de iniciación en el procedimiento a solicitud del interesado deberán contener (art. 66 Ley 39/2015):

a) Nombre y apellidos del interesado y, en su caso, de la persona que lo represente.

b) Identificación del lugar físico, o en su defecto, del medio electrónico en que desea que se practique la notificación. Adicionalmente, los interesados podrán aportar su dirección de correo electrónico y/o dispositivo electrónico con el fin de que las Administraciones Públicas les avisen del envío o puesta a disposición de la notificación.

c) Órgano, centro o unidad administrativa que lo instruye y su correspondiente código de identificación.

d) Todas son correctas.

54. Los expedientes administrativos (art. 70 Ley 39/2015):

a) Tendrán formato electrónico y se formarán mediante la agregación ordenada de cuantos documentos, pruebas, dictámenes, informes, acuerdos, notificaciones y demás diligencias deban integrarlos, así como un índice numerado de todos los documentos que contenga cuando se remita.

b) Asimismo, deberá constar en el expediente copia electrónica certificada de la resolución adoptada.

c) Cuando en virtud de una norma sea preciso remitir el expediente electrónico, se hará de acuerdo con lo previsto en el Esquema Nacional de Interoperabilidad y en las correspondientes Normas Técnicas de Interoperabilidad, y se enviará completo, foliado, autentificado y acompañado de un índice, asimismo autentificado, de los documentos que contenga.

d) Todas son correctas.

55. En el inicio del procedimiento por denuncia (art. 62.2 Ley 39/2015), las denuncias deberán expresar:

a) La identidad de la persona o personas que las presentan.

b) El relato de los hechos que se ponen en conocimiento de la Administración.

c) Cuando dichos hechos pudieran constituir una infracción administrativa, recogerán la fecha de su comisión y, cuando sea posible, la identificación de los presuntos responsables.

d) Todas son correctas.

56. En el inicio del procedimiento administrativo se entiende como consecuencia de orden superior:

a) La emitida por un órgano administrativo superior jerárquico del competente para la iniciación del procedimiento.

b) La propuesta de iniciación del procedimiento formulada por cualquier órgano administrativo que no tiene competencia para iniciar el mismo y que ha tenido conocimiento de las circunstancias, conductas o hechos objeto del procedimiento, bien ocasionalmente o bien por tener atribuidas funciones de inspección, averiguación o investigación.

c) El acto por el que cualquier persona, en cumplimiento o no de una obligación legal, pone en conocimiento de un órgano administrativo la existencia de un determinado hecho que pudiera justificar la iniciación de oficio de un procedimiento administrativo.

d) La actuación derivada del conocimiento directo o indirecto de las circunstancias, conductas o hechos objeto del procedimiento por el órgano que tiene atribuida la competencia de iniciación.

57. No formará parte del expediente administrativo (art. 70.4 Ley 39/2015):

a) La información que tenga carácter auxiliar o de apoyo, como la contenida en aplicaciones, ficheros y bases de datos informáticas, notas, borradores, opiniones, resúmenes, comunicaciones e informes internos o entre órganos o entidades administrativas.

b) Los juicios de valor emitidos por las Administraciones Públicas, salvo que se trate de informes, preceptivos y facultativos, solicitados antes de la resolución administrativa que ponga fin al procedimiento.

c) Las respuestas a) y b) son correctas.

d) Ninguna es correcta.

58. Señala la respuesta correcta sobre el inicio de los procedimientos de responsabilidad patrimonial (art. 65 Ley 39/2015):

a) Cuando las Administraciones Públicas inicien a instancia de parte un procedimiento de responsabilidad patrimonial será necesario que no haya prescrito el derecho a la reclamación del interesado al que se refiere el artículo 68.

b) El acuerdo de iniciación del procedimiento se notificará a los particulares presuntamente lesionados, concediéndoles un plazo de quince días para que aporten cuantas alegaciones estimen convenientes a su derecho y propongan cuantas pruebas sean pertinentes para el reconocimiento del mismo.

c) El procedimiento iniciado se instruirá, aunque los particulares presuntamente lesionados no se personen en el plazo establecido.
d) Todas son correctas.

59. Serán responsables directos de la tramitación del procedimiento y, en especial, del cumplimiento de los plazos establecidos (art. 71.3 Ley 39/2015):

a) Las personas designadas como órgano competente para iniciarlo o, en su caso, los titulares de las unidades administrativas que tengan atribuida tal función.
b) Las personas designadas como órgano instructor o, en su caso, los titulares de las unidades administrativas que tengan atribuida tal función.
c) Las personas designadas como órgano competente para resolver o, en su caso, los titulares de las unidades administrativas que tengan atribuida tal función.
d) Ninguna es correcta.

60. El procedimiento, sometido al principio de celeridad, se impulsará:

a) De oficio o a instancia de parte.
b) A instancia de parte, en todos sus trámites y a través de medios electrónicos, respetando los principios de transparencia y publicidad.
c) De oficio en la mayoría de sus trámites y a través de medios electrónicos, respetando los principios de transparencia y publicidad.
d) De oficio en todos sus trámites y a través de medios electrónicos, respetando los principios de transparencia y publicidad.

61. En el despacho de los expedientes se guardará (art. 71.2 Ley 39/2015):

a) El orden riguroso alfabético salvo que por el titular de la unidad administrativa se dé orden motivada en contrario, de la que quede constancia.
b) El orden riguroso de incoación en asuntos de homogénea naturaleza, salvo que por el titular de la unidad administrativa se dé orden motivada en contrario, de la que quede constancia.
c) El orden riguroso de incoación en asuntos de homogénea naturaleza, en todo caso.
d) Ninguna es correcta.

62. Las cuestiones incidentales que se susciten en el procedimiento (art. 74 Ley 39/2015):

a) Suspenderán la tramitación del mismo, incluida la recusación.
b) No suspenderán la tramitación del mismo, salvo la abstención.
c) No suspenderán la tramitación del mismo, salvo la recusación.
d) Siempre suspenderán la tramitación del mismo.

63. Los actos de instrucción se realizarán (art. 75 Ley 39/2015):

a) Se realizarán de oficio y a través de medios electrónicos, por el órgano que tramite el procedimiento, sin perjuicio del derecho de los interesados a proponer aquellas actuaciones que requieran su intervención o constituyan trámites legal o reglamentariamente establecidos.

b) Se realizarán de oficio o a instancia de interesado, por el órgano que tramite el procedimiento, sin perjuicio del derecho de los interesados a proponer aquellas actuaciones que requieran su intervención.

c) Se realizarán siempre a instancia de parte interesada y a través de medios electrónicos.

d) Ninguna es correcta.

64. Señala la respuesta correcta sobre el desistimiento y la renuncia del artículo 94 de la Ley 39/2015:

a) La Administración aceptará de plano el desistimiento o la renuncia, y declarará concluso el procedimiento salvo que, habiéndose personado en el mismo terceros interesados, instasen estos su continuación en el plazo de quince días desde que fueron notificados del desistimiento o renuncia.

b) La Administración aceptará de plano el desistimiento o la renuncia, y declarará concluso el procedimiento salvo que, habiéndose personado en el mismo terceros interesados, instasen estos su continuación en el plazo de diez días desde que fueron notificados del desistimiento o renuncia.

c) La Administración aceptará de plano el desistimiento o la renuncia, y declarará concluso el procedimiento salvo que, habiéndose personado en el mismo terceros interesados, instasen estos su continuación en el plazo de veinte días desde que fueron notificados del desistimiento o renuncia.

d) Ninguna es correcta.

65. ¿Cuáles son las formas de terminación de un procedimiento? (art. 84 Ley 39/2015):

a) La resolución y el desistimiento.

b) La renuncia al derecho en que se funde la solicitud, cuando tal renuncia no esté prohibida por el ordenamiento jurídico.

c) La declaración de caducidad.

d) Todas son correctas.

66. Los actos de instrucción que requieran la intervención de los interesados (art. 75.3 Ley 39/2015):

a) Habrán de practicarse en la forma en la que lo determine la administración y resulte más favorable a la misma.

b) Habrán de practicarse en la forma que resulte más conveniente para ellos y sea compatible, en la medida de lo posible, con sus obligaciones laborales o profesionales.

c) Habrán de practicarse en la forma en la que lo determinen las leyes, siempre a instancia del interesado.

d) Ninguna es correcta.

67. Señala la respuesta correcta sobre las alegaciones del artículo 76 de la Ley 39/2015:

a) Los interesados podrán, en cualquier momento del procedimiento anterior al trámite de audiencia, aducir alegaciones y aportar documentos u otros elementos de juicio.

b) Los interesados podrán, en cualquier momento del procedimiento posterior al trámite de audiencia, aducir alegaciones y aportar documentos u otros elementos de juicio.

c) La administración podrá, en cualquier momento del procedimiento anterior al trámite de audiencia, aducir alegaciones y aportar documentos u otros elementos de juicio.

d) La administración podrá, en cualquier momento del procedimiento posterior al trámite de audiencia, aducir alegaciones y aportar documentos u otros elementos de juicio.

68. Señala la respuesta incorrecta sobre el período de información pública (art. 83 Ley 39/2015):

a) Se publicará un anuncio en el Diario oficial correspondiente a fin de que cualquier persona física o jurídica pueda examinar el expediente, o la parte del mismo que se acuerde.

b) La incomparecencia en este trámite impedirá a los interesados interponer los recursos procedentes contra la resolución definitiva del procedimiento.

c) La comparecencia en el trámite de información pública no otorga, por sí misma, la condición de interesado.

d) Quienes presenten alegaciones u observaciones en este trámite tienen derecho a obtener de la Administración una respuesta razonada, que podrá ser común para todas aquellas alegaciones que planteen cuestiones sustancialmente iguales.

69. ¿En qué momento podrán los interesados alegar los defectos de tramitación? (art. 76.2 Ley 39/2015)

a) En cualquier momento del procedimiento anterior al trámite de audiencia.

b) En todo momento.

c) Nunca, debiendo ser alegados de oficio.

d) Ninguna es correcta.

70. El desistimiento y la renuncia podrán hacerse (art. 94 Ley 39/2015):

a) Por escrito obligatoriamente.

b) Por cualquier medio que permita su constancia, siempre que incorpore las firmas que correspondan de acuerdo con lo previsto en la normativa aplicable.

c) Por cualquier medio electrónicos.

d) Ninguna es correcta.

71. Los hechos relevantes para la decisión de un procedimiento podrán acreditarse (art. 77 Ley 39/2015):

a) Por cualquier medio de prueba admisible en Derecho, cuya valoración se realizará de acuerdo con los criterios establecidos en la Ley 1/2000, de 7 de enero, de Enjuiciamiento Civil.

b) Por los medios de prueba tasadas en leyes administrativas, cuya valoración se realizará de acuerdo con la Ley del procedimiento administrativo común.

c) Las respuestas a) y b) son correctas.

d) Ninguna es correcta.

72. En la terminación convencional de los procedimientos de responsabilidad patrimonial (art. 86.5 Ley 39/2015):

a) El acuerdo alcanzado entre las partes no deberá fijar la cuantía salvo en los casos tasados en el artículo 86.

b) El acuerdo alcanzado entre las partes deberá fijar la cuantía y modo de indemnización de acuerdo con los criterios que para calcularla y abonarla establece el artículo 34 de la Ley de Régimen Jurídico del Sector Público.

c) Las respuestas a) y b) son correctas.

d) Ninguna es correcta.

73. Señala la respuesta correcta sobre la terminación en los procedimientos sancionadores (art. 85 Ley 39/2015):

a) Instruido un procedimiento sancionador, si el infractor reconoce su responsabilidad, se podrá resolver el procedimiento con la imposición de la sanción que proceda.

b) Iniciado un procedimiento sancionador, si el infractor reconoce su responsabilidad, se podrá resolver el procedimiento con la imposición de la sanción que proceda.

c) Las respuestas a) y b) son correctas.

d) Ninguna es correcta.

74. En el caso de procedimientos de naturaleza sancionadora, se podrá adoptar la tramitación simplificada del procedimiento:

a) Cuando el órgano competente para iniciar el procedimiento considere que, de acuerdo con lo previsto en su normativa reguladora, existen elementos de juicio suficientes para calificar la infracción como leve, sin que quepa la oposición expresa por parte del interesado.

b) Cuando el órgano competente para finalizar el procedimiento considere que, de acuerdo con lo previsto en su normativa reguladora, existen elementos de juicio suficientes para calificar la infracción como leve.

c) En ningún caso.

d) En cualquier caso.

75. El instructor de un procedimiento administrativo puede acordar la apertura de un período de prueba por un plazo:

a) De diez días.

b) No superior a veinte días ni inferior a diez.

c) No superior a treinta días ni inferior a quince.

d) No superior a treinta días ni inferior a diez.

76. Señala la respuesta correcta sobre el período de prueba del artículo 77 de la Ley 39/2015:

a) Cuando lo considere necesario, el instructor, a petición de los interesados, podrá decidir la apertura de un período extraordinario de prueba por un plazo no superior a quince días.

b) Cuando lo considere necesario, el órgano encargado de finalizar el procedimiento, a petición de los interesados, podrá decidir la apertura de un período extraordinario de prueba por un plazo no superior a diez días.

c) Cuando lo considere necesario, el instructor, a petición de los interesados, podrá decidir la apertura de un periodo extraordinario de prueba por un plazo no superior a diez días.

d) Ninguna es correcta.

77. ¿Quién puede acordar un período de información pública? (art. 83 Ley 39/2015)

a) El órgano al que corresponda la resolución del procedimiento, cuando la naturaleza de este lo requiera.

b) El órgano al que corresponda la instrucción del procedimiento, cuando la naturaleza de este lo requiera.

c) El órgano al que corresponda la iniciación del procedimiento, cuando la naturaleza de este lo requiera.

d) El órgano al que corresponda la instrucción del procedimiento, en todo caso.

78. Señala la respuesta correcta sobre la solicitud de informes en los procedimientos de responsabilidad patrimonial (art. 81.1 Ley 39/2015):

a) Será preceptivo solicitar informe al servicio cuyo funcionamiento haya ocasionado la presunta lesión indemnizable.

b) Será facultativo solicitar informe al servicio cuyo funcionamiento haya ocasionado la presunta lesión indemnizable.

c) El plazo de emisión del informe no podrá exceder de 10 días.

d) Las respuestas a) y c) son correctas.

79. ¿Cuándo podrá el instructor del procedimiento rechazar las pruebas propuestas por los interesados? (art. 77.4 Ley 39/2015)

a) Cuando sean manifiestamente improcedentes, sin ser necesaria motivación alguna.

b) Cuando sean manifiestamente improcedentes o innecesarias, mediante resolución motivada.

c) En cualquier caso.

d) En ningún caso.

80. En los procedimientos de responsabilidad patrimonial, señala la respuesta correcta (art. 81 Ley 39/2015):

a) Cuando las indemnizaciones reclamadas sean de cuantía igual o superior a 30.000 euros o a la que se establezca en la correspondiente legislación autonómica, será preceptivo solicitar dictamen del Consejo de Estado o, en su caso, del órgano consultivo de la Comunidad Autónoma.

b) Cuando las indemnizaciones reclamadas sean de cuantía igual o superior a 50.000 euros o a la que se establezca en la correspondiente legislación autonómica, será facultativo solicitar dictamen del Consejo de Estado o, en su caso, del órgano consultivo de la Comunidad Autónoma.

c) Cuando las indemnizaciones reclamadas sean de cuantía igual o superior a 50.000 euros o a la que se establezca en la correspondiente legislación autonómica, será preceptivo solicitar dictamen del Consejo de Estado o, en su caso, del órgano consultivo de la Comunidad Autónoma.

d) Cuando las indemnizaciones reclamadas sean de cuantía igual o superior a 60.000 euros o a la que se establezca en la correspondiente legislación autonómica, será facultativo solicitar dictamen del Consejo de Estado o, en su caso, del órgano consultivo de la Comunidad Autónoma.

81. En los procedimientos de carácter sancionador, los hechos declarados probados por resoluciones judiciales penales firmes (art. 77.4 Ley 39/2015):

a) Vincularán a las Administraciones Públicas respecto de los procedimientos sancionadores que substancien.

b) No vincularán a las Administraciones Públicas respecto de los procedimientos sancionadores que substancien.

c) Vincularán a las Administraciones Públicas en determinados casos tasados en dicho artículo.

d) Ninguna es correcta.

82. Cuando la prueba consista en la emisión de un informe de un órgano administrativo, se entenderá que este tiene (art. 77.6 Ley 39/2015):

a) Carácter preceptivo, como regla general.

b) Carácter preceptivo.

c) Carácter potestativo.

d) Carácter potestativo, como regla general.

83. La resolución que ponga fin al procedimiento (art. 88 Ley 39/2015):

a) Decidirá todas las cuestiones planteadas por la Administración.

b) Decidirá todas las cuestiones planteadas por los interesados y aquellas otras derivadas del mismo.

c) Decidirá todas las cuestiones planteadas por los interesados únicamente.

d) Ninguna es correcta.

84. Los procedimientos administrativos tramitados de manera simplificada deberán ser resueltos (art. 96.6 Ley 39/2015):

a) En quince días.

b) En quince días, a contar desde el siguiente al que se notifique al interesado el acuerdo de tramitación simplificada del procedimiento.

c) En treinta días, a contar desde el siguiente al que se notifique al interesado el acuerdo de tramitación simplificada del procedimiento, salvo que reste menos para su tramitación ordinaria.

d) En veinte días.

85. La práctica de la prueba (señala la respuesta incorrecta):

a) La Administración comunicará a los interesados, con antelación suficiente, el inicio de las actuaciones necesarias para la realización de las pruebas que hayan sido admitidas y las no admitidas.

b) En la notificación se consignará el lugar, fecha y hora en que se practicará la prueba, con la advertencia, en su caso, de que el interesado puede nombrar técnicos para que le asistan.

c) En los casos en que, a petición del interesado, deban efectuarse pruebas cuya realización implique gastos que no deba soportar la Administración, esta podrá exigir el anticipo de los mismos, a reserva de la liquidación definitiva, una vez practicada la prueba.

d) Se regula en el artículo 78 de la Ley 39/2015.

86. Salvo disposición expresa en contrario, los informes serán (art. 80 Ley 39/2015):

a) Facultativos y vinculantes.

b) Preceptivos y no vinculantes.

c) Facultativos y no vinculantes.

d) Preceptivos y vinculantes.

87. Señala la respuesta correcta sobre el desistimiento (art. 94 Ley 39/2015):

a) Todo interesado podrá desistir de su solicitud cuando ello no esté prohibido por el ordenamiento jurídico.

b) Todo interesado podrá desistir de su solicitud.

c) Todo interesado puede desistir de su solicitud que implicará siempre la renuncia de la misma.

d) Ninguna es correcta.

88. Los informes serán emitidos en el plazo (art. 80 Ley 39/2015):

a) De diez días en todo caso.

b) De diez días, salvo que una disposición o el cumplimiento del resto de los plazos del procedimiento permita o exija otro plazo mayor o menor.

c) De veinte días.

d) De quince días, salvo que una disposición o el cumplimiento del resto de los plazos del procedimiento permita o exija otro plazo mayor o menor.

89. Si no se emite el informe en el plazo señalado ¿qué ocurre? (art. 80.3 Ley 39/2015):

a) Se podrán proseguir las actuaciones salvo cuando se trate de un informe preceptivo, en cuyo caso se podrá suspender el transcurso del plazo máximo legal para resolver el procedimiento en los términos establecidos en la letra d) del apartado 1 del artículo 22.

b) No se podrán proseguir las actuaciones salvo cuando se trate de un informe preceptivo, en cuyo caso se podrá suspender el transcurso del plazo máximo legal para resolver el procedimiento en los términos establecidos en la letra d) del apartado 1 del artículo 22.

c) Se podrán proseguir las actuaciones, en cualquier caso.
d) Ninguna es correcta.

90. Un informe emitido fuera de plazo, según señala el artículo 80.4 Ley 39/2015:

a) No podrá ser tenido en cuenta nunca.
b) Deberá ser tenido en cuenta.
c) No podrá ser tenido en cuenta, salvo excepciones señaladas en dicho artículo.
d) Podrá no ser tenido en cuenta al adoptar la correspondiente resolución.

91. Si el escrito de iniciación de un desistimiento se formula por dos o más interesados:

a) El desistimiento no podrá realizarse si hay más interesados en el procedimiento.
b) El desistimiento solo afectará a aquellos que la hubiesen formulado.
c) El desistimiento afectará a todos los interesados, aunque no lo hayan formulado.
d) Ninguna es correcta.

92. Señala la respuesta correcta sobre la terminación convencional (art. 86 Ley 39/2015):

a) Deberán establecer como contenido mínimo la identificación de las partes intervinientes, el ámbito personal, funcional y territorial, y el plazo de vigencia, debiendo publicarse o no según su naturaleza y las personas a las que estuvieran destinados.
b) Requerirán en todo caso la aprobación expresa del Consejo de Ministros u órgano equivalente de las Comunidades Autónomas, los acuerdos que versen sobre materias de la competencia directa de dicho órgano.
c) Los acuerdos que se suscriban no supondrán alteración de las competencias atribuidas a los órganos administrativos, ni de las responsabilidades que correspondan a las autoridades y funcionarios, relativas al funcionamiento de los servicios públicos.
d) Todas son correctas.

93. Señala la respuesta correcta sobre la caducidad de un procedimiento administrativo (art. 95 Ley 39/2015):

a) Producirá por sí sola la prescripción de las acciones del particular o de la Administración.
b) No producirá por sí sola la prescripción de las acciones del particular o de la Administración, y los procedimientos caducados interrumpirán el plazo de prescripción.
c) No producirá por sí sola la prescripción de las acciones del particular o de la Administración, pero los procedimientos caducados no interrumpirán el plazo de prescripción.
d) Ninguna es correcta.

94. ¿Puede desistir la Administración de un procedimiento?

a) Sí, en cualquier caso.
b) Nunca.

c) En los procedimientos iniciados de oficio, la Administración podrá desistir, sin necesidad de motivarlo, en los supuestos y con los requisitos previstos en las leyes.

d) En los procedimientos iniciados de oficio, la Administración podrá desistir, motivadamente, en los supuestos y con los requisitos previstos en las leyes.

95. Señala la respuesta correcta o más correcta sobre la renuncia a un procedimiento:

a) Todo interesado podrá renunciar de su solicitud.

b) Todo interesado podrá, cuando ello no esté prohibido por el ordenamiento jurídico, renunciar a sus derechos.

c) No se puede renunciar.

d) Solo se puede renunciar por los interesados en los casos que señala el artículo 93 Ley 39/2015.

96. ¿Cuándo se puede producir la caducidad de un procedimiento? (art. 95 Ley 39/2015):

a) En los procedimientos iniciados a solicitud del interesado, cuando se produzca su paralización por causa imputable al mismo, la Administración le advertirá que, transcurridos dos meses, se producirá la caducidad del procedimiento.

b) En los procedimientos iniciados a solicitud del interesado, cuando se produzca su paralización por causa imputable al mismo, la Administración le advertirá que, transcurridos tres meses, se producirá la caducidad del procedimiento.

c) En los procedimientos iniciados a solicitud del interesado, cuando se produzca su paralización por causa imputable al mismo, la Administración le advertirá que, transcurridos seis meses, se producirá la caducidad del procedimiento.

d) Ninguna es correcta.

97. ¿Cuándo puede no ser aplicable la caducidad en un procedimiento? (art. 95.4 Ley 39/2015)

a) En el supuesto de que la cuestión suscitada afecte al interés general.

b) En el supuesto de que la cuestión suscitada no fuera conveniente sustanciarla para su definición y esclarecimiento.

c) Las respuestas a) y b) son correctas.

d) Ninguna es correcta.

98. El órgano competente para la tramitación simplificada:

a) En cualquier momento del procedimiento anterior a su resolución, podrá acordar continuar con arreglo a la tramitación ordinaria.

b) En cualquier momento del procedimiento anterior a su iniciación, el órgano competente para su tramitación podrá acordar continuar con arreglo a la tramitación ordinaria.

c) En cualquier momento del procedimiento anterior a su instrucción, el órgano competente para su tramitación podrá acordar continuar con arreglo a la tramitación ordinaria.

d) Ninguna es correcta.

99. Cuando se trate de cuestiones conexas que no hubieran sido planteadas por los interesados (art. 88 Ley 39/2015):

a) El órgano competente no podrá pronunciarse sobre las mismas como regla general.

b) El órgano competente podrá pronunciarse sobre las mismas, poniéndolo antes de manifiesto a aquellos por un plazo no superior a quince días, para que formulen las alegaciones que estimen pertinentes y aporten, en su caso, los medios de prueba.

c) El órgano competente deberá pronunciarse sobre las mismas, poniéndolo antes de manifiesto a aquellos por un plazo no superior a diez días, para que formulen las alegaciones que estimen pertinentes y aporten, en su caso, los medios de prueba.

d) Ninguna es correcta.

100. Señala la respuesta correcta sobre las especialidades de la resolución en los procedimientos sancionadores (art. 90 Ley 39/2015):

a) En la resolución no se podrán aceptar hechos distintos de los determinados en el curso del procedimiento, con independencia de su diferente valoración jurídica.

b) La resolución que ponga fin al procedimiento será ejecutiva cuando no quepa contra ella ningún recurso ordinario en vía administrativa, pudiendo adoptarse en la misma las disposiciones cautelares precisas para garantizar su eficacia en tanto no sea ejecutiva y que podrán consistir en el mantenimiento de las medidas provisionales que en su caso se hubieran adoptado.

c) Las respuestas a) y b) son correctas.

d) Ninguna es correcta.

Soluciones comentadas

1. **c) Las disposiciones sobre el procedimiento administrativo común.**
    Estructura LPAC.

2. **a) Los interesados solo podrán solicitar el inicio de un procedimiento de responsabilidad patrimonial, cuando haya prescrito su derecho a reclamar.**
    Artículo 67 LPAC: 1. Los interesados solo podrán solicitar el inicio de un procedimiento de responsabilidad patrimonial, cuando no haya prescrito su derecho a reclamar. El derecho a reclamar prescribirá al año de producido el hecho o el acto que motive la indemnización o se manifieste su efecto lesivo. En caso de daños de carácter físico o psíquico a las personas, el plazo empezará a computarse desde la curación o la determinación del alcance de las secuelas.

3. **c) Garantías del procedimiento.**
    Estructura LPAC: Capítulo I Garantías del procedimiento.

4. **b) Artículo 53 LPAC.**
    LPAC: Artículo 53. Derechos del interesado en el procedimiento administrativo.

5. **b) Prestación de fianzas.**
    Artículo 56 LPAC: b) Prestación de fianzas. El resto de respuestas contienen errores.

6. **b) 7.**
    Estructura LPAC.

7. **d) Todas son correctas.**
    Artículo 64 LPAC: 2. El acuerdo de iniciación deberá contener al menos: a) Identificación de la persona o personas presuntamente responsables. b) Los hechos que motivan la incoación del procedimiento, su posible calificación y las sanciones que pudieran corresponder, sin perjuicio de lo que resulte de la instrucción. c) Identificación del instructor y, en su caso, Secretario del procedimiento, con expresa indicación del régimen de recusación de los mismos. d) Órgano competente para la resolución del procedimiento y norma que le atribuya tal competencia, indicando la posibilidad de que el presunto responsable pueda reconocer voluntariamente su responsabilidad, con los efectos previstos en el artículo 85. e) Medidas de carácter provisional que se hayan acordado por el órgano competente para iniciar el procedimiento sanciona-

dor, sin perjuicio de las que se puedan adoptar durante el mismo de conformidad con el artículo 56. f) Indicación del derecho a formular alegaciones y a la audiencia en el procedimiento y de los plazos para su ejercicio, así como indicación de que, en caso de no efectuar alegaciones en el plazo previsto sobre el contenido del acuerdo de iniciación, este podrá ser considerado propuesta de resolución cuando contenga un pronunciamiento preciso acerca de la responsabilidad imputada.

8. **c) A actuar asistidos de asesor cuando lo consideren conveniente en defensa de sus intereses o de terceros.**

Artículo 53 LPAC: g) A actuar asistidos de asesor cuando lo consideren conveniente en defensa de sus intereses. El resto de respuestas son correctas.

9. **d) Todas son correctas.**

Artículo 55 LPAC: 2. En el caso de procedimientos de naturaleza sancionadora las actuaciones previas se orientarán a determinar, con la mayor precisión posible, los hechos susceptibles de motivar la incoación del procedimiento, la identificación de la persona o personas que pudieran resultar responsables y las circunstancias relevantes que concurran en unos y otros. Las actuaciones previas serán realizadas por los órganos que tengan atribuidas funciones de investigación, averiguación e inspección en la materia y, en defecto de estos, por la persona u órgano administrativo que se determine por el órgano competente para la iniciación o resolución del procedimiento.

10. **b) Cuando así lo autoricen las leyes, y en la forma y cuantía que estas determinen, las Administraciones Públicas pueden, para la ejecución de determinados actos, imponer multas coercitivas, reiteradas por lapsos de tiempo que sean suficientes para cumplir lo ordenado.**

Artículo 103 LPAC: 1. Cuando así lo autoricen las leyes, y en la forma y cuantía que estas determinen, las Administraciones Públicas pueden, para la ejecución de determinados actos, imponer multas coercitivas, reiteradas por lapsos de tiempo que sean suficientes para cumplir lo ordenado.

11. **c) Que no haya prescrito el derecho a la reclamación del interesado al que se refiere el artículo 67 de la LPAC.**

Artículo 65 LPAC: 1. Cuando las Administraciones Públicas decidan iniciar de oficio un procedimiento de responsabilidad patrimonial será necesario que no haya prescrito el derecho a la reclamación del interesado al que se refiere el artículo 67.

12. **c) VI.**

Estructura de la LPAC.

13. **b) Actos en que, procediendo la compulsión, la Administración no la estimara conveniente.**

Artículo 103 LPAC: 1. Cuando así lo autoricen las leyes, y en la forma y cuantía que estas determinen, las Administraciones Públicas pueden, para la ejecución de determinados actos, imponer multas coercitivas, reiteradas por lapsos de tiempo que sean suficientes para cumplir lo ordenado, en los siguientes supuestos:

a) Actos personalísimos en que no proceda la compulsión directa sobre la persona del obligado.

b) Actos en que, procediendo la compulsión, la Administración no la estimara conveniente.

c) Actos cuya ejecución pueda el obligado encargar a otra persona.

14. d) Ninguna es correcta.

Artículo 86 LPAC: 1. Las Administraciones Públicas podrán celebrar acuerdos, pactos, convenios o contratos con personas tanto de Derecho público como privado, siempre que no sean contrarios al ordenamiento jurídico ni versen sobre materias no susceptibles de transacción y tengan por objeto satisfacer el interés público que tienen encomendado, con el alcance, efectos y régimen jurídico específico que, en su caso, prevea la disposición que lo regule, pudiendo tales actos tener la consideración de finalizadores de los procedimientos administrativos o insertarse en los mismos con carácter previo, vinculante o no, a la resolución que les ponga fin. 2. Los citados instrumentos deberán establecer como contenido mínimo la identificación de las partes intervinientes, el ámbito personal, funcional y territorial, y el plazo de vigencia, debiendo publicarse o no según su naturaleza y las personas a las que estuvieran destinados. 3. Requerirán en todo caso la aprobación expresa del Consejo de Ministros u órgano equivalente de las Comunidades Autónomas, los acuerdos que versen sobre materias de la competencia directa de dicho órgano. 4. Los acuerdos que se suscriban no supondrán alteración de las competencias atribuidas a los órganos administrativos, ni de las responsabilidades que correspondan a las autoridades y funcionarios, relativas al funcionamiento de los servicios públicos.

15. a) A identificar a las autoridades y al personal al servicio de las Administraciones Públicas bajo cuya responsabilidad se tramiten los procedimientos.

Artículo 53 LPAC: b) A identificar a las autoridades y al personal al servicio de las Administraciones Públicas bajo cuya responsabilidad se tramiten los procedimientos. El resto de respuestas contienen errores.

16. a) Podrá acordar la caducidad.

Artículo 95 LPAC: 1. En los procedimientos iniciados a solicitud del interesado, cuando se produzca su paralización por causa imputable al mismo, la Administración le advertirá que, transcurridos tres meses, se producirá la caducidad del procedimiento. Consumido este plazo sin que el particular requerido realice las actividades necesarias para reanudar la tramitación, la Administración acordará el archivo de las actuaciones, notificándoselo al interesado. Contra la resolución que declare la caducidad procederán los recursos pertinentes. 2. No podrá acordarse la caducidad por la simple inactividad del interesado en la cumplimentación de trámites, siempre que no sean indispensables para dictar resolución. Dicha inactividad no tendrá otro efecto que la pérdida de su derecho al referido trámite.

17. c) Las respuestas a) y b) son correctas.

Artículo 56 LPAC: 5. Las medidas provisionales podrán ser alzadas o modificadas durante la tramitación del procedimiento, de oficio o a instancia de parte, en virtud de circunstancias sobrevenidas o que no pudieron ser tenidas en cuenta en el momento de su adopción.

18. d) Finalización del procedimiento.

Artículo 95 LPAC (sección 4º del capítulo V: Finalización del procedimiento).

19. a) En cuya comisión el infractor persista de forma continuada, en tanto no haya recaído una primera resolución sancionadora, con carácter ejecutivo.

Artículo 63 LPAC: 3. No se podrán iniciar nuevos procedimientos de carácter sancionador por hechos o conductas tipificadas como infracciones en cuya comisión el infractor persista de forma continuada, en tanto no haya recaído una primera resolución sancionadora, con carácter ejecutivo.

20. d) Ninguna es correcta.

Artículo 100 LPAC: 1. La ejecución forzosa por las Administraciones Públicas se efectuará, respetando siempre el principio de proporcionalidad, por los siguientes medios:

a) Apremio sobre el patrimonio.

b) Ejecución subsidiaria.

c) Multa coercitiva.

d) Compulsión sobre las personas.

21. a) En el 96.

LPAC: Artículo 96. Tramitación simplificada del procedimiento.

22. b) El órgano administrativo que finalice un procedimiento, cualquiera que haya sido la forma de su iniciación, podrá disponer, de oficio o a instancia de parte, su acumulación.

Artículo 57 LPAC: El órgano administrativo que inicie o tramite un procedimiento, cualquiera que haya sido la forma de su iniciación, podrá disponer, de oficio o a instancia de parte, su acumulación a otros con los que guarde identidad sustancial o íntima conexión, siempre que sea el mismo órgano quien deba tramitar y resolver el procedimiento. Contra el acuerdo de acumulación no procederá recurso alguno.

23. b) Los actos administrativos que impongan una obligación personalísima de no hacer o soportar podrán ser ejecutados por compulsión directa sobre las personas en los casos en que la ley expresamente lo autorice, y dentro siempre del respeto debido a su dignidad y a los derechos reconocidos en la Constitución.

Artículo 104 LPAC: 1. Los actos administrativos que impongan una obligación personalísima de no hacer o soportar podrán ser ejecutados por compulsión directa sobre las personas en los casos en que la ley expresamente lo autorice, y dentro siempre del respeto debido a su dignidad y a los derechos reconocidos en la Constitución. 2. Si, tratándose de obligaciones personalísimas de hacer, no se realizase la prestación, el obligado deberá resarcir los daños y perjuicios, a cuya liquidación y cobro se procederá en vía administrativa.

24. c) 54 LPAC.

Artículo 54 LPAC: Los procedimientos podrán iniciarse de oficio o a solicitud del interesado.

25. b) El documento suscrito por un interesado en el que este manifiesta, bajo su responsabilidad, que cumple con los requisitos establecidos en la normativa vigente para obtener el reconocimiento de un derecho o facultad o para su ejercicio, que dispone de la documentación que así lo acredita, que la pondrá a disposición de la Administración cuando le sea requerida, y que se compromete a mantener el cumplimiento de las anteriores obligaciones durante el período de tiempo inherente a dicho reconocimiento o ejercicio.

Artículo 69 LPAC: 1. A los efectos de esta ley, se entenderá por declaración responsable el documento suscrito por un interesado en el que este manifiesta, bajo su responsabilidad, que cumple con los requisitos establecidos en la normativa vigente para obtener el reconocimiento de un derecho o facultad o para su ejercicio, que dispone de la documentación que así lo acredita, que la pondrá a disposición de la Administración cuando le sea requerida, y que se compromete a mantener el cumplimiento de las anteriores obligaciones durante el período de tiempo inherente a dicho reconocimiento o ejercicio.

26. d) Todas son correctas.

Artículo 95 LPAC: 1. En los procedimientos iniciados a solicitud del interesado, cuando se produzca su paralización por causa imputable al mismo, la Administración le advertirá que, transcurridos tres meses, se producirá la caducidad del procedimiento. Consumido este plazo sin que el particular requerido realice las actividades necesarias para reanudar la tramitación, la Administración acordará el archivo de las actuaciones, notificándoselo al interesado. Contra la resolución que declare la caducidad procederán los recursos pertinentes. 2. No podrá acordarse la caducidad por la simple inactividad del interesado en la cumplimentación de trámites, siempre que no sean indispensables para dictar resolución. Dicha inactividad no tendrá otro efecto que la pérdida de su derecho al referido trámite. 3. La caducidad no producirá por sí sola la prescripción de las acciones del particular o de la Administración, pero los procedimientos caducados no interrumpirán el plazo de prescripción. En los casos en los que sea posible la iniciación de un nuevo procedimiento por no haberse producido la prescripción, podrán incorporarse a este los actos y trámites cuyo contenido se hubiera mantenido igual de no haberse producido la caducidad. En todo caso, en el nuevo procedimiento deberán cumplimentarse los trámites de alegaciones, proposición de prueba y audiencia al interesado. 4. Podrá no ser aplicable la caducidad en el supuesto de que la cuestión suscitada afecte al interés general, o fuera conveniente sustanciarla para su definición y esclarecimiento.

27. b) Instrucción del procedimiento.

LPAC: Sección segunda. Prueba del capítulo IV. Instrucción del procedimiento.

28. b) Consignación o constitución de depósito de las cantidades que se reclamen.

Artículo 56 LPAC: g) Consignación o constitución de depósito de las cantidades que se reclamen. El resto de respuestas contienen errores.

29. d) Finalización del procedimiento.

LPAC: Sección 3.º desistimiento y renuncia del capítulo V. Finalización del Procedimiento.

30. d) Ninguno.

La revisión de oficio se regula en el título V de la LPAC.

31. b) Se considerará que un órgano es competente para iniciar el procedimiento cuando así lo determinen las normas reguladoras del mismo.

Artículo 63 LPAC: 1. Los procedimientos de naturaleza sancionadora se iniciarán siempre de oficio por acuerdo del órgano competente y establecerán la debida separación entre la fase instructora y la sancionadora, que se encomendará a órganos distintos. Se considerará que un órgano es competente para iniciar el procedimiento cuando así lo determinen las normas reguladoras del mismo. 2. En ningún caso se podrá imponer una sanción sin que se haya tramitado el oportuno procedimiento.

32. d) Todas son correctas.

Artículo 98 LPAC: 1. Los actos de las Administraciones Públicas sujetos al Derecho Administrativo serán inmediatamente ejecutivos, salvo que:

a) Se produzca la suspensión de la ejecución del acto.

b) Se trate de una resolución de un procedimiento de naturaleza sancionadora contra la que quepa algún recurso en vía administrativa, incluido el potestativo de reposición.

c) Una disposición establezca lo contrario. d) Se necesite aprobación o autorización superior.

33. c) 69.

Artículo 69 LPAC. Declaración responsable y comunicación.

34. a) Ordenación del procedimiento.

Artículo 74 LPAC. Cuestiones incidentales regulado en el Capítulo III. Ordenación del procedimiento.

35. a) Aquel documento mediante el que los interesados ponen en conocimiento de la Administración Pública competente sus datos identificativos o cualquier otro dato relevante para el inicio de una actividad o el ejercicio de un derecho.

Artículo 69 LPAC: 2. A los efectos de esta Ley, se entenderá por comunicación aquel documento mediante el que los interesados ponen en conocimiento de la Administración Pública competente sus datos identificativos o cualquier otro dato relevante para el inicio de una actividad o el ejercicio de un derecho.

36. a) Tendrán formato electrónico.

Artículo 70 LPAC: 2. Los expedientes tendrán formato electrónico y se formarán mediante la agregación ordenada de cuantos documentos, pruebas, dictámenes, informes, acuerdos, notificaciones y demás diligencias deban integrarlos, así como un índice numerado de todos los documentos que contenga cuando se remita. Asimismo, deberá constar en el expediente copia electrónica certificada de la resolución adoptada.

37. b) Deberán realizarse en el plazo de diez días a partir del siguiente al de la notificación del correspondiente acto, salvo en el caso de que en la norma correspondiente se fije plazo distinto.

Artículo 73 LPAC: 1. Los trámites que deban ser cumplimentados por los interesados deberán realizarse en el plazo de diez días a partir del siguiente al de la notificación del correspondiente acto, salvo en el caso de que en la norma correspondiente se fije plazo distinto.

38. a) Informe al servicio cuyo funcionamiento haya ocasionado la presunta lesión indemnizable, no pudiendo exceder de diez días el plazo de su emisión.

Artículo 81 LPAC: 1. En el caso de los procedimientos de responsabilidad patrimonial será preceptivo solicitar informe al servicio cuyo funcionamiento haya ocasionado la presunta lesión indemnizable, no pudiendo exceder de diez días el plazo de su emisión. El resto de informes deben solicitarse solo en determinados supuestos.

39. b) Cuando la sanción tenga únicamente carácter pecuniario o bien quepa imponer una sanción pecuniaria y otra de carácter no pecuniario, pero se ha justificado la improcedencia de la segunda, el pago voluntario por el presunto responsable, en cualquier momento anterior a la resolución, implicará la terminación del procedimiento, salvo en lo relativo a la reposición de la situación alterada o a la determinación de la indemnización por los daños y perjuicios causados por la comisión de la infracción.

Artículo 85 LPAC: 1. Iniciado un procedimiento sancionador, si el infractor reconoce su responsabilidad, se podrá resolver el procedimiento con la imposición de la sanción que proceda. 2. Cuando la sanción tenga únicamente carácter pecuniario o bien quepa imponer una sanción pecuniaria y otra de carácter no pecuniario pero se ha justificado la improcedencia de la segunda, el pago voluntario por el presunto responsable, en cualquier momento anterior a la resolución, implicará la terminación del procedimiento, salvo en lo relativo a la reposición de la situación alterada o a la determinación de la indemnización por los daños y perjuicios causados por la comisión de la infracción. 3. En ambos casos, cuando la sanción tenga únicamente carácter pecuniario, el órgano competente para resolver el procedimiento aplicará reducciones de, al menos, el 20 % sobre el importe de la sanción propuesta, siendo estos acumulables entre sí. Las citadas reducciones, deberán estar determinadas en la notificación de iniciación del procedimiento y su efectividad estará condicionada al desistimiento o renuncia de cualquier acción o recurso en vía administrativa contra la sanción.

40. c) El acto por el que cualquier persona, en cumplimiento o no de una obligación legal, pone en conocimiento de un órgano administrativo la existencia de un determinado hecho que pudiera justificar la iniciación de oficio de un procedimiento administrativo.

Artículo 62 LPAC: 1. Se entiende por denuncia, el acto por el que cualquier persona, en cumplimiento o no de una obligación legal, pone en conocimiento de un órgano administrativo la existencia de un determinado hecho que pudiera justificar la iniciación de oficio de un procedimiento administrativo.

41. d) Todas son correctas.

Artículo 53 LPAC: a) A conocer, en cualquier momento, el estado de la tramitación de los procedimientos en los que tengan la condición de interesados; el sentido del silencio administrativo que corresponda, en caso de que la Administración no dicte ni notifique resolución expresa en plazo; el órgano competente para su instrucción, en su caso, y resolución; y los actos de trámite dictados. Asimismo, también tendrán derecho a acceder y a obtener copia de los documentos contenidos en los citados procedimientos.

42. c) El órgano competente podrá abrir un período de información o actuaciones previas con el fin de conocer las circunstancias del caso concreto y la conveniencia o no de iniciar el procedimiento.

Artículo 55 LPAC: 1. Con anterioridad al inicio del procedimiento, el órgano competente podrá abrir un período de información o actuaciones previas con el fin de conocer las circunstancias del caso concreto y la conveniencia o no de iniciar el procedimiento.

43. c) Las respuestas a) y b) son correctas.

Artículo 55 LPAC: 2. En el caso de procedimientos de naturaleza sancionadora las actuaciones previas se orientarán a determinar, con la mayor precisión posible, los hechos susceptibles de motivar la incoación del procedimiento, la identificación de la persona o personas que pudieran resultar responsables y las circunstancias relevantes que concurran en unos y otros. Las actuaciones previas serán realizadas por los órganos que tengan atribuidas funciones de investigación, averiguación e inspección en la materia y, en defecto de estos, por la persona u órgano administrativo que se determine por el órgano competente para la iniciación o resolución del procedimiento.

44. b) Iniciado el procedimiento, el órgano administrativo competente para resolver, podrá adoptar, de oficio o a instancia de parte y de forma motivada, las medidas provisionales que estime oportunas para asegurar la eficacia de la resolución que pudiera recaer, si existiesen elementos de juicio suficientes para ello, de acuerdo con los principios de proporcionalidad, efectividad y menor onerosidad.

Artículo 56 LPAC: 1. Iniciado el procedimiento, el órgano administrativo competente para resolver, podrá adoptar, de oficio o a instancia de parte y de forma motivada, las medidas provisionales que estime oportunas para asegurar la eficacia de la resolución que pudiera recaer, si existiesen elementos de juicio suficientes para ello, de acuerdo con los principios de proporcionalidad, efectividad y menor onerosidad.

BLOQUE I. PROCEDIMIENTO ADMINISTRATIVO. TEST N.º 4

45. d) Todas son correctas.

Artículo 66 LPAC: 4. Las Administraciones Públicas deberán establecer modelos y sistemas de presentación masiva que permitan a los interesados presentar simultáneamente varias solicitudes. Estos modelos, de uso voluntario, estarán a disposición de los interesados en las correspondientes sedes electrónicas y en las oficinas de asistencia en materia de registros de las Administraciones Públicas. Los solicitantes podrán acompañar los elementos que estimen convenientes para precisar o completar los datos del modelo, los cuales deberán ser admitidos y tenidos en cuenta por el órgano al que se dirijan.

46. a) Podrán estos exigir el correspondiente recibo que acredite la fecha y hora de presentación.

Artículo 66 LPAC: 3. De las solicitudes, comunicaciones y escritos que presenten los interesados electrónicamente o en las oficinas de asistencia en materia de registros de la Administración, podrán estos exigir el correspondiente recibo que acredite la fecha y hora de presentación.

47. b) El derecho a reclamar prescribirá al año de producido el hecho o el acto que motive la indemnización o se manifieste su efecto lesivo.

Artículo 67 LPAC: 1. Los interesados solo podrán solicitar el inicio de un procedimiento de responsabilidad patrimonial, cuando no haya prescrito su derecho a reclamar. El derecho a reclamar prescribirá al año de producido el hecho o el acto que motive la indemnización o se manifieste su efecto lesivo. En caso de daños de carácter físico o psíquico a las personas, el plazo empezará a computarse desde la curación o la determinación del alcance de las secuelas.

48. d) Todas son correctas.

Artículo 58 LPAC: Los procedimientos se iniciarán de oficio por acuerdo del órgano competente, bien por propia iniciativa o como consecuencia de orden superior, a petición razonada de otros órganos o por denuncia.

49. c) Podrán ser formuladas en una única solicitud, salvo que las normas reguladoras de los procedimientos específicos dispongan otra cosa.

Artículo 66 LPAC: 2. Cuando las pretensiones correspondientes a una pluralidad de personas tengan un contenido y fundamento idéntico o sustancialmente similar, podrán ser formuladas en una única solicitud, salvo que las normas reguladoras de los procedimientos específicos dispongan otra cosa.

50. c) El órgano administrativo que inicie o tramite un procedimiento, cualquiera que haya sido la forma de su iniciación, podrá disponer, de oficio o a instancia de parte, su acumulación a otros con los que guarde identidad sustancial o íntima conexión, siempre que sea el mismo órgano quien deba tramitar y resolver el procedimiento.

Artículo 57 LPAC: El órgano administrativo que inicie o tramite un procedimiento, cualquiera que haya sido la forma de su iniciación, podrá disponer, de oficio o a instancia de parte, su acumulación a otros con los que guarde identidad sustancial o íntima conexión, siempre que sea el mismo órgano quien deba tramitar y resolver el procedimiento. Contra el acuerdo de acumulación no procederá recurso alguno.

51. d) La actuación derivada del conocimiento directo o indirecto de las circunstancias, conductas o hechos objeto del procedimiento por el órgano que tiene atribuida la competencia de iniciación.

Artículo 59 LPAC: Se entiende por propia iniciativa, la actuación derivada del conocimiento directo o indirecto de las circunstancias, conductas o hechos objeto del procedimiento por el órgano que tiene atribuida la competencia de iniciación.

52. d) Todas son correctas.

2. El acuerdo de iniciación deberá contener al menos: a) Identificación de la persona o personas presuntamente responsables. b) Los hechos que motivan la incoación del procedimiento, su posible calificación y las sanciones que pudieran corresponder, sin perjuicio de lo que resulte de la instrucción. c) Identificación del instructor y, en su caso, Secretario del procedimiento, con expresa indicación del régimen de recusación de los mismos. d) Órgano competente para la resolución del procedimiento y norma que le atribuya tal competencia, indicando la posibilidad de que el presunto responsable pueda reconocer voluntariamente su responsabilidad, con los efectos previstos en el artículo 85. e) Medidas de carácter provisional que se hayan acordado por el órgano competente para iniciar el procedimiento sancionador, sin perjuicio de las que se puedan adoptar durante el mismo de conformidad con el artículo 56. f) Indicación del derecho a formular alegaciones y a la audiencia en el procedimiento y de los plazos para su ejercicio, así como indicación de que, en caso de no efectuar alegaciones en el plazo previsto sobre el contenido del acuerdo de iniciación, este podrá ser considerado propuesta de resolución cuando contenga un pronunciamiento preciso acerca de la responsabilidad imputada.

53. a) Nombre y apellidos del interesado y, en su caso, de la persona que lo represente.

Artículo 66 LPAC: a) Nombre y apellidos del interesado y, en su caso, de la persona que lo represente. El resto de respuestas contienen errores.

54. d) Todas son correctas.

Artículo 70 LPAC: 2. Los expedientes tendrán formato electrónico y se formarán mediante la agregación ordenada de cuantos documentos, pruebas, dictámenes, informes, acuerdos, notificaciones y demás diligencias deban integrarlos, así como un índice numerado de todos los documentos que contenga cuando se remita. Asimismo, deberá constar en el expediente copia electrónica certificada de la resolución adoptada. 3. Cuando en virtud de una norma sea preciso remitir el expediente electrónico, se hará de acuerdo con lo previsto en el Esquema Nacional de Interoperabilidad y en las correspondientes Normas Técnicas de Interoperabilidad, y se enviará completo, foliado, autentificado y acompañado de un índice, asimismo autentificado, de los documentos que contenga. La autenticación del citado índice garantizará la integridad e inmutabilidad del expediente electrónico generado desde el momento de su firma y permitirá su recuperación siempre que sea preciso, siendo admisible que un mismo documento forme parte de distintos expedientes electrónicos.

55. d) Todas son correctas.

Artículo 62 LPAC: 1. Se entiende por denuncia, el acto por el que cualquier persona, en cumplimiento o no de una obligación legal, pone en conocimiento de un órgano administrativo la existencia de un determinado hecho que pudiera justificar la iniciación de oficio de un procedimiento administrativo. 2. Las denuncias deberán expresar la identidad de la persona o personas que las presentan y el relato de los hechos que se ponen en conocimiento de la Administración. Cuando dichos hechos pudieran constituir una infracción administrativa, recogerán la fecha de su comisión y, cuando sea posible, la identificación de los presuntos responsables.

56. a) La emitida por un órgano administrativo superior jerárquico del competente para la iniciación del procedimiento.

Artículo 60 LPAC: 1. Se entiende por orden superior, la emitida por un órgano administrativo superior jerárquico del competente para la iniciación del procedimiento.

57. c) Las respuestas a) y b) son correctas.

Artículo 70 LPAC: 4. No formará parte del expediente administrativo la información que tenga carácter auxiliar o de apoyo, como la contenida en aplicaciones, ficheros y bases de datos informáticas, notas, borradores, opiniones, resúmenes, comunicaciones e informes internos o entre órganos o entidades administrativas, así como los juicios de valor emitidos por las Administraciones Públicas, salvo que se trate de informes, preceptivos y facultativos, solicitados antes de la resolución administrativa que ponga fin al procedimiento.

58. c) El procedimiento iniciado se instruirá, aunque los particulares presuntamente lesionados no se personen en el plazo establecido.

Artículo 65 LPAC: 1. Cuando las Administraciones Públicas decidan iniciar de oficio un procedimiento de responsabilidad patrimonial será necesario que no haya prescrito el derecho a la reclamación del interesado al que se refiere el artículo 67. 2. El acuerdo de iniciación del procedimiento se notificará a los particulares presuntamente lesionados, concediéndoles un plazo de diez días para que aporten cuantas alegaciones, documentos o información estimen convenientes a su derecho y propongan cuantas pruebas sean pertinentes para el reconocimiento del mismo. El procedimiento iniciado se instruirá aunque los particulares presuntamente lesionados no se personen en el plazo establecido.

59. b) Las personas designadas como órgano instructor o, en su caso, los titulares de las unidades administrativas que tengan atribuida tal función.

Artículo 71 LPAC: 3. Las personas designadas como órgano instructor o, en su caso, los titulares de las unidades administrativas que tengan atribuida tal función serán responsables directos de la tramitación del procedimiento y, en especial, del cumplimiento de los plazos establecidos.

60. d) De oficio en todos sus trámites y a través de medios electrónicos, respetando los principios de transparencia y publicidad.

Artículo 71 LPAC: 1. El procedimiento, sometido al principio de celeridad, se impulsará de oficio en todos sus trámites y a través de medios electrónicos, respetando los principios de transparencia y publicidad.

61. b) El orden riguroso de incoación en asuntos de homogénea naturaleza, salvo que por el titular de la unidad administrativa se dé orden motivada en contrario, de la que quede constancia.

Artículo 71 LPAC: 2. En el despacho de los expedientes se guardará el orden riguroso de incoación en asuntos de homogénea naturaleza, salvo que por el titular de la unidad administrativa se dé orden motivada en contrario, de la que quede constancia.

62. c) No suspenderán la tramitación del mismo, salvo la recusación.

Artículo 74 LPAC: Las cuestiones incidentales que se susciten en el procedimiento, incluso las que se refieran a la nulidad de actuaciones, no suspenderán la tramitación del mismo, salvo la recusación.

63. a) Se realizarán de oficio y a través de medios electrónicos, por el órgano que tramite el procedimiento, sin perjuicio del derecho de los interesados a proponer aquellas actuaciones que requieran su intervención o constituyan trámites legal o reglamentariamente establecidos.

Artículo 75 LPAC: 1. Los actos de instrucción necesarios para la determinación, conocimiento y comprobación de los hechos en virtud de los cuales deba pronunciarse la resolución, se realizarán de oficio y a través de medios electrónicos, por el órgano que tramite el procedimiento, sin perjuicio del derecho de los interesados a proponer aquellas actuaciones que requieran su intervención o constituyan trámites legal o reglamentariamente establecidos.

64. b) La Administración aceptará de plano el desistimiento o la renuncia, y declarará concluso el procedimiento salvo que, habiéndose personado en el mismo terceros interesados, instasen estos su continuación en el plazo de diez días desde que fueron notificados del desistimiento o renuncia.

Artículo 94 LPAC: 4. La Administración aceptará de plano el desistimiento o la renuncia, y declarará concluso el procedimiento salvo que, habiéndose personado en el mismo terceros interesados, instasen estos su continuación en el plazo de diez días desde que fueron notificados del desistimiento o renuncia.

65. d) Todas son correctas.

Artículo 84 LPAC: 1. Pondrán fin al procedimiento la resolución, el desistimiento, la renuncia al derecho en que se funde la solicitud, cuando tal renuncia no esté prohibida por el ordenamiento jurídico, y la declaración de caducidad. 2. También producirá la terminación del procedimiento la imposibilidad material de continuarlo por causas sobrevenidas. La resolución que se dicte deberá ser motivada en todo caso.

66. b) Habrán de practicarse en la forma que resulte más conveniente para ellos y sea compatible, en la medida de lo posible, con sus obligaciones laborales o profesionales.

Artículo 75 LPAC: 3. Los actos de instrucción que requieran la intervención de los interesados habrán de practicarse en la forma que resulte más conveniente para ellos y sea compatible, en la medida de lo posible, con sus obligaciones laborales o profesionales.

67. a) Los interesados podrán, en cualquier momento del procedimiento anterior al trámite de audiencia, aducir alegaciones y aportar documentos u otros elementos de juicio.

Artículo 76 LPAC: 1. Los interesados podrán, en cualquier momento del procedimiento anterior al trámite de audiencia, aducir alegaciones y aportar documentos u otros elementos de juicio.

68. b) La incomparecencia en este trámite impedirá a los interesados interponer los recursos procedentes contra la resolución definitiva del procedimiento.

Artículo 83 LPAC: 3. La incomparecencia en este trámite no impedirá a los interesados interponer los recursos procedentes contra la resolución definitiva del procedimiento.

69. b) En todo momento.

Artículo 76 LPAC: 2. En todo momento podrán los interesados alegar los defectos de tramitación y, en especial, los que supongan paralización, infracción de los plazos preceptivamente señalados o la omisión de trámites que pueden ser subsanados antes de la resolución definitiva del asunto. Dichas alegaciones podrán dar lugar, si hubiere razones para ello, a la exigencia de la correspondiente responsabilidad disciplinaria.

70. b) Por cualquier medio que permita su constancia, siempre que incorpore las firmas que correspondan de acuerdo con lo previsto en la normativa aplicable.

Artículo 94 LPAC: 3. Tanto el desistimiento como la renuncia podrán hacerse por cualquier medio que permita su constancia, siempre que incorpore las firmas que correspondan de acuerdo con lo previsto en la normativa aplicable.

71. a) Por cualquier medio de prueba admisible en Derecho, cuya valoración se realizará de acuerdo con los criterios establecidos en la Ley 1/2000, de 7 de enero, de Enjuiciamiento Civil.

Artículo 77 LPAC: 1. Los hechos relevantes para la decisión de un procedimiento podrán acreditarse por cualquier medio de prueba admisible en Derecho, cuya valoración se realizará de acuerdo con los criterios establecidos en la Ley 1/2000, de 7 de enero, de Enjuiciamiento Civil.

72. b) El acuerdo alcanzado entre las partes deberá fijar la cuantía y modo de indemnización de acuerdo con los criterios que para calcularla y abonarla establece el artículo 34 de la Ley de Régimen Jurídico del Sector Público.

Artículo 86 LPAC: 5. En los casos de procedimientos de responsabilidad patrimonial, el acuerdo alcanzado entre las partes deberá fijar la cuantía y modo de indemnización de acuerdo con los criterios que para calcularla y abonarla establece el artículo 34 de la Ley de Régimen Jurídico del Sector Público.

73. b) Iniciado un procedimiento sancionador, si el infractor reconoce su responsabilidad, se podrá resolver el procedimiento con la imposición de la sanción que proceda.

Artículo 85 LPAC: 1. Iniciado un procedimiento sancionador, si el infractor reconoce su responsabilidad, se podrá resolver el procedimiento con la imposición de la sanción que proceda.

74. a) Cuando el órgano competente para iniciar el procedimiento considere que, de acuerdo con lo previsto en su normativa reguladora, existen elementos de juicio suficientes para calificar la infracción como leve, sin que quepa la oposición expresa por parte del interesado.

Artículo 96 LPAC: 5. En el caso de procedimientos de naturaleza sancionadora, se podrá adoptar la tramitación simplificada del procedimiento cuando el órgano competente para iniciar el procedimiento considere que, de acuerdo con lo previsto en su normativa reguladora, existen elementos de juicio suficientes para calificar la infracción como leve, sin que quepa la oposición expresa por parte del interesado prevista en el apartado 2.

75. d) No superior a treinta días ni inferior a diez.

Artículo 77 LPAC: 2. Cuando la Administración no tenga por ciertos los hechos alegados por los interesados o la naturaleza del procedimiento lo exija, el instructor del mismo acordará la apertura de un período de prueba por un plazo no superior a treinta días ni inferior a diez, a fin de que puedan practicarse cuantas juzgue pertinentes. Asimismo, cuando lo considere necesario, el instructor, a petición de los interesados, podrá decidir la apertura de un período extraordinario de prueba por un plazo no superior a diez días.

76. c) Cuando lo considere necesario, el instructor, a petición de los interesados, podrá decidir la apertura de un periodo extraordinario de prueba por un plazo no superior a diez días.

Artículo 77 LPAC: (…) Asimismo, cuando lo considere necesario, el instructor, a petición de los interesados, podrá decidir la apertura de un período extraordinario de prueba por un plazo no superior a diez días.

77. a) El órgano al que corresponda la resolución del procedimiento, cuando la naturaleza de este lo requiera.

Artículo 83 LPAC: 1. El órgano al que corresponda la resolución del procedimiento, cuando la naturaleza de este lo requiera, podrá acordar un período de información pública.

78. d) Las respuestas a) y c) son correctas.

Artículo 81 LPAC: 1. En el caso de los procedimientos de responsabilidad patrimonial será preceptivo solicitar informe al servicio cuyo funcionamiento haya ocasionado la presunta lesión indemnizable, no pudiendo exceder de diez días el plazo de su emisión.

79. b) Cuando sean manifiestamente improcedentes o innecesarias, mediante resolución motivada.

Artículo 77 LPAC: 3. El instructor del procedimiento solo podrá rechazar las pruebas propuestas por los interesados cuando sean manifiestamente improcedentes o innecesarias, mediante resolución motivada.

80. **c) Cuando las indemnizaciones reclamadas sean de cuantía igual o superior a 50.000 euros o a la que se establezca en la correspondiente legislación autonómica, será preceptivo solicitar dictamen del Consejo de Estado o, en su caso, del órgano consultivo de la Comunidad Autónoma.**

Artículo 81 LPAC: 2. Cuando las indemnizaciones reclamadas sean de cuantía igual o superior a 50.000 euros o a la que se establezca en la correspondiente legislación autonómica, así como en aquellos casos que disponga la Ley Orgánica 3/1980, de 22 de abril, del Consejo de Estado, será preceptivo solicitar dictamen del Consejo de Estado o, en su caso, del órgano consultivo de la Comunidad Autónoma.

81. **a) Vincularán a las Administraciones Públicas respecto de los procedimientos sancionadores que sustancien.**

Artículo 77 LPAC: 4. En los procedimientos de carácter sancionador, los hechos declarados probados por resoluciones judiciales penales firmes vincularán a las Administraciones Públicas respecto de los procedimientos sancionadores que substancien.

82. **b) Carácter preceptivo.**

Artículo 77 LPAC: 6. Cuando la prueba consista en la emisión de un informe de un órgano administrativo, organismo público o Entidad de derecho público, se entenderá que este tiene carácter preceptivo.

83. **b) Decidirá todas las cuestiones planteadas por los interesados y aquellas otras derivadas del mismo.**

Artículo 88 LPAC: 1. La resolución que ponga fin al procedimiento decidirá todas las cuestiones planteadas por los interesados y aquellas otras derivadas del mismo.

84. **c) En treinta días, a contar desde el siguiente al que se notifique al interesado el acuerdo de tramitación simplificada del procedimiento, salvo que reste menos para su tramitación ordinaria.**

Artículo 96 LPAC: 6. Salvo que reste menos para su tramitación ordinaria, los procedimientos administrativos tramitados de manera simplificada deberán ser resueltos en treinta días, a contar desde el siguiente al que se notifique al interesado el acuerdo de tramitación simplificada del procedimiento, y constarán únicamente de los siguientes trámites: (…).

85. **a) La Administración comunicará a los interesados, con antelación suficiente, el inicio de las actuaciones necesarias para la realización de las pruebas que hayan sido admitidas y las no admitidas.**

Artículo 78 LPAC: 1. La Administración comunicará a los interesados, con antelación suficiente, el inicio de las actuaciones necesarias para la realización de las pruebas que hayan sido admitidas.

86. **c) Facultativos y no vinculantes.**

Artículo 80 LPAC: 1. Salvo disposición expresa en contrario, los informes serán facultativos y no vinculantes.

87. b) Todo interesado podrá desistir de su solicitud.

Artículo 94 LPAC: 1. Todo interesado podrá desistir de su solicitud o, cuando ello no esté prohibido por el ordenamiento jurídico, renunciar a sus derechos.

88. b) De diez días, salvo que una disposición o el cumplimiento del resto de los plazos del procedimiento permita o exija otro plazo mayor o menor.

Artículo 80 LPAC: 2. Los informes serán emitidos a través de medios electrónicos y de acuerdo con los requisitos que señala el artículo 26 en el plazo de diez días, salvo que una disposición o el cumplimiento del resto de los plazos del procedimiento permita o exija otro plazo mayor o menor.

89. a) Se podrán proseguir las actuaciones salvo cuando se trate de un informe preceptivo, en cuyo caso se podrá suspender el transcurso del plazo máximo legal para resolver el procedimiento en los términos establecidos en la letra d) del apartado 1 del artículo 22.

Artículo 80 LPAC: 3. De no emitirse el informe en el plazo señalado, y sin perjuicio de la responsabilidad en que incurra el responsable de la demora, se podrán proseguir las actuaciones salvo cuando se trate de un informe preceptivo, en cuyo caso se podrá suspender el transcurso del plazo máximo legal para resolver el procedimiento en los términos establecidos en la letra d) del apartado 1 del artículo 22.

90. d) Podrá no ser tenido en cuenta al adoptar la correspondiente resolución.

Artículo 80 LPAC: 4. Si el informe debiera ser emitido por una Administración Pública distinta de la que tramita el procedimiento en orden a expresar el punto de vista correspondiente a sus competencias respectivas, y transcurriera el plazo sin que aquel se hubiera emitido, se podrán proseguir las actuaciones.

91. b) El desistimiento solo afectará a aquellos que la hubiesen formulado.

Artículo 94 LPAC: 2. Si el escrito de iniciación se hubiera formulado por dos o más interesados, el desistimiento o la renuncia solo afectará a aquellos que la hubiesen formulado.

92. d) Todas son correctas.

Todas las afirmaciones aparecen reguladas en el artículo 86 de la LPAC.

93. c) No producirá por sí sola la prescripción de las acciones del particular o de la Administración, pero los procedimientos caducados no interrumpirán el plazo de prescripción.

Artículo 95 LPAC: 3. La caducidad no producirá por sí sola la prescripción de las acciones del particular o de la Administración, pero los procedimientos caducados no interrumpirán el plazo de prescripción.

94. d) En los procedimientos iniciados de oficio, la Administración podrá desistir, motivadamente, en los supuestos y con los requisitos previstos en las leyes.

Artículo 93 LPAC: En los procedimientos iniciados de oficio, la Administración podrá desistir, motivadamente, en los supuestos y con los requisitos previstos en las leyes.

95. b) Todo interesado podrá, cuando ello no esté prohibido por el ordenamiento jurídico, renunciar a sus derechos.

Artículo 94 LPAC: 1. Todo interesado podrá desistir de su solicitud o, cuando ello no esté prohibido por el ordenamiento jurídico, renunciar a sus derechos.

96. b) En los procedimientos iniciados a solicitud del interesado, cuando se produzca su paralización por causa imputable al mismo, la Administración le advertirá que, transcurridos tres meses, se producirá la caducidad del procedimiento.

Artículo 95 LPAC: 1. En los procedimientos iniciados a solicitud del interesado, cuando se produzca su paralización por causa imputable al mismo, la Administración le advertirá que, transcurridos tres meses, se producirá la caducidad del procedimiento. Consumido este plazo sin que el particular requerido realice las actividades necesarias para reanudar la tramitación, la Administración acordará el archivo de las actuaciones, notificándoselo al interesado. Contra la resolución que declare la caducidad procederán los recursos pertinentes.

97. a) En el supuesto de que la cuestión suscitada afecte al interés general.

Artículo 95 LPAC: 4. Podrá no ser aplicable la caducidad en el supuesto de que la cuestión suscitada afecte al interés general, o fuera conveniente sustanciarla para su definición y esclarecimiento.

98. a) En cualquier momento del procedimiento anterior a su resolución, podrá acordar continuar con arreglo a la tramitación ordinaria.

Artículo 96 LPAC: En cualquier momento del procedimiento anterior a su resolución, el órgano competente para su tramitación podrá acordar continuar con arreglo a la tramitación ordinaria.

99. b) El órgano competente podrá pronunciarse sobre las mismas, poniéndolo antes de manifiesto a aquellos por un plazo no superior a quince días, para que formulen las alegaciones que estimen pertinentes y aporten, en su caso, los medios de prueba.

Artículo 88 LPAC: Cuando se trate de cuestiones conexas que no hubieran sido planteadas por los interesados, el órgano competente podrá pronunciarse sobre las mismas, poniéndolo antes de manifiesto a aquellos por un plazo no superior a quince días, para que formulen las alegaciones que estimen pertinentes y aporten, en su caso, los medios de prueba.

100. c) Las respuestas a) y b) son correctas.

Artículo 90 LPAC: 2. En la resolución no se podrán aceptar hechos distintos de los determinados en el curso del procedimiento, con independencia de su diferente valoración jurídica. No obstante, cuando el órgano competente para resolver considere que la infracción o la sanción revisten mayor gravedad que la determinada en la propuesta de resolución, se notificará al inculpado para que aporte cuantas alegaciones estime convenientes en el plazo de quince días. 3. La resolución que ponga fin al procedimiento será ejecutiva cuando no quepa contra ella ningún recurso ordinario en vía administrativa, pudiendo adoptarse en la misma las disposiciones cautelares precisas para garantizar su eficacia en tanto no sea ejecutiva y que podrán consistir en el mantenimiento de las medidas provisionales que en su caso se hubieran adoptado.

TEST N.º 5

De la revisión de los actos en vía administrativa

1. De conformidad con el artículo 106 de la LPAC, marca la respuesta correcta o la más correcta:

a) Las Administraciones Públicas, antes de que finalice el plazo de prescripción, por iniciativa propia o a solicitud de interesado, y previo dictamen favorable del Consejo de Estado u órgano consultivo equivalente de la Comunidad Autónoma, si lo hubiere, declararán de oficio la nulidad de los actos administrativos que hayan puesto fin a la vía administrativa o que no hayan sido recurridos en plazo, en los supuestos previstos en el artículo 47.1

b) Las Administraciones Públicas, en cualquier momento, por iniciativa propia o a solicitud de interesado, y previo dictamen facultativo del Consejo de Estado u órgano consultivo equivalente de la Comunidad Autónoma, si lo hubiere, declararán de oficio la nulidad de los actos administrativos que no hayan puesto fin a la vía administrativa o que no hayan sido recurridos en plazo, en los supuestos previstos en el artículo 47.1.

c) Las Administraciones Públicas, en cualquier momento, por iniciativa propia o a solicitud de interesado, y previo dictamen favorable del Consejo de Estado u órgano consultivo equivalente de la Comunidad Autónoma, si lo hubiere, declararán de oficio la nulidad de los actos administrativos que hayan puesto fin a la vía administrativa o que no hayan sido recurridos en plazo, en los supuestos previstos en el artículo 47.1.

d) Las Administraciones Públicas, en cualquier momento, por iniciativa propia o a solicitud de interesado, y previo dictamen favorable del Consejo de Estado u órgano consultivo equivalente de la Comunidad Autónoma, si lo hubiere, declararán de oficio la nulidad de los actos administrativos que hayan puesto fin a la vía administrativa o que no hayan sido recurridos en plazo, en los supuestos previstos en el artículo 47.2.

2. Marca la respuesta correcta o la más correcta:

a) En cualquier momento, las Administraciones Públicas de oficio o a solicitud el interesado, y previo dictamen favorable del Consejo de Estado u órgano consultivo equivalente de la Comunidad Autónoma si lo hubiere, podrán declarar la nulidad de las disposiciones administrativas en los supuestos previstos en el artículo 47.2.

b) En cualquier momento, las Administraciones Públicas de oficio, y previo dictamen favorable del Consejo de Estado u órgano consultivo equivalente de la Comunidad Autónoma si lo hubiere, podrán declarar la nulidad de las disposiciones administrativas en los supuestos previstos en el artículo 47.1.

c) En cualquier momento, las Administraciones Públicas de oficio, y previo dictamen favorable del Consejo de Estado u órgano consultivo equivalente de la Comunidad Autónoma si lo hubiere, podrán declarar la nulidad o anulabilidad de las disposiciones administrativas en los supuestos previstos en el artículo 47.2.

d) En cualquier momento, las Administraciones Públicas de oficio, y previo dictamen favorable del Consejo de Estado u órgano consultivo equivalente de la Comunidad Autónoma si lo hubiere, podrán declarar la nulidad de las disposiciones administrativas en los supuestos previstos en el artículo 47.2.

3. ¿Puede el órgano competente para la revisión de oficio acordar la inadmisión a trámite de las solicitudes formuladas por los interesados (artículo 106.3 LPAC)?

a) Sí, en cualquier momento anterior a la iniciación.

b) Sí, previo dictamen favorable del Consejo de Estado u órgano consultivo de la Comunidad Autónoma.

c) No, en ningún caso.

d) Sí, de forma motivada.

4. Se podrá acordar la inadmisión a trámite de las solicitudes de revisión de oficio formuladas por los interesados cuando:

a) No se basen en alguna de las causas de nulidad del artículo 47.2.

b) Carezcan manifiestamente de fundamento.

c) Se hubieran estimado en cuanto al fondo otras solicitudes sustancialmente iguales.

d) En cualquiera de los casos anteriores.

5. Al declarar la nulidad de una disposición o acto, ¿procederá indemnizar a los interesados?

a) Sí, en todo caso.

b) Nunca.

c) Cuando así lo establezca la Administración Pública correspondiente.

d) Siempre que se den las circunstancias de los artículos 33.2 y 36.2 de la Ley del Régimen Jurídico del Sector Público.

6. En los procedimientos de revisión de disposiciones y actos nulos, el transcurso del plazo de seis meses sin dictarse resolución producirá:

a) La prescripción del mismo.

b) La caducidad del mismo cuando se hubiera iniciado de oficio.

c) La desestimación del mismo cuando se haya iniciado de oficio.

d) La caducidad del mismo cuando se hubiera iniciado a instancia del interesado.

7. Marca la respuesta correcta o la más correcta:

a) Las Administraciones Públicas podrán impugnar ante el orden jurisdiccional contencioso-administrativo los actos favorables para los interesados que sean anulables conforme a lo dispuesto en el artículo 48, previa su declaración de lesividad para el interés público.

b) Las Administraciones Públicas, de oficio o a solicitud de los interesados, podrán impugnar ante el orden jurisdiccional contencioso-administrativo los actos favorables para los interesados que sean anulables conforme a lo dispuesto en el artículo 48, previa su declaración de lesividad para el interés público.

c) Las Administraciones Públicas, de oficio o a solicitud de los interesados, podrán impugnar ante el orden jurisdiccional contencioso-administrativo los actos desfavorables para los interesados que sean anulables conforme a lo dispuesto en el artículo 48, previa su declaración de lesividad para el interés público.

d) Las Administraciones Públicas, de oficio o a solicitud de los interesados, podrán impugnar ante el orden jurisdiccional contencioso-administrativo los actos favorables para los interesados que sean nulos conforme a lo dispuesto en el artículo 47, previa su declaración de lesividad para el interés público.

8. De conformidad con el artículo 107 de la LPAC, la declaración de lesividad:

a) No podrá adoptarse una vez transcurridos 3 meses desde que se dictó el acto administrativo.

b) Exigirá la previa audiencia únicamente de la persona que formule la solicitud.

c) No será susceptible de recurso.

d) Todas son correctas.

9. De conformidad con el artículo 107 de la LPAC, a que órgano corresponderá la declaración de lesividad si se trata de una Diputación Provincial:

a) Presidente de la Diputación Provincial.

b) Pleno de la corporación.

c) Junta de Gobierno Local.

d) Órgano que haya dictado el acto.

10. ¿Se puede suspender la ejecución del acto en un procedimiento de revisión de oficio de conformidad con el artículo 108 de la LPAC?

a) No.

b) Sí, antes de la iniciación del procedimiento cuando pudiera causar perjuicios de imposible o difícil reparación.

c) Sí, una vez iniciado el procedimiento cuando pudiera causar perjuicios de imposible o difícil reparación.

d) Sí, una vez finalizado el procedimiento cuando pudiera causar perjuicios de imposible o difícil reparación.

11. Marca la respuesta correcta o la más correcta:

a) Las Administraciones Públicas podrán revocar, una vez transcurrido el plazo de prescripción, sus actos de gravamen o desfavorables, siempre que tal revocación no constituya dispensa o exención no permitida por las leyes, ni sea contraria al principio de igualdad, al interés público o al ordenamiento jurídico.

b) Las Administraciones Públicas podrán revocar, cuando no haya transcurrido el plazo de prescripción, sus actos de gravamen o desfavorables, siempre que tal revocación constituya dispensa o exención no permitida por las leyes, o sea contraria al principio de igualdad, al interés público o al ordenamiento jurídico.

c) Las Administraciones Públicas deberán revocar, cuando no haya transcurrido el plazo de prescripción, sus actos de gravamen o desfavorables, siempre que tal revocación no constituya dispensa o exención no permitida por las leyes, ni sea contraria al principio de igualdad, al interés público o al ordenamiento jurídico.

d) Las Administraciones Públicas podrán revocar, mientras no haya transcurrido el plazo de prescripción, sus actos de gravamen o desfavorables, siempre que tal revocación no constituya dispensa o exención no permitida por las leyes, ni sea contraria al principio de igualdad, al interés público o al ordenamiento jurídico.

12. Las Administraciones Públicas podrán rectificar:

a) Sus errores materiales.
b) Sus errores de derecho.
c) Las respuestas a) y b) son correctas.
d) Las Administraciones Públicas no pueden rectificar errores producidos en sus actos, debiendo proceder a la revisión de oficio para solventarlos.

13. Las facultades de revisión establecidas en la LPAC para la revisión de los actos, no podrán ser ejercidas cuando su ejercicio resulte contrario a la equidad, a la buena fe, al derecho de los particulares o a las leyes:

a) Por prescripción de acciones.
b) Por el tiempo transcurrido.
c) Por otras circunstancias.
d) Todas son correctas.

14. Dentro del título V, ¿en qué artículo de la LPAC se regulan los límites de la revisión de los actos administrativos?

a) En el 111.
b) En el 112.
c) En el 110.
d) En el 109.

15. En el ámbito estatal, será competente el Consejo de Ministros para la revisión de oficio de las disposiciones y los actos administrativos nulos y anulables:

a) Solo respecto de sus propios actos.
b) De los actos y disposiciones dictados por los Ministros.
c) De todos los actos y disposiciones dictadas en el ámbito de la Administración General del Estado.
d) Todas las respuestas son correctas.

16. En los Organismos públicos y entidades de derecho público vinculados o dependientes de la Administración General del Estado serán competentes para la revisión de oficio de las disposiciones y los actos administrativos nulos y anulables:

a) Los órganos a los que estén adscritos los Organismos públicos y entidades de derecho público, respecto de los actos y disposiciones dictados por el máximo órgano rector de estos.

b) Los máximos órganos rectores de los Organismos públicos y entidades de derecho público, respecto de los actos y disposiciones dictados por los órganos de ellos dependientes.

c) El órgano de la Administración General del Estado que los haya creado.

d) Las respuestas a) y b) son correctas.

17. Marca la respuesta incorrecta sobre los plazos en el recurso de alzada:

a) El plazo para la interposición del recurso de alzada será de un mes, si el acto no fuera expreso.

b) Si el acto no fuera expreso el solicitante y otros posibles interesados podrán interponer recurso de alzada en cualquier momento a partir del día siguiente a aquel en que, de acuerdo con su normativa específica, se produzcan los efectos del silencio administrativo.

c) El plazo máximo para dictar y notificar la resolución será de tres meses. Transcurrido este plazo sin que recaiga resolución, se podrá entender desestimado el recurso, salvo en el supuesto previsto en el artículo 24.1, tercer párrafo.

d) Contra la resolución de un recurso de alzada no cabrá ningún otro recurso administrativo, salvo el recurso extraordinario de revisión, en los casos establecidos en el artículo 125.1.

18. El Capítulo II "Recursos administrativos" del Título V LPAC regula en su Sección 2.ª:

a) Recurso de Alzada.

b) Recurso potestativo de Reposición.

c) Recurso de Reposición.

d) Recurso potestativo de Alzada.

19. Marca la respuesta incorrecta sobre la resolución del Recurso extraordinario de revisión (art. 126 LPAC):

a) El órgano competente para la resolución del recurso no tendrá que acordar motivadamente la inadmisión a trámite.

b) El órgano al que corresponde conocer del recurso extraordinario de revisión debe pronunciarse no solo sobre la procedencia del recurso, sino también, en su caso, sobre el fondo de la cuestión resuelta por el acto recurrido.

c) Transcurrido el plazo de tres meses desde la interposición del recurso extraordinario de revisión sin haberse dictado y notificado la resolución, se entenderá desestimado, quedando expedita la vía jurisdiccional contencioso-administrativa.

d) Está regulado en el Título V LPAC.

20. Cuando deban resolverse una pluralidad de recursos administrativos que traigan causa de un mismo acto administrativo y se hubiera interpuesto un recurso judicial contra una resolución administrativa o bien contra el correspondiente acto presunto desestimatorio (art. 120 LPAC):

a) El órgano administrativo podrá acordar la suspensión del plazo para resolver hasta que recaiga pronunciamiento judicial.

b) El acuerdo de suspensión deberá ser notificado a los interesados, quienes podrán recurrirlo.

c) La interposición del correspondiente recurso por un interesado, no afectará a los restantes procedimientos de recurso que se encuentren suspendidos por traer causa del mismo acto administrativo.

d) Todas son correctas.

21. En el ámbito estatal ponen fin a la vía administrativa los actos y resoluciones (art.114.2 Ley 39/2015):

a) Los emanados de los órganos directivos con nivel de Director general o inferior, en relación con las competencias que tengan atribuidas en materia de personal.

b) Los actos administrativos de los miembros y órganos del Gobierno.

c) Las respuestas a) y b) son correctas.

d) Ninguna es correcta.

22. El Título V de la LPAC, ¿cuántos capítulos tiene?

a) Uno.

b) Dos.

c) Tres.

d) Ninguno.

23. Los actos administrativos que pongan fin a la vía administrativa podrán ser recurridos potestativamente en reposición ante:

a) El mismo órgano que los hubiera impugnado directamente ante el orden jurisdiccional contencioso-administrativo.

b) El mismo órgano que los hubiera dictado exclusivamente.

c) El órgano superior al que los hubiera dictado.

d) Ninguna es correcta.

24. Pone/n fin a la vía administrativa según el artículo 114 Ley 39/2015:

a) La resolución administrativa de los procedimientos de responsabilidad patrimonial, cualquiera que fuese el tipo de relación, pública o privada, de que derive.

b) Los acuerdos, pactos, convenios o contratos que tengan la consideración de iniciadores del procedimiento.

c) La resolución de los procedimientos complementarios en materia patrimonial a los que se refiere el artículo 90.4.

d) Todas son correctas.

25. ¿La interposición de cualquier recurso suspenderá la ejecución del acto impugnado? (art. 117.1 LPAC)

a) No.

b) Excepto en los casos en que una disposición establezca lo contrario, suspenderá la ejecución del acto impugnado.

c) Sí.

d) Excepto en los casos en que una disposición establezca lo contrario, no suspenderá la ejecución del acto impugnado.

26. Según el artículo 116 LPAC son causas de inadmisión en los recursos administrativos:

a) Ser incompetente el órgano administrativo, cuando el competente perteneciera a otra Administración Pública. El recurso deberá remitirse al órgano competente, de acuerdo con lo establecido en el artículo 14.1 de la Ley de Régimen Jurídico del Sector Público.

b) Carecer de legitimación el recurrente.

c) Tratarse de un acto no susceptible de recurso.

d) Todas son correctas.

27. ¿Qué artículos de la LPAC regulan el objeto y plazos del recurso de alzada?

a) 121 y 122.

b) 90 y 91.

c) 48 y 36.

d) 123 y 124.

28. El Capítulo II del Título V de la Ley 39/2015 regula:

a) La revisión de los actos en vía administrativa.

b) La revisión de oficio.

c) Los recursos administrativos.

d) Ninguna es correcta.

29. El órgano al que corresponde conocer del recurso extraordinario de revisión debe pronunciarse no solo sobre la procedencia del recurso, sino también, en su caso:

a) Sobre el fondo de la cuestión resuelta por el acto no recurrido.

b) Sobre el fondo de la cuestión no resuelta por el acto recurrido.

c) Sobre el fondo de la cuestión resuelta o no resuelta por el acto.

d) Ninguna es correcta.

30. El plazo máximo para dictar y notificar la resolución del recurso de alzada será:

a) De dos meses.
b) De tres meses.
c) De un mes.
d) De seis meses.

31. Señala la respuesta correcta sobre la resolución de los recursos del artículo 119 LPAC:

a) La resolución del recurso estimará en todo o en parte o desestimará las pretensiones formuladas en el mismo o declarará su inadmisión.
b) Cuando existiendo vicio de forma no se estime procedente resolver sobre el fondo se ordenará la retroacción del procedimiento al momento en el que el vicio fue cometido, sin perjuicio de que eventualmente pueda acordarse la convalidación de actuaciones por el órgano competente para ello, de acuerdo con lo dispuesto en el artículo 52.
c) El órgano que resuelva el recurso decidirá cuantas cuestiones, tanto de forma como de fondo, plantee el procedimiento, hayan sido o no alegadas por los interesados.
d) Todas son correctas.

32. El Recurso extraordinario de revisión está regulado en la LPAC entre otros artículos en el:

a) Artículo 63.
b) Artículo 133.
c) Artículo 113.
d) Artículo 103.

33. El Capítulo II del Título V de la LPAC, ¿cuántas secciones tiene?

a) Cuatro.
b) Dos.
c) Tres.
d) Ninguna.

34. Contra la resolución de un recurso de alzada:

a) Cabrán otros recursos administrativos, salvo el recurso extraordinario de revisión, en los casos establecidos en el artículo 125.1.
b) Cabrán otros recursos administrativos.
c) No cabrá ningún otro recurso administrativo, salvo el recurso extraordinario de revisión, en los casos establecidos en el artículo 125.1.
d) Ninguna es correcta.

35. El error o la ausencia de la calificación del recurso por parte del recurrente (art. 115.2 LPAC):

a) No será obstáculo para su tramitación, siempre que se deduzca al verdadero interesado.

b) Será obstáculo para su tramitación, siempre que se deduzca su verdadero carácter.

c) No será obstáculo para su tramitación, en ningún caso.

d) No será obstáculo para su tramitación, siempre que se deduzca su verdadero carácter.

36. Ponen fin a la vía administrativa (art. 114 LPAC):

a) Las resoluciones de los recursos de reposición.

b) Las resoluciones de los procedimientos a que se refiere el artículo 112.2.

c) Las resoluciones de los órganos administrativos que tengan superior jerárquico, salvo que una Ley establezca lo contrario.

d) Ninguna respuesta es correcta.

37. ¿Qué artículos de la LPAC regulan el objeto y plazos del recurso de reposición?

a) 121 y 122.

b) 90 y 91.

c) 123 y 124.

d) 48 y 36.

38. El plazo para la interposición del recurso de alzada será si el acto no es expreso de:

a) Cualquier momento a partir del día siguiente a aquel en que, de acuerdo con su normativa específica, se produzcan los efectos del silencio administrativo.

b) Tres meses.

c) Un mes.

d) Dos meses.

39. Solo procederá el recurso extraordinario de revisión cuando concurra alguna de las circunstancias previstas en el artículo 125.1:

a) Contra los actos firmes en vía contencioso administrativa.

b) Contra los actos firmes en vía administrativa.

c) Contra los actos definitivos en vía administrativa.

d) Contra los actos no firmes en vía administrativa.

40. Contra los actos firmes en vía administrativa podrá interponerse el recurso extraordinario de revisión ante el órgano administrativo que los dictó, que también será el competente para su resolución, cuando concurra alguna de las circunstancias siguientes (art. 125 LPAC):

a) Que al dictarlos se hubiera incurrido en error de derecho, que resulte de los propios documentos incorporados al expediente.

b) Que aparezcan documentos de valor esencial para la resolución del asunto que, siendo anteriores a la resolución, evidencien el error de la resolución recurrida.

c) Que en la resolución hayan influido esencialmente documentos o testimonios declarados falsos por sentencia judicial firme, anterior o posterior a aquella resolución.

d) Todas son correctas.

41. ¿Cuál de las siguientes causas de inadmisión en los recursos administrativos es incorrecta? (art. 116 LPAC)

a) Tratarse de un acto susceptible de recurso.

b) Haber transcurrido el plazo para la interposición del recurso.

c) Carecer el recurso manifiestamente de fundamento.

d) Carecer de legitimación el recurrente.

42. En el ámbito estatal ponen fin a la vía administrativa los actos y resoluciones (art.114.2 Ley 39/2015):

a) Los emanados de los órganos directivos con nivel de Director general o superior, en relación con las competencias que tengan atribuidas en materia de personal.

b) En los Organismos públicos y entidades derecho público vinculados o dependientes de la Administración General del Estado, los emanados de los máximos órganos de dirección unipersonales o colegiados, de acuerdo con lo que establezcan sus estatutos, salvo que por ley se establezca otra cosa.

c) Los emanados de los Ministros y los Secretarios de Estado en el ejercicio de las competencias que tienen atribuidas los órganos de los que son titulares.

d) Todas son correctas.

43. Podrán interponerse por los interesados los recursos de alzada y potestativo de reposición, que cabrá fundar en cualquiera de los motivos de nulidad o anulabilidad previstos en los artículos 47 y 48 de esta Ley si estos últimos (art. 112 LPAC):

a) Deciden únicamente indirectamente el fondo del asunto.

b) Determinan la posibilidad de continuar el procedimiento.

c) Producen indefensión o perjuicio irreparable a derechos e intereses legítimos.

d) Todas son correctas.

44. Marca la respuesta correcta sobre el recurso potestativo de reposición (art. 123 LPAC):

a) Los actos administrativos que pongan fin a la vía administrativa podrán ser recurridos potestativamente en reposición ante el mismo órgano que los hubiera dictado o ser impugnados directamente ante el orden jurisdiccional contencioso-administrativo.

b) No se podrá interponer recurso contencioso-administrativo hasta que sea resuelto expresamente o se haya producido la desestimación presunta del recurso de reposición interpuesto.

c) Las respuestas a) y b) son correctas.

d) Ninguna es correcta.

45. Contra las disposiciones administrativas de carácter general, según el artículo 112.3 LPAC:

a) No cabrá recurso en vía administrativa.
b) Únicamente cabrá recurso en vía administrativa.
c) No cabrá recurso alguno.
d) Ninguna es correcta.

46. El recurso de alzada podrá interponerse:

a) Ante el órgano que dictó el acto que se impugna.
b) Ante el competente para resolverlo.
c) Las respuestas a) y b) son correctas.
d) Ninguna es correcta.

47. Marca la respuesta incorrecta. Según el artículo 115 LPAC, la interposición del recurso deberá expresar:

a) El acto que se recurre no siendo necesario precisar la razón de su impugnación.
b) Lugar, fecha, firma del recurrente, identificación del medio y, en su caso, del lugar que se señale a efectos de notificaciones.
c) Órgano, centro o unidad administrativa al que se dirige y su correspondiente código de identificación.
d) Las demás particularidades exigidas, en su caso, por las disposiciones específicas.

48. Según el artículo 112.4 LPAC, las reclamaciones económico-administrativas se ajustarán a los procedimientos establecidos:

a) Por su legislación específica.
b) Por la legislación general.
c) Por la legislación especial.
d) Ninguna es correcta.

49. Los vicios y defectos que hagan anulable un acto (art. 115.3 LPAC):

a) Podrán ser alegados por quienes los hubieren causado.
b) Podrán ser alegados por quienes los hubieren causado, salvo excepciones.
c) No podrán ser alegados por quienes los hubieren causado.
d) Ninguna es correcta.

50. ¿Las leyes podrán sustituir el recurso de alzada?

a) En supuestos o ámbitos sectoriales determinados.
b) Cuando la especificidad de la materia así lo justifique.
c) Por otros procedimientos de impugnación, reclamación, conciliación, mediación y arbitraje, ante órganos colegiados o Comisiones específicas no sometidas a instrucciones jerárquicas, con respeto a los principios, garantías y plazos que la presente ley reconoce a las personas y a los interesados en todo procedimiento administrativo.
d) Todas son correctas.

51. El artículo 116 LPAC señala como causas de inadmisión de los recursos:

a) Tener legitimación el recurrente.

b) Tratarse de un acto susceptible de recurso.

c) Ser incompetente el órgano administrativo, cuando el competente perteneciera a otra Administración Pública. El recurso deberá remitirse al órgano competente, de acuerdo con lo establecido en el artículo 14.1 de la Ley de Régimen Jurídico del Sector Público.

d) Todas son correctas.

52. Si el recurso de alzada se hubiera interpuesto ante el órgano que dictó el acto impugnado, este deberá remitirlo al competente en:

a) El plazo de 10 días.

b) El plazo de 15 días.

c) El plazo de 20 días.

d) El plazo que se estime en cada caso.

53. Señala la respuesta incorrecta sobre la audiencia a los interesados del artículo 118 LPAC:

a) Cuando hayan de tenerse en cuenta nuevos hechos o documentos no recogidos en el expediente originario, se pondrán de manifiesto a los interesados para que, en un plazo no inferior a diez días ni superior a veinte, formulen las alegaciones y presenten los documentos y justificantes que estimen procedentes.

b) No se tendrán en cuenta en la resolución de los recursos, hechos, documentos o alegaciones del recurrente, cuando habiendo podido aportarlos en el trámite de alegaciones no lo haya hecho.

c) Tampoco podrá solicitarse la práctica de pruebas cuando su falta de realización en el procedimiento en el que se dictó la resolución recurrida fuera imputable al interesado.

d) Si hubiera otros interesados se les dará, en todo caso, traslado del recurso para que, en el plazo antes citado, aleguen cuanto estimen procedente.

54. El Capítulo II "Recursos administrativos" del Título V LPAC regula en su Sección 3.ª:

a) Recurso de Alzada.

b) Recurso de Reposición.

c) Recurso potestativo de Alzada.

d) Recurso potestativo de Reposición.

55. El recurso extraordinario de revisión se interpone ante:

a) El órgano administrativo que los dictó, que no será el competente para su resolución.

b) El órgano administrativo superior al que los dictó, que también será el competente para su resolución.

c) El órgano administrativo que los dictó, que también será el competente para su resolución.

d) Ninguna es correcta.

56. El plazo para la interposición del recurso de reposición será, si el acto no es expreso, de:

a) En cualquier momento a partir del día siguiente a aquel en que, de acuerdo con su normativa específica, se produzca el acto presunto.

b) 15 días.

c) Un mes.

d) Ninguna es correcta.

57. Ponen fin a la vía administrativa (art. 114 Ley 39/2015):

a) Las resoluciones de los recursos contencioso administrativos.

b) Las resoluciones de los órganos administrativos que carezcan de superior jerárquico, salvo que una Ley establezca lo contrario.

c) Los acuerdos, pactos, convenios o contratos que tengan la consideración de iniciadores del procedimiento.

d) Todas son correctas.

58. Se entenderá desestimado el recurso extraordinario de revisión si no se ha dictado y notificado resolución en el plazo de:

a) 2 meses desde la interposición del recurso.

b) 3 meses desde la interposición del recurso.

c) 6 meses desde la interposición del recurso.

d) 12 meses desde la interposición del recurso.

Soluciones comentadas

1. **c) Las Administraciones Públicas, en cualquier momento, por iniciativa propia o a solicitud de interesado, y previo dictamen favorable del Consejo de Estado u órgano consultivo equivalente de la Comunidad Autónoma, si lo hubiere, declararán de oficio la nulidad de los actos administrativos que hayan puesto fin a la vía administrativa o que no hayan sido recurridos en plazo, en los supuestos previstos en el artículo 47.1.**

   Artículo 106 LPAC: 1. Las Administraciones Públicas, en cualquier momento, por iniciativa propia o a solicitud de interesado, y previo dictamen favorable del Consejo de Estado u órgano consultivo equivalente de la Comunidad Autónoma, si lo hubiere, declararán de oficio la nulidad de los actos administrativos que hayan puesto fin a la vía administrativa o que no hayan sido recurridos en plazo, en los supuestos previstos en el artículo 47.1.

2. **d) En cualquier momento, las Administraciones Públicas de oficio, y previo dictamen favorable del Consejo de Estado u órgano consultivo equivalente de la Comunidad Autónoma si lo hubiere, podrán declarar la nulidad de las disposiciones administrativas en los supuestos previstos en el artículo 47.2.**

   Artículo 106 LPAC: 2. Asimismo, en cualquier momento, las Administraciones Públicas de oficio, y previo dictamen favorable del Consejo de Estado u órgano consultivo equivalente de la Comunidad Autónoma si lo hubiere, podrán declarar la nulidad de las disposiciones administrativas en los supuestos previstos en el artículo 47.2.

3. **d) Sí, de forma motivada.**

   Artículo 106 LPAC: 3. El órgano competente para la revisión de oficio podrá acordar motivadamente la inadmisión a trámite de las solicitudes formuladas por los interesados, sin necesidad de recabar Dictamen del Consejo de Estado u órgano consultivo de la Comunidad Autónoma, cuando las mismas no se basen en alguna de las causas de nulidad del artículo 47.1 o carezcan manifiestamente de fundamento, así como en el supuesto de que se hubieran desestimado en cuanto al fondo otras solicitudes sustancialmente iguales.

4. **b) Carezcan manifiestamente de fundamento.**

   Artículo 106 LPAC: 3. El órgano competente para la revisión de oficio podrá acordar motivadamente la inadmisión a trámite de las solicitudes formuladas por los interesados, sin necesidad de recabar Dictamen del Consejo de Estado u órgano consultivo de la Comunidad Autónoma, cuando las mismas no se basen en alguna de las causas de nulidad del artículo 47.1 o carezcan manifiestamente de fundamento, así como en el supuesto de que se hubieran desestimado en cuanto al fondo otras solicitudes sustancialmente iguales.

5. c) Cuando así lo establezca la Administración Pública correspondiente.

Artículo 106 LPAC: 4. Las Administraciones Públicas, al declarar la nulidad de una disposición o acto, podrán establecer, en la misma resolución, las indemnizaciones que proceda reconocer a los interesados, si se dan las circunstancias previstas en los artículos 32.2 y 34.1 de la Ley de Régimen Jurídico del Sector Público sin perjuicio de que, tratándose de una disposición, subsistan los actos firmes dictados en aplicación de la misma.

6. b) La caducidad del mismo cuando se hubiera iniciado de oficio.

Artículo 106 LPAC: 5. Cuando el procedimiento se hubiera iniciado de oficio, el transcurso del plazo de seis meses desde su inicio sin dictarse resolución producirá la caducidad del mismo. Si el procedimiento se hubiera iniciado a solicitud de interesado, se podrá entender la misma desestimada por silencio administrativo.

7. a) Las Administraciones Públicas podrán impugnar ante el orden jurisdiccional contencioso-administrativo los actos favorables para los interesados que sean anulables conforme a lo dispuesto en el artículo 48, previa su declaración de lesividad para el interés público.

Artículo 107 LPAC: 1. Las Administraciones Públicas podrán impugnar ante el orden jurisdiccional contencioso-administrativo los actos favorables para los interesados que sean anulables conforme a lo dispuesto en el artículo 48, previa su declaración de lesividad para el interés público.

8. c) No será susceptible de recurso.

Artículo 107 LPAC: 2. La declaración de lesividad no podrá adoptarse una vez transcurridos cuatro años desde que se dictó el acto administrativo y exigirá la previa audiencia de cuantos aparezcan como interesados en el mismo, en los términos establecidos por el artículo 82. Sin perjuicio de su examen como presupuesto procesal de admisibilidad de la acción en el proceso judicial correspondiente, la declaración de lesividad no será susceptible de recurso, si bien podrá notificarse a los interesados a los meros efectos informativos.

9. b) Pleno de la corporación.

Artículo 107 LPAC: 5. Si el acto proviniera de las entidades que integran la Administración Local, la declaración de lesividad se adoptará por el Pleno de la Corporación o, en defecto de este, por el órgano colegiado superior de la entidad.

10. c) Sí, una vez iniciado el procedimiento cuando pudiera causar perjuicios de imposible o difícil reparación.

Artículo 108 LPAC: Iniciado el procedimiento de revisión de oficio al que se refieren los artículos 106 y 107, el órgano competente para declarar la nulidad o lesividad, podrá suspender la ejecución del acto, cuando esta pudiera causar perjuicios de imposible o difícil reparación.

11. d) Las Administraciones Públicas podrán revocar, mientras no haya transcurrido el plazo de prescripción, sus actos de gravamen o desfavorables, siempre que tal revocación no constituya dispensa o exención no permitida por las leyes, ni sea contraria al principio de igualdad, al interés público o al ordenamiento jurídico.

Artículo 109 LPAC: 1. Las Administraciones Públicas podrán revocar, mientras no haya transcurrido el plazo de prescripción, sus actos de gravamen o desfavorables, siempre que tal revocación no constituya dispensa o exención no permitida por las leyes, ni sea contraria al principio de igualdad, al interés público o al ordenamiento jurídico.

12. a) Sus errores materiales.

Artículo 109: 2. Las Administraciones Públicas podrán, asimismo, rectificar en cualquier momento, de oficio o a instancia de los interesados, los errores materiales, de hecho o aritméticos existentes en sus actos.

13. d) Todas son correctas.

Artículo 110 LPAC: Las facultades de revisión establecidas en este Capítulo no podrán ser ejercidas cuando por prescripción de acciones, por el tiempo transcurrido o por otras circunstancias, su ejercicio resulte contrario a la equidad, a la buena fe, al derecho de los particulares o a las leyes.

14. c) En el 110.

Artículo 110 LPAC: Límites de la revisión.

15. b) De los actos y disposiciones dictados por los Ministros.

Artículo 111 LPAC: En el ámbito estatal, serán competentes para la revisión de oficio de las disposiciones y los actos administrativos nulos y anulables: a) El Consejo de Ministros, respecto de sus propios actos y disposiciones y de los actos y disposiciones dictados por los Ministros.

16. d) Las respuestas a) y b) son correctas.

Artículo 111 LPAC: c) En los Organismos públicos y entidades de derecho público vinculados o dependientes de la Administración General del Estado: 1.º Los órganos a los que estén adscritos los Organismos públicos y entidades de derecho público, respecto de los actos y disposiciones dictados por el máximo órgano rector de estos. 2.º Los máximos órganos rectores de los Organismos públicos y entidades de derecho público, respecto de los actos y disposiciones dictados por los órganos de ellos dependientes.

17. a) El plazo para la interposición del recurso de alzada será de un mes, si el acto no fuera expreso.

Artículo 122 LPAC: 1. El plazo para la interposición del recurso de alzada será de un mes, si el acto fuera expreso. Transcurrido dicho plazo sin haberse interpuesto el recurso, la resolución será firme a todos los efectos.

18. a) Recurso de Alzada.

Estructura LPAC.

19. a) El órgano competente para la resolución del recurso no tendrá que acordar motivadamente la inadmisión a trámite.

Artículo 126 LPAC: 1. El órgano competente para la resolución del recurso podrá acordar motivadamente la inadmisión a trámite, sin necesidad de recabar dictamen del Consejo de Estado u órgano consultivo de la Comunidad Autónoma, cuando el mismo no se funde en alguna de las causas previstas en el apartado 1 del artículo anterior o en el supuesto de que se hubiesen desestimado en cuanto al fondo otros recursos sustancialmente iguales.

20. d) Todas son correctas.

Artículo 120 LPAC: 1. Cuando deban resolverse una pluralidad de recursos administrativos que traigan causa de un mismo acto administrativo y se hubiera interpuesto un recurso judicial contra una resolución administrativa o bien contra el correspondiente acto presunto desestimatorio, el órgano administrativo podrá acordar la suspensión del plazo para resolver hasta que recaiga pronunciamiento judicial. 2. El acuerdo de suspensión deberá ser notificado a los interesados, quienes podrán recurrirlo. La interposición del correspondiente recurso por un interesado, no afectará a los restantes procedimientos de recurso que se encuentren suspendidos por traer causa del mismo acto administrativo.

21. b) Los actos administrativos de los miembros y órganos del Gobierno.

Artículo 114 LPAC: 2. Además de lo previsto en el apartado anterior, en el ámbito estatal ponen fin a la vía administrativa los actos y resoluciones siguientes: a) Los actos administrativos de los miembros y órganos del Gobierno. b) Los emanados de los Ministros y los Secretarios de Estado en el ejercicio de las competencias que tienen atribuidas los órganos de los que son titulares. c) Los emanados de los órganos directivos con nivel de Director general o superior, en relación con las competencias que tengan atribuidas en materia de personal. d) En los Organismos públicos y entidades de derecho público vinculados o dependientes de la Administración General del Estado, los emanados de los máximos órganos de dirección unipersonales o colegiados, de acuerdo con lo que establezcan sus estatutos, salvo que por ley se establezca otra cosa.

22. b) Dos.

Estructura LPAC.

23. d) Ninguna es correcta.

Artículo 123 LPAC: 1. Los actos administrativos que pongan fin a la vía administrativa podrán ser recurridos potestativamente en reposición ante el mismo órgano que los hubiera dictado o ser impugnados directamente ante el orden jurisdiccional contencioso-administrativo.

24. a) La resolución administrativa de los procedimientos de responsabilidad patrimonial, cualquiera que fuese el tipo de relación, pública o privada, de que derive.

Artículo 114 LPAC: e) La resolución administrativa de los procedimientos de responsabilidad patrimonial, cualquiera que fuese el tipo de relación, pública o privada, de que derive. El resto de respuestas contienen errores.

25. d) Excepto en los casos en que una disposición establezca lo contrario, no suspenderá la ejecución del acto impugnado.

Artículo 117 LPAC: 1. La interposición de cualquier recurso, excepto en los casos en que una disposición establezca lo contrario, no suspenderá la ejecución del acto impugnado.

26. d) Todas son correctas.

Artículo 116 LPAC: Serán causas de inadmisión las siguientes: a) Ser incompetente el órgano administrativo, cuando el competente perteneciera a otra Administración Pública. El recurso deberá remitirse al órgano competente, de acuerdo con lo establecido en el artículo 14.1 de la Ley de Régimen Jurídico del Sector Público. b) Carecer de legitimación el recurrente. c) Tratarse de un acto no susceptible de recurso. d) Haber transcurrido el plazo para la interposición del recurso. e) Carecer el recurso manifiestamente de fundamento.

27. a) 121 y 122.

LPAC (sección 2.ª Recurso de Alzada): Artículo 121 Objeto, Artículo 122: Plazos.

28. c) Los recursos administrativos.

Estructura LPAC.

29. d) Ninguna es correcta.

Artículo 126 LPAC: 2. El órgano al que corresponde conocer del recurso extraordinario de revisión debe pronunciarse no solo sobre la procedencia del recurso, sino también, en su caso, sobre el fondo de la cuestión resuelta por el acto recurrido.

30. b) De tres meses.

Artículo 122 LPAC: 2. El plazo máximo para dictar y notificar la resolución será de tres meses. Transcurrido este plazo sin que recaiga resolución, se podrá entender desestimado el recurso, salvo en el supuesto previsto en el artículo 24.1, tercer párrafo.

31. d) Todas son correctas.

Artículo 119 LPAC: 1. La resolución del recurso estimará en todo o en parte o desestimará las pretensiones formuladas en el mismo o declarará su inadmisión. 2. Cuando existiendo vicio de forma no se estime procedente resolver sobre el fondo se ordenará la retroacción del procedimiento al momento en el que el vicio fue cometido, sin perjuicio de que eventualmente pueda acordarse la convalidación de actuaciones por el órgano competente para ello, de acuerdo con lo dispuesto en el artículo 52. 3. El órgano que resuelva el recurso decidirá cuantas cuestiones, tanto de forma como de fondo, plantee el procedimiento, hayan sido o no alegadas por los interesados. En este último caso se les oirá previamente. No obstante, la resolución será congruente con las peticiones formuladas por el recurrente, sin que en ningún caso pueda agravarse su situación inicial.

32. c) Artículo 113.

Artículo 113 LPAC: Recurso extraordinario de revisión.

33. a) Cuatro.

Estructura LPAC.

34. c) No cabrá ningún otro recurso administrativo, salvo el recurso extraordinario de revisión, en los casos establecidos en el artículo 125.1.

Artículo 122 LPAC: 3. Contra la resolución de un recurso de alzada no cabrá ningún otro recurso administrativo, salvo el recurso extraordinario de revisión, en los casos establecidos en el artículo 125.1.

35. d) No será obstáculo para su tramitación, siempre que se deduzca su verdadero carácter.

Artículo 115 LPAC: 2. El error o la ausencia de la calificación del recurso por parte del recurrente no será obstáculo para su tramitación, siempre que se deduzca su verdadero carácter.

36. b) Las resoluciones de los procedimientos a que se refiere el artículo 112.2.

Artículo 114 LPAC: b) Las resoluciones de los procedimientos a que se refiere el artículo 112.2. Las demás respuestas contienen errores.

37. c) 123 y 124.

LPAC (sección 3.ª Recurso potestativo de reposición): Artículo 123: Objeto y naturaleza, Artículo 124: Plazos.

38. a) Cualquier momento a partir del día siguiente a aquel en que, de acuerdo con su normativa específica, se produzcan los efectos del silencio administrativo.

Artículo 122 LPAC: Si el acto no fuera expreso el solicitante y otros posibles interesados podrán interponer recurso de alzada en cualquier momento a partir del día siguiente a aquel en que, de acuerdo con su normativa específica, se produzcan los efectos del silencio administrativo.

39. b) Contra los actos firmes en vía administrativa.

Artículo 125 LPAC: 1. Contra los actos firmes en vía administrativa podrá interponerse el recurso extraordinario de revisión ante el órgano administrativo que los dictó, que también será el competente para su resolución, cuando concurra alguna de las circunstancias siguientes: (…).

40. c) Que en la resolución hayan influido esencialmente documentos o testimonios declarados falsos por sentencia judicial firme, anterior o posterior a aquella resolución.

Artículo 125 LPAC: 1. Contra los actos firmes en vía administrativa podrá interponerse el recurso extraordinario de revisión ante el órgano administrativo que los dictó, que también será el competente para su resolución, cuando concurra alguna de las circunstancias siguientes: a) Que al dictarlos se hubiera incurrido en error de hecho, que resulte de los propios documentos incorporados al expediente. b) Que aparezcan documentos de valor esencial para la resolución del asunto que, aunque sean posteriores, evidencien el error de la resolución recurrida. c) Que en la resolución hayan influido esencialmente documentos o testimonios declarados falsos por sentencia judicial firme, anterior o posterior a aquella resolución. d) Que la resolución se hubiese dictado como consecuencia de prevaricación, cohecho, violencia, maquinación fraudulenta u otra conducta punible y se haya declarado así en virtud de sentencia judicial firme.

41. a) Tratarse de un acto susceptible de recurso.

Artículo 116 LPAC: Serán causas de inadmisión las siguientes: a) Ser incompetente el órgano administrativo, cuando el competente perteneciera a otra Administración Pública. El recurso deberá remitirse al órgano competente, de acuerdo con lo establecido en el artículo 14.1 de la Ley de Régimen Jurídico del Sector Público. b) Carecer de legitimación el recurrente. c) Tratarse de un acto no susceptible de recurso. d) Haber transcurrido el plazo para la interposición del recurso. e) Carecer el recurso manifiestamente de fundamento.

42. d) Todas son correctas.

Artículo 114 LPAC: 2. Además de lo previsto en el apartado anterior, en el ámbito estatal ponen fin a la vía administrativa los actos y resoluciones siguientes: a) Los actos administrativos de los miembros y órganos del Gobierno. b) Los emanados de los Ministros y los Secretarios de Estado en el ejercicio de las competencias que tienen atribuidas los órganos de los que son titulares. c) Los emanados de los órganos directivos con nivel de Director general o superior, en relación con las competencias que tengan atribuidas en materia de personal. d) En los Organismos públicos y entidades de derecho público vinculados o dependientes de la Administración General del Estado, los emanados de los máximos órganos de dirección unipersonales o colegiados, de acuerdo con lo que establezcan sus estatutos, salvo que por ley se establezca otra cosa.

43. c) Producen indefensión o perjuicio irreparable a derechos e intereses legítimos.

Artículo 112 LPAC: 1. Contra las resoluciones y los actos de trámite, si estos últimos deciden directa o indirectamente el fondo del asunto, determinan la imposibilidad de continuar el procedimiento, producen indefensión o perjuicio irreparable a derechos e intereses legítimos, podrán interponerse por los interesados los recursos de alzada y potestativo de reposición, que cabrá fundar en cualquiera de los motivos de nulidad o anulabilidad previstos en los artículos 47 y 48 de esta ley.

44. c) Las respuestas a) y b) son correctas.

Artículo 123 LPAC: 1. Los actos administrativos que pongan fin a la vía administrativa podrán ser recurridos potestativamente en reposición ante el mismo órgano que los hubiera dictado o ser impugnados directamente ante el orden jurisdiccional contencioso-administrativo. 2. No se podrá interponer recurso contencioso-administrativo hasta que sea resuelto expresamente o se haya producido la desestimación presunta del recurso de reposición interpuesto.

45. a) No cabrá recurso en vía administrativa.

Artículo 112 LPAC: 3. Contra las disposiciones administrativas de carácter general no cabrá recurso en vía administrativa.

46. c) Las respuestas a) y b) son correctas.

Artículo 121 LPAC: 2. El recurso podrá interponerse ante el órgano que dictó el acto que se impugna o ante el competente para resolverlo.

47. a) El acto que se recurre no siendo necesario precisar la razón de su impugnación.

Artículo 115 LPAC: b) El acto que se recurre y la razón de su impugnación. El resto de respuestas son correctas.

48. a) Por su legislación específica.

Artículo 112 LPAC: 4. Las reclamaciones económico-administrativas se ajustarán a los procedimientos establecidos por su legislación específica.

49. c) No podrán ser alegados por quienes los hubieren causado.

Artículo 115 LPAC: 3. Los vicios y defectos que hagan anulable un acto no podrán ser alegados por quienes los hubieren causado.

50. d) Todas son correctas.

Artículo 112 LPAC: 2. Las leyes podrán sustituir el recurso de alzada, en supuestos o ámbitos sectoriales determinados, y cuando la especificidad de la materia así lo justifique, por otros procedimientos de impugnación, reclamación, conciliación, mediación y arbitraje, ante órganos colegiados o Comisiones específicas no sometidas a instrucciones jerárquicas, con respeto a los principios, garantías y plazos que la presente ley reconoce a las personas y a los interesados en todo procedimiento administrativo.

51. c) Ser incompetente el órgano administrativo, cuando el competente perteneciera a otra Administración Pública. El recurso deberá remitirse al órgano competente, de acuerdo con lo establecido en el artículo 14.1 de la Ley de Régimen Jurídico del Sector Público.

Artículo 116 LPAC: a) Ser incompetente el órgano administrativo, cuando el competente perteneciera a otra Administración Pública. El recurso deberá remitirse al órgano competente, de acuerdo con lo establecido en el artículo 14.1 de la Ley de Régimen Jurídico del Sector Público. El resto de respuestas son erróneas.

52. a) El plazo de 10 días.

Artículo 121 LPAC: Si el recurso se hubiera interpuesto ante el órgano que dictó el acto impugnado, este deberá remitirlo al competente en el plazo de diez días, con su informe y con una copia completa y ordenada del expediente.

53. a) Cuando hayan de tenerse en cuenta nuevos hechos o documentos no recogidos en el expediente originario, se pondrán de manifiesto a los interesados para que, en un plazo no inferior a diez días ni superior a veinte, formulen las alegaciones y presenten los documentos y justificantes que estimen procedentes.

Artículo 118 LPAC: 1. Cuando hayan de tenerse en cuenta nuevos hechos o documentos no recogidos en el expediente originario, se pondrán de manifiesto a los interesados para que, en un plazo no inferior a diez días ni superior a quince, formulen las alegaciones y presenten los documentos y justificantes que estimen procedentes. No se tendrán en cuenta en la resolución de los recursos, hechos, documentos o alegaciones del recurrente, cuando habiendo podido aportarlos en el trámite de alegaciones no lo haya hecho. Tampoco podrá solicitarse la práctica de pruebas cuando su falta de realización en el procedimiento en el que se dictó la resolución recurrida fuera imputable al interesado. 2. Si hubiera otros interesados se les dará, en todo caso, traslado del recurso para que en el plazo antes citado, aleguen cuanto estimen procedente.

54. d) Recurso potestativo de Reposición.

Estructura LPAC.

55. c) El órgano administrativo que los dictó, que también será el competente para su resolución.

Artículo 125 LPAC: 1. Contra los actos firmes en vía administrativa podrá interponerse el recurso extraordinario de revisión ante el órgano administrativo que los dictó, que también será el competente para su resolución, cuando concurra alguna de las circunstancias siguientes: (…).

56. a) En cualquier momento a partir del día siguiente a aquel en que, de acuerdo con su normativa específica, se produzca el acto presunto.

Artículo 124 LPAC: Si el acto no fuera expreso, el solicitante y otros posibles interesados podrán interponer recurso de reposición en cualquier momento a partir del día siguiente a aquel en que, de acuerdo con su normativa específica, se produzca el acto presunto.

57. b) Las resoluciones de los órganos administrativos que carezcan de superior jerárquico, salvo que una Ley establezca lo contrario.

Artículo 114 LPAC: c) Las resoluciones de los órganos administrativos que carezcan de superior jerárquico, salvo que una Ley establezca lo contrario. El resto de respuestas contienen errores.

58. c) 6 meses desde la interposición del recurso.

Artículo 126 LPAC: 3. Transcurrido el plazo de tres meses desde la interposición del recurso extraordinario de revisión sin haberse dictado y notificado la resolución, se entenderá desestimado, quedando expedita la vía jurisdiccional contencioso-administrativa.

Ley 9/2017, de 8 de noviembre, de Contratos del Sector Público

TEST N.º 1

Objeto, ámbito de aplicación y clases de contratos

1. ¿Qué directivas transpone al ordenamiento jurídico español la Ley 9/2017 de 8 de noviembre de Contratos del Sector Público (LCSP)?

a) La Directiva 2004/18/CE y Directiva 2004/17/CE.
b) La Directiva 2014/24/UE y la Directiva 2014/23/UE.
c) La Directiva 2017/25/UE y la Directiva 2017/28/UE.
d) Únicamente la Directiva 2010/29/UE.

2. La Ley 9/2017, de 8 de noviembre, de Contratos del Sector Público deroga y sustituye al texto refundido de la Ley de Contratos del Sector Público aprobado por:

a) Real Decreto Legislativo 3/2011, de 14 de noviembre.
b) Real Decreto Legislativo 2/2011, de 14 de noviembre.
c) Real Decreto Legislativo 3/2011, de 10 de noviembre.
d) Real Decreto Legislativo 3/2011, de 15 de noviembre.

3. De conformidad con el artículo 1 de la LCSP, ¿cuál de los siguientes no es un objeto de dicha ley?

a) Regular la contratación del sector público, a fin de garantizar que la misma se ajusta a los principios de libertad de acceso a las licitaciones, publicidad y transparencia de los procedimientos, y no discriminación e igualdad de trato entre los licitadores.
b) Asegurar, en conexión con el objetivo de estabilidad presupuestaria y control del gasto, y el principio de integridad, una eficiente utilización de los fondos destinados a la realización de obras, la adquisición de bienes y la contratación de servicios mediante la exigencia de la definición previa de las necesidades a satisfacer, la salvaguarda de la libre competencia y la selección de la oferta económicamente más ventajosa.
c) La regulación del régimen jurídico aplicable a los efectos, cumplimiento y extinción de los contratos administrativos y privados, en atención a los fines institucionales de carácter público que a través de los mismos se tratan de realizar.
d) Todas son correctas.

4. El artículo 1 de la LCSP se encuentra en:

a) El Preámbulo.
b) El Título Preliminar.
c) El Título I.
d) Ninguna es correcta.

5. De conformidad con el artículo 1 de la LCSP, en toda contratación pública se incorporarán de manera transversal y preceptiva criterios sociales y medioambientales:

a) Siempre que guarde relación con el objeto del contrato.
b) En la convicción de que su inclusión proporciona una mejor relación calidad-precio en la prestación contractual.
c) Cuando proporcione una mayor y mejor eficiencia en la utilización de los fondos privados.
d) Las respuestas a) y b) son correctas.

6. Según el artículo 1 de la Ley 9/2017, de 8 de noviembre, de Contratos del Sector Público, ¿cuál de los siguientes no es un principio de la contratación pública?

a) Publicidad y transparencia de los procedimientos.
b) Selección de la oferta económicamente más ventajosa.
c) Salvaguarda de la libre competencia.
d) Restricción en el acceso a las licitaciones.

7. Las relaciones jurídicas, negocios y contratos excluidos del ámbito de la Ley de Contratos del Sector Público (artículo 4 de la LCSP):

a) Se regirán igualmente por la Ley de contratos.
b) Se regirán por normas especiales.
c) Se regirán por sus normas especiales, aplicándose los principios de esta ley para resolver las dudas y lagunas que pudieran presentarse.
d) Ninguna es correcta.

8. De conformidad con el artículo 2 de la LCSP, se entenderá que un contrato tiene carácter oneroso:

a) Cuando el contratista obtenga cualquier tipo de beneficio económico o de otro tipo.
b) Cuando el contratista obtenga cualquier tipo de beneficio económico de manera directa exclusivamente.
c) Cuando el contratista obtenga cualquier tipo de beneficio económico, ya sea de forma directa o indirecta.
d) Cuando el contratista no obtenga ningún tipo de beneficio ya sea económico o de otro tipo.

9. Se considera que forman parte del sector público las siguientes entidades de conformidad con el artículo 3 de la LCSP (marcar la incorrecta):

a) La Administración General del Estado, las Administraciones de las Comunidades Autónomas, las Ciudades Autónomas de Ceuta y Melilla y las Entidades que integran la Administración Local.

b) Los Organismos Autónomos, las Universidades Públicas y las autoridades administrativas independientes.

c) Las sociedades mercantiles privadas.

d) Todas las anteriores.

10. De conformidad con el artículo 3 de la LCSP tienen la consideración de Administraciones públicas (marcar la incorrecta):

a) Las fundaciones públicas.

b) Las Entidades Gestoras y los Servicios Comunes de la Seguridad Social.

c) Las Diputaciones Forales y las Juntas Generales de los Territorios Históricos del País Vasco en lo que respecta a su actividad de contratación.

d) Los Organismos Autónomos, las Universidades Públicas y las autoridades administrativas independientes.

11. Según el artículo 9 de la LCSP, ¿es aplicable la LCSP a las autorizaciones y concesiones sobre bienes de dominio público?

a) No, están excluidos en todo caso.

b) Están incluidos al estar sujetos a procedimiento de licitación.

c) Se regulan por su legislación específica, salvo en los casos en que expresamente se declaren de aplicación las prescripciones de la Ley de Contratos.

d) Están incluidos salvo que se trata de bienes patrimoniales.

12. De conformidad con el artículo 13 de la LCSP, son contratos de obras aquellos que tienen por objeto:

a) La ejecución de una obra, aislada o conjuntamente con la redacción del proyecto, o la realización de alguno de los trabajos enumerados en el Anexo III de la LCSP.

b) La realización, por cualquier medio, de una obra que cumpla los requisitos fijados por la entidad del sector público contratante que ejerza una influencia decisiva en el tipo o el proyecto de la obra.

c) La adquisición, el arrendamiento financiero, o el arrendamiento, con o sin opción de compra, de productos o bienes muebles.

d) Todas son correctas.

13. Dentro de la regulación del contrato de obras, el artículo 13 de la LCSP define obra como:

a) El resultado de un conjunto de trabajos de construcción o de ingeniería civil, destinado a cumplir por sí mismo una función económica o técnica, que tenga por objeto un bien mueble o inmueble.

b) El resultado de un conjunto de trabajos de construcción o de ingeniería civil, destinado a cumplir por sí mismo una función económica o técnica, que tenga por objeto un bien inmueble.

c) La realización de trabajos que modifiquen la forma o sustancia del terreno o de su vuelo, o de mejora del medio físico, natural o artificial.

d) Ninguna es correcta.

14. ¿Cuál es el objeto del contrato de concesión de obras, de conformidad con el artículo 14 de la LCSP?

a) La realización, por cualquier medio, de una obra que cumpla los requisitos fijados por la entidad del sector público contratante que ejerza una influencia decisiva en el tipo o el proyecto de la obra.

b) La realización por el concesionario de algunas de las prestaciones a que se refiere el contrato de obras, incluidas las de restauración y reparación de construcciones existentes, así como la conservación y mantenimiento de los elementos construidos, y en el que la contraprestación a favor de aquel consiste, o bien únicamente en el derecho a explotar la obra, o bien en dicho derecho acompañado del de percibir un precio.

c) Es aquel en cuya virtud uno o varios poderes adjudicadores encomiendan a título oneroso a una o varias personas, naturales o jurídicas, la gestión de un servicio cuya prestación sea de su titularidad o competencia, y cuya contrapartida venga constituida bien por el derecho a explotar los servicios objeto del contrato o bien por dicho derecho acompañado del de percibir un precio.

d) Aquellos cuyo objeto son prestaciones de hacer consistentes en el desarrollo de una actividad o dirigidas a la obtención de un resultado distinto de una obra o suministro, incluyendo aquellos en que el adjudicatario se obligue a ejecutar el servicio de forma sucesiva y por precio unitario.

15. ¿En que contratos de los regulados en los artículos 13 a 17 de la LCSP se produce el traspaso del riesgo concesional al adjudicatario?

a) En el contrato de obras y contrato de concesión de obras públicas.

b) En el contrato de servicios y contrato de concesión de servicios.

c) En el contrato de suministros.

d) En el contrato de concesión de obras públicas y de concesión de servicios.

16. De conformidad con el artículo 16 de la LCSP, se considera contrato de suministro:

a) Los que tienen por objeto la venta, el arrendamiento financiero, o el arrendamiento, con o sin opción de compra, de productos o bienes muebles.

b) Aquellos en los que el empresario se obligue a entregar una pluralidad de bienes de forma única y por precio unitario sin que la cuantía total se defina con exactitud al tiempo de celebrar el contrato.

c) Los que tengan por objeto la adquisición y el arrendamiento de equipos y sistemas de telecomunicaciones o para el tratamiento de la información, sus dispositivos y programas, y la cesión del derecho de uso de estos últimos, en cualquiera de sus modalidades de puesta a disposición, incluidos los contratos de adquisición de programas de ordenador desarrollados a medida, que se considerarán contratos de servicios.

d) Los que tengan por objeto la adquisición de energía primaria o energía transformada.

17. El contrato en cuya virtud uno o varios poderes adjudicadores encomiendan a título oneroso a una o varias personas, la gestión de un servicio cuya prestación sea de su titularidad o competencia, y cuya contrapartida venga constituida bien por el derecho a explotar los servicios objeto del contrato o bien por dicho derecho acompañado del de percibir un precio es (artículo 15 de la LCSP):

a) Un contrato de obra.
b) Un contrato de concesión de obra.
c) Un contrato de concesión de servicios.
d) Un contrato de suministro.

18. No podrán ser objeto del contrato de servicios de conformidad con el artículo 17 de la LCSP:

a) Aquellos cuyo objeto son prestaciones de hacer consistentes en el desarrollo de una actividad o dirigidas a la obtención de un resultado distinto de un contrato de obras.
b) Aquellos cuyo objeto son prestaciones de hacer consistentes en el desarrollo de una actividad o dirigidas a la obtención de un resultado distinto de un contrato de suministro.
c) Aquellos en que el adjudicatario se obligue a ejecutar el servicio de forma sucesiva y por precio unitario.
d) Aquellos que impliquen el ejercicio de la autoridad inherente a los poderes públicos.

19. Cuando el contrato mixto comprenda prestaciones propias de dos o más contratos de obras, suministros o servicios, ¿cuáles serán las normas que se apliquen para su adjudicación (artículo 18 de la LCSP)?

a) Las del contrato de obras en todo caso.
b) Las de la prestación principal.
c) Las que elija motivadamente el órgano de contratación en cada caso.
d) Ninguna es correcta.

20. ¿Cuál de estos contratos no está regulado por la Ley 9/2017, de 8 de noviembre, de Contratos del Sector Público?

a) Contrato de suministro.
b) Contrato de concesión de obra.
c) Contrato de colaboración mixta.
d) Todos están regulados en la ley.

21. De conformidad con el artículo 19 de la LCSP, son contratos sujetos a regulación armonizada:

a) Los contratos de obras, los de concesión de obras, los de concesión de servicios, los de suministro, y los de servicios, cuyo valor estimado, sea igual o inferior a las cuantías que se indican en la LCSP, siempre que la entidad contratante tenga el carácter de poder adjudicador.

b) Los contratos de obras, los de concesión de obras, los de concesión de servicios, los de suministro, los de servicios y los contratos menores, cuyo valor estimado, sea igual o superior a las cuantías que se indican en la LCSP, siempre que la entidad contratante tenga el carácter de entidad del sector público.

c) Los contratos de obras, los de concesión de obras, los de concesión de servicios, los de suministro, y los de servicios, cuyo valor estimado sea igual o superior a las cuantías que se indican en la LCSP, siempre que la entidad contratante tenga el carácter de poder adjudicador.

d) Los contratos de obras, los de suministro, y los de servicios, cuyo valor estimado, sea igual o superior a las cuantías que se indican en la LCSP, siempre que la entidad contratante tenga el carácter de entidad del sector público.

22. De conformidad con el artículo 25 de la LCSP, tendrán carácter privado:

a) Los contratos de concesión de obras.

b) La suscripción a revistas, publicaciones periódicas y bases de datos.

c) Los contratos que tengan naturaleza administrativa por estar vinculados al giro o tráfico específico de la Administración contratante.

d) Los contratos que tengan naturaleza administrativa por satisfacer de forma directa o inmediata una finalidad pública de la específica competencia de aquella.

23. De conformidad con el artículo 26 de la LCSP, tendrá carácter privado:

a) Los celebrados por entidades del sector público que siendo poder adjudicador no reúnan la condición de Administraciones públicas.

b) Los celebrados por entidades del sector público que no reúnan la condición de poder adjudicador.

c) Los celebrados por entidades del sector público que reúnan la condición de poder adjudicador.

d) Las respuestas a) y b) son correctas.

24. Serán competencia del orden jurisdiccional contencioso-administrativo las siguientes cuestiones (artículo 27 de la LCSP):

a) Las relativas a la preparación, adjudicación, efectos, modificación y extinción de los contratos administrativos.

b) Las que se susciten en relación con la preparación y adjudicación de los contratos privados de las Administraciones públicas.

c) Las relativas a la preparación y adjudicación de los contratos de entidades del sector público que no tengan el carácter de poderes adjudicadores.

d) Todas son correctas.

25. De conformidad con el artículo 27 de la LCSP, el orden jurisdiccional civil será el competente para resolver (marcar la incorrecta):

a) Las controversias que se susciten entre las partes en relación con los efectos y extinción de los contratos privados de las entidades que tengan la consideración de poderes adjudicadores, sean o no Administraciones públicas.

b) Las que se susciten en relación con la preparación y adjudicación de los contratos privados de las Administraciones públicas.

c) De las cuestiones referidas a efectos y extinción de los contratos que celebren las entidades del sector público que no tengan el carácter de poderes adjudicadores.

d) El conocimiento de las cuestiones litigiosas relativas a la financiación privada del contrato de concesión de obra pública o de concesión de servicios, salvo en lo relativo a las actuaciones en ejercicio de las obligaciones y potestades administrativas que, con arreglo a lo dispuesto en esta ley, se atribuyen a la Administración concedente, y en las que será competente el orden jurisdiccional contencioso-administrativo.

Soluciones comentadas

1. **b) La Directiva 2014/24/UE y la Directiva 2014/23/UE.**

   Preámbulo LCSP: *conviene señalar que, mediante la presente ley se incorporan al ordenamiento jurídico español las Directivas 2014/23/UE, de 26 de febrero de 2014, relativas a la adjudicación de contratos de concesión, institución de larga tradición jurídica en el derecho español, y la Directiva 2014/24/UE, de 26 de febrero de 2014, sobre contratación pública, dejando la transposición de la Directiva 2014/25/UE, de 26 de febrero de 2014, relativa a la contratación por entidades que operan en los sectores del agua, la energía, los transportes y los servicios postales a otra ley específica, que asimismo incorporará al ordenamiento jurídico español la parte de la Directiva 2014/23/UE que resulte de aplicación a los sectores citados.*

2. **a) Real Decreto Legislativo 3/2011, de 14 de noviembre.**

   Disposición Derogatoria LCSP: *Queda derogado el texto refundido de la Ley de Contratos del Sector Público aprobado por Real Decreto Legislativo 3/2011 de 14 de noviembre, así como cuantas disposiciones de igual o inferior rango se opongan a lo dispuesto en la presente ley.*

3. **c) La regulación del régimen jurídico aplicable a los efectos, cumplimiento y extinción de los contratos administrativos y privados, en atención a los fines institucionales de carácter público que a través de los mismos se tratan de realizar.**

   Artículo 1 LCSP: *2. Es igualmente objeto de esta ley la regulación del régimen jurídico aplicable a los efectos, cumplimiento y extinción de los contratos administrativos, en atención a los fines institucionales de carácter público que a través de los mismos se tratan de realizar.*

4. **b) El Título Preliminar.**

   Estructura de la LCSP.

5. **d) Las respuestas a) y b) son correctas.**

   Artículo 1 LCSP: *En toda contratación pública se incorporarán de manera transversal y preceptiva criterios sociales y medioambientales siempre que guarde relación con el objeto del contrato, en la convicción de que su inclusión proporciona una mejor relación calidad-precio en la prestación contractual, así como una mayor y mejor eficiencia en la utilización de los fondos públicos. Igualmente se facilitará el acceso a la contratación pública de las pequeñas y medianas empresas, así como de las empresas de economía social.*

6. **d) Restricción en el acceso a las licitaciones.**

    Artículo 1 LCSP: *La presente ley tiene por objeto regular la contratación del sector público, a fin de garantizar que la misma se ajusta a los principios de libertad de acceso a las licitaciones, publicidad y transparencia de los procedimientos, y no discriminación e igualdad de trato entre los licitadores, y de asegurar, en conexión con el objetivo de estabilidad presupuestaria y control del gasto, y el principio de integridad, una eficiente utilización de los fondos destinados a la realización de obras, la adquisición de bienes y la contratación de servicios mediante la exigencia de la definición previa de las necesidades a satisfacer, la salvaguarda de la libre competencia y la selección de la oferta económicamente más ventajosa.*

7. **c) Se regirán por sus normas especiales, aplicándose los principios de esta ley para resolver las dudas y lagunas que pudieran presentarse.**

    Artículo 4 LCSP: *Las relaciones jurídicas, negocios y contratos citados en esta sección quedan excluidos del ámbito de la presente ley, y se regirán por sus normas especiales, aplicándose los principios de esta ley para resolver las dudas y lagunas que pudieran presentarse.*

8. **c) Cuando el contratista obtenga cualquier tipo de beneficio económico, ya sea de forma directa o indirecta.**

    Artículo 2 LCSP: *Se entenderá que un contrato tiene carácter oneroso en los casos en que el contratista obtenga algún tipo de beneficio económico, ya sea de forma directa o indirecta.*

9. **c) Las sociedades mercantiles privadas.**

    Artículo 3 LCSP: *h) Las sociedades mercantiles en cuyo capital social la participación, directa o indirecta, de entidades de las mencionadas en las letras a), b), c), d), e), g) y h) del presente apartado sea superior al 50 por 100, o en los casos en que sin superar ese porcentaje, se encuentre respecto de las referidas entidades en el supuesto previsto en el artículo 5 del texto refundido de la Ley del Mercado de Valores, aprobado por Real Decreto Legislativo 4/2015, de 23 de octubre.*

10. **a) Las fundaciones públicas.**

    No aparece en el listado del artículo 3.2. de la LCSP.

11. **c) Se regulan por su legislación específica, salvo en los casos en que expresamente se declaren de aplicación las prescripciones de la Ley de Contratos.**

    Artículo 9 LCSP: *1. Se encuentran excluidas de la presente ley las autorizaciones y concesiones sobre bienes de dominio público y los contratos de explotación de bienes patrimoniales distintos a los definidos en el artículo 14, que se regularán por su legislación específica salvo en los casos en que expresamente se declaren de aplicación las prescripciones de la presente ley.*

12. **b) La realización, por cualquier medio, de una obra que cumpla los requisitos fijados por la entidad del sector público contratante que ejerza una influencia decisiva en el tipo o el proyecto de la obra.**

    Artículo 13.1. *Son contratos de obras aquellos que tienen por objeto uno de los siguientes:*

    a) La ejecución de una obra, aislada o conjuntamente con la redacción del proyecto, o la realización de alguno de los trabajos enumerados en el Anexo I.

b) La realización, por cualquier medio, de una obra que cumpla los requisitos fijados por la entidad del sector público contratante que ejerza una influencia decisiva en el tipo o el proyecto de la obra.

13. a) El resultado de un conjunto de trabajos de construcción o de ingeniería civil, destinado a cumplir por sí mismo una función económica o técnica, que tenga por objeto un bien inmueble.

Artículo 13 LCSP: *2. Por «obra» se entenderá el resultado de un conjunto de trabajos de construcción o de ingeniería civil, destinado a cumplir por sí mismo una función económica o técnica, que tenga por objeto un bien inmueble.*

14. b) La realización por el concesionario de algunas de las prestaciones a que se refiere el contrato de obras, incluidas las de restauración y reparación de construcciones existentes, así como la conservación y mantenimiento de los elementos construidos, y en el que la contraprestación a favor de aquel consiste, o bien únicamente en el derecho a explotar la obra, o bien en dicho derecho acompañado del de percibir un precio.

Artículo 14 LCSP: *1. La concesión de obras es un contrato que tiene por objeto la realización por el concesionario de algunas de las prestaciones a que se refiere el artículo anterior, incluidas las de restauración y reparación de construcciones existentes, así como la conservación y mantenimiento de los elementos construidos, y en el que la contraprestación a favor de aquel consiste, o bien únicamente en el derecho a explotar la obra en el sentido del apartado cuarto siguiente, o bien en dicho derecho acompañado del de percibir un precio.*

15. d) En el contrato de concesión de obras públicas y de concesión de servicios.

Así se indica en los artículos 14 y 15 de la LCSP.

16. d) Los que tengan por objeto la adquisición de energía primaria o energía transformada.

Es la única opción que aparece como tal en el artículo 16 de la LCSP; el resto contiene errores.

17. c) Un contrato de concesión de servicios.

Artículo 15 LCSP: *1. El contrato de concesión de servicios es aquel en cuya virtud uno o varios poderes adjudicadores encomiendan a título oneroso a una o varias personas, naturales o jurídicas, la gestión de un servicio cuya prestación sea de su titularidad o competencia, y cuya contrapartida venga constituida bien por el derecho a explotar los servicios objeto del contrato o bien por dicho derecho acompañado del de percibir un precio.*

18. d) Aquellos que impliquen el ejercicio de la autoridad inherente a los poderes públicos.

Artículo 17 LCSP: *No podrán ser objeto de estos contratos los servicios que impliquen ejercicio de la autoridad inherente a los poderes públicos.*

19. b) Las de la prestación principal.

Artículo 18 LCSP: *Cuando un contrato mixto comprenda prestaciones propias de dos o más contratos de obras, suministros o servicios se atenderá al carácter de la prestación principal.*

20. c) Contrato de colaboración mixta.

Artículo 12 LCSP: *Los contratos de obras, concesión de obras, concesión de servicios, suministro y servicios que celebren las entidades pertenecientes al sector público se calificarán de acuerdo con las normas contenidas en la presente sección.*

21. c) Los contratos de obras, los de concesión de obras, los de concesión de servicios, los de suministro, y los de servicios, cuyo valor estimado sea igual o superior a las cuantías que se indican en la LCSP, siempre que la entidad contratante tenga el carácter de poder adjudicador.

Artículo 19 LCSP: *Son contratos sujetos a una regulación armonizada los contratos de obras, los de concesión de obras, los de concesión de servicios, los de suministro, y los de servicios, cuyo valor estimado, calculado conforme a las reglas que se establecen en el artículo 101, sea igual o superior a las cuantías que se indican en los artículos siguientes, siempre que la entidad contratante tenga el carácter de poder adjudicador. Tendrán también la consideración de contratos sujetos a regulación armonizada los contratos subvencionados por estas entidades a los que se refiere el artículo 23.*

22. b) La suscripción a revistas, publicaciones periódicas y bases de datos.

Artículo 25 LCSP: *No obstante, tendrán carácter privado los siguientes contratos (…) Aquellos cuyo objeto sea la suscripción a revistas, publicaciones periódicas y bases de datos.*

23. d) Las respuestas a) y b) son correctas.

Artículo 26 LCSP: Tendrán la consideración de contratos privados:

a) Los que celebren las Administraciones públicas cuyo objeto sea distinto de los referidos en las letras a) y b) del apartado primero del artículo anterior.

b) Los celebrados por entidades del sector público que siendo poder adjudicador no reúnan la condición de Administraciones públicas.

c) Los celebrados por entidades del sector público que no reúnan la condición de poder adjudicador.

24. d) Todas son correctas.

Todas ellas aparecen en el listado del artículo 27 de la LCSP.

25. b) Las que se susciten en relación con la preparación y adjudicación de los contratos privados de las Administraciones públicas.

Dicha competencia corresponde al orden contencioso-administrativo de conformidad con el artículo 26 de la LCSP.

TEST N.º 2

Disposiciones generales sobre la contratación y partes del contrato

1. De conformidad con el artículo 28 de la Ley 9/2017, de 8 de noviembre, de contratos del sector público (LCSP) las entidades del sector público no podrán celebrar otros contratos que aquellos que:

a) Sean necesario para el cumplimiento y realización de sus fines públicos.
b) Sean necesario para el cumplimiento y realización de sus fines institucionales.
c) Sean necesario para el cumplimiento y realización de los fines públicos de todas las Administraciones públicas.
d) Sean necesario para el cumplimiento y realización del interés general.

2. De conformidad con el artículo 29 de la LCSP, ¿qué se deberá tener en cuenta a la hora de establecer la duración de los contratos del sector público?

a) La naturaleza de las prestaciones.
b) Las características de la financiación de las prestaciones.
c) La necesidad de someter periódicamente a concurrencia la realización de las prestaciones.
d) Todas son correctas.

3. La prórroga de los contratos se acordará por el órgano de contratación y será obligatoria para el empresario, siempre que su preaviso se produzca (artículo 29 de la LCSP):

a) Al menos con dos meses de antelación a la finalización del plazo de duración del contrato, salvo que en el pliego que rija el contrato se establezca uno mayor.
b) Al menos con tres meses de antelación a la finalización del plazo de duración del contrato, salvo que en el pliego que rija el contrato se establezca uno mayor.
c) Al menos con un mes de antelación a la finalización del plazo de duración del contrato, salvo que en el pliego que rija el contrato se establezca uno mayor.
d) Al menos con tres meses de antelación a la finalización del plazo de duración del contrato, salvo que en el pliego que rija el contrato se establezca uno menor.

4. De conformidad con el artículo 29 de la LCSP, los contratos de suministros y de servicios tendrán un plazo máximo de duración, incluyendo las prórrogas, de:

a) Cuatro años.
b) Cinco años.
c) Seis años.
d) Tres años.

5. ¿Permite el artículo 29 de la LCSP establecer un plazo de duración superior al marcado por la Ley para los contratos de suministros y servicios?

a) No, en ningún caso.
b) Sí, de 2 años.
c) Sí, cuando lo exija el periodo de recuperación de las inversiones directamente relacionadas con el contrato y se cumpla con los supuestos marcados por el artículo 29 de la LCSP.
d) Sí, cuando así lo acuerde motivadamente el Consejo de Ministros.

6. La duración de los contratos de concesión de obras públicas y de concesión de servicios no podrá exceder, incluyendo las prórrogas de (artículo 29 de la LCSP):

a) Veinticinco años para los contratos de concesión de obras, y de concesión de servicios que comprendan la ejecución de obras y la explotación de servicio.
b) Cuarenta años en los contratos de concesión de servicios que comprendan la explotación de un servicio no relacionado con la prestación de servicios sanitarios.
c) Diez años en los contratos de concesión de servicios que comprendan la explotación de un servicio cuyo objeto consista en la prestación de servicios sanitarios siempre que no comprendan la ejecución de obras y la explotación de servicio.
d) Todas son correctas.

7. De conformidad con el artículo 34 de la LCSP, en los contratos del sector público podrán incluirse cualesquiera pactos, cláusulas y condiciones, siempre que:

a) No sean contrarios al interés público.
b) Sean contrarios al ordenamiento jurídico.
c) No sean contrarios a los principios de administración autónoma.
d) Todos son incorrectos.

8. De conformidad con el artículo 35 de la LCSP, ¿cuál de las siguientes menciones no es obligatoria que se incluya en los documentos en los que se formalicen los contratos a celebrar por las entidades del sector público?

a) La identificación de las partes.
b) Definición del objeto y tipo del contrato, teniendo en cuenta en la definición del objeto las consideraciones sociales, ambientales y de innovación.
c) Los supuestos en que no proceda la resolución.
d) La acreditación de la capacidad de los firmantes para suscribir el contrato.

9. Los contratos que celebren los poderes adjudicadores, a excepción de los contratos menores y de los contratos basados en un acuerdo marco y los contratos específicos en el marco de un sistema dinámico de adquisición a los que se refiere el apartado 3 de este artículo, se perfeccionan con:

a) Su licitación.
b) Su adjudicación.
c) Su formalización.
d) Su ejecución.

10. De conformidad con el artículo 36 de la LCSP los contratos basados en un acuerdo marco y los contratos específicos en el marco de un sistema dinámico de adquisición, se perfeccionan con:

a) Su licitación.
b) Su adjudicación.
c) Su formalización.
d) Su ejecución.

11. Tal y como indica el artículo 37 de la LCSP, ¿pueden en algún caso contratar verbalmente las Administraciones públicas?

a) Sí, cuando así lo acuerde motivadamente el órgano de contratación.
b) Sí, cuando el contrato tenga carácter de emergencia.
c) Sí, cuando se lleva a cabo la contratación mediante el procedimiento negociado.
d) No, en ningún caso.

12. De conformidad con el artículo 39 de la LCSP, son causas de nulidad de derecho administrativo de los contratos:

a) La falta de capacidad de obrar o de solvencia económica, financiera, técnica o profesional, o la falta de habilitación empresarial o profesional cuando sea exigible para la realización de la actividad o prestación que constituya el objeto del contrato, o la falta de clasificación, cuando esta proceda, debidamente acreditada, del adjudicatario, o el estar este incurso en alguna de las prohibiciones para contratar señaladas en el artículo 71.
b) Las previstas en el artículo 48 de la Ley 39/2015, de 1 de octubre.
c) Todas aquellas disposiciones, resoluciones, cláusulas o actos emanados de cualquier poder adjudicador que otorguen, de forma directa o indirecta, ventajas a las empresas que hayan contratado previamente con cualquier Administración.
d) Todas las anteriores son correctas.

13. Son causas de anulabilidad de derecho administrativo de los contratos del sector público:

a) Las de las reglas contenidas en la LCSP de conformidad con el artículo 48 de la Ley 39/2015, de 1 de octubre.
b) El incumplimiento de las circunstancias y requisitos exigidos para la modificación de los contratos.

c) Todas aquellas disposiciones, resoluciones, cláusulas o actos emanados de cualquier poder adjudicador que otorguen, de forma directa o indirecta, ventajas a las empresas que hayan contratado previamente con cualquier Administración.

d) Todas son correctas.

14. La revisión de oficio de los actos preparatorios y de los actos de adjudicación de los contratos se efectuará de conformidad con lo establecido en:

a) El Título II de la Ley de la 29/1998 de 13 de julio de la jurisdicción contencioso administrativa.

b) El Capítulo I del Título V de la Ley 39/2015 de 1 de octubre.

c) El Título VIII del Código Civil.

d) El Capítulo II del Título VI de la Ley 40/2015, de 1 de octubre.

15. La declaración de nulidad de los actos preparatorios del contrato o de la adjudicación, cuando sea firme:

a) Puede conllevar la nulidad del mismo contrato que entraría en fase de liquidación.

b) Implicará que las partes deberán restituirse recíprocamente las cosas que hubiesen recibido en virtud del mismo y si esto no fuese posible se devolverá su valor.

c) Se considerará que no hay ninguna parte culpable.

d) Todas son correctas.

16. El recurso especial en materia de contratación procederá contra los actos y decisiones establecidos en la LCSP y cuando se trate de un contrato de obras:

a) Cuando su valor estimado sea superior a los tres millones de euros.

b) Cuando su valor estimado sea inferior a los tres millones de euros.

c) Cuando su valor estimado se inferior a cinco millones de euros.

d) Cuando su valor estimado se superior a cinco millones de euros.

17. El recurso especial en materia de contratación procederá contra los actos y decisiones establecidos en la LCSP y cuando se trate de un contrato de suministro o servicios

a) Cuando su valor estimado sea superior a los tres millones de euros.

b) Cuando su valor estimado ser inferior a los cien mil euros.

c) Cuando su valor estimado sea superior a los ciento cincuenta mil euros.

d) Cuando su valor estimado sea inferior a un millón de euros.

18. Podrán ser objeto del recurso especial en materia de contratación los siguientes actos, indicar el incorrecto (artículo 44 de la LCSP):

a) Los anuncios de licitación, los pliegos y los documentos contractuales que establezcan las condiciones que deban regir la contratación.

b) Los acuerdos de adjudicación.

c) El acuerdo de la mesa de contratación por la que se solicita subsanar documentación administrativa a un licitador.

d) Los acuerdos de rescate de concesiones.

19. ¿Se puede interponer el recurso especial en materia de contratación en los procedimientos de adjudicación que se sigan por el trámite de emergencia?

a) Sí, en todo caso.

b) Sí, salvo que se haya realizado de forma verbal.

c) No.

d) No, salvo que el órgano de contratación motivadamente así lo admita.

20. En el ámbito estatal, ¿cómo se denomina al órgano competente para la resolución del recurso especial en materia de contratación?

a) Tribunal Administrativo de Contratos Estatales.

b) Tribunal Administrativo Central de Recursos Contractuales.

c) Tribunal Estatal de resolución del Recurso Especial en materia Contractual.

d) Tribunal Contractual de Recursos Administrativos.

21. De conformidad con el artículo 45 de la LCSP el órgano competente para la resolución de recurso especial en materia de contratación en la Administración General del Estado estará forma por:

a) Un presidente y dos vocales.

b) Un presidente, un vicepresidente y tres vocales.

c) Un presidente y cinco vocales.

d) Un presidente y cuatro vocales.

22. En lo relativo a la contratación en el ámbito de las Corporaciones Locales, la competencia para resolver los recursos especiales en materia de contratación corresponderá:

a) Al órgano competente para resolver dichos recursos en el ámbito de la Administración General del Estado.

b) Al órgano competente para resolver dichos recursos en el ámbito de la Comunidad Autónoma correspondiente.

c) Al órgano que así se acuerdo por el Pleno de la Corporación Local correspondiente.

d) Al órgano que se acuerde por las normas de la Comunidad Autónoma correspondiente, cuando estas tengan atribuida la competencia normativa y de ejecución material de régimen local y contratación.

23. ¿Quiénes están legitimados para interponer el recurso especial en materia de contratación?

a) Cualquier persona física cuyos derechos o intereses legítimos, individuales se hayan visto perjudicados o puedan resultar afectados, de manera directa o indirecta, por las decisiones objeto del recurso.

b) Cualquier persona jurídica cuyos derechos legítimos colectivos, se hayan visto perjudicados o puedan resultar afectados, de manera directa o indirecta, por las decisiones objeto del recurso.

c) Cualquier persona física o jurídica cuyos derechos o intereses legítimos, individuales o colectivos, se hayan visto perjudicados o puedan resultar afectados, de manera directa o indirecta, por las decisiones objeto del recurso.

d) Cualquier persona física o jurídica cuyos derechos o intereses legítimos, individuales o colectivos, se hayan visto perjudicados o puedan resultar afectados de manera directa, por las decisiones objeto del recurso.

24. De conformidad con el artículo 48 de la LCSP, ¿pueden las organizaciones sindicales interponer recurso especial en materia de contratación?

a) No, en ningún caso.

b) Sí, en todo caso.

c) Sí, cuando de las actuaciones o decisiones recurribles pudiera deducirse fundadamente que estas implican que en el proceso de ejecución del contrato se incumplan por el empresario las obligaciones sociales o laborales respecto de los trabajadores que participen en la realización de la prestación.

d) No, salvo que se haya interpuesto previamente una reclamación laboral.

25. El procedimiento del recurso especial en materia de contratación se iniciará mediante escrito que deberá presentarse en el plazo de:

a) Diez días naturales.

b) Quince días hábiles.

c) Veinte días naturales.

d) Veinte días hábiles.

26. En el escrito de interposición del recurso especial en materia de contratación se deberá acompañar de (marcar la incorrecta):

a) El documento que acredite la representación del compareciente, salvo si figurase unido a las actuaciones de otro recurso pendiente ante el mismo órgano, en cuyo caso podrá solicitarse que se expida certificación para su unión al procedimiento.

b) La copia o traslado del acto expreso que se recurra, o indicación del expediente en que haya recaído o del boletín oficial o perfil de contratante en que se haya publicado.

c) Una dirección de correo electrónico «habilitada» o una dirección postal a la que enviar, de conformidad con la disposición adicional decimoquinta, las comunicaciones y notificaciones.

d) Todos los anteriores.

27. De conformidad con el artículo 53 de la LCSP, la interposición del recurso especial en materia de contratación implicará la suspensión de la tramitación del procedimiento cuando el acto recurrido sea:

a) El de adjudicación.

b) El de formalización.

c) La aprobación del expediente.

d) La modificación del contrato.

28. El órgano encargado de resolver el recurso, tras la reclamación y examen del expediente administrativo, podrá declarar su inadmisión cuando constare de modo inequívoco y manifiesto cualquiera de los siguientes supuestos (marcar la correcta):

a) La incompetencia del órgano para conocer del recurso.

b) La falta de legitimación del recurrente o de acreditación de la representación de la persona que interpone el recurso en nombre de otra, mediante poder que sea insuficiente a tal efecto.

c) La interposición del recurso, una vez iniciado el plazo establecido para su interposición.

d) Todas son incorrectas.

29. Interpuesto el recurso especial en materia de contratación, el órgano competente para la resolución del recurso lo notificará en el mismo día al órgano de contratación con remisión de la copia del escrito de interposición y reclamará el expediente de contratación a la entidad, órgano o servicio que lo hubiese tramitado, quien deberá remitirlo:

a) Dentro de los tres días hábiles siguientes acompañado del correspondiente informe.

b) Dentro de los cinco días hábiles siguientes acompañado del correspondiente informe.

c) Dentro de los dos días hábiles siguientes acompañado del correspondiente informe.

d) Dentro de los diez días hábiles siguientes acompañado del correspondiente informe.

30. Una vez recibidas las alegaciones de los interesados, o transcurrido el plazo señalado para su formulación, y el de la prueba, en su caso, el órgano competente deberá resolver el recurso especial en materia de contratación:

a) Dentro de los diez días hábiles siguientes, notificándose a continuación la resolución a todos los interesados.

b) Dentro de los cinco días hábiles siguientes, notificándose a continuación la resolución a todos los interesados.

c) Dentro de los dos días hábiles siguientes, notificándose a continuación la resolución a todos los interesados.

d) Dentro de los tres días hábiles siguientes, notificándose a continuación la resolución a todos los interesados.

31. En caso de que el órgano competente aprecie temeridad o mala fe en la interposición del recurso especial en materia de contratación o en la solicitud de medidas cautelares, podrá acordar la imposición de una multa al responsable de la misma, ¿cuál es la cantidad mínima y máxima de dicha multa?

a) De 500 a 1.000 euros.

b) De 1.000 a 3.000 euros.

c) De 1.000 a 30.000 euros.

d) De 10.000 a 100.000 euros.

32. Contra la resolución del recurso especial en materia de contratación, ¿se puede interponer algún recurso?

a) Sí, el recurso de alzada.

b) Sí, el recurso de reposición.

c) Sí, el recurso contencioso administrativo.

d) No, no procede interponer recurso.

Soluciones comentadas

1. **b) Sean necesario para el cumplimiento y realización de sus fines institucionales.**

    Tal y como se indica en el artículo 28.1 de la LCSP: las entidades del sector público no podrán celebrar otros contratos que aquellos que sean necesarios para el cumplimiento y realización de sus fines institucionales. A tal efecto, la naturaleza y extensión de las necesidades que pretenden cubrirse mediante el contrato proyectado, así como la idoneidad de su objeto y contenido para satisfacerlas, cuando se adjudique por un procedimiento abierto, restringido o negociado sin publicidad, deben ser determinadas con precisión, dejando constancia de ello en la documentación preparatoria, antes de iniciar el procedimiento encaminado a su adjudicación.

2. **d) Todas son correctas.**

    Artículo 29.1 de la LCSP: La duración de los contratos del sector público deberá establecerse teniendo en cuenta la naturaleza de las prestaciones, las características de su financiación y la necesidad de someter periódicamente a concurrencia la realización de las mismas, sin perjuicio de las normas especiales aplicables a determinados contratos.

3. **a) Al menos con dos meses de antelación a la finalización del plazo de duración del contrato, salvo que en el pliego que rija el contrato se establezca uno mayor.**

    Artículo 29.1 LCSP: La prórroga se acordará por el órgano de contratación y será obligatoria para el empresario, siempre que su preaviso se produzca al menos con dos meses de antelación a la finalización del plazo de duración del contrato, salvo que en el pliego que rija el contrato se establezca uno mayor. Quedan exceptuados de la obligación de preaviso los contratos cuya duración fuera inferior a dos meses.

4. **b) Cinco años.**

    Artículo 29.4 de la LCSP: Los contratos de suministros y de servicios de prestación sucesiva tendrán un plazo máximo de duración de cinco años, incluyendo las posibles prórrogas que en aplicación del apartado segundo de este artículo acuerde el órgano de contratación, respetando las condiciones y límites establecidos en las respectivas normas presupuestarias que sean aplicables al ente contratante.

5. **c) Sí, cuando lo exija el periodo de recuperación de las inversiones directamente relacionadas con el contrato y se cumpla con los supuestos marcados por el artículo 29 de la LCSP.**

    Artículo 29.4 de la LCSP: Excepcionalmente, en los contratos de suministros y de servicios se podrá establecer un plazo de duración superior al establecido en el párrafo anterior, cuando lo exija el periodo de recuperación de las inversiones directamente relacionadas con el contrato y estas no sean susceptibles de utilizarse en el resto de la actividad productiva del contratista o su utilización fuera antieconómica, siempre que la amortización de dichas inversiones sea un coste relevante en la prestación del suministro o servicio, circunstancias que deberán ser justificadas en el expediente de contratación con indicación de las inversiones a las que se refiera y de su periodo de recuperación. El concepto de coste relevante en la prestación del suministro o servicio será objeto de desarrollo reglamentario.

6. **c) Diez años en los contratos de concesión de servicios que comprendan la explotación de un servicio cuyo objeto consista en la prestación de servicios sanitarios siempre que no comprendan la ejecución de obras y la explotación de servicio.**

Tal y como se indica en el artículo 29.6 de la LCSP, el resto de plazos no son correctos.

7. **a) No sean contrarios al interés público.**

Artículo 34 de la LCSP: en los contratos del sector público podrán incluirse cualesquiera pactos, cláusulas y condiciones, siempre que no sean contrarios al interés público, al ordenamiento jurídico y a los principios de buena administración.

8. **c) Los supuestos en que no proceda la resolución.**

El artículo 35 de la LCSP indica: k) los supuestos en que proceda la resolución.

9. **c) Su formalización.**

Artículo 36.1 de la LCSP: los contratos que celebren los poderes adjudicadores, a excepción de los contratos menores y de los contratos basados en un acuerdo marco y los contratos específicos en el marco de un sistema dinámico de adquisición a los que se refiere el apartado 3 de este artículo, se perfeccionan con su formalización.

10. **b) Su adjudicación.**

Artículo 36.3 de la LCSP: los contratos basados en un acuerdo marco y los contratos específicos en el marco de un sistema dinámico de adquisición, se perfeccionan con su adjudicación.

11. **c) Sí, cuando se lleva a cabo la contratación mediante el procedimiento negociado.**

Artículo 37.1 de la LCSP: las entidades del sector público no podrán contratar verbalmente, salvo que el contrato tenga, conforme a lo señalado en el artículo 120.1, carácter de emergencia.

12. **a) La falta de capacidad de obrar o de solvencia económica, financiera, técnica o profesional, o la falta de habilitación empresarial o profesional cuando sea exigible para la realización de la actividad o prestación que constituya el objeto del contrato, o la falta de clasificación, cuando esta proceda, debidamente acreditada, del adjudicatario, o el estar este incurso en alguna de las prohibiciones para contratar señaladas en el artículo 71.**

De conformidad con el artículo 39 de la LCSP, el resto son supuestos de la anulabilidad.

13. d) Todas son correctas.

Todas ellas aparecen en el artículo 40 de la LCSP.

14. b) El Capítulo I del Título V de la Ley 39/2015 de 1 de octubre.

Artículo 41 de la LCSP: La revisión de oficio de los actos preparatorios y de los actos de adjudicación de los contratos se efectuará de conformidad con lo establecido en el Capítulo I del Título V de la Ley 39/2015, de 1 de octubre, del Procedimiento Administrativo Común de las Administraciones Públicas.

15. b) Implicará que las partes deberán restituirse recíprocamente las cosas que hubiesen recibido en virtud del mismo y si esto no fuese posible se devolverá su valor.

Artículo 42 de la LCSP: La declaración de nulidad de los actos preparatorios del contrato o de la adjudicación, cuando sea firme, llevará en todo caso consigo la del mismo contrato, que entrará en fase de liquidación, debiendo restituirse las partes recíprocamente las cosas que hubiesen recibido en virtud del mismo y si esto no fuese posible se devolverá su valor. La parte que resulte culpable deberá indemnizar a la contraria de los daños y perjuicios que haya sufrido.

16. a) Cuando su valor estimado sea superior a los tres millones de euros.

Artículo 44 de la LCSP: Contratos de obras cuyo valor estimado sea superior a tres millones de euros, y de suministro y servicios, que tenga un valor estimado superior a cien mil euros.

17. b) Cuando su valor estimado ser inferior a los cien mil euros.

Artículo 44 de la LCSP: Contratos de obras cuyo valor estimado sea superior a tres millones de euros, y de suministro y servicios, que tenga un valor estimado superior a cien mil euros.

18. c) El acuerdo de la mesa de contratación por la que se solicita subsanar documentación administrativa a un licitador.

Dicha respuesta no aparece en el listado del artículo 44.2 de la LCSP.

19. c) No.

Artículo 44.4 de la LCSP: No se dará este recurso en relación con los procedimientos de adjudicación que se sigan por el trámite de emergencia.

20. b) Tribunal Administrativo Central de Recursos Contractuales.

Artículo 45 de la LCSP: En el ámbito de los poderes adjudicadores del sector público estatal, el conocimiento y resolución de los recursos a que se refiere el artículo anterior estará encomendado al Tribunal Administrativo Central de Recursos Contractuales, órgano especializado que actuará con plena independencia funcional en el ejercicio de sus competencias. Dicho órgano estará adscrito al Ministerio de Hacienda y Función Pública, y estará compuesto por un presidente y un mínimo de cinco vocales. Cuando el volumen de asuntos sometidos a su conocimiento lo requiera, el número de vocales se incrementará mediante real decreto.

21. c) Un presidente y cinco vocales.

Artículo 45.1 de la LCSP: En el ámbito de los poderes adjudicadores del sector público estatal, el conocimiento y resolución de los recursos a que se refiere el artículo anterior estará encomendado al Tribunal Administrativo Central de Recursos Contractuales, órgano especializado que actuará con plena independencia funcional en el ejercicio de sus competencias. Dicho órgano estará adscrito al Ministerio de Hacienda y Función Pública, y estará compuesto por un presidente y un mínimo de cinco vocales. Cuando el volumen de asuntos sometidos a su conocimiento lo requiera, el número de vocales se incrementará mediante real decreto.

22. d) Al órgano que se acuerde por las normas de la Comunidad Autónoma correspondiente, cuando estas tengan atribuida la competencia normativa y de ejecución material de régimen local y contratación.

Artículo 46.4 de la LCSP: En lo relativo a la contratación en el ámbito de las Corporaciones Locales, la competencia para resolver los recursos será establecida por las normas de las Comunidades Autónomas cuando estas tengan atribuida competencia normativa y de ejecución en materia de régimen local y contratación.

23. c) Cualquier persona física o jurídica cuyos derechos o intereses legítimos, individuales o colectivos, se hayan visto perjudicados o puedan resultar afectados, de manera directa o indirecta, por las decisiones objeto del recurso.

Artículo 48 de la LCSP: Podrá interponer el recurso especial en materia de contratación cualquier persona física o jurídica cuyos derechos o intereses legítimos, individuales o colectivos, se hayan visto perjudicados o puedan resultar afectados, de manera directa o indirecta, por las decisiones objeto del recurso.

24. c) Sí, cuando de las actuaciones o decisiones recurribles pudiera deducirse fundadamente que estas implican que en el proceso de ejecución del contrato se incumplan por el empresario las obligaciones sociales o laborales respecto de los trabajadores que participen en la realización de la prestación.

Artículo 48 de la LCSP: Estarán también legitimadas para interponer este recurso, contra los actos susceptibles de ser recurridos, las organizaciones sindicales cuando de las actuaciones o decisiones recurribles pudiera deducirse fundadamente que estas implican que en el proceso de ejecución del contrato se incumplan por el empresario las obligaciones sociales o laborales respecto de los trabajadores que participen en la realización de la prestación. En todo caso se entenderá legitimada la organización empresarial sectorial representativa de los intereses afectados.

25. b) Quince días hábiles.

Artículo 50.1 de la LCSP: El procedimiento de recurso se iniciará mediante escrito que deberá presentarse en el plazo de quince días hábiles.

26. c) Una dirección de correo electrónico «habilitada» o una dirección postal a la que enviar, de conformidad con la disposición adicional decimoquinta, las comunicaciones y notificaciones.

Artículo 51 de la LCSP: e) Una dirección de correo electrónico «habilitada» a la que enviar, de conformidad con la disposición adicional decimoquinta, las comunicaciones y notificaciones.

27. a) El de adjudicación.

Artículo 53 de la LCSP: Una vez interpuesto el recurso quedará en suspenso la tramitación del procedimiento cuando el acto recurrido sea el de adjudicación, salvo en el supuesto de contratos basados en un acuerdo marco o de contratos específicos en el marco de un sistema dinámico de adquisición, sin perjuicio de las medidas cautelares que en relación a estos últimos podrían adoptarse en virtud de lo señalado en el artículo 56.3.

28. a) La incompetencia del órgano para conocer del recurso.

Es la única correcta de conformidad con el listado que aparece en el artículo 55 de la LCSP.

29. c) Dentro de los dos días hábiles siguientes acompañado del correspondiente informe.

Artículo 56.2 de la LCSP: Interpuesto el recurso, el órgano competente para la resolución del recurso lo notificará en el mismo día al órgano de contratación con remisión de la copia del escrito de interposición y reclamará el expediente de contratación a la entidad, órgano o servicio que lo hubiese tramitado, quien deberá remitirlo dentro de los dos días hábiles siguientes acompañado del correspondiente informe.

30. b) Dentro de los cinco días hábiles siguientes, notificándose a continuación la resolución a todos los interesados.

Artículo 57.1 de la LCSP: Una vez recibidas las alegaciones de los interesados, o transcurrido el plazo señalado para su formulación, y el de la prueba, en su caso, el órgano competente deberá resolver el recurso dentro de los cinco días hábiles siguientes, notificándose a continuación la resolución a todos los interesados.

31. c) De 1.000 a 30.000 euros.

Artículo 58.2 de la LCSP: El importe de la multa será de entre 1.000 y 30.000 euros, determinándose su cuantía en función de la mala fe apreciada y el perjuicio ocasionado al órgano de contratación y a los restantes licitadores, así como del cálculo de los beneficios obtenidos.

32. c) Sí, el recurso contencioso administrativo.

Artículo 59.1 de la LCSP: Contra la resolución dictada en este procedimiento solo cabrá la interposición de recurso contencioso-administrativo conforme a lo dispuesto en el artículo 10, letras k) y l) del apartado 1 y en el artículo 11, letra f) de su apartado 1 de la Ley 29/1998, de 13 de julio, reguladora de la Jurisdicción Contencioso-administrativa.

TEST N.º 3

Elementos del contrato: objeto, presupuesto base de licitación, valor estimado

1. El Título III del Libro Primero de la Ley de contratos del sector público regula:

a) Las disposiciones generales de la ley.
b) Las partes del contrato.
c) Las garantías exigibles en la contratación del sector público.
d) Objeto, presupuesto base de licitación, valor estimado, precio del contrato y su revisión.

2. El Título IV del Libro Primero de la Ley de contratos del sector público, regula:

a) Garantías exigibles en la contratación pública.
b) Objeto, presupuesto base de licitación, valor estimado, precio del contrato y su revisión.
c) Las partes del contrato.
d) Ninguna es correcta.

3. La representación de las entidades del sector público en materia contractual corresponde según el artículo 61 LCSP a:

a) Los órganos de contratación, unipersonales que, en virtud de norma legal o reglamentaria o disposición estatutaria, tengan atribuida la facultad de celebrar contratos en su nombre.
b) Los órganos de contratación, unipersonales o colegiados que, en virtud de norma legal o reglamentaria o disposición estatutaria, tengan atribuida la facultad de celebrar contratos en su nombre.
c) Los órganos de contratación, colegiados que, en virtud de norma legal o reglamentaria o disposición estatutaria, tengan atribuida la facultad de celebrar contratos en su nombre.
d) Los órganos de contratación, unipersonales o colegiados que, en virtud de norma reglamentaria o disposición estatutaria, tengan atribuida la facultad de celebrar contratos en su nombre.

4. Sobre el perfil del contratante, según el artículo 63.1 LCSP:

a) Los órganos de contratación difundirán exclusivamente a través de Internet su perfil de contratante, como elemento que agrupa la información y documentos relativos a su actividad contractual al objeto de asegurar la transparencia y el acceso público a los mismos.
b) La forma de acceso al perfil de contratante deberá hacerse constar en los pliegos y documentos equivalentes, así como en los anuncios de licitación en todos los casos.
c) La difusión del perfil de contratante no obstará la utilización de otros medios de publicidad adicionales en los casos en que así se establezca.
d) Todas son correctas.

5. El acceso a la información del perfil de contratante:

a) Será libre, no requiriendo identificación previa.
b) No será libre, requiriendo autorización previa de la Administración.
c) Será libre, requiriendo identificación previa.
d) Ninguna es correcta.

6. Toda la información contenida en los perfiles de contratante se publicará en formatos abiertos y reutilizables, y permanecerá accesible al público durante un periodo de tiempo no inferior a:

a) 1 año.
b) 2 años.
c) 3 años.
d) 5 años.

7. Según el artículo 63 LCSP, en el caso de la información relativa a los contratos, deberá publicarse al menos la siguiente información:

a) El objeto detallado del contrato, su duración, el presupuesto base de licitación y el importe de adjudicación, incluido el Impuesto sobre el Valor Añadido.
b) Los medios a través de los que, en su caso, se ha publicitado el contrato y los enlaces a esas publicaciones.
c) Los anuncios de información previa, de convocatoria de las licitaciones, de adjudicación y de formalización de los contratos, los anuncios de modificación y su justificación, los anuncios de concursos de proyectos y de resultados de concursos de proyectos, con las excepciones establecidas en las normas de los negociados sin publicidad.
d) Todas son correctas.

8. Sobre las condiciones de aptitud reguladas en el artículo 65 de la LCSP:

a) Solo podrán contratar con el sector público las personas naturales y españolas, que tengan plena capacidad de obrar, no estén incursas en alguna prohibición de contratar, y acrediten su solvencia económica y financiera y técnica o profesional o, en los casos en que así lo exija esta ley, se encuentren debidamente clasificadas.

b) Solo podrán contratar con el sector público las personas naturales o jurídicas, españolas o extranjeras, que tengan plena capacidad de obrar, estén incursas en alguna prohibición de contratar, y acrediten su solvencia económica y financiera y técnica o profesional o, en los casos en que así lo exija esta ley, se encuentren debidamente clasificadas.

c) Solo podrán contratar con el sector público las personas naturales o jurídicas, españolas o extranjeras, que tengan plena capacidad de obrar, no estén incursas en alguna prohibición de contratar, y acrediten su solvencia económica y financiera y técnica o profesional o, en los casos en que así lo exija esta ley, se encuentren debidamente clasificadas.

d) Ninguna es correcta.

9. Los contratistas deberán contar:

a) Con la habilitación empresarial o profesional que, en su caso, sea exigible para la realización de las prestaciones que constituyan el objeto del contrato.

b) No es necesario que cuenten con la habilitación empresarial exigible para la realización de las prestaciones que constituyan el objeto del contrato.

c) Con habilitación empresarial.

d) Ninguna es correcta.

10. Las personas jurídicas, según el artículo 66 de la LCSP:

a) Las personas jurídicas solo podrán ser adjudicatarias de contratos cuyas prestaciones estén comprendidas dentro de los fines, objeto o ámbito de actividad que, a tenor de sus estatutos o reglas fundacionales, les sean propios.

b) Las personas jurídicas solo podrán ser adjudicatarias de contratos cuyas prestaciones, aunque no estén comprendidas dentro de los fines, objeto o ámbito de actividad que, a tenor de sus estatutos o reglas fundacionales, les sean propios.

c) Las personas jurídicas podrán ser adjudicatarias de contratos cuyas prestaciones estén comprendidas solamente dentro del ámbito de actividad que, a tenor de sus estatutos, les sean propios.

d) Ninguna es correcta.

11. Quienes concurran individual o conjuntamente con otros a la licitación de una concesión de obras o de servicios (art. 66.2 LCSP):

a) Podrán hacerlo con el compromiso de constituir una sociedad que no será en cualquier caso la titular de la concesión.

b) Podrán hacerlo con el compromiso de constituir una sociedad que será la titular de la concesión. La constitución y, en su caso, la forma de la sociedad deberá ajustarse a lo que establezca, para determinados tipos de concesiones, la correspondiente legislación específica.

c) Podrán hacerlo con el compromiso de constituir una sociedad que será la titular de la concesión en un plazo de un año. La constitución y, en su caso, la forma de la sociedad deberá ajustarse a lo que establezca, para determinados tipos de concesiones, la correspondiente legislación específica.

d) No podrán hacerlo en ningún caso.

12. Las Uniones de empresarios (artículo 69 LCSP):

a) No podrán contratar en ningún caso con el sector público.

b) Podrán contratar con el sector público las uniones de empresarios que se constituyan temporalmente al efecto, siendo necesaria la formalización de las mismas en escritura pública antes de la adjudicación del contrato a su favor.

c) Podrán contratar con el sector público las uniones de empresarios que se constituyan temporalmente al efecto, sin que sea necesaria la formalización de las mismas en escritura pública hasta que se haya efectuado la adjudicación del contrato a su favor.

d) Podrán contratar en algunos casos tasados en el artículo 69.5 LCSP.

13. No podrán contratar con las entidades del sector público, las personas en quienes concurra alguna de las siguientes circunstancias (marcar la incorrecta):

a) Haber sido sancionadas con carácter provisional o firme por infracción grave en materia profesional que ponga en entredicho su integridad, de disciplina de mercado, de falseamiento de la competencia, de integración laboral y de igualdad de oportunidades y no discriminación de las personas con discapacidad, o de extranjería, de conformidad con lo establecido en la normativa vigente.

b) Haber solicitado la declaración de concurso voluntario.

c) No hallarse al corriente en el cumplimiento de las obligaciones tributarias o de Seguridad Social impuestas por las disposiciones vigentes, en los términos que reglamentariamente se determinen.

d) Estar incursa la persona física o los administradores de la persona jurídica en alguno de los supuestos de la Ley 3/2015, de 30 de marzo, reguladora del ejercicio del alto cargo de la Administración General del Estado o las respectivas normas de las Comunidades Autónomas.

14. No podrán contratar con las entidades del sector público, las personas en quienes concurra alguna de las siguientes circunstancias (marcar la incorrecta):

a) Haber retirado indebidamente su proposición o candidatura en un procedimiento de adjudicación.

b) Haber dejado de adjudicar el contrato que ha sido formalizado a su favor, en los plazos previstos en la LCSP.

c) Haber incumplido las cláusulas que son esenciales en el contrato.

d) Todas ellas son causas de prohibición de contratar.

15. Para celebrar contratos con el sector público los empresarios deberán acreditar (art. 74 LCSP):

a) Estar en posesión de las condiciones mínimas de solvencia económica y financiera exclusivamente.

b) Estar en posesión de las condiciones mínimas de solvencia económica y financiera y profesional o técnica que se determinen por el órgano de contratación.

c) Este requisito será sustituido por el de la clasificación, cuando esta sea exigible conforme a lo dispuesto en esta ley.

d) Las respuestas b) y c) son correctas.

16. Los requisitos mínimos de solvencia que deba reunir el empresario y la documentación requerida para acreditar los mismos (art. 74 LCSP):

a) Se indicarán en el anuncio de licitación y se especificarán en el pliego del contrato, no debiendo estar vinculados a su objeto y ser proporcionales al mismo.

b) Se indicarán en el anuncio de licitación, pero no es necesario que se especifiquen en el pliego del contrato, debiendo estar vinculados a su objeto y ser proporcionales al mismo.

c) Se indicarán en el anuncio de adjudicación y se especificarán en el pliego del contrato, debiendo estar vinculados a su objeto.

d) Se indicarán en el anuncio de licitación y se especificarán en el pliego del contrato, debiendo estar vinculados a su objeto y ser proporcionales al mismo.

17. La representación de las entidades del sector público en materia contractual corresponde a los órganos de contratación, unipersonales o colegiados que tengan atribuida la facultad de celebrar contratos en su nombre en virtud de:

a) Norma reglamentaria.

b) Norma legal.

c) Disposición estatutaria.

d) Todas son correctas.

18. El responsable del contrato:

a) Podrá ser una persona física o jurídica, vinculada a la entidad contratante o ajena a él.

b) Deberá ser una persona jurídica.

c) Podrá ser una persona física o jurídica.

d) Ninguna es correcta.

19. Se define como elemento que agrupa la información y documentos relativos a su actividad contractual al objeto de asegurar la transparencia y el acceso público a los mismos:

a) Perfil de licitación.

b) Perfil de contratante.

c) Anuncio de licitación.

d) Pliegos particulares.

20. Los órganos de contratación difundirán su perfil de contratante:

a) Exclusivamente a través de internet.

b) En la sede del órgano de contratación.

c) A través de internet o de la sede el órgano de contratación.

d) Ninguna es correcta.

21. Se deberá publicar en el perfil del contratante la formalización de los encargos a medios propios cuyo importe fuera superior a:

a) 10.000 euros.

b) 5.000 euros.

c) 50.000 euros.

d) 100.000 euros.

22. ¿Puede decidir el órgano de contratación excluir alguna información relativa a la celebración del contrato en el Perfil del Contratante?

a) No, en ningún caso.

b) Sí, cuando no afecte al valor estimado.

c) Sí, si se justifica en el expediente.

d) No, salvo que una disposición reglamentaria lo permita.

23. Según el artículo 84 de la LCSP sobre la capacidad de obrar de los empresarios:

a) La capacidad de obrar de los empresarios que fueren personas jurídicas se acreditará mediante la escritura o documento de constitución, los estatutos o el acta fundacional, en los que consten las normas por las que se regula su actividad, debidamente inscritos, en su caso, en el Registro público que corresponda, según el tipo de persona jurídica de que se trate.

b) La capacidad de obrar de los empresarios no españoles que sean nacionales de Estados miembros de la Unión Europea o de Estados signatarios del Acuerdo sobre el Espacio Económico Europeo se acreditará por su inscripción en el registro procedente de acuerdo con la legislación del Estado donde están establecidos, o mediante la presentación de una declaración jurada o un certificado, en los términos que se establezcan reglamentariamente, de acuerdo con las disposiciones comunitarias de aplicación.

c) Los demás empresarios extranjeros deberán acreditar su capacidad de obrar con informe de la Misión Diplomática Permanente de España en el Estado correspondiente o de la Oficina Consular en cuyo ámbito territorial radique el domicilio de la empresa.

d) Todas son correctas.

24. La clasificación de las empresas (art. 82 LCSP):

a) Tendrá una vigencia indefinida en tanto se mantengan por el empresario las condiciones y circunstancias en que se basó su concesión.

b) Tendrá una vigencia máxima de 1 año.

c) Su vigencia dependerá de cada caso, siendo excepcionalmente indefinida.

d) Ninguna es correcta.

25. No será exigible la clasificación a los empresarios (art. 78 LCSP):

a) No españoles de Estados miembros de la Unión Europea o de Estados signatarios del Acuerdo sobre el Espacio Económico Europeo, ya concurran al contrato aisladamente o integrados en una unión, sin perjuicio de la obligación de acreditar su solvencia.

b) Excepcionalmente, cuando así sea conveniente para los intereses públicos, la contratación de la Administración General del Estado y los entes organismos y entidades de ella dependientes con personas que no estén clasificadas podrá ser autorizada por el Consejo de Ministros, previo informe de la Junta Consultiva de Contratación Pública del Estado.

c) Las respuestas a) y b) son correctas.

d) Ninguna es correcta.

26. En los contratos de obras, de servicios, concesión de obras y concesión de servicios, así como en los contratos de suministro que incluyan servicios o trabajos de colocación e instalación, según el artículo 76.1 LCSP:

a) Podrá exigirse a las personas jurídicas que especifiquen, en la oferta o en la solicitud de participación, los nombres y la cualificación profesional del personal responsable de ejecutar la prestación.

b) Podrá exigirse a las personas físicas que especifiquen, en la oferta o en la solicitud de participación, los nombres y la cualificación profesional del personal responsable de ejecutar la prestación.

c) No podrá exigirse a las personas jurídicas que especifiquen, en la oferta o en la solicitud de participación, los nombres y la cualificación profesional del personal responsable de ejecutar la prestación.

d) Es obligatorio exigir que se especifique, en la oferta de participación, todas las cualificaciones profesionales.

27. Los requisitos mínimos de solvencia que deba reunir el empresario y la documentación requerida para acreditar los mismos se indicarán:

a) En el anuncio de licitación y se especificarán en el pliego del contrato, debiendo estar vinculados a su objeto y ser proporcionales al mismo.

b) En el anuncio de licitación del contrato.

c) En el anuncio del contrato especificado en sus pliegos.

d) Ninguna es correcta.

28. La duración de las uniones temporales de empresarios será coincidente (art. 69.4 LCSP):

a) Máximo, con la del contrato hasta su extinción.

b) Al menos, con la del contrato hasta su extinción.

c) Máximo con la del contrato hasta su renovación.

d) Ninguna es correcta.

29. De conformidad con el artículo 77 de la LCSP:

a) Para los contratos de obras cuyo valor estimado sea igual o superior a 500.000 euros, será requisito indispensable que el empresario se encuentre debidamente clasificado como contratista de obras de los poderes adjudicadores.

b) Para dichos contratos, la clasificación del empresario en el grupo o subgrupo que en función del objeto del contrato corresponda, con categoría igual o superior a la exigida para el contrato, acreditará sus condiciones de solvencia para contratar.

c) Para los contratos de servicios no será exigible con carácter general la clasificación del empresario.

d) Todas son correctas.

30. La capacidad de obrar de los empresarios que fueren personas jurídicas se acreditará mediante:

a) La escritura o documento de extinción.

b) Los estatutos o el acta fundacional.

c) El Documento Nacional de Identidad.

d) Todas las anteriores.

31. ¿Cuál de los siguientes no es un medio de acreditación de la solvencia económica y financiera?

a) Volumen anual de negocios, referido al mejor ejercicio dentro de los tres últimos disponibles.

b) Patrimonio Neto.

c) Muestras, descripciones y fotografías de los productos a suministrar.

d) Todos los anteriores.

32. Para los contratos no sujetos al requisito de clasificación, cuando los pliegos no concreten los criterios y requisitos mínimos para su acreditación los licitadores o candidatos que no dispongan de la clasificación que en su caso corresponda al contrato acreditarán su solvencia económica y financiera con los siguientes criterios, requisitos mínimos y medios de acreditación:

a) El volumen anual de negocios del licitador o candidato, que referido al año de mayor volumen de negocio de los cuatro últimos concluidos deberá ser al menos una vez y media el valor estimado del contrato cuando su duración no sea superior a un año, y al menos una vez y media el valor anual medio del contrato si su duración es superior a un año.

b) El volumen anual de negocios del licitador o candidato, que referido al año de mayor volumen de negocio de los tres últimos concluidos deberá ser al menos una vez y media el valor estimado del contrato cuando su duración no sea superior a un año, y al menos una vez y media el valor anual medio del contrato si su duración es superior a un año.

c) El volumen anual de negocios del licitador o candidato, que referido al año de mayor volumen de negocio de los cinco últimos concluidos deberá ser al menos una vez y media el valor estimado del contrato cuando su duración no sea superior a un año, y al menos dos veces el valor anual medio del contrato si su duración es superior a un año.

d) El volumen mensual de negocios del licitador o candidato, que referido al año de mayor volumen de negocio de los cinco últimos concluidos deberá ser al menos dos veces el valor estimado del contrato cuando su duración no sea superior a un año, y al menos una vez y media el valor anual medio del contrato si su duración es superior a un año.

33. En su defecto, en los contratos de obras se podrá acreditar la solvencia cuando no sea exigible la clasificación:

a) Se efectuará mediante la relación de obras ejecutadas en los últimos cinco años, o en los últimos diez años si pertenecen a alguno de los subgrupos incluidos en la relación a la que se refiere la LCSP, que sean del mismo grupo o subgrupo de clasificación que el correspondiente al contrato, o del grupo o subgrupo más relevante para el contrato si este incluye trabajos correspondientes a distintos subgrupos, cuyo importe anual acumulado en el año de mayor ejecución sea igual o superior al 80 % de la anualidad media del contrato.

b) Se efectuará mediante la relación de obras ejecutadas en los últimos cinco años, o en los últimos diez años si pertenecen a alguno de los subgrupos incluidos en la relación a la que se refiere la LCSP, que sean del mismo grupo o subgrupo de clasificación que el correspondiente al contrato, o del grupo o subgrupo más relevante para el contrato si este incluye trabajos correspondientes a distintos subgrupos, cuyo importe anual acumulado en el año de mayor ejecución sea igual o superior al 90 % de la anualidad media del contrato.

c) Se efectuará mediante la relación de obras ejecutadas en los últimos cinco años, o en los últimos diez años si pertenecen a alguno de los subgrupos incluidos en la relación a la que se refiere la LCSP, que sean del mismo grupo o subgrupo de clasificación que el correspondiente al contrato, o del grupo o subgrupo más relevante para el contrato si este incluye trabajos correspondientes a distintos subgrupos, cuyo importe anual acumulado en el año de mayor ejecución sea igual o superior al 150 % de la anualidad media del contrato.

d) Se efectuará mediante la relación de obras ejecutadas en los últimos cinco años, o en los últimos diez años si pertenecen a alguno de los subgrupos incluidos en la relación a la que se refiere la LCSP, que sean del mismo grupo o subgrupo de clasificación que el correspondiente al contrato, o del grupo o subgrupo más relevante para el contrato si este incluye trabajos correspondientes a distintos subgrupos, cuyo importe anual acumulado en el año de mayor ejecución sea igual o superior al 70 % de la anualidad media del contrato.

34. En los contratos de suministros no sujetos a regulación armonizada, cuando el contratista sea una empresa de nueva creación, entendido por tal aquella que tenga una antigüedad inferior a cinco años su solvencia se acreditará por uno o varios de los medios siguientes (marcar la incorrecta):

a) Una relación de los principales suministros realizados de igual o similar naturaleza que los que constituyen el objeto del contrato en el curso de como máximo, los tres últimos años, en la que se indique el importe, la fecha y el destinatario, público o privado de los mismos.

b) Indicación del personal técnico o unidades técnicas, integradas o no en la empresa, de los que se disponga para la ejecución del contrato, especialmente los encargados del control de calidad.

c) Descripción de las instalaciones técnicas, de las medidas empleadas para garantizar la calidad y de los medios de estudio e investigación de la empresa.

d) Indicación de los sistemas de gestión de la cadena de suministro, incluidos los que garanticen el cumplimiento de las Convenciones fundamentales de la Organización Internacional del Trabajo, y de seguimiento que el empresario podrá aplicar al ejecutar el contrato.

35. Marcar la respuesta correcta de conformidad con el artículo 99 de la LCSP:

a) No podrá fraccionarse un contrato con la finalidad de disminuir la cuantía del mismo y eludir así los requisitos de publicidad o los relativos al procedimiento de adjudicación que correspondan.

b) Podrá fraccionarse un contrato con la finalidad de aumentar la cuantía del mismo y eludir así los requisitos de publicidad o los relativos al procedimiento de adjudicación que correspondan.

c) No podrá fraccionarse un contrato salvo que tenga la finalidad de disminuir la cuantía del mismo y eludir así los requisitos de publicidad o los relativos al procedimiento de adjudicación que correspondan.

d) Todas son incorrectas:

36. Siempre que la naturaleza o el objeto del contrato lo permitan:

a) No deberá realizar la división en lotes.
b) Deberá realizarse su división en lotes.
c) Deberá realizarse su división en lotes salvo en los contratos de obras.
d) Puede dividirse en lotes cuando lo acuerde el contratista.

37. ¿Puede el órgano de contratación no dividir en lotes un contrato?

a) Sí, de hecho, la norma general es la no división en lotes.
b) No, en ningún caso.
c) Sí, cuando se trate de contratos de concesión de servicios.
d) Sí, cuando lo justifique en el expediente.

38. De conformidad con la LCSP, ¿qué es el presupuesto base de licitación?

a) El límite máximo de gasto que en virtud del contrato puede comprometer el órgano de contratación, incluido el Impuesto sobre el Valor Añadido, salvo disposición en contrario.

b) El precio que se abonará al contratista en función de la prestación realmente ejecutada y de acuerdo con lo pactado.

c) En el caso de los contratos de obras, suministros y servicios, el órgano de contratación tomará el importe total, sin incluir el Impuesto sobre el Valor Añadido, pagadero según sus estimaciones.

d) Todas las anteriores.

39. Respecto al valor estimado del contrato:

a) En el caso de los contratos de obras, suministros y servicios, el órgano de contratación tomará el importe total, incluido el Impuesto sobre el Valor Añadido, pagadero según sus estimaciones.

b) En el caso de los contratos de concesión de obras y de concesión de servicios, el órgano de contratación tomará el importe neto de la cifra de negocios, incluido el Impuesto sobre el Valor Añadido, que, según sus estimaciones, generará la empresa concesionaria durante la ejecución del mismo como contraprestación por las obras y los servicios objeto del contrato, así como de los suministros relacionados con estas obras y servicios.

c) En el cálculo del mismo se incluirá cualquier forma de opción eventual y las eventuales prórrogas del contrato.

d) Todas son correctas.

40. De conformidad con el artículo 102 de la LCSP, los contratos del sector público tendrán siempre:

a) Un precio cierto, que se abonará al contratista en función de la prestación realmente ejecutada y de acuerdo con lo pactado. En el precio se entenderá sin incluir el importe a abonar en concepto de Impuesto sobre el Valor Añadido, que en todo caso se indicará como partida independiente.

b) Un precio cierto, que se abonará al contratista en función de la prestación realmente ejecutada y de acuerdo con lo pactado. En el precio se entenderá incluido el importe a abonar en concepto de Impuesto sobre el Valor Añadido, que en todo caso figurará en la misma partida.

c) Un precio cierto, que se abonará al contratista en función de la prestación realmente ejecutada y de acuerdo con lo pactado. En el precio se entenderá incluido el importe a abonar en concepto de Impuesto sobre el Valor Añadido, que en todo caso se indicará como partida independiente.

d) Un precio cierto, que se cobrará al contratista en función de la prestación realmente ejecutada y de acuerdo con lo pactado. En el precio se entenderá incluido el importe a abonar en concepto de Impuesto sobre el Valor Añadido, que en todo caso se indicará como partida independiente.

41. El precio de los contratos deberá expresarse:

a) En euros, debiendo realizarse el pago en dicha moneda.

b) En euros, sin perjuicio de que su pago pueda hacerse mediante la entrega de otras contraprestaciones en los casos en que esta u otras leyes así lo prevean.

c) En cualquier moneda reconocida en el ámbito de la Unión Europea.

d) En euros o libras.

42. Con carácter general, ¿se permite la revisión periódica no predeterminada o no periódica de los precios de los contratos de las entidades del sector público?

a) Sí.

b) No, salvo los contratos no sujetos a regulación armonizada previstos en la LCSP.

c) Sí, siempre que lo justifique el contratista.

d) Sí, en los supuestos de deflación de la economía.

43. En el procedimiento de contratación:

a) No será necesaria la exigencia de garantía provisional.

b) No procederá la exigencia de garantía provisional, salvo cuando de forma excepcional el órgano de contratación, por motivos de interés público, lo considere necesario y lo justifique motivadamente en el expediente.

c) Será siempre exigible la exigencia de garantía provisional.

d) No procederá la exigencia de garantía provisional, salvo cuando de forma excepcional el órgano de contratación, por motivos de interés público, lo considere necesario sin necesidad de justificar.

44. En los casos en que el órgano de contratación haya acordado la exigencia de garantía provisional, en los pliegos de cláusulas administrativas particulares se determinará el importe de la misma, que no podrá ser:

a) Superior a un 3 % del presupuesto base de licitación del contrato, excluido el Impuesto sobre el Valor Añadido y el régimen de su devolución.

b) Superior a un 5 % del presupuesto base de licitación del contrato, excluido el Impuesto sobre el Valor Añadido y el régimen de su devolución.

c) Superior a un 5 % del presupuesto base de licitación del contrato, incluido el Impuesto sobre el Valor Añadido y el régimen de su devolución.

d) Superior a un 3 % del presupuesto base de licitación del contrato, incluido el Impuesto sobre el Valor Añadido y el régimen de su devolución.

45. La exigencia y régimen de la garantía provisional, en el caso de división en lotes, la garantía provisional se fijará atendiendo:

a) Al importe de los lotes para los que el licitador vaya a presentar oferta o al importe del presupuesto total del contrato, a elección del contratista.

b) Al importe de los lotes para los que el licitador vaya a presentar oferta o al importe del presupuesto total del contrato, a elección de la entidad contratante.

c) Exclusivamente al importe del presupuesto total del contrato y no en función del importe de los lotes para los que el licitador vaya a presentar oferta.

d) Exclusivamente al importe de los lotes para los que el licitador vaya a presentar oferta y no en función del importe del presupuesto total del contrato.

46. Según el artículo 106.4 de la LCSP la garantía provisional se extinguirá automáticamente y:

a) Será devuelta a los licitadores inmediatamente después de la perfección del contrato.
b) Será devuelta a los licitadores inmediatamente después de la adjudicación del contrato.
c) Será devuelta a los licitadores un mes después de la constitución del contrato.
d) Será devuelta a los licitadores un mes después de la perfección del contrato.

47. Las garantías definitivas exigidas en los contratos celebrados con las Administraciones Públicas podrán prestarse:

a) En efectivo o en valores, que en todo caso serán de Deuda Pública.
b) Mediante aval.
c) Mediante contrato de seguro de caución.
d) Todas son correctas.

48. Sobre las garantías definitivas admisibles señala la respuesta incorrecta (art. 108.3 LCSP):

a) Cuando así se prevea en los pliegos de cláusulas administrativas particulares, la garantía definitiva en los contratos de concesión de servicios cuando las tarifas las abone la administración contratante, podrá constituirse mediante retención en el precio.
b) Cuando así se prevea en los pliegos de cláusulas administrativas particulares, la garantía definitiva en los contratos de obras, suministros y servicios podrá constituirse mediante retención en el precio.
c) En el pliego de cláusulas administrativas particulares se fijará la forma y condiciones de la retención.
d) La acreditación de la constitución de la garantía definitiva tendrá que hacerse mediante medios electrónicos.

49. Cuando, como consecuencia de una modificación del contrato, experimente variación el precio del mismo, deberá reajustarse la garantía, para que guarde la debida proporción con el nuevo precio modificado, en el plazo de:

a) 20 días.
b) 15 días contados desde la fecha en que se notifique al empresario el acuerdo de modificación.
c) 10 días contados desde la fecha en que se notifique al empresario el acuerdo de modificación.
d) Ninguna es correcta.

50. La garantía definitiva únicamente responderá:

a) De la obligación de formalizar el contrato en plazo.
b) De las penalidades impuestas al contratista conforme al artículo 192 de la LCSP.

c) De la incautación que puede decretarse en los casos de resolución del contrato.

d) Todas son correctas.

51. La garantía definitiva responderá de:

a) Los daños y perjuicios ocasionados a la Administración con motivo de la ejecución del contrato o por su incumplimiento, cuando no proceda su resolución.

b) Los daños y perjuicios ocasionados a la Administración con motivo de la ejecución del contrato cuando proceda su resolución.

c) Los daños y perjuicios ocasionados al administrado con motivo de la ejecución del contrato cuando proceda su resolución.

d) Todas son correctas.

52. La Administración contratante tendrá preferencia sobre cualquier otro acreedor, para hacer efectivas las garantías:

a) Provisionales.

b) Definitivas.

c) Tanto provisionales como definitivas.

d) Ninguna es correcta.

53. Según el art. 113.2 LCSP, cuando la garantía no sea bastante para cubrir las responsabilidades a las que está afecta, la Administración procederá al cobro de la diferencia mediante el procedimiento administrativo de:

a) Multa coercitiva.

b) Apremio.

c) Ejecución subsidiaria.

d) Compulsión sobre las personas.

54. En los contratos que celebren las entidades del sector público que no tengan la consideración de Administraciones públicas, los órganos de contratación:

a) Podrán exigir la prestación de una garantía a los licitadores o candidatos, para responder del mantenimiento de sus ofertas.

b) Podrán exigir la prestación de una garantía al adjudicatario, para asegurar la correcta ejecución de la prestación.

c) Las respuestas a) y b) son correctas.

d) Ninguna es correcta.

55. La garantía no será devuelta o cancelada, según el art. 111.1 LCSP:

a) Hasta que se haya producido el vencimiento del plazo de garantía.

b) Hasta que se haya producido el vencimiento del plazo de garantía y cumplido satisfactoriamente el contrato de que se trate, o hasta que se declare la resolución de este sin culpa del contratista.

c) Hasta que se haya cumplido satisfactoriamente el contrato.

d) Ninguna es correcta.

56. La inscripción en el Registro Oficial de Licitadores y Empresas Clasificadas del Sector Público (art. 96 LCSP):

a) Acreditará frente a todos los órganos de contratación del sector público.

b) A tenor de lo en él reflejado y salvo prueba en contrario, las condiciones de aptitud del empresario en cuanto a su personalidad y capacidad de obrar, representación, habilitación profesional o empresarial, solvencia económica y financiera y técnica o profesional, clasificación y demás circunstancias inscritas.

c) Así como la concurrencia o no concurrencia de las prohibiciones de contratar que deban constar en el mismo.

d) Todas son correctas.

57. El precio de los contratos (art. 102 LCSP), señala la respuesta incorrecta:

a) Los órganos de contratación cuidarán de que el precio sea adecuado para el efectivo cumplimiento del contrato mediante la correcta estimación de su importe, atendiendo al precio general de mercado, en el momento de fijar el presupuesto base de licitación y la aplicación, en su caso, de las normas sobre ofertas con valores anormales o desproporcionados.

b) Excepcionalmente pueden celebrarse contratos con precios provisionales en los casos indicados en el artículo referido.

c) En los contratos celebrados con precios provisionales siempre cabrá la revisión de precios.

d) Se prohíbe el pago aplazado del precio en los contratos de las Administraciones públicas, excepto en los supuestos en que el sistema de pago se establezca mediante la modalidad de arrendamiento financiero o de arrendamiento con opción de compra, así como en los casos en que esta u otra ley lo autorice expresamente.

58. En los contratos celebrados con precios provisionales el precio se determinará, dentro de los límites fijados para el precio máximo, en función de los costes en que realmente incurra el contratista y del beneficio que se haya acordado, para lo que, en todo caso, se detallarán en el contrato los siguientes extremos:

a) El procedimiento para determinar el precio definitivo, con referencia a los costes efectivos y a la fórmula de cálculo del beneficio.

b) Las reglas contables que el adjudicatario deberá aplicar para determinar el coste de las prestaciones.

c) Los controles documentales y sobre el proceso de producción que el adjudicador podrá efectuar sobre los elementos técnicos y contables del coste de producción.

d) Todas son correctas.

59. Según el artículo 102 de la Ley 9/2017, de 8 de noviembre, de Contratos del Sector Público, en el precio del contrato:

a) Se entenderá incluido el importe a abonar en concepto de Impuesto sobre el Valor Añadido, que en todo caso se indicará como partida independiente.

b) Se entenderá incluido el importe a abonar en concepto de Impuesto sobre el Valor Añadido y el Impuesto de Sociedades, que en todo caso se indicará como partida independiente.

c) No se entenderá incluido en ningún caso el importe a abonar en concepto de Impuesto sobre el Valor Añadido.

d) Todas son incorrectas.

60. Según el artículo 107 de la Ley 9/2017, de 8 de noviembre, de Contratos del Sector Público, ¿a quiénes se les exige garantía definitiva en los contratos celebrados con las Administraciones públicas?

a) A los licitadores, que en las licitaciones de los contratos que celebren las Administraciones Públicas, deberán constituir a disposición del órgano de contratación, una garantía del 3 por 100 del precio final ofertado, excluido el Impuesto sobre el Valor Añadido.

b) A los licitadores, que en las licitaciones de los contratos que celebren las Administraciones Públicas, deberán constituir a disposición del órgano de contratación, una garantía del 5 por 100 del precio final ofertado, excluido el Impuesto sobre el Valor Añadido.

c) A los licitadores, que en las licitaciones de los contratos que celebren las Administraciones Públicas, deberán constituir a disposición del órgano de contratación, una garantía del 10 por 100 del precio final ofertado, excluido el Impuesto sobre el Valor Añadido.

d) Ninguna es correcta.

Soluciones comentadas

1. **d) Objeto, presupuesto base de licitación, valor estimado, precio del contrato y su revisión.**

   Estructura LCSP.

2. **a) Garantías exigibles en la contratación pública.**

   Estructura LCSP.

3. **b) Los órganos de contratación, unipersonales o colegiados que, en virtud de norma legal o reglamentaria o disposición estatutaria, tengan atribuida la facultad de celebrar contratos en su nombre.**

   Artículo 61 LCSP: La representación de las entidades del sector público en materia contractual corresponde a los órganos de contratación, unipersonales o colegiados que, en virtud de norma legal o reglamentaria o disposición estatutaria, tengan atribuida la facultad de celebrar contratos en su nombre.

4. **d) Todas son correctas.**

   Artículo 63.1 LCSP: Los órganos de contratación difundirán exclusivamente a través de Internet su perfil de contratante, como elemento que agrupa la información y documentos relativos a su actividad contractual al objeto de asegurar la transparencia y el acceso público a los mismos. La forma de acceso al perfil de contratante deberá hacerse constar en los pliegos y documentos equivalentes, así como en los anuncios de licitación en todos los casos. La difusión del perfil de contratante no obstará la utilización de otros medios de publicidad adicionales en los casos en que así se establezca.

5. **a) Será libre, no requiriendo identificación previa.**

   Artículo 63.2 LCSP: El acceso a la información del perfil de contratante será libre, no requiriendo identificación previa. No obstante, podrá requerirse esta para el acceso a servicios personalizados asociados al contenido del perfil de contratante tales como suscripciones, envío de alertas, comunicaciones electrónicas y envío de ofertas, entre otras. Toda la información contenida en los perfiles de contratante se publicará en formatos abiertos y reutilizables, y permanecerá accesible al público durante un periodo de tiempo no inferior a 5 años, sin perjuicio de que se permita el acceso a expedientes anteriores ante solicitudes de información.

6. **d) 5 años.**

   Artículo 63.2 LCSP: El acceso a la información del perfil de contratante será libre, no requiriendo identificación previa. No obstante, podrá requerirse esta para el acceso a servicios personalizados asociados al contenido del perfil de contratante tales como suscripciones, envío de alertas, comunicaciones electrónicas y envío de ofertas, entre otras. Toda la información contenida en los perfiles de contratante se publicará en formatos abiertos y reutilizables, y permanecerá accesible al público durante un periodo de tiempo no inferior a 5 años, sin perjuicio de que se permita el acceso a expedientes anteriores ante solicitudes de información.

7. **d) Todas son correctas.**

   Todas ellas aparecen en el listado del artículo 63.3 de la LCSP.

8. **c) Solo podrán contratar con el sector público las personas naturales o jurídicas, españolas o extranjeras, que tengan plena capacidad de obrar, no estén incursas en alguna prohibición de contratar, y acrediten su solvencia económica y financiera y técnica o profesional o, en los casos en que así lo exija esta ley, se encuentren debidamente clasificadas.**

   Artículo 65 de la LCSP: 1. Solo podrán contratar con el sector público las personas naturales o jurídicas, españolas o extranjeras, que tengan plena capacidad de obrar, no estén incursas en alguna prohibición de contratar, y acrediten su solvencia económica y financiera y técnica o profesional o, en los casos en que así lo exija esta ley, se encuentren debidamente clasificadas.

9. **a) Con la habilitación empresarial o profesional que, en su caso, sea exigible para la realización de las prestaciones que constituyan el objeto del contrato.**

   Artículo 65.2 LCSP: 2. Los contratistas deberán contar, asimismo, con la habilitación empresarial o profesional que, en su caso, sea exigible para la realización de las prestaciones que constituyan el objeto del contrato.

10. **a) Las personas jurídicas solo podrán ser adjudicatarias de contratos cuyas prestaciones estén comprendidas dentro de los fines, objeto o ámbito de actividad que, a tenor de sus estatutos o reglas fundacionales, les sean propios.**

    Artículo 66 LCSP: 1. Las personas jurídicas solo podrán ser adjudicatarias de contratos cuyas prestaciones estén comprendidas dentro de los fines, objeto o ámbito de actividad que, a tenor de sus estatutos o reglas fundacionales, les sean propios.

11. **b) Podrán hacerlo con el compromiso de constituir una sociedad que será la titular de la concesión.** La constitución y, en su caso, la forma de la sociedad deberá ajustarse a lo que establezca, para determinados tipos de concesiones, la correspondiente legislación específica.

    Artículo 66 LCSP: 2. Quienes concurran individual o conjuntamente con otros a la licitación de una concesión de obras o de servicios, podrán hacerlo con el compromiso de constituir una sociedad que será la titular de la concesión. La constitución y, en su caso, la forma de la sociedad deberá ajustarse a lo que establezca, para determinados tipos de concesiones, la correspondiente legislación específica.

12. c) Podrán contratar con el sector público las uniones de empresarios que se constituyan temporalmente al efecto, sin que sea necesaria la formalización de las mismas en escritura pública hasta que se haya efectuado la adjudicación del contrato a su favor.

Artículo 69 LCSP: Podrán contratar con el sector público las uniones de empresarios que se constituyan temporalmente al efecto, sin que sea necesaria la formalización de las mismas en escritura pública hasta que se haya efectuado la adjudicación del contrato a su favor.

13. a) Haber sido sancionadas con carácter provisional o firme por infracción grave en materia profesional que ponga en entredicho su integridad, de disciplina de mercado, de falseamiento de la competencia, de integración laboral y de igualdad de oportunidades y no discriminación de las personas con discapacidad, o de extranjería, de conformidad con lo establecido en la normativa vigente.

En el artículo 71 de la LCSP se indica lo siguiente: Haber sido sancionadas con carácter firme por infracción grave en materia profesional que ponga en entredicho su integridad, de disciplina de mercado, de falseamiento de la competencia, de integración laboral y de igualdad de oportunidades y no discriminación de las personas con discapacidad, o de extranjería, de conformidad con lo establecido en la normativa vigente.

14. b) Haber dejado de adjudicar el contrato que ha sido formalizado a su favor, en los plazos previstos en la LCSP.

En el artículo 71 de la LCSP se indica lo siguiente: b) Haber dejado de formalizar el contrato, que ha sido adjudicado a su favor, en los plazos previstos en el artículo 153 por causa imputable al adjudicatario.

15. d) Las respuestas b) y c) son correctas.

Artículo 74 LCSP: 1. Para celebrar contratos con el sector público los empresarios deberán acreditar estar en posesión de las condiciones mínimas de solvencia económica y financiera y profesional o técnica que se determinen por el órgano de contratación. Este requisito será sustituido por el de la clasificación, cuando esta sea exigible conforme a lo dispuesto en esta ley.

16. d) Se indicarán en el anuncio de licitación y se especificarán en el pliego del contrato, debiendo estar vinculados a su objeto y ser proporcionales al mismo.

Artículo 74 LCSP: 2. Los requisitos mínimos de solvencia que deba reunir el empresario y la documentación requerida para acreditar los mismos se indicarán en el anuncio de licitación y se especificarán en el pliego del contrato, debiendo estar vinculados a su objeto y ser proporcionales al mismo.

17. d) Todas son correctas.

Artículo 61 LCSP: La representación de las entidades del sector público en materia contractual corresponde a los órganos de contratación, unipersonales o colegiados que, en virtud de norma legal o reglamentaria o disposición estatutaria, tengan atribuida la facultad de celebrar contratos en su nombre.

18. a) Podrá ser una persona física o jurídica, vinculada a la entidad contratante o ajena a él.

Artículo 62 LCSP: El responsable del contrato podrá ser una persona física o jurídica, vinculada a la entidad contratante o ajena a él.

19. b) Perfil de contratante.

Artículo 63 LCSP: 1. Los órganos de contratación difundirán exclusivamente a través de Internet su perfil de contratante, como elemento que agrupa la información y documentos relativos a su actividad contractual al objeto de asegurar la transparencia y el acceso público a los mismos. La forma de acceso al perfil de contratante deberá hacerse constar en los pliegos y documentos equivalentes, así como en los anuncios de licitación en todos los casos. La difusión del perfil de contratante no obstará la utilización de otros medios de publicidad adicionales en los casos en que así se establezca.

20. a) Exclusivamente a través de internet.

Artículo 63 LCSP: 1. Los órganos de contratación difundirán exclusivamente a través de Internet su perfil de contratante.

21. c) 50.000 euros.

Artículo 63 LCSP: 6. La formalización de los encargos a medios propios cuyo importe fuera superior a 50.000 euros, IVA excluido, serán objeto, asimismo, de publicación en el perfil de contratante.

22. c) Sí, si se justifica en el expediente.

Artículo 63 LCSP: 8. Podrán no publicarse determinados datos relativos a la celebración del contrato en los supuestos que establece el artículo 154.7.

En todo caso, cada vez que el órgano de contratación decida excluir alguna información de acuerdo con lo dispuesto en el párrafo anterior, deberá justificarlo en el expediente.

23. d) Todas son correctas.

Todas las afirmaciones se recogen en el artículo 84 LCSP.

24. a) Tendrá una vigencia indefinida en tanto se mantengan por el empresario las condiciones y circunstancias en que se basó su concesión.

Artículo 82 LCSP: 1. La clasificación de las empresas tendrá una vigencia indefinida en tanto se mantengan por el empresario las condiciones y circunstancias en que se basó su concesión.

25. c) Las respuestas a) y b) son correctas.

Artículo 78 LCSP: 1. No será exigible la clasificación a los empresarios no españoles de Estados miembros de la Unión Europea o de Estados signatarios del Acuerdo sobre el Espacio Económico Europeo, ya concurran al contrato aisladamente o integrados en una unión, sin perjuicio de la obligación de acreditar su solvencia.

2. Excepcionalmente, cuando así sea conveniente para los intereses públicos, la contratación de la Administración General del Estado y los entes organismos y entidades de ella dependientes con personas que no estén clasificadas podrá ser autorizada por el Consejo de Ministros, previo informe de la Junta Consultiva de Contratación Pública del Estado. En el ámbito de las Comunidades Autónomas, la autorización será otorgada por los órganos que estas designen como competentes.

26. a) Podrá exigirse a las personas jurídicas que especifiquen, en la oferta o en la solicitud de participación, los nombres y la cualificación profesional del personal responsable de ejecutar la prestación.

Artículo 76 LCSP: 1. En los contratos de obras, de servicios, concesión de obras y concesión de servicios, así como en los contratos de suministro que incluyan servicios o trabajos de colocación e instalación, podrá exigirse a las personas jurídicas que especifiquen, en la oferta o en la solicitud de participación, los nombres y la cualificación profesional del personal responsable de ejecutar la prestación.

27. a) En el anuncio de licitación y se especificarán en el pliego del contrato, debiendo estar vinculados a su objeto y ser proporcionales al mismo.

Artículo 74 LCSP: 2. Los requisitos mínimos de solvencia que deba reunir el empresario y la documentación requerida para acreditar los mismos se indicarán en el anuncio de licitación y se especificarán en el pliego del contrato, debiendo estar vinculados a su objeto y ser proporcionales al mismo.

28. b) Al menos, con la del contrato hasta su extinción.

Artículo 69 LCSP: 4. La duración de las uniones temporales de empresarios será coincidente, al menos, con la del contrato hasta su extinción.

29. d) Todas son correctas.

Todas las afirmaciones aparecen en el artículo 77 de la LCSP.

30. b) Los estatutos o el acta fundacional.

Artículo 84 LCSP: 1. La capacidad de obrar de los empresarios que fueren personas jurídicas se acreditará mediante la escritura o documento de constitución, los estatutos o el acta fundacional, en los que consten las normas por las que se regula su actividad, debidamente inscritos, en su caso, en el Registro público que corresponda, según el tipo de persona jurídica de que se trate.

31. c) Muestras, descripciones y fotografías de los productos a suministrar.

La respuesta indicada es un medio de acreditar la solvencia técnica en los contratos de suministros.

32. b) El volumen anual de negocios del licitador o candidato, que referido al año de mayor volumen de negocio de los tres últimos concluidos deberá ser al menos una vez y media el valor estimado del contrato cuando su duración no sea superior a un año, y al menos una vez y media el valor anual medio del contrato si su duración es superior a un año.

Artículo 87 LCSP: a) El criterio para la acreditación de la solvencia económica y financiera será el volumen anual de negocios del licitador o candidato, que referido al año de mayor volumen de negocio de los tres últimos concluidos deberá ser al menos una vez y media el valor estimado del contrato cuando su duración no sea superior a un año, y al menos una vez y media el valor anual medio del contrato si su duración es superior a un año.

33. d) Se efectuará mediante la relación de obras ejecutadas en los últimos cinco años, o en los últimos diez años si pertenecen a alguno de los subgrupos incluidos en la relación a la que se refiere la LCSP, que sean del mismo grupo o subgrupo de clasificación que el correspondiente al contrato, o del grupo o subgrupo más relevante para el contrato si este incluye trabajos correspondientes a distintos subgrupos, cuyo importe anual acumulado en el año de mayor ejecución sea igual o superior al 70 % de la anualidad media del contrato.

Artículo 89 LCSP: 3. En el anuncio de licitación o invitación a participar en el procedimiento y en los pliegos del contrato se especificarán los medios, de entre los recogidos en este artículo, admitidos para la acreditación de la solvencia técnica de los empresarios que opten a la adjudicación del contrato, con indicación expresa, en su caso, de los valores mínimos exigidos para cada uno de ellos. En su defecto, y para cuando no sea exigible la clasificación, la acreditación de la solvencia técnica se efectuará mediante la relación de obras ejecutadas en los últimos cinco años, o en los últimos diez años si pertenecen a alguno de los subgrupos incluidos en la relación a la que se refiere el apartado 1.a, que sean del mismo grupo o subgrupo de clasificación que el correspondiente al contrato, o del grupo o subgrupo más relevante para el contrato si este incluye trabajos correspondientes a distintos subgrupos, cuyo importe anual acumulado en el año de mayor ejecución sea igual o superior al 70 % de la anualidad media del contrato.

34. a) Una relación de los principales suministros realizados de igual o similar naturaleza que los que constituyen el objeto del contrato en el curso de como máximo, los tres últimos años, en la que se indique el importe, la fecha y el destinatario, público o privado de los mismos.

Artículo 89 LCSP: h) En los contratos no sujetos a regulación armonizada, cuando el contratista sea una empresa de nueva creación, entendiendo por tal aquella que tenga una antigüedad inferior a cinco años, su solvencia técnica se acreditará por uno o varios de los medios a que se refieren las letras b) a g) anteriores, sin que en ningún caso sea aplicable lo establecido en la letra a), relativo a la ejecución de un número determinado de suministros.

35. a) No podrá fraccionarse un contrato con la finalidad de disminuir la cuantía del mismo y eludir así los requisitos de publicidad o los relativos al procedimiento de adjudicación que correspondan.

Artículo 99 LCSP: No podrá fraccionarse un contrato con la finalidad de disminuir la cuantía del mismo y eludir así los requisitos de publicidad o los relativos al procedimiento de adjudicación que correspondan.

36. b) Deberá realizarse su división en lotes.

Artículo 99 LCSP: 3. Siempre que la naturaleza o el objeto del contrato lo permitan, deberá preverse la realización independiente de cada una de sus partes mediante su división en lotes, pudiéndose reservar lotes de conformidad con lo dispuesto en la disposición adicional cuarta.

37. d) Sí, cuando lo justifique en el expediente.

Artículo 99 LCSP: El órgano de contratación podrá no dividir en lotes el objeto del contrato cuando existan motivos válidos, que deberán justificarse debidamente en el expediente, salvo en los casos de contratos de concesión de obras.

38. a) El límite máximo de gasto que en virtud del contrato puede comprometer el órgano de contratación, incluido el Impuesto sobre el Valor Añadido, salvo disposición en contrario.

Artículo 100 LCSP: 1. A los efectos de esta ley, por presupuesto base de licitación se entenderá el límite máximo de gasto que en virtud del contrato puede comprometer el órgano de contratación, incluido el Impuesto sobre el Valor Añadido, salvo disposición en contrario.

39. c) En el cálculo del mismo se incluirá cualquier forma de opción eventual y las eventuales prórrogas del contrato.

Artículo 101 LCSP: Tanto en la respuesta a) como en la b) no se debe incluir el IVA.

40. c) Un precio cierto, que se abonará al contratista en función de la prestación realmente ejecutada y de acuerdo con lo pactado.

En el precio se entenderá incluido el importe a abonar en concepto de Impuesto sobre el Valor Añadido, que en todo caso se indicará como partida independiente.

Artículo 102 LCSP: Los contratos del sector público tendrán siempre un precio cierto, que se abonará al contratista en función de la prestación realmente ejecutada y de acuerdo con lo pactado. En el precio se entenderá incluido el importe a abonar en concepto de Impuesto sobre el Valor Añadido, que en todo caso se indicará como partida independiente.

41. b) En euros, sin perjuicio de que su pago pueda hacerse mediante la entrega de otras contraprestaciones en los casos en que esta u otras leyes así lo prevean.

Artículo 102 LCSP: 2. Con carácter general el precio deberá expresarse en euros, sin perjuicio de que su pago pueda hacerse mediante la entrega de otras contraprestaciones en los casos en que esta u otras leyes así lo prevean.

42. b) No, salvo los contratos no sujetos a regulación armonizada previstos en la LCSP.

Artículo 103 LCSP: Salvo en los contratos no sujetos a regulación armonizada a los que se refiere el apartado 2 del artículo 19, no cabrá la revisión periódica no predeterminada o no periódica de los precios de los contratos.

43. b) No procederá la exigencia de garantía provisional, salvo cuando de forma excepcional el órgano de contratación, por motivos de interés público, lo considere necesario y lo justifique motivadamente en el expediente.

Artículo 106 LCSP: 1. En el procedimiento de contratación no procederá la exigencia de garantía provisional, salvo cuando de forma excepcional el órgano de contratación, por motivos de interés público, lo considere necesario y lo justifique motivadamente en el expediente. En este último caso, se podrá exigir a los licitadores la constitución previa de una garantía que responda del mantenimiento de sus ofertas hasta la perfección del contrato.

44. a) Superior a un 3 % del presupuesto base de licitación del contrato, excluido el Impuesto sobre el Valor Añadido y el régimen de su devolución.

Artículo 106 LCSP: 2. En los casos en que el órgano de contratación haya acordado la exigencia de garantía provisional, en los pliegos de cláusulas administrativas particulares se determinará el importe de la misma, que no podrá ser superior a un 3 por 100 del presupuesto base de licitación del contrato, excluido el Impuesto sobre el Valor Añadido y el régimen de su devolución. La garantía provisional podrá prestarse en alguna o algunas de las formas previstas en el apartado 1 del artículo 108.

45. d) Exclusivamente al importe de los lotes para los que el licitador vaya a presentar oferta y no en función del importe del presupuesto total del contrato.

Artículo 106 LCSP: En el caso de división en lotes, la garantía provisional se fijará atendiendo exclusivamente al importe de los lotes para los que el licitador vaya a presentar oferta y no en función del importe del presupuesto total del contrato.

46. a) Será devuelta a los licitadores inmediatamente después de la perfección del contrato.

Artículo 106: 4. La garantía provisional se extinguirá automáticamente y será devuelta a los licitadores inmediatamente después de la perfección del contrato. En todo caso, la garantía provisional se devolverá al licitador seleccionado como adjudicatario cuando haya constituido la garantía definitiva, pudiendo aplicar el importe de la garantía provisional a la definitiva o proceder a una nueva constitución de esta última.

47. d) Todas son correctas.

Todas ellas aparecen en el listado del artículo 108 de la LCSP.

48. d) La acreditación de la constitución de la garantía definitiva tendrá que hacerse mediante medios electrónicos.

Artículo 108 LCSP: 2. Cuando así se prevea en los pliegos de cláusulas administrativas particulares, la garantía definitiva en los contratos de obras, suministros y servicios, así como en los de concesión de servicios cuando las tarifas las abone la administración contratante, podrá constituirse mediante retención en el precio. En el pliego de cláusulas administrativas particulares se fijará la forma y condiciones de la retención.

3. La acreditación de la constitución de la garantía definitiva podrá hacerse mediante medios electrónicos.

49. b) 15 días contados desde la fecha en que se notifique al empresario el acuerdo de modificación.

Artículo 109: 3. Cuando, como consecuencia de una modificación del contrato, experimente variación el precio del mismo, deberá reajustarse la garantía, para que guarde la debida proporción con el nuevo precio modificado, en el plazo de quince días contados desde la fecha en que se notifique al empresario el acuerdo de modificación.

50. d) Todas son correctas.

Todas ellas aparecen reguladas en el artículo 110 de la LCSP.

51. a) Los daños y perjuicios ocasionados a la Administración con motivo de la ejecución del contrato o por su incumplimiento, cuando no proceda su resolución.

Artículo 110 LCSP: c) De la correcta ejecución de las prestaciones contempladas en el contrato incluidas las mejoras que ofertadas por el contratista hayan sido aceptadas por el órgano de contratación, de los gastos originados a la Administración por la demora del contratista en el cumplimiento de sus obligaciones, y de los daños y perjuicios ocasionados a la misma con motivo de la ejecución del contrato o por su incumplimiento, cuando no proceda su resolución.

52. c) Tanto provisionales como definitivas.

Artículo 113 LCSP: 1. Para hacer efectivas las garantías, tanto provisionales como definitivas, la Administración contratante tendrá preferencia sobre cualquier otro acreedor, sea cual fuere la naturaleza del mismo y el título del que derive su crédito.

53. b) Apremio.

Artículo 113 LCSP: 2. Cuando la garantía no sea bastante para cubrir las responsabilidades a las que está afecta, la Administración procederá al cobro de la diferencia mediante el procedimiento administrativo de apremio, con arreglo a lo establecido en las normas de recaudación.

54. c) Las respuestas a) y b) son correctas.

Artículo 114 LCSP: 1. En los contratos que celebren las entidades del sector público que no tengan la consideración de Administraciones públicas, los órganos de contratación podrán exigir la prestación de una garantía a los licitadores o candidatos, para responder del mantenimiento de sus ofertas hasta la adjudicación y, en su caso, formalización del contrato o al adjudicatario, para asegurar la correcta ejecución de la prestación.

55. b) Hasta que se haya producido el vencimiento del plazo de garantía y cumplido satisfactoriamente el contrato de que se trate, o hasta que se declare la resolución de este sin culpa del contratista.

Artículo 111 LCSP: 1. La garantía no será devuelta o cancelada hasta que se haya producido el vencimiento del plazo de garantía y cumplido satisfactoriamente el contrato de que se trate, o hasta que se declare la resolución de este sin culpa del contratista.

56. d) Todas son correctas.

Artículo 96 LCSP: 1. La inscripción en el Registro Oficial de Licitadores y Empresas Clasificadas del Sector Público acreditará frente a todos los órganos de contratación del sector público, a tenor de lo en él reflejado y salvo prueba en contrario, las condiciones de aptitud del empresario en cuanto a su personalidad y capacidad de obrar, representación, habilitación profesional o empresarial, solvencia económica y financiera y técnica o profesional, clasificación y demás circunstancias inscritas, así como la concurrencia o no concurrencia de las prohibiciones de contratar que deban constar en el mismo.

57. c) En los contratos celebrados con precios provisionales siempre cabrá la revisión de precios.

Artículo 102 LCSP: En los contratos celebrados con precios provisionales no cabrá la revisión de precios.

58. d) Todas son correctas.

Todas ellas aparecen en el listado del artículo 102.7 de la LCSP.

59. a) Se entenderá incluido el importe a abonar en concepto de Impuesto sobre el Valor Añadido, que en todo caso se indicará como partida independiente.

Artículo 102 LCSP: 1. Los contratos del sector público tendrán siempre un precio cierto, que se abonará al contratista en función de la prestación realmente ejecutada y de acuerdo con lo pactado. En el precio se entenderá incluido el importe a abonar en concepto de Impuesto sobre el Valor Añadido, que en todo caso se indicará como partida independiente.

60. b) A los licitadores, que en las licitaciones de los contratos que celebren las Administraciones Públicas, deberán constituir a disposición del órgano de contratación, una garantía del 5 por 100 del precio final ofertado, excluido el Impuesto sobre el Valor Añadido.

Artículo 107 LCSP: 1. A salvo de lo dispuesto en los apartados 4 y 5, los licitadores que, en las licitaciones de los contratos que celebren las Administraciones Públicas, presenten las mejores ofertas de conformidad con lo dispuesto en el artículo 145, deberán constituir a disposición del órgano de contratación una garantía de un 5 por 100 del precio final ofertado por aquellos, excluido el Impuesto sobre el Valor Añadido. En el caso de los contratos con precios provisionales a que se refiere el apartado 7 del artículo 102, el porcentaje se calculará con referencia al precio máximo fijado, excluido el Impuesto sobre el Valor Añadido.

TEST N.º 4

Expediente y procedimientos de contratación

1. El Libro segundo de la Ley de contratos del sector público regula:

a) De los contratos de las Administraciones Públicas.
b) De los contratos del Sector Público.
c) De los contratos públicos y privados.
d) Ninguna es correcta.

2. Indica la respuesta correcta. El artículo 116 LCSP, ¿regula el expediente de contratación?

a) La celebración de contratos por parte de las Administraciones Públicas requerirá la previa tramitación del correspondiente expediente.
b) Se iniciará por el órgano de contratación motivando la necesidad del contrato en los términos previstos en el artículo 28 de esta ley y que deberá ser publicado en el perfil de contratante.
c) El expediente deberá referirse a la totalidad del objeto del contrato, sin perjuicio de lo previsto en el apartado 7 del artículo 99 para los contratos adjudicados por lotes.
d) Todas son correctas.

3. Al expediente de contratación se incorporarán, según el art. 116.3 LCSP:

a) El pliego de cláusulas administrativas que haya de regir el contrato.
b) El pliego de prescripciones técnicas que haya de regir el contrato.
c) El certificado de existencia de crédito.
d) Todas son correctas.

4. En el expediente de contratación se justificará adecuadamente (de conformidad con el artículo 116 LCSP):

a) La elección del procedimiento de licitación.
b) En los contratos de suministros, el informe de insuficiencia de medios.
c) La decisión de dividir en lotes el objeto del contrato.
d) Todas son correctas.

5. Completado el expediente de contratación, según regula el art. 117 LCSP:

a) Se dictará resolución por el órgano instructor.

b) Se dictará resolución motivada por el órgano de contratación aprobando el mismo y disponiendo la apertura del procedimiento de adjudicación.

c) Se dictará resolución por el órgano correspondiente aprobando el mismo y disponiendo la apertura del procedimiento de formalización.

d) No se dictará resolución.

6. Podrán ser objeto de tramitación urgente los expedientes correspondientes a:

a) Los contratos cuya celebración responda a una necesidad inaplazable o cuya adjudicación sea preciso acelerar por razones de interés público.

b) Los contratos cuya celebración deba realizarse en la mitad de plazo.

c) Los contratos de interés público.

d) Los contratos justificados por el servicio gestor.

7. El art. 119 LCSP señala sobre la tramitación de urgencia en los expedientes de contratación que:

a) El expediente deberá contener la declaración de urgencia hecha por el órgano de contratación, debidamente firmada.

b) El expediente deberá contener la declaración de urgencia hecha por el órgano de contratación, debidamente motivada.

c) No es necesario que contenga la declaración de urgencia, al entenderse implícita en el acuerdo.

d) Ninguna es correcta.

8. Se consideran contratos menores:

a) Los contratos de valor estimado inferior a 50.000 euros, cuando se trate de contratos de obras, o a 15.000 euros, cuando se trate de contratos de suministro o de servicios.

b) Los contratos de valor estimado inferior a 40.000 euros, cuando se trate de contratos de obras, o a 10.000 euros, cuando se trate de contratos de suministro o de servicios.

c) Los contratos de valor estimado inferior a 15.000 euros, cuando se trate de contratos de obras, o a 40.000 euros, cuando se trate de contratos de suministro o de servicios.

d) Los contratos de valor estimado inferior a 40.000 euros, cuando se trate de contratos de obras, o a 15.000 euros, cuando se trate de contratos de suministro o de servicios.

9. La forma de tramitación del expediente preparatorio puede ser:

a) Ordinaria.

b) Urgente.

c) De emergencia.

d) Todas son correctas.

10. Los expedientes de contratación calificados de urgentes se tramitarán siguiendo el mismo procedimiento que los ordinarios. No obstante, acordada la apertura del procedimiento de adjudicación, los plazos establecidos en la LCSP para la licitación, adjudicación y formalización del contrato se reducirán, con carácter general a:

a) 20 días.
b) 10 días.
c) La mitad.
d) No se produce reducción en plazos.

11. En la tramitación de emergencia de un contrato, con carácter general el plazo de inicio de la ejecución de las prestaciones no podrá ser superior a:

a) Dos meses.
b) Quince días.
c) Diez días.
d) Un mes.

12. Por parte del Consejo de Ministros podrán aprobarse:

a) Pliegos de cláusulas administrativas generales.
b) Pliegos de prescripciones técnicas generales a que hayan de ajustarse la Administración General del Estado, sus organismos autónomos, entidades gestoras y servicios comunes de la Seguridad Social y demás entidades que gocen de la condición de Administraciones públicas del sector público estatal.
c) Los pliegos de prescripciones particulares de todas las licitaciones en el ámbito de las entidades locales.
d) Las respuestas a) y b) son correctas.

13. Las comunidades autónomas y las entidades que integran la Administración local podrán aprobar pliegos de cláusulas administrativas generales, de acuerdo con sus normas específicas:

a) Previo dictamen del Consejo de Estado u órgano consultivo equivalente de la Comunidad Autónoma respectiva, si lo hubiera.
b) Sin necesidad de previo dictamen.
c) Con el voto favorable de la mayoría de los miembros de la asamblea parlamentaria autonómica.
d) Ninguna es correcta.

14. Los pliegos de cláusulas administrativas particulares deberán aprobarse:

a) Previamente a la disposición del gasto o conjuntamente con ella.
b) Previamente a la autorización del gasto o conjuntamente con ella.
c) Previamente al reconocimiento de la obligación del gasto o conjuntamente con ella.
d) En cualquier momento.

15. ¿A qué órgano corresponderá la aprobación de los pliegos de cláusulas administrativas particulares?

a) Al Estado.
b) Al órgano de Contratación.
c) Al Secretario General.
d) A la Unión Europea.

16. En los pliegos de cláusulas administrativas particulares se incluirán (art. 122.2 LCSP):

a) La obligación del adjudicatario de cumplir las condiciones salariales de los trabajadores conforme al Convenio Colectivo sectorial de aplicación.
b) Los pactos y condiciones definidores de los derechos y obligaciones de las partes del contrato.
c) Los criterios de solvencia y adjudicación del contrato.
d) Todas son correctas.

17. En los pliegos de cláusulas administrativas particulares:

a) Los contratos se ajustarán a su contenido, cuyas cláusulas no se consideran parte integrante de los mismos.
b) No podrán establecer penalidades.
c) Podrán especificar si va a exigirse la transferencia de derechos de propiedad intelectual o industrial.
d) Todas son correctas.

18. De conformidad con el artículo 131 de la LCSP, la adjudicación de los contratos deberá realizarse ordinariamente:

a) Utilizando una pluralidad de criterios de adjudicación basados en el principio de mejor relación calidad precio.
b) Utilizando de forma preferente el criterio de la calidad frente al precio.
c) Utilizando el procedimiento negociado con publicidad.
d) Ninguna es correcta.

19. Los contratos menores:

a) Se adjudicarán por el procedimiento negociado con carácter general.
b) No pueden adjudicarse directamente.
c) Se adjudicarán siempre directamente.
d) Ninguna es correcta.

20. En los contratos del sector público la mejor relación calidad precio se evaluará con arreglo a:

a) Criterios económicos.
b) Criterios cualitativos.

c) Criterios de oportunidad.

d) Las respuestas a) y b) son correctas.

21. En los contratos que tengan por objeto prestaciones de carácter intelectual, los criterios relacionados con la calidad deberán representar:

a) Al menos el 45 % de la puntuación asignable al valor de las ofertas.

b) Al menos el 51 % de la puntuación asignable al valor de las ofertas.

c) Al menos el 49 % de la puntuación asignable al valor de las ofertas.

d) Al menos el 50 % de la puntuación asignable al valor de las ofertas.

22. Cuando solo se utilice un criterio de adjudicación, este deberá estar relacionado con:

a) Los costes.

b) La calidad.

c) La duración del contrato.

d) Todos los anteriores.

23. En los procedimientos de adjudicación, abierto o restringido, celebrados por los órganos de las Administraciones Públicas, la valoración de los criterios cuya cuantificación dependa de un juicio de valor corresponderá, en los casos en que proceda por tener atribuida una ponderación mayor que la correspondiente a los criterios evaluables de forma automática a:

a) La mesa de contratación.

b) El órgano de contratación.

c) El servicio gestor.

d) Un comité formado por expertos con cualificación apropiada.

24. En los casos en que el órgano de contratación presuma que una oferta resulta inviable por haber sido formulada en términos que la hacen anormalmente baja:

a) Deberá excluirla del procedimiento de licitación.

b) Solo podrá excluirla del procedimiento de licitación previa tramitación del procedimiento previsto en la LCSP.

c) No podrá excluirla en ningún caso, al suponer un mayor descuento para la entidad del sector público contratante.

d) Solo podrá excluirla cuando lo decidan los Servicios Jurídicos de la entidad del sector público contratante.

25. Respecto a la clasificación de ofertas regulada en el art. 150 LCSP, señala la respuesta correcta:

a) La mesa de contratación exclusivamente clasificará, por orden decreciente, las proposiciones presentadas para posteriormente elevar la correspondiente propuesta al órgano de contratación, en el caso de que la clasificación se realice por la mesa de contratación.

b) La mesa de contratación o, en su defecto, el órgano de contratación clasificará, por orden ascendente, las proposiciones presentadas para posteriormente elevar la correspondiente propuesta al órgano de contratación, en el caso de que la clasificación se realice por la mesa de contratación.

c) La mesa de contratación o, en su defecto, el órgano de contratación clasificará, por orden decreciente, las proposiciones presentadas para posteriormente elevar la correspondiente propuesta al órgano de contratación, en el caso de que la clasificación se realice por la mesa de contratación.

d) Ninguna es correcta.

26. La resolución de la adjudicación, según el art. 151 LCSP:

a) Deberá ser motivada y se notificará a los candidatos y licitadores, debiendo ser publicada en el perfil de contratante en el plazo de 15 días.

b) Deberá ser motivada y se notificará a los candidatos y licitadores, debiendo ser publicada en el perfil de contratante en el plazo de 20 días.

c) No deberá ser motivada y se notificará a los candidatos y licitadores, debiendo ser publicada en el perfil de contratante en el plazo de 15 días.

d) Deberá ser motivada y se notificará a los candidatos y licitadores, debiendo ser publicada en el perfil de contratante en el plazo de 10 días.

27. Si el contrato es susceptible de recurso especial en materia de contratación, la formalización no podrá efectuarse antes de que trascurran:

a) 15 días hábiles desde que se remite la notificación de la adjudicación a los licitadores y candidatos.

b) 20 días hábiles desde que se remite la notificación de la adjudicación a los licitadores y candidatos.

c) 30 días hábiles desde que se remite la notificación de la adjudicación a los licitadores y candidatos.

d) 10 días hábiles desde que se remite la notificación de la adjudicación a los licitadores y candidatos.

28. La formalización de los contratos deberá publicarse, junto con el correspondiente contrato, en un plazo no superior (art. 154 LCSP):

a) A treinta días tras el perfeccionamiento del contrato en el perfil de contratante del órgano de contratación. Cuando el contrato esté sujeto a regulación armonizada, el anuncio de formalización deberá publicarse, además, en el «Diario Oficial de la Unión Europea».

b) A quince días tras el perfeccionamiento del contrato en el perfil de contratante del órgano de contratación. Cuando el contrato esté sujeto a regulación no armonizada, el anuncio de formalización deberá publicarse, además, en el «Diario Oficial de la Unión Europea».

c) A veinte días tras el perfeccionamiento del contrato en el perfil de contratante del órgano de contratación. Cuando el contrato esté sujeto a regulación armonizada, el anuncio de formalización deberá publicarse, además, en el «Diario Oficial de la Unión Europea».

d) A quince días tras el perfeccionamiento del contrato en el perfil de contratante del órgano de contratación. Cuando el contrato esté sujeto a regulación armonizada, el anuncio de formalización deberá publicarse, además, en el «Diario Oficial de la Unión Europea».

29. Señala la respuesta correcta sobre la formalización de los contratos (art. 154 LCSP):

a) En los contratos celebrados por la Administración General del Estado, o por las entidades vinculadas a la misma que gocen de la naturaleza de Administraciones Públicas el anuncio de formalización se publicará, además, en el plazo señalado en el apartado anterior, en el «Boletín Oficial del Estado».

b) El órgano de contratación, cuando proceda, enviará el anuncio de formalización al «Diario Oficial de la Unión Europea» a más tardar 10 días después de la formalización del contrato.

c) Podrán no publicarse determinados datos relativos a la celebración del contrato cuando se considere, justificándose debidamente en el expediente.

d) Todas son correctas.

30. En el procedimiento abierto (art. 156 LCSP):

a) Todo empresario interesado podrá presentar una proposición, quedando excluida toda negociación de los términos del contrato con los licitadores.

b) En procedimientos abiertos de adjudicación de contratos sujetos a regulación armonizada, el plazo de presentación de proposiciones no será inferior a treinta y cinco días, para los contratos de obras, suministros y servicios, y a treinta días para las concesiones de obras y servicios, contados desde la fecha de envío del anuncio de licitación a la Oficina de Publicaciones de la Unión Europea.

c) Todo empresario interesado podrá presentar una proposición, quedando incluida toda negociación de los términos del contrato con los licitadores.

d) Las respuestas a) y b) son correctas.

31. En los contratos de obras, suministros y servicios sujetos a regulación armonizada, si el órgano de contratación hubiese enviado un anuncio de información previa, el plazo general de presentación de proposiciones podrá reducirse a:

a) 10 días.
b) 5 días.
c) 15 días.
d) 2 días.

32. En los contratos de obras, suministros y servicios sujetos a regulación armonizada, si el órgano de contratación aceptara la presentación de ofertas por medios electrónicos, podrá reducirse el plazo general de presentación de proposiciones en:

a) 10 días.
b) 5 días.

c) 15 días.
d) 2 días.

33. Con carácter general, en los contratos de las Administraciones Públicas que no estén sujetos a regulación armonizada, el plazo de presentación de proposiciones no será inferior a:

a) 10 días.
b) 5 días.
c) 15 días.
d) 2 días.

34. En los contratos de obras, concesión de obras y concesión de servicios de las Administraciones Públicas que no estén sujetos a regulación armonizada, el plazo de presentación de proposiciones será, como mínimo, de:

a) 15 días.
b) 26 días.
c) 10 días.
d) 30 días.

35. La adjudicación deberá recaer en el plazo máximo de quince días a contar desde el siguiente al de apertura de las proposiciones (art. 158 LCSP):

a) Cuando el único criterio para seleccionar al adjudicatario del contrato sea el del precio.
b) Cuando uno de los criterios para seleccionar al adjudicatario del contrato sea el del precio.
c) Cuando el único criterio para seleccionar al adjudicatario del contrato sea la calidad.
d) Ninguna es correcta.

36. Si no se produce la adjudicación del contrato en los plazos señalados en la ley:

a) Los licitadores no tienen derecho a retirar su proposición.
b) Los licitadores tendrán derecho a retirar su proposición, y a la devolución de la garantía provisional, de existir esta.
c) Los licitadores tendrán derecho a retirar su proposición, pero no a la devolución de la garantía provisional, de existir esta.
d) Ninguna es correcta.

37. Los órganos de contratación podrán acordar la utilización de un procedimiento abierto simplificado en los contratos de obras, suministro y servicios cuando se cumplan las condiciones siguientes (art. 159 LCSP):

a) Que su valor estimado sea igual o inferior a 1.000.000 de euros en el caso de contratos de obras, y en el caso de contratos de suministro y de servicios, que su valor estimado sea inferior a las cantidades establecidas en los artículos 21.1, letra a), y 22.1, letra a), de esta Ley, respectivamente, o a sus correspondientes actualizaciones.

b) Que entre los criterios de adjudicación previstos en el pliego no haya ninguno evaluable mediante juicio de valor o, de haberlos, su ponderación no supere el veinte por ciento del total, salvo en el caso de que el contrato tenga por objeto prestaciones de carácter intelectual, como los servicios de ingeniería y arquitectura, en que su ponderación no podrá superar el cuarenta y cinco por ciento del total.

c) Las soluciones a) y b) son correctas.

d) Ninguna es correcta.

38. En procedimientos abiertos de adjudicación de contratos sujetos a regulación armonizada, el plazo de presentación de proposiciones:

a) No será superior a treinta y cinco días, para los contratos de obras, suministros y servicios, y a treinta días para las concesiones de obras y servicios, contados desde la fecha de envío del anuncio de licitación a la Oficina de Publicaciones de la Unión Europea.

b) No será inferior a treinta días, para los contratos de obras, suministros y servicios, y a treinta y cinco días para las concesiones de obras y servicios, contados desde la fecha de envío del anuncio de licitación a la Oficina de Publicaciones de la Unión Europea.

c) No será superior a treinta días, para los contratos de obras, suministros y servicios, y a treinta y cinco días para las concesiones de obras y servicios, contados desde la fecha de envío del anuncio de licitación a la Oficina de Publicaciones de la Unión Europea.

d) No será inferior a treinta y cinco días, para los contratos de obras, suministros y servicios, y a treinta días para las concesiones de obras y servicios, contados desde la fecha de envío del anuncio de licitación a la Oficina de Publicaciones de la Unión Europea.

39. En el procedimiento abierto simplificado previsto en el artículo 159 de la LCSP, el plazo de presentación de proposiciones no podrá ser inferior a:

a) A quince días a contar desde el siguiente a la publicación en el perfil de contratante del anuncio de licitación. En los contratos de obras el plazo será como mínimo de veintiséis días.

b) A veinte días a contar desde el siguiente a la publicación en el perfil de contratante del anuncio de licitación. En los contratos de obras el plazo será como mínimo de veinte días.

c) A quince días a contar desde el siguiente a la publicación en el perfil de contratante del anuncio de licitación. En los contratos de obras el plazo será como mínimo de treinta días.

d) A quince días a contar desde el siguiente a la publicación en el perfil de contratante del anuncio de licitación. En los contratos de obras el plazo será como mínimo de veinte días.

40. El artículo 159.6 prevé un procedimiento abierto simplificado "abreviado" que podrá ser aplicable a aquellos contratos de obras de valor estimado inferior a:

a) 1.000.000 €.

b) 100.000 €.

c) 60.000 €.

d) 80.000 €.

41. El artículo 159.6 prevé un procedimiento abierto simplificado "abreviado" que podrá ser aplicable a aquellos contratos de suministros y servicios de valor estimado inferior a:

a) 1.000.000 €.
b) 100.000 €.
c) 60.000 €.
d) 80.000 €.

42. En el procedimiento restringido, la adjudicación de contratos sujetos a regulación armonizada, el plazo de presentación de las solicitudes de participación:

a) Deberá ser el suficiente para el adecuado examen de los pliegos y de las circunstancias y condiciones relevantes para la ejecución del contrato, todo ello en atención al alcance y complejidad del contrato. En cualquier caso, no podrá ser inferior a treinta días, contados a partir de la fecha del envío del anuncio de licitación a la Oficina de Publicaciones de la Unión Europea.
b) En cualquier caso, no podrá ser inferior a treinta y cinco días, contados a partir de la fecha del envío del anuncio de licitación a la Oficina de Publicaciones de la Unión Europea.
c) No podrá ser superior a treinta y cinco días, contados a partir de la fecha del envío del anuncio de licitación a la Oficina de Publicaciones de la Unión Europea.
d) Todas son incorrectas.

43. La adjudicación recaerá en el licitador justificadamente elegido por el órgano de contratación, tras efectuar consultas con diversos candidatos y negociar las condiciones del contrato con uno o varios de ellos:

a) En el procedimiento abierto.
b) En el procedimiento restringido.
c) En el procedimiento negociado.
d) En el diálogo competitivo.

44. En el diálogo competitivo:

a) La mesa especial de diálogo competitivo dirige un diálogo con los candidatos seleccionados, previa solicitud de los mismos, a fin de desarrollar una o varias solicitudes susceptibles de satisfacer sus necesidades y que servirán de base para que los candidatos elegidos presenten una oferta.
b) Cualquier empresa interesada podrá presentar una solicitud de participación en respuesta a un anuncio de licitación, proporcionando la información y documentación para la selección cualitativa que haya solicitado el órgano de contratación.
c) La adjudicación recaerá en el licitador justificadamente elegido por el órgano de contratación, tras negociar las condiciones del contrato con uno o varios candidatos.
d) Todas son correctas.

45. La Asociación para la innovación:

a) Es un procedimiento que tiene como finalidad exclusiva el desarrollo de productos, servicios u obras innovadores.

b) Es un procedimiento que tiene como finalidad el desarrollo de productos, servicios u obras innovadores y la compra ulterior de los suministros, servicios u obras resultantes, siempre que correspondan a los niveles de rendimiento y a los costes máximos acordados entre los órganos de contratación y los participantes.

c) Es un procedimiento para el desarrollo de obras innovadoras.

d) Ninguna es correcta.

46. Son concursos de proyectos:

a) Los procedimientos encaminados a la obtención de planos o proyectos, principalmente en los campos de la arquitectura, el urbanismo, la ingeniería y el procesamiento de datos, a través de una selección que, tras la correspondiente licitación, se encomienda a un jurado.

b) Los procedimientos que tienen como finalidad el desarrollo de productos, servicios u obras innovadores y la compra ulterior de los suministros, servicios u obras resultantes, siempre que correspondan a los niveles de rendimiento y a los costes máximos acordados entre los órganos de contratación y los participantes.

c) Los procedimientos en los que cualquier empresa interesada podrá presentar una solicitud de participación en respuesta a una convocatoria de licitación.

d) Ninguna es correcta.

47. De conformidad con el artículo 193 de la LCSP, cuando el contratista, por causas imputables al mismo, hubiere incurrido en demora respecto al cumplimiento del plazo total, la Administración podrá optar, atendidas las circunstancias del caso, por la resolución del contrato o por la imposición de las penalidades diarias en la proporción de:

a) 0,50 euros por cada 1.000 euros de precio del contrato, IVA excluido.

b) 0,60 euros por cada 1.000 euros de precio del contrato, IVA excluido.

c) 0,80 euros por cada 1.000 euros de precio del contrato, IVA excluido.

d) 0,90 euros por cada 1.000 euros de precio del contrato, IVA excluido.

48. Señala la respuesta incorrecta. La obligación de pago por parte de la Administración:

a) El contratista tendrá derecho al abono del precio convenido por la prestación realizada en los términos previstos en la Ley de Contratos del Sector Público y en el contrato.

b) La Administración debe efectuar el pago del precio en el plazo de 40 días, contados desde la aprobación del documento o certificación que acrediten la realización total o parcial del contrato.

c) El pago del precio podrá hacerse de manera total o parcial, mediante abonos a cuenta o, en el caso de contratos de tracto sucesivo, mediante pago en cada uno de los vencimientos que se hubiesen estipulado.

d) Si la Administración se demora en el pago del precio deberá abonar al contratista, a partir del cumplimiento del plazo de treinta días los intereses de demora y la indemnización por los costes de cobro.

49. La modificación de los contratos administrativos:

a) Es una obligación para la Administración reconocida en la LCSP.

b) Es una de las prerrogativas que el artículo 190 LCSP reconoce a las Administraciones Públicas.

c) Esta prerrogativa no permite a la Administración variar el contenido del contrato por razón de interés público, en los casos previstos en la ley y siguiendo el procedimiento en ella regulado.

d) Ninguna es correcta.

50. En el artículo 204 de la LCSP se regulan:

a) Las modificaciones de los contratos no previstas en el pliego de cláusulas administrativas particulares.

b) Las modificaciones de los contratos previstas en el pliego de cláusulas administrativas particulares.

c) La potestad general de las entidades del sector público para modificar los contratos.

d) La extinción de los contratos administrativos.

51. Los contratos se extinguirán:

a) Por la firma y el cumplimiento.

b) Por su resolución judicial.

c) Por su cumplimiento o por su resolución.

d) Cuando se cumpla en el plazo reglamentario.

52. Son causas de resolución de los contratos entre otras:

a) La muerte o incapacidad sobrevenida del contratista individual o la extinción de la personalidad jurídica de la sociedad contratista.

b) La declaración de concurso o la declaración de insolvencia exclusivamente en el mismo procedimiento.

c) El cumplimiento de la obligación principal del contrato.

d) Todas son correctas.

53. En cuanto a la extinción de los contratos, señala la respuesta correcta:

a) Los contratos se extinguirán por su cumplimiento o por su resolución.

b) El incumplimiento por parte de la Administración de las obligaciones del contrato determinará para aquella, con carácter general, el pago de los daños y perjuicios que por tal causa se irroguen al contratista.

c) Cuando el contrato se resuelva por incumplimiento culpable del contratista le será incautada la garantía y deberá, además, indemnizar a la Administración los daños y perjuicios ocasionados en lo que excedan del importe de la garantía incautada.

d) Todas son correctas.

54. Señala la respuesta correcta. Efectos de la resolución (art. 213 LCSP):

a) Cuando la resolución se produzca por mutuo acuerdo, los derechos de las partes se acomodarán a lo válidamente estipulado por ellas.

b) En todo caso el acuerdo de resolución contendrá pronunciamiento expreso acerca de la procedencia o no de la pérdida, devolución o cancelación de la garantía que, en su caso, hubiese sido constituida.

c) Cuando el contrato se resuelva por incumplimiento culpable del contratista le será incautada la garantía y deberá, además, indemnizar a la Administración los daños y perjuicios ocasionados en lo que excedan del importe de la garantía incautada.

d) Todas son correctas.

55. La Administración tendrá la obligación de abonar el precio, según el art. 198.4 LCSP, dentro de:

a) Los treinta días siguientes a la fecha de aprobación de las certificaciones de obra o de los documentos que acrediten la conformidad con lo dispuesto en el contrato de los bienes entregados o servicios prestados.

b) Los veinte días siguientes a la fecha de aprobación de las certificaciones de obra o de los documentos que acrediten la conformidad con lo dispuesto en el contrato de los bienes entregados o servicios prestados.

c) Los diez días siguientes a la fecha de aprobación de las certificaciones de obra o de los documentos que acrediten la conformidad con lo dispuesto en el contrato de los bienes entregados o servicios prestados.

d) Los treinta y cinco días siguientes a la fecha de aprobación de las certificaciones de obra o de los documentos que acrediten la conformidad con lo dispuesto en el contrato de los bienes entregados o servicios prestados.

56. El contratista podrá proceder, en su caso, a la suspensión del cumplimiento del contrato (art. 198.5 LCSP):

a) En ningún caso.

b) Si la demora en el pago fuese superior a cuatro meses.

c) Si la demora en el pago fuese superior a seis meses.

d) Si la demora en el pago fuese superior a dos meses.

57. Son causas de resolución del contrato, entre otras:

a) El incumplimiento de la obligación principal del contrato.

b) Las que se señalen específicamente para cada categoría de contrato en esta ley.

c) El mutuo acuerdo entre la Administración y el contratista.

d) Todas son correctas.

58. La ejecución del contrato se realizará:

a) A riesgo y ventura del contratista, sin perjuicio de lo establecido para el contrato de obras en el artículo 239.

b) A riesgo y ventura de la Administración.

c) A riesgo y ventura de la Administración, sin perjuicio de lo establecido para el contrato de obras en el artículo 239.

d) Ninguna es correcta.

59. Indica la respuesta correcta respecto a los acuerdos marco regulados en el artículo 219 de la LCSP:

a) Uno o varios órganos de contratación del sector público podrán celebrar acuerdos marco con una única empresa con el fin de fijar las condiciones a que habrán de ajustarse los contratos que pretendan adjudicar durante un período determinado, en particular por lo que respecta a los precios, y en su caso, a las cantidades previstas, siempre que el recurso a estos instrumentos no se efectúe de forma abusiva o de modo que la competencia se vea obstaculizada, restringida o falseada.

b) Uno o varios órganos de contratación del sector público podrán celebrar acuerdos marco con una o varias empresas con el fin de fijar las condiciones a que habrán de ajustarse los contratos que pretendan adjudicar durante un período determinado, en particular por lo que respecta a los precios, y en su caso, a las cantidades previstas, siempre que el recurso a estos instrumentos no se efectúe de forma abusiva o de modo que la competencia se vea obstaculizada, restringida o falseada.

c) Uno o varios órganos de contratación del sector público podrán celebrar acuerdos marco con una o varias empresas con el fin de fijar las condiciones a que habrán de ajustarse los contratos que pretendan adjudicar durante un período de 4 años, en particular por lo que respecta a los precios, y en su caso, a las cantidades previstas, siempre que el recurso a estos instrumentos no se efectúe de forma abusiva o de modo que la competencia se vea obstaculizada, restringida o falseada.

d) Uno o varios órganos de contratación del sector público podrán celebrar acuerdos marco con una o varias empresas con el fin de fijar las condiciones a que habrán de ajustarse los contratos que pretendan adjudicar durante un periodo determinado, en particular por lo que respecta a la garantía y calidad, y en su caso, a las cantidades previstas, siempre que el recurso a estos instrumentos no se efectúe de forma abusiva o de modo que la competencia se vea obstaculizada, restringida o falseada.

60. Las entidades del sector público podrán centralizar la contratación atribuyéndola a servicios especializados, de los siguientes tipos de contratos (marcar la incorrecta):

a) Obras.
b) Suministros.
c) Concesión de obras públicas.
d) Todas son correctas.

Soluciones comentadas

1. **a) De los contratos de las Administraciones Públicas.**

   Estructura de la Ley.

2. **d) Todas son correctas.**

   Artículo 116 LCSP: 1. La celebración de contratos por parte de las Administraciones Públicas requerirá la previa tramitación del correspondiente expediente, que se iniciará por el órgano de contratación motivando la necesidad del contrato en los términos previstos en el artículo 28 de esta Ley y que deberá ser publicado en el perfil de contratante. En aquellos contratos cuya ejecución requiera de la cesión de datos por parte de entidades del sector público al contratista, el órgano de contratación en todo caso deberá especificar en el expediente de contratación cuál será la finalidad del tratamiento de los datos que vayan a ser cedidos. 2. El expediente deberá referirse a la totalidad del objeto del contrato, sin perjuicio de lo previsto en el apartado 7 del artículo 99 para los contratos adjudicados por lotes.

3. **d) Todas son correctas.**

   Artículo 116 LCSP: 3. Al expediente se incorporarán el pliego de cláusulas administrativas particulares y el de prescripciones técnicas que hayan de regir el contrato. En el caso de que el procedimiento elegido para adjudicar el contrato sea el de diálogo competitivo regulado en la subsección 5.ª, de la Sección 2.ª, del Capítulo I, del Título I, del Libro II, los pliegos de cláusulas administrativas y de prescripciones técnicas serán sustituidos por el documento descriptivo a que hace referencia el apartado 1 del artículo 174. En el caso de procedimientos para adjudicar los contratos basados en acuerdos marco invitando a una nueva licitación a las empresas parte del mismo, regulados en el artículo 221.4, los pliegos de cláusulas administrativas y de prescripciones técnicas serán sustituidos por el documento de licitación a que hace referencia el artículo 221.5 último párrafo. Asimismo, deberá incorporarse el certificado de existencia de crédito o, en el caso de entidades del sector público estatal con presupuesto estimativo, documento equivalente que acredite la existencia de financiación, y la fiscalización previa de la intervención, en su caso, en los términos previstos en la Ley 47/2003, de 26 de noviembre, General Presupuestaria.

4. **a) La elección del procedimiento de licitación.**

   Artículo 116 LCSP: a) La elección del procedimiento de licitación. El resto de respuestas contienen errores.

5. **b) Se dictará resolución motivada por el órgano de contratación aprobando el mismo y disponiendo la apertura del procedimiento de adjudicación.**

Artículo 117 LCSP: 1. Completado el expediente de contratación, se dictará resolución motivada por el órgano de contratación aprobando el mismo y disponiendo la apertura del procedimiento de adjudicación. Dicha resolución implicará también la aprobación del gasto, salvo en el supuesto excepcional de que el presupuesto no hubiera podido ser establecido previamente, o que las normas de desconcentración o el acto de delegación hubiesen establecido lo contrario, en cuyo caso deberá recabarse la aprobación del órgano competente. Esta resolución deberá ser objeto de publicación en el perfil de contratante.

6. **a) Los contratos cuya celebración responda a una necesidad inaplazable o cuya adjudicación sea preciso acelerar por razones de interés público.**

Artículo 119 LCSP: 1. Podrán ser objeto de tramitación urgente los expedientes correspondientes a los contratos cuya celebración responda a una necesidad inaplazable o cuya adjudicación sea preciso acelerar por razones de interés público. A tales efectos el expediente deberá contener la declaración de urgencia hecha por el órgano de contratación, debidamente motivada.

7. **b) El expediente deberá contener la declaración de urgencia hecha por el órgano de contratación, debidamente motivada.**

1. Podrán ser objeto de tramitación urgente los expedientes correspondientes a los contratos cuya celebración responda a una necesidad inaplazable o cuya adjudicación sea preciso acelerar por razones de interés público. A tales efectos el expediente deberá contener la declaración de urgencia hecha por el órgano de contratación, debidamente motivada.

8. **d) Los contratos de valor estimado inferior a 40.000 euros, cuando se trate de contratos de obras, o a 15.000 euros, cuando se trate de contratos de suministro o de servicios.**

Artículo 118 LCSP: 1. Se consideran contratos menores los contratos de valor estimado inferior a 40.000 euros, cuando se trate de contratos de obras, o a 15.000 euros, cuando se trate de contratos de suministro o de servicios, sin perjuicio de lo dispuesto en el artículo 229 en relación con las obras, servicios y suministros centralizados en el ámbito estatal.

9. **d) Todas son correctas.**

Artículos 116, 119 y 120 de la LCSP.

10. **c) La mitad.**

Artículo 119 LCSP: b) Acordada la apertura del procedimiento de adjudicación, los plazos establecidos en esta ley para la licitación, adjudicación y formalización del contrato se reducirán a la mitad, salvo los siguientes (…).

11. d) Un mes.

Artículo 120 LCSP: c) El plazo de inicio de la ejecución de las prestaciones no podrá ser superior a un mes, contado desde la adopción del acuerdo previsto en la letra a). Si se excediese este plazo, la contratación de dichas prestaciones requerirá la tramitación de un procedimiento ordinario.

12. d) Las respuestas a) y b) son correctas.

Artículos 121 y 123 de la LCSP.

13. a) Previo dictamen del Consejo de Estado u órgano consultivo equivalente de la Comunidad Autónoma respectiva, si lo hubiera.

Artículo 121 LCSP: 2. Las comunidades autónomas y las entidades que integran la Administración local podrán aprobar pliegos de cláusulas administrativas generales, de acuerdo con sus normas específicas, previo dictamen del Consejo de Estado u órgano consultivo equivalente de la comunidad autónoma respectiva, si lo hubiera.

14. b) Previamente a la autorización del gasto o conjuntamente con ella.

Artículo 122 LCSP: 1. Los pliegos de cláusulas administrativas particulares deberán aprobarse previamente a la autorización del gasto o conjuntamente con ella, y siempre antes de la licitación del contrato, o de no existir esta, antes de su adjudicación, y solo podrán ser modificados con posterioridad por error material, de hecho, o aritmético. En otro caso, la modificación del pliego conllevará la retroacción de actuaciones.

15. b) Al órgano de Contratación.

Artículo 122 LCSP: 5. La aprobación de los pliegos de cláusulas administrativas particulares corresponderá al órgano de contratación, que podrá, asimismo, aprobar modelos de pliegos particulares para determinadas categorías de contratos de naturaleza análoga.

16. d) Todas son correctas.

Artículo 122 LCSP: 2. En los pliegos de cláusulas administrativas particulares se incluirán los criterios de solvencia y adjudicación del contrato; las consideraciones sociales, laborales y ambientales que como criterios de solvencia, de adjudicación o como condiciones especiales de ejecución se establezcan; los pactos y condiciones definidores de los derechos y obligaciones de las partes del contrato; la previsión de cesión del contrato salvo en los casos en que la misma no sea posible de acuerdo con lo establecido en el segundo párrafo del artículo 214.1; la obligación del adjudicatario de cumplir las condiciones salariales de los trabajadores conforme al Convenio Colectivo sectorial de aplicación; y las demás menciones requeridas por esta Ley y sus normas de desarrollo. En el caso de contratos mixtos, se detallará el régimen jurídico aplicable a sus efectos, cumplimiento y extinción, atendiendo a las normas aplicables a las diferentes prestaciones fusionadas en ellos.

17. c) Podrán especificar si va a exigirse la transferencia de derechos de propiedad intelectual o industrial.

Artículo 122 LCSP: Los pliegos podrán también especificar si va a exigirse la transferencia de derechos de propiedad intelectual o industrial, sin perjuicio de lo establecido en el artículo 308 respecto de los contratos de servicios. El resto de respuestas contiene incorrecciones.

18. a) Utilizando una pluralidad de criterios de adjudicación basados en el principio de mejor relación calidad precio.

Artículo 131 LCSP: 2. La adjudicación se realizará, ordinariamente, utilizando una pluralidad de criterios de adjudicación basados en el principio de mejor relación calidad-precio, y utilizando el procedimiento abierto o el procedimiento restringido, salvo los contratos de concesión de servicios especiales del Anexo IV, que se adjudicarán mediante este último procedimiento.

19. d) Ninguna es correcta.

Artículo 131 LCSP: 3. Los contratos menores podrán adjudicarse directamente a cualquier empresario con capacidad de obrar y que cuente con la habilitación profesional necesaria para realizar la prestación, cumpliendo con las normas establecidas en el artículo 118.

20. d) Las respuestas a) y b) son correctas.

Artículo 145 LCSP: 2. La mejor relación calidad-precio se evaluará con arreglo a criterios económicos y cualitativos.

21. b) Al menos el 51 % de la puntuación asignable al valor de las ofertas.

Artículo 145 LCSP: En los contratos de servicios del Anexo IV, así como en los contratos que tengan por objeto prestaciones de carácter intelectual, los criterios relacionados con la calidad deberán representar, al menos, el 51 % de la puntuación asignable en la valoración de las ofertas, sin perjuicio de lo dispuesto en el apartado 2.a) del artículo 146.

22. a) Los costes.

Artículo 146 LCSP: 1. Sin perjuicio de lo dispuesto en los apartados primero y tercero del artículo anterior, cuando solo se utilice un criterio de adjudicación, este deberá estar relacionado con los costes, pudiendo ser el precio o un criterio basado en la rentabilidad, como el coste del ciclo de vida calculado de acuerdo con lo indicado en el artículo 148.

23. d) Un comité formado por expertos con cualificación apropiada.

Artículo 146 LCSP: En los procedimientos de adjudicación, abierto o restringido, celebrados por los órganos de las Administraciones Públicas, la valoración de los criterios cuya cuantificación dependa de un juicio de valor corresponderá, en los casos en que proceda por tener atribuida una ponderación mayor que la correspondiente a los criterios evaluables de forma automática, a un comité formado por expertos con cualificación apropiada, que cuente con un mínimo de tres miembros, que podrán pertenecer a los servicios dependientes del órgano de contratación, pero en ningún caso podrán estar adscritos al órgano proponente del contrato, al que corresponderá realizar la evaluación de las ofertas; o encomendar está a un organismo técnico especializado, debidamente identificado en los pliegos.

24. b) Solo podrá excluirla del procedimiento de licitación previa tramitación del procedimiento previsto en la LCSP.

Artículo 149 LCSP: 1. En los casos en que el órgano de contratación presuma que una oferta resulta inviable por haber sido formulada en términos que la hacen anormalmente baja, solo podrá excluirla del procedimiento de licitación previa tramitación del procedimiento que establece este artículo.

25. c) La mesa de contratación o, en su defecto, el órgano de contratación clasificará, por orden decreciente, las proposiciones presentadas para posteriormente elevar la correspondiente propuesta al órgano de contratación, en el caso de que la clasificación se realice por la mesa de contratación.

Artículo 150 LCSP: 1. La mesa de contratación o, en su defecto, el órgano de contratación clasificará, por orden decreciente, las proposiciones presentadas para posteriormente elevar la correspondiente propuesta al órgano de contratación, en el caso de que la clasificación se realice por la mesa de contratación.

26. a) Deberá ser motivada y se notificará a los candidatos y licitadores, debiendo ser publicada en el perfil de contratante en el plazo de 15 días.

Artículo 151 LCSP: 1. La resolución de adjudicación deberá ser motivada y se notificará a los candidatos y licitadores, debiendo ser publicada en el perfil de contratante en el plazo de 15 días.

27. a) 15 días hábiles desde que se remite la notificación de la adjudicación a los licitadores y candidatos.

Artículo 153 LCSP: 3. Si el contrato es susceptible de recurso especial en materia de contratación conforme al artículo 44, la formalización no podrá efectuarse antes de que transcurran quince días hábiles desde que se remita la notificación de la adjudicación a los licitadores y candidatos. Las comunidades autónomas podrán incrementar este plazo, sin que exceda de un mes.

28. d) A quince días tras el perfeccionamiento del contrato en el perfil de contratante del órgano de contratación.

Cuando el contrato esté sujeto a regulación armonizada, el anuncio de formalización deberá publicarse, además, en el «Diario Oficial de la Unión Europea».

Artículo 124 LCSP: 1. La formalización de los contratos deberá publicarse, junto con el correspondiente contrato, en un plazo no superior a quince días tras el perfeccionamiento del contrato en el perfil de contratante del órgano de contratación. Cuando el contrato esté sujeto a regulación armonizada, el anuncio de formalización deberá publicarse, además, en el «Diario Oficial de la Unión Europea».

29. d) Todas son correctas.

Todas las respuestas aparecen en el artículo 154 de la LCSP.

30. d) Las respuestas a) y b) son correctas.

Artículo 156 LCSP: 1. En el procedimiento abierto todo empresario interesado podrá presentar una proposición, quedando excluida toda negociación de los términos del contrato con los licitadores. 2. En procedimientos abiertos de adjudicación de contratos sujetos a regulación armonizada, el plazo de presentación de proposiciones no será inferior a treinta y cinco días, para los contratos de obras, suministros y servicios, y a treinta días para las concesiones de obras y servicios, contados desde la fecha de envío del anuncio de licitación a la Oficina de Publicaciones de la Unión Europea.

31. c) 15 días.

Artículo 156 LCSP: a) Si el órgano de contratación hubiese enviado un anuncio de información previa, el plazo general de presentación de proposiciones podrá reducirse a quince días. Esta reducción del plazo solo será admisible cuando el anuncio voluntario de información previa se hubiese enviado para su publicación con una antelación máxima de doce meses y mínima de treinta y cinco días antes de la fecha de envío del anuncio de licitación, siempre que en él se hubiese incluido, de estar disponible, toda la información exigida para este.

32. b) 5 días.

Artículo 156 LCSP: c) Si el órgano de contratación aceptara la presentación de ofertas por medios electrónicos, podrá reducirse el plazo general de presentación de proposiciones en cinco días.

33. c) 15 días.

Artículo 156 LCSP: 6. En los contratos de las Administraciones Públicas que no estén sujetos a regulación armonizada, el plazo de presentación de proposiciones no será inferior a quince días, contados desde el día siguiente al de la publicación del anuncio de licitación del contrato en el perfil de contratante. En los contratos de obras y de concesión de obras y concesión de servicios, el plazo será, como mínimo, de veintiséis días.

34. b) 26 días.

Artículo 156 LCSP: 6. En los contratos de las Administraciones Públicas que no estén sujetos a regulación armonizada, el plazo de presentación de proposiciones no será inferior a quince días, contados desde el día siguiente al de la publicación del anuncio de licitación del contrato en el perfil de contratante. En los contratos de obras y de concesión de obras y concesión de servicios, el plazo será, como mínimo, de veintiséis días.

35. a) Cuando el único criterio para seleccionar al adjudicatario del contrato sea el del precio.

Artículo 158 LCSP: 1. Cuando el único criterio para seleccionar al adjudicatario del contrato sea el del precio, la adjudicación deberá recaer en el plazo máximo de quince días a contar desde el siguiente al de apertura de las proposiciones.

36. b) Los licitadores tendrán derecho a retirar su proposición, y a la devolución de la garantía provisional, de existir esta.

Artículo 158 LCSP: 4. De no producirse la adjudicación dentro de los plazos señalados, los licitadores tendrán derecho a retirar su proposición, y a la devolución de la garantía provisional, de existir esta.

37. d) Ninguna es correcta.

Artículo 159 LCSP: 1. Los órganos de contratación podrán acordar la utilización de un procedimiento abierto simplificado en los contratos de obras, suministro y servicios cuando se cumplan las dos condiciones siguientes: a) Que su valor estimado sea igual o inferior a 2.000.000 de euros en el caso de contratos de obras, y en el caso de contratos de suministro y de servicios, que su valor estimado sea inferior a las cantidades establecidas en los artículos 21.1, letra a), y 22.1, letra a), de esta Ley, respectivamente, o a sus correspondientes actualizaciones. b) Que entre los criterios de adjudicación previstos en el pliego no haya ninguno evaluable mediante juicio de valor o, de haberlos, su ponderación no supere el veinticinco por ciento del total, salvo en el caso de que el contrato tenga por objeto prestaciones de carácter intelectual, como los servicios de ingeniería y arquitectura, en que su ponderación no podrá superar el cuarenta y cinco por ciento del total.

38. d) No será inferior a treinta y cinco días, para los contratos de obras, suministros y servicios, y a treinta días para las concesiones de obras y servicios, contados desde la fecha de envío del anuncio de licitación a la Oficina de Publicaciones de la Unión Europea.

Artículo 156 LCSP: 2. En procedimientos abiertos de adjudicación de contratos sujetos a regulación armonizada, el plazo de presentación de proposiciones no será inferior a treinta y cinco días, para los contratos de obras, suministros y servicios, y a treinta días para las concesiones de obras y servicios, contados desde la fecha de envío del anuncio de licitación a la Oficina de Publicaciones de la Unión Europea.

39. d) A quince días a contar desde el siguiente a la publicación en el perfil de contratante del anuncio de licitación.

En los contratos de obras el plazo será como mínimo de veinte días.

Artículo 159: 3. El plazo para la presentación de proposiciones no podrá ser inferior a quince días a contar desde el siguiente a la publicación en el perfil de contratante del anuncio de licitación. En los contratos de obras el plazo será como mínimo de veinte días.

40. d) 80.000 €.

Artículo 159: 6. En contratos de obras de valor estimado inferior a 80.000 euros, y en contratos de suministros y de servicios de valor estimado inferior a 60.000 euros, excepto los que tengan por objeto prestaciones de carácter intelectual a los que no será de aplicación este apartado, el procedimiento abierto simplificado podrá seguir la siguiente tramitación.

41. c) 60.000 €.

Artículo 159: 6. En contratos de obras de valor estimado inferior a 80.000 euros, y en contratos de suministros y de servicios de valor estimado inferior a 60.000 euros, excepto los que tengan por objeto prestaciones de carácter intelectual a los que no será de aplicación este apartado, el procedimiento abierto simplificado podrá seguir la siguiente tramitación.

42. a) Deberá ser el suficiente para el adecuado examen de los pliegos y de las circunstancias y condiciones relevantes para la ejecución del contrato, todo ello en atención al alcance y complejidad del contrato.

En cualquier caso, no podrá ser inferior a treinta días, contados a partir de la fecha del envío del anuncio de licitación a la Oficina de Publicaciones de la Unión Europea.

Artículo 161 LCSP: 1. En los procedimientos de adjudicación de contratos sujetos a regulación armonizada, el plazo de presentación de las solicitudes de participación deberá ser el suficiente para el adecuado examen de los pliegos y de las circunstancias y condiciones relevantes para la ejecución del contrato, todo ello en atención al alcance y complejidad del contrato. En cualquier caso, no podrá ser inferior a treinta días, contados a partir de la fecha del envío del anuncio de licitación a la Oficina de Publicaciones de la Unión Europea.

43. c) En el procedimiento negociado.

Artículo 166 LCSP: 1. En los procedimientos con negociación la adjudicación recaerá en el licitador justificadamente elegido por el órgano de contratación, tras negociar las condiciones del contrato con uno o varios candidatos.

44. a) La mesa especial de diálogo competitivo dirige un diálogo con los candidatos seleccionados, previa solicitud de los mismos, a fin de desarrollar una o varias solicitudes susceptibles de satisfacer sus necesidades y que servirán de base para que los candidatos elegidos presenten una oferta.

Artículo 172 LCSP: 1. En el diálogo competitivo, la mesa especial de diálogo competitivo dirige un diálogo con los candidatos seleccionados, previa solicitud de los mismos, a fin de desarrollar una o varias soluciones susceptibles de satisfacer sus necesidades y que servirán de base para que los candidatos elegidos presenten una oferta.

45. b) Es un procedimiento que tiene como finalidad el desarrollo de productos, servicios u obras innovadores y la compra ulterior de los suministros, servicios u obras resultantes, siempre que correspondan a los niveles de rendimiento y a los costes máximos acordados entre los órganos de contratación y los participantes.

Artículo 177 LCSP: 1. La asociación para la innovación es un procedimiento que tiene como finalidad el desarrollo de productos, servicios u obras innovadores y la compra ulterior de los suministros, servicios u obras resultantes, siempre que correspondan a los niveles de rendimiento y a los costes máximos acordados entre los órganos de contratación y los participantes.

46. a) Los procedimientos encaminados a la obtención de planos o proyectos, principalmente en los campos de la arquitectura, el urbanismo, la ingeniería y el procesamiento de datos, a través de una selección que, tras la correspondiente licitación, se encomienda a un jurado.

Artículo 183 LCSP: 1. Son concursos de proyectos los procedimientos encaminados a la obtención de planos o proyectos, principalmente en los campos de la arquitectura, el urbanismo, la ingeniería y el procesamiento de datos, a través de una selección que, tras la correspondiente licitación, se encomienda a un jurado.

47. b) 0,60 euros por cada 1.000 euros de precio del contrato, IVA excluido.

Artículo 193 LCSP: 3. Cuando el contratista, por causas imputables al mismo, hubiere incurrido en demora respecto al cumplimiento del plazo total, la Administración podrá optar, atendidas las circunstancias del caso, por la resolución del contrato o por la imposición de las penalidades diarias en la proporción de 0,60 euros por cada 1.000 euros del precio del contrato, IVA excluido.

48. b) La Administración debe efectuar el pago del precio en el plazo de 40 días, contados desde la aprobación del documento o certificación que acrediten la realización total o parcial del contrato.

Artículo 198 LCSP: 4. La Administración tendrá la obligación de abonar el precio dentro de los treinta días siguientes a la fecha de aprobación de las certificaciones de obra o de los documentos que acrediten la conformidad con lo dispuesto en el contrato de los bienes entregados o servicios prestados, sin perjuicio de lo establecido en el apartado 4 del artículo 210, y si se demorase, deberá abonar al contratista, a partir del cumplimiento de dicho plazo de treinta días los intereses de demora y la indemnización por los costes de cobro en los términos previstos en la Ley 3/2004, de 29 de diciembre, por la que se establecen medidas de lucha contra la morosidad en las operaciones comerciales.

49. b) Es una de las prerrogativas que el artículo 190 LCSP reconoce a las Administraciones Públicas.

Artículo 190 y Artículo 203 LCSP: 1. Sin perjuicio de los supuestos previstos en esta ley respecto a la sucesión en la persona del contratista, cesión del contrato, revisión de precios y ampliación del plazo de ejecución, los contratos administrativos solo podrán ser modificados por razones de interés público en los casos y en la forma previstos en esta Subsección, y de acuerdo con el procedimiento regulado en el artículo 191, con las particularidades previstas en el artículo 207.

50. b) Las modificaciones de los contratos previstas en el pliego de cláusulas administrativas particulares.

51. c) Por su cumplimiento o por su resolución.

Artículo 209 LCSP: Los contratos se extinguirán por su cumplimiento o por resolución, acordada de acuerdo con lo regulado en esta Subsección 5.ª.

52. a) La muerte o incapacidad sobrevenida del contratista individual o la extinción de la personalidad jurídica de la sociedad contratista.

Artículo 211 LCSP: a) La muerte o incapacidad sobrevenida del contratista individual o la extinción de la personalidad jurídica de la sociedad contratista, sin perjuicio de lo previsto en el artículo 98 relativo a la sucesión del contratista. El resto contienen incorrecciones.

53. d) Todas son correctas.

Todas las afirmaciones aparecen reguladas en los artículos 209 y 213 de la LCSP.

54. d) Todas son correctas.

Artículo 213 LCSP: 1. Cuando la resolución se produzca por mutuo acuerdo, los derechos de las partes se acomodarán a lo válidamente estipulado por ellas. 2. El incumplimiento por parte de la Administración de las obligaciones del contrato determinará para aquella, con carácter general, el pago de los daños y perjuicios que por tal causa se irroguen al contratista. 3. Cuando el contrato se resuelva por incumplimiento culpable del contratista le será incautada la garantía y deberá, además, indemnizar a la Administración los daños y perjuicios ocasionados en lo que excedan del importe de la garantía incautada. 4. Cuando la resolución se acuerde por las causas recogidas en la letra g) del artículo 211, el contratista tendrá derecho a una indemnización del 3 por ciento del importe de la prestación dejada de realizar, salvo que la causa sea imputable al contratista o este rechace la modificación contractual propuesta por la Administración al amparo del artículo 205. 5. En todo caso el acuerdo de resolución contendrá pronunciamiento expreso acerca de la procedencia o no de la pérdida, devolución o cancelación de la garantía que, en su caso, hubiese sido constituida.

55. a) Los treinta días siguientes a la fecha de aprobación de las certificaciones de obra o de los documentos que acrediten la conformidad con lo dispuesto en el contrato de los bienes entregados o servicios prestados.

Artículo 198 LCSP: 4. La Administración tendrá la obligación de abonar el precio dentro de los treinta días siguientes a la fecha de aprobación de las certificaciones de obra o de los documentos que acrediten la conformidad con lo dispuesto en el contrato de los bienes entregados o servicios prestados, sin perjuicio de lo establecido en el apartado 4 del artículo 210, y si se demorase, deberá abonar al contratista, a partir del cumplimiento de dicho plazo de treinta días los intereses de demora y la indemnización por los costes de cobro en los términos previstos en la Ley 3/2004, de 29 de diciembre, por la que se establecen medidas de lucha contra la morosidad en las operaciones comerciales.

56. b) Si la demora en el pago fuese superior a cuatro meses.

Artículo 198 LCSP: 5. Si la demora en el pago fuese superior a cuatro meses, el contratista podrá proceder, en su caso, a la suspensión del cumplimiento del contrato, debiendo comunicar a la Administración, con un mes de antelación, tal circunstancia, a efectos del reconocimiento de los derechos que puedan derivarse de dicha suspensión, en los términos establecidos en esta ley.

57. d) Todas son correctas.

Todas ellas aparecen en el listado del artículo 211.

58. a) A riesgo y ventura del contratista, sin perjuicio de lo establecido para el contrato de obras en el artículo 239.

Artículo 197 LCSP: La ejecución del contrato se realizará a riesgo y ventura del contratista, sin perjuicio de lo establecido para el contrato de obras en el artículo 239.

59. b) Uno o varios órganos de contratación del sector público podrán celebrar acuerdos marco con una o varias empresas con el fin de fijar las condiciones a que habrán de ajustarse los contratos que pretendan adjudicar durante un período determinado, en particular por lo que respecta a los precios, y en su caso, a las cantidades previstas, siempre que el recurso a estos instrumentos no se efectúe de forma abusiva o de modo que la competencia se vea obstaculizada, restringida o falseada.

Artículo 219 LCSP: 1. Uno o varios órganos de contratación del sector público podrán celebrar acuerdos marco con una o varias empresas con el fin de fijar las condiciones a que habrán de ajustarse los contratos que pretendan adjudicar durante un período determinado, en particular por lo que respecta a los precios, y en su caso, a las cantidades previstas, siempre que el recurso a estos instrumentos no se efectúe de forma abusiva o de modo que la competencia se vea obstaculizada, restringida o falseada.

60. c) Concesión de obras públicas.

Artículo 227 LCSP: 1. Las entidades del sector público podrán centralizar la contratación de obras, servicios y suministros, atribuyéndola a servicios especializados.

TEST N.º 5

De los distintos tipos de contratos del sector público

1. De conformidad con el artículo 231 de la LCSP, la adjudicación de un contrato de obras requerirá:

a) La elaboración en cualquier momento, durante la tramitación, de un proyecto que definirá con precisión el objeto del contrato.

b) La previa elaboración, supervisión, aprobación y replanteo del correspondiente proyecto que definirá con precisión el objeto del contrato.

c) La elaboración, supervisión, aprobación y replanteo una vez formalizado el contrato del correspondiente proyecto que definirá con precisión el objeto del contrato.

d) En el momento que lo acuerde el órgano de contratación, la elaboración, supervisión, aprobación y replanteo del correspondiente proyecto que definirá con precisión el objeto del contrato.

2. ¿A qué órgano corresponderá la aprobación del proyecto de obras dentro de la tramitación de los contratos de obras regulado en la LCSP?

a) Al Consejero competente.

b) Al órgano de contratación.

c) Al Servicio competente en materia urbanística.

d) Al licitador que resulte adjudicatario del contrato.

3. De conformidad con el artículo 232 de la LCSP, a los efectos de elaboración de los proyectos se clasificarán las obras, según su objeto y naturaleza, en los grupos siguientes:

a) Obras de primer establecimiento, reforma, restauración, rehabilitación o gran reparación.

b) Obras de reparación compleja.

c) Obras de reestructuración.

d) Todas son correctas.

4. De conformidad con el artículo 233 de la LCSP, los proyectos de obras deberán comprender, al menos:

a) Una memoria en la que se describa el objeto de las obras, que recogerá los antecedentes y situación previa a las mismas, las necesidades a satisfacer y la justificación de la solución adoptada, detallándose los factores de todo orden a tener en cuenta.

b) El pliego de cláusulas administrativas generales, donde se hará la descripción de las obras y se regulará su ejecución, con expresión de la forma en que esta se llevará a cabo, las obligaciones de orden técnico que correspondan al contratista, y la manera en que se llevará a cabo la medición de las unidades ejecutadas y el control de calidad de los materiales empleados y del proceso de ejecución.

c) El estudio de seguridad y salud o, en su caso, el estudio básico de seguridad y salud, en los términos previstos en las normas de seguridad y salud en las obras.

d) Un programa de desarrollo de los trabajos o plan de obra de carácter indicativo, con previsión, en su caso, del tiempo y coste.

5. ¿En que supuestos se podrá simplificar, refundir o incluso suprimir alguno de los elementos que deberán incluirse en los proyectos de obras indicados en el artículo 233 de la LCSP?

a) En los proyectos de obras de primer establecimiento, reforma o gran reparación inferiores a 500.000 euros de presupuesto base de licitación.

b) En los proyectos de obras de primer establecimiento, reforma o gran reparación inferiores a 600.000 euros de presupuesto base de licitación.

c) En los proyectos de obras de primer establecimiento, reforma o gran reparación inferiores a 800.000 euros de presupuesto base de licitación.

d) En los proyectos de obras de primer establecimiento, reforma o gran reparación inferiores a 1.000.000 euros de presupuesto base de licitación.

6. De conformidad con el artículo 234 de la LCSP, la contratación conjunta de la elaboración del proyecto y la ejecución de las obras correspondientes tendrá carácter excepcional y solo podrá efectuarse en los siguientes supuestos cuya concurrencia deberá justificarse debidamente en el expediente:

a) Cuando motivos de orden técnico obliguen necesariamente a vincular al empresario a los estudios de las obras. Estos motivos deben estar ligados al destino o a las técnicas de ejecución de la obra.

b) Cuando se trate de obras cuya dimensión excepcional o dificultades técnicas singulares, requieran soluciones aportadas con medios y capacidad técnica propias de las empresas.

c) En todo caso, la licitación de este tipo de contrato requerirá la redacción previa por la Administración o entidad contratante del correspondiente anteproyecto o documento similar y solo, cuando por causas justificadas fuera conveniente al interés público, podrá limitarse a redactar las bases técnicas a que el proyecto deba ajustarse.

d) Todas son correctas.

7. De conformidad con el artículo 236 de la LCSP, ¿en qué momento deberá llevarse a cabo el replanteo del proyecto de obras?

a) Una vez aprobado el proyecto y el expediente de contratación de la obra.

b) Previamente a la aprobación del proyecto y del expediente de contratación de la obra.

c) Una vez aprobado el proyecto y previamente a la aprobación del expediente de contratación de la obra.

d) Una vez aprobado el expediente de contratación de la obra y previamente a la aprobación del proyecto.

8. La ejecución del contrato de obras comenzará con el acta de comprobación del replanteo. A tales efectos, dentro del plazo que se consigne en el contrato que no podrá ser superior a _____ desde la fecha de su formalización salvo casos excepcionales justificados, el servicio de la Administración encargada de las obras procederá, en presencia del contratista, a efectuar la comprobación del replanteo:

a) 10 días.

b) 15 días.

c) 20 días.

d) Un mes.

9. En los contratos de obras y a los efectos de pago por parte de la Administración:

a) La Administración expedirá trimestralmente, en los primeros diez días siguientes al mes al que correspondan, certificaciones que comprendan la obra ejecutada conforme a proyecto durante dicho periodo de tiempo.

b) La Administración expedirá mensualmente, en los primeros diez días siguientes al mes al que correspondan, certificaciones que comprendan la obra ejecutada conforme a proyecto durante dicho periodo de tiempo.

c) La Administración expedirá trimestralmente, en los primeros veinte días siguientes al mes al que correspondan, certificaciones que comprendan la obra ejecutada conforme a proyecto durante dicho periodo de tiempo.

d) La Administración expedirá semestralmente, en los primeros diez días siguientes al mes al que correspondan, certificaciones que comprendan la obra ejecutada conforme a proyecto durante dicho periodo de tiempo.

10. En el supuesto de supresión o reducción de unidades de obras en el caso de modificación de un contrato de obras:

a) El contratista tendrá derecho a una indemnización.

b) El contratista no tendrá derecho a reclamar indemnización alguna.

c) El contratista deberá sufragar los posibles gastos por la supresión de la unidad de obra.

d) La Administración podrá potestativamente indemnizar al contratista.

11. En los contratos de obras, cuando las modificaciones supongan la introducción de unidades de obra no previstas en el proyecto o cuyas características difieran de las fijadas en este, y no sea necesario realizar una nueva licitación, los precios aplicables a las mismas serán fijados por la Administración, previa audiencia del contratista por:

a) Plazo máximo de tres días.
b) Plazo mínimo de tres días.
c) Plazo mínimo de cinco días.
d) Plazo máximo de diez días.

12. En los contratos de obras, el órgano de contratación deberá aprobar la certificación final de las obras ejecutadas, dentro del plazo de:

a) Dos meses.
b) Un mes.
c) Tres meses.
d) Seis meses.

13. De conformidad con el artículo 243 de la LCSP, el plazo de garantía de los contratos de obras se establecerá en el pliego de cláusulas administrativas particulares atendiendo a la naturaleza y complejidad de la obra y no podrá ser inferior a:

a) Un año salvo casos especiales.
b) Dos años salvo casos especiales.
c) Tres años salvo casos especiales.
d) Cinco años salvo casos especiales.

14. Son causas de resolución del contrato de obras, además de las generales de la ley:

a) La demora justificada en la comprobación del replanteo.
b) La suspensión de la iniciación de las obras por plazo superior a dos meses.
c) La suspensión de las obras por plazo superior a diez meses por parte de la Administración.
d) El desistimiento.

15. De conformidad con el artículo 246 de la LCSP, si se demorase injustificadamente la comprobación del replanteo, dando lugar a la resolución del contrato, el contratista solo tendrá derecho por todos los conceptos a una indemnización equivalente al:

a) 1 % del precio de adjudicación, IVA excluido.
b) 2 % del precio de adjudicación, IVA excluido.
c) 5 % del precio de adjudicación, IVA excluido.
d) 10 % del precio de adjudicación, IVA excluido.

16. En el supuesto de desistimiento antes de la iniciación de las obras, o de suspensión de la iniciación de las mismas por parte de la Administración por plazo superior a cuatro meses, el contratista tendrá derecho a percibir por todos los conceptos una indemnización del:

a) 1 % del precio de adjudicación, IVA excluido.
b) 2 % del precio de adjudicación, IVA excluido.
c) 3 % del precio de adjudicación, IVA excluido.
d) 10 % del precio de adjudicación, IVA excluido.

17. En la tramitación de un contrato de concesión de obras la Administración concedente someterá el estudio de viabilidad a información pública por un plazo de:

a) Un mes prorrogable por idéntico plazo.
b) Dos meses prorrogables por idéntico plazo.
c) Un mes, sin posibilidad de prórroga.
d) Tres meses, sin posibilidad de prórroga.

18. Dentro de los contratos de concesión de obras públicas, si se presenta un estudio de viabilidad por iniciativa privada, el estudio será elevado al órgano competente para que decida sobre tramitar o no tramitar el mismo en el plazo de:

a) Dos meses.
b) Tres meses.
c) Quince días.
d) Un mes.

19. En los contratos de concesión de obras, cuando por la naturaleza y finalidad de las obras o por la cuantía de la inversión requerida se considere que es suficiente, la Administración concedente podrá acordar motivadamente la sustitución del estudio de viabilidad:

a) Por un Proyecto arquitectónico.
b) Por un estudio de viabilidad económico-financiera.
c) Por un Proyecto de urbanización.
d) Por un proyecto de reparcelación.

20. En los contratos de concesión de obras, ¿es obligatoria la redacción de un anteproyecto de construcción y explotación de las obras?

a) Sí, siempre.
b) No, es suficiente con un proyecto de obras.
c) Será necesario en función de la complejidad de las obras y del grado de definición de sus características.
d) No, es suficiente con el estudio de viabilidad.

21. Son derechos del concesionario en el contrato de concesión de obras públicas:

a) El derecho a explotar las obras y percibir la tarifa por uso prevista en el contrato durante el tiempo de la concesión como contraprestación económica.

b) El derecho a utilizar los bienes de dominio público de la Administración concedente necesarios para la construcción, modificación, conservación y explotación de las obras. Dicho derecho incluirá el de utilizar para cualquier fin las aguas que afloren o los materiales que aparezcan durante su ejecución, previa autorización de la Administración competente, en cada caso, para la gestión del dominio público correspondiente.

c) El derecho a que la Administración asuma el riesgo y ventura de la explotación.

d) Todos los anteriores.

22. Son obligaciones del concesionario en un contrato de concesión de obras:

a) Ejecutar las obras con arreglo a lo dispuesto en el contrato.

b) Cuidar del buen orden y de la calidad de las obras, y de su uso, pudiendo dictar las oportunas instrucciones, sin perjuicio de los poderes de policía que correspondan al órgano de contratación.

c) Proteger el dominio público que quede vinculado a la concesión, en especial, preservando los valores ecológicos y ambientales del mismo.

d) Todas las anteriores.

23. El secuestro o intervención de una concesión de obras tendrá carácter temporal y su duración será la que determine el órgano de contratación, sin que pueda exceder incluidas las posibles prórrogas de:

a) Seis meses.

b) Dos años.

c) Tres años.

d) Cinco años.

24. El límite máximo de penalidades a imponer por parte del órgano de contratación en los contratos de concesión de obras no podrá exceder:

a) Del 10 % del presupuesto total de la obra durante su fase de construcción.

b) Del 20 % del presupuesto total de la obra durante su fase de construcción.

c) Del 25 % del presupuesto total de la obra durante su fase de construcción.

d) Del 30 % del presupuesto total de la obra durante su fase de construcción.

25. De conformidad con el artículo 267 de la LCSP, ¿a quién le corresponde fijar las tarifas por la utilización de las obras en un contrato de concesión de obras?

a) Al contratista.

b) Al Estado mediante Real Decreto.

c) Al órgano de contratación sin que puedan ser modificadas en ningún caso por el contratista.

d) Al órgano de contratación, pudiendo el contratista fijar tarifas inferiores cuando lo estime oportuno.

26. ¿En qué supuesto no procederá el restablecimiento del equilibrio económico de un contrato de concesión de obras?

a) Cuando la Administración realice una modificación de las señaladas en el artículo 262.

b) Cuando actuaciones de la Administración pública concedente, por su carácter obligatorio para el concesionario determinaran de forma directa la ruptura sustancial de la economía del contrato.

c) Cuando causas de fuerza mayor determinaran de forma directa la ruptura sustancial de la economía del contrato.

d) Cuando se produzca un incumplimiento de las previsiones de la demanda recogidas en el estudio de la Administración o en el estudio que haya podido realizar el concesionario.

27. Son causas de resolución de un contrato de concesión de obras de conformidad con el artículo 279 de la LCSP:

a) La demora superior a ocho meses por parte del órgano de contratación en la entrega al concesionario de la contraprestación, de los terrenos o de los medios auxiliares a que se obligó según el contrato.

b) El rescate de la explotación de las obras por el órgano de contratación.

c) El secuestro o intervención de la concesión por un plazo superior a dos años

d) Todas son correctas.

28. ¿Cuál es el destino de las obras de un contrato de concesión de obras una vez extinguido?

a) Al haber finalizado el plazo, las obras son propiedad del concesionario.

b) Deberán revertir a la Administración en buen estado de conservación.

c) Dependerá de quién haya realizado las obras.

d) Se tasarán y se venderán repartiéndose el importe entre la Administración y el concesionario.

29. De conformidad con el artículo 284 de la LCSP: la Administración podrá gestionar indirectamente, mediante contrato de concesión de servicios, los servicios de su titularidad o competencia siempre que:

a) Sean susceptibles de explotación económica por particulares o por la Administración. En ningún caso podrán prestarse mediante concesión de servicios los que impliquen ejercicio de la autoridad inherente a los poderes públicos.

b) Sean susceptibles de explotación económica por la Administración. En ningún caso podrán prestarse mediante concesión de servicios los que impliquen ejercicio de la autoridad inherente a los poderes públicos.

c) Sean susceptibles de explotación económica por particulares. En ningún caso podrán prestarse mediante concesión de servicios los que impliquen ejercicio de la autoridad inherente a los poderes públicos.

d) Sean susceptibles de explotación económica por particulares. En todo caso se prestará mediante concesión de servicios aquellos que impliquen ejercicio de la autoridad inherente a los poderes públicos.

30. En el contrato de concesión de servicios, el concesionario estará sujeto a las siguientes obligaciones (marcar la incorrecta):

a) Prestar el servicio con la continuidad convenida y garantizar a los particulares el derecho a utilizarlo en las condiciones que hayan sido establecidas y mediante el abono, en su caso, de la contraprestación económica comprendida en las tarifas aprobadas. En caso de extinción del contrato por cumplimiento del mismo, el contratista dejará de seguir prestando el servicio, aunque no se haya formalizado un nuevo contrato.

b) Cuidar del buen orden del servicio, pudiendo dictar las oportunas instrucciones, sin perjuicio de los poderes de policía a los que se refiere el artículo anterior.

c) Respetar el principio de no discriminación por razón de nacionalidad, respecto de las empresas de Estados miembros de la Comunidad Europea o signatarios del Acuerdo sobre Contratación Pública de la Organización Mundial del Comercio, en los contratos de suministro consecuencia del de concesión de servicios.

d) Indemnizar los daños que se causen a terceros como consecuencia de las operaciones que requiera el desarrollo del servicio, excepto cuando el daño sea producido por causas imputables a la Administración.

31. En el contrato de concesión de servicios, las contraprestaciones económicas pactadas, se denominarán tarifas y tendrán la naturaleza de:

a) Prestación patrimonial de carácter público no tributario.
b) Tasa.
c) Prestación económica de carácter público tributario.
d) Prestación patrimonial de carácter privado no tributario.

32. En el contrato de concesión de servicios ¿Hay alguna situación en la que el concesionario deba abonar a la Administración un canon o participación?

a) Sí, lo normal es que el concesionario sea el que abone un canon por la explotación del servicio.

b) No, siempre es la Administración la que debe abonar el correspondiente precio del contrato.

c) Sí, cuando así lo hubiera establecido el pliego de cláusulas administrativas particulares.

d) No, salvo que una ley así lo exija.

33. En el contrato de concesión de servicios, ¿puede en algún caso desistir el contratista del contrato?

a) No, está obligado a prestarlo en todo caso.

b) Sí, en cualquier momento.

c) Sí, cuando este resulte extraordinariamente oneroso para él como consecuencia de la aprobación de una disposición general por la Administración concedente con posterioridad a la formalización del contrato.

d) Sí, cuando este resulte extraordinariamente oneroso para él por venir obligado a incorporar a las obras o a su explotación avances técnicos que las mejoren notoriamente y cuya disponibilidad en el mercado, de acuerdo con el estado de la técnica, se haya producido con posterioridad a la formalización del contrato.

34. Son causas de resolución de un contrato de concesión de servicios:

a) La demora superior a tres meses por parte de la Administración en la entrega al concesionario de la contraprestación o de los medios auxiliares a que se obligó según el contrato.

b) El rescate del servicio por la Administración para su gestión directa por razones de interés público. El rescate de la concesión requerirá además la acreditación de que dicha gestión directa es más eficaz y eficiente que la concesional.

c) La supresión del servicio por acuerdo del contratista.

d) La imposibilidad de la explotación del servicio como consecuencia de acuerdos adoptados por la Administración con anterioridad al contrato.

35. Marcar la respuesta incorrecta en relación con la entrega y recepción en los contratos de suministro:

a) Cualquiera que sea el tipo de suministro, el adjudicatario tendrá derecho a indemnización por causa de pérdidas, averías o perjuicios ocasionados en los bienes antes de su entrega a la Administración, salvo que esta hubiere incurrido en mora al recibirlos.

b) Cuando el acto formal de la recepción de los bienes, de acuerdo con las condiciones del pliego, sea posterior a su entrega, la Administración será responsable de la custodia de los mismos durante el tiempo que medie entre una y otra.

c) Una vez recibidos de conformidad por la Administración bienes o productos perecederos, será esta responsable de su gestión, uso o caducidad, sin perjuicio de la responsabilidad del suministrador por los vicios o defectos ocultos de los mismos.

d) Todas son correctas.

36. En el contrato de suministros en el que la determinación del precio se realice mediante precios unitarios, se podrá incrementar el número de unidades a suministrar hasta el porcentaje:

a) Del 5 % del precio del contrato.
b) Del 10 % del precio del contrato.
c) Del 25 % del precio del contrato.
d) Del 50 % del precio del contrato.

37. En los contratos de suministro, cuando razones técnicas o económicas debidamente justificadas en el expediente lo aconsejen, podrá establecerse en el pliego de cláusulas administrativas particulares que el pago del precio total de los bienes a suministrar consista parte en dinero y parte en la entrega de otros bienes de la misma clase, sin que, en ningún caso, el importe de estos pueda superar el:

a) 10 % del precio total.
b) 20 % del precio total.
c) 50 % del precio total.
d) 30 % del precio total.

38. Son causas de resolución del contrato de suministro, además de las generales, las siguientes:

a) El desistimiento antes de la iniciación del suministro o la suspensión de la iniciación del suministro por causa imputable a la Administración por plazo superior a cinco meses a partir de la fecha señalada en el contrato para la entrega salvo que en el pliego se señale otro mayor.

b) El desistimiento una vez iniciada la ejecución del suministro o la suspensión del suministro por un plazo superior a diez meses acordada por la Administración, salvo que en el pliego se señale otro mayor.

c) El desistimiento antes de la iniciación del suministro o la suspensión de la iniciación del suministro por causa imputable a la Administración por plazo superior a cuatro meses a partir de la fecha señalada en el contrato para la entrega salvo que en el pliego se señale otro menor.

d) El desistimiento una vez iniciada la ejecución del suministro o la suspensión del suministro por un plazo superior a seis meses acordada por la Administración, salvo que en el pliego se señale otro menor.

39. En los contratos de servicios el sistema de determinación del precio se establecerá en el Pliego de Cláusulas Administrativas y podrá estar referido a:

a) Componentes de la prestación.
b) Unidades de ejecución.
c) Fijarse a un tanto alzado cuando no sea posible o conveniente su descomposición.
d) Todas son correctas.

40. En los contratos de servicios que conlleven prestaciones directas a favor de la ciudadanía se deberán cumplir las siguientes prescripciones (marcar la incorrecta):

a) Antes de proceder a la contratación de un servicio de esta naturaleza deberá haberse establecido su régimen jurídico, que declare expresamente que la actividad de que se trata queda asumida por la Administración respectiva como propia de la misma, determine el alcance de las prestaciones en favor de los administrados, y regule los aspectos de carácter jurídico, económico y administrativo relativos a la prestación del servicio.

b) El contratista conservará los poderes de policía necesarios para asegurar la buena marcha de los servicios que conlleven prestaciones directas a favor de la ciudadanía de que se trate.

c) Si del incumplimiento por parte del contratista se derivase perturbación grave y no reparable por otros medios en el servicio y la Administración no decidiese la resolución del contrato, podrá acordar el secuestro o intervención del mismo hasta que aquella desaparezca. En todo caso, el contratista deberá abonar a la Administración los daños y perjuicios que efectivamente le haya ocasionado.

d) Todas son correctas.

41. Son causas de resolución de los contratos de servicios, además de las generales, las siguientes:

a) El desistimiento antes de iniciar la prestación del servicio o la suspensión por causa imputable al órgano de contratación de la iniciación del contrato por plazo superior a cinco meses a partir de la fecha señalada en el mismo para su comienzo, salvo que en el pliego se señale otro menor.

b) El desistimiento una vez iniciada la prestación del servicio o la suspensión del contrato por plazo superior a ocho meses acordada por el órgano de contratación, salvo que en el pliego se señale otro menor.

c) El contrato principal quedará resuelto, en todo caso, cuando se resuelvan los contratos complementarios.

d) Todas son correctas.

42. Cuando la resolución del contrato de servicios se produzca por el desistimiento antes de iniciar la prestación del servicio o la suspensión por causa imputable al órgano de contratación de la iniciación del contrato en el plazo previsto, el contratista solo tendrá derecho a percibir, por todos los conceptos, una indemnización del:

a) 6 % del precio de adjudicación del contrato, IVA excluido.

b) 4 % del precio de adjudicación del contrato, IVA excluido.

c) 10 % del precio de adjudicación del contrato, IVA excluido.

d) 3 % del precio de adjudicación del contrato, IVA excluido.

Soluciones comentadas

1. **b) La previa elaboración, supervisión, aprobación y replanteo del correspondiente proyecto que definirá con precisión el objeto del contrato.**

    Artículo 231 LCSP: *En los términos previstos en esta ley, la adjudicación de un contrato de obras requerirá la previa elaboración, supervisión, aprobación y replanteo del correspondiente proyecto que definirá con precisión el objeto del contrato. La aprobación del proyecto corresponderá al órgano de contratación salvo que tal competencia esté específicamente atribuida a otro órgano por una norma jurídica.*

2. **b) Al órgano de contratación.**

    Artículo 231 LCSP: *En los términos previstos en esta ley, la adjudicación de un contrato de obras requerirá la previa elaboración, supervisión, aprobación y replanteo del correspondiente proyecto que definirá con precisión el objeto del contrato. La aprobación del proyecto corresponderá al órgano de contratación salvo que tal competencia esté específicamente atribuida a otro órgano por una norma jurídica.*

3. **a) Obras de primer establecimiento, reforma, restauración, rehabilitación o gran reparación.**

    Artículo 232 de la LCSP: *A los efectos de elaboración de los proyectos se clasificarán las obras, según su objeto y naturaleza, en los grupos siguientes: a) Obras de primer establecimiento, reforma, restauración, rehabilitación o gran reparación. b) Obras de reparación simple. c) Obras de conservación y mantenimiento. d) Obras de demolición.*

4. **b) El pliego de cláusulas administrativas generales, donde se hará la descripción de las obras y se regulará su ejecución, con expresión de la forma en que esta se llevará a cabo, las obligaciones de orden técnico que correspondan al contratista, y la manera en que se llevará a cabo la medición de las unidades ejecutadas y el control de calidad de los materiales empleados y del proceso de ejecución.**

    Artículo 233 LCSP: *c) El pliego de prescripciones técnicas particulares, donde se hará la descripción de las obras y se regulará su ejecución, con expresión de la forma en que esta se llevará a cabo, las obligaciones de orden técnico que correspondan al contratista, y la manera en que se llevará a cabo la medición de las unidades ejecutadas y el control de calidad de los materiales empleados y del proceso de ejecución.*

5. a) En los proyectos de obras de primer establecimiento, reforma o gran reparación inferiores a 500.000 euros de presupuesto base de licitación.

Artículo 233 LCSP: *2. No obstante, para los proyectos de obras de primer establecimiento, reforma o gran reparación inferiores a 500.000 euros de presupuesto base de licitación, IVA excluido, y para los restantes proyectos enumerados en el artículo anterior, se podrá simplificar, refundir o incluso suprimir, alguno o algunos de los documentos anteriores en la forma que en las normas de desarrollo de esta ley se determine, siempre que la documentación resultante sea suficiente para definir, valorar y ejecutar las obras que comprenda. No obstante, solo podrá prescindirse de la documentación indicada en la letra g) del apartado anterior en los casos en que así esté previsto en la normativa específica que la regula.*

6. d) Todas son correctas.

Todas ellas aparecen en el artículo 234 de la LCSP.

7. c) Una vez aprobado el proyecto y previamente a la aprobación del expediente de contratación de la obra.

Artículo 236 LCSP: *1. Aprobado el proyecto y previamente a la aprobación del expediente de contratación de la obra, se procederá a efectuar el replanteo del mismo, el cual consistirá en comprobar la realidad geométrica de la misma y la disponibilidad de los terrenos precisos para su normal ejecución. Asimismo, se deberán comprobar cuantos supuestos figuren en el proyecto elaborado y sean básicos para el contrato a celebrar.*

8. d) Un mes.

Artículo 237 LCSP: *La ejecución del contrato de obras comenzará con el acta de comprobación del replanteo. A tales efectos, dentro del plazo que se consigne en el contrato que no podrá ser superior a un mes desde la fecha de su formalización salvo casos excepcionales justificados, el servicio de la Administración encargada de las obras procederá, en presencia del contratista, a efectuar la comprobación del replanteo hecho previamente a la licitación, extendiéndose acta del resultado que será firmada por ambas partes interesadas, remitiéndose un ejemplar de la misma al órgano que celebró el contrato.*

9. b) La Administración expedirá mensualmente, en los primeros diez días siguientes al mes al que correspondan, certificaciones que comprendan la obra ejecutada conforme a proyecto durante dicho periodo de tiempo.

Artículo 240 LCSP: *1. A los efectos del pago, la Administración expedirá mensualmente, en los primeros diez días siguientes al mes al que correspondan, certificaciones que comprendan la obra ejecutada conforme a proyecto durante dicho periodo de tiempo, salvo prevención en contrario en el pliego de cláusulas administrativas particulares, cuyos abonos tienen el concepto de pagos a cuenta sujetos a las rectificaciones y variaciones que se produzcan en la medición final y sin suponer en forma alguna, aprobación y recepción de las obras que comprenden.*

10. b) El contratista no tendrá derecho a reclamar indemnización alguna.

Artículo 242 LCSP: *1. Serán obligatorias para el contratista las modificaciones del contrato de obras que se acuerden de conformidad con lo establecido en el artículo 206. En caso de que la modificación suponga supresión o reducción de unidades de obra, el contratista no tendrá derecho a reclamar indemnización alguna.*

11. b) Plazo mínimo de tres días.

Artículo 242 LCSP: *Cuando las modificaciones supongan la introducción de unidades de obra no previstas en el proyecto o cuyas características difieran de las fijadas en este, y no sea necesario realizar una nueva licitación, los precios aplicables a las mismas serán fijados por la Administración, previa audiencia del contratista por plazo mínimo de tres días hábiles.*

12. c) Tres meses.

Artículo 243 LCSP: *Dentro del plazo de tres meses contados a partir de la recepción, el órgano de contratación deberá aprobar la certificación final de las obras ejecutadas, que será abonada al contratista a cuenta de la liquidación del contrato en el plazo previsto en esta ley.*

13. a) Un año salvo casos especiales.

Artículo 243 LCSP: *3. El plazo de garantía se establecerá en el pliego de cláusulas administrativas particulares atendiendo a la naturaleza y complejidad de la obra y no podrá ser inferior a un año salvo casos especiales.*

14. d) El desistimiento.

Artículo 245 LCSP: *Son causas de resolución del contrato de obras, además de las generales de la ley, las siguientes: a) La demora injustificada en la comprobación del replanteo. b) La suspensión de la iniciación de las obras por plazo superior a cuatro meses. c) La suspensión de las obras por plazo superior a ocho meses por parte de la Administración. d) El desistimiento.*

15. b) 2 % del precio de adjudicación, IVA excluido.

Artículo 246 LCSP: *2. Si se demorase injustificadamente la comprobación del replanteo, dando lugar a la resolución del contrato, el contratista solo tendrá derecho por todos los conceptos a una indemnización equivalente al 2 % del precio de la adjudicación, IVA excluido.*

16. c) 3 % del precio de adjudicación, IVA excluido.

Artículo 246 LCSP: *3. En el supuesto de desistimiento antes de la iniciación de las obras, o de suspensión de la iniciación de las mismas por parte de la Administración por plazo superior a cuatro meses, el contratista tendrá derecho a percibir por todos los conceptos una indemnización del 3 % del precio de adjudicación, IVA excluido.*

17. a) Un mes prorrogable por idéntico plazo.

Artículo 247 LCSP: *3. La Administración concedente someterá el estudio de viabilidad a información pública por el plazo de un mes, prorrogable por idéntico plazo en razón de la complejidad del mismo y dará traslado del mismo para informe a los órganos de la Administración General del Estado, las Comunidades Autónomas y Entidades Locales afectados cuando la obra no figure en el correspondiente planeamiento urbanístico, que deberán emitirlo en el plazo de un mes de prórroga.*

18. b) Tres meses.

Artículo 247: *5. Se admitirá la iniciativa privada en la presentación de estudios de viabilidad de eventuales concesiones. Presentado el estudio será elevado al órgano competente para que en el plazo de tres meses comunique al particular la decisión de tramitar o no tramitar el mismo o fije un plazo mayor para su estudio que, en ningún caso, será superior a seis meses. El silencio de la Administración o de la entidad que corresponda equivaldrá a la no aceptación del estudio.*

19. b) Por un estudio de viabilidad económico-financiera.

Artículo 247.6: *La Administración concedente podrá acordar motivadamente la sustitución del estudio de viabilidad a que se refieren los apartados anteriores por un estudio de viabilidad económico-financiera cuando por la naturaleza y finalidad de las obras o por la cuantía de la inversión requerida considerara que este es suficiente.*

20. c) Será necesario en función de la complejidad de las obras y del grado de definición de sus características.

Artículo 248 LCSP: *1. En función de la complejidad de las obras y del grado de definición de sus características, la Administración concedente, aprobado el estudio de viabilidad, podrá acordar la redacción del correspondiente anteproyecto. Este podrá incluir, de acuerdo con la naturaleza de las obras, zonas complementarias de explotación comercial.*

21. a) El derecho a explotar las obras y percibir la tarifa por uso prevista en el contrato durante el tiempo de la concesión como contraprestación económica.

Artículo 257 LCSP: *a) El derecho a explotar las obras y percibir la tarifa por uso prevista en el contrato durante el tiempo de la concesión como contraprestación económica.* El resto son erróneas.

22. d) Todas las anteriores.

Todas las obligaciones indicadas aparecen en la relación del artículo 258 de la LCSP.

23. c) Tres años.

Artículo 263 LCSP: *3. El secuestro o intervención tendrá carácter temporal y su duración será la que determine el órgano de contratación sin que pueda exceder, incluidas las posibles prórrogas, de tres años.*

24. a) Del 10 % del presupuesto total de la obra durante su fase de construcción.

Artículo 264 LCSP: *2. El órgano de contratación podrá imponer penalidades de carácter económico, que se establecerán en los pliegos de forma proporcional al tipo de incumplimiento y a la importancia económica de la explotación. El límite máximo de las penalidades a imponer no podrá exceder del 10 % del presupuesto total de la obra durante su fase de construcción. Si la concesión estuviera en fase de explotación, el límite máximo de las penalidades anuales no podrá exceder del 20 % de los ingresos obtenidos por la explotación de la obra pública durante el año anterior.*

25. d) Al órgano de contratación, pudiendo el contratista fijar tarifas inferiores cuando lo estime oportuno.

Artículo 267 LCSP: *2. Las tarifas que abonen los usuarios por la utilización de las obras serán fijadas por el órgano de contratación en el acuerdo de adjudicación. Las tarifas tendrán el carácter de máximas y los concesionarios podrán aplicar tarifas inferiores cuando así lo estimen conveniente.*

26. d) Cuando se produzca un incumplimiento de las previsiones de la demanda recogidas en el estudio de la Administración o en el estudio que haya podido realizar el concesionario.

Artículo 270 LCSP: *En todo caso, no existirá derecho al restablecimiento del equilibrio económico financiero por incumplimiento de las previsiones de la demanda recogidas en el estudio de la Administración o en el estudio que haya podido realizar el concesionario.*

27. b) El rescate de la explotación de las obras por el órgano de contratación.

Artículo 279 LCSP: *c) El rescate de la explotación de las obras por el órgano de contratación. Se entenderá por rescate la declaración unilateral del órgano contratante, adoptada por razones de interés público, por la que dé por terminada la concesión, no obstante, la buena gestión de su titular, para su gestión directa por la Administración. El rescate de la concesión requerirá además la acreditación de que dicha gestión directa es más eficaz y eficiente que la concesional.* El resto de respuestas son erróneas.

28. b) Deberán revertir a la Administración en buen estado de conservación.

Artículo 283 LCSP: *1. El concesionario quedará obligado a hacer entrega a la Administración concedente, en buen estado de conservación y uso, de las obras incluidas en la concesión, así como de los bienes e instalaciones necesarios para su explotación y de los bienes e instalaciones incluidos en la zona de explotación comercial, si la hubiera, de acuerdo con lo establecido en el contrato, todo lo cual quedará reflejado en el acta de recepción.*

29. c) Sean susceptibles de explotación económica por particulares. En ningún caso podrán prestarse mediante concesión de servicios los que impliquen ejercicio de la autoridad inherente a los poderes públicos.

Artículo 284 LCSP: La Administración podrá gestionar indirectamente, mediante contrato de concesión de servicios, los servicios de su titularidad o competencia siempre que sean susceptibles de explotación económica por particulares. En ningún caso podrán prestarse mediante concesión de servicios los que impliquen ejercicio de la autoridad inherente a los poderes públicos.

30. **a) Prestar el servicio con la continuidad convenida y garantizar a los particulares el derecho a utilizarlo en las condiciones que hayan sido establecidas y mediante el abono, en su caso, de la contraprestación económica comprendida en las tarifas aprobadas. En caso de extinción del contrato por cumplimiento del mismo, el contratista dejará de seguir prestando el servicio, aunque no se haya formalizado un nuevo contrato.**

    Artículo 288 LCSP: *a) Prestar el servicio con la continuidad convenida y garantizar a los particulares el derecho a utilizarlo en las condiciones que hayan sido establecidas y mediante el abono, en su caso, de la contraprestación económica comprendida en las tarifas aprobadas. En caso de extinción del contrato por cumplimiento del mismo, el contratista deberá seguir prestando el servicio hasta que se formalice el nuevo contrato.*

31. **a) Prestación patrimonial de carácter público no tributario.**

    Artículo 288 LCSP: *2. Las contraprestaciones económicas pactadas, que se denominarán tarifas y tendrán la naturaleza de prestación patrimonial de carácter público no tributario.*

32. **Sí, cuando así lo hubiera establecido el pliego de cláusulas administrativas particulares.**

    Artículo 289 LCSP: *3. Si así lo hubiera establecido el pliego de cláusulas administrativas particulares, el concesionario abonará a la Administración concedente un canon o participación, que se determinará y abonará en la forma y condiciones previstas en el citado pliego y en la restante documentación contractual.*

33. **d) Sí, cuando este resulte extraordinariamente oneroso para él por venir obligado a incorporar a las obras o a su explotación avances técnicos que las mejoren notoriamente y cuya disponibilidad en el mercado, de acuerdo con el estado de la técnica, se haya producido con posterioridad a la formalización del contrato.**

    Artículo 290LCSP: *6. El contratista tendrá derecho a desistir del contrato cuando este resulte extraordinariamente oneroso para él, como consecuencia de una de las siguientes circunstancias: a) La aprobación de una disposición general por una Administración distinta de la concedente con posterioridad a la formalización del contrato. b) Cuando el concesionario deba incorporar, por venir obligado a ello legal o contractualmente, a las obras o a su explotación avances técnicos que las mejoren notoriamente y cuya disponibilidad en el mercado, de acuerdo con el estado de la técnica, se haya producido con posterioridad a la formalización del contrato.*

34. b) El rescate del servicio por la Administración para su gestión directa por razones de interés público. El rescate de la concesión requerirá además la acreditación de que dicha gestión directa es más eficaz y eficiente que la concesional.

Artículo 294 LCSP: *c) El rescate del servicio por la Administración para su gestión directa por razones de interés público. El rescate de la concesión requerirá además la acreditación de que dicha gestión directa es más eficaz y eficiente que la concesional.* Todas las demás son incorrectas.

35. a) Cualquiera que sea el tipo de suministro, el adjudicatario tendrá derecho a indemnización por causa de pérdidas, averías o perjuicios ocasionados en los bienes antes de su entrega a la Administración, salvo que esta hubiere incurrido en mora al recibirlos.

Artículo 300 LCSP: *2. Cualquiera que sea el tipo de suministro, el adjudicatario no tendrá derecho a indemnización por causa de pérdidas, averías o perjuicios ocasionados en los bienes antes de su entrega a la Administración, salvo que esta hubiere incurrido en mora al recibirlos.*

36. b) Del 10 % del precio del contrato.

Artículo 301 LCSP: *2. En el contrato de suministros en el que la determinación del precio se realice mediante precios unitarios, se podrá incrementar el número de unidades a suministrar hasta el porcentaje del 10 % del precio del contrato.*

37. c) 50 % del precio total.

Artículo 302 LCSP: *1. Cuando razones técnicas o económicas debidamente justificadas en el expediente lo aconsejen, podrá establecerse en el pliego de cláusulas administrativas particulares que el pago del precio total de los bienes a suministrar consista parte en dinero y parte en la entrega de otros bienes de la misma clase, sin que, en ningún caso, el importe de estos pueda superar el 50 % del precio total.*

38. c) El desistimiento antes de la iniciación del suministro o la suspensión de la iniciación del suministro por causa imputable a la Administración por plazo superior a cuatro meses a partir de la fecha señalada en el contrato para la entrega salvo que en el pliego se señale otro menor.

Artículo 306 LCSP: *Son causas de resolución del contrato de suministro, además de las generales, las siguientes: a) El desistimiento antes de la iniciación del suministro o la suspensión de la iniciación del suministro por causa imputable a la Administración por plazo superior a cuatro meses a partir de la fecha señalada en el contrato para la entrega salvo que en el pliego se señale otro menor. b) El desistimiento una vez iniciada la ejecución del suministro o la suspensión del suministro por un plazo superior a ocho meses acordada por la Administración, salvo que en el pliego se señale otro menor.*

39. d) Todas son correctas.

Artículo 309 LCSP: *1. El pliego de cláusulas administrativas establecerá el sistema de determinación del precio de los contratos de servicios, que podrá estar referido a componentes de la prestación, unidades de ejecución o unidades de tiempo, o fijarse en un tanto alzado cuando no sea posible o conveniente su descomposición, o resultar de la aplicación de honorarios por tarifas o de una combinación de varias de estas modalidades.*

40. b) El contratista conservará los poderes de policía necesarios para asegurar la buena marcha de los servicios que conlleven prestaciones directas a favor de la ciudadanía de que se trate.

Artículo 312 LCSP: *e) La Administración conservará los poderes de policía necesarios para asegurar la buena marcha de los servicios que conlleven prestaciones directas a favor de la ciudadanía de que se trate.*

41. b) El desistimiento una vez iniciada la prestación del servicio o la suspensión del contrato por plazo superior a ocho meses acordada por el órgano de contratación, salvo que en el pliego se señale otro menor.

Artículo 313 LCSP: *Son causas de resolución de los contratos de servicios, además de las generales, las siguientes: a) El desistimiento antes de iniciar la prestación del servicio o la suspensión por causa imputable al órgano de contratación de la iniciación del contrato por plazo superior a cuatro meses a partir de la fecha señalada en el mismo para su comienzo, salvo que en el pliego se señale otro menor. b) El desistimiento una vez iniciada la prestación del servicio o la suspensión del contrato por plazo superior a ocho meses acordada por el órgano de contratación, salvo que en el pliego se señale otro menor. c) Los contratos complementarios quedarán resueltos, en todo caso, cuando se resuelva el contrato principal.*

42. d) 3 % del precio de adjudicación del contrato, IVA excluido.

Artículo 313 LCSP: *3. En los supuestos de resolución previstos en las letras a) y c) del apartado primero del presente artículo, el contratista solo tendrá derecho a percibir, por todos los conceptos, una indemnización del 3 % del precio de adjudicación del contrato, IVA excluido.*

TEST N.º 6

La contratación de las entidades locales

1. Corresponden a los Alcaldes y a los Presidentes de las Entidades Locales las competencias como órgano de contratación respecto de los contratos de obras, de suministro, de servicios, los contratos de concesión de obras, los contratos de concesión de servicios y los contratos administrativos especiales, cuando su valor estimado no supere el:

a) 5 % de los recursos ordinarios del presupuesto.
b) 10 % de los recursos ordinarios del presupuesto.
c) 20 % de los recursos ordinarios del presupuesto.
d) 25 % de los recursos ordinarios del presupuesto.

2. Corresponden a los Alcaldes y a los Presidentes de las Entidades Locales las competencias como órgano de contratación respecto de los contratos de obras, de suministro, de servicios, los contratos de concesión de obras, los contratos de concesión de servicios y los contratos administrativos especiales, cuando, en cualquier caso, su valor estimado no supere:

a) La cuantía de seis millones de euros, incluidos los de carácter plurianual cuando su duración no sea superior a cinco años.
b) La cuantía de tres millones de euros, incluidos los de carácter plurianual cuando su duración no sea superior a cuatro años.
c) La cuantía de tres millones de euros, incluidos los de carácter plurianual cuando su duración no sea superior a cuatro años.
d) La cuantía de seis millones de euros, incluidos los de carácter plurianual cuando su duración no sea superior a cuatro años.

3. Corresponden al Pleno de las Entidades Locales las competencias como órgano de contratación respecto de los contratos de obras, de suministro, de servicios, los contratos de concesión de obras, los contratos de concesión de servicios y los contratos administrativos especiales, cuando, en cualquier caso, su valor estimado y duración no supere:

a) El 10 % de los recursos ordinarios ni los seis millones de euros.
b) El 15 % de los recursos ordinarios ni los cuatro millones de euros.

c) El 25 % de los recursos ordinarios ni los seis millones de euros.
d) Ninguna es correcta.

4. En los municipios de gran población a que se refiere el artículo 121 de la Ley 7/1985, de 2 de abril, Reguladora de las Bases del Régimen Local, las competencias del órgano de contratación:

a) Se ejercerán por la Junta de Gobierno Local, cualquiera que sea el importe del contrato o la duración del mismo.
b) Se ejercerán por el Pleno en todo caso.
c) Se ejercerán por la Junta de Gobierno Local cuando su importe supere el 15% de los recursos ordinarios del presupuesto o los cuatro millones de Euros.
d) Corresponderán al Consejero competente en materia de Contratación.

5. En los municipios de gran población a que se refiere el artículo 121 de la Ley 7/1985, de 2 de abril, Reguladora de las Bases del Régimen Local, la aprobación de los pliegos de cláusulas administrativas generales corresponderá:

a) Al Alcalde.
b) A la Junta de Gobierno Local.
c) Al Pleno.
d) Al Consejero competente en materia de contratación.

6. ¿A qué órgano de las entidades locales corresponde acordar la constitución de las Juntas de Contratación, así como determinar su composición?

a) Al Alcalde.
b) A la Junta de Gobierno Local.
c) Al Pleno.
d) Al Consejero competente en materia de contratación.

7. De conformidad con la Disposición Adicional Segunda de la LCSP, deberán formar necesariamente parte de las Juntas de Contratación:

a) El Secretario o el titular del órgano que tenga atribuida la función de asesoramiento jurídico de la Corporación.
b) El Consejero competente en materia de Contratación.
c) El Interventor de la Corporación.
d) Las respuestas a) y c) son correctas.

8. Las competencias en materia de contratación podrán ser ejercidas por los órganos que, con carácter de centrales de contratación se constituyan en aquellos municipios de población inferior a:

a) 1.000 habitantes.
b) 2.000 habitantes.

c) 3.000 habitantes.
d) 5.000 habitantes.

9. ¿Cuál de los siguientes no podrá formar parte de una Mesa de contratación en el ámbito de las entidades locales?

a) Un miembro de la Corporación.
b) El Interventor.
c) Personal Eventual.
d) Personal interino.

10. En las entidades locales corresponde a los Alcaldes y a los Presidentes de las Entidades Locales la competencia para la celebración de los contratos privados, así como la adjudicación de concesiones sobre los bienes de las mismas y la adquisición de bienes inmuebles y derechos sujetos a la legislación patrimonial cuando el presupuesto base de licitación:

a) No supere el 20 % de los recursos ordinarios del presupuesto ni el importe de tres millones de euros.
b) No supere el 10 % de los recursos ordinarios del presupuesto ni el importe de seis millones de euros.
c) No supere el 10 % de los recursos ordinarios del presupuesto ni el importe de tres millones de euros.
d) No supere el 15 % de los recursos ordinarios del presupuesto ni el importe de seis millones de euros.

11. En el ámbito de las entidades locales, los actos de fiscalización en materia de contratación se ejercerán:

a) Por el Presidente de la Corporación.
b) Por el Pleno de la Corporación.
c) Por el Interventor.
d) Por el Tribunal de Cuentas.

12. En los contratos celebrados en los municipios de menos de _____ habitantes, la aprobación del gasto podrá ser sustituida por una certificación de existencia de crédito que se expedirá por el Secretario Interventor o, en su caso, por el Interventor de la Corporación:

a) 10.000 habitantes.
b) 5.000 habitantes.
c) 10.000 habitantes.
d) 20.000 habitantes.

13. En el ámbito de las entidades locales, en los contratos de concesión de obras y de servicios, el expediente acreditativo de la conveniencia y oportunidad de la medida que exige el artículo 86.1 de la Ley 7/1985, de 2 de abril, Reguladora de las Bases del Régimen Local, con el contenido reglamentariamente determinado, se tramitará:

a) Posteriormente al estudio de viabilidad regulado en la LCSP.

b) Con carácter previo al estudio de viabilidad regulado en la LCSP.

c) Conjuntamente con el estudio de viabilidad regulado en la LCSP.

d) Ninguna es correcta.

14. En el ámbito de las entidades locales que se rigen por el régimen común, los informes en materia de contratación que la Ley asigna a los servicios jurídicos se evacuarán por:

a) El Titular de la Asesoría Jurídica.

b) El Secretario.

c) El Interventor.

d) La Comisión técnica del Pleno.

15. En el ámbito de las entidades locales que se rigen por el régimen de grandes poblaciones, los informes en materia de contratación que la Ley asigna a los servicios jurídicos se evacuarán por:

a) El Titular de la Asesoría Jurídica.

b) El Secretario.

c) El Interventor.

d) La Comisión técnica del Pleno.

16. En el ámbito de las entidades locales, en los contratos que tengan por objeto la adquisición de bienes inmuebles, el importe de la adquisición podrá ser objeto de un aplazamiento de hasta:

a) Dos años, con sujeción a los trámites previstos en la normativa reguladora de las Haciendas Locales para los compromisos de gastos futuros.

b) Tres años, con sujeción a los trámites previstos en la normativa reguladora de las Haciendas Locales para los compromisos de gastos futuros.

c) Cuatro años, con sujeción a los trámites previstos en la normativa reguladora de las Haciendas Locales para los compromisos de gastos futuros.

d) Cinco años, con sujeción a los trámites previstos en la normativa reguladora de las Haciendas Locales para los compromisos de gastos futuros.

17. ¿A qué sistemas contratación centralizada podrán adherirse las entidades locales de conformidad con la disposición adicional tercera de la LCSP?

a) Al sistema estatal de contratación centralizada.

b) A las centrales de contratación de las Comunidades Autónomas y otras entidades locales.

c) A las centrales de contratación creadas por dicha entidad local.
d) Todas son correctas.

18. Los Municipios de población inferior a 20.000 habitantes podrán licitar contratos no sujetos a regulación armonizada de concesión de servicios que se refieran a la gestión de dos o más servicios públicos diferentes siempre y cuando la anualidad media del contrato no supere:

a) Los 200.000 euros, y el órgano de contratación justifique en el expediente de contratación esta decisión en base a la necesidad objetiva de proceder a la gestión unificada de dichos servicios.

b) Los 300.000 euros, y el órgano de contratación justifique en el expediente de contratación esta decisión en base a la necesidad objetiva de proceder a la gestión unificada de dichos servicios.

c) Los 500.000 euros, y el órgano de contratación justifique en el expediente de contratación esta decisión en base a la necesidad objetiva de proceder a la gestión unificada de dichos servicios.

d) Los 20.000 euros, y el órgano de contratación justifique en el expediente de contratación esta decisión en base a la necesidad objetiva de proceder a la gestión unificada de dichos servicios.

Solución al test n.º 6

1. **a) 10 % de los recursos ordinarios del presupuesto.**

    Disposición Adicional segunda de la LCSP: *1. Corresponden a los Alcaldes y a los Presidentes de las Entidades Locales las competencias como órgano de contratación respecto de los contratos de obras, de suministro, de servicios, los contratos de concesión de obras, los contratos de concesión de servicios y los contratos administrativos especiales, cuando su valor estimado no supere el 10 % de los recursos ordinarios del presupuesto ni, en cualquier caso, la cuantía de seis millones de euros, incluidos los de carácter plurianual cuando su duración no sea superior a cuatro años, eventuales prórrogas incluidas siempre que el importe acumulado de todas sus anualidades no supere ni el porcentaje indicado, referido a los recursos ordinarios del presupuesto del primer ejercicio, ni la cuantía señalada.*

2. **d) La cuantía de seis millones de euros, incluidos los de carácter plurianual cuando su duración no sea superior a cuatro años.**

    Disposición Adicional segunda de la LCSP: *1. Corresponden a los Alcaldes y a los Presidentes de las Entidades Locales las competencias como órgano de contratación respecto de los contratos de obras, de suministro, de servicios, los contratos de concesión de obras, los contratos de concesión de servicios y los contratos administrativos especiales, cuando su valor estimado no supere el 10 % de los recursos ordinarios del presupuesto ni, en cualquier caso, la cuantía de seis millones de euros, incluidos los de carácter plurianual cuando su duración no sea superior a cuatro años, eventuales prórrogas incluidas siempre que el importe acumulado de todas sus anualidades no supere ni el porcentaje indicado, referido a los recursos ordinarios del presupuesto del primer ejercicio, ni la cuantía señalada.*

3. **d) Ninguna es correcta.**

    Disposición Adicional segunda de la LCSP: *2. Corresponden al Pleno las competencias como órgano de contratación respecto de los contratos mencionados en el apartado anterior que celebre la Entidad Local, cuando por su valor o duración no correspondan al Alcalde o Presidente de la Entidad Local, conforme al apartado anterior. Asimismo, corresponde al Pleno la aprobación de los pliegos de cláusulas administrativas generales a los que se refiere el artículo 121 de esta ley.*

4. **a) Se ejercerán por la Junta de Gobierno Local, cualquiera que sea el importe del contrato o la duración del mismo.**

    Disposición Adicional segunda de la LCSP: *4. En los municipios de gran población a que se refiere el artículo 121 de la Ley 7/1985, de 2 de abril, Reguladora de las Bases del*

Régimen Local, las competencias del órgano de contratación que se describen en los apartados anteriores se ejercerán por la Junta de Gobierno Local, cualquiera que sea el importe del contrato o la duración del mismo, siendo el Pleno el competente para aprobar los pliegos de cláusulas administrativas generales.

5. c) Al Pleno.

Disposición Adicional segunda de la LCSP: *4. En los municipios de gran población a que se refiere el artículo 121 de la Ley 7/1985, de 2 de abril, Reguladora de las Bases del Régimen Local, las competencias del órgano de contratación que se describen en los apartados anteriores se ejercerán por la Junta de Gobierno Local, cualquiera que sea el importe del contrato o la duración del mismo, siendo el Pleno el competente .para aprobar los pliegos de cláusulas administrativas generales.*

6. c) Al Pleno.

Disposición Adicional segunda de la LCSP: *Corresponde al Pleno acordar la constitución de las Juntas de Contratación y determinar su composición, debiendo formar parte de las mismas necesariamente el Secretario o el titular del órgano que tenga atribuida la función de asesoramiento jurídico de la Corporación, y el Interventor de la misma.*

7. d) Las respuestas a) y c) son correctas.

Disposición Adicional segunda de la LCSP: *Corresponde al Pleno acordar la constitución de las Juntas de Contratación y determinar su composición, debiendo formar parte de las mismas necesariamente el Secretario o el titular del órgano que tenga atribuida la función de asesoramiento jurídico de la Corporación, y el Interventor de la misma.*

8. d) 5.000 habitantes.

Disposición Adicional segunda de la LCSP: *En los municipios de población inferior a 5.000 habitantes las competencias en materia de contratación podrán ser ejercidas por los órganos que, con carácter de centrales de contratación, se constituyan en la forma prevista en el artículo 228 de la presente ley, mediante acuerdos al efecto.*

9. c) Personal Eventual.

Disposición Adicional segunda de la LCSP: *En ningún caso podrá formar parte de las Mesas de contratación ni emitir informes de valoración de las ofertas, personal eventual. Podrá formar parte de la Mesa personal funcionario interino únicamente cuando no existan funcionarios de carrera suficientemente cualificados y así se acredite en el expediente.*

10. c) No supere el 15 % de los recursos ordinarios del presupuesto ni el importe de seis millones de euros.

Disposición Adicional segunda de la LCSP: *En las entidades locales corresponde a los Alcaldes y a los Presidentes de las Entidades Locales la competencia para la celebración de los contratos privados, así como la adjudicación de concesiones sobre los bienes de las mismas y la adquisición de bienes inmuebles y derechos sujetos a la legislación patrimonial cuando el presupuesto base de licitación, en los términos definidos en el*

artículo 100.1, no supere el 10 % de los recursos ordinarios del presupuesto ni el impor-
te de tres millones de euros, así como la enajenación del patrimonio, cuando su valor
no supere el porcentaje ni la cuantía indicados.

11. c) Por el Interventor.

Disposición Adicional Tercera de la LCSP: *3. Los actos de fiscalización se ejercen por el órgano Interventor de la Entidad local.*

12. b) 5.000 habitantes.

Disposición Adicional Tercera de la LCSP: *4. En los contratos celebrados en los municipios de menos de 5.000 habitantes, la aprobación del gasto podrá ser sustituida por una certificación de existencia de crédito que se expedirá por el Secretario Interventor o, en su caso, por el Interventor de la Corporación.*

13. c) Conjuntamente con el estudio de viabilidad regulado en la LCSP.

Disposición Adicional Tercera de la LCSP: *En los contratos de concesión de obras y de servicios, el expediente acreditativo de la conveniencia y oportunidad de la medida que exige el artículo 86.1 de la Ley 7/1985, de 2 de abril, Reguladora de las Bases del Régimen Local, con el contenido reglamentariamente determinado, se tramitará conjuntamente con el estudio de viabilidad regulado en esta ley.*

14. b) El Secretario.

Disposición Adicional Tercera de la LCSP: *8. Los informes que la Ley asigna a los servicios jurídicos se evacuarán por el Secretario.*

15. a) El Titular de la Asesoría Jurídica.

Disposición Adicional Tercera de la LCSP: *Conforme a lo dispuesto en la letra e) de la disposición adicional octava de la Ley 7/1985, de 2 de abril, Reguladoras de las Bases del Régimen Local, en los municipios acogidos al régimen regulado en su Título X, corresponderá al titular de la asesoría jurídica la emisión de los informes atribuidos al Secretario en el presente apartado. La coordinación de las obligaciones de publicidad e información antedichas corresponderá al titular del Órgano de Apoyo a la Junta de Gobierno.*

16. c) Cuatro años, con sujeción a los trámites previstos en la normativa reguladora de las Haciendas Locales para los compromisos de gastos futuros.

Disposición Adicional Tercera de la LCSP: *9. En los contratos que tengan por objeto la adquisición de bienes inmuebles, el importe de la adquisición podrá ser objeto de un aplazamiento de hasta cuatro años, con sujeción a los trámites previstos en la normativa reguladora de las Haciendas Locales para los compromisos de gastos futuros.*

17. d) Todas son correctas.

Disposición Adicional Tercera de la LCSP: *Las Entidades Locales, sin perjuicio de la posibilidad de adherirse al sistema estatal de contratación centralizada y a las centrales de contratación de las Comunidades Autónomas y de otras Entidades Locales, tal y como prevé el apartado 3 del artículo 228, podrán adherirse también a las centrales de contratación que creen conforme a esta Ley las asociaciones de entidades locales a que se refiere la disposición adicional quinta de la Ley 7/1985, de 2 de abril, así como a las creadas por la Administración General del Estado.*

18. a) Los 200.000 euros, y el órgano de contratación justifique en el expediente de contratación esta decisión en base a la necesidad objetiva de proceder a la gestión unificada de dichos servicios.

Disposición Adicional Tercera de la LCSP: *11. Los Municipios de población inferior a 20.000 habitantes podrán licitar contratos no sujetos a regulación armonizada de concesión de servicios que se refieran a la gestión de dos o más servicios públicos diferentes siempre y cuando la anualidad media del contrato no supere los 200.000 euros, y el órgano de contratación justifique en el expediente de contratación esta decisión en base a la necesidad objetiva de proceder a la gestión unificada de dichos servicios.*

Ley 7/1985, de 2 de abril, reguladora de las Bases del Régimen Local

TEST N.º 1

Disposiciones Generales del régimen local

1. De conformidad con el artículo 1 de la Ley 7/1985 de 2 de abril reguladora de las bases del régimen local (LBRL) los municipios:

a) Son entidades básicas de la organización territorial del Estado y cauces inmediatos de participación ciudadana en los asuntos públicos, que institucionalizan y gestionan con autonomía los intereses plenos de las correspondientes colectividades.

b) Son entidades básicas de la organización territorial del Estado y cauces inmediatos de participación ciudadana en los asuntos públicos, que institucionalizan y gestionan con autonomía los intereses propios de las correspondientes colectividades.

c) Son entidades fundamentales de la organización territorial del Estado y cauces inmediatos de participación ciudadana en los asuntos generales, que institucionalizan y gestionan con autonomía los intereses propios de las correspondientes colectividades.

d) Son entidades básicas de la organización territorial del Estado y cauces inmediatos de participación ciudadana en los asuntos públicos, que institucionalizan y gestionan con personalidad propia los intereses propios de las correspondientes colectividades.

2. De conformidad con el artículo 2 de la LBRL, la legislación del Estado y la de las Comunidades Autónomas, reguladora de los distintos sectores de acción pública, deberá asegurar a los Municipios, las Provincias y las Islas su derecho a intervenir en cuantos asuntos afecten directamente al círculo de sus intereses, atribuyéndoles las competencias que proceda:

a) En atención a las características de la actividad de que se trate.

b) En atención a la capacidad de gestión de la Entidad Local.

c) De conformidad con los principios de descentralización, proximidad, eficacia y eficiencia.

d) Todas son correctas.

3. De conformidad con la LBRL, son entidades locales territoriales:

a) El municipio.

b) Las comarcas.

c) Las áreas metropolitanas.

d) Todas son correctas.

4. De conformidad con la LBRL son entidades locales:

a) La provincia.
b) Las comarcas.
c) La isla en los archipiélagos balear y canario.
d) Todas son correctas.

5. En su calidad de Administraciones públicas de carácter territorial, y dentro de la esfera de sus competencias, corresponden en todo caso a los municipios, las provincias y las islas:

a) Las potestades tributaria y financiera.
b) La potestad legislativa.
c) Las potestades expropiatoria y de investigación, deslinde y recuperación de oficio de los bienes de cualquier administración pública.
d) Todas son correctas.

6. En su calidad de Administraciones públicas de carácter territorial, y dentro de la esfera de sus competencias, corresponden en todo caso a los municipios, las provincias y las islas (marcar la incorrecta):

a) Las potestades reglamentaria y de autoorganización.
b) La presunción de legitimidad y la ejecutividad de sus actos.
c) La potestad de recurrir de oficio sus actos y acuerdos.
d) Todas son incorrectas.

7. Las potestades que el artículo 4 de la LBRL indica que corresponden en todo caso a los municipios, las provincias y las islas, ¿corresponderán también a las comarcas y áreas metropolitanas?

a) Sí.
b) No.
c) Serán las leyes del Estado las que concretarán que potestades les serán de aplicación.
d) Serán las leyes de las Comunidades Autónomas las que concretarán que potestades les serán de aplicación.

8. De conformidad con el artículo 6 de la LBRL, las entidades locales sirven con objetividad los intereses públicos que les están encomendados y actúan de acuerdo con los principios de:

a) Eficacia, centralización, concentración y coordinación, con sometimiento pleno a la ley y al Derecho.
b) Eficacia, descentralización, desconcentración y coordinación, con sometimiento pleno a la ley y al Derecho.

c) Eficiencia, descentralización, desconcentración y coordinación, con sometimiento pleno a la ley y al reglamento.

d) Eficiencia, descentralización, concentración y coordinación, con sometimiento pleno a la ley y al Derecho.

9. De conformidad con el artículo 7 de la LBRL, las competencias de las Entidades Locales son:

a) Propias e impropias.
b) Comunes y propias.
c) Propias o atribuidas por delegación.
d) Propias, mínimas y de fomento.

10. Las competencias propias de los Municipios, las Provincias, las Islas y demás Entidades Locales territoriales:

a) Solo podrán ser determinadas por ley.
b) Se ejercen en régimen de autonomía y bajo la propia responsabilidad.
c) Se ejercen atendiendo siempre a la debida coordinación en su programación y ejecución con las demás Administraciones Públicas.
d) Todas son correctas.

11. ¿Pueden las entidades locales ejercer competencias distintas de las propias o de las atribuidas por delegación?

a) No, en ningún caso.
b) Sí, cuando así lo acuerde el Pleno del Municipio.
c) Solo cuando no se ponga en riesgo la sostenibilidad financiera del conjunto de la Hacienda municipal y no se incurra en un supuesto de ejecución simultánea del mismo servicio.
d) Solo mediante una Ley orgánica que lo autorice.

12. La Administración Local y las demás Administraciones públicas ajustarán sus relaciones recíprocas a los deberes de:

a) Información mutua.
b) Colaboración y coordinación.
c) Respeto a los ámbitos competenciales respectivos.
d) Todas son correctas.

Soluciones comentadas

1. **b) Son entidades básicas de la organización territorial del Estado y cauces inmediatos de participación ciudadana en los asuntos públicos, que institucionalizan y gestionan con autonomía los intereses propios de las correspondientes colectividades.**

    Artículo 1 LBRL: 1. Los Municipios son entidades básicas de la organización territorial del Estado y cauces inmediatos de participación ciudadana en los asuntos públicos, que institucionalizan y gestionan con autonomía los intereses propios de las correspondientes colectividades.

2. **d) Todas son correctas.**

    Artículo 2 LBRL: 1. Para la efectividad de la autonomía garantizada constitucionalmente a las entidades locales, la legislación del Estado y la de las Comunidades Autónomas, reguladora de los distintos sectores de acción pública, según la distribución constitucional de competencias, deberá asegurar a los Municipios, las Provincias y las Islas su derecho a intervenir en cuantos asuntos afecten directamente al círculo de sus intereses, atribuyéndoles las competencias que proceda en atención a las características de la actividad pública de que se trate y a la capacidad de gestión de la Entidad Local, de conformidad con los principios de descentralización, proximidad, eficacia y eficiencia, y con estricta sujeción a la normativa de estabilidad presupuestaria y sostenibilidad financiera.

3. **a) El municipio.**

    Artículo 3 LBRL: Son Entidades Locales territoriales: a) El Municipio. b) La Provincia. c) La Isla en los archipiélagos balear y canario.

4. **d) Todas son correctas.**

    Todas ellas aparecen en el listado del artículo 3 de la LBRL.

5. **a) Las potestades tributaria y financiera.**

    Artículo 4 LBRL: b) Las potestades tributaria y financiera. El resto no figuran en el artículo 4 de la LBRL o contienen errores.

6. **c) La potestad de recurrir de oficio sus actos y acuerdos.**

    Artículo 4 LBRL: g) La potestad de revisión de oficio de sus actos y acuerdos.

7. **d) Serán las leyes de las Comunidades Autónomas las que concretarán que potestades les serán de aplicación.**

   Artículo 4 LBRL: 2. Lo dispuesto en el número precedente podrá ser de aplicación a las entidades territoriales de ámbito inferior al municipal y, asimismo, a las comarcas, áreas metropolitanas y demás entidades locales, debiendo las leyes de las comunidades autónomas concretar cuáles de aquellas potestades serán de aplicación, excepto en el supuesto de las mancomunidades, que se rigen por lo dispuesto en el apartado siguiente.

8. **b) Eficacia, descentralización, desconcentración y coordinación, con sometimiento pleno a la ley y al Derecho.**

   Artículo 6 LBRL: 1. Las entidades locales sirven con objetividad los intereses públicos que les están encomendados y actúan de acuerdo con los principios de eficacia, descentralización, desconcentración y coordinación, con sometimiento pleno a la ley y al Derecho.

9. **c) Propias o atribuidas por delegación.**

   Artículo 7 LBRL: 1. Las competencias de las Entidades Locales son propias o atribuidas por delegación.

10. **d) Todas son correctas.**

    Artículo 7 LBRL: 2. Las competencias propias de los Municipios, las Provincias, las Islas y demás Entidades Locales territoriales solo podrán ser determinadas por ley y se ejercen en régimen de autonomía y bajo la propia responsabilidad, atendiendo siempre a la debida coordinación en su programación y ejecución con las demás Administraciones Públicas.

11. **c) Solo cuando no se ponga en riesgo la sostenibilidad financiera del conjunto de la Hacienda municipal y no se incurra en un supuesto de ejecución simultánea del mismo servicio.**

    Artículo 7 LBRL: 4. Las Entidades Locales solo podrán ejercer competencias distintas de las propias y de las atribuidas por delegación cuando no se ponga en riesgo la sostenibilidad financiera del conjunto de la Hacienda municipal, de acuerdo con los requerimientos de la legislación de estabilidad presupuestaria y sostenibilidad financiera y no se incurra en un supuesto de ejecución simultánea del mismo servicio público con otra Administración Pública. A estos efectos, serán necesarios y vinculantes los informes previos de la Administración competente por razón de materia, en el que se señale la inexistencia de duplicidades, y de la Administración que tenga atribuida la tutela financiera sobre la sostenibilidad financiera de las nuevas competencias.

12. **d) Todas son correctas.**

    Artículo 10 LBRL: 1. La Administración Local y las demás Administraciones públicas ajustarán sus relaciones recíprocas a los deberes de información mutua, colaboración coordinación y respeto a los ámbitos competenciales respectivos.

TEST N.º 2

El Municipio: territorio, población y organización

1. ¿Qué título de la LBRL regula de manera específica el Municipio?

a) Título I.
b) Título II.
c) Título III.
d) Título IV.

2. La denominación de los Municipios podrá ser, a todos los efectos (art. 14.2 LBRL):

a) En castellano.
b) En cualquier otra lengua española oficial en la respectiva Comunidad Autónoma.
c) En ambas.
d) Todas son correctas.

3. Son elementos del Municipio:

a) Territorio.
b) Poblados.
c) Organismos.
d) Ninguna es correcta.

4. Es la entidad local básica de la organización territorial del Estado:

a) La provincia.
b) La Comunidad Autónoma.
c) El municipio.
d) Ninguna es correcta.

5. El término municipal es, según el artículo 12 LBRL:

a) El territorio en que el ayuntamiento ejerce sus competencias.
b) La entidad local básica de la organización territorial del Estado.

c) El espacio físico donde residen los habitantes del municipio.

d) Ninguna es correcta.

6. Los cambios de denominación de los Municipios solo tendrán carácter oficial cuando, tras haber sido anotados en un Registro creado por la Administración del Estado para la inscripción de todas las entidades a que se refiere la presente Ley, se publiquen en (art. 14 LBRL):

a) El Boletín Oficial de la Provincia.

b) El Boletín Oficial del Estado.

c) El Boletín Oficial de la Comunidad Autónoma.

d) En cualquiera de las anteriores.

7. Cada municipio pertenecerá (art. 12.2 LBRL):

a) A una o más provincias.

b) A una sola provincia.

c) En casos excepcionales a más de una provincia.

d) A dos o más provincias.

8. La creación o supresión de municipios, así como la alteración de términos municipales, se regularán por:

a) La legislación de las Comunidades Autónomas sobre régimen local.

b) La legislación estatal sobre régimen local.

c) La legislación local.

d) Ninguna es correcta.

9. Señala la respuesta correcta sobre la creación o supresión de municipios según el artículo 13 LBRL:

a) Requerirán en todo caso audiencia de los municipios interesados y dictamen del Consejo de Estado o del órgano consultivo superior de los Consejos de Gobierno de las Comunidades Autónomas, si existiere, así como informe de la Administración que ejerza la tutela financiera.

b) La creación de nuevos municipios solo podrá realizarse sobre la base de núcleos de población territorialmente diferenciados, de al menos 4.000 habitantes y siempre que los municipios resultantes sean financieramente sostenibles, cuenten con recursos suficientes para el cumplimiento de las competencias municipales y no suponga disminución en la calidad de los servicios que venían siendo prestados.

c) Sin perjuicio de las competencias de las Comunidades Autónomas, el Estado, atendiendo a criterios geográficos, sociales, económicos y culturales, podrá establecer medidas que tiendan a fomentar la fusión de municipios con el fin de mejorar la capacidad de gestión de los asuntos públicos locales.

d) Todas son correctas.

10. De conformidad con la LBRL, ¿puede la alteración de los términos municipales modificar los límites provinciales?

a) No, en ningún caso.

b) Solo cuando se trate de la segregación de un municipio en dos o más, debiendo pertenecer cada uno a una provincia.

c) Sí, cuando quede justificado en el expediente.

d) Solo si se recoge expresamente dicha posibilidad en la normativa estatal o autonómica.

11. Los municipios, con independencia de su población, colindantes dentro de la misma provincia podrán acordar su fusión mediante un convenio de fusión, sin perjuicio del procedimiento previsto en la normativa autonómica. El nuevo municipio resultante de la fusión no podrá segregarse hasta transcurridos:

a) Cinco años desde la adopción del convenio de fusión.

b) Diez años desde la adopción del convenio de fusión.

c) Tres años desde la adopción del convenio de fusión.

d) Quince años desde la adopción del convenio de fusión.

12. De conformidad con el artículo 13 de la LBRL, la fusión de municipios conllevará:

a) La integración de los territorios, poblaciones y organizaciones de los municipios, incluyendo los medios personales, materiales y económicos, del municipio fusionado. A estos efectos, el Alcalde de cada Corporación aprobará las medidas de redimensionamiento para la adecuación de las estructuras organizativas, inmobiliarias, de personal y de recursos resultantes de su nueva situación. De la ejecución de las citadas medidas no podrá derivarse incremento alguno de la masa salarial en los municipios afectados.

b) El órgano del gobierno del nuevo municipio resultante estará constituido transitoriamente por la suma de los concejales de los municipios fusionados en los términos previstos en la Ley Orgánica 5/1985, de 19 de junio, del Régimen Electoral General.

c) Los municipios originales aprobarán un nuevo presupuesto para el ejercicio presupuestario siguiente a la adopción del convenio de fusión

d) Todas son correctas.

13. De conformidad con el artículo 13 de la LBRL, el convenio de fusión deberá ser aprobado por:

a) Mayoría simple de cada uno de los plenos de los municipios fusionados.

b) Mayoría absoluta de cada uno de los plenos de los municipios fusionados.

c) Mayoría cualificada de cada uno de los plenos de los municipios fusionados.

d) Mayoría de dos tercios de cada uno de los plenos de los municipios fusionados.

14. Toda persona que viva en España está obligada a inscribirse en el Padrón del municipio (art. 15 LBRL):

a) En el que resida habitualmente.

b) Quien viva en varios municipios deberá inscribirse únicamente en el que habite durante más tiempo al año.

c) Las respuestas a) y b) son correctas.

d) Ninguna es correcta.

15. Señala la respuesta incorrecta del artículo 15 LBRL:

a) Los inscritos en el Padrón municipal son los vecinos del municipio.

b) La condición de vecino se adquiere en el mismo momento de su inscripción en el Padrón.

c) Quien viva en varios municipios deberá inscribirse en todos ellos.

d) Toda persona que viva en España está obligada a inscribirse en el Padrón del municipio en el que resida habitualmente.

16. Son derechos y deberes de los vecinos según el artículo 18 LBRL:

a) Ser informado, previa petición razonada, y dirigir solicitudes a la Administración municipal en relación a todos los expedientes y documentación municipal, de acuerdo con lo previsto en el artículo 105 de la Constitución.

b) Pedir la consulta popular en los términos previstos en la ley.

c) Exigir la prestación y, en su caso, el establecimiento del correspondiente servicio público, en el supuesto de constituir una competencia municipal propia de carácter obligatorio.

d) Todas son correctas.

17. ¿Qué es el Padrón municipal?

a) Es el registro administrativo donde constan los vecinos de un municipio.

b) Es la inscripción civil donde constan los vecinos de un municipio.

c) Es el registro administrativo donde constan los nacidos en un municipio.

d) Ninguna es correcta.

18. ¿Constituirá la inscripción de los extranjeros en el padrón prueba de su residencia legal en España? (art. 18.2 LBRL)

a) Sí.

b) No constituirá prueba de su residencia legal en España ni les atribuirá ningún derecho que no les confiera la legislación vigente, especialmente en materia de derechos y libertades de los extranjeros en España.

c) No constituirá prueba de su residencia legal en España, pero sí les atribuirá derechos que no les confiera la legislación vigente, especialmente en materia de derechos y libertades de los extranjeros en España.

d) Ninguna es correcta.

19. La inscripción en el Padrón municipal contendrá como obligatorios entre otros los siguientes datos:

a) Nombre y apellidos.

b) Sexo.

c) Domicilio habitual.

d) Todas son correctas.

20. ¿Cuál de los siguientes derechos y deberes de los vecinos es incorrecta según el artículo 18 LBRL?

a) Ser elector, pero no elegible de acuerdo con lo dispuesto en la legislación electoral.

b) Participar en la gestión municipal de acuerdo con lo dispuesto en las leyes y, en su caso, cuando la colaboración con carácter voluntario de los vecinos sea interesada por los órganos de gobierno y administración municipal.

c) Utilizar, de acuerdo con su naturaleza, los servicios públicos municipales, y acceder a los aprovechamientos comunales, conforme a las normas aplicables.

d) Contribuir mediante las prestaciones económicas y personales legalmente previstas a la realización de las competencias municipales.

21. ¿Cuál de los siguientes datos no es obligatorio en la inscripción del padrón municipal?

a) Correo electrónico.

b) Sexo.

c) Certificado o título escolar o académico que posea.

d) Lugar y fecha de nacimiento.

22. Corresponde al Ayuntamiento, de acuerdo con lo que establezca la legislación del Estado:

a) La formación del Padrón municipal.

b) El mantenimiento del Padrón municipal.

c) La revisión y custodia del Padrón municipal.

d) Todas son correctas.

23. Según el artículo 15 LBRL constituye la población del municipio:

a) El conjunto de personas que viven habitualmente en un municipio.

b) El conjunto de personas inscritas en el Padrón municipal.

c) El conjunto de personas nacidas en un municipio e inscritas en el Padrón municipal.

d) Todas son correctas.

24. Señala la respuesta incorrecta, la inscripción en el Padrón municipal contendrá como obligatorios los siguientes datos (art. 16 LBRL):

a) Domicilio habitual.

b) Nacionalidad española.

c) Lugar y fecha de nacimiento.

d) Nombre y apellidos.

25. ¿El domicilio habitual es un dato obligatorio que debe constar en el Padrón Municipal?

a) No.

b) Sí.

c) Sí, con especificación de la referencia catastral, en el territorio fiscal común o el código equivalente en los territorios forales, siempre que el domicilio cuente con referencia catastral o código equivalente.

d) Solo en caso de extranjeros.

26. De conformidad con la Ley 39/2015, de 1 de octubre, del Procedimiento Administrativo Común de las Administraciones Públicas:

a) La inscripción en el Padrón municipal deberá recoger la aportación voluntaria de los datos relativos a la designación de las personas que pueden representar a cada vecino ante la administración municipal a efectos padronales, el número de teléfono de contacto y la dirección de correo electrónico.

b) La inscripción en el Padrón municipal podrá recoger la aportación voluntaria de los datos relativos a la designación de las personas que pueden representar a cada vecino ante la administración municipal a efectos padronales, el número de teléfono de contacto y la dirección de correo electrónico.

c) La inscripción en el Padrón municipal podrá recoger la aportación obligatoria de los datos relativos a la designación de las personas que pueden representar a cada vecino ante la administración municipal a efectos padronales, el número de teléfono de contacto y la dirección de correo electrónico.

d) Ninguna es correcta.

27. ¿A quién corresponderá resolver las discrepancias que, en materia de empadronamiento, surjan entre los Ayuntamientos, Diputaciones Provinciales o entidades equivalentes, Cabildos y Consejos insulares o entre estos entes y el INE?

a) Al Secretario de Estado de Administraciones Públicas.

b) Al Ministro competente en materia de Administraciones Públicas.

c) A la persona que ejerza la Presidencia del Instituto Nacional de Estadística.

d) A la comisión que se acuerde entre las partes para la resolución de dichas discrepancias.

28. El Padrón de españoles residentes en el extranjero se confeccionará por:

a) La Administración General del Estado en colaboración con los Ayuntamientos y Administraciones de las CCAA.

b) Las Comunidades Autónomas en colaboración con las Diputaciones Provinciales y Ayuntamientos afectados.

c) Por el Instituto Nacional de Estadística.

d) Por los municipios en colaboración con el Consejo de Empadronamiento.

29. Las personas inscritas en el Padrón de españoles residentes en el extranjero se considerarán vecinos del municipio español que figura en los datos de su inscripción:

a) A todos los efectos.

b) Tendrán la consideración de población del municipio, aunque no tendrán todos los derechos del artículo 18 de la LBRL.

c) Solo a los efectos del derecho de sufragio.

d) Solo a los efectos de poder recibir notificaciones oficiales.

30. ¿Los datos de aportación voluntaria al padrón municipal podrán ser susceptibles de cesión?

a) Sí, en todo caso.

b) No, en ningún caso.

c) Solo se podrán ceder a otras Administraciones Públicas que lo soliciten cuando les sean necesarios para el ejercicio de sus respectivas competencias, y exclusivamente para asuntos en los que la residencia o el domicilio sean datos relevantes.

d) Solo se podrán ceder a otras Administraciones Públicas que lo soliciten cuando les sean necesarios para el ejercicio de sus respectivas competencias, y exclusivamente para asuntos en los que la nacionalidad o el domicilio sean datos relevantes.

31. El Gobierno y la Administración municipal, salvo en aquellos municipios que legalmente funcionen en régimen de Concejo Abierto, corresponde:

a) Al Pleno.

b) A todos los vecinos.

c) Al Ayuntamiento.

d) A la Junta de Gobierno municipal.

32. De conformidad con el artículo 20 de la LBRL la organización municipal responde a las siguientes reglas.

a) El Alcalde, El Vicealcalde, los Tenientes de Alcalde y el Pleno existen en todos los ayuntamientos.

b) La Junta de Gobierno Local existe en todos los municipios con población superior a 5.000 habitantes y en los de menos, cuando así lo disponga su reglamento orgánico o así lo acuerde el Pleno de su ayuntamiento.

c) La Comisión Especial de Cuentas existe en todos los municipios con población superior a 5.000 habitantes y en los de menos, cuando así lo disponga su reglamento orgánico o así lo acuerde el Pleno de su ayuntamiento.

d) Todas son correctas.

33. El Alcalde es el presidente de la Corporación y ostenta las siguientes atribuciones (marcar la incorrecta):

a) Representar al ayuntamiento.

b) Aprobar la oferta de empleo público de acuerdo con el Presupuesto y la plantilla aprobados por el Pleno, aprobar las bases de las pruebas para la selección del personal y para los concursos de provisión de puestos de trabajo y distribuir las retribuciones complementarias que no sean fijas y periódicas.

c) La aprobación del reglamento orgánico y de las ordenanzas.

d) Dictar bandos.

34. De conformidad con el artículo 21 de la LBRL son competencias del Alcalde:

a) Dirigir el gobierno y la administración municipal.

b) Convocar y presidir las sesiones del Pleno, salvo los supuestos previstos en esta ley y en la legislación electoral general, de la Junta de Gobierno Local, y de cualesquiera otros órganos municipales cuando así se establezca en disposición legal o reglamentaria, y decidir los empates con voto de calidad.

c) Ejercer la jefatura de la Policía Municipal.

d) Todas las anteriores.

35. El Alcalde de la corporación no podrá delegar la siguiente competencia:

a) Representar al Ayuntamiento.

b) Dirigir, inspeccionar e impulsar los servicios y obras municipales.

c) Dictar bandos.

d) La aprobación de los proyectos de obras y de servicios cuando sea competente para su contratación o concesión y estén previstos en el presupuesto.

36. De conformidad con el artículo 22 de la LBRL, corresponderá al Pleno municipal en los Ayuntamientos, y a la Asamblea vecinal en el régimen de Concejo Abierto las siguientes atribuciones:

a) Ejercer la jefatura de la Policía Municipal.

b) Dirigir el gobierno y la administración municipal.

c) Dictar Bandos.

d) La declaración de lesividad de los actos del Ayuntamiento.

37. En el régimen común, ¿a qué órgano corresponde la competencia del planteamiento de competencias a otras entidades locales y demás Administraciones Públicas?

a) Al Alcalde.

b) Al Pleno.

c) A la Junta de Gobierno Local.

d) Al Consejero competente.

38. ¿A quién corresponde el planteamiento de la cuestión de confianza del Alcalde en los municipios del régimen común?

a) Al Pleno.
b) Al Alcalde.
c) A la Junta de Gobierno Local.
d) A la Administración General del Estado.

39. De conformidad con el artículo 23 de la LBRL, en el régimen común, la Junta de Gobierno Local se integrará por el Alcalde y un número de concejales no superior:

a) A la mitad del número legal de los mismos.
b) Al tercio del número legal de los mismos.
c) A una cuarta del número legal de los mismos.
d) Al número legal de los mismos.

40. Son funciones de la Junta de Gobierno Local según el artículo 23 de la LBRL:

a) La asistencia al Alcalde en el ejercicio de sus funciones.
b) Sustituir al Alcalde en los casos de vacante, ausencia o enfermedad.
c) Representar al Ayuntamiento.
d) Todas las anteriores.

Soluciones comentadas

1. **b) Título II.**

   Estructura LBRL.

2. **d) Todas son correctas.**

   Artículo 14 LBRL: 2. La denominación de los Municipios podrá ser, a todos los efectos, en castellano, en cualquier otra lengua española oficial en la respectiva Comunidad Autónoma, o en ambas

3. **a) Territorio.**

   Artículo 11 LBRL: 2. Son elementos del Municipio el territorio, la población y la organización.

4. **c) El municipio.**

   Artículo 11 LBRL: 1. El Municipio es la entidad local básica de la organización territorial del Estado. Tiene personalidad jurídica y plena capacidad para el cumplimiento de sus fines.

5. **a) Es el territorio en que el ayuntamiento ejerce sus competencias.**

   Artículo 12 LBRL: 1. El término municipal es el territorio en que el ayuntamiento ejerce sus competencias.

6. **b) El Boletín Oficial del Estado.**

   Artículo 14 LBRL: 1. Los cambios de denominación de los Municipios solo tendrán carácter oficial cuando, tras haber sido anotados en un Registro creado por la Administración del Estado para la inscripción de todas las entidades a que se refiere la presente Ley, se publiquen en el «Boletín Oficial del Estado».

7. **b) A una sola provincia.**

   Artículo 12 LBRL: 2. Cada municipio pertenecerá a una sola provincia.

8. **a) La legislación de las Comunidades Autónomas sobre régimen local.**

   Artículo 13 LBRL: 1. La creación o supresión de municipios, así como la alteración de términos municipales, se regularán por la legislación de las Comunidades Autónomas sobre régimen local, sin que la alteración de términos municipales pueda suponer, en ningún caso, modificación de los límites provinciales. Requerirán en todo caso audiencia de los municipios interesados y dictamen del Consejo de Estado o del órgano consultivo superior de los Consejos de Gobierno de las Comunidades Autónomas, si existiere, así como informe de la Administración que ejerza la tutela financiera. Simultáneamente a la petición de este dictamen se dará conocimiento a la Administración General del Estado.

9. d) Todas son correctas.

Todas ellas son condiciones que aparecen reguladas en el artículo 13 de la LBRL.

10. a) No, en ningún caso.

Artículo 13 LBRL: 1. La creación o supresión de municipios, así como la alteración de términos municipales, se regularán por la legislación de las Comunidades Autónomas sobre régimen local, sin que la alteración de términos municipales pueda suponer, en ningún caso, modificación de los límites provinciales. Requerirán en todo caso audiencia de los municipios interesados y dictamen del Consejo de Estado o del órgano consultivo superior de los Consejos de Gobierno de las Comunidades Autónomas, si existiere, así como informe de la Administración que ejerza la tutela financiera. Simultáneamente a la petición de este dictamen se dará conocimiento a la Administración General del Estado.

11. b) Diez años desde la adopción del convenio de fusión.

Artículo 13: 4. Los municipios, con independencia de su población, colindantes dentro de la misma provincia podrán acordar su fusión mediante un convenio de fusión, sin perjuicio del procedimiento previsto en la normativa autonómica. El nuevo municipio resultante de la fusión no podrá segregarse hasta transcurridos diez años desde la adopción del convenio de fusión.

12. b) El órgano del gobierno del nuevo municipio resultante estará constituido transitoriamente por la suma de los concejales de los municipios fusionados en los términos previstos en la Ley Orgánica 5/1985, de 19 de junio, del Régimen Electoral General.

Artículo 13 LBRL: b) El órgano del gobierno del nuevo municipio resultante estará constituido transitoriamente por la suma de los concejales de los municipios fusionados en los términos previstos en la Ley Orgánica 5/1985, de 19 de junio, del Régimen Electoral General. Las demás respuestas contienen errores.

13. a) Mayoría simple de cada uno de los plenos de los municipios fusionados.

Artículo 13 LBRL: 6. El convenio de fusión deberá ser aprobado por mayoría simple de cada uno de los plenos de los municipios fusionados. La adopción de los acuerdos previstos en el artículo 47.2, siempre que traigan causa de una fusión, será por mayoría simple de los miembros de la corporación.

14. c) Las respuestas a) y b) son correctas.

Artículo 15 LBRL: Toda persona que viva en España está obligada a inscribirse en el Padrón del municipio en el que resida habitualmente. Quien viva en varios municipios deberá inscribirse únicamente en el que habite durante más tiempo al año.

15. c) Quien viva en varios municipios deberá inscribirse en todos ellos.

Artículo 15 LBRL: Toda persona que viva en España está obligada a inscribirse en el Padrón del municipio en el que resida habitualmente. Quien viva en varios municipios deberá inscribirse únicamente en el que habite durante más tiempo al año. El conjunto de personas inscritas en el Padrón municipal constituye la población del municipio. Los inscritos en el Padrón municipal son los vecinos del municipio. La condición de vecino se adquiere en el mismo momento de su inscripción en el Padrón.

16. d) Todas son correctas.

Todas ellas aparecen recogidas en el listado del artículo 18 de la LBRL.

17. a) Es el registro administrativo donde constan los vecinos de un municipio.

Artículo 16 LBRL: 1. El Padrón municipal es el registro administrativo donde constan los vecinos de un municipio. Sus datos constituyen prueba de la residencia en el municipio y del domicilio habitual en el mismo. Las certificaciones que de dichos datos se expidan tendrán carácter de documento público y fehaciente para todos los efectos administrativos.

18. b) No constituirá prueba de su residencia legal en España ni les atribuirá ningún derecho que no les confiera la legislación vigente, especialmente en materia de derechos y libertades de los extranjeros en España.

Artículo 18 LBRL: 2. La inscripción de los extranjeros en el padrón municipal no constituirá prueba de su residencia legal en España ni les atribuirá ningún derecho que no les confiera la legislación vigente, especialmente en materia de derechos y libertades de los extranjeros en España.

19. d) Todas son correctas.

Todos ellos son datos obligatorios en el Padrón de conformidad con el listado del artículo 16 de la LBRL.

20. a) Ser elector, pero no elegible de acuerdo con lo dispuesto en la legislación electoral.

Artículo 18 LBRL: a) Ser elector y elegible de acuerdo con lo dispuesto en la legislación electoral.

21. a) Correo electrónico.

el correo electrónico no aparece en el listado del artículo 16 de la LBRL.

22. d) Todas son correctas.

Artículo 17 LBRL: 1. La formación, mantenimiento, revisión y custodia del Padrón municipal corresponde al Ayuntamiento, de acuerdo con lo que establezca la legislación del Estado.

23. b) El conjunto de personas inscritas en el Padrón municipal.

Artículo 15 LBRL: El conjunto de personas inscritas en el Padrón municipal constituye la población del municipio.

24. b) Nacionalidad española.

Artículo 16 LBRL: d) Nacionalidad. El resto están correctas.

25. c) Si, con especificación de la referencia catastral, en el territorio fiscal común o el código equivalente en los territorios forales, siempre que el domicilio cuente con referencia catastral o código equivalente.

Artículo 16 LBRL: c) Domicilio habitual, con especificación de la referencia catastral, en el territorio fiscal común o el código equivalente en los territorios forales, siempre que el domicilio cuente con referencia catastral o código equivalente.

26. b) La inscripción en el Padrón municipal podrá recoger la aportación voluntaria de los datos relativos a la designación de las personas que pueden representar a cada vecino ante la administración municipal a efectos padronales, el número de teléfono de contacto y la dirección de correo electrónico.

Artículo 16 LBRL: Asimismo, de conformidad con la Ley 39/2015, de 1 de octubre, del Procedimiento Administrativo Común de las Administraciones Públicas, la inscripción en el Padrón municipal podrá recoger la aportación voluntaria de los datos relativos a la designación de las personas que pueden representar a cada vecino ante la administración municipal a efectos padronales, el número de teléfono de contacto y la dirección de correo electrónico.

27. c) A la persona que ejerza la Presidencia del Instituto Nacional de Estadística.

Artículo 17 LBRL: Corresponderá a la persona que ejerza la Presidencia del Instituto Nacional de Estadística la resolución de las discrepancias que, en materia de empadronamiento, surjan entre los Ayuntamientos, Diputaciones Provinciales o entidades equivalentes, Cabildos y Consejos insulares o entre estos entes y el Instituto Nacional de Estadística, así como elevar al Gobierno de la Nación la propuesta de cifras oficiales de población de los municipios españoles, comunicándolo en los términos que reglamentariamente se determinan al Ayuntamiento interesado.

28. a) La Administración General del Estado en colaboración con los Ayuntamientos y Administraciones de las CCAA.

Artículo 17 LBRL: 5. La Administración General del Estado, en colaboración con los Ayuntamientos y Administraciones de las Comunidades Autónomas confeccionará un Padrón de españoles residentes en el extranjero, al que será de aplicación las normas de esta Ley que regulan el Padrón municipal.

29. c) Solo a los efectos del derecho de sufragio.

Artículo 17 LBRL: Las personas inscritas en este Padrón se considerarán vecinos del municipio español que figura en los datos de su inscripción únicamente a efectos del ejercicio del derecho de sufragio, no constituyendo, en ningún caso, población del municipio.

30. b) No, en ningún caso.

Artículo 16 LBRL: Los datos de aportación voluntaria no serán susceptibles de cesión en ningún caso.

31. c) Al Ayuntamiento.

Artículo 19 LBRL: 1. El Gobierno y la administración municipal, salvo en aquellos municipios que legalmente funcionen en régimen de Concejo Abierto, corresponde al ayuntamiento, integrado por el Alcalde y los Concejales.

32. b) La Junta de Gobierno Local existe en todos los municipios con población superior a 5.000 habitantes y en los de menos, cuando así lo disponga su reglamento orgánico o así lo acuerde el Pleno de su ayuntamiento.

Artículo 20 LBRL: b) La Junta de Gobierno Local existe en todos los municipios con población superior a 5.000 habitantes y en los de menos, cuando así lo disponga su reglamento orgánico o así lo acuerde el Pleno de su ayuntamiento. Todas las demás respuestas contienen errores.

33. c) La aprobación del reglamento orgánico y de las ordenanzas.

de conformidad con el artículo 22 de la LBRL la aprobación del reglamento orgánico y de las ordenanzas es competencia del Pleno.

34. d) Todas las anteriores.

Todas ellas aparecen en el listado del artículo 21 de la LBRL.

35. c) Dictar bandos.

Artículo 21 LBRL: 3. El Alcalde puede delegar el ejercicio de sus atribuciones, salvo las de convocar y presidir las sesiones del Pleno y de la Junta de Gobierno Local, decidir los empates con el voto de calidad, la concertación de operaciones de crédito, la jefatura superior de todo el personal, la separación del servicio de los funcionarios y el despido del personal laboral, y las enunciadas en los párrafos a), e), j), k), l) y m) del apartado 1 de este artículo. No obstante, podrá delegar en la Junta de Gobierno Local el ejercicio de las atribuciones contempladas en el párrafo j).

36. d) La declaración de lesividad de los actos del Ayuntamiento.

Artículo 22 LBRL: k) La declaración de lesividad de los actos del Ayuntamiento. El resto son competencias del Alcalde.

37. b) Al Pleno.

Artículo 22 LBRL: corresponderá al Pleno municipal en los Ayuntamientos, y a la Asamblea vecinal en el régimen de Concejo Abierto las siguientes atribuciones: (…): h) El planteamiento de conflictos de competencias a otras entidades locales y demás Administraciones públicas.

38. b) Al Alcalde.

Artículo 22 LBRL: 3. Corresponde, igualmente, al Pleno la votación sobre la moción de censura al Alcalde y sobre la cuestión de confianza planteada por el mismo, que serán públicas y se realizarán mediante llamamiento nominal en todo caso, y se rigen por lo dispuesto en la legislación electoral general.

39. b) Al tercio del número legal de los mismos.

Artículo 23 LBRL: 1. La Junta de Gobierno Local se integra por el Alcalde y un número de Concejales no superior al tercio del número legal de los mismos, nombrados y separados libremente por aquél, dando cuenta al Pleno.

40. a) La asistencia al Alcalde en el ejercicio de sus funciones.

Artículo 23 LBRL: 2. Corresponde a la Junta de Gobierno Local: a) La asistencia al Alcalde en el ejercicio de sus atribuciones. b) Las atribuciones que el Alcalde u otro órgano municipal le delegue o le atribuyan las leyes.

TEST N.º 3

Competencias

1. El Municipio ejercerá en todo caso como competencias propias, en los términos de la legislación del Estado y de las Comunidades Autónomas, las siguientes materias (art. 25 LBRL):

a) Evaluación e información de situaciones de necesidad social y la atención inmediata a personas en situación o riesgo de exclusión social.
b) Policía local, protección civil, prevención y extinción de incendios.
c) Tráfico, estacionamiento de vehículos y movilidad. Transporte colectivo urbano.
d) Todas son correctas.

2. El Municipio ejercerá en todo caso como competencias propias, en los términos de la legislación del Estado y de las Comunidades Autónomas, en las siguientes materias (art. 25 LBRL):

a) Medio ambiente estatal: en particular, parques y jardines públicos, gestión de los residuos sólidos urbanos y protección contra la contaminación acústica, lumínica y atmosférica en las zonas urbanas.
b) Abastecimiento de agua potable a domicilio y evacuación y tratamiento de aguas residuales.
c) Infraestructura viaria y otros equipamientos de la titularidad de cualquier Administración Pública.
d) Todas son correctas.

3. El Municipio ejercerá en todo caso como competencias propias, en los términos de la legislación del Estado y de las Comunidades Autónomas, las siguientes materias (art. 25 LBRL):

a) Información y promoción de la actividad turística de interés y ámbito nacional.
b) Ferias, abastos, mercados, lonjas y comercio ambulante.
c) Sanidad pública.
d) Todas son correctas.

4. ¿Cuál de las siguientes es una competencia del municipio según el artículo 25 LBRL?

a) Urbanismo: solamente la disciplina urbanística.

b) Abastecimiento de aguas y manantiales.

c) Medio ambiente urbano: en particular, parques y jardines públicos, gestión de los residuos sólidos urbanos y protección contra la contaminación acústica, lumínica y atmosférica en las zonas urbanas.

d) Todas son correctas.

5. Las competencias municipales en las materias enunciadas en el artículo 25 de la LBRL se determinarán por Ley debiendo evaluar la conveniencia de la implantación de servicios locales conforme a los principios de:

a) Descentralización, eficiencia, estabilidad y sostenibilidad financiera.

b) Desconcentración, coordinación y eficacia.

c) Colaboración entre Administraciones Públicas y entre los ciudadanos.

d) Todas las anteriores.

6. ¿Cuál de las siguientes es una competencia del municipio según el artículo 25 LBRL?

a) Infraestructura viaria y otros equipamientos de su titularidad.

b) Abastecimiento de agua potable a domicilio y evacuación y tratamiento de aguas residuales.

c) Policía local nacional.

d) Las respuestas a) y b) son correctas.

7. De conformidad con el artículo 25 de la LBRL, indica la afirmación correcta o más correcta de las propuestas:

a) Con carácter previo a la atribución de competencias a los municipios, de acuerdo con el principio de especialización, deberá realizarse una ponderación específica de la capacidad de gestión de la entidad local, dejando constancia de tal ponderación en la motivación del instrumento jurídico que realice la atribución competencial, ya sea en su parte expositiva o en la memoria justificativa correspondiente.

b) Con carácter previo a la atribución de competencias a los municipios, de acuerdo con el principio de diferenciación, deberá realizarse una ponderación específica de la capacidad de gestión de la entidad local, dejando constancia de tal ponderación en la motivación del instrumento jurídico que realice la atribución competencial, ya sea en su parte expositiva o en la memoria justificativa correspondiente.

c) Con carácter posterior a la atribución de competencias a los municipios, de acuerdo con el principio de especialización, deberá realizarse una ponderación específica de la capacidad de gestión de la entidad local, dejando constancia de tal ponderación en la motivación del instrumento jurídico que realice la atribución competencial y en la memoria justificativa correspondiente.

d) Ninguna es correcta.

8. ¿Cuál de las siguientes es una competencia del municipio según el artículo 25 LBRL?

a) Información y promoción de la actividad turística de interés y ámbito local.
b) Promoción de los museos nacionales.
c) Medio ambiente rural.
d) Las respuestas a) y c) son correctas.

9. Los Municipios deberán prestar, además de los servicios para todos los municipios del artículo 26 LBRL, en los Municipios con población superior a 5.000 habitantes, con:

a) Parquin público, biblioteca pública y tratamiento de residuos.
b) Parque público, biblioteca pública y tratamiento de residuos.
c) Parque y biblioteca.
d) Ninguna es correcta.

10. En los municipios con población inferior a 20.000 habitantes será la Diputación provincial o entidad equivalente la que coordinará la prestación de los siguientes servicios:

a) Transporte colectivo urbano de viajeros.
b) Policía Local.
c) Limpieza viaria.
d) Todas son correctas.

11. El Estado y las Comunidades Autónomas, en el ejercicio de sus respectivas competencias:

a) Podrán delegar en los Municipios el ejercicio de sus competencias.
b) No podrán delegar en los Municipios el ejercicio de sus competencias.
c) No podrán delegar en los Municipios el ejercicio de sus competencias, salvo excepciones.
d) Ninguna es correcta.

12. De conformidad con el artículo 27 de la LBRL, las competencias delegadas se ejercen con arreglo a:

a) La normativa de la entidad local.
b) La normativa de la Provincia.
c) La legislación del Estado o de las Comunidades Autónomas.
d) Ninguna es correcta.

13. Instalaciones deportivas de uso público, es un servicio que debe prestarse en los municipios a partir de:

a) 5.000 habitantes.
b) 20.000 habitantes.

c) 50.000 habitantes.
d) Debe prestarse en todos los municipios.

14. El alumbrado público es un servicio que debe prestarse a partir de:

a) No se exige ningún mínimo de población.
b) Una población superior a 5.000 habitantes.
c) Una población superior a 20.000 habitantes.
d) Una población superior a 1.000 habitantes.

15. Evaluación e información de situaciones de necesidad social y la atención inmediata a personas en situación o riesgo de exclusión social, es un servicio que debe prestarse:

a) En todos los Municipios.
b) En los Municipios con población superior a 5.000 habitantes.
c) En los Municipios con población superior a 20.000 habitantes.
d) En los Municipios con población superior a 2.000 habitantes.

16. La pavimentación de las vías públicas es un servicio que debe prestarse:

a) En todos los Municipios.
b) Solo en los Municipios con población superior a 5.000 habitantes.
c) Solo en los Municipios con población superior a 20.000 habitantes.
d) Solo en los Municipios con población superior a 50.000 habitantes.

17. Un parque público es un servicio que debe prestarse a partir de un número de habitantes superior a:

a) 10.000.
b) 5.000.
c) 2.000.
d) 50.000.

18. El alcantarillado es un servicio que debe prestarse:

a) En todos los Municipios.
b) Solo en los Municipios con población superior a 5.000 habitantes.
c) Solo en los Municipios con población superior a 20.000 habitantes.
d) Ninguna es correcta.

19. Medio ambiente urbano, es un servicio que debe prestarse:

a) En todos los Municipios.
b) En los Municipios con población superior a 5.000 habitantes.

c) En los Municipios con población superior a 20.000 habitantes.
d) En los Municipios con población superior a 50.000 habitantes.

20. El tratamiento de residuos es un servicio municipal que debe prestarse a partir de:

a) 2.000 habitantes.
b) 5.000 habitantes.
c) 20.000 habitantes.
d) 50.000 habitantes.

21. La recogida de residuos es un servicio que debe prestarse en:

a) No se exige ningún mínimo de población.
b) Una población superior a 2.000 habitantes.
c) Una población superior a 20.000 habitantes.
d) Una población superior a 50.000 habitantes.

22. Una biblioteca pública es un servicio municipal que debe prestarse a partir de:

a) 1 habitante.
b) 5.000 habitantes.
c) 20.000 habitantes.
d) 50.000 habitantes.

23. Protección civil es un servicio que debe prestarse:

a) En todos los Municipios.
b) En los Municipios con población superior a 5.000 habitantes.
c) En los Municipios con población superior a 20.000 habitantes.
d) En los Municipios con población superior a 10.000 habitantes.

24. Transporte colectivo urbano de viajeros, es un servicio que debe prestarse:

a) En todos los Municipios.
b) En los Municipios con población superior a 5.000 habitantes.
c) En los Municipios con población superior a 20.000 habitantes.
d) En los Municipios con población superior a 50.000 habitantes.

25. Prevención y extinción de incendios, es un servicio que debe prestarse:

a) En todos los Municipios.
b) En los Municipios con población superior a 5.000 habitantes.
c) En los Municipios con población superior a 20.000 habitantes.
d) Ninguna es correcta.

26. De conformidad con el artículo 28 de la LBRL:

a) Podrán establecerse, en municipios determinados de menos de 20.000 habitantes, sistemas de gestión colaborativa dirigidos a garantizar los recursos suficientes para el cumplimiento de las competencias municipales.

b) Podrán establecerse, en municipios determinados de más de 20.000 habitantes, sistemas de gestión colaborativa dirigidos a garantizar los recursos suficientes para el cumplimiento de las competencias municipales.

c) Podrán establecerse, en municipios determinados de menos de 10.000 habitantes, sistemas de gestión colaborativa dirigidos a garantizar los recursos suficientes para el cumplimiento de las competencias municipales.

d) Podrán establecerse, en municipios determinados de más de 10.000 habitantes, sistemas de gestión colaborativa dirigidos a garantizar los recursos suficientes para el cumplimiento de las competencias municipales.

27. De conformidad con el artículo 28 de la LBRL:

a) La aplicación efectiva a un municipio de la gestión colaborativa requerirá decisión en tal sentido de la Diputación Provincial respectiva, adoptada conforme a su legislación de régimen local propia, y en todo caso, con la conformidad previa del municipio afectado y el informe de las entidades locales afectadas.

b) La aplicación efectiva a un municipio de la gestión colaborativa requerirá decisión en tal sentido del Consejo de Ministros, adoptada conforme a su legislación de régimen local propia, y en todo caso, con la conformidad previa del municipio afectado y el informe de las entidades locales afectadas.

c) La aplicación efectiva a un municipio de la gestión colaborativa requerirá decisión en tal sentido de la Comunidad Autónoma respectiva, adoptada conforme a su legislación de régimen local propia, y en todo caso, con la conformidad previa del municipio afectado y el informe de las entidades locales afectadas.

d) La aplicación efectiva a un municipio de la gestión colaborativa requerirá decisión en tal sentido del Pleno municipal, adoptada conforme a su legislación de régimen local propia, y en todo caso, con la conformidad previa del municipio afectado y el informe de las entidades locales afectadas.

28. Los Municipios deberán prestar, además de los servicios para todos los municipios del artículo 26 LBRL, en los Municipios con población superior a 20.000 habitantes:

a) Protección civil.

b) Evaluación e información de situaciones de necesidad social.

c) La atención inmediata a personas en situación o riesgo de exclusión social, prevención y extinción de incendios e instalaciones deportivas de uso público.

d) Todas son correctas.

29. La delegación de competencias por parte del Estado y las Comunidades Autónomas a los municipios no podrá tener una duración inferior a:

a) 1 año.

b) 2 años.

c) 4 años.
d) 5 años.

30. Con el objeto de evitar duplicidades administrativas, mejorar la transparencia de los servicios públicos y el servicio a la ciudadanía y, en general, contribuir a los procesos de racionalización administrativa, generando un ahorro neto de recursos, la Administración del Estado y las de las Comunidades Autónomas podrán delegar, siguiendo criterios homogéneos, entre otras, las siguientes competencias:

a) Prestación de los servicios sociales, promoción de la igualdad de oportunidades y la prevención de la violencia contra la mujer.
b) Realización de actividades complementarias en los centros docentes.
c) Gestión de oficinas unificadas de información y tramitación administrativa.
d) Todas son correctas.

31. Para la efectividad de la delegación de competencias efectuada por el Estado o por la Comunidad Autónoma, ¿se requerirá aceptación por parte del municipio?

a) Sí.
b) No.
c) Solo cuando se trate de competencias en materia urbanística.
d) Requiere aceptación de la Diputación Provincial afectada.

32. La delegación de competencias por parte del Estado o por la Comunidad Autónoma a los municipios:

a) Deberá ir acompañada de la correspondiente financiación, para lo cual será necesaria la existencia de dotación presupuestaria adecuada y suficiente en los presupuestos de la Administración delegante para cada ejercicio económico, siendo nula sin dicha dotación.
b) Deberá ir acompañada de la correspondiente financiación, para lo cual será necesaria la existencia de dotación presupuestaria adecuada y suficiente en los presupuestos del municipio para cada ejercicio económico, siendo nula sin dicha dotación.
c) Deberá ir acompañada de la correspondiente financiación, para lo cual será necesaria la existencia de dotación presupuestaria adecuada y suficiente en los presupuestos de la Diputación Provincial para cada ejercicio económico, siendo nula sin dicha dotación.
d) No es necesario que vaya acompañada de la correspondiente financiación ya que se podrá obtener la misma mediante una modificación en los presupuestos del municipio.

Soluciones comentadas

1. **d) Todas son correctas.**

   Todas ellas aparecen en el listado del artículo 25 de la LBRL.

2. **d) Todas son correctas.**

   Artículo 25 LBRL: c) Abastecimiento de agua potable a domicilio y evacuación y tratamiento de aguas residuales. El resto de respuestas contienen errores.

3. **b) Ferias, abastos, mercados, lonjas y comercio ambulante.**

   Artículo 25 LBRL: i) Ferias, abastos, mercados, lonjas y comercio ambulante. El resto de respuestas contienen errores.

4. **c) Medio ambiente urbano: en particular, parques y jardines públicos, gestión de los residuos sólidos urbanos y protección contra la contaminación acústica, lumínica y atmosférica en las zonas urbanas.**

   Artículo 25 LBRL: Medio ambiente urbano: en particular, parques y jardines públicos, gestión de los residuos sólidos urbanos y protección contra la contaminación acústica, lumínica y atmosférica en las zonas urbanas. Las demás respuestas contienen errores.

5. **a) Descentralización, eficiencia, estabilidad y sostenibilidad financiera.**

   Artículo 25 LBRL: 3. Las competencias municipales en las materias enunciadas en este artículo se determinarán por Ley debiendo evaluar la conveniencia de la implantación de servicios locales conforme a los principios de descentralización, eficiencia, estabilidad y sostenibilidad financiera.

6. **d) Las respuestas a) y b) son correctas.**

   Artículo 25 LBRL: f) Policía local, protección civil, prevención y extinción de incendios. El resto de afirmaciones están correctamente formuladas.

7. **b) Con carácter previo a la atribución de competencias a los municipios, de acuerdo con el principio de diferenciación, deberá realizarse una ponderación específica de la capacidad de gestión de la entidad local, dejando constancia de tal ponderación en la motivación del instrumento jurídico que realice la atribución competencial, ya sea en su parte expositiva o en la memoria justificativa correspondiente.**

   Artículo 25 LBRL: 6. Con carácter previo a la atribución de competencias a los municipios, de acuerdo con el principio de diferenciación, deberá realizarse una ponderación específica de la capacidad de gestión de la entidad local, dejando constancia de tal ponderación en la motivación del instrumento jurídico que realice la atribución competencial, ya sea en su parte expositiva o en la memoria justificativa correspondiente.

8. a) Información y promoción de la actividad turística de interés y ámbito local.

Artículo 25 LBRL: h) Información y promoción de la actividad turística de interés y ámbito local. El resto contienen errores.

9. b) Parque público, biblioteca pública y tratamiento de residuos.

Artículo 26 LBRL: 1. Los Municipios deberán prestar, en todo caso, los servicios siguientes:

a) En todos los Municipios: alumbrado público, cementerio, recogida de residuos, limpieza viaria, abastecimiento domiciliario de agua potable, alcantarillado, acceso a los núcleos de población y pavimentación de las vías públicas.

b) En los Municipios con población superior a 5.000 habitantes, además: parque público, biblioteca pública y tratamiento de residuos.

c) En los Municipios con población superior a 20.000 habitantes, además: protección civil, evaluación e información de situaciones de necesidad social y la atención inmediata a personas en situación o riesgo de exclusión social, prevención y extinción de incendios e instalaciones deportivas de uso público.

d) En los Municipios con población superior a 50.000 habitantes, además: transporte colectivo urbano de viajeros y medio ambiente urbano.

10. c) Limpieza viaria.

Artículo 26 LBRL: 2. En los municipios con población inferior a 20.000 habitantes será la Diputación provincial o entidad equivalente la que coordinará la prestación de los siguientes servicios: (…) c) Limpieza viaria. El resto no aparecen en el listado.

11. a) Podrán delegar en los Municipios el ejercicio de sus competencias.

Artículo 27 LBRL: 1. El Estado y las Comunidades Autónomas, en el ejercicio de sus respectivas competencias, podrán delegar en los Municipios el ejercicio de sus competencias.

12. c) La legislación del Estado o de las Comunidades Autónomas.

Artículo 27 LBRL: 8. Las competencias delegadas se ejercen con arreglo a la legislación del Estado o de las Comunidades Autónomas.

13. b) 20.000 habitantes.

Artículo 26 LBRL: 1. Los Municipios deberán prestar, en todo caso, los servicios siguientes:

a) En todos los Municipios: alumbrado público, cementerio, recogida de residuos, limpieza viaria, abastecimiento domiciliario de agua potable, alcantarillado, acceso a los núcleos de población y pavimentación de las vías públicas.

b) En los Municipios con población superior a 5.000 habitantes, además: parque público, biblioteca pública y tratamiento de residuos.

c) En los Municipios con población superior a 20.000 habitantes, además: protección civil, evaluación e información de situaciones de necesidad social y la atención inmediata a personas en situación o riesgo de exclusión social, prevención y extinción de incendios e instalaciones deportivas de uso público.

d) En los Municipios con población superior a 50.000 habitantes, además: transporte colectivo urbano de viajeros y medio ambiente urbano.

14. a) No se exige ningún mínimo de población.

Artículo 26 LBRL: 1. Los Municipios deberán prestar, en todo caso, los servicios siguientes:

a) En todos los Municipios: alumbrado público, cementerio, recogida de residuos, limpieza viaria, abastecimiento domiciliario de agua potable, alcantarillado, acceso a los núcleos de población y pavimentación de las vías públicas.

b) En los Municipios con población superior a 5.000 habitantes, además: parque público, biblioteca pública y tratamiento de residuos.

c) En los Municipios con población superior a 20.000 habitantes, además: protección civil, evaluación e información de situaciones de necesidad social y la atención inmediata a personas en situación o riesgo de exclusión social, prevención y extinción de incendios e instalaciones deportivas de uso público.

d) En los Municipios con población superior a 50.000 habitantes, además: transporte colectivo urbano de viajeros y medio ambiente urbano.

15. c) En los Municipios con población superior a 20.000 habitantes.

Artículo 26 LBRL: 1. Los Municipios deberán prestar, en todo caso, los servicios siguientes:

a) En todos los Municipios: alumbrado público, cementerio, recogida de residuos, limpieza viaria, abastecimiento domiciliario de agua potable, alcantarillado, acceso a los núcleos de población y pavimentación de las vías públicas.

b) En los Municipios con población superior a 5.000 habitantes, además: parque público, biblioteca pública y tratamiento de residuos.

c) En los Municipios con población superior a 20.000 habitantes, además: protección civil, evaluación e información de situaciones de necesidad social y la atención inmediata a personas en situación o riesgo de exclusión social, prevención y extinción de incendios e instalaciones deportivas de uso público.

d) En los Municipios con población superior a 50.000 habitantes, además: transporte colectivo urbano de viajeros y medio ambiente urbano.

16. a) En todos los Municipios.

Artículo 26 LBRL: 1. Los Municipios deberán prestar, en todo caso, los servicios siguientes:

a) En todos los Municipios: alumbrado público, cementerio, recogida de residuos, limpieza viaria, abastecimiento domiciliario de agua potable, alcantarillado, acceso a los núcleos de población y pavimentación de las vías públicas.

b) En los Municipios con población superior a 5.000 habitantes, además: parque público, biblioteca pública y tratamiento de residuos.

c) En los Municipios con población superior a 20.000 habitantes, además: protección civil, evaluación e información de situaciones de necesidad social y la atención inmediata a personas en situación o riesgo de exclusión social, prevención y extinción de incendios e instalaciones deportivas de uso público.

d) En los Municipios con población superior a 50.000 habitantes, además: transporte colectivo urbano de viajeros y medio ambiente urbano.

17. b) 5.000.

Artículo 26 LBRL: 1. Los Municipios deberán prestar, en todo caso, los servicios siguientes:

a) En todos los Municipios: alumbrado público, cementerio, recogida de residuos, limpieza viaria, abastecimiento domiciliario de agua potable, alcantarillado, acceso a los núcleos de población y pavimentación de las vías públicas.

b) En los Municipios con población superior a 5.000 habitantes, además: parque público, biblioteca pública y tratamiento de residuos.

c) En los Municipios con población superior a 20.000 habitantes, además: protección civil, evaluación e información de situaciones de necesidad social y la atención inmediata a personas en situación o riesgo de exclusión social, prevención y extinción de incendios e instalaciones deportivas de uso público.

d) En los Municipios con población superior a 50.000 habitantes, además: transporte colectivo urbano de viajeros y medio ambiente urbano.

18. a) En todos los Municipios.

Artículo 26 LBRL: 1. Los Municipios deberán prestar, en todo caso, los servicios siguientes:

a) En todos los Municipios: alumbrado público, cementerio, recogida de residuos, limpieza viaria, abastecimiento domiciliario de agua potable, alcantarillado, acceso a los núcleos de población y pavimentación de las vías públicas.

b) En los Municipios con población superior a 5.000 habitantes, además: parque público, biblioteca pública y tratamiento de residuos.

c) En los Municipios con población superior a 20.000 habitantes, además: protección civil, evaluación e información de situaciones de necesidad social y la atención inmediata a personas en situación o riesgo de exclusión social, prevención y extinción de incendios e instalaciones deportivas de uso público.

d) En los Municipios con población superior a 50.000 habitantes, además: transporte colectivo urbano de viajeros y medio ambiente urbano.

19. d) En los Municipios con población superior a 50.000 habitantes.

Artículo 26 LBRL: 1. Los Municipios deberán prestar, en todo caso, los servicios siguientes:

a) En todos los Municipios: alumbrado público, cementerio, recogida de residuos, limpieza viaria, abastecimiento domiciliario de agua potable, alcantarillado, acceso a los núcleos de población y pavimentación de las vías públicas.

b) En los Municipios con población superior a 5.000 habitantes, además: parque público, biblioteca pública y tratamiento de residuos.

c) En los Municipios con población superior a 20.000 habitantes, además: protección civil, evaluación e información de situaciones de necesidad social y la atención inmediata a personas en situación o riesgo de exclusión social, prevención y extinción de incendios e instalaciones deportivas de uso público.

d) En los Municipios con población superior a 50.000 habitantes, además: transporte colectivo urbano de viajeros y medio ambiente urbano.

20. b) 5.000 habitantes.

Artículo 26 LBRL: 1. Los Municipios deberán prestar, en todo caso, los servicios siguientes:

a) En todos los Municipios: alumbrado público, cementerio, recogida de residuos, limpieza viaria, abastecimiento domiciliario de agua potable, alcantarillado, acceso a los núcleos de población y pavimentación de las vías públicas.

b) En los Municipios con población superior a 5.000 habitantes, además: parque público, biblioteca pública y tratamiento de residuos.

c) En los Municipios con población superior a 20.000 habitantes, además: protección civil, evaluación e información de situaciones de necesidad social y la atención inmediata a personas en situación o riesgo de exclusión social, prevención y extinción de incendios e instalaciones deportivas de uso público.

d) En los Municipios con población superior a 50.000 habitantes, además: transporte colectivo urbano de viajeros y medio ambiente urbano.

21. a) No se exige ningún mínimo de población.

Artículo 26 LBRL: 1. Los Municipios deberán prestar, en todo caso, los servicios siguientes:

a) En todos los Municipios: alumbrado público, cementerio, recogida de residuos, limpieza viaria, abastecimiento domiciliario de agua potable, alcantarillado, acceso a los núcleos de población y pavimentación de las vías públicas.

b) En los Municipios con población superior a 5.000 habitantes, además: parque público, biblioteca pública y tratamiento de residuos.

c) En los Municipios con población superior a 20.000 habitantes, además: protección civil, evaluación e información de situaciones de necesidad social y la atención inmediata a personas en situación o riesgo de exclusión social, prevención y extinción de incendios e instalaciones deportivas de uso público.

d) En los Municipios con población superior a 50.000 habitantes, además: transporte colectivo urbano de viajeros y medio ambiente urbano.

22. b) 5.000 habitantes.

Artículo 26 LBRL: 1. Los Municipios deberán prestar, en todo caso, los servicios siguientes:

a) En todos los Municipios: alumbrado público, cementerio, recogida de residuos, limpieza viaria, abastecimiento domiciliario de agua potable, alcantarillado, acceso a los núcleos de población y pavimentación de las vías públicas.

b) En los Municipios con población superior a 5.000 habitantes, además: parque público, biblioteca pública y tratamiento de residuos.

c) En los Municipios con población superior a 20.000 habitantes, además: protección civil, evaluación e información de situaciones de necesidad social y la atención inmediata a personas en situación o riesgo de exclusión social, prevención y extinción de incendios e instalaciones deportivas de uso público.

d) En los Municipios con población superior a 50.000 habitantes, además: transporte colectivo urbano de viajeros y medio ambiente urbano.

23. c) En los Municipios con población superior a 20.000 habitantes.

Artículo 26 LBRL: 1. Los Municipios deberán prestar, en todo caso, los servicios siguientes:

a) En todos los Municipios: alumbrado público, cementerio, recogida de residuos, limpieza viaria, abastecimiento domiciliario de agua potable, alcantarillado, acceso a los núcleos de población y pavimentación de las vías públicas.

b) En los Municipios con población superior a 5.000 habitantes, además: parque público, biblioteca pública y tratamiento de residuos.

c) En los Municipios con población superior a 20.000 habitantes, además: protección civil, evaluación e información de situaciones de necesidad social y la atención inmediata a personas en situación o riesgo de exclusión social, prevención y extinción de incendios e instalaciones deportivas de uso público.

d) En los Municipios con población superior a 50.000 habitantes, además: transporte colectivo urbano de viajeros y medio ambiente urbano.

24. d) En los Municipios con población superior a 50.000 habitantes.

Artículo 26 LBRL: 1. Los Municipios deberán prestar, en todo caso, los servicios siguientes:

a) En todos los Municipios: alumbrado público, cementerio, recogida de residuos, limpieza viaria, abastecimiento domiciliario de agua potable, alcantarillado, acceso a los núcleos de población y pavimentación de las vías públicas.

b) En los Municipios con población superior a 5.000 habitantes, además: parque público, biblioteca pública y tratamiento de residuos.

c) En los Municipios con población superior a 20.000 habitantes, además: protección civil, evaluación e información de situaciones de necesidad social y la atención inmediata a personas en situación o riesgo de exclusión social, prevención y extinción de incendios e instalaciones deportivas de uso público.

d) En los Municipios con población superior a 50.000 habitantes, además: transporte colectivo urbano de viajeros y medio ambiente urbano.

25. c) En los Municipios con población superior a 20.000 habitantes.

Artículo 26 LBRL: 1. Los Municipios deberán prestar, en todo caso, los servicios siguientes:

a) En todos los Municipios: alumbrado público, cementerio, recogida de residuos, limpieza viaria, abastecimiento domiciliario de agua potable, alcantarillado, acceso a los núcleos de población y pavimentación de las vías públicas.

b) En los Municipios con población superior a 5.000 habitantes, además: parque público, biblioteca pública y tratamiento de residuos.

c) En los Municipios con población superior a 20.000 habitantes, además: protección civil, evaluación e información de situaciones de necesidad social y la atención inmediata a personas en situación o riesgo de exclusión social, prevención y extinción de incendios e instalaciones deportivas de uso público.

d) En los Municipios con población superior a 50.000 habitantes, además: transporte colectivo urbano de viajeros y medio ambiente urbano.

26. a) Podrán establecerse, en municipios determinados de menos de 20.000 habitantes, sistemas de gestión colaborativa dirigidos a garantizar los recursos suficientes para el cumplimiento de las competencias municipales.

Artículo 28 LBRL: Podrán establecerse, en municipios determinados de menos de 20.000 habitantes, sistemas de gestión colaborativa dirigidos a garantizar los recursos suficientes para el cumplimiento de las competencias municipales y, en particular, para una prestación de calidad, financieramente sostenible, de los servicios públicos mínimos obligatorios, mediante medidas de racionalización organizativa y de funcionamiento; de garantía de la prestación de dichos servicios mediante fórmulas de gestión comunes o asociativas; de sostenimiento del personal en común con otro u otros municipios; y, en general, de fomento del desarrollo económico y social de los municipios.

27. c) La aplicación efectiva a un municipio de la gestión colaborativa requerirá decisión en tal sentido de la Comunidad Autónoma respectiva, adoptada conforme a su legislación de régimen local propia, y en todo caso, con la conformidad previa del municipio afectado y el informe de las entidades locales afectadas.

Artículo 28 LBRL: La aplicación efectiva a un municipio de la gestión colaborativa requerirá decisión en tal sentido de la Comunidad Autónoma respectiva, adoptada conforme a su legislación de régimen local propia, y en todo caso, con la conformidad previa del municipio afectado y el informe de las entidades locales afectadas.

28. d) Todas son correctas.

Artículo 26 LBRL: 1. Los Municipios deberán prestar, en todo caso, los servicios siguientes:

a) En todos los Municipios: alumbrado público, cementerio, recogida de residuos, limpieza viaria, abastecimiento domiciliario de agua potable, alcantarillado, acceso a los núcleos de población y pavimentación de las vías públicas.

b) En los Municipios con población superior a 5.000 habitantes, además: parque público, biblioteca pública y tratamiento de residuos.

c) En los Municipios con población superior a 20.000 habitantes, además: protección civil, evaluación e información de situaciones de necesidad social y la atención inmediata a personas en situación o riesgo de exclusión social, prevención y extinción de incendios e instalaciones deportivas de uso público.

d) En los Municipios con población superior a 50.000 habitantes, además: transporte colectivo urbano de viajeros y medio ambiente urbano.

29. d) 5 años.

Artículo 27 LBRL: La delegación deberá determinar el alcance, contenido, condiciones y duración de ésta, que no podrá ser inferior a cinco años, así como el control de eficiencia que se reserve la Administración delegante y los medios personales, materiales y económicos, que ésta asigne sin que pueda suponer un mayor gasto de las Administraciones Públicas.

30. d) Todas son correctas.

Todas ellas aparecen en el listado del artículo 27.3 de la LBRL.

31. a) Sí.

Artículo 27 LBRL: 5. La efectividad de la delegación requerirá su aceptación por el Municipio interesado.

32. a) Deberá ir acompañada de la correspondiente financiación, para lo cual será necesaria la existencia de dotación presupuestaria adecuada y suficiente en los presupuestos de la Administración delegante para cada ejercicio económico, siendo nula sin dicha dotación.

Artículo 27 LBRL: 6. La delegación habrá de ir acompañada en todo caso de la correspondiente financiación, para lo cual será necesaria la existencia de dotación presupuestaria adecuada y suficiente en los presupuestos de la Administración delegante para cada ejercicio económico, siendo nula sin dicha dotación.

TEST N.º 4

La Provincia y otras entidades locales

1. De conformidad con el artículo 29 de la LBRL funcionarán en régimen de Concejo Abierto:

a) Los municipios de menos de 100 habitantes.

b) Los municipios que tradicional y obligatoriamente cuenten con ese singular régimen de gobierno y administración.

c) Aquellos otros en los que, por su localización geográfica, la mejor gestión de los intereses municipales u otras circunstancias lo hagan aconsejable.

d) Todos los anteriores.

2. La constitución en concejo abierto de los municipios que funcionen por dicho régimen requiere la petición:

a) De la mayoría de los vecinos, decisión favorable por mayoría de dos quintos de los miembros del Ayuntamiento y aprobación por la Comunidad Autónoma.

b) De la mayoría de los vecinos, decisión favorable por mayoría absoluta de los miembros del Ayuntamiento y aprobación por la Comunidad Autónoma.

c) De la mayoría de los vecinos, decisión favorable por mayoría de dos tercios de los miembros del Ayuntamiento y aprobación por el Estado.

d) De la mayoría de los vecinos, decisión favorable por mayoría de dos tercios de los miembros del Ayuntamiento y aprobación por la Comunidad Autónoma.

3. En el régimen de Concejo Abierto, el gobierno y la administración municipales corresponden a:

a) Un Alcalde y una asamblea vecinal de la que forman parte todos los electores.

b) Un Alcalde y un Pleno formado por todos los vecinos.

c) Un Alcalde, un Vicealcalde y una agrupación de vecinos.

d) Todos los vecinos constituidos en Pleno.

4. De conformidad con el artículo 29.4 de la LBRL los alcaldes de las corporaciones de municipios de menos de _____ podrán convocar a sus vecinos a Concejo Abierto para decisiones de especial trascendencia para el municipio:

a) 100 residentes.
b) 50 residentes.
c) 40 residentes.
d) 250 residentes.

5. De conformidad con el artículo 31 de la LBRL, la Provincia es una entidad local determinada por la agrupación de Municipios:

a) Con personalidad jurídica plena y propia capacidad para el cumplimiento de sus fines.
b) Con personalidad jurídica propia y plena capacidad para el cumplimiento de sus fines.
c) Con personalidad jurídica total y plena capacidad para el cumplimiento de sus fines.
d) Con personalidad jurídica autónoma y capacidad para el cumplimiento de sus fines.

6. La organización provincial responde a las siguientes reglas:

a) El Presidente, los Vicepresidentes, la Junta de Gobierno y el Pleno existen en todas las Diputaciones.

b) Asimismo, existirán en todas las Diputaciones órganos que tengan por objeto el estudio, informe o consulta de los asuntos que han de ser sometidos a la decisión del Pleno, así como el seguimiento de la gestión del Presidente, del Pleno, la Junta de Gobierno y los Diputados que ostenten delegaciones, siempre que la respectiva legislación autonómica no prevea una forma organizativa distinta en este ámbito y sin perjuicio de las competencias de control que corresponden al Pleno.

c) El resto de los órganos complementarios se establece y regula por la normativa estatal sobre el régimen local.

d) Todas son correctas.

7. El nombramiento del personal directivo que, en su caso, hubiera en las Diputaciones, Cabildos y Consejos Insulares deberá efectuarse de acuerdo a criterios de competencia profesional y experiencia:

a) Entre funcionarios de carrera del Estado, de las Comunidades Autónomas, de las Entidades Locales o con habilitación de carácter nacional que pertenezcan a cuerpos o escalas clasificados en el subgrupo A2 o superior, salvo que el correspondiente Reglamento Orgánico permita que, en atención a las características específicas de las funciones de tales órganos directivos, su titular no reúna dicha condición de funcionario.

b) Entre funcionarios de carrera del Estado, de las Comunidades Autónomas, de las Entidades Locales o con habilitación de carácter nacional que pertenezcan a cuerpos o escalas clasificados en el subgrupo A1, salvo que el correspondiente Reglamento Orgánico permita que, en atención a las características específicas de las funciones de tales órganos directivos, su titular no reúna dicha condición de funcionario.

c) En todo caso, entre funcionarios de carrera del Estado, de las Comunidades Autónomas, de las Entidades Locales o con habilitación de carácter nacional que pertenezcan a cuerpos o escalas clasificados en el subgrupo A1.

d) Entre funcionarios de carrera o eventuales del Estado, de las Comunidades Autónomas, de las Entidades Locales o con habilitación de carácter nacional que pertenezcan a cuerpos o escalas clasificados en el subgrupo A1, salvo que el correspondiente Reglamento Orgánico permita que, en atención a las características específicas de las funciones de tales órganos directivos, su titular no reúna dicha condición de funcionario.

8. De conformidad con el artículo 33 de la LBRL el Pleno de la Diputación Provincial está constituido por:

a) El Presidente y 50 diputados/as.
b) El Presidente, el Pleno y la Junta de Gobierno.
c) El Presidente, el Vicepresidente y los Diputados.
d) El Presidente y los Diputados.

9. Corresponde en todo caso al Pleno de la Diputación Provincial:

a) La aprobación de los planes de carácter provincial.
b) La aprobación de las ordenanzas.
c) La declaración de lesividad de los actos de la Diputación.
d) Todos los anteriores.

10. Es competencia del Pleno de la Diputación Provincial:

a) Asegurar la gestión de los servicios propios de la Comunidad Autónoma cuya gestión ordinaria esté encomendada a la Diputación.
b) Ordenar la publicación y ejecución y hacer cumplir los acuerdos de la Diputación.
c) El ejercicio de acciones judiciales y administrativas y la defensa de la Corporación en materias de competencia plenaria.
d) Dirigir el gobierno y la administración de la provincia.

11. Será competente el Pleno de la Diputación para la concertación de operaciones de crédito:

a) Cuya cuantía acumulada en el ejercicio económico exceda del 10 por 100 de los recursos ordinarios, salvo las de tesorería, que le corresponderán cuando el importe acumulado de las operaciones vivas en cada momento supere el 15 por 100 de los ingresos corrientes liquidados en el ejercicio anterior, todo ello de conformidad con lo dispuesto en la Ley Reguladora de las Haciendas Locales.
b) Cuya cuantía acumulada en el ejercicio económico exceda del 15 por 100 de los recursos ordinarios, salvo las de tesorería, que le corresponderán cuando el importe acumulado de las operaciones vivas en cada momento supere el 10 por 100 de los ingresos corrientes liquidados en el ejercicio anterior, todo ello de conformidad con lo dispuesto en la Ley Reguladora de las Haciendas Locales.

c) Cuya cuantía acumulada en el ejercicio económico exceda del 10 por 100 de los recursos ordinarios, incluidas las de tesorería, que le corresponderán cuando el importe acumulado de las operaciones vivas en cada momento supere el 20 por 100 de los ingresos corrientes liquidados en el ejercicio anterior, todo ello de conformidad con lo dispuesto en la Ley Reguladora de las Haciendas Locales.

d) Cuya cuantía acumulada en el ejercicio económico exceda del 10 por 100 de los recursos ordinarios, incluidas las de tesorería, que le corresponderán cuando el importe acumulado de las operaciones vivas en cada momento supere el 15 por 100 de los ingresos corrientes liquidados en el ejercicio posterior, todo ello de conformidad con lo dispuesto en la Ley Reguladora de las Haciendas Locales.

12. Corresponde en todo caso al Presidente de la Diputación (marcar la incorrecta):

a) Desempeñar la jefatura superior de todo el personal, y acordar su nombramiento y sanciones, incluida la separación del servicio de los funcionarios de la Corporación y el despido del personal laboral, dando cuenta al Pleno en la primera sesión que celebre.

b) Ordenar la publicación y ejecución y hacer cumplir los acuerdos de la Diputación.

c) El ejercicio de aquellas otras atribuciones que la legislación del Estado o de las Comunidades Autónomas asigne a la Diputación y no estén expresamente atribuidas a otros órganos.

d) La alteración de la calificación jurídica de los bienes de dominio público.

13. La Junta de Gobierno en las Diputaciones Provinciales se integrará:

a) Por el Presidente y 20 diputados.

b) Por el Presidente y un número de Diputados no superior al tercio del número legal de los mismos.

c) Por el Presidente, el Vicepresidente y un número de Diputados no superior a la mitad del número legal de los mismos.

d) Por el Presidente y un número de Diputados no superior a la mitad del número legal de los mismos.

14. Son funciones de la Junta de Gobierno en las Diputaciones:

a) Dirigir el gobierno y la administración de la provincia.

b) La aprobación de la plantilla de personal, la relación de puestos de trabajo, la fijación de la cuantía de las retribuciones complementarias fijas y periódicas de los funcionarios, y el número y régimen del personal eventual.

c) La asistencia al Presidente en el ejercicio de sus atribuciones.

d) Todas son correctas.

15. Los vicepresidentes de la Diputación, de conformidad con el artículo 35 de la LBRL serán nombrados por:

a) El Pleno.

b) La Junta de Gobierno.

c) El Presidente de la Diputación.

d) El Presidente del Gobierno de la Comunidad Autónoma respectiva.

16. Sosn competencias propias de la Diputación o entidad equivalente las que le atribuyan en este concepto las leyes del Estado y de las Comunidades Autónomas en los diferentes sectores de la acción pública y, en todo caso, las siguientes:

a) La asistencia y cooperación jurídica, económica y técnica a los Municipios, especialmente los de menor capacidad económica y de gestión. En todo caso garantizará en los municipios de menos de 2.000 habitantes la prestación de los servicios de secretaría e intervención.

b) La prestación de servicios públicos de carácter supramunicipal y, en su caso, supracomarcal y el fomento o, en su caso, coordinación de la prestación unificada de servicios de los municipios de su respectivo ámbito territorial. En particular, asumirá la prestación de los servicios de tratamiento de residuos en los municipios de menos de 5.000 habitantes, y de prevención y extinción de incendios en los de menos de 20.000 habitantes, cuando estos no procedan a su prestación.

c) La prestación de los servicios de administración electrónica y la contratación centralizada en los municipios con población inferior a 2.000 habitantes.

d) Todas las anteriores.

17. Son competencias propias de la Diputación o entidad equivalente las que le atribuyan en este concepto las leyes del Estado y de las Comunidades Autónomas en los diferentes sectores de la acción pública y, en todo caso, las siguientes (marca la incorrecta):

a) La cooperación en el fomento del desarrollo económico y social y en la planificación en el territorio provincial, de acuerdo con las competencias de las demás Administraciones Públicas en este ámbito.

b) El seguimiento de los costes efectivos de los servicios prestados por los municipios de su provincia. Cuando la Diputación detecte que estos costes son superiores a los de los servicios coordinados o prestados por ella, ofrecerá a los municipios su colaboración para una gestión coordinada más eficiente de los servicios que permita reducir estos costes.

c) La coordinación mediante convenio, con los Ayuntamientos respectivos, de la prestación del servicio de mantenimiento y limpieza de los consultorios médicos en los municipios con población inferior a 20.000 habitantes.

d) Todas son competencias de la Diputación Provincial.

18. En los supuestos indicados en el artículo 36 de la LBRL la Diputación o entidad equivalente:

a) Aprueba anualmente un plan provincial de cooperación a las obras y servicios de competencia municipal, en cuya elaboración deben participar los Municipios de la Provincia.

b) Aprueba cada dos años un plan provincial de cooperación a las obras y servicios de competencia municipal, en cuya elaboración deben participar los Municipios de la Provincia.

c) Aprueba semestralmente un plan provincial de cooperación a las obras y servicios de competencia municipal, en cuya elaboración deben participar los Municipios de la Provincia.

d) Aprueba mensualmente un plan provincial de cooperación a las obras y servicios de competencia municipal, en cuya elaboración deben participar los Municipios de la Provincia.

19. De conformidad con el artículo 37 de la LBRL, ¿puede el Estado delegar competencias en las Diputaciones?

a) No, solo puede delegar competencias en las Diputaciones la respectiva Comunidad Autónoma.

b) Sí, en todo caso.

c) Sí, previa consulta a la Comunidad Autónoma y cuando se trate de competencias de mera ejecución.

d) Sí, cualquier tipo de competencia previa autorización de la Comunidad Autónoma.

20. De conformidad con el artículo 42 de la LBRL ¿qué Administración será competente para crear en su territorio comarcas?

a) El Estado.

b) Las Diputaciones Provinciales.

c) Las Comunidades Autónomas.

d) Las propias comarcas.

21. No podrá crearse la comarca si a ello se oponen expresamente:

a) Las dos quintas partes de los Municipios que debieran agruparse en ella, siempre que, en este caso, tales Municipios representen al menos la mitad del censo electoral del territorio correspondiente.

b) Las dos terceras partes de los Municipios que debieran agruparse en ella, siempre que, en este caso, tales Municipios representen al menos la mitad del censo electoral del territorio correspondiente.

c) Las dos terceras partes de los Municipios que debieran agruparse en ella, siempre que, en este caso, tales Municipios representen al menos dos terceras partes del censo electoral del territorio correspondiente.

d) La mitad de los Municipios que debieran agruparse en ella, siempre que, en este caso, tales Municipios representen más de la mitad del censo electoral del territorio correspondiente.

22. ¿Puede una comarca agrupar a municipios de más de una Provincia?

a) No, aparece expresamente prohibido en la LBRL.

b) Sí, en cualquier caso.

c) Sí, aunque deberá contar con informe favorable de las Diputaciones Provinciales cuyo ámbito territorial pertenezca a tales municipios.

d) Ninguna es correcta.

23. La creación, modificación y supresión de las áreas metropolitanas se realizará:

a) Por la Ley de la respectiva Comunidad Autónoma.
b) Por Real Decreto Ley.
c) Por acuerdo entre los municipios incluidos.
d) Por cualquiera de los anteriores.

24. El procedimiento de aprobación de los estatutos de las mancomunidades se ajustará en todo caso a las siguientes reglas (marcar la incorrecta):

a) La elaboración corresponderá a los concejales de la totalidad de los municipios promotores de la mancomunidad, constituidos en asamblea.
b) La Comunidad o Comunidades Autónomas interesadas emitirán informe sobre el proyecto de estatutos.
c) Los Plenos de todos los ayuntamientos aprueban los estatutos.
d) Todas son correctas.

Soluciones comentadas

1. **c) Aquellos otros en los que, por su localización geográfica, la mejor gestión de los intereses municipales u otras circunstancias lo hagan aconsejable.**

   Artículo 29 LBRL: *1. Funcionan en Concejo Abierto: a) Los municipios que tradicional y voluntariamente cuenten con ese singular régimen de gobierno y administración. b) Aquellos otros en los que por su localización geográfica, la mejor gestión de los intereses municipales u otras circunstancias lo hagan aconsejable.*

2. **a) De la mayoría de los vecinos, decisión favorable por mayoría de dos tercios de los miembros del Ayuntamiento y aprobación por la Comunidad Autónoma.**

   Artículo 29 LBRL: *2. La constitución en concejo abierto de los municipios a que se refiere el apartado b) del número anterior, requiere petición de la mayoría de los vecinos, decisión favorable por mayoría de dos tercios de los miembros del Ayuntamiento y aprobación por la Comunidad Autónoma.*

3. **a) Un Alcalde y una asamblea vecinal de la que forman parte todos los electores.**

   Artículo 29 LBRL: *3. En el régimen de Concejo Abierto, el gobierno y la administración municipales corresponden a un Alcalde y una asamblea vecinal de la que forman parte todos los electores. Ajustan su funcionamiento a los usos, costumbres y tradiciones locales y, en su defecto, a lo establecido en esta Ley y las leyes de las Comunidades Autónomas sobre régimen local.*

4. **a) 100 residentes.**

   Artículo 29 LBRL: *4. No obstante lo anterior, los alcaldes de las corporaciones de municipios de menos de 100 residentes podrán convocar a sus vecinos a Concejo Abierto para decisiones de especial trascendencia para el municipio. Si así lo hicieren deberán someterse obligatoriamente al criterio de la Asamblea vecinal constituida al efecto.*

5. **b) Con personalidad jurídica propia y plena capacidad para el cumplimiento de sus fines.**

   Artículo 31 LBRL: *1. La Provincia es una entidad local determinada por la agrupación de Municipios, con personalidad jurídica propia y plena capacidad para el cumplimiento de sus fines.*

6. **a) El Presidente, los Vicepresidentes, la Junta de Gobierno y el Pleno existen en todas las Diputaciones.**

   Artículo 32 LBRL: *1. El Presidente, los Vicepresidentes, la Junta de Gobierno y el Pleno existen en todas las Diputaciones. El resto de respuestas contienen errores.*

7. **b) Entre funcionarios de carrera del Estado, de las Comunidades Autónomas, de las Entidades Locales o con habilitación de carácter nacional que pertenezcan a cuerpos o escalas clasificados en el subgrupo A1, salvo que el correspondiente Reglamento Orgánico permita que, en atención a las características específicas de las funciones de tales órganos directivos, su titular no reúna dicha condición de funcionario.**

Artículo 32 bis LBRL: *El nombramiento del personal directivo que, en su caso, hubiera en las Diputaciones, Cabildos y Consejos Insulares deberá efectuarse de acuerdo a criterios de competencia profesional y experiencia, entre funcionarios de carrera del Estado, de las Comunidades Autónomas, de las Entidades Locales o con habilitación de carácter nacional que pertenezcan a cuerpos o escalas clasificados en el subgrupo A1, salvo que el correspondiente Reglamento Orgánico permita que, en atención a las características específicas de las funciones de tales órganos directivos, su titular no reúna dicha condición de funcionario.*

8. **d) El Presidente y los Diputados.**

Artículo 33 LBLR: *1. El Pleno de la Diputación está constituido por el Presidente y los Diputados.*

9. **d) Todos los anteriores.**

Todas las competencias aparecen en el artículo 33.2 de la LBRL.

10. **c) El ejercicio de acciones judiciales y administrativas y la defensa de la Corporación en materias de competencia plenaria.**

Artículo 33 LBRL: *2. Corresponde en todo caso al Pleno: (…) i) El ejercicio de acciones judiciales y administrativas y la defensa de la Corporación en materias de competencia plenaria.* El resto es competencia del Presidente.

11. **a) Cuya cuantía acumulada en el ejercicio económico exceda del 10 por 100 de los recursos ordinarios, salvo las de tesorería, que le corresponderán cuando el importe acumulado de las operaciones vivas en cada momento supere el 15 por 100 de los ingresos corrientes liquidados en el ejercicio anterior, todo ello de conformidad con lo dispuesto en la Ley Reguladora de las Haciendas Locales.**

Artículo 33 LBLR: *2. Corresponde en todo caso al Pleno: (…) k) La concertación de las operaciones de crédito cuya cuantía acumulada en el ejercicio económico exceda del 10 por 100 de los recursos ordinarios, salvo las de tesorería, que le corresponderán cuando el importe acumulado de las operaciones vivas en cada momento supere el 15 por 100 de los ingresos corrientes liquidados en el ejercicio anterior, todo ello de conformidad con lo dispuesto en la Ley Reguladora de las Haciendas Locales.*

12. **d) La alteración de la calificación jurídica de los bienes de dominio público.**

"La alteración de la calificación jurídica de los bienes de dominio público", es una competencia que el artículo 33 de la LBRL atribuye al Pleno.

13. b) Por el Presidente y un número de Diputados no superior al tercio del número legal de los mismos.

Artículo 35 LBRL: *1. La Junta de Gobierno se integra por el Presidente y un número de Diputados no superior al tercio del número legal de los mismos, nombrados y separados libremente por aquel, dando cuenta al Pleno.*

14. c) La asistencia al Presidente en el ejercicio de sus atribuciones.

Artículo 35 LBRL: *2. Corresponde a la Junta de Gobierno: a) La asistencia al Presidente en el ejercicio de sus atribuciones. b) Las atribuciones que el Presidente le delegue o le atribuyan las leyes.*

15. c) El Presidente de la Diputación.

Artículo 35 LBRL: *4. Los Vicepresidentes sustituyen, por el orden de su nombramiento y en los casos de vacante, ausencia o enfermedad, al Presidente, siendo libremente designados por este entre los miembros de la Junta de Gobierno.*

16. b) La prestación de servicios públicos de carácter supramunicipal y, en su caso, supracomarcal y el fomento o, en su caso, coordinación de la prestación unificada de servicios de los municipios de su respectivo ámbito territorial. En particular, asumirá la prestación de los servicios de tratamiento de residuos en los municipios de menos de 5.000 habitantes, y de prevención y extinción de incendios en los de menos de 20.000 habitantes, cuando estos no procedan a su prestación.

Artículo 36 LBRL: *c) La prestación de servicios públicos de carácter supramunicipal y, en su caso, supracomarcal y el fomento o, en su caso, coordinación de la prestación unificada de servicios de los municipios de su respectivo ámbito territorial. En particular, asumirá la prestación de los servicios de tratamiento de residuos en los municipios de menos de 5.000 habitantes, y de prevención y extinción de incendios en los de menos de 20.000 habitantes, cuando estos no procedan a su prestación.* El resto de respuestas contienen errores en las cifras.

17. c) La coordinación mediante convenio, con los Ayuntamientos respectivos, de la prestación del servicio de mantenimiento y limpieza de los consultorios médicos en los municipios con población inferior a 20.000 habitantes.

Artículo 36 LBRL: *La coordinación mediante convenio, con la Comunidad Autónoma respectiva, de la prestación del servicio de mantenimiento y limpieza de los consultorios médicos en los municipios con población inferior a 5000 habitantes.* El resto de afirmaciones son correctas.

18. a) Aprueba anualmente un plan provincial de cooperación a las obras y servicios de competencia municipal, en cuya elaboración deben participar los Municipios de la Provincia.

Artículo 36 LBRL: *2. A los efectos de lo dispuesto en las letras a), b) y c) del apartado anterior, la Diputación o entidad equivalente: a) Aprueba anualmente un plan provincial de cooperación a las obras y servicios de competencia municipal, en cuya elaboración deben participar los Municipios de la Provincia.*

19. c) Sí, previa consulta a la Comunidad Autónoma y cuando se trate de competencias de mera ejecución.

Artículo 37 LBRL: *2. El Estado podrá, asimismo, previa consulta e informe de la Comunidad Autónoma interesada, delegar en las Diputaciones competencias de mera ejecución cuando el ámbito provincial sea el más idóneo para la prestación de los correspondientes servicios.*

20. c) Las Comunidades Autónomas.

Artículo 42 LBLR: *1. Las Comunidades Autónomas, de acuerdo con lo dispuesto en sus respectivos Estatutos, podrán crear en su territorio comarcas u otras entidades que agrupen varios Municipios, cuyas características determinen intereses comunes precisados de una gestión propia o demanden la prestación de servicios de dicho ámbito.*

21. a) Las dos quintas partes de los Municipios que debieran agruparse en ella, siempre que, en este caso, tales Municipios representen al menos la mitad del censo electoral del territorio correspondiente.

Artículo 42 LBRL: *2. La iniciativa para la creación de una comarca podrá partir de los propios Municipios interesados. En cualquier caso, no podrá crearse la comarca si a ello se oponen expresamente las dos quintas partes de los Municipios que debieran agruparse en ella, siempre que, en este caso, tales Municipios representen al menos la mitad del censo electoral del territorio correspondiente.*

22. c) Sí, aunque deberá contar con informe favorable de las Diputaciones Provinciales cuyo ámbito territorial pertenezca a tales municipios.

Artículo 42 LBRL: *2. La iniciativa para la creación de una comarca podrá partir de los propios Municipios interesados. En cualquier caso, no podrá crearse la comarca si a ello se oponen expresamente las dos quintas partes de los Municipios que debieran agruparse en ella, siempre que, en este caso, tales Municipios representen al menos la mitad del censo electoral del territorio correspondiente. Cuando la comarca deba agrupar a Municipios de más de una Provincia, será necesario el informe favorable de las Diputaciones Provinciales a cuyo ámbito territorial pertenezcan tales Municipios.*

23. a) Por la Ley de la respectiva Comunidad Autónoma.

Artículo 43 LBRL: *1. Las Comunidades Autónomas, previa audiencia de la Administración del Estado y de los Ayuntamientos y Diputaciones afectados, podrán crear, modificar y suprimir, mediante Ley, áreas metropolitanas, de acuerdo con lo dispuesto en sus respectivos Estatutos.*

24. b) La Comunidad o Comunidades Autónomas interesadas emitirán informe sobre el proyecto de estatutos.

Artículo 44 LBRL: *3. El procedimiento de aprobación de los estatutos de las mancomunidades se determinará por la legislación de las comunidades autónomas y se ajustará, en todo caso, a las siguientes reglas: a) La elaboración corresponderá a los concejales de la totalidad de los municipios promotores de la mancomunidad, constituidos en asamblea. b) La Diputación o Diputaciones provinciales interesadas emitirán informe sobre el proyecto de estatutos. c) Los Plenos de todos los ayuntamientos aprueban los estatutos.*

TEST N.º 5

Actividades y servicios

1. Las Entidades locales podrán intervenir la actividad de los ciudadanos a través de los siguientes medios (art. 84 LBRL):

a) Ordenanzas y bandos.

b) Órdenes colectivas constitutivas de mandato para la ejecución de un acto o la prohibición del mismo.

c) Sometimiento a control inicial al final de la actividad, a efectos de verificar el cumplimiento de la normativa reguladora de la misma.

d) Todas son correctas.

2. Según el artículo 84 de la LBRL no es una forma de intervención por parte de las entidades locales en la actividad de los particulares:

a) Las ordenanzas y bandos.

b) Sometimiento a control posterior.

c) Las multas y sanciones.

d) Todos los anteriores son formas de intervención en la actividad de los ciudadanos.

3. Las licencias o autorizaciones otorgadas por otras Administraciones Públicas:

a) Eximen a sus titulares de obtener las correspondientes licencias de las Entidades locales, respetándose en todo caso lo dispuesto en las correspondientes leyes sectoriales.

b) No eximen a sus titulares de obtener las correspondientes licencias de las Entidades locales, respetándose en todo caso lo dispuesto en las correspondientes leyes sectoriales.

c) Eximen a sus titulares en casos tasados de obtener las correspondientes licencias de las Entidades locales, respetándose en todo caso lo dispuesto en las correspondientes leyes sectoriales.

d) Ninguna es correcta.

4. La actividad de intervención de las Entidades locales se ajustará, en todo caso a:

a) Los principios de igualdad de trato y proporcionalidad con el objetivo que se persigue.

b) Los principios de proporcionalidad de trato, necesidad y progresividad con el objetivo que se persigue.

c) Los principios de igualdad de trato, necesidad y proporcionalidad con el objetivo que se persigue.

d) Ninguna es correcta.

5. En caso de existencia de licencias o autorizaciones concurrentes entre una Entidad Local y otra Administración (art. 84 bis LBRL):

a) Ambas son compatibles sin necesidad de motivación alguna.

b) La Entidad Local deberá motivar expresamente en la justificación de la necesidad de la autorización o licencia el interés general concreto que se pretende proteger y que este no se encuentre ya cubierto mediante otra autorización ya existente.

c) Solo deberá motivarse expresamente en casos excepcionales.

d) Ninguna es correcta.

6. Con carácter general el ejercicio de actividades:

a) Se someterá a la obtención de licencia u otro medio de control preventivo.

b) No se someterá a la obtención de licencia u otro medio de control preventivo salvo las excepciones indicadas en el artículo 84 bis de la LBRL.

c) No se someterá a la obtención de licencia u otro medio de control preventivo en ningún caso.

d) Se someterá a la obtención de licencia u otro medio de control preventivo, salvo los supuestos recogidos en el artículo 84.ter de la LBRL.

7. Deberá exigirse una licencia u otro medio de control preventivo respecto a aquellas actividades económicas:

a) Cuando esté justificado por razones de orden público, seguridad pública, salud pública o protección del medio ambiente en el lugar concreto donde se realiza la actividad, y estas razones no puedan salvaguardarse mediante la presentación de una declaración responsable o de una comunicación.

b) Cuando por la escasez de recursos naturales, la utilización de dominio público, la existencia de inequívocos impedimentos técnicos o en función de la existencia de servicios públicos sometidos a tarifas reguladas, el número de operadores económicos del mercado sea limitado.

c) En ambos casos.

d) Ninguna de las respuestas anteriores es correcta.

8. Las instalaciones o infraestructuras físicas para el ejercicio de actividades económicas solo se someterán a un régimen de autorización cuando lo establezca una Ley que defina sus requisitos esenciales y las mismas sean susceptibles de generar daños sobre el medioambiente y el entorno urbano, la seguridad o la salud públicas y el patrimonio histórico y resulte proporcionado. La evaluación de este riesgo se determinará en función de las características de las instalaciones, entre las que estarán las siguientes (marcar la incorrecta):

a) La potencia eléctrica o energética de la instalación.

b) La capacidad o aforo de la instalación.

c) La contaminación lumínica.

d) La composición de las aguas residuales que emita la instalación y su capacidad de depuración.

9. El ejercicio de actividades no se someterá a la obtención de licencia u otro medio de control preventivo:

a) Con carácter general.

b) Con carácter excepcional.

c) Según se establezca para cada caso concreto como señala el artículo en su apartado cuatro.

d) Ninguna es correcta.

10. Cuando el ejercicio de actividades no precise autorización habilitante y previa, las Entidades locales:

a) Deberán establecer y planificar los procedimientos de comunicación necesarios, así como los de verificación posterior del cumplimiento de los requisitos precisos para el ejercicio de la misma por los interesados previstos en la legislación sectorial.

b) Podrán establecer y planificar los procedimientos de comunicación necesarios, así como los de verificación anterior del cumplimiento de los requisitos precisos para el ejercicio de la misma por los interesados previstos en la legislación sectorial.

c) Podrán establecer y planificar los procedimientos de declaración responsable necesarios, así como los de verificación anterior del cumplimiento de los requisitos precisos para el ejercicio de la misma por los interesados previstos en la legislación sectorial.

d) Deberán establecer o planificar los procedimientos de comunicación necesarios, así como los de verificación anterior del cumplimiento de los requisitos precisos para el ejercicio de la misma por los interesados previstos en la legislación ambiental.

11. Los servicios que prestan las entidades locales en el ámbito de sus competencias:

a) Son servicios públicos especiales.

b) Son servicios privados locales.

c) Son servicios públicos generales.

d) Son servicios públicos locales.

12. La gestión directa (art. 85 LBRL) puede ser:

a) Gestión por la propia Entidad Local.

b) Organismo autónomo local o por una Entidad pública empresarial local.

c) Sociedad mercantil local, cuyo capital social sea de titularidad pública.

d) Todas son correctas.

13. Los servicios públicos de competencia local habrán de gestionarse de la forma más sostenible y eficiente de la siguiente manera (art. 85 LBRL):

a) Gestión directa.
b) Gestión indirecta.
c) Gestión Compartida.
d) Las respuestas a) y b) son correctas.

14. Son formas de gestión directa de los servicios públicos de competencia local, según el artículo 85 LBRL:

a) Sociedad mercantil local, cuyo capital social sea de titularidad privada.
b) Organismo autónomo estatal.
c) Gestión por la propia Entidad Local.
d) Todas son correctas.

15. Podrá hacerse uso de las formas de gestión de los servicios públicos relativas a Entidad Pública Empresarial y Sociedad mercantil de capital íntegramente local:

a) En cualquier caso, siempre que así lo acuerde el Pleno de la Entidad Local.
b) Están expresamente prohibidas en la ley.
c) Solo cuando quede acreditado mediante memoria justificativa que resultan más sostenibles y eficientes que la gestión por la propia entidad o por Organismo Autónomo Local.
d) Solo cuando quede acreditado que no suponen ningún gasto extraordinario para el Ayuntamiento.

16. Los estatutos de los organismos autónomos locales y de las entidades públicas empresariales locales comprenderán los siguientes extremos (art. 85 bis LBRL):

a) La determinación de los máximos órganos de dirección del organismo, ya sean unipersonales o colegiados, así como su forma de designación, con respeto en todo caso a lo dispuesto en el apartado anterior, con indicación de aquellos actos y resoluciones que agoten la vía administrativa.
b) En el caso de las entidades públicas empresariales, los estatutos también determinarán los órganos a los que se confiera el ejercicio de las potestades administrativas.
c) El régimen relativo a recursos humanos, patrimonio y contratación.
d) Todas son correctas.

17. ¿A qué órgano municipal corresponderá la creación, modificación, refundición y supresión de los organismos autónomos o entidades públicas empresariales?

a) Al Alcalde.
b) Al Pleno.
c) A la Junta de Gobierno Local.
d) A la Comisión Especial de Cuentas.

18. Señala la respuesta incorrecta sobre la gestión directa de los servicios de la competencia local mediante las formas de organismos autónomos locales y de entidades públicas empresariales locales, que se regirán con las siguientes especialidades (art. 85 bis LBRL):

a) La determinación y modificación de las condiciones retributivas, tanto del personal directivo como del resto del personal, deberán ajustarse en todo caso a las normas que al respecto apruebe el Pleno exclusivamente.

b) Estarán sometidos a controles específicos sobre la evolución de los gastos de personal y de la gestión de sus recursos humanos por las correspondientes concejalías, áreas u órganos equivalentes de la entidad local.

c) Su inventario de bienes y derechos se remitirá anualmente a la concejalía, área u órgano equivalente de la entidad local.

d) Ninguna es correcta.

19. Los organismos autónomos y entidades públicas empresariales deberán quedar adscritos a:

a) Una Concejalía, Área u órgano equivalente.

b) A una sociedad mercantil de capital íntegramente local.

c) En el caso de los organismos autónomos podrán estar adscritos a una entidad pública empresarial.

d) Las respuestas a) y c) son correctas.

20. El titular del máximo órgano de dirección de los organismos autónomos o entidades públicas empresariales deberá ser un funcionario de carrera o laboral de las Administraciones públicas o un profesional del sector privado, titulados superiores en ambos casos, y con más de:

a) Cuatro años de ejercicio profesional en el segundo.

b) Cinco años de ejercicio profesional en el segundo.

c) Tres años de ejercicio profesional en el segundo.

d) Dos años de ejercicio profesional en el segundo.

21. El titular del máximo órgano de dirección de los organismos autónomos o entidades públicas empresariales en los municipios de gran población:

a) Será el Alcalde.

b) Tendrá la consideración de órgano superior.

c) Tendrá la consideración de órgano directivo.

d) Será el Secretario del Pleno.

22. Los estatutos de los organismos autónomos locales y de las entidades públicas empresariales locales comprenderán los siguientes extremos (art. 85 bis LBRL):

a) Las funciones y competencias del organismo, con indicación de las potestades administrativas generales que este puede ejercitar.

b) El régimen presupuestario, económico-financiero, de contabilidad, de intervención, control financiero y control de eficacia, que serán, en todo caso, conformes con la legislación sobre las Haciendas Locales y con lo dispuesto en el capítulo III del título X de esta ley.

c) El régimen relativo a recursos humanos, patrimonio y contratación.
d) Todas son correctas.

23. Las sociedades mercantiles locales se regirán íntegramente (art. 85 ter LBRL):

a) Por el ordenamiento jurídico privado, salvo las materias en que les sea de aplicación la normativa presupuestaria, contable, de control financiero, de control de eficacia y contratación, y sin perjuicio de lo señalado en el apartado siguiente de este artículo.
b) Por el ordenamiento jurídico público, salvo las materias en que les sea de aplicación la normativa presupuestaria, contable, de control financiero, de control de eficacia y contratación.
c) Por el ordenamiento jurídico privado en todo caso.
d) Ninguna es correcta.

24. ¿Podrán las Entidades Locales ejercer la iniciativa pública para el desarrollo de actividades económicas? (art. 86 LBRL)

a) No, aunque esté garantizado el cumplimiento del objetivo de estabilidad presupuestaria y de la sostenibilidad financiera del ejercicio de sus competencias.
b) No, salvo excepciones.
c) Sí, siempre que esté garantizado el cumplimiento del objetivo de estabilidad presupuestaria y de la sostenibilidad financiera del ejercicio de sus competencias.
d) Ninguna es correcta.

25. De conformidad con el artículo 86 de la LBRL, ¿A quién corresponde la aprobación del expediente, que determinará la forma concreta de gestión del servicio de la entidad local?

a) Corresponde al pleno de la respectiva Corporación local.
b) Corresponde al presidente de la respectiva Corporación local.
c) Corresponde a la Junta de gobierno.
d) Ninguna es correcta.

26. Se declara la reserva en favor de las Entidades Locales de las siguientes actividades o servicios esenciales:

a) Abastecimiento domiciliario y depuración de aguas.
b) Recogida, tratamiento y aprovechamiento de residuos.
c) Transporte público de viajeros, de conformidad con lo previsto en la legislación sectorial aplicable.
d) Todas son correctas.

Soluciones comentadas

1. **a) Ordenanzas y bandos.**

   Artículo 84 LBRL: 1. Las Entidades locales podrán intervenir la actividad de los ciudadanos a través de los siguientes medios: a) Ordenanzas y bandos. b) Sometimiento a previa licencia y otros actos de control preventivo. No obstante, cuando se trate del acceso y ejercicio de actividades de servicios incluidas en el ámbito de aplicación de la Ley 17/2009, de 23 de noviembre, sobre el libre acceso a las actividades de servicios y su ejercicio, se estará a lo dispuesto en la misma. c) Sometimiento a comunicación previa o a declaración responsable, de conformidad con lo establecido en el artículo 71 bis de la Ley 30/1992, de 26 de noviembre, de Régimen Jurídico de las Administraciones Públicas y del Procedimiento Administrativo Común. d) Sometimiento a control posterior al inicio de la actividad, a efectos de verificar el cumplimiento de la normativa reguladora de la misma. e) Órdenes individuales constitutivas de mandato para la ejecución de un acto o la prohibición del mismo.

2. **c) Las multas y sanciones.**

   Artículo 84 LBRL: 1. Las Entidades locales podrán intervenir la actividad de los ciudadanos a través de los siguientes medios: a) Ordenanzas y bandos. b) Sometimiento a previa licencia y otros actos de control preventivo. No obstante, cuando se trate del acceso y ejercicio de actividades de servicios incluidas en el ámbito de aplicación de la Ley 17/2009, de 23 de noviembre, sobre el libre acceso a las actividades de servicios y su ejercicio, se estará a lo dispuesto en la misma. c) Sometimiento a comunicación previa o a declaración responsable, de conformidad con lo establecido en el artículo 71 bis de la Ley 30/1992, de 26 de noviembre, de Régimen Jurídico de las Administraciones Públicas y del Procedimiento Administrativo Común. d) Sometimiento a control posterior al inicio de la actividad, a efectos de verificar el cumplimiento de la normativa reguladora de la misma. e) Órdenes individuales constitutivas de mandato para la ejecución de un acto o la prohibición del mismo.

3. **b) No eximen a sus titulares de obtener las correspondientes licencias de las Entidades locales, respetándose en todo caso lo dispuesto en las correspondientes leyes sectoriales.**

   Artículo 84 LBRL: 3. Las licencias o autorizaciones otorgadas por otras Administraciones Públicas no eximen a sus titulares de obtener las correspondientes licencias de las Entidades locales, respetándose en todo caso lo dispuesto en las correspondientes leyes sectoriales.

4. c) Los principios de igualdad de trato, necesidad y proporcionalidad con el objetivo que se persigue.

Artículo 84 LBRL: 2. La actividad de intervención de las Entidades locales se ajustará, en todo caso, a los principios de igualdad de trato, necesidad y proporcionalidad con el objetivo que se persigue.

5. b) La Entidad Local deberá motivar expresamente en la justificación de la necesidad de la autorización o licencia el interés general concreto que se pretende proteger y que este no se encuentra ya cubierto mediante otra autorización ya existente.

Artículo 84 Bis LBRL: 3. En caso de existencia de licencias o autorizaciones concurrentes entre una Entidad Local y otra Administración, la Entidad Local deberá motivar expresamente en la justificación de la necesidad de la autorización o licencia el interés general concreto que se pretende proteger y que este no se encuentra ya cubierto mediante otra autorización ya existente.

6. b) No se someterá a la obtención de licencia u otro medio de control preventivo salvo las excepciones indicadas en el artículo 84 bis de la LBRL.

Artículo 84 Bis LBRL: 1. Sin perjuicio de lo dispuesto en el artículo anterior (artículo 84), con carácter general, el ejercicio de actividades no se someterá a la obtención de licencia u otro medio de control preventivo.

7. d) Ninguna de las respuestas anteriores es correcta.

El artículo 84 Bis de la LBRL dice "podrá exigirse" y el enunciado de la pregunta dice "deberá exigirse", por lo tanto, ninguna es correcta.

8. c) La contaminación lumínica.

Artículo 84 Bis: c) La contaminación acústica. El resto de respuestas son correctas.

9. a) Con carácter general.

Artículo 84 Bis LBRL: 1. Sin perjuicio de lo dispuesto en el artículo anterior, con carácter general, el ejercicio de actividades no se someterá a la obtención de licencia u otro medio de control preventivo.

10. a) Deberán establecer y planificar los procedimientos de comunicación necesarios, así como los de verificación posterior del cumplimiento de los requisitos precisos para el ejercicio de la misma por los interesados previstos en la legislación sectorial.

Artículo 84 ter LBRL: Cuando el ejercicio de actividades no precise autorización habilitante y previa, las Entidades locales deberán establecer y planificar los procedimientos de comunicación necesarios, así como los de verificación posterior del cumplimiento de los requisitos precisos para el ejercicio de la misma por los interesados previstos en la legislación sectorial.

11. d) Son servicios públicos locales.

Artículo 85 LBRL: 1. Son servicios públicos locales los que prestan las entidades locales en el ámbito de sus competencias.

12. d) Todas son correctas.

Artículo 85 LBRL: 2. Los servicios públicos de competencia local habrán de gestionarse de la forma más sostenible y eficiente de entre las enumeradas a continuación: A) Gestión directa: a) Gestión por la propia Entidad Local. b) Organismo autónomo local. c) Entidad pública empresarial local. d) Sociedad mercantil local, cuyo capital social sea de titularidad pública.

13. d) Las respuestas a) y b) son correctas.

Artículo 85 LBRL: 2. Los servicios públicos de competencia local habrán de gestionarse de la forma más sostenible y eficiente de entre las enumeradas a continuación: A) Gestión Directa, B) Gestión Indirecta.

14. c) Gestión por la propia Entidad Local.

Artículo 85 LBRL: 2. Los servicios públicos de competencia local habrán de gestionarse de la forma más sostenible y eficiente de entre las enumeradas a continuación: A) Gestión directa: a) Gestión por la propia Entidad Local. b) Organismo autónomo local. c) Entidad pública empresarial local. d) Sociedad mercantil local, cuyo capital social sea de titularidad pública.

15. c) Solo cuando quede acreditado mediante memoria justificativa que resultan más sostenibles y eficientes que la gestión por la propia entidad o por Organismo Autónomo Local.

Artículo 85 LBRL: Solo podrá hacerse uso de las formas previstas en las letras c) y d) cuando quede acreditado mediante memoria justificativa elaborada al efecto que resultan más sostenibles y eficientes que las formas dispuestas en las letras a) y b), para lo que se deberán tener en cuenta los criterios de rentabilidad económica y recuperación de la inversión.

16. d) Todas son correctas.

Todos ellos aparecen en el listado del artículo 85 bis. 2 de la LBRL.

17. b) Al Pleno.

Artículo 85 bis LBRL: a) Su creación, modificación, refundición y supresión corresponderá al Pleno de la entidad local, quien aprobará sus estatutos. Deberán quedar adscritas a una Concejalía, Área u órgano equivalente de la entidad local, si bien, en el caso de las entidades públicas empresariales, también podrán estarlo a un organismo autónomo local. Excepcionalmente, podrán existir entidades públicas empresariales cuyos estatutos les asignen la función de dirigir o coordinar a otros entes de la misma o distinta naturaleza.

18. a) La determinación y modificación de las condiciones retributivas, tanto del personal directivo como del resto del personal, deberán ajustarse en todo caso a las normas que al respecto apruebe el Pleno exclusivamente.

Artículo 85 bis LBRL: e) La determinación y modificación de las condiciones retributivas, tanto del personal directivo como del resto del personal, deberán ajustarse en todo caso a las normas que al respecto apruebe el Pleno o la Junta de Gobierno, según corresponda.

19. a) Una Concejalía, Área u órgano equivalente.

Artículo 85 bis LBRL: a) Su creación, modificación, refundición y supresión corresponderá al Pleno de la entidad local, quien aprobará sus estatutos. Deberán quedar adscritas a una Concejalía, Área u órgano equivalente de la entidad local, si bien, en el caso de las entidades públicas empresariales, también podrán estarlo a un organismo autónomo local. Excepcionalmente, podrán existir entidades públicas empresariales cuyos estatutos les asignen la función de dirigir o coordinar a otros entes de la misma o distinta naturaleza.

20. b) Cinco años de ejercicio profesional en el segundo.

Artículo 85 bis LBRL: b) El titular del máximo órgano de dirección de los mismos deberá ser un funcionario de carrera o laboral de las Administraciones públicas o un profesional del sector privado, titulados superiores en ambos casos, y con más de cinco años de ejercicio profesional en el segundo. En los municipios señalados en el título X, tendrá la consideración de órgano directivo.

21. c) Tendrá la consideración de órgano directivo.

Artículo 85 bis LBRL: b) El titular del máximo órgano de dirección de los mismos deberá ser un funcionario de carrera o laboral de las Administraciones públicas o un profesional del sector privado, titulados superiores en ambos casos, y con más de cinco años de ejercicio profesional en el segundo. En los municipios señalados en el título X, tendrá la consideración de órgano directivo.

22. d) Todas son correctas.

Todos ellos aparecen en el listado del artículo 85 bis. 2 de la LBRL.

23. a) Por el ordenamiento jurídico privado, salvo las materias en que les sea de aplicación la normativa presupuestaria, contable, de control financiero, de control de eficacia y contratación, y sin perjuicio de lo señalado en el apartado siguiente de este artículo.

Artículo 85.ter LBRL: 1. Las sociedades mercantiles locales se regirán íntegramente, cualquiera que sea su forma jurídica, por el ordenamiento jurídico privado, salvo las materias en que les sea de aplicación la normativa presupuestaria, contable, de control financiero, de control de eficacia y contratación, y sin perjuicio de lo señalado en el apartado siguiente de este artículo.

24. c) Sí, siempre que esté garantizado el cumplimiento del objetivo de estabilidad presupuestaria y de la sostenibilidad financiera del ejercicio de sus competencias.

Artículo 86 LBRL: 1. Las Entidades Locales podrán ejercer la iniciativa pública para el desarrollo de actividades económicas, siempre que esté garantizado el cumplimiento del objetivo de estabilidad presupuestaria y de la sostenibilidad financiera del ejercicio de sus competencias. En el expediente acreditativo de la conveniencia y oportunidad de la medida habrá de justificarse que la iniciativa no genera riesgo para la sostenibilidad financiera del conjunto de la Hacienda municipal debiendo contener un análisis del mercado, relativo a la oferta y a la demanda existente, a la rentabilidad y a los posibles efectos de la actividad local sobre la concurrencia empresarial.

25. a) Corresponde al pleno de la respectiva Corporación local.

Artículo 86 LBRL: Corresponde al pleno de la respectiva Corporación local la aprobación del expediente, que determinará la forma concreta de gestión del servicio.

26. d) Todas son correctas.

Artículo 86 LBRL: 2. Se declara la reserva en favor de las Entidades Locales de las siguientes actividades o servicios esenciales: abastecimiento domiciliario y depuración de aguas; recogida, tratamiento y aprovechamiento de residuos, y transporte público de viajeros, de conformidad con lo previsto en la legislación sectorial aplicable. El Estado y las Comunidades Autónomas, en el ámbito de sus respectivas competencias, podrán establecer, mediante ley, idéntica reserva para otras actividades y servicios.

TEST N.º 6

Régimen de grandes poblaciones

1. ¿Qué título de la Ley de Bases del Régimen Local (LBRL) regula el Régimen de organización de los municipios de gran población?

a) Título X.
b) Título IX.
c) Título VIII.
d) Título V.

2. El Secretario general del Pleno es un órgano:

a) Superior.
b) Directivo.
c) General.
d) Todas son correctas.

3. Corresponden al Pleno las siguientes atribuciones:

a) Las facultades de revisión de oficio de sus propios actos y disposiciones de carácter general.
b) Establecer el régimen retributivo de los miembros del Pleno, de su secretario general, del Alcalde, de los miembros de la Junta de Gobierno Local y de los órganos directivos municipales.
c) La aprobación inicial del planeamiento general y la aprobación que ponga fin a la tramitación municipal de los planes y demás instrumentos de ordenación previstos en la legislación urbanística.
d) Todas son correctas.

4. Se entiende por municipios de gran población:

a) A los municipios cuya población supere los 250.000 habitantes.
b) A los municipios capitales de provincia cuya población sea superior a los 165.000 habitantes.
c) A los municipios que sean capitales de provincia únicamente.
d) Todas son correctas.

5. La Ley reguladora de las Bases del Régimen Local es la:

a) Ley 7/1985, de 14 de abril, reguladora de las Bases del Régimen Local.
b) Ley 7/1985, de 2 de mayo, reguladora de las Bases del Régimen Local.
c) Ley 17/1985, de 2 de abril, reguladora de las Bases del Régimen Local.
d) Ley 7/1985, de 2 de abril, reguladora de las Bases del Régimen Local.

6. El Pleno, formado por el Alcalde y los Concejales:

a) Es el órgano de máxima representación ciudadana en el gobierno municipal.
b) Es el órgano de máxima representación política de los ciudadanos en el gobierno municipal.
c) No forma parte del gobierno municipal.
d) Ninguna es correcta.

7. ¿Quién ostenta la máxima representación del municipio?

a) El Pleno.
b) El Alcalde.
c) Los Concejales.
d) El Secretario General del Pleno.

8. Corresponden al Pleno las siguientes atribuciones (art. 123 LBRL):

a) La aprobación y modificación de las ordenanzas y reglamentos municipales.
b) Los acuerdos relativos a la participación en organizaciones supramunicipales.
c) La aprobación de los presupuestos, de la plantilla de personal, así como la autorización de gastos en las materias de su competencia. Asimismo, aprobará la cuenta general del ejercicio correspondiente.
d) Todas son correctas.

9. Pueden ser considerados municipios de gran población (art. 121 LBRL):

a) Los municipios cuya población supere los 65.000 habitantes, que presenten circunstancias económicas, sociales, históricas o culturales especiales.
b) Los municipios que sean capitales de provincia, capitales autonómicas o sedes de las instituciones autonómicas, si así lo deciden las Asambleas Legislativas correspondientes a iniciativa de los respectivos Ayuntamientos.
c) Los municipios cuya población sea superior a los 125.000 habitantes.
d) Todas son correctas.

10. Corresponde al Alcalde el ejercicio de las siguientes funciones:

a) Las facultades de revisión de oficio de sus propios actos.
b) Nombrar y cesar a los Tenientes de Alcalde y a los Presidentes de los Distritos.

c) Ordenar la publicación, ejecución y cumplimiento de los acuerdos de los órganos ejecutivos del ayuntamiento.

d) Todas son correctas.

11. Los municipios a los que resulte de aplicación el régimen previsto en el título X (LBRL), señala la respuesta correcta:

a) Continuarán rigiéndose por el mismo aun cuando su cifra oficial de población se reduzca posteriormente por debajo del límite establecido en esta ley.

b) No continuarán rigiéndose por el mismo cuando su cifra oficial de población se reduzca posteriormente por debajo del límite establecido en esta ley.

c) Continuarán rigiéndose por el mismo aun cuando su cifra oficial de población se reduzca posteriormente por debajo del límite establecido en esta ley, solo en casos excepcionales.

d) Ninguna es correcta.

12. El Pleno será convocado y presidido por (art. 122.2 LBRL):

a) El Alcalde en todo caso.

b) El Alcalde, salvo en los supuestos previstos en la LBRL y en la legislación electoral general, al que corresponde decidir los empates con voto de calidad.

c) El Presidente del Gobierno.

d) El Secretario General del Pleno.

13. Señala la respuesta correcta sobre el Alcalde:

a) El Alcalde es responsable de su gestión política ante el Pleno.

b) El Alcalde tendrá el tratamiento de Excelentísimo.

c) Representa al ayuntamiento en defecto del Pleno.

d) Todas son correctas.

14. Corresponde al Alcalde el ejercicio de las siguientes funciones (art. 124 LBRL):

a) La transferencia de funciones o actividades a otras Administraciones públicas, así como la aceptación de las delegaciones o encomiendas de gestión realizadas por otras Administraciones, salvo que por ley se impongan obligatoriamente.

b) La determinación de los recursos propios de carácter tributario.

c) Establecer directrices generales de la acción de gobierno municipal y asegurar su continuidad.

d) Todas son correctas.

15. Corresponderá al secretario general del Pleno, que lo será también de las comisiones, las siguientes funciones (art. 122.5 LBRL):

a) La redacción y custodia de las actas, así como la supervisión y autorización de las mismas, con el visto bueno del Presidente del Pleno.

b) La expedición, con el visto bueno del Presidente del Pleno, de las certificaciones de los actos y acuerdos que se adopten.

c) La asistencia al Presidente del Pleno para asegurar la convocatoria de las sesiones, el orden en los debates y la correcta celebración de las votaciones, así como la colaboración en el normal desarrollo de los trabajos del Pleno y de las comisiones.

d) Todas son correctas.

16. La presidencia del distrito corresponderá:

a) En todo caso a un concejal.
b) Al Alcalde.
c) En determinados casos a un concejal.
d) En todo caso a un miembro de la Junta de Gobierno Local.

17. El titular de la asesoría jurídica, es un órgano:

a) Superiores.
b) Directivo.
c) Generales.
d) Todas son correctas.

18. La Secretaría de la Junta de Gobierno Local corresponderá (art. 126.4 LBRL):

a) A uno de sus miembros que reúna la condición de concejal, designado por el Alcalde.
b) A cualquiera de sus miembros designado por el Alcalde.
c) A uno de sus miembros que reúna la condición de concejal, designado por el Pleno.
d) Ninguna es correcta.

19. La Comisión especial de Sugerencias y Reclamaciones podrá supervisar la actividad de la Administración municipal, y deberá dar cuenta al Pleno:

a) Mediante un informe anual, de las quejas presentadas y de las deficiencias observadas en el funcionamiento de los servicios municipales, con especificación de las sugerencias o recomendaciones no admitidas por la Administración municipal.

b) Mediante un informe trimestral, de las quejas presentadas y de las deficiencias observadas en el funcionamiento de los servicios municipales, con especificación de las sugerencias o recomendaciones no admitidas por la Administración municipal.

c) Mediante un informe semestral, de las quejas presentadas y de las deficiencias observadas en el funcionamiento de los servicios municipales, con especificación de las sugerencias o recomendaciones no admitidas por la Administración municipal.

d) Ninguna es correcta.

20. Según el artículo 123 LBRL corresponde al Pleno:

a) La concesión de cualquier tipo de licencia, salvo que la legislación sectorial la atribuya expresamente a otro órgano.

b) La aprobación de los presupuestos, de la plantilla de personal, así como la autorización de gastos en las materias de su competencia. Asimismo, aprobará la cuenta general del ejercicio correspondiente.

c) Ejercer la potestad sancionadora salvo que por ley esté atribuida a otro órgano.
d) Todas son correctas.

21. Se entiende, en todo caso, por municipios de gran población (art. 121 LBRL):

a) A los municipios capitales de provincia cuya población sea superior a los 175.000 habitantes en todo caso.
b) A los municipios cuya población supere los 250.000 habitantes en todo caso.
c) A los municipios cuya población supere los 75.000 habitantes, que presenten circunstancias económicas, sociales, históricas o culturales especiales en todo caso.
d) Las respuestas a) y b) son correctas.

22. El Pleno se dotará de:

a) Su propio reglamento, que tendrá la naturaleza de orgánico.
b) La regulación de su organización y funcionamiento podrá contenerse también en el reglamento orgánico municipal.
c) Las respuestas a) y b) son correctas.
d) Ninguna es correcta.

23. Corresponde al Alcalde el ejercicio de las siguientes funciones:

a) La aprobación inicial del planeamiento general y la aprobación que ponga fin a la tramitación municipal de los planes y demás instrumentos de ordenación previstos en la legislación urbanística.
b) El planteamiento de conflictos de competencia a otras entidades locales y otras Administraciones públicas.
c) La Jefatura de la Policía Municipal.
d) Todas son correctas.

24. El Alcalde tendrá el tratamiento de:

a) Excelencia.
b) Excelentísimo.
c) Ilustrísima.
d) Ninguna es correcta.

25. Las deliberaciones de la Junta de Gobierno Local son:

a) Públicas.
b) Secretas.
c) Públicas como regla general, con excepciones tasadas en el artículo 126.5.
d) Ninguna es correcta.

26. El Alcalde es un órgano:

a) Directivo.
b) Superior.

c) Especial.
d) Todas son correctas.

27. Los Tenientes de Alcalde tendrán el tratamiento de:

a) Excelencia.
b) Excelentísimo.
c) Ilustrísima.
d) Ninguna es correcta.

28. Señala la respuesta correcta sobre la Junta de Gobierno Local (art. 126 LBRL):

a) Es el órgano que, bajo la presidencia del Alcalde, colabora de forma colegiada en la función de dirección política que a este corresponde.
b) Corresponde al Pleno nombrar y separar libremente a los miembros de la Junta de Gobierno Local.
c) Su número no podrá exceder de un quinto del número legal de miembros del Pleno, además del Alcalde.
d) Todas con correctas.

29. Corresponden al Pleno las siguientes atribuciones (art. 123 LBRL):

a) El control y la fiscalización de los órganos de gobierno.
b) La votación de la moción de censura al Alcalde y de la cuestión de confianza planteada por este.
c) La aprobación y modificación de los reglamentos de naturaleza orgánica.
d) Todas son correctas.

30. Los distritos son (art. 128 LBRL):

a) Divisiones territoriales propias, dotadas de órganos de gestión desconcentrada, para impulsar y desarrollar la participación ciudadana en la gestión de los asuntos municipales y su mejora, sin perjuicio de la unidad de gobierno y gestión del municipio.
b) Divisiones territoriales propias, dotadas de órganos de gestión concentrada, para impulsar y desarrollar la participación ciudadana en la gestión de los asuntos municipales y su mejora, sin perjuicio de la unidad de gobierno y gestión del municipio.
c) Divisiones territoriales propias, dotadas de órganos de gestión descentralizada, para impulsar y desarrollar la participación ciudadana en la gestión de los asuntos municipales y su mejora, sin perjuicio de la unidad de gobierno y gestión del municipio.
d) Ninguna es correcta.

31. Son Órganos superiores municipales (art. 130 LBRL):

a) El Alcalde.
b) Los miembros de la Junta de Gobierno Local.

c) El titular de la Asesoría Jurídica.

d) Las respuestas a) y b) son correctas.

32. Corresponde al Alcalde el ejercicio de las siguientes funciones (art. 124 LBRL):

a) Convocar y presidir las sesiones del Pleno y las de la Junta de Gobierno Local y decidir los empates con voto de calidad.

b) Nombrar y cesar a los Tenientes de Alcalde y a los Presidentes de los Distritos.

c) Ordenar la publicación, ejecución y cumplimiento de los acuerdos de los órganos ejecutivos del ayuntamiento.

d) Todas son correctas.

33. Corresponde a la Junta de Gobierno Local:

a) Nombrar y cesar a los Tenientes de Alcalde y a los Presidentes de los Distritos.

b) Dictar bandos, decretos e instrucciones.

c) La aprobación del proyecto de presupuesto.

d) Todas son correctas.

34. Son Órganos directivos (art. 130 LBRL):

a) Los coordinadores generales de cada área o concejalía.

b) Los directores generales u órganos similares que culminen la organización administrativa dentro de cada una de las grandes áreas o concejalías.

c) El titular del órgano de apoyo a la Junta de Gobierno Local y al concejal-secretario de la misma.

d) Todas son correctas.

35. Señala la respuesta correcta sobre el Consejo Social de la Ciudad:

a) Está formado por representantes de todos los grupos que integren el Pleno, de forma proporcional al número de miembros que tengan en el mismo.

b) Le corresponderá la emisión de informes, estudios y propuestas en materia de desarrollo económico local, planificación estratégica de la ciudad y grandes proyectos urbanos.

c) Las respuestas a) y b) son correctas.

d) Ninguna es correcta.

36. ¿Quiénes formarán parte de la Conferencia de ciudades?

a) La Administración General del Estado.

b) Las comunidades autónomas.

c) Los alcaldes de los municipios comprendidos en el ámbito de aplicación del título X de la LRBL.

d) Todas son correctas.

37. La aprobación y modificación de las ordenanzas y reglamentos municipales corresponde a:

a) El Alcalde.
b) El Pleno.
c) La Junta de Gobierno Local.
d) Ninguna es correcta.

38. La Comisión especial de Sugerencias y Reclamaciones podrá supervisar la actividad de la Administración municipal, y deberá dar cuenta al Pleno.

a) Mediante un informe anual, de las quejas presentadas y de las deficiencias observadas en el funcionamiento de los servicios municipales, con especificación de las sugerencias o recomendaciones no admitidas por la Administración municipal.
b) También podrá realizar informes extraordinarios cuando la gravedad o la urgencia de los hechos lo aconsejen.
c) Las respuestas a) y b) son correctas.
d) Ninguna es correcta.

39. Según el artículo 123 LBRL, tendrán en todo caso naturaleza orgánica:

a) La regulación del Pleno.
b) La regulación del Consejo Social de la ciudad.
c) La regulación de la Comisión Especial de Sugerencias y Reclamaciones.
d) Todas son correctas.

40. Señala la respuesta incorrecta sobre la asesoría jurídica regulada en el artículo 129 LBRL:

a) Su titular deberá estar en posesión del título de licenciado en derecho.
b) Su titular será nombrado por el Alcalde y separado por la Junta de Gobierno Local.
c) Su titular deberá ostentar la condición de funcionario de administración local con habilitación de carácter nacional, o bien funcionario de carrera del Estado, de las comunidades autónomas o de las entidades locales, a los que se exija para su ingreso el título de doctor, licenciado, ingeniero, arquitecto o equivalente.
d) Es un órgano administrativo responsable de la asistencia jurídica al Alcalde, a la Junta de Gobierno Local y a los órganos directivos, comprensiva del asesoramiento jurídico y de la representación y defensa en juicio del ayuntamiento.

41. Ejercer la superior dirección del personal al servicio de la Administración municipal, corresponde a:

a) El Pleno.
b) El Alcalde.
c) El Concejal correspondiente.
d) Ninguna es correcta.

42. Los coordinadores generales de cada área o concejalía son órganos:

a) Superiores.
b) Directivos.
c) Generales y Superiores.
d) Todas son correctas.

43. La Comisión especial de Sugerencias y Reclamaciones estará formada por:

a) Representantes de todos los grupos que integren el Pleno, en el mismo número.
b) Representantes de todos los grupos que integren la Junta de Gobierno Local.
c) Representantes de todos los grupos que integren el Pleno, de forma proporcional al número de miembros que tengan en el mismo.
d) Ninguna es correcta.

44. Señala la respuesta incorrecta sobre la Junta de Gobierno Local:

a) Las deliberaciones de la Junta de Gobierno Local son públicas.
b) A sus sesiones podrán asistir los concejales no pertenecientes a la Junta y los titulares de los órganos directivos, en ambos supuestos cuando sean convocados expresamente por el Alcalde.
c) Está regulado en LBRL.
d) Todas son correctas.

45. El artículo 137 LBRL regula un órgano para la resolución de las reclamaciones económico-administrativas que tiene entre otras las funciones de:

a) El conocimiento y resolución de las reclamaciones sobre actos de gestión, liquidación, recaudación e inspección de tributos e ingresos de derecho público, que sean de competencia municipal.
b) El dictamen sobre los proyectos de ordenanzas fiscales.
c) En el caso de ser requerido por los órganos municipales competentes en materia tributaria, la elaboración de estudios y propuestas en esta materia.
d) Todas son correctas.

46. Los miembros de la Junta de Gobierno Local, son órganos:

a) Superiores.
b) Directivos.
c) Generales.
d) Todas son correctas.

47. Los Tenientes de Alcalde, sustituirán al Alcalde:

a) Por el orden de su nombramiento, en los casos de vacante, ausencia o enfermedad.
b) Por antigüedad.

c) Como decida el Pleno.
d) Ninguna es correcta.

48. La Junta de Gobierno Local responde (art. 126.3LBRL):

a) Políticamente ante el Alcalde de su gestión de forma solidaria, sin perjuicio de la responsabilidad directa de cada uno de sus miembros por su gestión.
b) Políticamente ante el Pleno de su gestión de forma solidaria, sin perjuicio de la responsabilidad directa de cada uno de sus miembros por su gestión.
c) Solidariamente ante el Alcalde de su gestión de forma política, sin perjuicio de la responsabilidad indirecta de cada uno de sus miembros por su gestión.
d) Ninguna es correcta.

49. La aprobación de los proyectos de ordenanzas y de los reglamentos, incluidos los orgánicos, con excepción de las normas reguladoras del Pleno y sus comisiones, corresponde a:

a) El Pleno.
b) El Alcalde.
c) La Junta de Gobierno Local.
d) Los Tenientes de Alcalde.

50. Dirigir la política, el gobierno y la administración municipal, corresponde a:

a) El Pleno.
b) El Alcalde.
c) La Junta de Gobierno Local.
d) Los Tenientes de Alcalde.

51. El Pleno está formado por (art. 122.1 LBRL):

a) Alcalde y Consejeros.
b) Alcalde exclusivamente.
c) Doce concejales.
d) Alcalde y Concejales.

52. La aprobación de los proyectos de instrumentos de ordenación urbanística cuya aprobación definitiva o provisional corresponda al Pleno, corresponde:

a) Al Pleno.
b) Al Alcalde.
c) A la Junta de Gobierno Local.
d) A los Tenientes de Alcalde.

53. La votación de la moción de censura al Alcalde y de la cuestión de confianza planteada por este, que será pública y se realizará mediante llamamiento nominal en todo caso y se regirá en todos sus aspectos por lo dispuesto en la legislación electoral general, corresponde:

a) Al Pleno.
b) Al Alcalde.
c) A la Junta de Gobierno Local.
d) A los Tenientes de Alcalde.

54. El desarrollo de la gestión económica, autorizar y disponer gastos en materia de su competencia, disponer gastos previamente autorizados por el Pleno, y la gestión del personal, corresponde:

a) Al Pleno.
b) Al Alcalde.
c) A la Junta de Gobierno Local.
d) A los Tenientes de Alcalde.

55. Ordenar la publicación, ejecución y cumplimiento de los acuerdos de los órganos ejecutivos del ayuntamiento, corresponde:

a) Al Pleno.
b) Al Alcalde.
c) A la Junta de Gobierno Local.
d) A los Tenientes de Alcalde.

56. El control y la fiscalización de los órganos de gobierno, corresponde:

a) A Pleno.
b) Al Alcalde.
c) A la Junta de Gobierno Local.
d) A los Tenientes de Alcalde.

57. Se requerirá la mayoría absoluta del número legal de miembros del Pleno para la adopción del acuerdo de:

a) Aprobación y modificación de todas las ordenanzas y reglamentos municipales.
b) El control y fiscalización de los órganos de gobierno.
c) Los acuerdos relativos a la participación en organizaciones supramunicipales.
d) Todos los anteriores.

58. ¿Cuál de las siguientes competencias del Pleno puede delegarse?

a) Aprobación y modificación de las ordenanzas y reglamentos municipales.
b) La determinación de los recursos propios de carácter tributario.

c) Las facultades de revisión de oficio de sus propios actos y disposiciones de carácter general.

d) Todas las anteriores se pueden delegar.

59. ¿Cuál de las siguientes competencias del Alcalde Puede delegarse?

a) Representar al Ayuntamiento.

b) La Jefatura de la Policía Municipal.

c) Nombrar y cesar a los Tenientes de Alcalde y a los Presidentes de los Distritos.

d) Ninguna de las anteriores es delegable.

60. La gestión económico-financiera en los municipios de gran población se ajustará a los siguientes criterios:

a) Cumplimiento del objetivo de estabilidad presupuestaria, de acuerdo con lo dispuesto en la legislación que lo regule.

b) Separación de las funciones de contabilidad y de fiscalización de la gestión económico-financiera.

c) La contabilidad se ajustará en todo caso a las previsiones que en esta materia contiene la Ley 39/1988, de 28 de diciembre, reguladora de las Haciendas Locales.

d) Todas son correctas.

61. El titular o titulares del órgano de gestión económico-financiera y presupuestaría en el régimen de grandes poblaciones deberá ser (indica la respuesta más correcta):

a) Funcionario propio de dicho municipio.

b) Funcionario de Administración Local, con habilitación de carácter nacional, salvo el del órgano que desarrolle las funciones de presupuestación.

c) Funcionario eventual.

d) Funcionario de grupo A2 o A1.

62. De conformidad con el artículo 136 de la LBRL La función pública de control y fiscalización interna de la gestión económico-financiera y presupuestaria, en su triple acepción de función interventora, función de control financiero y función de control de eficacia, corresponderá a un órgano administrativo, con la denominación de:

a) Secretaría General.

b) Intervención General Municipal.

c) Tesorería Municipal.

d) Asesor Financiero Municipal.

63. El titular del órgano responsable del control y de la fiscalización interna deberá ser nombrado entre:

a) Economistas.

b) Funcionarios de Administración local con habilitación de carácter nacional.

c) Técnicos de Administración General.
d) Funcionarios del municipio del grupo A1.

64. El órgano para la resolución de las reclamaciones económico-administrati-vas estará formado por:

a) Un número par de miembros.
b) Un número impar de misembros con un mínimo de 3.
c) Un número impar de miembros con un mínimo de 5.
d) Un total de 7 miembros.

65. Los miembros del órgano para la resolución de las reclamaciones económi-co-administrativas serán designados:

a) Por el Pleno, con el voto favorable de la mayoría absoluta de los miembros que legalmente lo integren.
b) Por la Junta de Gobierno local, con el voto favorable de la mayoría absoluta de los miembros que legalmente lo integren.
c) Por el Pleno, por mayoría simple.
d) Por el Interventor General.

66. De conformidad con el artículo 130 de la LBLR, los titulares de los máximos órganos de dirección de los organismos autónomos y de las entidades públicas empresariales tendrán la consideración de:

a) Órganos superiores.
b) Órganos políticos.
c) Órganos directivos.
d) Ninguna de las anteriores.

67. De conformidad con el artículo 121 de la LBRL, Cuando un municipio, de acuerdo con las cifras oficiales de población resultantes de la revisión del padrón municipal aproba-das por el Gobierno con referencia al 1 de enero del año anterior al del inicio de cada man-dato de su ayuntamiento, alcance la población requerida para la aplicación del régimen previsto en este título, la nueva corporación dispondrá de un plazo máximo de _____ para adaptar su organización al contenido de las disposiciones del título X de la LBRL:

a) Seis meses.
b) Tres meses.
c) Un año.
d) Nueve meses.

68. El Alcalde podrá delegar exclusivamente la convocatoria y la presidencia del Pleno, cuando lo estime oportuno:

a) En uno de los miembros de la Junta de Gobierno exclusivamente.
b) En uno de los concejales.

c) En el Secretario General del Pleno.

d) Solo en el Vicealcalde.

69. De conformidad con el artículo 130 de la LBRL, el nombramiento de los coordinadores generales y de los directores generales, atendiendo a criterios de competencia profesional y experiencia deberá efectuarse:

a) Entre funcionarios de carrera del Estado, de las Comunidades Autónomas, de las Entidades Locales o con habilitación de carácter nacional que pertenezcan a cuerpos o escalas clasificados en el subgrupo A2 o A1, salvo que el Reglamento Orgánico Municipal permita que, en atención a las características específicas de las funciones de tales órganos directivos, su titular no reúna dicha condición de funcionario.

b) Exclusivamente entre funcionarios de carrera de las Entidades Locales o con habilitación de carácter nacional que pertenezcan a cuerpos o escalas clasificados en el subgrupo A1.

c) Entre funcionarios de carrera del Estado, de las Comunidades Autónomas, de las Entidades Locales o con habilitación de carácter nacional que pertenezcan a cuerpos o escalas clasificados en el subgrupo A1, salvo que el Reglamento Orgánico Municipal permita que, en atención a las características específicas de las funciones de tales órganos directivos, su titular no reúna dicha condición de funcionario.

d) Exclusivamente entre funcionarios de carrera o interinos del Estado, de las Comunidades Autónomas, de las Entidades Locales o con habilitación de carácter nacional que pertenezcan a cuerpos o escalas clasificados en el subgrupo A1.

70. La creación de los distritos y su regulación, corresponde a:

a) Al Pleno de la Corporación.

b) Al Alcalde.

c) A la Junta de Gobierno Local.

d) Al Concejal que asuma la presidencia del distrito.

Soluciones comentadas

1. **a) Título X.**

   Estructura general de la LBRL.

2. **b) Directivo.**

   Artículo 130 LBRL: B) Órganos directivos: a) Los coordinadores generales de cada área o concejalía. b) Los directores generales u órganos similares que culminen la organización administrativa dentro de cada una de las grandes áreas o concejalías. c) El titular del órgano de apoyo a la Junta de Gobierno Local y al concejal-secretario de la misma. d) El titular de la asesoría jurídica. e) El Secretario general del Pleno. f) El interventor general municipal. g) En su caso, el titular del órgano de gestión tributaria.

3. **d) Todas son correctas.**

   Todas ellas aparecen en el listado del artículo 123 de la LBRL.

4. **a) A los municipios cuya población supere los 250.000 habitantes.**

   Artículo 121 LBRL: 1. Las normas previstas en este título serán de aplicación: a) A los municipios cuya población supere los 250.000 habitantes. b) A los municipios capitales de provincia cuya población sea superior a los 175.000 habitantes. c) A los municipios que sean capitales de provincia, capitales autonómicas o sedes de las instituciones autonómicas. d) Asimismo, a los municipios cuya población supere los 75.000 habitantes, que presenten circunstancias económicas, sociales, históricas o culturales especiales. En los supuestos previstos en los párrafos c) y d), se exigirá que así lo decidan las Asambleas Legislativas correspondientes a iniciativa de los respectivos ayuntamientos.

5. **d) Ley 7/1985, de 2 de abril, reguladora de las Bases del Régimen Local.**

   Estructura de la LBRL.

6. **b) Es el órgano de máxima representación política de los ciudadanos en el gobierno municipal.**

   Artículo 122 LBRL: 1. El Pleno, formado por el Alcalde y los Concejales, es el órgano de máxima representación política de los ciudadanos en el gobierno municipal.

7. **b) El Alcalde.**

   Artículo 124 LBRL: 1. El Alcalde ostenta la máxima representación del municipio.

8. d) Todas son correctas.

Todas ellas aparecen en el listado del artículo 123 de la LBRL.

9. b) Los municipios que sean capitales de provincia, capitales autonómicas o se-des de las instituciones autonómicas, si así lo deciden las Asambleas Legislati-vas correspondientes a iniciativa de los respectivos Ayuntamientos.

Artículo 121 LBRL: 1. Las normas previstas en este título serán de aplicación: a) A los mu-nicipios cuya población supere los 250.000 habitantes. b) A los municipios capitales de provincia cuya población sea superior a los 175.000 habitantes. c) A los municipios que sean capitales de provincia, capitales autonómicas o sedes de las instituciones autonó-micas. d) Asimismo, a los municipios cuya población supere los 75.000 habitantes, que presenten circunstancias económicas, sociales, históricas o culturales especiales. En los supuestos previstos en los párrafos c) y d), se exigirá que así lo decidan las Asambleas Legislativas correspondientes a iniciativa de los respectivos ayuntamientos.

10. d) Todas son correctas.

Todas ellas aparecen en el artículo 124 de la LBRL.

11. a) Continuarán rigiéndose por el mismo aun cuando su cifra oficial de población se reduzca posteriormente por debajo del límite establecido en esta ley.

Artículo 121 LBRL: 3. Los municipios a los que resulte de aplicación el régimen previs-to en este título, continuarán rigiéndose por el mismo aun cuando su cifra oficial de población se reduzca posteriormente por debajo del límite establecido en esta ley.

12. b) El Alcalde, salvo en los supuestos previstos en la LBRL y en la legislación elec-toral general, al que corresponde decidir los empates con voto de calidad.

Artículo 122 de la LBRL: 2. El Pleno será convocado y presidido por el Alcalde, salvo en los supuestos previstos en esta ley y en la legislación electoral general, al que corresponde decidir los empates con voto de calidad. El Alcalde podrá delegar exclu-sivamente la convocatoria y la presidencia del Pleno, cuando lo estime oportuno, en uno de los concejales.

13. a) El Alcalde es responsable de su gestión política ante el Pleno.

Artículo 124 LBRL: 2. El Alcalde es responsable de su gestión política ante el Pleno.

14. c) Establecer directrices generales de la acción de gobierno municipal y asegu-rar su continuidad.

Artículo 124 LBRL: 4. En particular, corresponde al Alcalde el ejercicio de las siguien-tes funciones: c) Establecer directrices generales de la acción de gobierno municipal y asegurar su continuidad. El resto son competencias del Pleno.

15. d) Todas son correctas.

Todas ellas aparecen en el listado del artículo 122.5 de la LBRL.

16. a) En todo caso a un concejal.

Artículo 128 LBRL: 3. La presidencia del distrito corresponderá en todo caso a un concejal.

17. b) Directivo.

Artículo 130 LBRL: B) Órganos directivos: a) Los coordinadores generales de cada área o concejalía. b) Los directores generales u órganos similares que culminen la organización administrativa dentro de cada una de las grandes áreas o concejalías. c) El titular del órgano de apoyo a la Junta de Gobierno Local y al concejal-secretario de la misma. d) El titular de la asesoría jurídica. e) El Secretario general del Pleno. f) El interventor general municipal. g) En su caso, el titular del órgano de gestión tributaria.

18. a) A uno de sus miembros que reúna la condición de concejal, designado por el Alcalde.

Artículo 126.4 LBRL: 4. La Secretaría de la Junta de Gobierno Local corresponderá a uno de sus miembros que reúna la condición de concejal, designado por el Alcalde, quien redactará las actas de las sesiones y certificará sobre sus acuerdos.

19. a) Mediante un informe anual, de las quejas presentadas y de las deficiencias observadas en el funcionamiento de los servicios municipales, con especificación de las sugerencias o recomendaciones no admitidas por la Administración municipal.

Artículo 132.3 LBRL: 3. La citada Comisión podrá supervisar la actividad de la Administración municipal, y deberá dar cuenta al Pleno, mediante un informe anual, de las quejas presentadas y de las deficiencias observadas en el funcionamiento de los servicios municipales, con especificación de las sugerencias o recomendaciones no admitidas por la Administración municipal. No obstante, también podrá realizar informes extraordinarios cuando la gravedad o la urgencia de los hechos lo aconsejen.

20. b) La aprobación de los presupuestos, de la plantilla de personal, así como la autorización de gastos en las materias de su competencia. Asimismo, aprobará la cuenta general del ejercicio correspondiente.

Artículo 123 LBRL: 1. Corresponden al Pleno las siguientes atribuciones: h) La aprobación de los presupuestos, de la plantilla de personal, así como la autorización de gastos en las materias de su competencia. Asimismo, aprobará la cuenta general del ejercicio correspondiente. El resto son competencias de la Junta de Gobierno Local.

21. d) Las respuestas a) y b) son correctas.

Artículo 121 LBRL: 1. Las normas previstas en este título serán de aplicación: a) A los municipios cuya población supere los 250.000 habitantes. b) A los municipios capitales de provincia cuya población sea superior a los 175.000 habitantes. c) A los municipios que sean capitales de provincia, capitales autonómicas o sedes de las instituciones autonómicas. d) Asimismo, a los municipios cuya población supere los 75.000 habitantes, que presenten circunstancias económicas, sociales, históricas o culturales especiales. En los supuestos previstos en los párrafos c) y d), se exigirá que así lo decidan las Asambleas Legislativas correspondientes a iniciativa de los respectivos ayuntamientos.

22. c) Las respuestas a) y b) son correctas.

Artículo 122 LBRL: 3. El Pleno se dotará de su propio reglamento, que tendrá la naturaleza de orgánico. No obstante, la regulación de su organización y funcionamiento podrá contenerse también en el reglamento orgánico municipal.

23. c) La Jefatura de la Policía Municipal.

Artículo 124 LBRL: 4. En particular, corresponde al Alcalde el ejercicio de las siguientes funciones: j) La Jefatura de la Policía Municipal. El resto son competencias del Pleno.

24. a) Excelencia.

Artículo 124 LBRL: 3. El Alcalde tendrá el tratamiento de Excelencia.

25. b) Secretas.

Artículo 126 LBRL: 5. Las deliberaciones de la Junta de Gobierno Local son secretas. A sus sesiones podrán asistir los concejales no pertenecientes a la Junta y los titulares de los órganos directivos, en ambos supuestos cuando sean convocados expresamente por el Alcalde.

26. b) Superior.

Artículo 130 LBRL: A) Órganos superiores: a) El Alcalde. b) Los miembros de la Junta de Gobierno Local.

27. c) Ilustrísima.

Artículo 125 LBRL: 2. Los Tenientes de Alcalde tendrán el tratamiento de Ilustrísima.

28. a) Es el órgano que, bajo la presidencia del Alcalde, colabora de forma colegiada en la función de dirección política que a este corresponde.

Artículo 126 LBRL: 1. La Junta de Gobierno Local es el órgano que, bajo la presidencia del Alcalde, colabora de forma colegiada en la función de dirección política que a éste corresponde y ejerce las funciones ejecutivas y administrativas que se señalan en el artículo 127 de esta ley.

29. d) Todas son correctas.

Todas ellas aparecen en el listado del artículo 123 de la LBRL.

30. a) Divisiones territoriales propias, dotadas de órganos de gestión desconcentrada, para impulsar y desarrollar la participación ciudadana en la gestión de los asuntos municipales y su mejora, sin perjuicio de la unidad de gobierno y gestión del municipio.

Artículo 128 LBRL: 1. Los ayuntamientos deberán crear distritos, como divisiones territoriales propias, dotadas de órganos de gestión desconcentrada, para impulsar y desarrollar la participación ciudadana en la gestión de los asuntos municipales y su mejora, sin perjuicio de la unidad de gobierno y gestión del municipio.

31. d) Las respuestas a) y b) son correctas.

Artículo 130 LBRL: A) Órganos superiores: a) El Alcalde. b) Los miembros de la Junta de Gobierno Local.

32. d) Todas son correctas.

Todas ellas aparecen en el artículo 124 de la LBRL.

33. c) La aprobación del proyecto de presupuesto.

Artículo 127 LBRL: 1. Corresponde a la Junta de Gobierno Local: b) La aprobación del proyecto de presupuesto. El resto son competencias del Alcalde.

34. d) Todas son correctas.

Artículo 130 LBRL: B) Órganos directivos: a) Los coordinadores generales de cada área o concejalía. b) Los directores generales u órganos similares que culminen la organización administrativa dentro de cada una de las grandes áreas o concejalías. c) El titular del órgano de apoyo a la Junta de Gobierno Local y al concejal-secretario de la misma. d) El titular de la asesoría jurídica. e) El Secretario general del Pleno. f) El interventor general municipal. g) En su caso, el titular del órgano de gestión tributaria.

35. b) Le corresponderá la emisión de informes, estudios y propuestas en materia de desarrollo económico local, planificación estratégica de la ciudad y grandes proyectos urbanos.

Artículo 131 LBRL: 2. Corresponderá a este Consejo, además de las funciones que determine el Pleno mediante normas orgánicas, la emisión de informes, estudios y propuestas en materia de desarrollo económico local, planificación estratégica de la ciudad y grandes proyectos urbanos.

36. d) Todas son correctas.

Artículo 138 LBRL: En el seno de la Conferencia sectorial para asuntos locales, existirá una Conferencia de ciudades de la que formarán parte la Administración General del Estado, las comunidades autónomas y los alcaldes de los municipios comprendidos en el ámbito de aplicación del título X de esta ley.

37. b) El Pleno.

Artículo 123 LBRL: 1. Corresponden al Pleno las siguientes atribuciones: d) La aprobación y modificación de las ordenanzas y reglamentos municipales.

38. c) Las respuestas a) y b) son correctas.

Artículo 132 LBRL: 3. La citada Comisión podrá supervisar la actividad de la Administración municipal, y deberá dar cuenta al Pleno, mediante un informe anual, de las quejas presentadas y de las deficiencias observadas en el funcionamiento de los servicios municipales, con especificación de las sugerencias o recomendaciones no admitidas por la Administración municipal. No obstante, también podrá realizar informes extraordinarios cuando la gravedad o la urgencia de los hechos lo aconsejen.

39. d) Todas son correctas.

Artículo 123 LBRL: Tendrán en todo caso naturaleza orgánica: La regulación del Pleno. La regulación del Consejo Social de la ciudad. La regulación de la Comisión Especial de Sugerencias y Reclamaciones. La regulación de los órganos complementarios y de los procedimientos de participación ciudadana.

40. b) Su titular será nombrado por el Alcalde y separado por la Junta de Gobierno Local.

Artículo 129 LBRL: 2. Su titular será nombrado y separado por la Junta de Gobierno Local, entre personas que reúnan los siguientes requisitos. El resto de afirmaciones son correctas.

41. b) El Alcalde.

Artículo 124 LBRL: 4. En particular, corresponde al Alcalde el ejercicio de las siguientes funciones: i) Ejercer la superior dirección del personal al servicio de la Administración municipal.

42. b) Directivos.

Artículo 130 LBRL: B) Órganos directivos: a) Los coordinadores generales de cada área o concejalía. b) Los directores generales u órganos similares que culminen la organización administrativa dentro de cada una de las grandes áreas o concejalías. c) El titular del órgano de apoyo a la Junta de Gobierno Local y al concejal-secretario de la misma. d) El titular de la asesoría jurídica. e) El Secretario general del Pleno. f) El interventor general municipal. g) En su caso, el titular del órgano de gestión tributaria.

43. c) Representantes de todos los grupos que integren el Pleno, de forma proporcional al número de miembros que tengan en el mismo.

Artículo 132 LBRL: 2. La Comisión especial de Sugerencias y Reclamaciones estará formada por representantes de todos los grupos que integren el Pleno, de forma proporcional al número de miembros que tengan en el mismo.

44. a) Las deliberaciones de la Junta de Gobierno Local son públicas.

Artículo 126 LBRL: 5. Las deliberaciones de la Junta de Gobierno Local son secretas. A sus sesiones podrán asistir los concejales no pertenecientes a la Junta y los titulares de los órganos directivos, en ambos supuestos cuando sean convocados expresamente por el Alcalde.

45. d) Todas son correctas.

Artículo 137 LBRL: 1. Existirá un órgano especializado en las siguientes funciones: a) El conocimiento y resolución de las reclamaciones sobre actos de gestión, liquidación, recaudación e inspección de tributos e ingresos de derecho público, que sean de competencia municipal. b) El dictamen sobre los proyectos de ordenanzas fiscales. c) En el caso de ser requerido por los órganos municipales competentes en materia tributaria, la elaboración de estudios y propuestas en esta materia.

46. a) Superiores.

Artículo 130 LBRL: A) Órganos superiores: a) El Alcalde. b) Los miembros de la Junta de Gobierno Local.

47. a) Por el orden de su nombramiento, en los casos de vacante, ausencia o enfermedad.

Artículo 125 LBRL: 1. El Alcalde podrá nombrar entre los concejales que formen parte de la Junta de Gobierno Local a los Tenientes de Alcalde, que le sustituirán, por el orden de su nombramiento, en los casos de vacante, ausencia o enfermedad.

48. b) Políticamente ante el Pleno de su gestión de forma solidaria, sin perjuicio de la responsabilidad directa de cada uno de sus miembros por su gestión.

Artículo 126 LBRL: 3. La Junta de Gobierno Local responde políticamente ante el Pleno de su gestión de forma solidaria, sin perjuicio de la responsabilidad directa de cada uno de sus miembros por su gestión.

49. c) La Junta de Gobierno Local.

Artículo 127 LBRL: 1. Corresponde a la Junta de Gobierno Local: a) La aprobación de los proyectos de ordenanzas y de los reglamentos, incluidos los orgánicos, con excepción de las normas reguladoras del Pleno y sus comisiones.

50. b) El Alcalde.

Artículo 124 LBRL: 4. En particular, corresponde al Alcalde el ejercicio de las siguientes funciones: b) Dirigir la política, el gobierno y la administración municipal, sin perjuicio de la acción colegiada de colaboración en la dirección política que, mediante el ejercicio de las funciones ejecutivas y administrativas que le son atribuidas por esta ley, realice la Junta de Gobierno Local.

51. d) Alcalde y Concejales.

Artículo 122 LBRL: 1. El Pleno, formado por el Alcalde y los Concejales, es el órgano de máxima representación política de los ciudadanos en el gobierno municipal.

52. c) A la Junta de Gobierno Local.

Justificación. Artículo 127 LBRL: 1. Corresponde a la Junta de Gobierno Local: c) La aprobación de los proyectos de instrumentos de ordenación urbanística cuya aprobación definitiva o provisional corresponda al Pleno.

53. a) Al Pleno.

Artículo 123 LBRL: 1. Corresponden al Pleno las siguientes atribuciones: b) La votación de la moción de censura al Alcalde y de la cuestión de confianza planteada por este, que será pública y se realizará mediante llamamiento nominal en todo caso y se regirá en todos sus aspectos por lo dispuesto en la legislación electoral general.

54. c) A la Junta de Gobierno Local.

Artículo 127 LBRL: 1. Corresponde a la Junta de Gobierno Local: g) El desarrollo de la gestión económica, autorizar y disponer gastos en materia de su competencia, disponer gastos previamente autorizados por el Pleno, y la gestión del personal.

55. b) Al Alcalde.

Artículo 124 LBRL: 4. En particular, corresponde al Alcalde el ejercicio de las siguientes funciones: f) Ordenar la publicación, ejecución y cumplimiento de los acuerdos de los órganos ejecutivos del ayuntamiento.

56. a) A Pleno.

Artículo 123 LBRL: 1. Corresponden al Pleno las siguientes atribuciones: a) El control y la fiscalización de los órganos de gobierno.

57. c) Los acuerdos relativos a la participación en organizaciones supramunicipales.

Artículo 123 LBRL: 2. Se requerirá el voto favorable de la mayoría absoluta del número legal de miembros del Pleno, para la adopción de los acuerdos referidos en los párrafos c), e), f), j) y o) y para los acuerdos que corresponda adoptar al Pleno en la tramitación de los instrumentos de planeamiento general previstos en la legislación urbanística.

58. a) Aprobación y modificación de las ordenanzas y reglamentos municipales.

Artículo 123 LBRL: 3. Únicamente pueden delegarse las competencias del Pleno referidas en los párrafos d), k), m) y ñ) a favor de las comisiones referidas en el apartado 4 del artículo anterior.

59. a) Representar al Ayuntamiento.

Artículo 124 LBRL: 5. El Alcalde podrá delegar mediante decreto las competencias anteriores en la Junta de Gobierno Local, en sus miembros, en los demás concejales y, en su caso, en los coordinadores generales, directores generales u órganos similares, con excepción de las señaladas en los párrafos b), e), h) y j), así como la de convocar y presidir la Junta de Gobierno Local, decidir los empates con voto de calidad y la de dictar bandos. Las atribuciones previstas en los párrafos c) y k) sólo serán delegables en la Junta de Gobierno Local.

60. d) Todas son correctas.

Todas ellas aparecen en el listado del artículo 133 de la LBRL.

61. b) Funcionario de Administración Local, con habilitación de carácter nacional, salvo el del órgano que desarrolle las funciones de presupuestación.

Artículo 134 LBRL: 2. El titular o titulares de dicho órgano u órganos deberá ser un funcionario de Administración local con habilitación de carácter nacional, salvo el del órgano que desarrolle las funciones de presupuestación.

62. b) Intervención General Municipal.

Artículo 136 LBRL: 1. La función pública de control y fiscalización interna de la gestión económico-financiera y presupuestaria, en su triple acepción de función interventora, función de control financiero y función de control de eficacia, corresponderá a un órgano administrativo, con la denominación de Intervención general municipal.

63. b) Funcionarios de Administración local con habilitación de carácter nacional.

Artículo 136 LBRL: 3. Su titular será nombrado entre funcionarios de Administración local con habilitación de carácter nacional.

64. b) Un número impar de miembros con un mínimo de 3.

Artículo 137 LBRL: 4. Estará constituido por un número impar de miembros, con un mínimo de tres, designados por el Pleno, con el voto favorable de la mayoría absoluta de los miembros que legalmente lo integren, de entre personas de reconocida competencia técnica.

65. a) Por el Pleno, con el voto favorable de la mayoría absoluta de los miembros que legalmente lo integren.

Artículo 137 LBRL: 4. Estará constituido por un número impar de miembros, con un mínimo de tres, designados por el Pleno, con el voto favorable de la mayoría absoluta de los miembros que legalmente lo integren, de entre personas de reconocida competencia técnica.

66. c) Órganos directivos.

Artículo 130 LBRL: 2. Tendrán también la consideración de órganos directivos, los titulares de los máximos órganos de dirección de los organismos autónomos y de las entidades públicas empresariales locales, de conformidad con lo establecido en el artículo 85 bis, párrafo b).

67. a) Seis meses.

Artículo 121 LBRL: 2. Cuando un municipio, de acuerdo con las cifras oficiales de población resultantes de la revisión del padrón municipal aprobadas por el Gobierno con referencia al 1 de enero del año anterior al del inicio de cada mandato de su ayuntamiento, alcance la población requerida para la aplicación del régimen previsto en este título, la nueva corporación dispondrá de un plazo máximo de seis meses desde su constitución para adaptar su organización al contenido de las disposiciones de este Título.

68. b) En uno de los concejales.

Artículo 122 LBRL: 2. El Pleno será convocado y presidido por el Alcalde, salvo en los supuestos previstos en esta ley y en la legislación electoral general, al que corresponde decidir los empates con voto de calidad. El Alcalde podrá delegar exclusivamente la convocatoria y la presidencia del Pleno, cuando lo estime oportuno, en uno de los concejales.

69. c) Entre funcionarios de carrera del Estado, de las Comunidades Autónomas, de las Entidades Locales o con habilitación de carácter nacional que pertenezcan a cuerpos o escalas clasificados en el subgrupo A1, salvo que el Reglamento Orgánico Municipal permita que, en atención a las características específicas de las funciones de tales órganos directivos, su titular no reúna dicha condición de funcionario.

Artículo 130 LBRL: 3. El nombramiento de los coordinadores generales y de los directores generales, atendiendo a criterios de competencia profesional y experiencia deberá efectuarse entre funcionarios de carrera del Estado, de las Comunidades Autónomas, de las Entidades Locales o con habilitación de carácter nacional que pertenezcan a cuerpos o escalas clasificados en el subgrupo A1, salvo que el Reglamento Orgánico Municipal permita que, en atención a las características específicas de las funciones de tales órganos directivos, su titular no reúna dicha condición de funcionario.

70. a) Al Pleno de la Corporación.

Artículo 128 LBRL: 2. Corresponde al Pleno de la Corporación la creación de los distritos y su regulación, en los términos y con el alcance previsto en el artículo 123, así como determinar, en una norma de carácter orgánico, el porcentaje mínimo de los recursos presupuestarios de la corporación que deberán gestionarse por los distritos, en su conjunto.

Ley 2/2012, de 27 de abril, de estabilidad presupuestaría y sostenibilidad financiera

TEST N.º 1

Ley de Estabilidad Presupuestaria

1. Con la Ley Orgánica 2/2012, de 27 de abril de 2012 de Estabilidad Presupuestaria y Sostenibilidad Financiera de las Administraciones Públicas (LOEPSF) entre otros objetivos se da cumplimiento al mandato recogido en el artículo:

a) 135 de la Constitución Española.
b) 133 de la Constitución Española.
c) 136 de la Constitución Española.
d) 134 de la Constitución Española.

2. ¿En qué fecha se llevó a cabo la reforma de la Constitución Española que determina la obligación de redactar la LOEPSF?

a) Junio de 2010.
b) Septiembre de 2011.
c) Enero de 2012.
d) Marzo de 2009.

3. De conformidad con el artículo 3 de la LOEPSF, se entenderá por estabilidad presupuestaria de las Administraciones Públicas:

a) La situación de equilibrio económico.
b) La situación de equilibrio financiero o superávit estructural.
c) La capacidad para financiar compromisos de gastos presentes y futuros dentro de los límites legales.
d) La situación de superávit estructural.

4. De conformidad con el artículo 3 de la LOEPSF se entenderá por estabilidad presupuestaria para el resto de las entidades públicas empresariales, sociedades mercantiles y demás entes de derecho público dependientes de las administraciones públicas que no se consideren sector Administraciones Públicas:

a) La situación de equilibrio financiero.
b) La situación de equilibrio financiero o superávit estructural.

c) La capacidad para financiar compromisos de gastos dentro de los límites legales.

d) La situación de superávit estructural.

5. Se entenderá por sostenibilidad financiera:

a) La capacidad para financiar compromisos de gasto pasados, presentes y futuros dentro de los límites de déficit, deuda pública y morosidad de deuda comercial conforme a lo establecido en la LOEPSF, en la normativa sobre morosidad y en la normativa europea.

b) La capacidad para financiar compromisos de gasto presentes y futuros dentro de los límites de déficit, deuda pública y morosidad de deuda comercial conforme a lo establecido en la LOEPSF, en la normativa sobre morosidad y en la normativa europea.

c) La capacidad para financiar compromisos de gasto pasados y presentes dentro de los límites de déficit, deuda pública y morosidad de deuda comercial conforme a lo establecido en la LOEPSF, en la normativa sobre morosidad y en la normativa europea.

d) La capacidad para financiar compromisos de gasto pasados, presentes y futuros aun cuando se excedan los límites de déficit, deuda pública y morosidad de deuda comercial conforme a lo establecido en la LOEPSF, en la normativa sobre morosidad y en la normativa europea.

6. De conformidad con el artículo 4 de la LOEPSF, se entiende que existe sostenibilidad de la deuda comercial:

a) Cuando el periodo máximo de pago a los proveedores no supere el plazo máximo previsto en la normativa sobre morosidad.

b) Cuando el periodo medio de pago a los proveedores no supere el plazo de tres meses.

c) Cuando el periodo medio de pago a los proveedores no supere el plazo máximo previsto en la normativa sobre morosidad.

d) Cuando el periodo medio de pago a los proveedores no supere el plazo de un mes.

7. De conformidad con el artículo 5 de la LOEPSF la elaboración de los Presupuestos de las Administraciones Públicas y demás sujetos comprendidos en el ámbito de aplicación de esta ley se encuadrará en un marco presupuestario:

a) A largo plazo, compatible con el principio de anualidad por el que se rigen la aprobación y ejecución de los Presupuestos, de conformidad con la normativa europea.

b) A medio plazo, compatible con el principio de anualidad por el que se rigen la aprobación y ejecución de los Presupuestos, de conformidad con la normativa europea.

c) A corto plazo, compatible con el principio de anualidad por el que se rigen la aprobación y ejecución de los Presupuestos, de conformidad con la normativa europea.

d) A medio-largo plazo, compatible con el principio de anualidad por el que se rigen la aprobación y ejecución de los Presupuestos, de conformidad con la normativa europea.

8. De conformidad con el artículo 6 de la LOEPSF, ¿a quién corresponderá proveer la disponibilidad pública de la información económico-financiera relativa a los sujetos integrados en el ámbito de aplicación de la LOEPSF, con el alcance y periodicidad que se derive de la aplicación de las normas y acuerdos nacionales y de las disposiciones comunitarias?

a) Al Consejo de Estado.
b) Al Tribunal de Cuentas.
c) Al Ministerio de Hacienda y Administraciones Públicas.
d) Al Secretario de Estado de Hacienda.

9. Las Administraciones Públicas se adecuarán en sus actuaciones al principio de lealtad institucional. Cada Administración deberá:

a) Respetar el ejercicio legítimo de las competencias que cada Administración Pública tenga atribuidas.
b) Ponderar, en el ejercicio de sus competencias propias, la totalidad de los intereses públicos implicados y, en concreto, aquellos cuya gestión esté encomendada a otras Administraciones Públicas.
c) Prestar, en el ámbito propio, la cooperación y asistencia activas que el resto de Administraciones Públicas pudieran recabar para el eficaz ejercicio de sus competencias.
d) Todas son correctas.

10. Sin perjuicio de las competencias del Consejo de Política Fiscal y Financiera de las Comunidades Autónomas y de la Comisión Nacional de Administración Local, y respetando en todo caso el principio de autonomía financiera de las Comunidades Autónomas y Corporaciones Locales, ¿a quién corresponderá velar por la aplicación de dichos principios en todo el ámbito subjetivo de la presente LOEPSF?

a) Al Consejo de Estado.
b) Al Tribunal de Cuentas.
c) Al Ministerio de Hacienda y Administraciones Públicas.
d) Al Gobierno.

11. En caso de reformas estructurales con efectos presupuestarios a largo plazo, de acuerdo con la normativa europea, podrá alcanzarse en el conjunto de Administraciones Públicas un déficit estructural del:

a) 0,4 % del Producto Interior Bruto nacional expresado en términos nominales, o el establecido en la normativa europea cuando este fuera inferior.
b) 0,6 % del Producto Interior Bruto nacional expresado en términos nominales, o el establecido en la normativa europea cuando este fuera inferior.
c) 0,2 % del Producto Interior Bruto nacional expresado en términos nominales, o el establecido en la normativa europea cuando este fuera inferior.
d) 0,8 % del Producto Interior Bruto nacional expresado en términos nominales, o el establecido en la normativa europea cuando este fuera inferior.

12. De conformidad con el artículo 11 de la LOEPSF, la recesión económica grave se define de conformidad con lo dispuesto en la normativa europea. En cualquier caso, será necesario que:

a) Se dé una tasa de crecimiento real negativa en un mínimo de dos años del Producto Interior Bruto, según las cuentas anuales de la contabilidad nacional.

b) Se dé una tasa de crecimiento real anual nula del Producto Interior Bruto, según las cuentas anuales de la contabilidad nacional.

c) Se dé una tasa de crecimiento real anual negativa del Producto Interior Bruto, según las cuentas anuales de la contabilidad nacional.

d) Se dé una tasa de crecimiento real anual negativa del Índice de Precios al Consumo, según las cuentas anuales de la contabilidad nacional.

13. Respecto a la estabilidad presupuestaria de las Administraciones de la Seguridad Social, indica la correcta o más correcta:

a) Deberán mantener una situación de superávit presupuestario, en todo caso.

b) Deberán mantener una situación de equilibrio o superávit presupuestario, en todo caso.

c) Excepcionalmente podrán incurrir en un déficit estructural de acuerdo con las finalidades y condiciones previstas en la normativa del Fondo de Reserva de la Seguridad Social.

d) Excepcionalmente podrán incurrir en déficit estructural en caso de catástrofes regionales, recesión económica grave o muy grave o situaciones de emergencia sanitaria.

14. En cuanto a la regla de gasto regulada en el artículo 12 de la LOEPSF, la variación del gasto computable de la Administración Central, de las Comunidades Autónomas y de las Corporaciones Locales, no podrá superar:

a) La tasa de referencia de crecimiento del Producto Interior Bruto de medio plazo de la economía española.

b) La tasa de referencia de crecimiento del Índice de Precios al Consumo a corto plazo de la economía española.

c) La tasa de referencia de crecimiento del Producto Interior Neto a largo plazo de la economía española.

d) La tasa de referencia de crecimiento del Índice de Precios al Consumo Neto de largo plazo de la economía española.

15. De conformidad con el artículo 12 de la LOEPSF, se entenderá por gasto computable:

a) Los empleos financieros definidos en términos del Sistema Europeo de Cuentas Nacionales y Regionales, incluidos los intereses de la deuda, el gasto no discrecional en prestaciones por desempleo, la parte del gasto financiado con fondos finalistas procedentes de la Unión Europea o de otras Administraciones Públicas y las transferencias a las Comunidades Autónomas y a las Corporaciones Locales vinculadas a los sistemas de financiación.

b) Los empleos no financieros definidos en términos del Sistema Europeo de Cuentas Nacionales y Regionales, excluidos los intereses de la deuda, el gasto no discrecional en prestaciones por desempleo, la parte del gasto financiado con fondos finalistas procedentes de la Unión Europea o de otras Administraciones Públicas y las transferencias a las Comunidades Autónomas y a las Corporaciones Locales vinculadas a los sistemas de financiación.

c) Los empleos financieros definidos en términos del Sistema Europeo de Cuentas Nacionales y Regionales, excluidos los intereses de la deuda, el gasto no discrecional en prestaciones por desempleo, la parte del gasto financiado con fondos finalistas procedentes de la Unión Europea o de otras Administraciones Públicas y las transferencias recibidas de las Comunidades Autónomas y a las Corporaciones Locales vinculadas a los sistemas de financiación.

d) Los empleos no financieros definidos en términos del Sistema Europeo de Cuentas Nacionales y Regionales, incluidos los intereses de la deuda, el gasto discrecional en prestaciones por desempleo, la parte del gasto no financiado con fondos finalistas procedentes de la Unión Europea o de otras Administraciones Públicas y las transferencias a las Comunidades Autónomas y a las Corporaciones Locales vinculadas a los sistemas de financiación.

16. De conformidad con el artículo 12.5 de la LOEPSF, los ingresos que se obtengan por encima de lo previsto:

a) Se destinarán íntegramente a pagar los gastos de personal del capítulo 1 del presupuesto.

b) Se destinarán íntegramente a abonar las transferencias ya comprometidas.

c) Se destinarán íntegramente a reducir el nivel de deuda pública.

d) Todas son correctas.

17. Respecto a la instrumentalización del principio de sostenibilidad financiera, el volumen de deuda pública, definida de acuerdo con el Protocolo sobre Procedimiento de déficit excesivo, del conjunto de Administraciones Públicas no podrá superar:

a) El 50 % del Producto Interior Bruto nacional expresado en términos nominales, o el que se establezca por la normativa europea.

b) El 70 % del Producto Interior Bruto nacional expresado en términos nominales, o el que se establezca por la normativa europea.

c) El 40 % del Producto Interior Bruto nacional expresado en términos nominales, o el que se establezca por la normativa europea.

d) El 60 % del Producto Interior Bruto nacional expresado en términos nominales, o el que se establezca por la normativa europea.

18. El límite de deuda pública determinado en el artículo 13 de la LOEPSF se distribuirá de acuerdo con los siguientes porcentajes, expresados en términos nominales del Producto Interior Bruto nacional:

a) 48 % para la Administración Central.

b) 12 % para el conjunto de Comunidades Autónomas.

c) 3 % para el conjunto de Corporaciones Locales.

d) Todas son correctas.

19. De conformidad con el artículo 13.2 de la LOEPSF, La Administración Pública que supere su límite de deuda pública:

a) No podrá realizar operaciones de endeudamiento neto.
b) No podrá realizar ninguna operación de crédito.
c) No podrá incurrir gastos de inversión.
d) No podrá conceder transferencias ni subvenciones.

20. De conformidad con el artículo 13.6 de la LOEPSF, cuando el periodo medio de pago de una Administración Pública, de acuerdo con los datos publicados, supere el plazo máximo previsto en la normativa sobre morosidad, la Administración deberá incluir, en la actualización de su plan de tesorería inmediatamente posterior a la mencionada publicación, como parte de dicho plan lo siguiente:

a) El importe de los recursos que va a dedicar anualmente al pago a proveedores para poder reducir su periodo medio de pago hasta el plazo mínimo que fija la normativa sobre morosidad.
b) El compromiso de adoptar las medidas cuantificadas de reducción de gastos, incremento de ingresos u otras medidas de gestión de cobros y pagos, que le permita generar la tesorería necesaria para la reducción de su periodo medio de pago a proveedores hasta el plazo máximo que fija la normativa sobre morosidad.
c) La justificación del cumplimiento de las normas fiscales.
d) Todas las anteriores son correctas.

21. El Gobierno, mediante acuerdo del Consejo de Ministros, a propuesta del Ministro de Hacienda y Administraciones Públicas y previo informe del Consejo de Política Fiscal y Financiera de las Comunidades Autónomas y de la Comisión Nacional de Administración Local en cuanto al ámbito de las mismas, fijará los objetivos de estabilidad presupuestaria, tanto para el conjunto de Administraciones Públicas como para cada uno de sus subsectores en:

a) El primer trimestre de cada año.
b) El primer semestre de cada año.
c) El primer mes de cada año.
d) Antes del 1 de enero de cada año.

22. De conformidad con el artículo 15 LOEPSF, antes del _____ de cada año el Ministerio de Hacienda y Administraciones Públicas remitirá las respectivas propuestas de objetivos de estabilidad presupuestaria al Consejo de Política Fiscal y Financiera de las Comunidades Autónomas y a la Comisión Nacional de Administración Local, que deberán emitir sus informes en un plazo máximo de _____ a contar desde la fecha de recepción de las propuestas en la Secretaría General del Consejo de Política Fiscal y Financiera de las Comunidades Autónomas y en la secretaría de la Comisión Nacional de Administración Local. Elija la respuesta que completa los huecos del enunciado:

a) 1 de marzo / 15 días.
b) 1 de enero / 30 días.

c) 1 de abril / 15 días.
d) 1 de agosto / 15 días.

23. Si aprobados los objetivos de estabilidad presupuestaria y de deuda pública por el Congreso, los mismos fuesen rechazados por el Senado, dichos objetivos se someterán a nueva votación en el Pleno del Congreso, aprobándose si este los ratifica por:

a) Mayoría simple.
b) Mayoría absoluta.
c) Mayoría de dos tercios.
d) Mayoría de tres quintos.

24. De conformidad con el artículo 15.6 de la LOEPSF, si los objetivos de estabilidad presupuestaria fueran rechazados, el Gobierno remitirá un nuevo acuerdo que se someterá al mismo procedimiento en el plazo de:

a) 15 días.
b) 1 mes.
c) 2 meses.
d) 10 días.

25. En relación con los informes sobre cumplimiento de los objetivos de estabilidad presupuestaria, de deuda pública y de la regla de gasto; la Autoridad Independiente de Responsabilidad Fiscal hará público, para general conocimiento, el informe elaborado sobre la adecuación a los objetivos de estabilidad, de deuda y a la regla de gasto del proyecto de Presupuestos Generales del Estado y de la información a la que se refiere el, que podrá incluir recomendaciones en caso de apreciarse alguna desviación, antes del:

a) 15 de septiembre.
b) 15 de noviembre.
c) 15 de octubre.
d) 15 de agosto.

26. Completa el hueco del siguiente texto. Antes del _____ de cada año, la Autoridad Independiente de Responsabilidad Fiscal, elevará al Gobierno un informe sobre el grado de cumplimiento de los objetivos de estabilidad presupuestaria y de deuda pública en los Presupuestos iniciales de las Administraciones Públicas. Igualmente, el informe recogerá el cumplimiento de la regla de gasto de los Presupuestos de la Administración Central y de las Comunidades Autónomas. El Ministerio de Hacienda y Administraciones Públicas podrá formular las recomendaciones que considere sobre el grado de cumplimiento de los objetivos:

a) 1 de mayo.
b) 1 de abril.

c) 15 de septiembre.
d) 15 de junio.

27. El primer informe sobre el grado de cumplimiento de los objetivos de estabilidad presupuestaría y de deuda pública y de la regla de gasto del ejercicio anterior deberá elevarse por parte Ministro de Hacienda y Administraciones Públicas al Gobierno antes del:

a) 15 de abril.
b) 15 de mayo.
c) 15 de junio.
d) 15 de enero.

28. El segundo informe sobre el grado de cumplimiento de los objetivos de estabilidad presupuestaria y de deuda pública, y de la regla de gasto del ejercicio anterior deberá elevarse, por parte del ministro de Hacienda y Administraciones Públicas al Gobierno antes del:

a) 15 de septiembre.
b) 15 de julio.
c) 15 de diciembre.
d) 15 de octubre.

29. Dentro de las medidas preventivas, las Administraciones Públicas solo tendrán permitido realizar operaciones de endeudamiento de tesorería cuando su volumen de deuda pública se sitúe por encima del:

a) 60 % de los límites establecidos en el artículo 13.1 de la LOEPSF.
b) 85 % de los límites establecidos en el artículo 13.1 de la LOEPSF.
c) 95 % de los límites establecidos en el artículo 13.1 de la LOEPSF.
d) 90 % de los límites establecidos en el artículo 13.1 de la LOEPSF.

30. Dentro de las medidas automáticas de prevención (artículo 18 de la LOEPSF) el Ministerio de Hacienda y Administraciones Públicas formulará una comunicación de alerta indicándose el importe que deberá dedicar mensualmente al pago a proveedores y las medidas cuantificadas de reducción de gastos, incremento de ingresos u otras medidas de gestión de cobros y pagos, cuando el periodo medio de pago a los proveedores de la Comunidad Autónoma supere:

a) En más de 30 días el plazo máximo de la normativa de morosidad durante dos meses consecutivos a contar desde la actualización de su plan de tesorería de acuerdo con lo previsto en el artículo 13.6 de la LOEPSF.
b) En más de 15 días el plazo máximo de la normativa de morosidad durante tres meses consecutivos a contar desde la actualización de su plan de tesorería de acuerdo con lo previsto en el artículo 13.6 de la LOEPSF.

c) En más de 10 días el plazo máximo de la normativa de morosidad durante dos meses consecutivos a contar desde la actualización de su plan de tesorería de acuerdo con lo previsto en el artículo 13.6 de la LOEPSF.

d) En más de 60 días el plazo máximo de la normativa de morosidad durante tres meses consecutivos a contar desde la actualización de su plan de tesorería de acuerdo con lo previsto en el artículo 13.6 de la LOEPSF.

31. ¿Qué órgano será el competente en las Corporaciones Locales para realizar el seguimiento del cumplimiento del periodo medio de pago a proveedores?

a) El Pleno.
b) La Junta de Gobierno Local.
c) El Interventor.
d) El Secretario General.

32. En el caso de las Corporaciones Locales incluidas en el ámbito subjetivo definido en los artículos 111 y 135 del Texto Refundido de la Ley Reguladora de las Haciendas Locales, cuando el órgano interventor detecte que el periodo medio de pago de la Corporación Local supera en más de 30 días el plazo máximo de pago previsto en la normativa de morosidad durante dos meses consecutivos a contar desde la actualización de su plan de tesorería de acuerdo con lo previsto en el artículo 13.6, formulará una comunicación de alerta:

a) En el plazo de diez días desde que lo detectara, a la Administración que tenga atribuida la tutela financiera de las Corporaciones Locales y a la junta de gobierno de la Corporación Local.

b) En el plazo de treinta días desde que lo detectara, a la Administración que tenga atribuida la tutela financiera de las Corporaciones Locales y a la junta de gobierno de la Corporación Local.

c) En el plazo de quince días desde que lo detectara, a la Administración que tenga atribuida la tutela financiera de las Corporaciones Locales y a la junta de gobierno de la Corporación Local.

d) En el plazo de veinte días desde que lo detectara, a la Administración que tenga atribuida la tutela financiera de las Corporaciones Locales y a la junta de gobierno de la Corporación Local.

33. De conformidad con el artículo 19 de la LOEPSF, en caso de apreciar un riesgo de incumplimiento del objetivo de estabilidad presupuestaria, del objetivo de deuda pública o de la regla de gasto de las Comunidades Autónomas o de las Corporaciones Locales, el Gobierno, a propuesta del ministro de Hacienda y Administraciones Públicas, formulará una advertencia motivada a la Administración responsable previa audiencia a la misma. ¿De qué plazo dispondrá la Administración advertida para adoptar las medidas necesarias para evitar el riesgo?

a) De 15 días.
b) De un mes.

c) De dos meses.
d) De tres meses.

34. En el supuesto en que el Gobierno, de acuerdo con los informes a que se refiere el artículo 17 de la LOEPSF, constate que existe incumplimiento del objetivo de estabilidad presupuestaria, de deuda pública o de la regla de gasto:

a) Todas las operaciones de crédito de la Comunidad Autónoma incumplidora precisarán de autorización del Estado en tanto persista el citado incumplimiento.

b) Todas las operaciones de tesorería de la Comunidad Autónoma incumplidora precisarán de autorización del Estado en tanto persista el citado incumplimiento.

c) Todas las operaciones de endeudamiento de la Comunidad Autónoma incumplidora precisarán de autorización del Estado en tanto persista el citado incumplimiento.

d) Todas las operaciones de capital de la Comunidad Autónoma incumplidora precisarán de autorización del Estado en tanto persista el citado incumplimiento.

35. De conformidad con el artículo 20 de la LOEPSF, en los supuestos de incumplimiento del objetivo de estabilidad presupuestaria, de deuda pública o de la regla de gasto, la concesión de subvenciones o la suscripción de convenios por parte de la Administración Central con Comunidades Autónomas incumplidoras precisará, con carácter previo a su concesión o suscripción:

a) Informe favorable del Consejo de Estado.
b) Informe favorable del Consejo de Ministros.
c) Informe favorable del Tribunal de Cuentas.
d) Informe favorable del Ministerio de Hacienda y Administraciones Públicas.

36. De conformidad con el artículo 20 de la LOEPSF, cuando el periodo medio de pago a los proveedores de la Comunidad Autónoma supere en más de 30 días el plazo máximo de la normativa de morosidad durante dos meses consecutivos a contar desde la actualización de su plan de tesorería de acuerdo con lo previsto en el artículo 18.4 de la LOEPSF, el Ministerio de Hacienda y Administraciones Públicas lo comunicará a la Comunidad Autónoma indicando que a partir de ese momento:

a) Todas aquellas modificaciones presupuestarias que conlleven un aumento neto del gasto no financiero de la Comunidad Autónoma y que, de acuerdo con la normativa autonómica vigente no se financien con cargo al fondo de contingencia o con baja en otros créditos, requerirán la adopción un acuerdo de no disponibilidad de igual cuantía, del que se informará al Ministerio de Hacienda y Administraciones Públicas con indicación del crédito afectado, la medida de gasto que lo sustenta y la modificación presupuestaria origen de la misma.

b) Todas sus operaciones de endeudamiento a largo plazo precisarán de autorización del Estado. Esta autorización podrá realizarse de forma gradual por tramos.

c) La Comunidad Autónoma deberá incluir en la actualización de su plan de tesorería inmediatamente posterior nuevas medidas para cumplir con el plazo máximo de pago previsto en la normativa de morosidad.

d) Todas son correctas.

37. Marca la respuesta correcta o la más correcta. En caso de incumplimiento del objetivo de estabilidad presupuestaria, del objetivo de deuda pública o de la regla de gasto, la Administración incumplidora formulará un plan económico-financiero:

a) Que permita en el año en curso y en los dos siguientes el cumplimiento de los objetivos o de la regla de gasto.

b) Que permita en el año en curso y el anterior el cumplimiento de los objetivos o de la regla de gasto.

c) Que permita en el año en curso y el siguiente el cumplimiento de los objetivos o de la regla de gasto.

d) Que permita en el año en curso y en los tres siguientes el cumplimiento de los objetivos o de la regla de gasto.

38. El plan económico-financiero que redacte la Administración de conformidad con el artículo 21 de la LOEPSF contendrá como mínimo la siguiente información:

a) Las causas del incumplimiento del objetivo establecido o, en su caso, del incumplimiento de la regla de gasto.

b) La descripción, cuantificación y el calendario de aplicación de las medidas incluidas en el plan, señalando las partidas presupuestarias o registros extrapresupuestarios en los que se contabilizarán.

c) Un análisis de sensibilidad considerando escenarios económicos alternativos.

d) Todas son correctas.

39. Los planes económico-financieros y los planes de reequilibrio serán presentados, previo informe de la Autoridad Independiente de Responsabilidad Fiscal:

a) En el plazo máximo de dos meses desde que se constate el incumplimiento.

b) En el plazo máximo de quince días desde que se constate el incumplimiento.

c) En el plazo máximo de un mes desde que se constate el incumplimiento.

d) En el plazo máximo de tres meses desde que se constate el incumplimiento.

40. Los planes económico-financieros y los planes de reequilibrio deberán ser aprobados por los órganos correspondientes en el plazo máximo de:

a) Dos meses desde su presentación.

b) Un mes desde su presentación.

c) Tres meses desde su presentación.

d) Seis meses desde su presentación.

41. La puesta en marcha de los planes económico-financieros y los planes de reequilibrio no podrá exceder de:

a) Cuatro meses desde la constatación del incumplimiento.

b) Dos meses desde la constatación del incumplimiento.

c) Tres meses desde la constatación del incumplimiento.
d) Cinco meses desde la constatación del incumplimiento.

42. Los planes económico-financieros elaborados por las Corporaciones Locales deberán estar aprobados por:

a) El Pleno de la Corporación.
b) El Alcalde.
c) El Interventor de la Corporación.
d) La Junta de Gobierno Local.

43. De conformidad con el artículo 24 de la LOEPSF, el Ministerio de Hacienda y Administraciones Públicas elaborará un informe de seguimiento de la aplicación de las medidas contenidas en los planes económico-financieros y los planes de reequilibrio en vigor, para lo cual recabará la información necesaria. La periodicidad de dicho informe será:

a) Trimestral.
b) Mensual.
c) Semestral.
d) Anual.

44. En caso de falta de presentación, de falta de aprobación o de incumplimiento del plan económico-financiero o del plan de reequilibrio, o cuando el periodo medio de pago a los proveedores de la Comunidad Autónoma supere en más de 30 días el plazo máximo de la normativa de morosidad durante dos meses consecutivos a contar desde la comunicación prevista en el artículo 20.6 de la LOEPSF la Administración Pública responsable deberá:

a) Aprobar, en el plazo de 20 días desde que se produzca el incumplimiento, la no disponibilidad de créditos y efectuar la correspondiente retención de créditos, que garantice el cumplimiento del objetivo establecido.
b) Aprobar, en el plazo de 10 días desde que se produzca el incumplimiento, la no disponibilidad de créditos y efectuar la correspondiente retención de créditos, que garantice el cumplimiento del objetivo establecido.
c) Aprobar, en el plazo de 15 días desde que se produzca el incumplimiento, la no disponibilidad de créditos y efectuar la correspondiente retención de créditos, que garantice el cumplimiento del objetivo establecido.
d) Aprobar, en el plazo de 30 días desde que se produzca el incumplimiento, la no disponibilidad de créditos y efectuar la correspondiente retención de créditos, que garantice el cumplimiento del objetivo establecido.

45. En caso de falta de presentación, de falta de aprobación o de incumplimiento del plan económico-financiero o del plan de reequilibrio, o cuando el periodo medio de pago a los proveedores de la Comunidad Autónoma supere en más de

30 días el plazo máximo de la normativa de morosidad durante dos meses conse-cutivos a contar desde la comunicación prevista en el artículo 20.6 de la LOEPSF la Administración Pública responsable deberá:

a) Constituir, cuando se solicite por el Ministerio de Hacienda y Administraciones Públicas, un depósito con intereses en el Banco de España equivalente al 0,2 % de su Producto Interior Bruto nominal. El depósito será cancelado en el momento en que se apliquen las medidas que garanticen el cumplimiento de los objetivos.

b) Constituir, cuando se solicite por el Ministerio de Hacienda y Administraciones Públicas, un depósito con intereses en el Banco de España equivalente al 0,6 % de su Producto Interior Bruto nominal. El depósito será cancelado en el momento en que se apliquen las medidas que garanticen el cumplimiento de los objetivos.

c) Constituir, cuando se solicite por el Ministerio de Hacienda y Administraciones Públicas, un depósito con intereses en el Banco de España equivalente al 0,4 % de su Producto Interior Bruto nominal. El depósito será cancelado en el momento en que se apliquen las medidas que garanticen el cumplimiento de los objetivos.

d) Constituir, cuando se solicite por el Ministerio de Hacienda y Administraciones Públicas, un depósito con intereses en el Banco de España equivalente al 0,8 % de su Producto Interior Bruto nominal. El depósito será cancelado en el momento en que se apliquen las medidas que garanticen el cumplimiento de los objetivos.

46. Si en el plazo de 3 meses desde la constitución del depósito obligatorio pre-visto como medida coercitiva (artículo 25 LOEPSF) no se hubiera presentado o apro-bado el plan, o no se hubieran aplicado las medidas:

a) El depósito no devengará intereses. Si transcurrido un nuevo plazo de 6 meses per-sistiera el incumplimiento podrá acordar que el depósito se convertirá en multa coercitiva.

b) El depósito devengará intereses. Si transcurrido un nuevo plazo de 3 meses persis-tiera el incumplimiento podrá acordar que el depósito se convertirá en sanción pecuniaria.

c) El depósito devengará intereses. Si transcurrido un nuevo plazo de 4 meses persis-tiera el incumplimiento podrá acordar que el depósito se convertirá en multa coercitiva.

d) El depósito no devengará intereses. Si transcurrido un nuevo plazo de 3 meses per-sistiera el incumplimiento podrá acordar que el depósito se convertirá en multa coercitiva.

47. En el supuesto de que una Comunidad Autónoma no adoptase el acuerdo de no disponibilidad de créditos previsto en el artículo 25.1.a) de la LOEPSF, no cons-tituyese el depósito obligatorio establecido en el artículo 25.1.b) de la LOEPSF o no implementase las medidas propuestas por la comisión de expertos prevista en el artículo 25.2 de la LOEPSF, el Gobierno, de conformidad con lo dispuesto en el artí-culo 155 de la Constitución Española:

a) Requerirá al Presidente de la Comunidad Autónoma para que lleve a cabo, en el pla-zo que se indique al efecto, la adopción de un acuerdo de no disponibilidad, la constitu-ción del depósito obligatorio establecido en el artículo 25.1.b) de la LOEPSF o la ejecución de las medidas propuestas por la comisión de expertos.

b) Procederá a suspender la autonomía de la correspondiente Comunidad Autónoma.

c) Cesará al Presidente de la Comunidad Autónoma correspondiente.

d) Adoptará las medidas oportunas necesarias para obligar a la Comunidad Autónoma a su cumplimiento.

48. De conformidad con el artículo 26 de la LOEPSF la persistencia en el incumplimiento por parte de una Corporación Local de alguna de las obligaciones de cumplimiento forzoso a que se refiere dicho artículo, cuando suponga un incumplimiento del objetivo de estabilidad presupuestaria, del objetivo de deuda pública o de la regla de gasto, podrá considerarse como gestión gravemente dañosa para los intereses generales, y podrá procederse a:

a) Suspender la autonomía de la correspondiente entidad local.

b) Podrá procederse a la disolución de los órganos de la Corporación Local incumplidora, de conformidad con lo previsto en el artículo 61 de la Ley 7/1985, de 2 de abril, Reguladora de las Bases de Régimen Local.

c) Se impondrá a la entidad local una multa proporcional al incumplimiento sobre el objetivo de estabilidad presupuestaria o de deuda pública.

d) Cualquiera de las anteriores.

49. Las Comunidades Autónomas y Corporaciones Locales remitirán al Ministerio de Hacienda y Administraciones Públicas información sobre las líneas fundamentales que contendrán sus Presupuestos, a efectos de dar cumplimiento a los requerimientos de la normativa europea, antes del:

a) 1 de abril de cada año.

b) 1 de septiembre de cada año.

c) 1 de octubre de cada año.

d) 1 de julio de cada año.

50. Se elaborará un plan presupuestario a medio plazo que se incluirá en el Programa de Estabilidad, en el que se enmarcará la elaboración de los presupuestos anuales y a través del cual se garantizará una programación presupuestaria coherente con los objetivos de estabilidad presupuestaria y de deuda pública y de conformidad con la regla de gasto. Dicho plan presupuestario a medio plazo abarcará un periodo mínimo de:

a) 3 años.

b) 2 años.

c) 1 año.

d) 4 años.

51. El Ministerio de Hacienda y Administraciones Públicas informará al Consejo de Política Fiscal y Financiera sobre el límite de gasto no financiero del Presupuesto del Estado, antes del:

a) 1 de agosto de cada año.

b) 1 de septiembre de cada año.

c) 1 de octubre de cada año.
d) 1 de julio de cada año.

52. Las Comunidades Autónomas remitirán al Consejo de Política Fiscal y Financiera información sobre el límite de gasto no financiero que cada una de ellas haya aprobado antes del:

a) 1 de agosto de cada año.
b) 1 de septiembre de cada año.
c) 1 de octubre de cada año.
d) 1 de julio de cada año.

53. ¿A quién corresponde determinar la cuantía y las condiciones de aplicación del Fondo de contingencia regulado en el artículo 31 de la LOEPSF?

a) Al Gobierno de España.
b) Al Ministro de Hacienda y Administraciones Públicas.
c) A la Administración Pública en el ámbito de sus respectivas competencias.
d) Al Consejero de Hacienda de la Comunidad Autónoma correspondiente.

54. En el supuesto de que la liquidación presupuestaria se sitúe en superávit, este se destinará, en el caso del Estado, Comunidades Autónomas, y Corporaciones Locales:

a) A reducir el nivel de endeudamiento neto siempre con el límite del volumen de endeudamiento si este fuera inferior al importe del superávit a destinar a la reducción de deuda.
b) A cancelar operaciones de crédito tanto a corto como a largo plazo.
c) Para cancelar sus operaciones de tesorería.
d) Para pagar a proveedores.

55. De conformidad con el artículo 32 LOEPSF, En el caso de la Seguridad Social, el superávit se aplicará prioritariamente a:

a) A cancelar operaciones de crédito tanto a corto como a largo plazo.
b) Para cancelar sus operaciones de tesorería.
c) Para pagar el régimen de pensiones.
d) Al Fondo de Reserva, con la finalidad de atender a las necesidades futuras del sistema.

56. ¿En qué disposición adicional de la LOEPSF se regulan las reglas especiales para el destino del superávit presupuestario?

a) En la quinta.
b) En la sexta.
c) En la séptima.
d) En la primera.

Soluciones comentadas

1. **a) 135 de la Constitución Española.**

   Preámbulo de la LOEPSF: El nuevo artículo 135 establece el mandato de desarrollar el contenido de este artículo en una Ley Orgánica antes del 30 de junio de 2012. Con la aprobación de la presente Ley Orgánica de Estabilidad Presupuestaria y Sostenibilidad Financiera de las Administraciones Públicas se da pleno cumplimiento al mandato constitucional.

2. **b) Septiembre de 2011.**

   Preámbulo de la LOEPSF: La garantía de la estabilidad presupuestaria es una de las claves de la política económica que contribuirá a reforzar la confianza en la economía española, facilitará la captación de financiación en mejores condiciones y, con ello, permitirá recuperar la senda del crecimiento económico y la creación de empleo. Este convencimiento llevó en septiembre de 2011 a reformar el artículo 135 de la Constitución Española, introduciendo al máximo nivel normativo de nuestro ordenamiento jurídico una regla fiscal que limita el déficit público de carácter estructural en nuestro país y limita la deuda pública al valor de referencia del Tratado de Funcionamiento de la Unión Europea.

3. **b) La situación de equilibrio financiero o superávit estructural.**

   Artículo 3 de la LOEPSF: 2. Se entenderá por estabilidad presupuestaria de las Administraciones Públicas la situación de equilibrio o superávit estructural.

4. **a) La situación de equilibrio financiero.**

   Artículo 3 de la LOEPSF: 3. En relación con los sujetos a los que se refiere el artículo 2.2 de esta ley se entenderá por estabilidad presupuestaria la posición de equilibrio financiero.

5. **b) La capacidad para financiar compromisos de gasto presentes y futuros dentro de los límites de déficit, deuda pública y morosidad de deuda comercial conforme a lo establecido en la LOEPSF, en la normativa sobre morosidad y en la normativa europea.**

   Artículo 4 LOEPSF: 2. Se entenderá por sostenibilidad financiera la capacidad para financiar compromisos de gasto presentes y futuros dentro de los límites de déficit, deuda pública y morosidad de deuda comercial conforme a lo establecido en esta ley, en la normativa sobre morosidad y en la normativa europea.

6. **c) Cuando el periodo medio de pago a los proveedores no supere el plazo máximo previsto en la normativa sobre morosidad.**

Artículo 4 LOEPSF: Se entiende que existe sostenibilidad de la deuda comercial, cuando el periodo medio de pago a los proveedores no supere el plazo máximo previsto en la normativa sobre morosidad.

7. **b) A medio plazo, compatible con el principio de anualidad por el que se rigen la aprobación y ejecución de los Presupuestos, de conformidad con la normativa europea.**

Artículo 5 LOEPSF: La elaboración de los Presupuestos de las Administraciones Públicas y demás sujetos comprendidos en el ámbito de aplicación de esta ley se encuadrará en un marco presupuestario a medio plazo, compatible con el principio de anualidad por el que se rigen la aprobación y ejecución de los Presupuestos, de conformidad con la normativa europea.

8. **c) Al Ministerio de Hacienda y Administraciones Públicas.**

Artículo 6 LOEPSF: 2. Corresponde al Ministerio de Hacienda y Administraciones Públicas proveer la disponibilidad pública de la información económico-financiera relativa a los sujetos integrados en el ámbito de aplicación de esta ley, con el alcance y periodicidad que se derive de la aplicación de las normas y acuerdos nacionales y de las disposiciones comunitarias.

9. **d) Todas son correctas.**

Todas las respuestas aparecen en el listado del artículo 9 de la LOEPSF.

10. **d) Al Gobierno.**

Artículo 10 LOEPSF: 2. Corresponde al Gobierno, sin perjuicio de las competencias del Consejo de Política Fiscal y Financiera de las Comunidades Autónomas y de la Comisión Nacional de Administración Local, y respetando en todo caso el principio de autonomía financiera de las Comunidades Autónomas y Corporaciones Locales, velar por la aplicación de dichos principios en todo el ámbito subjetivo de la presente ley.

11. **a) 0,4 % del Producto Interior Bruto nacional expresado en términos nominales, o el establecido en la normativa europea cuando este fuera inferior.**

Artículo 11 LOEPSF: 2. Ninguna Administración Pública podrá incurrir en déficit estructural, definido como déficit ajustado del ciclo, neto de medidas excepcionales y temporales. No obstante, en caso de reformas estructurales con efectos presupuestarios a largo plazo, de acuerdo con la normativa europea, podrá alcanzarse en el conjunto de Administraciones Públicas un déficit estructural del 0,4 % del Producto Interior Bruto nacional expresado en términos nominales, o el establecido en la normativa europea cuando este fuera inferior.

12. c) Se dé una tasa de crecimiento real anual negativa del Producto Interior Bruto, según las cuentas anuales de la contabilidad nacional.

Artículo 11 LOEPSF: A los efectos anteriores la recesión económica grave se define de conformidad con lo dispuesto en la normativa europea. En cualquier caso, será necesario que se dé una tasa de crecimiento real anual negativa del Producto Interior Bruto, según las cuentas anuales de la contabilidad nacional.

13. c) Excepcionalmente podrán incurrir en un déficit estructural de acuerdo con las finalidades y condiciones previstas en la normativa del Fondo de Reserva de la Seguridad Social.

Artículo 11 LOEPSF: 5. Las Administraciones de Seguridad Social mantendrán una situación de equilibrio o superávit presupuestario. Excepcionalmente podrán incurrir en un déficit estructural de acuerdo con las finalidades y condiciones previstas en la normativa del Fondo de Reserva de la Seguridad Social. En este caso, el déficit estructural máximo admitido para la administración central se minorará en la cuantía equivalente al déficit de la Seguridad Social.

14. a) La tasa de referencia de crecimiento del Producto Interior Bruto de medio plazo de la economía española.

Artículo 12 LOEPSF: 1. La variación del gasto computable de la Administración Central, de las Comunidades Autónomas y de las Corporaciones Locales, no podrá superar la tasa de referencia de crecimiento del Producto Interior Bruto de medio plazo de la economía española.

15. b) Los empleos no financieros definidos en términos del Sistema Europeo de Cuentas Nacionales y Regionales, excluidos los intereses de la deuda, el gasto no discrecional en prestaciones por desempleo, la parte del gasto financiado con fondos finalistas procedentes de la Unión Europea o de otras Administraciones Públicas y las transferencias a las Comunidades Autónomas y a las Corporaciones Locales vinculadas a los sistemas de financiación.

Artículo 12 LOEPSF: 2. Se entenderá por gasto computable a los efectos previstos en el apartado anterior, los empleos no financieros definidos en términos del Sistema Europeo de Cuentas Nacionales y Regionales, excluidos los intereses de la deuda, el gasto no discrecional en prestaciones por desempleo, la parte del gasto financiado con fondos finalistas procedentes de la Unión Europea o de otras Administraciones Públicas y las transferencias a las Comunidades Autónomas y a las Corporaciones Locales vinculadas a los sistemas de financiación.

16. c) Se destinarán íntegramente a reducir el nivel de deuda pública.

Artículo 12 LOEPSF: 5. Los ingresos que se obtengan por encima de lo previsto se destinarán íntegramente a reducir el nivel de deuda pública.

17. d) El 60 % del Producto Interior Bruto nacional expresado en términos nominales, o el que se establezca por la normativa europea.

Artículo 13 LOEPSF: 1. El volumen de deuda pública, definida de acuerdo con el Protocolo sobre Procedimiento de déficit excesivo, del conjunto de Administraciones Públicas no podrá superar el 60 % del Producto Interior Bruto nacional expresado en términos nominales, o el que se establezca por la normativa europea.

18. c) 3 % para el conjunto de Corporaciones Locales.

Artículo 13 LOEPSF: Este límite se distribuirá de acuerdo con los siguientes porcentajes, expresados en términos nominales del Producto Interior Bruto nacional: 44 % para la Administración Central, 13 % para el conjunto de Comunidades Autónomas y 3 % para el conjunto de Corporaciones Locales.

19. a) No podrá realizar operaciones de endeudamiento neto.

Artículo 13 LOEPSF: 2. La Administración Pública que supere su límite de deuda pública no podrá realizar operaciones de endeudamiento neto.

20. b) El compromiso de adoptar las medidas cuantificadas de reducción de gastos, incremento de ingresos u otras medidas de gestión de cobros y pagos, que le permita generar la tesorería necesaria para la reducción de su periodo medio de pago a proveedores hasta el plazo máximo que fija la normativa sobre morosidad.

Artículo 13 LOEPSF: Cuando el periodo medio de pago de una Administración Pública, de acuerdo con los datos publicados, supere el plazo máximo previsto en la normativa sobre morosidad, la Administración deberá incluir, en la actualización de su plan de tesorería inmediatamente posterior a la mencionada publicación, como parte de dicho plan lo siguiente:

a) El importe de los recursos que va a dedicar mensualmente al pago a proveedores para poder reducir su periodo medio de pago hasta el plazo máximo que fija la normativa sobre morosidad.

b) El compromiso de adoptar las medidas cuantificadas de reducción de gastos, incremento de ingresos u otras medidas de gestión de cobros y pagos, que le permita generar la tesorería necesaria para la reducción de su periodo medio de pago a proveedores hasta el plazo máximo que fija la normativa sobre morosidad.

21. b) El primer semestre de cada año.

Artículo 15 LOEPSF: 1. En el primer semestre de cada año, el Gobierno, mediante acuerdo del Consejo de Ministros, a propuesta del Ministro de Hacienda y Administraciones Públicas y previo informe del Consejo de Política Fiscal y Financiera de las Comunidades Autónomas y de la Comisión Nacional de Administración Local en cuanto al ámbito de las mismas, fijará los objetivos de estabilidad presupuestaria, en términos de capacidad o necesidad de financiación de acuerdo con la definición contenida en el Sistema Europeo de Cuentas Nacionales y Regionales, y el objetivo de deuda pública referidos a los tres ejercicios siguientes, tanto para el conjunto de

Administraciones Públicas como para cada uno de sus subsectores. Dichos objetivos estarán expresados en términos porcentuales del Producto Interior Bruto nacional nominal.

22. c) 1 de abril / 15 días.

Artículo 15 LOEPSF: A los efectos previstos en el párrafo anterior, antes del 1 de abril de cada año el Ministerio de Hacienda y Administraciones Públicas remitirá las respectivas propuestas de objetivos al Consejo de Política Fiscal y Financiera de las Comunidades Autónomas y a la Comisión Nacional de Administración Local, que deberán emitir sus informes en un plazo máximo de 15 días a contar desde la fecha de recepción de las propuestas en la Secretaría General del Consejo de Política Fiscal y Financiera de las Comunidades Autónomas y en la secretaría de la Comisión Nacional de Administración Local.

23. a) Mayoría simple.

Artículo 15 LOEPSF: Si aprobados los objetivos de estabilidad presupuestaria y de deuda pública por el Congreso, los mismos fuesen rechazados por el Senado, dichos objetivos se someterán a nueva votación en el Pleno del Congreso, aprobándose si este los ratifica por mayoría simple.

24. b) 1 mes.

Artículo 15 LOEPSF: Si son rechazados, el Gobierno, en el plazo máximo de un mes, remitirá un nuevo acuerdo que se someterá al mismo procedimiento.

25. c) 15 de octubre.

Artículo 17 LOEPSF: 1. Antes del 15 de octubre la Autoridad Independiente de Responsabilidad Fiscal hará público, para general conocimiento, el informe elaborado sobre la adecuación a los objetivos de estabilidad, de deuda y a la regla de gasto del proyecto de Presupuestos Generales del Estado y de la información a la que se refiere el artículo 27, que podrá incluir recomendaciones en caso de apreciarse alguna desviación. El Ministerio de Hacienda y Administraciones Públicas podrá formular las recomendaciones adicionales que considere.

26. b) 1 de abril.

Artículo 17 LOEPSF: 2. Antes del 1 de abril de cada año, la Autoridad Independiente de Responsabilidad Fiscal, elevará al Gobierno un informe sobre el grado de cumplimiento de los objetivos de estabilidad presupuestaria y de deuda pública en los Presupuestos iniciales de las Administraciones Públicas. Igualmente, el informe recogerá el cumplimiento de la regla de gasto de los Presupuestos de la Administración Central y de las Comunidades Autónomas. El Ministerio de Hacienda y Administraciones Públicas podrá formular las recomendaciones que considere sobre el grado de cumplimiento de los objetivos.

27. a) 15 de abril.

Artículo 17 LOEPSF: 3. Antes del 15 de abril de cada año, el Ministro de Hacienda y Administraciones Públicas elevará al Gobierno un primer informe sobre el grado de cumplimiento de los objetivos de estabilidad presupuestaria y de deuda pública y de la regla de gasto del ejercicio inmediato anterior, así como de la evolución real de la economía y las desviaciones respecto de la previsión inicial contenida en el informe al que se refiere el artículo 15.5 de esta ley. Este informe se elaborará sobre la base de la información que, en aplicación de la normativa europea, haya de remitirse a las autoridades europeas y a la hora de valorar el cumplimiento se tendrá en cuenta un margen razonable que pueda cubrir las variaciones respecto del informe contemplado en el apartado siguiente derivadas del calendario de disponibilidad de los datos.

28. d) 15 de octubre.

Artículo 17 LOEPSF: 4. Antes del 15 de octubre de cada año, el ministro de Hacienda y Administraciones Públicas elevará al Gobierno un segundo informe sobre el grado de cumplimiento de los objetivos de estabilidad presupuestaria y de deuda pública y de la regla de gasto del ejercicio inmediato anterior, así como de la evolución real de la economía y las desviaciones respecto de la previsión inicial contenida en el informe al que se refiere el artículo 15.5 de esta ley. Para la elaboración de este informe se tendrá en cuenta la información que, en aplicación de la normativa europea, haya de remitirse a las autoridades europeas y la información actualizada remitida por las Comunidades Autónomas al Ministerio de Hacienda y Administraciones Públicas.

29. c) 95 % de los límites establecidos en el artículo 13.1 de la LOEPSF.

Artículo 18 LOEPSF: 2. Cuando el volumen de deuda pública se sitúe por encima del 95 % de los límites establecidos en el artículo 13.1 de esta ley para cada Administración Pública, las únicas operaciones de endeudamiento permitidas a la Administración Pública correspondiente serán las de tesorería.

30. a) En más de 30 días el plazo máximo de la normativa de morosidad durante dos meses consecutivos a contar desde la actualización de su plan de tesorería de acuerdo con lo previsto en el artículo 13.6 de la LOEPSF.

Artículo 18 LOEPSF: Cuando el periodo medio de pago a los proveedores de la Comunidad Autónoma supere en más de 30 días el plazo máximo de la normativa de morosidad durante dos meses consecutivos a contar desde la actualización de su plan de tesorería de acuerdo con lo previsto en el artículo 13.6, el Ministerio de Hacienda y Administraciones Públicas formulará una comunicación de alerta indicándose el importe que deberá dedicar mensualmente al pago a proveedores y las medidas cuantificadas de reducción de gastos, incremento de ingresos u otras medidas de gestión de cobros y pagos, que deberá adoptar de forma que le permita generar la tesorería necesaria para la reducción de su periodo medio de pago a proveedores.

31. c) El Interventor.

Artículo 18 LOEPSF: 5. El órgano interventor de la Corporación Local realizará el seguimiento del cumplimiento del periodo medio de pago a proveedores.

32. c) En el plazo de quince días desde que lo detectara, a la Administración que tenga atribuida la tutela financiera de las Corporaciones Locales y a la junta de gobierno de la Corporación Local.

Artículo 18 LOEPSF: En el caso de las Corporaciones Locales incluidas en el ámbito subjetivo definido en los artículos 111 y 135 del Texto Refundido de la Ley Reguladora de las Haciendas Locales, cuando el órgano interventor detecte que el periodo medio de pago de la Corporación Local supera en más de 30 días el plazo máximo de pago previsto en la normativa de morosidad durante dos meses consecutivos a contar desde la actualización de su plan de tesorería de acuerdo con lo previsto en el artículo 13.6, formulará una comunicación de alerta, en el plazo de quince días desde que lo detectara, a la Administración que tenga atribuida la tutela financiera de las Corporaciones Locales y a la junta de gobierno de la Corporación Local.

33. b) De un mes.

Artículo 19 LOEPSF: 2. La Administración advertida tendrá el plazo de un mes para adoptar las medidas necesarias para evitar el riesgo, que serán comunicadas al Ministerio de Hacienda y Administraciones Públicas. Si no se adoptasen las medidas, o el ministro de Hacienda y Administraciones Públicas aprecia que son insuficientes para corregir el riesgo, se aplicarán las medidas correctivas previstas en los artículos 20 y 21 y 25, apartado 1.a).

34. c) Todas las operaciones de endeudamiento de la Comunidad Autónoma incumplidora precisarán de autorización del Estado en tanto persista el citado incumplimiento.

Artículo 20 LOEPSF: 1. En el supuesto en que el Gobierno, de acuerdo con los informes a que se refiere el artículo 17 de esta ley, constate que existe incumplimiento del objetivo de estabilidad presupuestaria, de deuda pública o de la regla de gasto, todas las operaciones de endeudamiento de la Comunidad Autónoma incumplidora precisarán de autorización del Estado en tanto persista el citado incumplimiento.

35. d) Informe favorable del Ministerio de Hacienda y Administraciones Públicas.

Artículo 20 LOEPSF: En los supuestos de incumplimiento del objetivo de estabilidad presupuestaria, de deuda pública o de la regla de gasto, la concesión de subvenciones o la suscripción de convenios por parte de la Administración Central con Comunidades Autónomas incumplidoras precisará, con carácter previo a su concesión o suscripción, informe favorable del Ministerio de Hacienda y Administraciones Públicas.

36. d) Todas son correctas.

Todas las afirmaciones aparecen en el artículo 20.5 de la LOEPSF.

37. c) Que permita en el año en curso y el siguiente el cumplimiento de los objetivos o de la regla de gasto.

Artículo 21 LOEPSF: 1. En caso de incumplimiento del objetivo de estabilidad presupuestaria, del objetivo de deuda pública o de la regla de gasto, la Administración incumplidora formulará un plan económico-financiero que permita en el año en curso y el siguiente el cumplimiento de los objetivos o de la regla de gasto, con el contenido y alcance previstos en este artículo.

38. d) Todas son correctas.

Todas ellas aparecen en el listado del artículo 21 LOEPSF.

39. c) En el plazo máximo de un mes desde que se constate el incumplimiento.

Artículo 23 LOEPSF: Los planes económico-financieros y los planes de reequilibrio serán presentados, previo informe de la Autoridad Independiente de Responsabilidad Fiscal, en los supuestos en que resulte preceptivo, ante los órganos contemplados en los apartados siguientes en el plazo máximo de un mes desde que se constate el incumplimiento, o se aprecien las circunstancias previstas en el artículo 11.3, respectivamente.

40. a) Dos meses desde su presentación.

Artículo 23 LOEPSF: Estos planes deberán ser aprobados por dichos órganos en el plazo máximo de dos meses desde su presentación y su puesta en marcha no podrá exceder de tres meses desde la constatación del incumplimiento o de la apreciación de las circunstancias previstas en el artículo 11.3.

41. c) Tres meses desde la constatación del incumplimiento.

Artículo 23 LOEPSF: Estos planes deberán ser aprobados por dichos órganos en el plazo máximo de dos meses desde su presentación y su puesta en marcha no podrá exceder de tres meses desde la constatación del incumplimiento o de la apreciación de las circunstancias previstas en el artículo 11.3.

42. a) El Pleno de la Corporación.

Artículo 23 LOEPSF: Los planes económico-financieros elaborados por las Corporaciones Locales deberán estar aprobados por el Pleno de la Corporación.

43. a) Trimestral.

Artículo 24 LOEPSF: El Ministerio de Hacienda y Administraciones Públicas, elaborará, trimestralmente, un informe de seguimiento de la aplicación de las medidas contenidas en los planes económico-financieros y los planes de reequilibrio en vigor, para lo cual recabará la información necesaria.

44. c) Aprobar, en el plazo de 15 días desde que se produzca el incumplimiento, la no disponibilidad de créditos y efectuar la correspondiente retención de créditos, que garantice el cumplimiento del objetivo establecido.

Artículo 25 LOEPSF: a) Aprobar, en el plazo de 15 días desde que se produzca el incumplimiento, la no disponibilidad de créditos y efectuar la correspondiente retención de créditos, que garantice el cumplimiento del objetivo establecido. Dicho acuerdo deberá detallar las medidas de reducción de gasto correspondientes e identificar el crédito presupuestario afectado, no pudiendo ser revocado durante el ejercicio presupuestario en el que se apruebe o hasta la adopción de medidas que garanticen el cumplimiento del objetivo establecido, ni dar lugar a un incremento del gasto registrado en cuentas auxiliares, a cuyo efecto esta información será objeto de un seguimiento específico. Asimismo, cuando resulte necesario para dar cumplimiento a los compromisos de consolidación fiscal con la Unión Europea, las competencias normativas que se atribuyan a las Comunidades Autónomas en relación con los tributos cedidos pasarán a ser ejercidas por el Estado.

45. a) Constituir, cuando se solicite por el Ministerio de Hacienda y Administraciones Públicas, un depósito con intereses en el Banco de España equivalente al 0,2 % de su Producto Interior Bruto nominal. El depósito será cancelado en el momento en que se apliquen las medidas que garanticen el cumplimiento de los objetivos.

Artículo 25 LOEPSF: b) Constituir, cuando se solicite por el Ministerio de Hacienda y Administraciones Públicas, un depósito con intereses en el Banco de España equivalente al 0,2 % de su Producto Interior Bruto nominal. El depósito será cancelado en el momento en que se apliquen las medidas que garanticen el cumplimiento de los objetivos.

46. d) El depósito no devengará intereses. Si transcurrido un nuevo plazo de 3 meses persistiera el incumplimiento podrá acordar que el depósito se convertirá en multa coercitiva.

Artículo 25 LOEPSF: Si en el plazo de 3 meses desde la constitución del depósito no se hubiera presentado o aprobado el plan, o no se hubieran aplicado las medidas, el depósito no devengará intereses. Si transcurrido un nuevo plazo de 3 meses persistiera el incumplimiento podrá acordar que el depósito se convertirá en multa coercitiva.

47. a) Requerirá al Presidente de la Comunidad Autónoma para que lleve a cabo, en el plazo que se indique al efecto, la adopción de un acuerdo de no disponibilidad, la constitución del depósito obligatorio establecido en el artículo 25.1.b) de la LOEPSF o la ejecución de las medidas propuestas por la comisión de expertos.

Artículo 26 LOEPSF: 1. En el supuesto de que una Comunidad Autónoma no adoptase el acuerdo de no disponibilidad de créditos previsto en el artículo 25.1.a), no constituyese el depósito obligatorio establecido en el artículo 25.1.b) o no implementase las medidas propuestas por la comisión de expertos prevista en el artículo 25.2, el Gobierno, de conformidad con lo dispuesto en el artículo 155 de la Constitución Española, requerirá al Presidente de la Comunidad Autónoma para que lleve a cabo, en el plazo que se indique al efecto, la adopción de un acuerdo de no disponibilidad, la constitución del depósito obligatorio establecido en el artículo 25.1.b) o la ejecución de las medidas propuestas por la comisión de expertos.

48. b) Podrá procederse a la disolución de los órganos de la Corporación Local incumplidora, de conformidad con lo previsto en el artículo 61 de la Ley 7/1985, de 2 de abril, Reguladora de las Bases de Régimen Local.

Artículo 26 LOEPSF: 3. La persistencia en el incumplimiento de alguna de las obligaciones a que se refiere el apartado anterior, cuando suponga un incumplimiento del objetivo de estabilidad presupuestaria, del objetivo de deuda pública o de la regla de gasto, podrá considerarse como gestión gravemente dañosa para los intereses generales, y podrá procederse a la disolución de los órganos de la Corporación Local incumplidora, de conformidad con lo previsto en el artículo 61 de la Ley 7/1985, de 2 de abril, Reguladora de las Bases de Régimen Local.

49. c) 1 de octubre de cada año.

Artículo 27 LOEPSF: 2. Antes del 1 de octubre de cada año, las Comunidades Autónomas y Corporaciones Locales remitirán al Ministerio de Hacienda y Administraciones Públicas información sobre las líneas fundamentales que contendrán sus Presupuestos, a efectos de dar cumplimiento a los requerimientos de la normativa europea.

50. a) 3 años.

Artículo 29 LOEPSF: 2. El plan presupuestario a medio plazo abarcará un periodo mínimo de tres años.

51. a) 1 de agosto de cada año.

Artículo 30 LOEPSF: 2. Antes del 1 de agosto de cada año el Ministerio de Hacienda y Administraciones Públicas informará al Consejo de Política Fiscal y Financiera sobre el límite de gasto no financiero del Presupuesto del Estado.

52. a) 1 de agosto de cada año.

Artículo 30 LOEPSF: 3. Antes del 1 de agosto de cada año las Comunidades Autónomas remitirán al Consejo de Política Fiscal y Financiera información sobre el límite de gasto no financiero que cada una de ellas haya aprobado.

53. c) A la Administración Pública en el ámbito de sus respectivas competencias.

Artículo 31 LOEPSF: La cuantía y las condiciones de aplicación de dicha dotación será determinada por cada Administración Pública en el ámbito de sus respectivas competencias.

54. a) A reducir el nivel de endeudamiento neto siempre con el límite del volumen de endeudamiento si este fuera inferior al importe del superávit a destinar a la reducción de deuda.

Artículo 32 LOEPSF: 1. En el supuesto de que la liquidación presupuestaria se sitúe en superávit, este se destinará, en el caso del Estado, Comunidades Autónomas, y Corporaciones Locales, a reducir el nivel de endeudamiento neto siempre con el límite del volumen de endeudamiento si este fuera inferior al importe del superávit a destinar a la reducción de deuda.

55. d) Al Fondo de Reserva, con la finalidad de atender a las necesidades futuras del sistema.

Artículo 32 LOEPSF: En el caso de la Seguridad Social, el superávit se aplicará prioritariamente al Fondo de Reserva, con la finalidad de atender a las necesidades futuras del sistema.

56. b) En la sexta.

Disposición adicional sexta. Reglas especiales para el destino del superávit presupuestario.

Real Decreto Legislativo 2/2004, de 5 de marzo, por el que se aprueba el Texto Refundido de la Ley Reguladora de las Haciendas Locales

TEST N.º 1

Recursos de las Haciendas Locales

1. Son recursos de las entidades locales, de conformidad con el artículo 2 del Real Decreto Legislativo 2/2004 de 5 de marzo por el que se aprueba el Texto Refundido de la Ley Reguladora de las Haciendas Locales (TRLRHL):

a) Los ingresos procedentes de su patrimonio.

b) Los tributos propios clasificados en tasas, contribuciones especiales e impuestos y los recargos exigibles sobre los impuestos de las comunidades autónomas o de otras entidades locales.

c) Las subvenciones.

d) Todas son correctas.

2. De conformidad con el artículo 3 TRLRHL, se considerará patrimonio de las entidades locales el constituido por:

a) Cualquier bien o derecho del que sea titular la Entidad Local, esté o no afecto al uso o servicio público.

b) Los derechos reales o personales, de que sean titulares, susceptibles de valoración económica, siempre que unos y otros no se hallen afectos al uso o servicio público.

c) Los derechos reales no personales, de que sean titulares, susceptibles de valoración económica, siempre que unos y otros se hallen afectos al uso o servicio público.

d) Ninguna es correcta.

3. ¿Las entidades locales podrán exigir tasas por el alumbrado de vías públicas?

a) Sí, en cualquier caso.

b) No, salvo excepciones.

c) Sí, salvo excepciones.

d) No.

4. Todas las operaciones financieras que suscriban las Corporaciones Locales están sujetas al principio de (art. 48 bis LRHL):

a) Estabilidad.

b) Prudencia.

c) Prudencia financiera.

d) Estabilidad financiera.

5. De conformidad con el artículo 7 del TRLRHL, ¿en qué entidades podrán delegar las entidades locales las facultades de gestión, liquidación, inspección y recaudación que el TRLRHL les atribuye?

a) En la Comunidad Autónoma.

b) En otras entidades locales en cuyo territorio estén integradas.

c) En el Estado.

d) Las respuestas a) y b) son correctas.

6. Los acuerdos de aprobación de las ordenanzas fiscales de tributos potestativos deberán adoptarse:

a) Simultáneamente a los de imposición de los respectivos tributos.

b) Posteriormente a los de imposición de los respectivos tributos.

c) Anteriormente a los de imposición de los respectivos tributos.

d) Ninguna es correcta.

7. Los acuerdos provisionales adoptados por las corporaciones locales para el establecimiento, supresión y ordenación de tributos y para la fijación de los elementos necesarios en orden a la determinación de las respectivas cuotas tributarias, así como las aprobaciones y modificaciones de las correspondientes ordenanzas fiscales, se expondrán en el tablón de anuncios de la Entidad durante:

a) Veinte días, como mínimo, dentro de los cuales los interesados podrán examinar el expediente y presentar las reclamaciones que estimen oportunas.

b) Quince días, como mínimo, dentro de los cuales los interesados podrán examinar el expediente y presentar las reclamaciones que estimen oportunas.

c) Treinta días, como mínimo, dentro de los cuales los interesados podrán examinar el expediente y presentar las reclamaciones que estimen oportunas.

d) Diez días, como mínimo, dentro de los cuales los interesados podrán examinar el expediente y presentar las reclamaciones que estimen oportunas.

8. Marca la respuesta que completa el texto. Las entidades locales publicarán, en todo caso, los anuncios de exposición de las ordenanzas fiscales en el boletín oficial de la provincia o, en su caso, en el de la comunidad autónoma uniprovincial. Las diputaciones provinciales, los órganos de gobierno de las entidades supramunicipales y los ayuntamientos de población superior a _____ habitantes deberán publicarlos, además, en un diario de los de mayor difusión de la provincia, o de la comunidad autónoma uniprovincial:

a) 5.000 habitantes.

b) 10.000 habitantes.

c) 20.000 habitantes.
d) 50.000 habitantes.

9. Marca la respuesta que completa el texto. Las diputaciones provinciales, consejos, cabildos insulares y, en todo caso, las demás entidades locales cuando su población sea superior a _____ habitantes, editarán el texto íntegro de las ordenanzas fiscales reguladoras de sus tributos dentro del primer cuatrimestre del ejercicio económico correspondiente:

a) 5.000 habitantes.
b) 10.000 habitantes.
c) 20.000 habitantes.
d) 15.000 habitantes.

10. ¿Cabe algún recurso contra la aprobación las ordenanzas fiscales aprobadas por las entidades locales?

a) No.
b) Sí, recurso de alzada.
c) Sí, recurso potestativo de reposición o recurso contencioso-administrativo.
d) Sí, recurso contencioso-administrativo.

11. Marca la respuesta incorrecta. En todo caso tendrán la consideración de tasa las prestaciones patrimoniales que establezcan las entidades locales por la prestación de un servicio público o la realización de una actividad administrativa en régimen de derecho público de competencia local que se refiera, afecte o beneficie de modo particular al sujeto pasivo, cuando se produzca cualquiera de las circunstancias siguientes:

a) Cuando los bienes, servicios o actividades requeridos no sean imprescindibles para la vida privada o social del solicitante.
b) Que no se presten o realicen por el sector privado.
c) Cuando venga impuesta por disposiciones legales o reglamentarias.
d) Todas son correctas.

12. Marca la respuesta incorrecta. En las tasas tendrán la consideración de sustitutos del contribuyente:

a) En las tasas establecidas por razón de servicios o actividades que beneficien o afecten a los ocupantes de viviendas o locales, los propietarios de dichos inmuebles, quienes podrán repercutir, en su caso, las cuotas sobre los respectivos beneficiarios.
b) En las tasas establecidas por el otorgamiento de las licencias urbanísticas previstas en la normativa sobre suelo y ordenación urbana, los constructores y contratistas de obras.

c) En las tasas establecidas por la prestación de servicios de prevención y extinción de incendios, de prevención de ruinas, construcciones y derribos, salvamentos y, en general, de protección de personas y bienes, comprendiéndose también el mantenimiento del servicio, las entidades o sociedades aseguradoras del riesgo.

d) En las tasas establecidas por la utilización privativa o el aprovechamiento especial por entradas de vehículos o carruajes a través de las aceras y por su construcción, mantenimiento, modificación o supresión, los propietarios de los vehículos, quienes podrán repercutir, en su caso, las cuotas sobre los propietarios de los inmuebles.

13. El importe de las tasas por utilización privativa o aprovechamientos especiales constituidos en el suelo, subsuelo o vuelo de las vías públicas municipales, a favor de empresas explotadoras de servicios de suministros que resulten de interés general o afecten a la generalidad o a una parte importante del vecindario, el importe de aquellas consistirá, en todo caso y sin excepción alguna, en el:

a) 2,5 % de los ingresos brutos procedentes de la facturación que obtengan anualmente en cada término municipal las referidas empresas.

b) 1,5 % de los ingresos brutos procedentes de la facturación que obtengan anualmente en cada término municipal las referidas empresas.

c) 2 % de los ingresos brutos procedentes de la facturación que obtengan anualmente en cada término municipal las referidas empresas.

d) 5 % de los ingresos brutos procedentes de la facturación que obtengan anualmente en cada término municipal las referidas empresas.

14. El importe de las tasas por la prestación de un servicio o por la realización de una actividad:

a) Deberá ser igual al coste real o previsible del servicio o actividad de que se trate o, en su defecto, del valor de la prestación recibida.

b) No podrá exceder, en su conjunto, del coste real o previsible del servicio o actividad de que se trate o, en su defecto, del valor de la prestación recibida.

c) Deberá exceder, en su conjunto, del coste real o previsible del servicio o actividad de que se trate o, en su defecto, del valor de la prestación recibida.

d) Ninguna es correcta.

15. La cuota tributaria consistirá, según disponga la correspondiente ordenanza fiscal, en:

a) La cantidad resultante de aplicar una tarifa.

b) Una cantidad fija señalada al efecto.

c) La cantidad resultante de la aplicación conjunta de ambos procedimientos.

d) Todas son correctas.

16. Cuando la naturaleza material de la tasa exija el devengo periódico de esta, y así se determine en la correspondiente ordenanza fiscal, el devengo tendrá lugar:

a) El 1 de enero.

b) El 1 de marzo.

c) El 31 de diciembre.

d) El 1 de octubre.

17. En el caso de las tasas y de conformidad con el artículo 26 del TRLRHL, cuando por causas no imputables al sujeto pasivo, el servicio público, la actividad administrativa o el derecho a la utilización o aprovechamiento del dominio público no se preste o desarrolle:

a) Procederá la devolución del importe correspondiente.

b) No procederá la devolución del importe correspondiente.

c) Procederá la devolución del importe prorrateado por los meses desde que se presentó la solicitud de devolución.

d) Ninguna es correcta.

18. Las cantidades recaudadas por las contribuciones especiales:

a) Solo podrán destinarse a financiar gastos de capital.

b) Solo podrán destinarse a sufragar los gastos de la obra o del servicio por cuya razón se hubiesen exigido.

c) Podrán destinarse a cualquier finalidad que persiga la satisfacción del interés público.

d) Solo podrán destinarse a financiar gastos corrientes vinculados con las obras o el servicio por cuya razón se hubiese exigido.

19. Marca la respuesta incorrecta. Se consideran personas especialmente beneficiadas en el caso de las contribuciones especiales:

a) En las contribuciones especiales por realización de obras o establecimiento o ampliación de servicios que afecten a bienes inmuebles, los constructores o promotores.

b) En las contribuciones especiales por realización de obras o establecimiento o ampliación de servicios a consecuencia de explotaciones empresariales, las personas o entidades titulares de estas.

c) En las contribuciones especiales por el establecimiento o ampliación de los servicios de extinción de incendios, además de los propietarios de los bienes afectados, las compañías de seguros que desarrollen su actividad en el ramo, en el término municipal correspondiente.

d) Todas son correctas.

20. El coste que la entidad local soporte por la realización de las obras o por el establecimiento o ampliación de los servicios en las contribuciones especiales estará integrado por los siguientes conceptos:

a) El coste real de los trabajos periciales, de redacción de proyectos y de dirección de obras, planes y programas técnicos.

b) Las indemnizaciones procedentes por el derribo de construcciones, destrucción de plantaciones, obras o instalaciones, así como las que procedan a los arrendatarios de los bienes que hayan de ser derruidos u ocupados.

c) El importe de las obras a realizar o de los trabajos de establecimiento o ampliación de los servicios.

d) Todas son correctas.

21. Puede la entidad local exigir por anticipado el pago de las contribuciones especiales:

a) No, en ningún caso.

b) Sí, pudiendo solicitar hasta tras anualidades a la vez.

c) Sí, pero no podrá exigirse una nueva anualidad hasta que no se hayan ejecutado las obras para las cuales se exigió el correspondiente anticipo.

d) No, salvo que se trate de obras de interés general.

22. En las contribuciones especiales, el acuerdo de constitución de las asociaciones administrativas de contribuyentes deberá ser adoptado:

a) Por la mayoría absoluta de los afectados, siempre que representen, al menos, los dos tercios de las cuotas que deban satisfacerse.

b) Por la mayoría simple de los afectados, siempre que representen, al menos, los dos tercios de las cuotas que deban satisfacerse.

c) Por la mayoría de dos tercios de los afectados, siempre que representen, al menos, la mitad de las cuotas que deban satisfacerse.

d) Por la mayoría simple de los afectados, siempre que representen, al menos, los tres quintos de las cuotas que deban satisfacerse.

23. ¿Puede una entidad local fijar precios públicos por debajo del coste mínimo del servicio prestado o actividad realizada?

a) No, en ningún caso.

b) Sí, de hecho, es la norma general.

c) Sí, hasta el 90 % del coste del servicio o de la actividad.

d) Sí, cuando existan razones sociales, benéficas, culturales o de interés público que así lo aconsejen.

24. De conformidad con el artículo 48 bis del TRLRHL, se consideran financieras todas aquellas operaciones que tengan por objeto los instrumentos siguientes:

a) Activos financieros.

b) Operaciones de Capital.

c) Fondo de Contingencia.

d) Todas son correctas.

25. ¿Qué operaciones se incluyen dentro del instrumento de los pasivos financieros de conformidad con el artículo 48 bis del TRLRHL?

a) Los instrumentos de capital o de patrimonio neto de otras entidades, los derechos a recibir efectivo u otro activo financiero de un tercero o de intercambiar con un tercero activos o pasivos financieros en condiciones potencialmente favorables.

b) Las deudas representadas en valores, operaciones de crédito, operaciones de derivados y cualquier otra obligación exigible e incondicional de entregar efectivo u otro activo financiero a un tercero o de intercambiar con un tercero activos o pasivos financieros en condiciones desfavorables.

c) Los vales, reavales u otra clase de garantías públicas.

d) Todas son correctas.

26. Son principios de tributación local:

a) No someter a gravamen bienes situados, actividades desarrolladas, rendimientos originados ni gastos realizados fuera del territorio de la respectiva entidad.

b) Gravar, como tales, negocios, actos o hechos celebrados o realizados fuera del territorio de la Entidad impositora, el ejercicio o la transmisión de bienes, derechos u obligaciones que no hayan nacido ni hubieran de cumplirse en dicho territorio.

c) Implicar obstáculo alguno para la libre circulación de personas, mercancías o servicios y capitales.

d) Todas son correctas.

27. Las entidades locales no podrán exigir tasas por los servicios siguientes (art. 21 LRHL):

a) Protección civil.

b) Limpieza de la vía pública.

c) Enseñanza en los niveles de educación obligatoria.

d) Todas son correctas.

28. Las entidades locales podrán establecer tasas por cualquier supuesto de prestación de servicios o de realización de actividades administrativas de competencia local, y en particular por (art. 20.4 LRHL):

a) Otorgamiento de licencias o autorizaciones administrativas de autotaxis y demás vehículos de alquiler.

b) Protección civil.

c) Limpieza de la vía pública.

d) Todas son correctas.

29. Son recursos de las entidades locales:

a) Los percibidos en concepto de precios privados.

b) El producto de las operaciones de crédito.

c) El producto de las multas y sanciones en el ámbito autonómico y local.

d) Todas son correctas.

30. Las subvenciones de toda índole que obtengan las entidades locales, con destino a sus obras y servicios:

a) No podrán ser aplicadas a atenciones distintas de aquellas para las que fueron otorgadas, salvo, en su caso, los sobrantes no reintegrables cuya utilización no estuviese prevista en la concesión.

b) Podrán ser aplicadas a atenciones distintas de aquellas para las que fueron otorgadas, salvo, en su caso, los sobrantes no reintegrables cuya utilización no estuviese prevista en la concesión.

c) No podrán ser aplicadas a atenciones distintas de aquellas para las que fueron otorgadas, en ningún caso.

d) Ninguna es correcta.

31. La base imponible de las contribuciones especiales está constituida:

a) Como máximo, por el 75 por ciento del coste que la entidad local soporte por la realización de las obras o por el establecimiento o ampliación de los servicios.

b) Como mínimo, por el 90 por ciento del coste que la entidad local soporte por la realización de las obras o por el establecimiento o ampliación de los servicios.

c) Como máximo, por el 70 por ciento del coste que la entidad local soporte por la realización de las obras o por el establecimiento o ampliación de los servicios.

d) Como máximo, por el 90 por ciento del coste que la entidad local soporte por la realización de las obras o por el establecimiento o ampliación de los servicios.

32. El importe de los precios públicos:

a) Deberá cubrir como mínimo el coste del servicio prestado o de la actividad realizada.

b) Tendrá que cubrir como máximo el coste del servicio prestado o de la actividad realizada.

c) Deberá cubrir como mínimo el 80 % coste del servicio prestado o de la actividad realizada.

d) Ninguna es correcta.

33. ¿A quién corresponderá el establecimiento de los precios públicos, sin perjuicio de sus facultades de delegación? (art. 47.1 LRHL)

a) Corresponderá al alcalde.

b) Corresponderá al Pleno de la corporación.

c) Corresponderá al consejero/a de Hacienda.

d) Ninguna es correcta.

34. ¿Las entidades locales podrán exigir tasas por la limpieza de la vía pública? (art. 21 LHRL):

a) Sí, en cualquier caso.

b) No, salvo excepciones.

c) Sí, salvo excepciones.

d) No.

35. Señala la respuesta correcta sobre el hecho imponible de las contribuciones especiales (art. 28 LRHL):

a) Constituye el hecho imponible de las contribuciones especiales la obtención por el sujeto pasivo de un beneficio o de un aumento o disminución de valor de sus bienes.

b) Constituye el hecho imponible de las contribuciones especiales la obtención por el sujeto activo de un beneficio o de un aumento de valor de sus bienes como consecuencia de la realización de obras públicas o del establecimiento o ampliación de servicios públicos, de carácter local, por la Comunidad Autónoma competente.

c) La utilización privativa o el aprovechamiento especial del dominio público local.
d) Ninguna es correcta.

36. Las ordenanzas fiscales de tributos propios potestativos contendrán al menos según el artículo 16 LRHL:

a) La determinación del hecho imponible, sujeto pasivo, responsables, exenciones, reducciones y bonificaciones, base imponible y liquidable, tipo de gravamen o cuota tributaria, período impositivo y devengo.
b) Los regímenes de declaración y de ingreso.
c) Las fechas de su aprobación y del comienzo de su aplicación.
d) Todas son correctas.

37. Las ordenanzas fiscales de los impuestos obligatorios contendrán, además de los elementos necesarios para la determinación de las cuotas tributarias de los respectivos impuestos:

a) Las fechas de su aprobación y el comienzo de su aplicación
b) Los regímenes de declaración y de ingreso.
c) La determinación de las bonificaciones obligatorias.
d) Todas las anteriores.

38. Las actuaciones en materia de inspección o recaudación ejecutiva que hayan de efectuarse fuera del territorio de la respectiva entidad local en relación con los ingresos de derecho público propios de esta (art. 8.3 LRHL):

a) Serán practicadas por los órganos competentes de la correspondiente comunidad autónoma cuando deban realizarse en el ámbito territorial de esta, y por los órganos competentes del Estado en otro caso, sin necesidad de previa solicitud del presidente de la corporación.
b) Serán practicadas por los órganos competentes de la correspondiente comunidad autónoma cuando deban realizarse en el ámbito territorial de esta, y por los órganos competentes del Estado en otro caso, previa solicitud del presidente de la corporación.
c) Serán practicadas por los órganos competentes de la correspondiente comunidad autónoma, en cualquier caso.
d) Ninguna es correcta.

39. No tendrán la consideración de ingresos de derecho privado (art. 3.2 Texto refundido de la Ley Reguladora de las Haciendas Locales):

a) Los que procedan, por cualquier concepto, de los bienes de dominio público local.
b) Bienes de su propiedad.
c) Los derechos reales o personales, de que sean titulares, susceptibles de valoración económica, siempre que unos y otros no se hallen afectos al uso o servicio público.
d) Ninguna es correcta.

40. Los ingresos procedentes de la enajenación o gravamen de bienes y derechos que tengan la consideración de patrimoniales (art. 5 LRHL):

a) No podrán destinarse a la financiación de gastos corrientes ni, aunque se trate de parcelas sobrantes de vías públicas no edificables o de efectos no utilizables en servicios municipales o provinciales.

b) Podrán destinarse a la financiación de gastos corrientes.

c) No podrán destinarse a la financiación de gastos corrientes, salvo que se trate de parcelas sobrantes de vías públicas no edificables o de efectos no utilizables en servicios municipales o provinciales.

d) Todas son incorrectas.

41. Las entidades locales podrán establecer tasas por cualquier supuesto de prestación de servicios o de realización de actividades administrativas de competencia local, y en particular por:

a) Cementerios estatales.

b) Colocación de tuberías, hilos conductores y cables en postes o en galerías de servicio de la titularidad de entidades locales.

c) Servicios de piscinas particulares.

d) Todas son correctas.

42. La gestión, liquidación, inspección y recaudación de los tributos locales se realizará de acuerdo con lo prevenido en (art. 12 LRHL):

a) La Ley General Tributaria.

b) Ley Tributaria del respectivo municipio.

c) Ley Tributaria de la respectiva CA.

d) Todas son correctas.

43. Señala la respuesta correcta sobre la compatibilidad de las tasas con las contribuciones especiales (art. 22 LRHL):

a) Las tasas por la prestación de servicios excluyen la exacción de contribuciones especiales por el establecimiento o ampliación de aquéllos.

b) Las tasas por la prestación de servicios no excluyen la exacción de contribuciones especiales por el establecimiento o ampliación de aquéllos.

c) Las tasas por la prestación de servicios no excluyen la exacción de contribuciones especiales por el establecimiento o ampliación de aquéllos, salvo excepciones tasadas.

d) Ninguna es correcta.

44. Son sujetos pasivos de las contribuciones especiales como personas especialmente beneficiadas (art. 30.2 LRHL):

a) En las contribuciones especiales por realización de obras o establecimiento o ampliación de servicios que afecten a bienes inmuebles, sus inquilinos.

b) En las contribuciones especiales por realización de obras o establecimiento o ampliación de servicios a consecuencia de explotaciones empresariales, las personas o entidades titulares de estas.

c) En las contribuciones especiales por el establecimiento o ampliación de los servicios de extinción de incendios, únicamente los propietarios de los bienes afectados.

d) Todas son correctas.

45. Señala la respuesta incorrecta sobre el cobro del precio público (art. 46 LHRL):

a) La obligación de pagar el precio público nace desde que se inicie la prestación del servicio o la realización de la actividad, si bien las entidades podrán exigir el depósito previo de su importe total o parcial.

b) Las deudas por precios públicos no podrán exigirse por el procedimiento administrativo de apremio.

c) Cuando por causas no imputables al obligado al pago del precio, el servicio o la actividad no se preste o desarrolle, procederá la devolución del importe correspondiente.

d) Todas son correctas.

46. Las entidades locales podrán establecer mediante ordenanza una bonificación de hasta un .... por ciento de la cuota íntegra de las tasas o en su caso, de las prestaciones patrimoniales de carácter público no tributario, que se exijan por la prestación del servicio de recogida de residuos sólidos urbanos para aquellas empresas de distribución alimentaria y de restauración que tengan establecidos, con carácter prioritario, en colaboración con entidades de economía social carentes de ánimo de lucro, sistemas de gestión que reduzcan de forma significativa y verificable los residuos alimentarios, siempre que el funcionamiento de dichos sistemas haya sido previamente verificado por la entidad local:

a) 90 %.

b) 95 %.

c) 50 %.

d) 75 %.

47. De conformidad con el artículo 49 del TRLRHL, y al tenor literal de la ley, el crédito podrá instrumentarse mediante:

a) Adquisición de deuda pública.

b) Adjudicación de préstamos o créditos.

c) Conversión y sustitución total o parcial de operaciones preexistentes.

d) Ninguna es correcta.

48. Las corporaciones locales también podrán conceder avales a sociedades mercantiles participadas por personas o entidades privadas, en las que tengan una cuota de participación en el capital social:

a) No inferior al 30 %.

b) Superior al 40 %.

c) No inferior al 25 %.

d) Superior al 50 %.

49. Con carácter general, para atender necesidades transitorias de tesorería, las entidades locales podrán concertar operaciones de crédito a corto plazo, que no exceda de un año, siempre que en su conjunto no superen el:

a) 50 % de sus ingresos liquidados por operaciones corrientes en el ejercicio anterior.
b) 25 % de sus ingresos liquidados por operaciones corrientes en el ejercicio anterior.
c) 30 % de sus ingresos liquidados por operaciones corrientes en el ejercicio anterior.
d) 15 % de sus ingresos liquidados por operaciones corrientes en el ejercicio anterior.

50. Tendrán la consideración de operaciones de crédito a corto plazo, entre otras las siguientes:

a) Los anticipos que se perciban de entidades financieras, con o sin intermediación de los órganos de gestión recaudatoria, a cuenta de los productos recaudatorios de los impuestos devengados en cada ejercicio económico y liquidados a través de un padrón o matrícula.
b) Los préstamos y créditos concedidos por entidades financieras para cubrir desfases permanentes de tesorería.
c) Las emisiones de deuda por plazo superior a un año.
d) Ninguna es correcta.

51. Los presidentes de las corporaciones locales podrán concertar las operaciones de crédito a largo plazo previstas en el presupuesto, cuyo importe acumulado, dentro de cada ejercicio económico, no supere el:

a) 10 % de los recursos de carácter ordinario previstos en dicho presupuesto.
b) 20 % de los recursos de carácter ordinario previstos en dicho presupuesto.
c) 15 % de los recursos de carácter ordinario previstos en dicho presupuesto.
d) 40 % de los recursos de carácter ordinario previstos en dicho presupuesto.

52. Los presidentes de las corporaciones locales podrán concertar las operaciones de crédito a corto plazo cuando el importe acumulado de las operaciones vivas de esta naturaleza, incluida la nueva operación, no supere el:

a) 10 % de los recursos corrientes liquidados en el ejercicio anterior.
b) 15 % de los recursos corrientes liquidados en el ejercicio anterior.
c) 20 % de los recursos corrientes liquidados en el ejercicio anterior.
d) 25 % de los recursos corrientes liquidados en el ejercicio anterior.

53. De conformidad con el artículo 53 del TRLRHL se entenderá por ahorro neto de las entidades locales y sus organismos autónomos de carácter administrativo:

a) La diferencia entre los derechos liquidados por los capítulos uno a siete, ambos inclusive, del estado de ingresos, y de las obligaciones reconocidas por los capítulos uno, dos y cuatro del estado de gastos, minorada en el importe de una anualidad teórica de amortización de la operación proyectada y de cada uno de los préstamos y empréstitos propios y avalados a terceros pendientes de reembolso.

b) La diferencia entre los derechos liquidados por los capítulos uno a siete, ambos inclusive, del estado de ingresos, y de las obligaciones reconocidas por los capítulos uno a cuatro del estado de gastos, minorada en el importe de una anualidad teórica de amortización de la operación proyectada y de cada uno de los préstamos y empréstitos propios y avalados a terceros pendientes de reembolso.

c) La diferencia entre los derechos liquidados por los capítulos uno a cinco, ambos inclusive, del estado de ingresos, y de las obligaciones reconocidas por los capítulos uno a cinco del estado de gastos, minorada en el importe de una anualidad teórica de amortización de la operación proyectada y de cada uno de los préstamos y empréstitos propios y avalados a terceros pendientes de reembolso.

d) La diferencia entre los derechos liquidados por los capítulos uno a cinco, ambos inclusive, del estado de ingresos, y de las obligaciones reconocidas por los capítulos uno, dos y cuatro del estado de gastos, minorada en el importe de una anualidad teórica de amortización de la operación proyectada y de cada uno de los préstamos y empréstitos propios y avalados a terceros pendientes de reembolso.

54. Precisarán de autorización las operaciones de crédito a largo plazo de cualquier naturaleza, incluido el riesgo deducido de los avales, cuando el volumen total del capital vivo de las operaciones de crédito vigentes a corto y largo plazo, incluyendo el importe de la operación proyectada, exceda del:

a) 100 % de los ingresos corrientes liquidados o devengados en el ejercicio inmediatamente anterior.

b) 110 % de los ingresos corrientes liquidados o devengados en el ejercicio inmediatamente anterior.

c) 120 % de los ingresos corrientes liquidados o devengados en el ejercicio inmediatamente anterior.

d) 95 % de los ingresos corrientes liquidados o devengados en el ejercicio inmediatamente anterior.

55. De conformidad con el artículo 53.4 del TRLRHL, las entidades locales de más de 200.000 habitantes podrán optar por sustituir las autorizaciones en ellos preceptuadas por la presentación de un escenario de consolidación presupuestaria, para su aprobación por el órgano competente. Dicho escenario contendrá el compromiso por parte de la entidad local, aprobado por su Pleno, del límite máximo del déficit no financiero, e importe máximo del endeudamiento para cada uno:

a) De los dos ejercicios siguientes.

b) De los cuatro ejercicios siguientes.

c) Del ejercicio siguiente.

d) De los tres ejercicios siguientes.

56. Cuando el ahorro neto sea de signo negativo, el Pleno de la respectiva corporación deberá aprobar un plan de saneamiento financiero a realizar en un plazo no superior a:

a) Diez años.

b) Cuatro años.

c) Tres años.

d) Dos años.

Soluciones comentadas

1. **d) Todas son correctas.**

   Todas ellas aparecen en el listado del artículo 2 del TRLRHL.

2. **b) Los derechos reales o personales, de que sean titulares, susceptibles de valoración económica, siempre que unos y otros no se hallen afectos al uso o servicio público.**

   Artículo 3 TRLRHL: 2. A estos efectos, se considerará patrimonio de las entidades locales el constituido por los bienes de su propiedad, así como por los derechos reales o personales, de que sean titulares, susceptibles de valoración económica, siempre que unos y otros no se hallen afectos al uso o servicio público.

3. **d) No.**

   Artículo 21 TRLRHL: Las entidades locales no podrán exigir tasas por los servicios siguientes:

   a) Abastecimiento de aguas en fuentes públicas.

   b) Alumbrado de vías públicas.

   c) Vigilancia pública en general.

   d) Protección civil.

   e) Limpieza de la vía pública.

   f) Enseñanza en los niveles de educación obligatoria.

4. **c) Prudencia financiera.**

   Artículo 48 bis TRLRHL:

5. **d) Las respuestas a) y b) son correctas.**

   Artículo 7 TRLRHL: 1. De conformidad con lo dispuesto en el artículo 106.3 de la Ley 7/1985, de 2 de abril, Reguladora de las Bases del Régimen Local, las entidades locales podrán delegar en la comunidad autónoma o en otras entidades locales en cuyo territorio estén integradas, las facultades de gestión, liquidación, inspección y recaudación tributarias que esta ley les atribuye.

6. **a) Simultáneamente a los de imposición de los respectivos tributos.**

   Artículo 16 TRLRHL: Los acuerdos de aprobación de estas ordenanzas fiscales deberán adoptarse simultáneamente a los de imposición de los respectivos tributos.

7. **c) Treinta días, como mínimo, dentro de los cuales los interesados podrán examinar el expediente y presentar las reclamaciones que estimen oportunas.**

Artículo 17 TRLRHL: Los acuerdos provisionales adoptados por las corporaciones locales para el establecimiento, supresión y ordenación de tributos y para la fijación de los elementos necesarios en orden a la determinación de las respectivas cuotas tributarias, así como las aprobaciones y modificaciones de las correspondientes ordenanzas fiscales, se expondrán en el tablón de anuncios de la Entidad durante treinta días, como mínimo, dentro de los cuales los interesados podrán examinar el expediente y presentar las reclamaciones que estimen oportunas.

8. **b) 10.000 habitantes.**

Artículo 17 TRLRHL: 2. Las entidades locales publicarán, en todo caso, los anuncios de exposición en el boletín oficial de la provincia o, en su caso, en el de la comunidad autónoma uniprovincial. Las diputaciones provinciales, los órganos de gobierno de las entidades supramunicipales y los ayuntamientos de población superior a 10.000 habitantes deberán publicarlos, además, en un diario de los de mayor difusión de la provincia, o de la comunidad autónoma uniprovincial.

9. **c) 20.000 habitantes.**

Artículo 17 TRLRHL: 5. Las diputaciones provinciales, consejos, cabildos insulares y, en todo caso, las demás entidades locales cuando su población sea superior a 20.000 habitantes, editarán el texto íntegro de las ordenanzas fiscales reguladoras de sus tributos dentro del primer cuatrimestre del ejercicio económico correspondiente.

10. **d) Sí, recurso contencioso-administrativo.**

Artículo 19 TRLRHL: 1. Las ordenanzas fiscales de las entidades locales a que se refiere el artículo 17.3 de esta ley regirán durante el plazo, determinado o indefinido, previsto en ellas, sin que quepa contra ellas otro recurso que el contencioso-administrativo que se podrá interponer, a partir de su publicación en el boletín oficial de la provincia o, en su caso, de la comunidad autónoma uniprovincial, en la forma y plazos que establecen las normas reguladoras de dicha jurisdicción.

11. **a) Cuando los bienes, servicios o actividades requeridos no sean imprescindibles para la vida privada o social del solicitante.**

Artículo 20 TRLRHL: Cuando los bienes, servicios o actividades requeridos sean imprescindibles para la vida privada o social del solicitante. El resto de afirmaciones son correctas.

12. **d) En las tasas establecidas por la utilización privativa o el aprovechamiento especial por entradas de vehículos o carruajes a través de las aceras y por su construcción, mantenimiento, modificación o supresión, los propietarios de los vehículos, quienes podrán repercutir, en su caso, las cuotas sobre los propietarios de los inmuebles.**

Artículo 23 TRLRHL: d) En las tasas establecidas por la utilización privativa o el aprovechamiento especial por entradas de vehículos o carruajes a través de las aceras y por su construcción, mantenimiento, modificación o supresión, los propietarios de las fincas y locales a que den acceso dichas entradas de vehículos, quienes podrán repercutir, en su caso, las cuotas sobre los respectivos beneficiarios. El resto de respuestas son correctas.

13. b) 1,5 % de los ingresos brutos procedentes de la facturación que obtengan anualmente en cada término municipal las referidas empresas.

Artículo 24 TRLRHL: c) Cuando se trate de tasas por utilización privativa o aprovechamientos especiales constituidos en el suelo, subsuelo o vuelo de las vías públicas municipales, a favor de empresas explotadoras de servicios de suministros que resulten de interés general o afecten a la generalidad o a una parte importante del vecindario, el importe de aquéllas consistirá, en todo caso y sin excepción alguna, en el 1,5 % de los ingresos brutos procedentes de la facturación que obtengan anualmente en cada término municipal las referidas empresas.

14. b) No podrá exceder, en su conjunto, del coste real o previsible del servicio o actividad de que se trate o, en su defecto, del valor de la prestación recibida.

Artículo 24 TRLRHL: 2. En general, y con arreglo a lo previsto en el párrafo siguiente, el importe de las tasas por la prestación de un servicio o por la realización de una actividad no podrá exceder, en su conjunto, del coste real o previsible del servicio o actividad de que se trate o, en su defecto, del valor de la prestación recibida.

15. d) Todas son correctas.

Artículo 24 TRLRHL: 3. La cuota tributaria consistirá, según disponga la correspondiente ordenanza fiscal, en:

a) La cantidad resultante de aplicar una tarifa,

b) Una cantidad fija señalada al efecto, o

c) La cantidad resultante de la aplicación conjunta de ambos procedimientos.

16. a) El 1 de enero.

Artículo 26 TRLRHL: 2. Cuando la naturaleza material de la tasa exija el devengo periódico de esta, y así se determine en la correspondiente ordenanza fiscal, el devengo tendrá lugar el 1 de enero de cada año y el período impositivo comprenderá el año natural, salvo en los supuestos de inicio o cese en la utilización privativa, el aprovechamiento especial o el uso del servicio o actividad, en cuyo caso el período impositivo se ajustará a esa circunstancia con el consiguiente prorrateo de la cuota, en los términos que se establezcan en la correspondiente ordenanza fiscal.

17. a) Procederá la devolución del importe correspondiente.

Artículo 26 TRLRHL: 3. Cuando por causas no imputables al sujeto pasivo, el servicio público, la actividad administrativa o el derecho a la utilización o aprovechamiento del dominio público no se preste o desarrolle, procederá la devolución del importe correspondiente.

18. **b) Solo podrán destinarse a sufragar los gastos de la obra o del servicio por cuya razón se hubiesen exigido.**

Artículo 29 TRLRHL: 3. Las cantidades recaudadas por contribuciones especiales solo podrán destinarse a sufragar los gastos de la obra o del servicio por cuya razón se hubiesen exigido.

19. **a) En las contribuciones especiales por realización de obras o establecimiento o ampliación de servicios que afecten a bienes inmuebles, los constructores o promotores.**

Artículo 30 TRLRHL: Se considerarán personas especialmente beneficiadas:

a) En las contribuciones especiales por realización de obras o establecimiento o ampliación de servicios que afecten a bienes inmuebles, sus propietarios. El resto de respuestas están correctas.

20. **d) Todas son correctas.**

Todas las respuestas aparecen en el artículo 31.2 del TRLRHL.

21. **c) Sí, pero no podrá exigirse una nueva anualidad hasta que no se hayan ejecutado las obras para las cuales se exigió el correspondiente anticipo.**

Artículo 33 TRLRHL: 2. Sin perjuicio de lo dispuesto en el apartado anterior, una vez aprobado el acuerdo concreto de imposición y ordenación, la entidad local podrá exigir por anticipado el pago de las contribuciones especiales en función del importe del coste previsto para el año siguiente. No podrá exigirse el anticipo de una nueva anualidad sin que hayan sido ejecutadas las obras para las cuales se exigió el correspondiente anticipo.

22. **a) Por la mayoría absoluta de los afectados, siempre que representen, al menos, los dos tercios de las cuotas que deban satisfacerse.**

Artículo 37 TRLRHL: Para la constitución de las asociaciones administrativas de contribuyentes a que se refiere el artículo anterior, el acuerdo deberá ser tomado por la mayoría absoluta de los afectados, siempre que representen, al menos, los dos tercios de las cuotas que deban satisfacerse.

23. **d) Sí, cuando existan razones sociales, benéficas, culturales o de interés público que así lo aconsejen.**

Artículo 44 TRLRHL: 2. Cuando existan razones sociales, benéficas, culturales o de interés público que así lo aconsejen, la entidad podrá fijar precios públicos por debajo del límite previsto en el apartado anterior. En estos casos deberán consignarse en los presupuestos de la entidad las dotaciones oportunas para la cobertura de la diferencia resultante si la hubiera.

24. **a) Activos financieros.**

Artículo 48 bis TRLRHL: 2. Se consideran financieras todas aquellas operaciones que tengan por objeto los instrumentos siguientes:

a) Activos financieros. Están incluidos en este concepto los instrumentos de capital o de patrimonio neto de otras entidades, los derechos a recibir efectivo u otro activo financiero de un tercero o de intercambiar con un tercero activos o pasivos financieros en condiciones potencialmente favorables.

b) Pasivos financieros. Están incluidos en este concepto deudas representadas en valores, operaciones de crédito, operaciones de derivados y cualquier otra obligación exigible e incondicional de entregar efectivo u otro activo financiero a un tercero o de intercambiar con un tercero activos o pasivos financieros en condiciones desfavorables.

c) La concesión de avales, reavales u otra clase de garantías públicas o medidas de apoyo extrapresupuestario.

25. b) Las deudas representadas en valores, operaciones de crédito, operaciones de derivados y cualquier otra obligación exigible e incondicional de entregar efectivo u otro activo financiero a un tercero o de intercambiar con un tercero activos o pasivos financieros en condiciones desfavorables.

Artículo 48 bis TRLRHL: b) Pasivos financieros. Están incluidos en este concepto deudas representadas en valores, operaciones de crédito, operaciones de derivados y cualquier otra obligación exigible e incondicional de entregar efectivo u otro activo financiero a un tercero o de intercambiar con un tercero activos o pasivos financieros en condiciones desfavorables.

26. a) No someter a gravamen bienes situados, actividades desarrolladas, rendimientos originados ni gastos realizados fuera del territorio de la respectiva entidad.

Artículo 6 TRLRHL: Los tributos que establezcan las entidades locales al amparo de lo dispuesto en el artículo 106.1 de la Ley 7/1985, de 2 de abril, Reguladora de las Bases del Régimen Local, respetarán, en todo caso, los siguientes principios:

a) No someter a gravamen bienes situados, actividades desarrolladas, rendimientos originados ni gastos realizados fuera del territorio de la respectiva entidad.

b) No gravar, como tales, negocios, actos o hechos celebrados o realizados fuera del territorio de la Entidad impositora, ni el ejercicio o la transmisión de bienes, derechos u obligaciones que no hayan nacido ni hubieran de cumplirse en dicho territorio.

c) No implicar obstáculo alguno para la libre circulación de personas, mercancías o servicios y capitales, ni afectar de manera efectiva a la fijación de la residencia de las personas o la ubicación de empresas y capitales dentro del territorio español, sin que ello obste para que las entidades locales puedan instrumentar la ordenación urbanística de su territorio.

27. d) Todas son correctas.

Artículo 21 TRLRHL: Las entidades locales no podrán exigir tasas por los servicios siguientes:

a) Abastecimiento de aguas en fuentes públicas.

b) Alumbrado de vías públicas.

c) Vigilancia pública en general.

d) Protección civil.

e) Limpieza de la vía pública.

f) Enseñanza en los niveles de educación obligatoria.

28. a) Otorgamiento de licencias o autorizaciones administrativas de autotaxis y demás vehículos de alquiler.

Artículo 20.4 TRLRHL: c) Otorgamiento de licencias o autorizaciones administrativas de autotaxis y demás vehículos de alquiler. En el resto de supuestos no se puede exigir tasas de conformidad con el artículo 21 TRLRHL.

29. b) El producto de las operaciones de crédito.

Artículo 2 TRLRHL: f) El producto de las operaciones de crédito. El resto de respuestas contienen errores.

30. a) No podrán ser aplicadas a atenciones distintas de aquellas para las que fueron otorgadas, salvo, en su caso, los sobrantes no reintegrables cuya utilización no estuviese prevista en la concesión.

Artículo 40 TRLRHL: 1. Las subvenciones de toda índole que obtengan las entidades locales, con destino a sus obras y servicios no podrán ser aplicadas a atenciones distintas de aquellas para las que fueron otorgadas, salvo, en su caso, los sobrantes no reintegrables cuya utilización no estuviese prevista en la concesión.

31. d) Como máximo, por el 90 por ciento del coste que la entidad local soporte por la realización de las obras o por el establecimiento o ampliación de los servicios.

Artículo 31 TRLRHL: 1. La base imponible de las contribuciones especiales está constituida, como máximo, por el 90 por ciento del coste que la entidad local soporte por la realización de las obras o por el establecimiento o ampliación de los servicios.

32. a) Deberá cubrir como mínimo el coste del servicio prestado o de la actividad realizada.

Artículo 44 TRLRHL: 1. El importe de los precios públicos deberá cubrir como mínimo el coste del servicio prestado o de la actividad realizada.

33. b) Corresponderá al Pleno de la corporación.

Artículo 47.1 TRLRHL: 1. El establecimiento o modificación de los precios públicos corresponderá al Pleno de la corporación, sin perjuicio de sus facultades de delegación en la Comisión de Gobierno, conforme al artículo 23.2.b) de la Ley 7/1985, de 2 de abril, Reguladora de las Bases de Régimen Local.

34. d) No.

Artículo 21 TRLRHL: Las entidades locales no podrán exigir tasas por los servicios siguientes:

a) Abastecimiento de aguas en fuentes públicas.

b) Alumbrado de vías públicas.

c) Vigilancia pública en general.

d) Protección civil.

e) Limpieza de la vía pública.

f) Enseñanza en los niveles de educación obligatoria.

35. d) Ninguna es correcta.

Artículo 28 TRLRHL: Constituye el hecho imponible de las contribuciones especiales la obtención por el sujeto pasivo de un beneficio o de un aumento de valor de sus bienes como consecuencia de la realización de obras públicas o del establecimiento o ampliación de servicios públicos, de carácter local, por las entidades respectivas.

36. d) Todas son correctas.

Todos ellos aparecen en el listado del artículo 16 del TRLRHL.

37. a) Las fechas de su aprobación y el comienzo de su aplicación

Artículo 16 TRLRHL: Las ordenanzas fiscales a que se refiere el apartado 2 del artículo anterior contendrán, además de los elementos necesarios para la determinación de las cuotas tributarias de los respectivos impuestos, las fechas de su aprobación y el comienzo de su aplicación

38. b) Serán practicadas por los órganos competentes de la correspondiente comunidad autónoma cuando deban realizarse en el ámbito territorial de esta, y por los órganos competentes del Estado en otro caso, previa solicitud del presidente de la corporación.

Artículo 8.3 TRLRHL: 3. Las actuaciones en materia de inspección o recaudación ejecutiva que hayan de efectuarse fuera del territorio de la respectiva entidad local en relación con los ingresos de derecho público propios de esta, serán practicadas por los órganos competentes de la correspondiente comunidad autónoma cuando deban realizarse en el ámbito territorial de esta, y por los órganos competentes del Estado en otro caso, previa solicitud del presidente de la corporación.

39. a) Los que procedan, por cualquier concepto, de los bienes de dominio público local.

Artículo 3 TRLRHL: 3. En ningún caso tendrán la consideración de ingresos de derecho privado los que procedan, por cualquier concepto, de los bienes de dominio público local.

40. c) No podrán destinarse a la financiación de gastos corrientes, salvo que se trate de parcelas sobrantes de vías públicas no edificables o de efectos no utilizables en servicios municipales o provinciales.

Artículo 5 TRLRHL: Los ingresos procedentes de la enajenación o gravamen de bienes y derechos que tengan la consideración de patrimoniales no podrán destinarse a la financiación de gastos corrientes, salvo que se trate de parcelas sobrantes de vías públicas no edificables o de efectos no utilizables en servicios municipales o provinciales.

41. b) Colocación de tuberías, hilos conductores y cables en postes o en galerías de servicio de la titularidad de entidades locales.

Artículo 20 TRLRHL: q) Colocación de tuberías, hilos conductores y cables en postes o en galerías de servicio de la titularidad de entidades locales.

42. a) La Ley General Tributaria.

Artículo 12 TRLRHL: La gestión, liquidación, inspección y recaudación de los tributos locales se realizará de acuerdo con lo prevenido en la Ley General Tributaria y en las demás leyes del Estado reguladoras de la materia, así como en las disposiciones dictadas para su desarrollo.

43. b) Las tasas por la prestación de servicios no excluyen la exacción de contribuciones especiales por el establecimiento o ampliación de aquéllos.

Artículo 22 TRLRHL: Las tasas por la prestación de servicios no excluyen la exacción de contribuciones especiales por el establecimiento o ampliación de aquéllos.

44. b) En las contribuciones especiales por realización de obras o establecimiento o ampliación de servicios a consecuencia de explotaciones empresariales, las personas o entidades titulares de éstas.

Artículo 30 TRLRHL: b) En las contribuciones especiales por realización de obras o establecimiento o ampliación de servicios a consecuencia de explotaciones empresariales, las personas o entidades titulares de éstas. Las demás respuestas contienen errores.

45. b) Las deudas por precios públicos no podrán exigirse por el procedimiento administrativo de apremio.

Artículo 46 TRLRHL: 1. La obligación de pagar el precio público nace desde que se inicie la prestación del servicio o la realización de la actividad, si bien las entidades podrán exigir el depósito previo de su importe total o parcial. 2. Cuando por causas no imputables al obligado al pago del precio, el servicio o la actividad no se preste o desarrolle, procederá la devolución del importe correspondiente. 3. Las deudas por precios públicos podrán exigirse por el procedimiento administrativo de apremio.

46. b) 95 %.

Artículo 24 TRLRHL: 6. Las entidades locales podrán establecer mediante ordenanza una bonificación de hasta un 95 % de la cuota íntegra de las tasas o en su caso, de las prestaciones patrimoniales de carácter público no tributario, que se exijan por la prestación del servicio de recogida de residuos sólidos urbanos para aquellas empresas de distribución alimentaria y de restauración que tengan establecidos, con carácter prioritario, en colaboración con entidades de economía social carentes de ánimo de lucro, sistemas de gestión que reduzcan de forma significativa y verificable los residuos alimentarios, siempre que el funcionamiento de dichos sistemas haya sido previamente verificado por la entidad local.

47. c) Conversión y sustitución total o parcial de operaciones preexistentes.

Artículo 49 TRLRHL: 2. El crédito podrá instrumentarse mediante:

a) Emisión pública de deuda.

b) Contratación de préstamos o créditos.

c) Cualquier otra apelación al crédito público o privado.

d) Conversión y sustitución total o parcial de operaciones preexistentes.

48. a) No inferior al 30 %.

Artículo 49 TRLRHL: 7. Las corporaciones locales también podrán conceder avales a sociedades mercantiles participadas por personas o entidades privadas, en las que tengan una cuota de participación en el capital social no inferior al 30 %.

49. c) 30 % de sus ingresos liquidados por operaciones corrientes en el ejercicio anterior.

Artículo 51 TRLRHL: Para atender necesidades transitorias de tesorería, las entidades locales podrán concertar operaciones de crédito a corto plazo, que no exceda de un año, siempre que en su conjunto no superen el 30 % de sus ingresos liquidados por operaciones corrientes en el ejercicio anterior, salvo que la operación haya de realizarse en el primer semestre del año sin que se haya producido la liquidación del presupuesto de tal ejercicio, en cuyo caso se tomará en consideración la liquidación del ejercicio anterior a este último.

50. a) Los anticipos que se perciban de entidades financieras, con o sin intermediación de los órganos de gestión recaudatoria, a cuenta de los productos recaudatorios de los impuestos devengados en cada ejercicio económico y liquidados a través de un padrón o matrícula.

Artículo 51 TRLRHL: A estos efectos tendrán la consideración de operaciones de crédito a corto plazo, entre otras las siguientes:

a) Los anticipos que se perciban de entidades financieras, con o sin intermediación de los órganos de gestión recaudatoria, a cuenta de los productos recaudatorios de los impuestos devengados en cada ejercicio económico y liquidados a través de un padrón o matrícula.

b) Los préstamos y créditos concedidos por entidades financieras para cubrir desfases transitorios de tesorería.

c) Las emisiones de deuda por plazo no superior a un año.

51. a) 10 % de los recursos de carácter ordinario previstos en dicho presupuesto.

Artículo 52 TRLRHL: Los presidentes de las corporaciones locales podrán concertar las operaciones de crédito a largo plazo previstas en el presupuesto, cuyo importe acumulado, dentro de cada ejercicio económico, no supere el 10 % de los recursos de carácter ordinario previstos en dicho presupuesto. La concertación de las operaciones de crédito a corto plazo le corresponderán cuando el importe acumulado de las operaciones vivas de esta naturaleza, incluida la nueva operación, no supere el 15 % de los recursos corrientes liquidados en el ejercicio anterior.

52. b) 15 % de los recursos corrientes liquidados en el ejercicio anterior.

Artículo 52 TRLRHL: Los presidentes de las corporaciones locales podrán concertar las operaciones de crédito a largo plazo previstas en el presupuesto, cuyo importe acumulado, dentro de cada ejercicio económico, no supere el 10 % de los recursos de carácter ordinario previstos en dicho presupuesto. La concertación de las operaciones de crédito a corto plazo le corresponderán cuando el importe acumulado de las operaciones vivas de esta naturaleza, incluida la nueva operación, no supere el 15 % de los recursos corrientes liquidados en el ejercicio anterior.

53. d) La diferencia entre los derechos liquidados por los capítulos uno a cinco, ambos inclusive, del estado de ingresos, y de las obligaciones reconocidas por los capítulos uno, dos y cuatro del estado de gastos, minorada en el importe de una anualidad teórica de amortización de la operación proyectada y de cada uno de los préstamos y empréstitos propios y avalados a terceros pendientes de reembolso.

Artículo 53 TRLRHL: A estos efectos se entenderá por ahorro neto de las entidades locales y sus organismos autónomos de carácter administrativo la diferencia entre los derechos liquidados por los capítulos uno a cinco, ambos inclusive, del estado de ingresos, y de las obligaciones reconocidas por los capítulos uno, dos y cuatro del estado de gastos, minorada en el importe de una anualidad teórica de amortización de la operación proyectada y de cada uno de los préstamos y empréstitos propios y avalados a terceros pendientes de reembolso.

54. b) 110 % de los ingresos corrientes liquidados o devengados en el ejercicio inmediatamente anterior.

Artículo 53 TRLRHL: 2. Precisarán de autorización de los órganos citados en el apartado 1 anterior, las operaciones de crédito a largo plazo de cualquier naturaleza, incluido el riesgo deducido de los avales, cuando el volumen total del capital vivo de las operaciones de crédito vigentes a corto y largo plazo, incluyendo el importe de la operación proyectada, exceda del 110 % de los ingresos corrientes liquidados o devengados en el ejercicio inmediatamente anterior o, en su defecto, en el precedente a este último cuando el cómputo haya de realizarse en el primer semestre del año y no se haya liquidado el presupuesto correspondiente a aquél, según las cifras deducidas de los estados contables consolidados de las entidades citadas en el apartado 1 de este artículo.

55. d) De los tres ejercicios siguientes.

Artículo 53 TRLRHL: El escenario de consolidación presupuestaria contendrá el compromiso por parte de la entidad local, aprobado por su Pleno, del límite máximo del déficit no financiero, e importe máximo del endeudamiento para cada uno de los tres ejercicios siguientes.

56. c) Tres años.

Artículo 53 TRLRHL: Cuando el ahorro neto sea de signo negativo, el Pleno de la respectiva corporación deberá aprobar un plan de saneamiento financiero a realizar en un plazo no superior a tres años.

TEST N.º 2

Impuestos Municipales

1. ¿Qué impuestos deben exigir los ayuntamientos?

a) Impuesto sobre Bienes Inmuebles.
b) Impuesto sobre Actividades Económicas.
c) Impuesto sobre Vehículos de Tracción Mecánica.
d) Todas son correctas.

2. No es un impuesto obligatorio para todos los municipios:

a) Impuesto sobre Bienes Inmuebles.
b) Impuesto sobre Actividades Económicas.
c) Impuesto de Construcciones, Instalaciones y Obras.
d) Todas son correctas.

3. Es un impuesto que deben exigir todos los municipios:

a) Impuesto sobre Bienes Inmuebles.
b) Impuesto de incremento de valor de los terrenos de naturaleza urbana.
c) Impuesto de Construcciones, Instalaciones y Obras.
d) Todos los anteriores.

4. No es un impuesto municipal:

a) El impuesto sobre Bienes inmuebles.
b) El impuesto sobre actividades económicas.
c) El impuesto sobre la renta de las personas físicas.
d) El impuesto sobre vehículos de tracción mecánica.

5. El ayuntamiento exigirá el impuesto sobre bienes muebles:

a) Sí.
b) No, no puede exigir ningún impuesto sobre bienes muebles o inmuebles.

c) No, pero sí puede exigir impuesto sobre bienes inmuebles.

d) Ninguna es correcta.

6. Se considera vehículo apto para la circulación a efectos del Impuesto sobre Vehículos de Tracción Mecánica:

a) El que hubiera sido matriculado en los registros públicos correspondientes y mientras no haya causado baja en estos.

b) A los efectos de este impuesto también se considerarán aptos los vehículos provistos de permisos temporales y matrícula turística.

c) Las respuestas a) y b) son correctas.

d) Ninguna es correcta.

7. El periodo impositivo en el IBI:

a) Coincide con el año natural.

b) No siempre coincide con el año natural.

c) Coincide con el periodo establecido en cada caso.

d) Ninguna es correcta.

8. El IBI se devengará:

a) El primer día del periodo impositivo.

b) El 1 de marzo.

c) El 31 de diciembre.

d) El último día del periodo impositivo.

9. El Impuesto sobre Actividades Económicas es un tributo:

a) Indirecto.

b) Directo.

c) De carácter no real.

d) Ninguna es correcta.

10. Es un tributo indirecto:

a) El Impuesto sobre Bienes inmuebles.

b) El Impuesto sobre Actividades Económicas.

c) El Impuesto sobre Construcciones, Instalaciones y Obras.

d) El Impuesto sobre el Incremento de Valor de los Terrenos de Naturaleza Urbana.

11. A efectos del Impuesto de Actividades Económicas, ¿qué actividades no se consideran empresariales?

a) Las actividades agrícolas, las ganaderas dependientes, las forestales y las pesqueras.

b) Las actividades agrícolas, las ganaderas independientes, las forestales y las pesqueras.

c) Las actividades agrícolas y las pesqueras exclusivamente.
d) Ninguna es correcta.

12. Constituye el hecho imponible del IBI (Impuesto sobre Bienes Inmuebles) la titularidad de los siguientes derechos sobre los bienes inmuebles rústicos y urbanos y sobre los inmuebles de características especiales:

a) De una concesión administrativa sobre los propios inmuebles o sobre los servicios públicos a que se hallen afectos.
b) De un derecho real de superficie.
c) De un derecho real de usufructo.
d) Todas son correctas.

13. El ayuntamiento, ¿exigirá el impuesto sobre actividades económicas?

a) Sí, de forma obligatoria.
b) Nunca.
c) No, solo lo puede exigir el Estado.
d) Sí, cuando así lo decida potestativamente.

14. El ayuntamiento, ¿exigirá el impuesto sobre Vehículos de Tracción Mecánica?

a) Nunca.
b) De forma potestativa.
c) En algunas ocasiones tasadas en el artículo 60 del TRLRHL.
d) Sí.

15. Marca la respuesta correcta o la más correcta. No están sujetos al IBI:

a) Las carreteras, los caminos, las demás vías terrestres, siempre que sean de aprovechamiento público y gratuito para los usuarios.
b) Las carreteras, los caminos, las demás vías terrestres que no sean de aprovechamiento público y gratuito para los usuarios.
c) Las carreteras, los caminos, las demás vías terrestres, siempre que sean de aprovechamiento privado y gratuito para los usuarios.
d) Ninguna es correcta.

16. En el ICIO, en el supuesto de que la construcción, instalación u obra no sea realizada por el sujeto pasivo contribuyente tendrán la condición de sujetos pasivos sustitutos del contribuyente:

a) Quienes soliciten las correspondientes licencias o presenten las correspondientes declaraciones responsables o comunicaciones previas o quienes realicen las construcciones, instalaciones u obras.
b) Quienes autoricen la realización de la construcción, instalación u obra.

c) En todo caso tendrá dicha condición el propietario de la construcción, instalación u obra.

d) Cualquiera de los anteriores.

17. El tipo de gravamen del ICIO será el fijado por cada ayuntamiento, sin que dicho tipo pueda exceder del:

a) 4 %.

b) 5 %.

c) 20 %.

d) 30 %.

18. No constituye hecho imponible del IAE el ejercicio de las siguientes actividades:

a) La venta de los productos que se reciben en pago de trabajos personales o servicios profesionales.

b) Cuando se trate de venta al por menor la realización de un solo acto u operación aislada.

c) La enajenación de bienes integrados en el activo fijo de las empresas que hubieran figurado debidamente inventariados como tal inmovilizado con más de dos años de antelación a la fecha de transmitirse, y la venta de bienes de uso particular y privado del vendedor siempre que los hubiese utilizado durante igual periodo de tiempo.

d) Todas son correctas.

19. Los ayuntamientos podrán exigir el Impuesto sobre Construcciones, Instalaciones y Obras y el Impuesto sobre el Incremento de Valor de los Terrenos de Naturaleza Urbana:

a) De acuerdo con las disposiciones pertinentes.

b) De acuerdo con la Ley de Haciendas Locales, las disposiciones que la desarrollen y las respectivas ordenanzas fiscales.

c) De acuerdo con los reglamentos exclusivamente.

d) Ninguna es correcta.

20. En el ICIO, cuando se conceda la licencia preceptiva o se presente la declaración responsable o la comunicación previa o cuando, no habiéndose solicitado, concedido o denegado aún aquella o presentado estas, se inicie la construcción, instalación u obra, se practicará una liquidación provisional a cuenta, determinándose la base imponible:

a) En función del coste real y efectivo de la construcción instalación u obra.

b) En función del presupuesto presentado por los interesados, siempre que hubiera sido visado por el colegio oficial correspondiente cuando ello constituya un requisito preceptivo.

c) En ningún caso se podrán utilizar índices o módulos.

d) Todas son correctas.

21. En el ICIO se prevé una bonificación a favor de las construcciones, instalaciones y obras que favorezcan las condiciones de acceso y habitabilidad de los discapacitados de hasta:

a) El 100 %.
b) El 95 %.
c) El 90 %.
d) El 75 %.

22. En el ICIO se prevé una bonificación a favor de las construcciones, instalaciones u obras necesarias para la instalación de puntos de recarga para vehículos eléctricos de hasta:

a) El 100 %.
b) El 95 %.
c) El 90 %.
d) El 75 %.

23. En el Impuesto sobre el incremento de valor de los terrenos de naturaleza urbana en las transmisiones de terrenos o en la constitución o transmisión de derechos reales de goce limitativos del dominio a título lucrativo, será sujeto pasivo:

a) La persona física o jurídica, o la entidad a que se refiere el artículo 35.4 de la Ley 58/2003, de 17 de diciembre, General Tributaria que trasmita el terreno, o que constituya o transmita el derecho real de que se trate.
b) La persona física o jurídica, o la entidad a que se refiere el artículo 35.4 de la Ley 58/2003, de 17 de diciembre, General Tributaria, que adquiera el terreno o a cuyo favor se constituya o trasmita el derecho real de que se trate.
c) El que venda el terreno en todo caso.
d) Ninguna respuesta es correcta.

24. En el impuesto sobre vehículos de tracción mecánica, los ayuntamientos podrán incrementar las cuotas fijadas en el artículo 95 del TRLRHL mediante la aplicación sobre ellas de un coeficiente, el cual no podrá ser superior a:

a) 2.
b) 3.
c) 4.
d) 10.

25. El Impuesto sobre Bienes Inmuebles es un tributo:

a) Indirecto.
b) Directo.
c) De carácter no real.
d) Ninguna es correcta.

26. El Impuesto sobre el Incremento de Valor de los Terrenos de Naturaleza Urbana es un tributo:

a) Indirecto.

b) Que grava el incremento de valor que experimenten dichos terrenos y se ponga de manifiesto a consecuencia de la transmisión de la propiedad de los terrenos por cualquier título o de la constitución o transmisión de cualquier derecho real de goce, limitativo del dominio, sobre los referidos terrenos.

c) Obligatorio.

d) Todas son correctas.

27. En el impuesto relativo a los vehículos de tracción mecánica las ordenanzas fiscales podrán regular, sobre la cuota del impuesto, incrementada o no por la aplicación del coeficiente, las siguientes bonificaciones:

a) Una bonificación de hasta el 100 % en función de la clase de carburante que consuma el vehículo, en razón a la incidencia de la combustión de dicho carburante en el medio ambiente.

b) Una bonificación de hasta el 75 % en función de las características de los motores de los vehículos y su incidencia en el medio ambiente.

c) Una bonificación de hasta el 75 % para los vehículos históricos o aquellos que tengan una antigüedad mínima de veinticinco años, contados a partir de la fecha de su fabricación o, si esta no se conociera, tomando como tal la de su primera matriculación o, en su defecto, la fecha en que el correspondiente tipo o variante se dejó de fabricar.

d) Todas son correctas.

28. No están sujetos al Impuesto sobre Vehículos de Tracción Mecánica:

a) Los vehículos que, habiendo sido dados de baja en los Registros por antigüedad de su modelo, puedan ser autorizados para circular excepcionalmente con ocasión de exhibiciones, certámenes o carreras limitadas a los de esta naturaleza.

b) Los remolques y semirremolques arrastrados por vehículos de tracción mecánica cuya carga útil no sea superior a 950 kilogramos.

c) El que hubiera sido matriculado en los registros públicos correspondientes y no haya causado baja en estos.

d) Ninguna es correcta.

29. El Impuesto sobre Bienes Inmuebles es un tributo:

a) Directo de carácter real.

b) Indirecto de carácter real.

c) Grava el valor de los bienes muebles en los términos establecidos en el TRLRHL.

d) Las respuestas b) y c) son correctas.

30. Marca la respuesta correcta o la más correcta. Según el artículo 63 TRLRHL son sujetos pasivos del IBI, a título de contribuyentes:

a) Las personas naturales a que se refiere el artículo 35.4 de la Ley 58/2003, de 17 de diciembre, General Tributaria, que ostenten la titularidad del derecho que, en cada caso, sea constitutivo del hecho imponible de este impuesto.

b) Las personas naturales y jurídicas y las entidades a que se refiere el artículo 35.4 de la Ley 58/2003, de 17 de diciembre, General Tributaria, que ostenten la titularidad del derecho que, en cada caso, sea constitutivo del hecho imponible de este impuesto.

c) Las personas jurídicas a que se refiere el artículo 35.4 de la Ley 58/2003, de 17 de diciembre, General Tributaria, que ostenten la titularidad del derecho que, en cada caso, sea constitutivo del hecho imponible de este impuesto.

d) Ninguna es correcta.

31. A efectos del Impuesto de Actividades Económicas, ¿qué actividades se consideran empresariales?

a) Las ganaderas, cuando tengan carácter dependiente.

b) Las mineras y las industriales.

c) Las no comerciales y las de servicios.

d) Todas son correctas.

32. No están sujetos al IBI los siguientes bienes inmuebles propiedad de los municipios en que estén enclavados:

a) Los de dominio público afectos a uso público.

b) Los de dominio público afectos a un servicio público gestionado directamente por el ayuntamiento, excepto cuando se trate de inmuebles cedidos a terceros mediante contraprestación.

c) Los bienes patrimoniales, exceptuados igualmente los cedidos a terceros mediante contraprestación.

d) Todas son correctas.

33. Las tarifas del IAE:

a) Se aprobarán por ley de cada CA.

b) Se aprobarán por real decreto legislativo del Gobierno, que será dictado en virtud de la presente delegación legislativa al amparo de lo dispuesto en el artículo 82 de la Constitución.

c) Se aprobará por reglamento u ordenanza de cada municipio.

d) Ninguna es correcta.

34. A efectos del IBI tendrán la consideración de bienes inmuebles rústicos:

a) Los definidos como tales en las normas reguladoras del Catastro Inmobiliario.

b) Los bienes inmuebles rústicos no están sujetos al IBI.

c) Cualquiera que así se denomine por el municipio respectivo.

d) Ninguna es correcta.

35. Marca la respuesta correcta o la más correcta. El Impuesto de Actividades Económicas se devenga según el artículo 89.2 del TRLRHL:

a) El 1 de febrero de cada año.

b) El último día del periodo impositivo.

c) El primer día del periodo impositivo.

d) El 1 de junio de cada año.

36. No está sujeto al Impuesto sobre el Incremento de Valor de los Terrenos de Naturaleza Urbana:

a) El incremento de valor que experimenten los terrenos que tengan la consideración de rústicos a efectos del Impuesto sobre Bienes Inmuebles.

b) El incremento de valor que experimenten los terrenos que tengan la consideración de características especiales a efectos del Impuesto sobre Bienes Inmuebles.

c) El incremento de valor que experimenten los terrenos que tengan valor de urbanos a efectos del Impuesto sobre Bienes Inmuebles.

d) Ninguna es correcta.

37. No están sujetos al IBI:

a) Los bienes del dominio público o privado marítimo-terrestre e hidráulico, siempre que sean de aprovechamiento público y gratuito para los usuarios.

b) Los bienes del dominio privado marítimo-terrestre e hidráulico, siempre que sean de aprovechamiento público y gratuito para los usuarios.

c) Los bienes del dominio público marítimo-terrestre e hidráulico, siempre que sean de aprovechamiento público y gratuito para los usuarios.

d) Ninguna es correcta.

38. El coeficiente de situación del IAE (artículo 87 TRLRHL):

a) No podrá ser superior a 0,4 ni inferior a 3,8.

b) No podrá ser inferior a 0,8 ni superior a 3,5.

c) No podrá ser inferior a 0,4 ni superior a 3,8.

d) No podrá ser inferior a 1,4 ni superior a 4,8.

39. El artículo 62 TRLRHL señala las exenciones al Impuesto de Bienes Inmuebles, entre ellas:

a) Los bienes comunales y los montes vecinales en mano común.

b) Los de la Cruz Roja Española.

c) Los inmuebles a los que sea de aplicación la exención en virtud de convenios internacionales en vigor y, a condición de reciprocidad, los de los Gobiernos extranjeros destinados a su representación diplomática, consular, o a sus organismos oficiales.

d) Todas son correctas.

40. Señala la respuesta correcta sobre la base imponible del IBI:

a) Estará constituida por el valor catastral de los bienes inmuebles.

b) Se determinará, notificará y será susceptible de impugnación conforme a lo dispuesto en las normas reguladoras del Registro de Bienes Inmuebles municipal.

c) Está constituida por el incremento del valor de los terrenos puesto de manifiesto en el momento del devengo y experimentado a lo largo de un periodo máximo de veinte años.

d) Las respuestas a) y b) son correctas.

41. El Impuesto sobre el Incremento de Valor de los Terrenos de Naturaleza Urbana se devenga:

a) Cuando se transmita la propiedad del terreno exclusivamente a título oneroso, entre vivos o por causa de muerte, en la fecha de la transmisión.

b) Cuando se constituya o transmita cualquier derecho real de goce limitativo del dominio, en la fecha en que tenga lugar la constitución o transmisión.

c) Cuando se adquiera la propiedad del terreno, ya sea a título oneroso o gratuito, entre vivos, en la fecha de la transmisión.

d) Ninguna es correcta.

42. En el Impuesto sobre incremento de valor de los terrenos de naturaleza urbana, los sujetos pasivos vendrán obligados a presentar ante el ayuntamiento correspondiente la declaración que determine la ordenanza respectiva, conteniendo los elementos de la relación tributaria imprescindibles para practicar la liquidación procedente. Dicha declaración deberá ser presentada en los siguientes plazos, a contar desde la fecha en que se produzca el devengo del impuesto:

a) Cuando se trate de actos por causa de muerte, el plazo será de un año.

b) Cuando se trate de actos por causa de muerte, el plazo será de seis meses prorrogables hasta un año a solicitud del sujeto pasivo.

c) Cuando se trate de actos por causa de muerte, el plazo será de ocho meses prorrogables hasta un año a solicitud del sujeto pasivo.

d) Cuando se trate de actos por causa de muerte, el plazo será de tres meses prorrogables hasta seis meses a solicitud del sujeto pasivo.

43. Previa solicitud, estarán exentos del IBI:

a) La superficie de los montes en que se realicen repoblaciones forestales o regeneración de masas arboladas sujetas a proyectos de ordenación o planes técnicos aprobados por la Administración forestal. Esta exención tendrá una duración de 15 años, contados a partir del periodo impositivo siguiente a aquel en que se realice su solicitud.

b) Los de la Cruz Roja Española.

c) Las carreteras, los caminos, las demás vías terrestres y los bienes del dominio público marítimo-terrestre e hidráulico, siempre que sean de aprovechamiento público y gratuito para los usuarios.

d) Todos los anteriores.

44. El Impuesto sobre Actividades Económicas es un tributo:

a) Indirecto de carácter real.
b) Directo de carácter no real.
c) Directo de carácter real.
d) Ninguna es correcta.

45. En el IBI y de conformidad con el artículo 72 del TRLRHL, cuando se trate de bienes inmuebles urbanos el tipo mínimo y supletorio será del:

a) 0,4 %.
b) 0,5 %.
c) 0,6 %.
d) 0,3 %.

46. En el IBI, el tipo de gravamen aplicable a los bienes inmuebles de características especiales, que tendrá carácter supletorio, será del:

a) 0,4 %.
b) 0,5 %.
c) 0,6 %.
d) 0,3 %.

47. Señala la respuesta correcta de la reducción de la base liquidable del Impuesto sobre Bienes Inmuebles (IBI) según el artículo 67.3 TRLRHL:

a) Se aplicará de oficio sin necesidad de previa solicitud por los sujetos pasivos del impuesto.
b) Se aplicará exclusivamente previa solicitud por los sujetos pasivos del impuesto.
c) Se aplicará de oficio previa solicitud por los sujetos pasivos del impuesto y tendrá la consideración de compensación.
d) Ninguna es correcta.

48. En el IAE el periodo impositivo:

a) Coincide con el año natural, excepto cuando se trate de declaraciones de alta, en cuyo caso abarcará desde la fecha de comienzo de la actividad hasta el final del año natural.
b) No coincide con el año natural.
c) Coincide siempre con el año natural.
d) Ninguna es correcta.

49. Los vehículos que, habiendo sido dados de baja en los Registros por antigüedad de su modelo, puedan ser autorizados para circular excepcionalmente con ocasión de exhibiciones, certámenes o carreras limitadas a los de esta naturaleza están según el artículo 92 TRLRHL:

a) Exentos del Impuesto sobre Vehículos de Tracción Mecánica.
b) Sujetos a este impuesto.

c) No están sujetos a este impuesto.

d) Ninguna es correcta.

50. ¿Cuándo se devenga el IBI?

a) El impuesto se devengará el último día del periodo impositivo.

b) El impuesto se devengará el primer día del periodo impositivo.

c) Dependerá de cada caso concreto según establece la ley.

d) Ninguna es correcta.

51. Estarán exentos del Impuesto sobre el Incremento de Valor de los Terrenos de Naturaleza Urbana los incrementos de valor que se manifiesten como consecuencia de los siguientes actos:

a) La constitución y transmisión de derechos de servidumbre.

b) Las transmisiones de bienes que se encuentren dentro del perímetro delimitado como Conjunto Histórico- Artístico, o hayan sido declarados individualmente de interés cultural, según lo establecido en la Ley 16/1985, de 25 de junio, del Patrimonio Histórico Español, cuando sus propietarios o titulares de derechos reales acrediten que han realizado a su cargo obras de conservación, mejora o rehabilitación en dichos inmuebles.

c) Las transmisiones realizadas por personas físicas con ocasión de la dación en pago de la vivienda habitual del deudor hipotecario o garante del mismo, para la cancelación de deudas garantizadas con hipoteca que recaiga sobre la misma, contraídas con entidades de crédito o cualquier otra entidad que, de manera profesional, realice la actividad de concesión de préstamos o créditos hipotecarios.

d) Todas son correctas.

52. El Impuesto sobre Actividades Económicas es un tributo:

a) Voluntario, indirecto y de carácter real.

b) Cuyo hecho imponible está constituido por el mero ejercicio, en territorio nacional o internacional, de actividades empresariales, profesionales o artísticas.

c) Siempre que se ejerza en local determinado y se hallen o no especificadas en las tarifas del impuesto.

d) Ninguna es correcta.

53. Los vehículos oficiales del Estado, comunidades autónomas y entidades locales adscritos a la defensa nacional o a la seguridad ciudadana están según el artículo 93 LRHL:

a) Exentos del Impuesto sobre Vehículos de Tracción Mecánica.

b) Sujetos a este impuesto.

c) No están sujetos a este impuesto.

d) Ninguna es correcta.

54. Señala la respuesta correcta sobre la gestión tributaria del Impuesto sobre el Incremento de Valor de los Terrenos de Naturaleza Urbana:

a) Los sujetos activos vendrán obligados a presentar ante el ayuntamiento correspondiente la declaración que determine la ordenanza respectiva.

b) Cuando los ayuntamientos no establezcan el sistema de autoliquidación, las liquidaciones del impuesto se notificarán íntegramente a los sujetos pasivos con indicación del plazo de ingreso y expresión de los recursos procedentes.

c) Cuando se trate de actos ínter vivos, el plazo será de veinte días hábiles, el plazo para presentar la declaración.

d) Todas son correctas.

55. Están exentos del Impuesto Actividades Económicas:

a) El Estado, las comunidades autónomas y las entidades locales, así como los organismos autónomos del Estado y las entidades de derecho público de análogo carácter de las comunidades autónomas y de las entidades locales.

b) Los sujetos pasivos que inicien el ejercicio de su actividad en territorio español, durante los dos primeros periodos impositivos de este impuesto en que se desarrolle aquella.

c) Las entidades gestoras de la Seguridad Social y las mutualidades de previsión social reguladas en la Ley 30/1995, de 8 de noviembre, de ordenación y supervisión de los seguros privados.

d) Todas son correctas.

56. Señala la respuesta incorrecta sobre la gestión tributaria del IAE:

a) El impuesto se gestiona a partir de la matrícula de este.

b) La matrícula se formará trimestralmente para cada término y estará constituida por censos comprensivos de las actividades económicas, sujetos pasivos, cuotas mínimas y, en su caso, del recargo provincial.

c) La matrícula estará a disposición del público en los respectivos ayuntamientos.

d) Este impuesto podrá exigirse en régimen de autoliquidación, en los términos que reglamentariamente se establezcan.

57. El Impuesto sobre Vehículos de Tracción Mecánica:

a) Es un tributo directo que grava la titularidad de los vehículos de esta naturaleza, aptos para circular por las vías públicas, cuando tengan una categoría especial.

b) Es un tributo indirecto que grava la titularidad de los vehículos de esta naturaleza, aptos para circular por las vías públicas, cualesquiera que sean su clase y categoría.

c) Es un tributo directo que grava la titularidad de los vehículos de esta naturaleza, aptos para circular por las vías privadas, cualesquiera que sean su clase y categoría.

d) Ninguna es correcta.

58. Las ambulancias y demás vehículos directamente destinados a la asistencia sanitaria o al traslado de heridos o enfermos están según el artículo 93 TRLRHL:

a) Exentos del Impuesto sobre Vehículos de Tracción Mecánica.
b) Sujetos a este impuesto.
c) No están sujetos a este impuesto.
d) Ninguna es correcta.

59. El periodo impositivo en el Impuesto sobre Vehículos de Tracción Mecánica:

a) Coincide con el año natural.
b) Coincide con el año natural, salvo en el caso de primera adquisición de los vehículos. En este caso el periodo impositivo comenzará el día en que se produzca dicha adquisición.
c) No coincide con el año natural.
d) Ninguna es correcta.

60. El tipo de gravamen del Impuesto sobre el Incremento de Valor de los Terrenos de Naturaleza Urbana:

a) Será el fijado por cada ayuntamiento, sin que dicho tipo pueda exceder del 20 %.
b) Será el fijado por cada ayuntamiento, sin que dicho tipo pueda exceder del 35 %.
c) Será el fijado por cada ayuntamiento, sin que dicho tipo pueda exceder del 30 %.
d) Será el fijado por cada ayuntamiento, sin que dicho tipo pueda exceder del 10 %.

61. En el IBI, según el artículo 74 de la TRLRHL, las ordenanzas fiscales podrán regular una bonificación a favor de los bienes inmuebles en los que se hayan instalado puntos de recarga para vehículos eléctricos. Dicha bonificación podrá ser:

a) De hasta el 50 % de la cuota íntegra del impuesto.
b) De hasta el 90 % de la cuota íntegra del impuesto.
c) De hasta el 95 % de la cuota íntegra del impuesto.
d) De hasta el 100 % de la cuota íntegra del impuesto.

62. Están exentos del IAE:

a) El Estado, las comunidades autónomas y las entidades locales, así como los organismos autónomos del Estado y las entidades de derecho público de análogo carácter de las comunidades autónomas y de las entidades locales.
b) Los sujetos pasivos que inicien el ejercicio de su actividad en territorio español, durante los tres primeros periodos impositivos de este impuesto en que se desarrolle aquella.
c) Los sujetos pasivos del Impuesto sobre Sociedades, las sociedades civiles y las entidades del artículo 35.4 de la Ley 58/2003, de 17 de diciembre, General Tributaria, que tengan un importe neto de la cifra de negocios inferior a 10.000.000 de euros.
d) Todos los anteriores.

63. En el IBI, según el artículo 74 de la TRLRHL las ordenanzas fiscales podrán regular una bonificación a favor de inmuebles de organismos públicos de investigación y los de enseñanza universitaria. Dicha bonificación podrá ser:

a) de hasta el 50 % de la cuota íntegra del impuesto.
b) de hasta el 90 % de la cuota íntegra del impuesto.
c) de hasta el 95 % de la cuota íntegra del impuesto.
d) de hasta el 100 % de la cuota íntegra del impuesto.

64. En el IAE a los efectos de la fijación del coeficiente de situación, el número de categorías de calles que debe establecer cada municipio:

a) No podrá ser inferior a 3 ni superior a 5.
b) No podrá ser inferior a 2 ni superior a 9.
c) No podrá ser inferior a 3,4 ni superior a 4,1.
d) No podrá ser inferior a 1 ni superior a 10.

65. En el IIVTNU no se producirá la sujeción al impuesto:

a) En los supuestos de aportaciones de bienes y derechos realizadas por los cónyuges a la sociedad conyugal, adjudicaciones que a su favor y en pago de ellas se verifiquen y transmisiones que se hagan a los cónyuges en pago de sus haberes comunes.
b) En los supuestos de transmisiones de bienes inmuebles entre cónyuges o a favor de los hijos, como consecuencia del cumplimiento de sentencias en los casos de nulidad, separación o divorcio matrimonial, en el régimen económico de gananciales.
c) En los supuestos de transmisiones de bienes inmuebles a título oneroso en beneficio de las hijas, hijos, menores o personas con discapacidad sujetas a patria potestad, tutela o con medidas de apoyo para el adecuado ejercicio de su capacidad jurídica, cuyo ejercicio se llevará a cabo por las mujeres fallecidas como consecuencia de violencia contra la mujer, en los términos en que se defina por la ley o por los instrumentos internacionales ratificados por España, cuando estas transmisiones onerosas traigan causa del referido fallecimiento.
d) Todas son correctas.

66. Según el artículo 104 del TRLRHL no se producirá la sujeción al impuesto de incremento de valor de los terrenos de naturaleza urbana en las transmisiones de terrenos respecto de los cuales se constate:

a) La existencia de incremento de valor por diferencia entre los valores de dichos terrenos en las fechas de transmisión y adquisición.
b) La inexistencia de incremento de valor por diferencia entre los valores de dichos terrenos en las fechas de transmisión y adquisición.
c) La inexistencia de minoración de valor por diferencia entre los valores de dichos terrenos en las fechas de construcción y adquisición.
d) Ninguna es correcta.

67. De conformidad con el artículo 111 del TRLRHL, se cederá en la proporción establecida en el artículo 112 de dicha Ley el rendimiento obtenido por el Estado de los impuestos relacionados en aquel, en favor de los municipios en los que concurra alguna de las siguientes condiciones:

a) Que sean capitales de provincia.

b) Que sean capitales de Comunidad Autónoma.

c) Que tengan población de derecho igual o superior a 75.000 habitantes. A estos efectos, se considerará la población resultante de la actualización del Padrón municipal de habitantes vigente a la entrada en vigor del modelo regulado en la presente sección.

d) Todas son correctas.

68. De conformidad con el artículo 125 del TRLRHL y a los efectos de la participación de los mismos en los tributos del Estado, tendrán la consideración de municipios turísticos:

a) Aquellos que tengan una población de derecho superior a 20.000 habitantes, y que el número de viviendas de segunda residencia sea el doble o más del número de viviendas principales, de acuerdo con los datos oficiales del último Censo de Edificios y Viviendas.

b) Aquellos que tengan una población de derecho superior a 30.000 habitantes, y que el número de viviendas de segunda residencia supere al número de viviendas principales, de acuerdo con los datos oficiales del último Censo de Edificios y Viviendas.

c) Aquellos que tengan una población de derecho superior a 20.000 habitantes, y que el número de viviendas de segunda residencia supere al número de viviendas principales, de acuerdo con los datos oficiales del último Censo de Edificios y Viviendas.

d) Aquellos que tengan una población de derecho superior a 30.000 habitantes, y que el número de viviendas de segunda residencia supere al número de viviendas principales, de acuerdo con los datos oficiales del último Censo de Edificios y Viviendas.

69. ¿Qué municipios podrán imponer la prestación la prestación personal y de transporte para la realización de obras de la competencia municipal o que hayan sido cedidas o transferidas por otras entidades públicas?

a) Aquellos con una población de derecho superior a 5.000 habitantes.

b) Aquellos con una población de derecho no superior a 5.000 habitantes.

c) Aquellos con una población de derecho superior a 10.000 habitantes.

d) Aquellos con una población de derecho no superior a 10.000 habitantes.

70. Estarán sujetos a la prestación personal los residentes del municipio respectivo, excepto los siguientes:

a) Menores de veinte años y mayores de cincuenta y cinco.

b) Funcionarios públicos.

c) Disminuidos físicos, psíquicos y sensoriales.
d) Todas son correctas.

71. La prestación personal no excederá:

a) De 15 días al año ni de tres consecutivos y podrá ser redimida a metálico por un importe del doble del salario mínimo interprofesional.
b) De 20 días al año ni de tres consecutivos y podrá ser redimida a metálico por un importe del doble del salario mínimo interprofesional.
c) De 20 días al año ni de dos consecutivos y podrá ser redimida a metálico por un importe del doble del salario mínimo interprofesional.
d) De 15 días al año ni de dos consecutivos y podrá ser redimida a metálico por un importe del salario mínimo interprofesional.

72. La prestación de transportes podrá ser reducida a metálico, por importe de:

a) El salario mínimo interprofesional.
b) Tres veces el salario mínimo interprofesional.
c) Dos veces el salario mínimo interprofesional.
d) Cuatro veces el salario mínimo interprofesional.

73. La prestación de transportes no excederá para los vehículos de tracción mecánica de:

a) De cinco días al año, sin que pueda ser consecutivo ninguno de ellos. En los demás casos su duración no será superior a 15 días al año ni a dos consecutivos.
b) De tres días al año, sin que pueda ser consecutivo ninguno de ellos. En los demás casos su duración no será superior a 10 días al año ni a dos consecutivos.
c) De tres días al año, sin que pueda ser consecutivo ninguno de ellos. En los demás casos su duración no será superior a 20 días al año ni a dos consecutivos.
d) De cinco días al año, sin que pueda ser consecutivo ninguno de ellos. En los demás casos su duración no será superior a 10 días al año ni a dos consecutivos.

74. Las Diputaciones Provinciales podrán establecer un recargo sobre el Impuesto sobre Actividades Económicas. Dicho recargo se exigirá a los mismos sujetos pasivos y en los mismos casos contemplados en la normativa reguladora del impuesto y consistirá en un porcentaje único que recaerá sobre las cuotas municipales modificadas por la aplicación del coeficiente de ponderación previsto en el artículo 86 del TRLRHL y su tipo no podrá ser superior al:

a) 50 %.
b) 40 %.
c) 5 %.
d) 10 %.

75. Las áreas metropolitanas podrán establecer un recargo sobre el Impuesto sobre Bienes Inmuebles sitos en el territorio de la entidad. Dicho recargo se exigirá a los mismos sujetos pasivos y en los mismos casos contemplados en la normativa reguladora de este impuesto, y consistirá en un porcentaje único que recaerá sobre la base imponible de este, y su tipo no podrá ser superior al:

a) 0,2 %.
b) 5 %.
c) 0,5 %.
d) 10 %.

Soluciones comentadas

1. **d) Todas son correctas.**

   Artículo 59 TRLRHL: Los ayuntamientos exigirán, de acuerdo con esta ley y las disposiciones que la desarrollan, los siguientes impuestos:

   a) Impuesto sobre Bienes Inmuebles.

   b) Impuesto sobre Actividades Económicas.

   c) Impuesto sobre Vehículos de Tracción Mecánica.

2. **c) Impuesto de Construcciones, Instalaciones y Obras.**

   Artículo 59 TRLRHL: 2. Asimismo, los ayuntamientos podrán establecer y exigir el Impuesto sobre Construcciones, Instalaciones y Obras y el Impuesto sobre el Incremento de Valor de los Terrenos de Naturaleza Urbana, de acuerdo con esta ley, las disposiciones que la desarrollen y las respectivas ordenanzas fiscales.

3. **a) Impuesto sobre Bienes Inmuebles.**

   Artículo 59 TRLRHL: Los ayuntamientos exigirán, de acuerdo con esta ley y las disposiciones que la desarrollan, los siguientes impuestos:

   a) Impuesto sobre Bienes Inmuebles.

   b) Impuesto sobre Actividades Económicas.

   c) Impuesto sobre Vehículos de Tracción Mecánica.

4. **c) El impuesto sobre la renta de las personas físicas.**

   En el artículo 59 TRLRHL no aparece el impuesto sobre la renta de las personas físicas.

5. **c) No, pero sí puede exigir impuesto sobre bienes inmuebles.**

   En el artículo 59 del TRLRHL no se regula el impuesto sobre bienes muebles, pero si el impuesto sobre bienes inmuebles.

6. **c) Las respuestas a) y b) son correctas.**

   Artículo 92 TRLRHL: 2. Se considera vehículo apto para la circulación el que hubiera sido matriculado en los registros públicos correspondientes y mientras no haya causado baja en estos. A los efectos de este impuesto también se considerarán aptos los vehículos provistos de permisos temporales y matrícula turística.

7. a) Coincide con el año natural.

Artículo 75 TRLRHL: 2. El periodo impositivo coincide con el año natural.

8. a) El primer día del periodo impositivo.

Artículo 75 TRLRHL: 2. El periodo impositivo coincide con el año natural.

9. b) Directo.

Artículo 78 TRLRHL: 1. El Impuesto sobre Actividades Económicas es un tributo directo de carácter real, cuyo hecho imponible está constituido por el mero ejercicio, en territorio nacional, de actividades empresariales, profesionales o artísticas, se ejerzan o no en local determinado y se hallen o no especificadas en las tarifas del impuesto.

10. c) El Impuesto sobre Construcciones, Instalaciones y Obras.

Artículo 100 TRLRHL: El Impuesto sobre Construcciones, Instalaciones y Obras es un tributo indirecto. El resto de impuestos son directos.

11. a) Las actividades agrícolas, las ganaderas dependientes, las forestales y las pesqueras.

Artículo 78 TRLRHL: 2. Se consideran, a los efectos de este impuesto, actividades empresariales las ganaderas, cuando tengan carácter independiente, las mineras, industriales, comerciales y de servicios. No tienen, por consiguiente, tal consideración las actividades agrícolas, las ganaderas dependientes, las forestales y las pesqueras, no constituyendo hecho imponible por el impuesto ninguna de ellas.

12. d) Todas son correctas.

Artículo 61 TRLRHL: Constituye el hecho imponible del impuesto la titularidad de los siguientes derechos sobre los bienes inmuebles rústicos y urbanos y sobre los inmuebles de características especiales:

a) De una concesión administrativa sobre los propios inmuebles o sobre los servicios públicos a que se hallen afectos.

b) De un derecho real de superficie.

c) De un derecho real de usufructo.

d) Del derecho de propiedad.

13. a) Sí, de forma obligatoria.

Artículo 59 TRLRHL: Los ayuntamientos exigirán, de acuerdo con esta ley y las disposiciones que la desarrollan, los siguientes impuestos:

a) Impuesto sobre Bienes Inmuebles.

b) Impuesto sobre Actividades Económicas.

c) Impuesto sobre Vehículos de Tracción Mecánica.

14. d) Sí.

Artículo 59 TRLRHL: Los ayuntamientos exigirán, de acuerdo con esta ley y las disposiciones que la desarrollan, los siguientes impuestos:

a) Impuesto sobre Bienes Inmuebles.

b) Impuesto sobre Actividades Económicas.

c) Impuesto sobre Vehículos de Tracción Mecánica.

15. a) Las carreteras, los caminos, las demás vías terrestres, siempre que sean de aprovechamiento público y gratuito para los usuarios.

Artículo 61 TRLRHL: a) Las carreteras, los caminos, las demás vías terrestres y los bienes del dominio público marítimo-terrestre e hidráulico, siempre que sean de aprovechamiento público y gratuito para los usuarios.

16. a) Quienes soliciten las correspondientes licencias o presenten las correspondientes declaraciones responsables o comunicaciones previas o quienes realicen las construcciones, instalaciones u obras.

Artículo 101 TRLRHL: 2. En el supuesto de que la construcción, instalación u obra no sea realizada por el sujeto pasivo contribuyente tendrán la condición de sujetos pasivos sustitutos del contribuyente quienes soliciten las correspondientes licencias o presenten las correspondientes declaraciones responsables o comunicaciones previas o quienes realicen las construcciones, instalaciones u obras.

17. a) 4 %.

3. El tipo de gravamen del impuesto será el fijado por cada ayuntamiento, sin que dicho tipo pueda exceder del 4 %.

18. d) Todas son correctas.

Artículo 81 TRLRHL: No constituye hecho imponible en este impuesto el ejercicio de las siguientes actividades: 1. La enajenación de bienes integrados en el activo fijo de las empresas que hubieran figurado debidamente inventariados como tal inmovilizado con más de dos años de antelación a la fecha de transmitirse, y la venta de bienes de uso particular y privado del vendedor siempre que los hubiese utilizado durante igual periodo de tiempo. 2. La venta de los productos que se reciben en pago de trabajos personales o servicios profesionales. 3. La exposición de artículos con el fin exclusivo de decoración o adorno del establecimiento. Por el contrario, estará sujeta al impuesto la exposición de artículos para regalo a los clientes. 4. Cuando se trate de venta al por menor la realización de un solo acto u operación aislada.

19. b) De acuerdo con la Ley de Haciendas Locales, las disposiciones que la desarrollen y las respectivas ordenanzas fiscales.

Artículo 59 TRLRHL: 2. Asimismo, los ayuntamientos podrán establecer y exigir el Impuesto sobre Construcciones, Instalaciones y Obras y el Impuesto sobre el Incremento de Valor de los Terrenos de Naturaleza Urbana, de acuerdo con esta ley, las disposiciones que la desarrollen y las respectivas ordenanzas fiscales.

20. b) En función del presupuesto presentado por los interesados, siempre que hubiera sido visado por el colegio oficial correspondiente cuando ello constituya un requisito preceptivo.

Artículo 103 TRLRHL: 1. Cuando se conceda la licencia preceptiva o se presente la declaración responsable o la comunicación previa o cuando, no habiéndose solicitado, concedido o denegado aún aquella o presentado estas, se inicie la construcción, instalación u obra, se practicará una liquidación provisional a cuenta, determinándose la base imponible:

a) En función del presupuesto presentado por los interesados, siempre que hubiera sido visado por el colegio oficial correspondiente cuando ello constituya un requisito preceptivo.

b) Cuando la ordenanza fiscal así lo prevea, en función de los índices o módulos que esta establezca al efecto.

21. c) El 90 %.

Artículo 103 TRLRHL: e) Una bonificación de hasta el 90 % a favor de las construcciones, instalaciones u obras que favorezcan las condiciones de acceso y habitabilidad de los discapacitados.

22. c) El 90 %.

Artículo 103 TRLRHL: f) Una bonificación de hasta el 90 % a favor de las construcciones, instalaciones u obras necesarias para la instalación de puntos de recarga para vehículos eléctricos. La aplicación de esta bonificación estará condicionada a que las instalaciones dispongan de la correspondiente homologación por la Administración competente.

23. b) La persona física o jurídica, o la entidad a que se refiere el artículo 35.4 de la Ley 58/2003, de 17 de diciembre, General Tributaria, que adquiera el terreno o a cuyo favor se constituya o trasmita el derecho real de que se trate.

Artículo 106 TRLRHL: a) En las transmisiones de terrenos o en la constitución o transmisión de derechos reales de goce limitativos del dominio a título lucrativo, la persona física o jurídica, o la entidad a que se refiere el artículo 35.4 de la Ley 58/2003, de 17 de diciembre, General Tributaria, que adquiera el terreno o a cuyo favor se constituya o transmita el derecho real de que se trate.

24. a) 2.

Artículo 95 TRLRHL: 4. Los ayuntamientos podrán incrementar las cuotas fijadas en el apartado 1 de este artículo mediante la aplicación sobre ellas de un coeficiente, el cual no podrá ser superior a 2.

25. b) Directo.

Artículo 60 TRLRHL: El Impuesto sobre Bienes Inmuebles es un tributo directo de carácter real que grava el valor de los bienes inmuebles en los términos establecidos en esta ley.

26. b) Que grava el incremento de valor que experimenten dichos terrenos y se ponga de manifiesto a consecuencia de la transmisión de la propiedad de los terrenos por cualquier título o de la constitución o transmisión de cualquier derecho real de goce, limitativo del dominio, sobre los referidos terrenos.

Artículo 104 TRLRHL: 1. El Impuesto sobre el Incremento de Valor de los Terrenos de Naturaleza Urbana es un tributo directo que grava el incremento de valor que experimenten dichos terrenos y se ponga de manifiesto a consecuencia de la transmisión de la propiedad de los terrenos por cualquier título o de la constitución o transmisión de cualquier derecho real de goce, limitativo del dominio, sobre los referidos terrenos.

27. b) Una bonificación de hasta el 75 % en función de las características de los motores de los vehículos y su incidencia en el medio ambiente.

Artículo 95 TRLRHL: 6. Las ordenanzas fiscales podrán regular, sobre la cuota del impuesto, incrementada o no por la aplicación del coeficiente, las siguientes bonificaciones:

a) Una bonificación de hasta el 75 % en función de la clase de carburante que consuma el vehículo, en razón a la incidencia de la combustión de dicho carburante en el medio ambiente.

b) Una bonificación de hasta el 75 % en función de las características de los motores de los vehículos y su incidencia en el medio ambiente.

c) Una bonificación de hasta el 100 % para los vehículos históricos o aquellos que tengan una antigüedad mínima de veinticinco años, contados a partir de la fecha de su fabricación o, si esta no se conociera, tomando como tal la de su primera matriculación o, en su defecto, la fecha en que el correspondiente tipo o variante se dejó de fabricar.

28. a) Los vehículos que, habiendo sido dados de baja en los Registros por antigüedad de su modelo, puedan ser autorizados para circular excepcionalmente con ocasión de exhibiciones, certámenes o carreras limitadas a los de esta naturaleza.

Artículo 92 TRLRHL: 3. No están sujetos a este impuesto:

a) Los vehículos que, habiendo sido dados de baja en los Registros por antigüedad de su modelo, puedan ser autorizados para circular excepcionalmente con ocasión de exhibiciones, certámenes o carreras limitadas a los de esta naturaleza.

b) Los remolques y semirremolques arrastrados por vehículos de tracción mecánica cuya carga útil no sea superior a 750 kilogramos.

29. a) Directo de carácter real.

Artículo 60 TRLRHL: El Impuesto sobre Bienes Inmuebles es un tributo directo de carácter real que grava el valor de los bienes inmuebles en los términos establecidos en esta ley.

30. b) Las personas naturales y jurídicas y las entidades a que se refiere el artículo 35.4 de la Ley 58/2003, de 17 de diciembre, General Tributaria, que ostenten la titularidad del derecho que, en cada caso, sea constitutivo del hecho imponible de este impuesto.

Artículo 63 TRLRHL: 1. Son sujetos pasivos, a título de contribuyentes, las personas naturales y jurídicas y las entidades a que se refiere el artículo 35.4 de la Ley 58/2003, de 17 de diciembre, General Tributaria, que ostenten la titularidad del derecho que, en cada caso, sea constitutivo del hecho imponible de este impuesto.

31. b) Las mineras y las industriales.

Artículo 78 TRLRHL: 2. Se consideran, a los efectos de este impuesto, actividades empresariales las ganaderas, cuando tengan carácter independiente, las mineras, industriales, comerciales y de servicios. No tienen, por consiguiente, tal consideración las actividades agrícolas, las ganaderas dependientes, las forestales y las pesqueras, no constituyendo hecho imponible por el impuesto ninguna de ellas.

32. d) Todas son correctas.

Todas ellas aparecen en los supuestos de no sujeción del artículo 61.5 del TRLHL.

33. b) Se aprobarán por real decreto legislativo del Gobierno, que será dictado en virtud de la presente delegación legislativa al amparo de lo dispuesto en el artículo 82 de la Constitución.

Artículo 85 TRLRHL: 1. Las tarifas del impuesto, en las que se fijarán las cuotas mínimas, así como la Instrucción para su aplicación, se aprobarán por real decreto legislativo del Gobierno, que será dictado en virtud de la presente delegación legislativa al amparo de lo dispuesto en el artículo 82 de la Constitución.

34. a) Los definidos como tales en las normas reguladoras del Catastro Inmobiliario.

Artículo 60 TRLRHL: 3. A los efectos de este impuesto, tendrán la consideración de bienes inmuebles rústicos, de bienes inmuebles urbanos y de bienes inmuebles de características especiales los definidos como tales en las normas reguladoras del Catastro Inmobiliario.

35. c) El primer día del periodo impositivo.

Artículo 89 TRLRHL: 2. El impuesto se devenga el primer día del periodo impositivo y las cuotas serán irreducibles, salvo cuando, en los casos de declaración de alta, el día de comienzo de la actividad no coincida con el año natural, en cuyo supuesto las cuotas se calcularán proporcionalmente al número de trimestres naturales que restan para finalizar el año, incluido el del comienzo del ejercicio de la actividad.

36. a) El incremento de valor que experimenten los terrenos que tengan la consideración de rústicos a efectos del Impuesto sobre Bienes Inmuebles.

Artículo 104 TRLRHL: 2. No está sujeto a este impuesto el incremento de valor que experimenten los terrenos que tengan la consideración de rústicos a efectos del Impuesto sobre Bienes Inmuebles. En consecuencia con ello, está sujeto el incremento de valor que experimenten los terrenos que deban tener la consideración de urbanos, a efectos de dicho Impuesto sobre Bienes Inmuebles, con independencia de que estén o no contemplados como tales en el Catastro o en el padrón de aquel. A los efectos de este impuesto, estará asimismo sujeto a este el incremento de valor que experimenten los terrenos integrados en los bienes inmuebles clasificados como de características especiales a efectos del Impuesto sobre Bienes Inmuebles.

37. c) Los bienes del dominio público marítimo-terrestre e hidráulico, siempre que sean de aprovechamiento público y gratuito para los usuarios.

Artículo 61 TRLRHL: a) Las carreteras, los caminos, las demás vías terrestres y los bienes del dominio público marítimo-terrestre e hidráulico, siempre que sean de aprovechamiento público y gratuito para los usuarios.

38. c) No podrá ser inferior a 0,4 ni superior a 3,8.

Artículo 87 TRLRHL: 2. Dicho coeficiente no podrá ser inferior a 0,4 ni superior a 3,8.

39. d) Todas son correctas.

Todas ellas aparecen en el listado del artículo 62 del TRLRHL.

40. a) Estará constituida por el valor catastral de los bienes inmuebles.

Artículo 65 TRLRHL: La base imponible de este impuesto estará constituida por el valor catastral de los bienes inmuebles, que se determinará, notificará y será susceptible de impugnación conforme a lo dispuesto en las normas reguladoras del Catastro Inmobiliario.

41. b) Cuando se constituya o transmita cualquier derecho real de goce limitativo del dominio, en la fecha en que tenga lugar la constitución o transmisión.

Artículo 109 TRLRHL: 1. El impuesto se devenga:

a) Cuando se transmita la propiedad del terreno, ya sea a título oneroso o gratuito, entre vivos o por causa de muerte, en la fecha de la transmisión.

b) Cuando se constituya o transmita cualquier derecho real de goce limitativo del dominio, en la fecha en que tenga lugar la constitución o transmisión.

42. b) Cuando se trate de actos por causa de muerte, el plazo será de seis meses prorrogables hasta un año a solicitud del sujeto pasivo.

Artículo 110 TRLRHL: b) Cuando se trate de actos por causa de muerte, el plazo será de seis meses prorrogables hasta un año a solicitud del sujeto pasivo.

43. a) La superficie de los montes en que se realicen repoblaciones forestales o regeneración de masas arboladas sujetas a proyectos de ordenación o planes técnicos aprobados por la Administración forestal. Esta exención tendrá una duración de 15 años, contados a partir del periodo impositivo siguiente a aquel en que se realice su solicitud.

Artículo 62 TRLRHL: c) La superficie de los montes en que se realicen repoblaciones forestales o regeneración de masas arboladas sujetas a proyectos de ordenación o

MAD

planes técnicos aprobados por la Administración forestal. Esta exención tendrá una duración de 15 años, contados a partir del periodo impositivo siguiente a aquel en que se realice su solicitud. El resto son supuestos de no sujeción o de exención obligatoria.

44. c) Directo de carácter real.

Artículo 78 TRLRHL: 1. El Impuesto sobre Actividades Económicas es un tributo directo de carácter real, cuyo hecho imponible está constituido por el mero ejercicio, en territorio nacional, de actividades empresariales, profesionales o artísticas, se ejerzan o no en local determinado y se hallen o no especificadas en las tarifas del impuesto.

45. a) 0,4 %.

Artículo 72 TRLRHL: 1. El tipo de gravamen mínimo y supletorio será el 0,4 % cuando se trate de bienes inmuebles urbanos y el 0,3 % cuando se trate de bienes inmuebles rústicos, y el máximo será el 1,10 % para los urbanos y 0,90 % para los rústicos.

46. c) 0,6 %.

Artículo 72 TRLRHL: 2. El tipo de gravamen aplicable a los bienes inmuebles de características especiales, que tendrá carácter supletorio, será del 0,6 %. Los ayuntamientos podrán establecer para cada grupo de ellos existentes en el municipio un tipo diferenciado que, en ningún caso, será inferior al 0,4 % ni superior al 1,3 %.

47. a) Se aplicará de oficio sin necesidad de previa solicitud por los sujetos pasivos del impuesto.

Artículo 67 TRLRHL: 3. Esta reducción se aplicará de oficio sin necesidad de previa solicitud por los sujetos pasivos del impuesto y no dará lugar a la compensación establecida en el artículo 9 de esta ley.

48. a) Coincide con el año natural, excepto cuando se trate de declaraciones de alta, en cuyo caso abarcará desde la fecha de comienzo de la actividad hasta el final del año natural.

Artículo 89 TRLRHL: 1. El periodo impositivo coincide con el año natural, excepto cuando se trate de declaraciones de alta, en cuyo caso abarcará desde la fecha de comienzo de la actividad hasta el final del año natural.

49. c) No están sujetos a este impuesto.

Artículo 95 TRLRHL: No están sujetos a este impuesto: a) Los vehículos que, habiendo sido dados de baja en los Registros por antigüedad de su modelo, puedan ser autorizados para circular excepcionalmente con ocasión de exhibiciones, certámenes o carreras limitadas a los de esta naturaleza.

50. b) El impuesto se devengará el primer día del periodo impositivo.

Artículo 75 TRLRHL: 1. El impuesto se devengará el primer día del periodo impositivo.

51. d) Todas son correctas.

Artículo 105 TRLRHL: 1. Estarán exentos de este impuesto los incrementos de valor que se manifiesten como consecuencia de los siguientes actos:

a) La constitución y transmisión de derechos de servidumbre.

b) Las transmisiones de bienes que se encuentren dentro del perímetro delimitado como Conjunto Histórico-Artístico, o hayan sido declarados individualmente de interés cultural, según lo establecido en la Ley 16/1985, de 25 de junio, del Patrimonio Histórico Español, cuando sus propietarios o titulares de derechos reales acrediten que han realizado a su cargo obras de conservación, mejora o rehabilitación en dichos inmuebles. A estos efectos, la ordenanza fiscal establecerá los aspectos sustantivos y formales de la exención.

c) Las transmisiones realizadas por personas físicas con ocasión de la dación en pago de la vivienda habitual del deudor hipotecario o garante del mismo, para la cancelación de deudas garantizadas con hipoteca que recaiga sobre la misma, contraídas con entidades de crédito o cualquier otra entidad que, de manera profesional, realice la actividad de concesión de préstamos o créditos hipotecarios.

52. d) Ninguna es correcta.

Artículo 78 TRLRHL: 1. El Impuesto sobre Actividades Económicas es un tributo directo de carácter real, cuyo hecho imponible está constituido por el mero ejercicio, en territorio nacional, de actividades empresariales, profesionales o artísticas, se ejerzan o no en local determinado y se hallen o no especificadas en las tarifas del impuesto.

53. a) Exentos del Impuesto sobre Vehículos de Tracción Mecánica.

Artículo 93 TRLRHL: 1. Estarán exentos del impuesto: a) Los vehículos oficiales del Estado, comunidades autónomas y entidades locales adscritos a la defensa nacional o a la seguridad ciudadana.

54. b) Cuando los ayuntamientos no establezcan el sistema de autoliquidación, las liquidaciones del impuesto se notificarán íntegramente a los sujetos pasivos con indicación del plazo de ingreso y expresión de los recursos procedentes.

Artículo 110 TRLRHL: 5. Cuando los ayuntamientos no establezcan el sistema de autoliquidación, las liquidaciones del impuesto se notificarán íntegramente a los sujetos pasivos con indicación del plazo de ingreso y expresión de los recursos procedentes. El resto contiene errores.

55. d) Todas son correctas.

Todas ellas aparecen en el listado del artículo 82 del TRLRHL.

56. b) La matrícula se formará trimestralmente para cada término y estará constituida por censos comprensivos de las actividades económicas, sujetos pasivos, cuotas mínimas y, en su caso, del recargo provincial.

Artículo 90 TRLRHL: 1. El impuesto se gestiona a partir de la matrícula de este. Dicha matrícula se formará anualmente para cada término y estará constituida por censos comprensivos de las actividades económicas, sujetos pasivos, cuotas mínimas y, en su caso, del recargo provincial. La matrícula estará a disposición del público en los respectivos ayuntamientos.

57. d) Ninguna es correcta.

Artículo 92 TRLRHL: 1. El Impuesto sobre Vehículos de Tracción Mecánica es un tributo directo que grava la titularidad de los vehículos de esta naturaleza, aptos para circular por las vías públicas, cualesquiera que sean su clase y categoría.

58. a) Exentos del Impuesto sobre Vehículos de Tracción Mecánica.

Artículo 93 TRLRHL: 1. Estarán exentos del impuesto: d) Las ambulancias y demás vehículos directamente destinados a la asistencia sanitaria o al traslado de heridos o enfermos.

59. b) Coincide con el año natural, salvo en el caso de primera adquisición de los vehículos. En este caso el periodo impositivo comenzará el día en que se produzca dicha adquisición.

Artículo 96 TRLRHL: 1. El periodo impositivo coincide con el año natural, salvo en el caso de primera adquisición de los vehículos.

60. c) Será el fijado por cada ayuntamiento, sin que dicho tipo pueda exceder del 30 %.

Artículo 108 TRLRHL: 1. El tipo de gravamen del impuesto será el fijado por cada ayuntamiento, sin que dicho tipo pueda exceder del 30 %.

61. a) De hasta el 50 % de la cuota íntegra del impuesto.

Artículo 74 TRLRHL: 7. Las ordenanzas fiscales podrán regular una bonificación de hasta el 50 % de la cuota íntegra del impuesto a favor de los bienes inmuebles en los que se hayan instalado puntos de recarga para vehículos eléctricos. La aplicación de esta bonificación estará condicionada a que las instalaciones dispongan de la correspondiente homologación por la Administración competente. Los demás aspectos sustantivos y formales de esta bonificación se especificarán en la ordenanza fiscal.

62. a) El Estado, las comunidades autónomas y las entidades locales, así como los organismos autónomos del Estado y las entidades de derecho público de análogo carácter de las comunidades autónomas y de las entidades locales.

Artículo 82 TRLRHL: 1. Están exentos del impuesto: a) El Estado, las comunidades autónomas y las entidades locales, así como los organismos autónomos del Estado y las entidades de derecho público de análogo carácter de las comunidades autónomas y de las entidades locales. El resto de afirmaciones contienen errores.

63. c) de hasta el 95 % de la cuota íntegra del impuesto.

Artículo 74 TRLRHL: 2 bis. Los ayuntamientos mediante ordenanza podrán regular una bonificación de hasta el 95 por ciento de la cuota íntegra del impuesto a favor de inmuebles de organismos públicos de investigación y los de enseñanza universitaria.

64. b) No podrá ser inferior a 2 ni superior a 9.

Artículo 87 TRLRH: 3. A los efectos de la fijación del coeficiente de situación, el número de categorías de calles que debe establecer cada municipio no podrá ser inferior a 2 ni superior a 9.

65. a) En los supuestos de aportaciones de bienes y derechos realizadas por los cónyuges a la sociedad conyugal, adjudicaciones que a su favor y en pago de ellas se verifiquen y transmisiones que se hagan a los cónyuges en pago de sus haberes comunes.

Artículo 104 TRLRHL: 3. No se producirá la sujeción al impuesto en los supuestos de aportaciones de bienes y derechos realizadas por los cónyuges a la sociedad conyugal, adjudicaciones que a su favor y en pago de ellas se verifiquen y transmisiones que se hagan a los cónyuges en pago de sus haberes comunes. El resto de afirmaciones contienen errores.

66. b) La inexistencia de incremento de valor por diferencia entre los valores de dichos terrenos en las fechas de transmisión y adquisición.

Artículo 104 TRLRHL: 5. No se producirá la sujeción al impuesto en las transmisiones de terrenos respecto de los cuales se constate la inexistencia de incremento de valor por diferencia entre los valores de dichos terrenos en las fechas de transmisión y adquisición.

67. d) Todas son correctas.

Artículo 111 TRLRHL: Con el alcance y condiciones establecidas en este capítulo, se cede en la proporción establecida en el artículo 112 el rendimiento obtenido por el Estado en los impuestos relacionados en aquel, en favor de los municipios en los que concurra alguna de las siguientes condiciones: a) Que sean capitales de provincia, o de comunidad autónoma, o b) Que tengan población de derecho igual o superior a 75.000 habitantes. A estos efectos, se considerará la población resultante de la actualización del Padrón municipal de habitantes vigente a la entrada en vigor del modelo regulado en la presente sección.

68. c) Aquellos que tengan una población de derecho superior a 20.000 habitantes, y que el número de viviendas de segunda residencia supere al número de viviendas principales, de acuerdo con los datos oficiales del último Censo de Edificios y Viviendas.

Artículo 125 TRLRHL: 1. Se considerarán municipios turísticos, a efectos de lo dispuesto en este artículo, aquellos que, encontrándose comprendidos en el ámbito subjetivo que se define en el artículo 122, cumplan, además, dos condiciones: a) Tener una población de derecho superior a 20.000 habitantes. b) Que el número de viviendas de segunda residencia supere al número de viviendas principales, de acuerdo con los datos oficiales del último Censo de Edificios y Viviendas.

69. b) Aquellos con una población de derecho no superior a 5.000 habitantes.

Artículo 128 TRLRHL: 1. Los ayuntamientos con población de derecho no superior a 5.000 habitantes podrán imponer la prestación personal y de transporte para la realización de obras de la competencia municipal o que hayan sido cedidas o transferidas por otras entidades públicas.

70. c) Disminuidos físicos, psíquicos y sensoriales.

Artículo 129 TRLRHL: 1. Estarán sujetos a la prestación personal los residentes del municipio respectivo, excepto los siguientes:

a) Menores de dieciocho años y mayores de cincuenta y cinco.

b) Disminuidos físicos, psíquicos y sensoriales.

c) Reclusos en establecimientos penitenciarios.

d) Mozos mientras permanezcan en filas en cumplimiento del servicio militar.

71. a) De 15 días al año ni de tres consecutivos y podrá ser redimida a metálico por un importe del doble del salario mínimo interprofesional.

Artículo 129 TRLRHL: 3. La prestación personal no excederá de 15 días al año ni de tres consecutivos y podrá ser redimida a metálico por un importe del doble del salario mínimo interprofesional.

72. b) Tres veces el salario mínimo interprofesional.

Artículo 130 TRLRHL: 2. La prestación de transportes, que podrá ser reducida a metálico, por importe de tres veces el salario mínimo interprofesional, no excederá, para los vehículos de tracción mecánica, de cinco días al año, sin que pueda ser consecutivo ninguno de ellos. En los demás casos su duración no será superior a 10 días al año ni a dos consecutivos.

73. d) De cinco días al año, sin que pueda ser consecutivo ninguno de ellos. En los demás casos su duración no será superior a 10 días al año ni a dos consecutivos.

Artículo 130 TRLRHL: 2. La prestación de transportes, que podrá ser reducida a metálico, por importe de tres veces el salario mínimo interprofesional, no excederá, para los vehículos de tracción mecánica, de cinco días al año, sin que pueda ser consecutivo ninguno de ellos. En los demás casos su duración no será superior a 10 días al año ni a dos consecutivos.

74. b) 40 %.

Artículo 134 TRLRHL: Las Diputaciones Provinciales podrán establecer un recargo sobre el Impuesto sobre Actividades Económicas. Dicho recargo se exigirá a los mismos sujetos pasivos y en los mismos casos contemplados en la normativa reguladora del impuesto y consistirá en un porcentaje único que recaerá sobre las cuotas municipales modificadas por la aplicación del coeficiente de ponderación previsto en el artículo 86 de esta ley y su tipo no podrá ser superior al 40 %.

75. a) 0,2 %.

Artículo 153 TRLRHL: a) Las áreas metropolitanas podrán establecer un recargo sobre el Impuesto sobre Bienes Inmuebles sitos en el territorio de la entidad. Dicho recargo se exigirá a los mismos sujetos pasivos y en los mismos casos contemplados en la normativa reguladora de este impuesto, y consistirá en un porcentaje único que recaerá sobre la base imponible de este, y su tipo no podrá ser superior al 0,2 %.

TEST N.º 3

Presupuesto

1. Los presupuestos generales de las entidades locales constituyen (artículo 162 TRLRHL):

a) La expresión cifrada, conjunta y sistemática de las obligaciones que, como máximo, pueden reconocer la entidad, y sus organismos autónomos, y de los derechos que prevean liquidar durante el correspondiente ejercicio, así como de las previsiones de ingresos y gastos de las sociedades mercantiles cuyo capital social pertenezca íntegramente a la entidad local correspondiente.

b) La expresión cifrada, conjunta y sistemática de las obligaciones que, como mínimo, pueden reconocer la entidad, y sus organismos autónomos, y de los derechos que prevean liquidar durante el correspondiente ejercicio, así como de las previsiones de ingresos y gastos de las sociedades mercantiles cuyo capital social pertenezca íntegramente a la entidad local correspondiente.

c) La expresión cifrada, conjunta y sistemática de las obligaciones que, como mínimo, pueden reconocer la entidad, y sus organismos autónomos, y de los derechos que prevean liquidar durante el correspondiente ejercicio, así como de las previsiones de ingresos y gastos de las sociedades mercantiles cuyo capital social pertenezca parcialmente a la entidad local correspondiente.

d) Ninguna es correcta.

2. Las fases del procedimiento de gestión de los gastos son, según el artículo 184 TRLRHL:

a) Autorización de gasto y Disposición o compromiso de gasto.

b) Autorización de gasto, Reconocimiento o liquidación de la obligación y Ordenación de pago.

c) Autorización de gasto, Disposición o compromiso de gasto, Reconocimiento o liquidación de la obligación y Ordenación de pago.

d) Ninguna es correcta.

3. El presupuesto general se integra por:

a) El presupuesto de la propia entidad.

b) Los de los organismos autónomos dependientes de esta.

c) Los estados de previsión de gastos e ingresos de las sociedades mercantiles cuyo capital social pertenezca íntegramente a la entidad local.

d) Todas son correctas.

4. La clasificación por programas que constará de tres niveles (artículo 167.3 TRLRHL):

a) El primero relativo a la política de gasto.

b) El primero relativo a la política a los grupos de programas, que se subdividirán en programas.

c) El primero relativo al área de gasto.

d) Ninguna es correcta.

5. Las entidades locales deberán confeccionar la liquidación de su presupuesto (artículo 191.3 TRLRHL):

a) Antes del día primero de marzo del ejercicio siguiente.

b) Antes del día primero de marzo del ejercicio presente.

c) Antes del día último de marzo del ejercicio presente.

d) Ninguna es correcta.

6. Señala la respuesta correcta sobre el ámbito temporal del ejercicio presupuestario (artículo 163 TRLRHL):

a) El ejercicio presupuestario coincidirá con el año natural.

b) A él se imputarán los derechos liquidados en el ejercicio, cualquiera que sea el periodo de que deriven.

c) A él se imputarán las obligaciones reconocidas durante el ejercicio.

d) Todas son correctas.

7. ¿Al cumplimiento de qué principio atenderá el presupuesto general? (artículo 165.1 TRLRHL):

a) Principio de equidad.

b) Principio de afectación.

c) Principio de estabilidad.

d) Todas son correctas.

8. Señala la respuesta incorrecta sobre el contenido de los presupuestos integrantes del presupuesto general (artículo 165 TRLRHL):

a) El presupuesto general atenderá al cumplimiento del principio de estabilidad.

b) Contendrá los estados de gastos, en los que no se incluirán, en ningún caso, los créditos necesarios para atender al cumplimiento de las obligaciones.

c) Cada uno de los presupuestos que se integran en el presupuesto general deberá aprobarse sin déficit inicial.

d) Todas son correctas.

9. La clasificación económica constará de tres niveles, el tercero relativo al (artículo 167.3 TRLRHL):

a) Artículo.
b) Capítulo.
c) Concepto.
d) Ninguna es correcta.

10. Las entidades locales elaborarán y aprobarán un presupuesto general (artículo 164 TRLRHL):

a) Anualmente.
b) Semestralmente.
c) Trimestralmente.
d) Periódicamente.

11. La aprobación definitiva del presupuesto general por el Pleno de la corporación habrá de realizarse (artículo 169.2 TRLRHL):

a) Después del día 31 de diciembre del año anterior al del ejercicio en que deba aplicarse.
b) Antes del día 31 de diciembre del año posterior al del ejercicio en que deba aplicarse.
c) Antes del día 31 de diciembre del año anterior al del ejercicio en que deba aplicarse.
d) Antes del día 1 de enero del año en que deba aplicarse.

12. ¿Quién establecerá con carácter general la estructura de los presupuestos de las entidades locales según el artículo 167 TRLRHL?

a) El Ministerio del Interior.
b) El Ministerio de Hacienda y Administraciones Públicas.
c) El Presidente del Gobierno.
d) El Secretario de Estado de Hacienda y Economía.

13. La clasificación por programas constará de tres niveles (artículo 167.3 TRLRHL):

a) El segundo relativo al área de gasto.
b) El segundo relativo a la política de gasto.
c) El segundo relativo a los grupos de programas, que se subdividirán en programas.
d) Ninguna es correcta.

14. Al presupuesto de la Entidad Local habrá de unirse la siguiente documentación entre otras (artículo 168.1 TRLRHL):

a) Anexo de personal de la Entidad Local.
b) Anexo de las inversiones a realizar en el ejercicio.
c) Un informe económico-financiero, en el que se expongan las bases utilizadas para la evaluación de los ingresos y de las operaciones de crédito previstas, entre otros aspectos.
d) Todas son correctas.

15. Los organismos autónomos de las entidades locales se clasifican, a efectos de su régimen presupuestario y contable, en la forma siguiente (artículo 164.2 TRLRHL):

a) Organismos autónomos de carácter privado.
b) Organismos autónomos de carácter comercial, industrial, financiero o análogo.
c) Organismos autónomos constituidos como sociedades mercantiles.
d) Ninguna es correcta.

16. El presupuesto de cada ejercicio se liquidará en cuanto a la recaudación de derechos y al pago de obligaciones (artículo 191 TRLRHL):

a) El 31 de diciembre del año natural correspondiente, quedando a cargo de la Tesorería local los ingresos y pagos pendientes, según sus respectivas contracciones.
b) El 31 de octubre del año natural correspondiente, quedando a cargo de la Tesorería local los ingresos y pagos pendientes, según sus respectivas contracciones.
c) El 1 de enero del año natural correspondiente, quedando a cargo de la Tesorería local los ingresos y pagos pendientes, según sus respectivas contracciones.
d) Ninguna es correcta.

17. ¿A quiénes se consideran interesados al efecto de presentar reclamaciones durante el trámite de exposición al público del Presupuesto de la entidad local? (Artículo 170 TRLRHL):

a) A los habitantes en el territorio de la respectiva entidad local.
b) Los que resulten directamente afectados, aunque no habiten en el territorio de la entidad local.
c) A los Colegios Oficiales.
d) Todas son correctas.

18. Únicamente podrán entablarse reclamaciones contra el presupuesto (artículo 170.2 TRLRHL):
a) Por no haberse ajustado su elaboración y aprobación a los trámites establecidos en esta ley.
b) Por omitir el crédito necesario para el cumplimiento de obligaciones exigibles a la entidad local, en virtud de precepto legal o de cualquier otro título legítimo.
c) Por ser de manifiesta insuficiencia los ingresos con relación a los gastos presupuestados o bien de estos respecto a las necesidades para las que esté previsto.
d) Todas son correctas.

19. La clasificación económica constará de tres niveles, el primero relativo al (artículo 167.3 TRLRHL):

a) Capítulo.
b) Artículo.
c) Concepto.
d) Subconcepto.

20. En caso de liquidación del presupuesto con remanente de tesorería negativo (artículo 193 TRLRHL):

a) El Pleno de la corporación o el órgano competente del organismo autónomo, según corresponda, deberán proceder, en la primera sesión que celebren, a la reducción de gastos del nuevo presupuesto por cuantía igual al déficit producido. La expresada reducción solo podrá revocarse por acuerdo del Pleno, a propuesta del presidente, y previo informe del Interventor, cuando el desarrollo normal del presupuesto y la situación de la tesorería lo consintiesen.

b) Si la reducción de gastos no resultase posible, se podrá acudir al concierto de operación de crédito por su importe, siempre que se den las condiciones señaladas en el TRLRHL.

c) De no adoptarse ninguna de las medidas previstas en el artículo 193 del TRLRHL, el presupuesto del ejercicio siguiente habrá de aprobarse con un superávit inicial de cuantía no inferior al repetido déficit.

d) Todas son correctas.

21. De los planes y programas de inversión y financiación se dará cuenta, en su caso, al Pleno de la Corporación coincidiendo con la aprobación del presupuesto (artículo 166.3 TRLRHL):

a) Debiendo ser objeto de revisión trimestral, añadiendo un nuevo ejercicio a sus previsiones.

b) Debiendo ser objeto de revisión periódica, añadiendo un nuevo ejercicio a sus previsiones.

c) No debiendo ser objeto de revisión, añadiendo un nuevo ejercicio a sus previsiones.

d) Debiendo ser objeto de revisión anual, añadiendo un nuevo ejercicio a sus previsiones.

22. Al presupuesto general se unirán como anexos (artículo 166 TRLRHL):

a) Los planes y programas de inversión y financiación que, para un plazo de cuatro años, podrán formular los municipios y demás entidades locales de ámbito supramunicipal.

b) Los programas anuales de actuación, inversiones y financiación de las sociedades mercantiles de cuyo capital social sea titular único o partícipe mayoritario la entidad local.

c) El estado de consolidación del presupuesto de la propia entidad con el de todos los presupuestos y estados de previsión de sus organismos autónomos y sociedades mercantiles.

d) Todas son correctas.

23. Cada uno de los presupuestos que se integran en el presupuesto general (artículo 165.4 TRLRHL):

a) Deberá aprobarse, aunque tenga déficit inicial.

b) Deberá aprobarse sin déficit inicial.

c) Deberá aprobarse sin déficit final.

d) Ninguna es correcta.

24. Con cargo a los créditos del estado de gastos de cada presupuesto solo podrán contraerse (artículo 176.1 TRLRHL):

a) Obligaciones derivadas de adquisiciones, obras, servicios y demás prestaciones o gastos en general que se realicen en el año natural del propio ejercicio presupuestario.

b) Únicamente obligaciones derivadas de adquisiciones y obras que se realicen en el año natural del propio ejercicio presupuestario o en el inmediato posterior.

c) Obligaciones derivadas de adquisiciones, obras, servicios y demás prestaciones o gastos en general que se realicen en el año hábil del propio ejercicio presupuestario.

d) Ninguna es correcta.

25. Señala la respuesta correcta sobre las transferencias de crédito (artículo 179 TRLRHL):

a) Las entidades locales regularán en las bases de ejecución del presupuesto el régimen de transferencias estableciendo, en cada caso, el órgano competente para autorizarlas.

b) En todo caso, la aprobación de las transferencias de crédito entre distintos grupos de función corresponderá al Alcalde de la corporación salvo cuando las bajas y las altas afecten a créditos de personal.

c) Las entidades públicas empresariales podrán realizar operaciones de transferencias de crédito con sujeción a lo dispuesto en los apartados anteriores.

d) Todas son correctas.

26. El plan de inversiones que deberá coordinarse, en su caso, con el programa de actuación y planes de etapas de planeamiento urbanístico, se completará con el programa financiero, que contendrá (artículo 166.2 TRLRHL):

a) La inversión prevista a realizar en cada uno de los cuatro ejercicios.

b) Los ingresos por subvenciones, contribuciones especiales, cargas de urbanización, recursos patrimoniales y otros ingresos de capital que se prevean obtener en dichos ejercicios, así como una proyección del resto de los ingresos previstos en el citado periodo.

c) Las operaciones de crédito que resulten necesarias para completar la financiación, con indicación de los costes que vayan a generar.

d) Todas son correctas.

27. De los planes y programas de inversión y financiación se dará cuenta (artículo 166.3 TRLRHL).

a) En su caso, al Presidente de la Corporación coincidiendo con la aprobación del presupuesto.

b) En su caso, a la Junta de Gobierno Local de la Corporación coincidiendo con la aprobación del presupuesto.

c) En su caso, al Pleno de la Corporación coincidiendo con la aprobación del presupuesto.

d) Ninguna es correcta.

28. Contra la aprobación definitiva del presupuesto (artículo 171 TRLRHL):

a) Podrá interponerse directamente recurso contencioso-administrativo, en la forma y plazos que establecen las normas de dicha jurisdicción.

b) No podrá interponerse directamente recurso contencioso-administrativo.

c) Solo cabrá un recurso especial establecido en dicha normativa.

d) Procederá inicialmente recurso de alzada contra el alcalde de la corporación.

29. Señala la respuesta correcta sobre la estructura de los estados de ingresos y gastos recogida en el artículo 167 TRLRHL:

a) Las entidades locales podrán clasificar los gastos e ingresos atendiendo a su propia estructura de acuerdo con la normativa de la CCAA respectiva.

b) Las entidades locales podrán clasificar los gastos e ingresos atendiendo a su propia estructura de acuerdo con sus reglamentos o decretos de organización.

c) Las entidades locales no podrán clasificar los gastos e ingresos atendiendo a su propia estructura, debiendo atenerse a las clasificaciones marcadas por el Ministerio de Administración y Hacienda.

d) Ninguna es correcta.

30. Las transferencias de créditos de cualquier clase estarán sujetas a las siguientes limitaciones (artículo 180 TRLRHL):

a) No afectarán a los créditos ampliables, pero sí a los extraordinarios concedidos durante el ejercicio.

b) No podrán minorarse los créditos que hayan sido incrementados con suplementos o transferencias, salvo cuando afecten a créditos de personal, ni los créditos incorporados como consecuencia de remanentes no comprometidos procedentes de presupuestos cerrados.

c) Solamente se incrementarán créditos que como consecuencia de otras transferencias hayan sido objeto de minoración, salvo cuando afecten a créditos de personal.

d) Todas son correctas.

31. Los créditos para gastos se destinarán exclusivamente (artículo 172 TRLRHL):

a) A la finalidad específica para la cual hayan sido autorizados en el presupuesto general de la entidad local o por sus modificaciones debidamente aprobadas.

b) Pueden destinarse a más finalidades que las autorizadas.

c) Los créditos autorizados tienen carácter limitativo y no vinculante.

d) Ninguna es correcta.

32. El tercer nivel de la clasificación por programas es el relativo a (artículo 167.3 TRLRHL):

a) Grupos de programas, que se subdividirán en programas.

b) Área de gasto.

c) Política de gasto.
d) Ninguna es correcta.

33. La ordenación de pagos en los organismos autónomos la ejercerá (artículo 186.4 TRLRHL):

a) El órgano de estos que así lo decida.
b) El órgano de estos que, por estatutos, la tenga atribuida.
c) El órgano asignado por la entidad matriz.
d) Ninguna es correcta.

34. El presupuesto de la Entidad Local será formado por (artículo 168 TRLRHL):

a) El Pleno.
b) Su Presidente.
c) La Junta de Gobierno Local.
d) Todas son correctas.

35. Indica la respuesta correcta o la más correcta (artículo 167 TRLRHL). ¿De cuántos niveles constará la clasificación económica?

a) De 4.
b) De 3.
c) De 2.
d) De 6.

36. Podrán generar crédito en los estados de gastos de los presupuestos, en la forma que reglamentariamente se establezca, los ingresos de naturaleza no tributaria derivados de las siguientes operaciones (artículo 181 TRLRHL):

a) Aportaciones o compromisos firmes de aportación de personas físicas o jurídicas para financiar, juntamente con la entidad local o con alguno de sus organismos autónomos, gastos que por su naturaleza están comprendidos en sus fines u objetivos.
b) Enajenaciones de bienes de la entidad local o de sus organismos autónomos.
c) Prestación de servicios.
d) Todas son correctas.

37. La clasificación económica constará de tres niveles, el segundo relativo al (artículo 167.3 TRLRHL):

a) Artículo.
b) Concepto.
c) Capítulo.
d) Subconcepto.

38. Tendrán la condición de créditos ampliables (artículo 178 TRLRHL):

a) Aquellos créditos que, de modo taxativo y debidamente explicitados, se relacionen en las bases de ejecución del presupuesto y, en su virtud, podrá ser incrementada su cuantía.

b) Aquellas que se deriven de aportaciones o compromisos firmes de aportación de personas físicas o jurídicas para financiar, juntamente con la entidad local o con alguno de sus organismos autónomos, gastos que por su naturaleza están comprendidos en sus fines u objetivos.

c) Las resultantes de prestación de servicios.

d) Todas son correctas.

39. Marca la respuesta incorrecta. Al presupuesto de la Entidad Local habrá de unirse la siguiente documentación, entre otras (artículo 168.1 TRLRHL):

a) Memoria explicativa de su contenido y de las principales modificaciones que presente en relación con el vigente.

b) Liquidación del presupuesto del ejercicio anterior y avance de la del corriente, referida, al menos, a seis meses del ejercicio corriente.

c) Anexo de los contratos a celebrar durante el año en curso.

d) Ninguna es correcta.

40. El presupuesto de cada uno de los organismos autónomos integrantes del general, propuesto inicialmente por el órgano competente de aquellos, será remitido a la Entidad Local de la que dependan antes del (artículo 168.2 TRLRHL):

a) 15 de diciembre de cada año.

b) 15 de octubre de cada año.

c) 15 de septiembre de cada año.

d) 15 de junio de cada año.

41. ¿Habrán de ser los mismos los niveles de capítulo y artículo que los establecidos para la Administración del Estado? (artículo 167 TRLRHL):

a) No.

b) En ningún caso.

c) Cuando lo autorice la respectiva Comunidad Autónoma.

d) En todo caso.

42. Aprobado inicialmente el presupuesto general se expondrá al público, previo anuncio en el boletín oficial de la provincia o, en su caso, de la comunidad autónoma uniprovincial (artículo 169 TRLRHL):

a) Por 5 días, mínimo.

b) Por 20 días.

c) Por 10 días, mínimo.
d) Por 15 días.

43. Los créditos autorizados tienen carácter (artículo 172 TRLRHL):

a) Limitativo.
b) Vinculante.
c) Abierto.
d) Las respuestas a) y b) son correctas.

44. Los niveles de vinculación serán:

a) Los que vengan establecidos en cada momento por la legislación presupuestaria del Estado, salvo que reglamentariamente se disponga otra cosa.
b) Los que reglamentariamente se establezcan.
c) Los que determine la Administración estatal, autonómica o local.
d) Ninguna es correcta.

45. Podrán adquirirse compromisos por gastos que hayan de extenderse a ejercicios posteriores a aquel en que se autoricen, siempre que su ejecución se inicie en el propio ejercicio y que, además, se encuentren en alguno de los casos siguientes (artículo 174.2 TRLRHL):

a) Inversiones y transferencias corrientes.
b) Arrendamientos de bienes de capital.
c) Cargas financieras de las deudas de la entidad local y de sus organismos autónomos.
d) Todas son correctas.

46. ¿Quién ordenará la incoación del expediente de concesión de crédito extraordinario? (artículo 177.1 TRLRHL)

a) El presidente de la corporación.
b) El Interventor.
c) El Pleno.
d) La Junta de Gobierno Local.

47. Podrán generar crédito en los estados de gastos de los presupuestos, en la forma que reglamentariamente se establezca, los ingresos de naturaleza no tributaria derivados de las siguientes operaciones (artículo 181 TRLRHL):

a) Reembolso de servicios.
b) Reintegros de pagos indebidos con cargo al presupuesto corriente, en cuanto a reposición del crédito en la correspondiente cuantía.
c) Prestación de préstamos.
d) Todas son correctas.

48. ¿A quién compete según el artículo 186 TRLRHL las funciones de ordenación de pagos?

a) Al Pleno de la entidad local.
b) Al Interventor.
c) Al Presidente de la entidad local.
d) Al Tesorero.

49. Las entidades locales remitirán copia de la liquidación de sus presupuestos a la Administración del Estado y a la comunidad autónoma (artículo 193.5 TRLRHL):

a) Antes de finalizar el mes de marzo del ejercicio siguiente al que corresponda.
b) Antes de finalizar el mes de enero del ejercicio siguiente al que corresponda.
c) Antes de finalizar el mes de febrero del ejercicio siguiente al que corresponda.
d) Antes de finalizar el mes de octubre del ejercicio siguiente al que corresponda.

50. Las Entidades Locales deberán informar al Ministerio de Hacienda y Administraciones Públicas y a su Pleno, u órgano equivalente, del resultado de la aplicación de los criterios determinantes de los derechos de difícil o imposible recaudación con los siguientes límites mínimos (artículo 193 bis TRLRHL):

a) Los derechos pendientes de cobro liquidados dentro de los presupuestos de los dos ejercicios anteriores al que corresponde la liquidación, se minorarán, como mínimo, en un 20 %.
b) Los derechos pendientes de cobro liquidados dentro de los presupuestos del ejercicio tercero anterior al que corresponde la liquidación, se minorarán, como mínimo, en un 50 %.
c) Los derechos pendientes de cobro liquidados dentro de los presupuestos de los ejercicios cuarto a quinto anteriores al que corresponde la liquidación, se minorarán, como mínimo, en un 25 %.
d) Todas son correctas.

51. Constituyen la tesorería de las entidades locales (artículo 194 TRLRHL):

a) Todos los recursos financieros y no financieros, sean dinero, valores o créditos, de la entidad local, tanto por operaciones presupuestarias como extrapresupuestarias.
b) Todos los recursos financieros, sean dinero, valores o créditos, de la entidad local por operaciones presupuestarias.
c) Todos los recursos financieros, sean dinero, valores o créditos, de la entidad local, tanto por operaciones presupuestarias como extrapresupuestarias.
d) Todos los recursos financieros en efectivo de la entidad local, tanto por operaciones presupuestarias como extrapresupuestarias.

52. Las entidades locales podrán concertar los servicios financieros de su tesorería con entidades de crédito y ahorro, mediante la apertura de los siguientes tipos de cuentas:

a) Cuentas operativas de ingresos y pagos.
b) Cuentas restringidas de inversiones.

c) Cuentas restringidas de transferencias.

d) Todas son correctas.

53. Marca la respuesta correcta o la más correcta. De conformidad con el artículo 202 del TRLRHL el ejercicio contable coincidirá:

a) Con el año fiscal.

b) Con el ejercicio presupuestario.

c) Con el ejercicio tributario.

d) Ninguna es correcta.

54. Marca la respuesta incorrecta. De conformidad con el artículo 204 del TRLRHL a la Intervención de las entidades locales le corresponderá:

a) Llevar y desarrollar la contabilidad financiera y el seguimiento, en términos financieros, de la ejecución de los presupuestos de acuerdo con las normas generales y las dictadas por el Pleno de la corporación.

b) Establecer los libros que, como regla general y con carácter obligatorio, deban llevarse.

c) La inspección de la contabilidad de los organismos autónomos y de las sociedades mercantiles dependientes de la entidad local, de acuerdo con los procedimientos que establezca el Pleno.

d) Todas son correctas.

55. De conformidad con el artículo 207 del TRLRHL, ¿a que órgano le corresponde remitir al Pleno de la entidad información de la ejecución de los presupuestos y del movimiento de la tesorería por operaciones presupuestarias independientes y auxiliares del presupuesto y de su situación, en los plazos y con la periodicidad que el Pleno establezca?

a) Al Presidente de la Corporación.

b) A la Tesorería.

c) A la Intervención.

d) A la Concejalía competente en materia de Hacienda.

56. La Cuenta General de la Entidad Local estará formada por:

a) La de la propia entidad.

b) La de los organismos autónomos.

c) La de las sociedades mercantiles de capital íntegramente propiedad de las entidades locales.

d) Todas son correctas.

57. De conformidad con el artículo 212 del TRLRHL los estados y cuentas de la entidad local serán rendidas por su presidente antes del día:

a) 15 de mayo del ejercicio siguiente al que correspondan.

b) 15 de julio del ejercicio siguiente al que correspondan.

c) 15 de enero del ejercicio siguiente al que correspondan.
d) 31 de diciembre del ejercicio siguiente al que correspondan.

58. La cuenta general formada por la Intervención será sometida a informe de la Comisión Especial de Cuentas de la entidad local antes del día:

a) 1 de enero.
b) 1 de junio.
c) 31 de diciembre.
d) 1 de mayo.

59. La cuenta general, con el informe de la Comisión Especial de Cuentas, será expuesta al público por plazo de:

a) 30 días.
b) 15 días.
c) 20 días.
d) 1 mes.

60. Acompañada de los informes de la Comisión Especial y de las reclamaciones y reparos formulados, la cuenta general se someterá al Pleno de la corporación, para que, en su caso, pueda ser aprobada antes del día:

a) 31 de diciembre.
b) 1 de enero.
c) 1 de octubre.
d) 15 de septiembre.

61. Una vez que el Pleno se haya pronunciado sobre la Cuenta General, aprobándola o rechazándola, ¿a qué órgano le corresponde rendirla al Tribunal de Cuentas?

a) Al Presidente de la Corporación.
b) A la Intervención.
c) Al propio Pleno.
d) Al Secretario General.

62. Marca la respuesta incorrecta. Si en el ejercicio de la función interventora el órgano interventor se manifestara en desacuerdo con el fondo o con la forma de los actos, documentos o expedientes examinados, deberá formular sus reparos por escrito antes de la adopción del acuerdo o resolución. Si el reparo afecta a la disposición de gastos, reconocimiento de obligaciones u ordenación de pagos, se suspenderá la tramitación del expediente hasta que aquel sea solventado en los siguientes casos:

a) Cuando se base en la insuficiencia de crédito o el propuesto no sea adecuado.
b) Cuando se hubieran fiscalizado los actos que dieron origen a las órdenes de pago.

c) En los casos de omisión en el expediente de requisitos o trámites esenciales.

d) Cuando el reparo derive de comprobaciones materiales de obras, suministros, adquisiciones y servicios.

63. Cuando el órgano a que afecte el reparo no esté de acuerdo con este, ¿a que órgano corresponderá resolver la discrepancia?

a) Al alcalde en tosdo caso.

b) Al Pleno en todo caso.

c) Al alcalde, salvo los supuestos indicados en el artículo 217 del TRLHRL en cuyo caso corresponderá a la Junta de Gobierno Local.

d) Ninguna es correcta.

64. Marca la respuesta correcta. El órgano interventor remitirá _____ al Tribunal de Cuentas todas las resoluciones y acuerdos adoptados por el Presidente de la Entidad Local y por el Pleno de la Corporación contrarios a los reparos formulados, así como un resumen de las principales anomalías detectadas en materia de ingresos:

a) Mensualmente.

b) Trimestralmente.

c) Semestralmente.

d) Anualmente.

65. De conformidad con el artículo 219 del TRLHL, no estarán sometidos a intervención previa los gastos de material no inventariable, contratos menores, así como los de carácter periódico y demás de tracto sucesivo, una vez intervenido el gasto correspondiente al periodo inicial del acto o contrato del que deriven o sus modificaciones, así como otros gastos que se hagan efectivos a través del sistema de anticipos de caja fija y sean menores de:

a) 5.000 euros.

b) Del importe de los contratos menores.

c) 3.005,06 euros.

d) 10.000 euros.

66. De conformidad con el artículo 223 del TRLRHL la fiscalización externa de las cuentas y de la gestión económica de las entidades locales y de todos los organismos y sociedades de ellas dependientes es función propia del:

a) Tribunal de Cuentas.

b) Interventor General.

c) Gobierno.

d) Órgano correspondiente de la Diputación Provincial.

67. Las entidades locales rendirán al Tribunal de Cuentas u órgano correspondiente la cuenta general:

a) Antes del día 15 de octubre de cada año.
b) Antes del 31 de diciembre de cada año.
c) Antes del 1 de enero del año siguiente.
d) Antes del 15 de mayo de cada año.

Soluciones comentadas

1. **a) La expresión cifrada, conjunta y sistemática de las obligaciones que, como máximo, pueden reconocer la entidad, y sus organismos autónomos, y de los derechos que prevean liquidar durante el correspondiente ejercicio, así como de las previsiones de ingresos y gastos de las sociedades mercantiles cuyo capital social pertenezca íntegramente a la entidad local correspondiente.**

    Artículo 162 TRLRHL: Los presupuestos generales de las entidades locales constituyen la expresión cifrada, conjunta y sistemática de las obligaciones que, como máximo, pueden reconocer la entidad, y sus organismos autónomos, y de los derechos que prevean liquidar durante el correspondiente ejercicio, así como de las previsiones de ingresos y gastos de las sociedades mercantiles cuyo capital social pertenezca íntegramente a la entidad local correspondiente. El resto de afirmaciones contiene errores.

2. **c) Autorización de gasto, Disposición o compromiso de gasto, Reconocimiento o liquidación de la obligación y Ordenación de pago.**

    Artículo 184 TRLRHL: La gestión del presupuesto de gastos se realizará en las siguientes fases cuyo contenido se establecerá reglamentariamente:

    a) Autorización de gasto.

    b) Disposición o compromiso de gasto.

    c) Reconocimiento o liquidación de la obligación.

    d) Ordenación de pago.

3. **d) Todas son correctas.**

    Artículo 164 TRLRHL: 1. Las entidades locales elaborarán y aprobarán anualmente un presupuesto general en el que se integrarán:

    a) El presupuesto de la propia entidad.

    b) Los de los organismos autónomos dependientes de esta.

    c) Los estados de previsión de gastos e ingresos de las sociedades mercantiles cuyo capital social pertenezca íntegramente a la entidad local.

4. **c) El primero relativo al área de gasto.**

    Artículo 167 TRLRHL: c) la clasificación económica constará de tres niveles, el primero relativo al capítulo, el segundo al artículo y el tercero al concepto. Esta clasificación podrá ampliarse en uno o dos niveles, relativos al subconcepto y la partida respectivamente.

5. a) Antes del día primero de marzo del ejercicio siguiente.

Artículo 191 TRLRHL: 3. Las entidades locales deberán confeccionar la liquidación de su presupuesto antes del día primero de marzo del ejercicio siguiente.

6. d) Todas son correctas.

Artículo 163 TRLRLH: El ejercicio presupuestario coincidirá con el año natural y a él se imputarán:

a) Los derechos liquidados en el ejercicio, cualquiera que sea el periodo de que deriven; y b) Las obligaciones reconocidas durante el ejercicio.

7. c) Principio de estabilidad.

Artículo 165 TRLRHL: 1. El presupuesto general atenderá al cumplimiento del principio de estabilidad.

8. b) Contendrá los estados de gastos, en los que no se incluirán, en ningún caso, los créditos necesarios para atender al cumplimiento de las obligaciones.

Artículo 165 TRLRHL: a) Los estados de gastos, en los que se incluirán, con la debida especificación, los créditos necesarios para atender al cumplimiento de las obligaciones.

9. c) Concepto.

Artículo 167 TRLRHL: c) la clasificación económica constará de tres niveles, el primero relativo al capítulo, el segundo al artículo y el tercero al concepto. Esta clasificación podrá ampliarse en uno o dos niveles, relativos al subconcepto y la partida respectivamente.

10. a) Anualmente.

Artículo 164 TRLRHL: 1. Las entidades locales elaborarán y aprobarán anualmente un presupuesto general.

11. c) Antes del día 31 de diciembre del año anterior al del ejercicio en que deba aplicarse.

Artículo 169 TRLRHL: 2. La aprobación definitiva del presupuesto general por el Pleno de la corporación habrá de realizarse antes del día 31 de diciembre del año anterior al del ejercicio en que deba aplicarse.

12. b) El Ministerio de Hacienda y Administraciones Públicas.

Artículo 167 TRLRHL: 1. El Ministerio de Hacienda y Administraciones Públicas establecerá con carácter general la estructura de los presupuestos de las entidades locales teniendo en cuenta la naturaleza económica de los ingresos y de los gastos, las finalidades u objetivos que con estos últimos se propongan conseguir y de acuerdo con los criterios que se establecen en los siguientes apartados de este artículo.

13. b) El segundo relativo a la política de gasto.

Artículo 167 TRLRHL: a) La clasificación por programas que constará de los siguientes niveles: el primero relativo al área de gasto, el segundo a la política de gasto, el tercero a los grupos de programas, que se subdividirán en programas. Esta clasificación podrá ampliarse en más niveles, relativos a subprogramas respectivamente.

14. d) Todas son correctas.

Todos los documentos aparecen en el listado del artículo 168 del TRLRHL.

15. b) Organismos autónomos de carácter comercial, industrial, financiero o análogo.

Artículo 164 TRLRHL: 2. Los organismos autónomos de las entidades locales se clasifican, a efectos de su régimen presupuestario y contable, en la forma siguiente:

a) Organismos autónomos de carácter administrativo.

b) Organismos autónomos de carácter comercial, industrial, financiero o análogo.

16. a) El 31 de diciembre del año natural correspondiente, quedando a cargo de la Tesorería local los ingresos y pagos pendientes, según sus respectivas contracciones.

Artículo 191 TRLRHL: 1. El presupuesto de cada ejercicio se liquidará en cuanto a la recaudación de derechos y al pago de obligaciones el 31 de diciembre del año natural correspondiente, quedando a cargo de la Tesorería local los ingresos y pagos pendientes, según sus respectivas contracciones.

17. d) Todas son correctas.

Artículo 170 TRLRHL: A los efectos de lo dispuesto en el apartado 1 del artículo anterior, tendrán la consideración de interesados:

a) Los habitantes en el territorio de la respectiva entidad local.

b) Los que resulten directamente afectados, aunque no habiten en el territorio de la entidad local.

c) Los colegios oficiales, cámaras oficiales, sindicatos, asociaciones y demás entidades legalmente constituidas para velar por intereses profesionales o económicos y vecinales, cuando actúen en defensa de los que les son propios.

18. d) Todas son correctas.

Artículo 170 TRLRHL: 2. Únicamente podrán entablarse reclamaciones contra el presupuesto:

a) Por no haberse ajustado su elaboración y aprobación a los trámites establecidos en esta ley.

b) Por omitir el crédito necesario para el cumplimiento de obligaciones exigibles a la entidad local, en virtud de precepto legal o de cualquier otro título legítimo.

c) Por ser de manifiesta insuficiencia los ingresos con relación a los gastos presupuestados o bien de estos respecto a las necesidades para las que esté previsto.

19. a) Capítulo.

Artículo 167 TRLRHL: c) la clasificación económica constará de tres niveles, el primero relativo al capítulo, el segundo al artículo y el tercero al concepto. Esta clasificación podrá ampliarse en uno o dos niveles, relativos al subconcepto y la partida respectivamente.

20. d) Todas son correctas.

Artículo 193 TRLRHL: 1. En caso de liquidación del presupuesto con remanente de tesorería negativo, el Pleno de la corporación o el órgano competente del organismo autónomo, según corresponda, deberán proceder, en la primera sesión que celebren, a la reducción de gastos del nuevo presupuesto por cuantía igual al déficit producido. La expresada reducción solo podrá revocarse por acuerdo del Pleno, a propuesta del presidente, y previo informe del Interventor, cuando el desarrollo normal del presupuesto y la situación de la tesorería lo consintiesen. 2. Si la reducción de gastos no resultase posible, se podrá acudir al concierto de operación de crédito por su importe, siempre que se den las condiciones señaladas en el artículo 177.5 de esta ley. 3. De no adoptarse ninguna de las medidas previstas en los dos apartados anteriores, el presupuesto del ejercicio siguiente habrá de aprobarse con un superávit inicial de cuantía no inferior al repetido déficit.

21. d) Debiendo ser objeto de revisión anual, añadiendo un nuevo ejercicio a sus previsiones.

Artículo 166 TRLRHL: 3. De los planes y programas de inversión y financiación se dará cuenta, en su caso, al Pleno de la Corporación coincidiendo con la aprobación del presupuesto, debiendo ser objeto de revisión anual, añadiendo un nuevo ejercicio a sus previsiones.

22. d) Todas son correctas.

Artículo 166 TRLRHL: 1. Al presupuesto general se unirán como anexos:

a) Los planes y programas de inversión y financiación que, para un plazo de cuatro años, podrán formular los municipios y demás entidades locales de ámbito supramunicipal.

b) Los programas anuales de actuación, inversiones y financiación de las sociedades mercantiles de cuyo capital social sea titular único o partícipe mayoritario la entidad local.

c) El estado de consolidación del presupuesto de la propia entidad con el de todos los presupuestos y estados de previsión de sus organismos autónomos y sociedades mercantiles.

d) El estado de previsión de movimientos y situación de la deuda comprensiva del detalle de operaciones de crédito o de endeudamiento pendientes de reembolso al principio del ejercicio, de las nuevas operaciones previstas a realizar a lo largo del ejercicio y del volumen de endeudamiento al cierre del ejercicio económico, con distinción de operaciones a corto plazo, operaciones a largo plazo, de recurrencia al mercado de capitales y realizadas en divisas o similares, así como de las amortizaciones que se prevén realizar durante el mismo ejercicio.

23. b) Deberá aprobarse sin déficit inicial.

Artículo 165 TRLRHL: 4. Cada uno de los presupuestos que se integran en el presupuesto general deberá aprobarse sin déficit inicial.

24. a) Obligaciones derivadas de adquisiciones, obras, servicios y demás prestaciones o gastos en general que se realicen en el año natural del propio ejercicio presupuestario.

Artículo 176 TRLRHL: 1. Con cargo a los créditos del estado de gastos de cada presupuesto solo podrán contraerse obligaciones derivadas de adquisiciones, obras, servicios y demás prestaciones o gastos en general que se realicen en el año natural del propio ejercicio presupuestario.

25. a) Las entidades locales regularán en las bases de ejecución del presupuesto el régimen de transferencias estableciendo, en cada caso, el órgano competente para autorizarlas.

Artículo 179 TRLRHL: 1. Las entidades locales regularán en las bases de ejecución del presupuesto el régimen de transferencias estableciendo, en cada caso, el órgano competente para autorizarlas. 2. En todo caso, la aprobación de las transferencias de crédito entre distintos grupos de función corresponderá al Pleno de la corporación salvo cuando las bajas y las altas afecten a créditos de personal. 3. Los organismos autónomos podrán realizar operaciones de transferencias de crédito con sujeción a lo dispuesto en los apartados anteriores.

26. d) Todas son correctas.

Artículo 166 TRLRHL: 2. El plan de inversiones que deberá coordinarse, en su caso, con el programa de actuación y planes de etapas de planeamiento urbanístico, se completará con el programa financiero, que contendrá:

a) La inversión prevista a realizar en cada uno de los cuatro ejercicios.

b) Los ingresos por subvenciones, contribuciones especiales, cargas de urbanización, recursos patrimoniales y otros ingresos de capital que se prevean obtener en dichos ejercicios, así como una proyección del resto de los ingresos previstos en el citado periodo.

c) Las operaciones de crédito que resulten necesarias para completar la financiación, con indicación de los costes que vayan a generar.

27. c) En su caso, al Pleno de la Corporación coincidiendo con la aprobación del presupuesto.

Artículo 166 TRLRHL: 3. De los planes y programas de inversión y financiación se dará cuenta, en su caso, al Pleno de la Corporación coincidiendo con la aprobación del presupuesto, debiendo ser objeto de revisión anual, añadiendo un nuevo ejercicio a sus previsiones.

28. a) Podrá interponerse directamente recurso contencioso-administrativo, en la forma y plazos que establecen las normas de dicha jurisdicción.

Artículo 171 TRLRHL: 1. Contra la aprobación definitiva del presupuesto podrá interponerse directamente recurso contencioso-administrativo, en la forma y plazos que establecen las normas de dicha jurisdicción.

29. b) Las entidades locales podrán clasificar los gastos e ingresos atendiendo a su propia estructura de acuerdo con sus reglamentos o decretos de organización.

Artículo 167 TRLRHL: 2. Las entidades locales podrán clasificar los gastos e ingresos atendiendo a su propia estructura de acuerdo con sus reglamentos o decretos de organización.

30. b) No podrán minorarse los créditos que hayan sido incrementados con suplementos o transferencias, salvo cuando afecten a créditos de personal, ni los créditos incorporados como consecuencia de remanentes no comprometidos procedentes de presupuestos cerrados.

Artículo 180 TRLRHL: 1. Las transferencias de créditos de cualquier clase estarán sujetas a las siguientes limitaciones:

a) No afectarán a los créditos ampliables ni a los extraordinarios concedidos durante el ejercicio.

b) No podrán minorarse los créditos que hayan sido incrementados con suplementos o transferencias, salvo cuando afecten a créditos de personal, ni los créditos incorporados como consecuencia de remanentes no comprometidos procedentes de presupuestos cerrados.

c) No incrementarán créditos que como consecuencia de otras transferencias hayan sido objeto de minoración, salvo cuando afecten a créditos de personal.

31. a) A la finalidad específica para la cual hayan sido autorizados en el presupuesto general de la entidad local o por sus modificaciones debidamente aprobadas.

Artículo 172 TRLRHL: 1. Los créditos para gastos se destinarán exclusivamente a la finalidad específica para la cual hayan sido autorizados en el presupuesto general de la entidad local o por sus modificaciones debidamente aprobadas. 2. Los créditos autorizados tienen carácter limitativo y vinculante. Los niveles de vinculación serán los que vengan establecidos en cada momento por la legislación presupuestaria del Estado, salvo que reglamentariamente se disponga otra cosa.

32. a) Grupos de programas, que se subdividirán en programas.

Artículo 167 TRLRHL: a) La clasificación por programas que constará de los siguientes niveles: el primero relativo al área de gasto, el segundo a la política de gasto, el tercero a los grupos de programas, que se subdividirán en programas. Esta clasificación podrá ampliarse en más niveles, relativos a subprogramas respectivamente.

33. b) El órgano de estos que, por estatutos, la tenga atribuida.

Artículo 186 TRLRHL: 4. La ordenación de pagos en los organismos autónomos la ejercerá el órgano de estos que, por estatutos, la tenga atribuida.

34. b) Su Presidente.

Artículo 168 TRLRHL: El presupuesto de la Entidad Local será formado por su Presidente.

35. b) De 3.

Artículo 167 TRLRHL: c) La clasificación económica constará de tres niveles, el primero relativo al capítulo, el segundo al artículo y el tercero al concepto. Esta clasificación podrá ampliarse en uno o dos niveles, relativos al subconcepto y la partida respectivamente.

36. d) Todas son correctas.

Artículo 181 TRLRHL: Podrán generar crédito en los estados de gastos de los presupuestos, en la forma que reglamentariamente se establezca, los ingresos de naturaleza no tributaria derivados de las siguientes operaciones:

a) Aportaciones o compromisos firmes de aportación de personas físicas o jurídicas para financiar, juntamente con la entidad local o con alguno de sus organismos autónomos, gastos que por su naturaleza están comprendidos en sus fines u objetivos.

b) Enajenaciones de bienes de la entidad local o de sus organismos autónomos.

c) Prestación de servicios.

d) Reembolso de préstamos.

e) Reintegros de pagos indebidos con cargo al presupuesto corriente, en cuanto a reposición del crédito en la correspondiente cuantía.

37. a) Artículo.

Artículo 167 TRLRHL: c) La clasificación económica constará de tres niveles, el primero relativo al capítulo, el segundo al artículo y el tercero al concepto. Esta clasificación podrá ampliarse en uno o dos niveles, relativos al subconcepto y la partida respectivamente.

38. a) Aquellos créditos que, de modo taxativo y debidamente explicitados, se relacionen en las bases de ejecución del presupuesto y, en su virtud, podrá ser incrementada su cuantía.

Artículo 178 TRLRHL: No obstante, lo dispuesto en el apartado 2 del artículo 172 de esta ley tendrán la condición de ampliables aquellos créditos que de modo taxativo y debidamente explicitados se relacionen en las bases de ejecución del presupuesto y, en su virtud, podrá ser incrementada su cuantía, previo cumplimiento de los requisitos exigidos por vía reglamentaria, en función de la efectividad de los recursos afectados.

39. c) Anexo de los contratos a celebrar durante el año en curso.

Artículo 168 TRLRHL: 1. El presupuesto de la Entidad Local será formado por su Presidente y a él habrá de unirse la siguiente documentación:

a) Memoria explicativa de su contenido y de las principales modificaciones que presente en relación con el vigente.

b) Liquidación del presupuesto del ejercicio anterior y avance de la del corriente, referida, al menos, a seis meses del ejercicio corriente.

La respuesta c) no aparece en el listado del artículo 168.

40. c) 15 de septiembre de cada año.

Artículo 168 TRLRHL: 2. El presupuesto de cada uno de los organismos autónomos integrantes del general, propuesto inicialmente por el órgano competente de aquellos, será remitido a la Entidad Local de la que dependan antes del 15 de septiembre de cada año, acompañado de la documentación detallada en el apartado anterior.

41. d) En todo caso.

Artículo 167 TRLRHL: En todo caso, y con las peculiaridades que puedan concurrir en el ámbito de las entidades locales, los niveles de área de gasto y de política de gasto se ajustarán a los establecidos para la Administración del Estado.

42. d) Por 15 días.

Artículo 169 TRLRHL: 1. Aprobado inicialmente el presupuesto general, se expondrá al público, previo anuncio en el boletín oficial de la provincia o, en su caso, de la comunidad autónoma uniprovincial, por 15 días, durante los cuales los interesados podrán examinarlos y presentar reclamaciones ante el Pleno. El presupuesto se considerará definitivamente aprobado si durante el citado plazo no se hubiesen presentado reclamaciones; en caso contrario, el Pleno dispondrá de un plazo de un mes para resolverlas.

43. d) Las respuestas a) y b) son correctas.

Artículo 172 TRLRHL: 2. Los créditos autorizados tienen carácter limitativo y vinculante. Los niveles de vinculación serán los que vengan establecidos en cada momento por la legislación presupuestaria del Estado, salvo que reglamentariamente se disponga otra cosa.

44. a) Los que vengan establecidos en cada momento por la legislación presupuestaria del Estado, salvo que reglamentariamente se disponga otra cosa.

Artículo 172 TRLRHL: 2. Los créditos autorizados tienen carácter limitativo y vinculante. Los niveles de vinculación serán los que vengan establecidos en cada momento por la legislación presupuestaria del Estado, salvo que reglamentariamente se disponga otra cosa.

45. c) Cargas financieras de las deudas de la entidad local y de sus organismos autónomos.

Artículo 174 TRLRHL: d) Cargas financieras de las deudas de la entidad local y de sus organismos autónomos. El resto contienen errores.

46. a) El presidente de la corporación.

Artículo 177 TRLRHL: 1. Cuando haya de realizarse algún gasto que no pueda demorarse hasta el ejercicio siguiente, y no exista en el presupuesto de la corporación crédito o sea insuficiente o no ampliable el consignado, el presidente de la corporación ordenará la incoación del expediente de concesión de crédito extraordinario, en el primer caso, o de suplemento de crédito, en el segundo.

47. b) Reintegros de pagos indebidos con cargo al presupuesto corriente, en cuanto a reposición del crédito en la correspondiente cuantía.

Artículo 181 TRLRHL: Podrán generar crédito en los estados de gastos de los presupuestos, en la forma que reglamentariamente se establezca, los ingresos de naturaleza no tributaria derivados de las siguientes operaciones:

a) Aportaciones o compromisos firmes de aportación de personas físicas o jurídicas para financiar, juntamente con la entidad local o con alguno de sus organismos autónomos, gastos que por su naturaleza están comprendidos en sus fines u objetivos.

b) Enajenaciones de bienes de la entidad local o de sus organismos autónomos.

c) Prestación de servicios.

d) Reembolso de préstamos.

e) Reintegros de pagos indebidos con cargo al presupuesto corriente, en cuanto a reposición del crédito en la correspondiente cuantía.

48. c) Al Presidente de la entidad local.

Artículo 186 TRLRHL: 1. Competen al presidente de la entidad local las funciones de ordenación de pagos.

49. a) Antes de finalizar el mes de marzo del ejercicio siguiente al que corresponda.

Artículo 193 TRLRHL: 5. Las entidades locales remitirán copia de la liquidación de sus presupuestos a la Administración del Estado y a la comunidad autónoma antes de finalizar el mes de marzo del ejercicio siguiente al que corresponda.

50. b) Los derechos pendientes de cobro liquidados dentro de los presupuestos del ejercicio tercero anterior al que corresponde la liquidación, se minorarán, como mínimo, en un 50 %.

Artículo 193 bis TRLRHL: Las Entidades Locales deberán informar al Ministerio de Hacienda y Administraciones Públicas y a su Pleno, u órgano equivalente, del resultado de la aplicación de los criterios determinantes de los derechos de difícil o imposible recaudación con los siguientes límites mínimos:

a) Los derechos pendientes de cobro liquidados dentro de los presupuestos de los dos ejercicios anteriores al que corresponde la liquidación, se minorarán, como mínimo, en un 25 %.

b) Los derechos pendientes de cobro liquidados dentro de los presupuestos del ejercicio tercero anterior al que corresponde la liquidación, se minorarán, como mínimo, en un 50 %.

c) Los derechos pendientes de cobro liquidados dentro de los presupuestos de los ejercicios cuarto a quinto anteriores al que corresponde la liquidación, se minorarán, como mínimo, en un 75 %.

d) Los derechos pendientes de cobro liquidados dentro de los presupuestos de los restantes ejercicios anteriores al que corresponde la liquidación, se minorarán en un 100 %.

51. c) Todos los recursos financieros, sean dinero, valores o créditos, de la entidad local, tanto por operaciones presupuestarias como extrapresupuestarias.

Artículo 194 TRLRHL: 1. Constituyen la tesorería de las entidades locales todos los recursos financieros, sean dinero, valores o créditos, de la entidad local, tanto por operaciones presupuestarias como extrapresupuestarias.

52. a) Cuentas operativas de ingresos y pagos.

Artículo 197 TRLRHL: 1. Las entidades locales podrán concertar los servicios financieros de su tesorería con entidades de crédito y ahorro, mediante la apertura de los siguientes tipos de cuentas:

a) Cuentas operativas de ingresos y pagos.

b) Cuentas restringidas de recaudación.

c) Cuentas restringidas de pagos.

d) Cuentas financieras de colocación de excedentes de tesorería.

53. b) Con el ejercicio presupuestario.

Artículo 202 TRLRHL: El ejercicio contable coincidirá con el ejercicio presupuestario.

54. b) Establecer los libros que, como regla general y con carácter obligatorio, deban llevarse.

Artículo 204 TRLRHL: 1. A la Intervención de las entidades locales le corresponde llevar y desarrollar la contabilidad financiera y el seguimiento, en términos financieros, de la ejecución de los presupuestos de acuerdo con las normas generales y las dictadas por el Pleno de la corporación. 2. Asimismo, competerá a la Intervención la inspección de la contabilidad de los organismos autónomos y de las sociedades mercantiles dependientes de la entidad local, de acuerdo con los procedimientos que establezca el Pleno.

55. c) A la Intervención.

Artículo 207 TRLRHL: La Intervención de la entidad local remitirá al Pleno de la entidad, por conducto de la presidencia, información de la ejecución de los presupuestos y del movimiento de la tesorería por operaciones presupuestarias independientes y auxiliares del presupuesto y de su situación, en los plazos y con la periodicidad que el Pleno establezca.

56. d) Todas son correctas.

Artículo 209 TRLRHL: 1. La cuenta general estará integrada por:

a) La de la propia entidad.

b) La de los organismos autónomos.

c) Las de las sociedades mercantiles de capital íntegramente propiedad de las entidades locales.

57. a) 15 de mayo del ejercicio siguiente al que correspondan.

Artículo 212 TRLRHL: 1. Los estados y cuentas de la entidad local serán rendidos por su presidente antes del día 15 de mayo del ejercicio siguiente al que correspondan. Las de los organismos autónomos y sociedades mercantiles cuyo capital pertenezca íntegramente a aquella, rendidas y propuestas inicialmente por los órganos competentes de estos, serán remitidas a la entidad local en el mismo plazo.

58. b) 1 de junio.

Artículo 212 TRLRHL: 2. La cuenta general formada por la Intervención será sometida antes del día 1 de junio a informe de la Comisión Especial de Cuentas de la entidad local, que estará constituida por miembros de los distintos grupos políticos integrantes de la corporación.

59. b) 15 días.

Artículo 212 TRLRHL: 3. La cuenta general, con el informe de la Comisión Especial a que se refiere el apartado anterior, será expuesta al público por plazo de 15 días durante los cuales los interesados podrán examinarla y presentar reclamaciones, reparos u observaciones. Examinados estos por la Comisión Especial y practicadas por esta cuantas comprobaciones estime necesarias emitirá nuevo informe.

60. c) 1 de octubre.

Artículo 212 TRLRHL: 4. Acompañada de los informes de la Comisión Especial y de las reclamaciones y reparos formulados, la cuenta general se someterá al Pleno de la corporación, para que, en su caso, pueda ser aprobada antes del día 1 de octubre.

61. a) Al Presidente de la Corporación.

Artículo 212 TRLRHL: 5. Una vez que el Pleno se haya pronunciado sobre la Cuenta General, aprobándola o rechazándola, el presidente de la corporación la rendirá al Tribunal de Cuentas.

62. b) Cuando se hubieran fiscalizado los actos que dieron origen a las órdenes de pago.

Artículo 216 TRLRHL: 2. Si el reparo afecta a la disposición de gastos, reconocimiento de obligaciones u ordenación de pagos, se suspenderá la tramitación del expediente hasta que aquel sea solventado en los siguientes casos:

a) Cuando se base en la insuficiencia de crédito o el propuesto no sea adecuado.

b) Cuando no hubieran sido fiscalizados los actos que dieron origen a las órdenes de pago.

c) En los casos de omisión en el expediente de requisitos o trámites esenciales.

d) Cuando el reparo derive de comprobaciones materiales de obras, suministros, adquisiciones y servicios.

63. d) Ninguna es correcta.

Artículo 217 TRLRHL: 1. Cuando el órgano a que afecte el reparo no esté de acuerdo con este, corresponderá al presidente de la entidad local resolver la discrepancia, siendo su resolución ejecutiva. Esta facultad no será delegable en ningún caso. 2. No obstante lo dispuesto en el apartado anterior, corresponderá al Pleno la resolución de las discrepancias cuando los reparos:

a) Se basen en insuficiencia o inadecuación de crédito.

b) Se refieran a obligaciones o gastos cuya aprobación sea de su competencia.

64. d) Anualmente.

Artículo 218 TRLHL: 3. El órgano interventor remitirá anualmente al Tribunal de Cuentas todas las resoluciones y acuerdos adoptados por el Presidente de la Entidad Local y por el Pleno de la Corporación contrarios a los reparos formulados, así como un resumen de las principales anomalías detectadas en materia de ingresos. A la citada documentación deberá acompañar, en su caso, los informes justificativos presentados por la Corporación local.

65. c) 3.005,06 euros.

Artículo 219 TRLHL: No estarán sometidos a intervención previa los gastos de material no inventariable, contratos menores, así como los de carácter periódico y demás de tracto sucesivo, una vez intervenido el gasto correspondiente al periodo inicial del acto o contrato del que deriven o sus modificaciones, así como otros gastos menores de 3.005,06 euros que, de acuerdo con la normativa vigente, se hagan efectivos a través del sistema de anticipos de caja fija.

66. a) Tribunal de Cuentas.

Artículo 223 del TRLRHL: La fiscalización externa de las cuentas y de la gestión económica de las entidades locales y de todos los organismos y sociedades de ellas dependientes es función propia del Tribunal de Cuentas, con el alcance y condiciones que establece su ley orgánica reguladora y su ley de funcionamiento.

67. a) Antes del día 15 de octubre de cada año.

Artículo 223 TRLHL: 2. A tal efecto, las entidades locales rendirán al citado Tribunal, antes del día 15 de octubre de cada año, la cuenta general a que se refiere el artículo 209 de esta ley correspondiente al ejercicio económico anterior.

Ley 47/2003, de 26 de diciembre, General Presupuestaria

TEST N.º 1

Ley General Presupuestaria

1. De conformidad con el artículo 1 de la Ley 47/2003, de 26 de noviembre, General Presupuestaria (LGP), es objeto de la LGP:

a) La regulación del régimen presupuestario, tributario, de estabilidad presupuestaria, de contabilidad, intervención y de control financiero del sector público estatal.

b) La regulación del régimen presupuestario, económico-financiero, de contabilidad, intervención y de control financiero del sector público estatal.

c) La regulación del régimen presupuestario, económico-financiero, de contabilidad, intervención y de control financiero del sector público nacional.

d) La regulación del régimen presupuestario, económico-financiero, de contabilidad, intervención y de control financiero de todo el sector público.

2. Marca la respuesta incorrecta. De conformidad con el artículo 2 de la LGP, los organismos públicos vinculados o dependientes de la Administración General del Estado se clasifican en:

a) Organismos autónomos.

b) Universidades Públicas no transferidas.

c) Entidades Públicas Empresariales.

d) Agencias Estatales.

3. De conformidad con el artículo 2 de la LGP, ¿resulta dicha ley aplicable a las Cortes Generales?

a) No, en ningún caso.

b) Sí, en todo caso.

c) No, no obstante, se mantendrá la coordinación necesaria para la elaboración del Proyecto de ley de Presupuestos Generales del Estado.

d) Sí, salvo lo dispuesto para el procedimiento de aprobación del Proyecto de ley de Presupuestos Generales del Estado.

4. De conformidad con el artículo 3 de la LGP, el sector público estatal se divide en los siguientes:

a) Sector público administrativo, sector público empresarial y sector público fundacional.

b) Sector público administrativo, sector público institucional y sector público fundacional.

c) Sector público nacional, sector público autonómico y sector público local.

d) Sector público agrario, sector público industrial y sector público empresarial.

5. Los derechos de la Hacienda Pública estatal se clasifican en (artículo 5 LGP):

a) Derechos de naturaleza tributaria y de naturaleza no tributaria.

b) Derechos de naturaleza estatal y de naturaleza autonómica y local.

c) Derechos de naturaleza pública y de naturaleza privada.

d) Derechos de naturaleza pecuniaria y de naturaleza no pecuniaria.

6. Cuando los organismos autónomos concurran con la Administración General del Estado en el cobro de créditos, ¿quién tendrá preferencia para dicho cobro?

a) Los Organismos Autónomos.

b) La Administración General del Estado.

c) Se prorrateará el respectivo importe.

d) Quien antes tuviera derecho a dicho crédito.

7. Cuando concurran créditos a favor de la Administración General del Estado con créditos por cuotas de la Seguridad Social y conceptos de recaudación conjunta:

a) La Administración General del Estado gozará de preferencia para su cobro.

b) La Seguridad Social gozará de preferencia para su cobro.

c) Tendrá preferencia de cobro quien antes hubiera generado dicho derecho.

d) Se imputarán a prorrata de su respectivo importe.

8. De conformidad con el artículo 12 de la LGP, se suspenderá inmediatamente el procedimiento de apremio, sin necesidad de prestar garantía:

a) Cuando los interesados hayan interpuesto algún recurso o reclamación.

b) Cuando el interesado demuestre que se ha producido en su perjuicio error material, aritmético o de hecho en la determinación de la deuda, o bien que dicha deuda ha prescrito o ha sido ingresada, condonada, compensada, aplazada o suspendida.

c) Cuando así se solicite por el interesado y la cantidad no exceda de 35.000 euros.

d) En todo caso si lo solicita el interesado.

9. Podrán aplazarse o fraccionarse, devengando el correspondiente interés de demora, las cantidades adeudadas a la Hacienda Pública estatal, en virtud de una relación jurídica de derecho público, en los casos, por los medios y a través del procedimiento establecido reglamentariamente. Dichas cantidades deberán garantizarse excepto en los casos siguientes:

a) Cuando lo solicite el interesado en el plazo de 30 días hábiles.

b) Los de alta cuantía cuando sean excedan a las cifras que fije el ministro de Hacienda.

c) Cuando el deudor carezca de bienes suficientes para garantizar la deuda y la ejecución de su patrimonio afectara sustancialmente al mantenimiento de la capacidad productiva y del nivel de empleo de la actividad económica respectiva, salvo que ello produjera grave quebranto para los intereses de la Hacienda Pública estatal.

d) Todas son correctas.

10. Salvo lo establecido por las leyes reguladoras de los distintos recursos, ¿en qué plazo prescribirá el derecho de la Hacienda Pública estatal a reconocer o liquidar créditos a su favor?

a) Dos años, contándose dicho plazo desde el día siguiente en que el derecho pudo ejercitarse.

b) Cinco años, contándose dicho plazo desde el día siguiente en que el derecho pudo ejercitarse.

c) Diez años, contándose dicho plazo desde el día siguiente en que el derecho pudo ejercitarse.

d) Cuatro años, contándose dicho plazo desde el día siguiente en que el derecho pudo ejercitarse.

11. Salvo lo establecido por las leyes reguladoras de los distintos recursos, ¿en qué plazo prescribirá el derecho de la Hacienda Pública estatal al cobro de los créditos reconocidos o liquidados?

a) Dos años, a contar desde la fecha de su notificación, o si esta no fuera preceptiva, desde su vencimiento.

b) Cinco años, a contar desde la fecha de su notificación, o si esta no fuera preceptiva, desde su vencimiento.

c) Diez años, a contar desde la fecha de su notificación, o si esta no fuera preceptiva, desde su vencimiento.

d) Cuatro años, a contar desde la fecha de su notificación, o si esta no fuera preceptiva, desde su vencimiento.

12. Las cantidades adeudadas a la Hacienda Pública estatal devengarán interés de demora:

a) Desde el día de su vencimiento.

b) Desde el día siguiente al de su vencimiento.

c) 30 días después de su vencimiento.

d) Desde el día previo a su vencimiento.

13. Completa el texto con la opción correcta de las que se ofrecen a continuación. Si la Administración no pagara al acreedor de la Hacienda Pública estatal dentro de _____ siguientes al día de notificación de la resolución judicial o del reconocimiento de la obligación, habrá de abonarle el interés de demora correspondiente, sobre la cantidad debida, desde que el acreedor, una vez transcurrido dicho plazo, reclame por escrito el cumplimiento de la obligación:

a) Los dos meses.

b) Los quince días.

c) Los cuatro años.

d) Los tres meses.

14. De conformidad con el artículo 26 de la LGP, la programación presupuestaria se regirá por los principios de estabilidad presupuestaria, sostenibilidad financiera, plurianualidad, transparencia, eficiencia en la asignación y utilización de los recursos públicos, responsabilidad y lealtad institucional, conforme a lo dispuesto en:

a) La Ley 58/2003, de 17 de diciembre.

b) La Ley 9/2017, de 8 de noviembre.

c) La Ley 7/1985, de 2 de abril.

d) La Ley 2/2012, de 27 de abril.

15. Los recursos del Estado, los de cada uno de sus organismos autónomos y los de las entidades integrantes del sector público estatal con presupuesto limitativo se destinarán a satisfacer:

a) El fin determinado al que estén asignados.

b) El conjunto de sus respectivas obligaciones, en todo caso.

c) El conjunto de sus respectivas obligaciones, salvo que por ley se establezca su afectación a fines determinados.

d) Dependerá de la decisión del órgano competente en materia presupuestaria.

16. Los escenarios presupuestarios plurianuales serán confeccionados por (artículo 28 LGP):

a) El Gobierno.

b) El Congreso de los Diputados.

c) El Ministerio de Hacienda.

d) El Tribunal de Cuentas.

17. De conformidad con el artículo 29 de la LGP los escenarios presupuestarios plurianuales contendrán la distribución orgánica de los recursos disponibles y se desarrollarán en programas plurianuales:

a) Referidos a los dos ejercicios siguientes.

b) Referidos a los tres ejercicios siguientes.

c) Referidos al ejercicio siguiente.

d) Referidos a los cuatro ejercicios siguientes.

18. Los programas plurianuales establecerán su contenido referido a los extremos siguientes (artículo 29 LGP):

a) Los objetivos plurianuales expresados de forma objetiva, clara y mensurable a alcanzar en el periodo, estructurados por programas o grupos de programas presupuestarios.

b) La actividad a realizar para la consecución de los objetivos.

c) Los medios económicos, materiales y personales necesarios con especificación de los créditos que, para el logro de los objetivos anuales que dichos programas establezcan, se propone poner a disposición de los centros gestores del gasto responsables de su ejecución.

d) Todas son correctas.

19. Indica la respuesta más correcta. De conformidad con el artículo 32 de la LGP, los Presupuestos Generales del Estado constituyen:

a) La expresión cifrada, conjunta y sistemática de los derechos y obligaciones a recaudar durante el ejercicio por cada uno de los órganos y entidades que forman parte del sector público estatal.

b) La expresión cifrada, conjunta y sistemática de los derechos y obligaciones a liquidar durante el ejercicio por cada Ministerio.

c) La expresión cifrada, conjunta y sistemática de los derechos y obligaciones a liquidar durante el ejercicio por cada uno de los órganos y entidades que forman parte del sector público estatal.

d) La expresión cifrada, conjunta y sistemática de los derechos y obligaciones a liquidar durante el ejercicio actual y los tres siguientes por cada uno de los órganos y entidades que forman parte del sector público estatal.

20. Indica la respuesta incorrecta. Los Presupuestos Generales del Estado determinarán:

a) Las obligaciones económicas que, como mínimo, pueden reconocer los sujetos del artículo 33 de la LGP.

b) Los derechos a reconocer durante el correspondiente ejercicio por los sujetos del artículo 33 de la LGP.

c) Los objetivos a alcanzar en el ejercicio por cada uno de los gestores responsables de los programas con los recursos que el respectivo presupuesto les asigna.

d) Todas son correctas.

21. El procedimiento por el cual se regirá la elaboración de los Presupuestos Generales del Estado se establecerá por:

a) Real Decreto Ley.
b) Real Decreto Legislativo.
c) Orden del ministro de Hacienda.
d) Orden del Consejo de ministros.

22. Las propuestas de presupuesto de gastos se acompañarán, para cada programa, de su correspondiente memoria de objetivos:

a) Anuales fijados, conforme al programa plurianual respectivo.
b) Mensuales fijados, conforme al programa plurianual respectivo.
c) Trimestrales fijados, conforme al programa plurianual respectivo.
d) Para tres años fijados, conforme al programa plurianual respectivo.

23. El proyecto de ley de Presupuestos Generales del Estado, integrado por el articulado con sus anexos y los estados de ingresos y de gastos, con el nivel de especificación de créditos establecido en los artículos 40 y 41 de la LGP, será remitido a las Cortes Generales:

a) Antes del día 31 de diciembre del año anterior al que se refiera.
b) Antes del día 1 de diciembre del año anterior al que se refiera.
c) Antes del día 1 de octubre del año anterior al que se refiera.
d) Antes del día 31 de octubre del año anterior al que se refiera.

24. Marca la respuesta incorrecta. Al proyecto de ley de Presupuestos Generales del Estado se acompañará la siguiente documentación complementaria:

a) El informe de impacto de género.
b) El informe del impacto en la infancia, en la adolescencia y en la familia.
c) El informe de alineamiento de los Presupuestos Generales del Estado con los Objetivos de Desarrollo Sostenible de la Agenda 2050.
d) Un anexo con el desarrollo económico de los créditos, por centros gestores de gasto.

25. Completa el hueco que aparece a continuación. Si la ley de Presupuestos Generales del Estado no se aprobara antes del _____, se considerarán automáticamente prorrogados los presupuestos iniciales del ejercicio anterior hasta la aprobación y publicación de los nuevos en el "Boletín Oficial del Estado":

a) Primer día del ejercicio económico correspondiente.
b) Último día del ejercicio económico anterior.
c) 31 de diciembre del ejercicio económico anterior.
d) 15 de enero del ejercicio económico correspondiente.

26. La estructura de los Presupuestos Generales del Estado y de sus anexos se determinará, de acuerdo con lo establecido en la LGP, por:

a) El Consejo de ministros teniendo en cuenta la organización del sector público estatal, la naturaleza económica de los ingresos y de los gastos y las finalidades y objetivos que se pretenda conseguir.
b) Las Cortes Generales teniendo en cuenta la organización del sector público estatal, la naturaleza económica de los ingresos y de los gastos y las finalidades y objetivos que se pretenda conseguir.
c) El Ministerio de Hacienda teniendo en cuenta la organización del sector público estatal, la naturaleza económica de los ingresos y de los gastos y las finalidades y objetivos que se pretenda conseguir.
d) El Senado teniendo en cuenta la organización del sector público estatal, la naturaleza económica de los ingresos y de los gastos y las finalidades y objetivos que se pretenda conseguir.

27. De conformidad con el artículo 40 de la LGP, los estados de gastos de los presupuestos se estructurarán en tres clasificaciones, dentro de dichas clasificaciones, la clasificación por programas:

a) Agrupará por secciones y servicios los créditos asignados a los distintos centros gestores de gasto de los órganos con dotación diferenciada en los presupuestos, la Administración General del Estado, sus organismos autónomos, entidades de la Seguridad Social y otras entidades, según proceda.

b) Permitirá a los centros gestores agrupar sus créditos conforme a lo señalado en el artículo 35 de la LGP y establecer, de acuerdo con el Ministerio de Hacienda, los objetivos a conseguir como resultado de su gestión presupuestaria. La estructura de programas se adecuará a los contenidos de las políticas de gasto contenidas en la programación plurianual.

c) Agrupará los créditos por capítulos separando las operaciones corrientes, las de capital, las financieras y el Fondo de Contingencia de ejecución presupuestaria.

d) Ninguna es correcta.

28. De conformidad con el artículo 40 de la LGP, y dentro de la clasificación económica, en los créditos para operaciones corrientes se distinguirán:

a) Activos financieros y pasivos financieros.

b) Inversiones reales y transferencias de capital.

c) Gastos de personal, gastos corrientes en bienes y servicios, gastos financieros y transferencias corrientes.

d) Todas son correctas.

29. De conformidad con el artículo 40 de la LGP, y dentro de la clasificación económica, en los créditos para operaciones de capital se distinguirán:

a) Activos financieros y pasivos financieros.

b) Inversiones reales y transferencias de capital.

c) Gastos de personal, gastos corrientes en bienes y servicios, gastos financieros y transferencias corrientes.

d) Todas son correctas.

30. De conformidad con el artículo 40 de la LGP, y dentro de la clasificación económica, en los créditos para operaciones financieras se distinguirán:

a) Activos financieros y pasivos financieros.

b) Inversiones reales y transferencias de capital.

c) Gastos de personal, gastos corrientes en bienes y servicios, gastos financieros y transferencias corrientes.

d) Todas son correctas.

31. De conformidad con el artículo 40 de la LGP, dentro de la clasificación económica, los capítulos se desglosarán:

a) En secciones y estas a su vez en artículos.

b) En artículos y estos a su vez en conceptos que podrán dividirse en subconceptos.

c) En conceptos y estos a su vez en subconceptos que podrán dividirse en artículos.

d) En secciones y estas a su ven en conceptos que podrán dividirse en subconceptos.

32. Indica la respuesta incorrecta. De conformidad con el artículo 41 de la LGP, en los ingresos corrientes se distinguirán:

a) Impuestos directos y cotizaciones sociales.

b) Transferencias corrientes.

c) Enajenación de inversiones reales.

d) Ingresos patrimoniales.

33. De conformidad con el artículo 47 de la LGP, ¿podrán adquirirse compromisos de gastos que hayan de extenderse a ejercicios posteriores a aquel en que se autoricen?

a) No, en ningún caso.

b) Sí, en todo caso.

c) Sí, siempre que su ejecución se inicie en el propio ejercicio y que no superen los límites y anualidades fijados en el número siguiente.

d) Sí, si así lo autoriza el Ministerio de Hacienda.

34. El número de ejercicios a que pueden aplicarse los gastos de carácter plurianual no podrá ser superior a (artículo 47 LGP):

a) 4.

b) 3.

c) 2.

d) 5.

35. De conformidad con el artículo 47 de la LGP, en los contratos de obra de carácter plurianual, con excepción de los realizados bajo la modalidad de abono total del precio, se efectuará una retención adicional de crédito del:

a) 20 % del importe de adjudicación, en el momento en que esta se realice.

b) 10 % del importe de adjudicación, en el momento en que esta se realice.

c) 25 % del importe de adjudicación, en el momento en que esta se realice.

d) 30 % del importe de adjudicación, en el momento en que esta se realice.

36. De conformidad con el artículo 52 de la LGP, las transferencias de crédito:

a) Son modificaciones que incrementan los créditos como consecuencia de la realización de determinados ingresos no previstos o superiores a los contemplados en el presupuesto inicial.

b) Se producen cuando haya de realizarse con cargo al Presupuesto del Estado algún gasto que no pueda demorarse hasta el ejercicio siguiente, y no exista crédito adecuado o sea insuficiente y no ampliable el consignado y su dotación no resulte posible a través de las restantes figuras previstas.

c) Son traspasos de dotaciones entre créditos. Pueden realizarse entre los diferentes créditos del presupuesto incluso con la creación de créditos nuevos.

d) Todas son correctas.

37. Dentro de las transferencias de crédito reguladas en el artículo 52 de la LGP se establecen una serie de restricciones; indica la incorrecta:

a) No podrán realizarse desde créditos para operaciones financieras al resto de los créditos, ni desde créditos para operaciones de capital a créditos para operaciones corrientes.

b) No podrán realizarse entre créditos de distintas secciones presupuestarias. Esta restricción no afectará a los créditos del programa de contratación centralizada.

c) No minorarán créditos extraordinarios o créditos que se hayan suplementado o ampliado en el ejercicio.

d) En el ámbito de las entidades que integran el sistema de la Seguridad Social no podrán minorarse créditos ampliables salvo para financiar suplementos de crédito.

38. De conformidad con el artículo 53 de la LGP, podrán dar lugar a generaciones los ingresos realizados en el propio ejercicio como consecuencia de:

a) Compras de bienes y prestación de servicios.

b) Adquisición de inmovilizado.

c) Reembolsos de préstamos.

d) Todas son correctas.

39. De conformidad con el artículo 58 de LGP se podrán incorporar a los correspondientes créditos de un ejercicio los remanentes de crédito del ejercicio anterior, en los siguientes casos:

a) Cuando así lo disponga una norma de rango legal o reglamentaria.

b) Los derivados de retenciones efectuadas para la financiación de créditos extraordinarios o suplementos de crédito, cuando haya sido anticipado su pago de acuerdo con el procedimiento previsto en esta ley y las leyes de concesión hayan quedado pendientes de aprobación por el Parlamento al final del ejercicio presupuestario.

c) Los que resulten de créditos extraordinarios y suplementos de crédito que hayan sido concedidos mediante norma con rango de ley en el último trimestre del ejercicio presupuestario anterior.

d) Todos los anteriores.

40. Marca la respuesta incorrecta. De conformidad con el artículo 73 de la LGP, la gestión del Presupuesto de gastos del Estado, de sus organismos autónomos y de las entidades integrantes del sector público estatal con presupuesto limitativo, así como de las Entidades gestoras y Servicios comunes de la Seguridad Social se realizará a través de las siguientes fases:

a) Aprobación del gasto.

b) Autorización del pago.

c) Pago material.

d) Ordenación del pago.

41. De conformidad con el artículo 73 de la LGP, el compromiso de gasto es el acto:

a) Mediante el cual se autoriza la realización de un gasto determinado por una cuantía cierta o aproximada, reservando a tal fin la totalidad o parte de un crédito presupuestario.

b) Mediante el cual se acuerda, tras el cumplimiento de los trámites legalmente establecidos, la realización de gastos previamente aprobados, por un importe determinado o determinable.

c) Mediante el que se declara la existencia de un crédito exigible contra la Hacienda Pública estatal o contra la Seguridad Social, derivado de un gasto aprobado y comprometido y que comporta la propuesta de pago correspondiente.

d) Ninguna es correcta.

42. De conformidad con el artículo 73 de la LGP, el Reconocimiento de la obligación es el acto:

a) Mediante el cual se autoriza la realización de un gasto determinado por una cuantía cierta o aproximada, reservando a tal fin la totalidad o parte de un crédito presupuestario.

b) Mediante el cual se acuerda, tras el cumplimiento de los trámites legalmente establecidos, la realización de gastos previamente aprobados, por un importe determinado o determinable.

c) Mediante el que se declara la existencia de un crédito exigible contra la Hacienda Pública estatal o contra la Seguridad Social, derivado de un gasto aprobado y comprometido y que comporta la propuesta de pago correspondiente.

d) Ninguna es correcta.

43. De conformidad con el artículo 75 de la LGP, ¿a qué órgano corresponderá las funciones de Ordenador General de pagos del Estado?

a) Al ministro de Hacienda.

b) Al ministro o Secretario del Estado del área en la que se realice el pago correspondiente.

c) Al Director General del Tesoro y Política Financiera, bajo la superior autoridad del ministro de Economía.

d) Al Tesorero.

44. De conformidad con el artículo 78 de la LGP, se entiende por anticipo de caja fija:

a) Las provisiones de fondos de carácter presupuestario y extrapresupuestario que se realicen a pagadurías, cajas y habilitaciones para la atención inmediata y posterior aplicación al capítulo de gastos corrientes en bienes y servicios del presupuesto del año en que se realicen, de gastos periódicos o repetitivos.

b) Las provisiones de fondos de carácter presupuestario y permanente que se realicen a pagadurías, cajas y habilitaciones para la atención inmediata y posterior aplicación al capítulo de gastos corrientes en bienes y servicios del presupuesto del año en que se realicen, de gastos periódicos o repetitivos.

c) Las provisiones de fondos de carácter extrapresupuestario y permanente que se realicen a pagadurías, cajas y habilitaciones para la atención inmediata y posterior aplicación al capítulo de gastos corrientes en bienes y servicios del presupuesto del año en que se realicen, de gastos periódicos o repetitivos.

d) Las provisiones de fondos de carácter presupuestario y temporal que se realicen a pagadurías, cajas y habilitaciones para la atención inmediata y posterior aplicación al capítulo de gastos corrientes en bienes y servicios del presupuesto del año en que se realicen, de gastos periódicos o repetitivos.

45. La cuantía global de los anticipos de caja fija no podrá superar para cada ministerio u organismo autónomo:

a) El 9 % del total de créditos del capítulo destinado a gastos corrientes en bienes y servicios del presupuesto vigente en cada momento.

b) El 8 % del total de créditos del capítulo destinado a gastos corrientes en bienes y servicios del presupuesto vigente en cada momento.

c) El 10 % del total de créditos del capítulo destinado a gastos corrientes en bienes y servicios del presupuesto vigente en cada momento.

d) El 7 % del total de créditos del capítulo destinado a gastos corrientes en bienes y servicios del presupuesto vigente en cada momento.

46. De conformidad con el artículo 80 de la LGP, la gestión del Presupuesto de ingresos se realizará en las siguientes fases sucesivas o simultáneas:

a) Autorización del ingreso, compromiso del ingreso y extinción del Derecho.

b) Reconocimiento del ingreso y cobro del ingreso.

c) Reconocimiento del derecho y extinción del derecho.

d) Autorización del derecho, compromiso del derecho, reconocimiento del derecho y extinción del ingreso.

47. La participación de las entidades locales en los tributos del Estado de cada ejercicio económico, se hará efectiva (artículo 87 LGP):

a) Durante el mismo, mediante entregas a cuenta de la liquidación definitiva que se practique en el siguiente. La cuantía y periodicidad de dichas entregas se fijarán, para cada ejercicio, en la ley de Presupuestos Generales del Estado.

b) Durante el ejercicio siguiente, mediante entregas a cuenta de la liquidación definitiva que se practique en el mismo. La cuantía y periodicidad de dichas entregas se fijarán, para cada ejercicio, por la propia entidad local.

c) Durante el ejercicio siguiente, mediante entregas a cuenta de la liquidación definitiva que se practique en ejercicio anterior. La cuantía y periodicidad de dichas entregas se fijarán, para cada cinco ejercicios, en la ley de Presupuestos Generales del Estado.

d) Durante el mismo, mediante entregas a cuenta de la liquidación provisional que se practique en dicho ejercicio. La cuantía y periodicidad de dichas entregas se fijarán, para cada ejercicio, en la ley de Presupuestos Generales del Estado.

48. De conformidad con el artículo 91 de la LGP, son funciones encomendadas al Tesoro Público:

a) Servir el principio de unidad de caja mediante la centralización de todos los fondos y valores generados por operaciones presupuestarias y no presupuestarias.

b) Distribuir en el tiempo y en el territorio las disponibilidades dinerarias para la puntual satisfacción de las obligaciones del Estado.

c) Emitir, contraer y gestionar la deuda del Estado y ejecutar las operaciones financieras relativas a la misma.

d) Todas son correctas.

49. De conformidad con el artículo 139 de la LGP, en cumplimiento de su obligación de rendir cuentas, los cuentadantes deberán remitir sus cuentas anuales aprobadas a la Intervención General de la Administración del Estado, acompañadas del informe de auditoría que corresponda, en su caso, impuesto por la normativa mercantil, en el caso de sociedades mercantiles estatales, dentro de:

a) Los doce meses siguientes a la terminación del ejercicio económico.

b) Los siete meses siguientes a la terminación del ejercicio económico.

c) Los seis meses siguientes a la terminación del ejercicio económico.

d) Los ocho meses siguientes a la terminación del ejercicio económico.

50. De conformidad con el artículo 164 de la LGP, la auditoría pública adoptará las siguientes modalidades:

a) La auditoría de regularidad contable.

b) La auditoría de cumplimiento.

c) La auditoría operativa.

d) Todas son correctas.

Soluciones comentadas

1. **b) La regulación del régimen presupuestario, económico-financiero, de contabilidad, intervención y de control financiero del sector público estatal.**

    Artículo 1 LGP: Esta ley tiene por objeto la regulación del régimen presupuestario, económico-financiero, de contabilidad, intervención y de control financiero del sector público estatal.

2. **b) Universidades Públicas no transferidas.**

    Artículo 2 LGP: a) Los organismos públicos vinculados o dependientes de la Administración General del Estado, los cuales se clasifican en:

    1.º Organismos autónomos.

    2.º Entidades Públicas Empresariales.

    3.º Agencias Estatales.

3. **c) No, no obstante, se mantendrá la coordinación necesaria para la elaboración del Proyecto de ley de Presupuestos Generales del Estado.**

    Artículo 2 LGP: Sin perjuicio de lo anterior, esta ley no será de aplicación a las Cortes Generales, que gozan de autonomía presupuestaria de acuerdo con lo establecido en el artículo 72 de la Constitución; no obstante, se mantendrá la coordinación necesaria para la elaboración del Proyecto de ley de Presupuestos Generales del Estado.

4. **a) Sector público administrativo, sector público empresarial y sector público fundacional.**

    Artículo 3 LGP: A los efectos de esta ley, el sector público estatal se divide en los siguientes: 1. El sector público administrativo (…), 2. El sector público empresarial (…), 3. El sector público fundacional.

5. **c) Derechos de naturaleza pública y de naturaleza privada.**

    Artículo 5 LGP: 2. Los derechos de la Hacienda Pública estatal se clasifican en derechos de naturaleza pública y de naturaleza privada.

6. **b) La Administración General del Estado.**

    Artículo 9 LGP: 2. Cuando los organismos autónomos concurran con la Administración General del Estado, tendrá preferencia para el cobro de los créditos esta última.

7. **d) Se imputarán a prorrata de su respectivo importe.**

Artículo 9 LGP: Cuando concurran créditos a favor de la Administración General del Estado con créditos por cuotas de la Seguridad Social y conceptos de recaudación conjunta, se imputarán a prorrata de su respectivo importe.

8. **b) Cuando el interesado demuestre que se ha producido en su perjuicio error material, aritmético o de hecho en la determinación de la deuda, o bien que dicha deuda ha prescrito o ha sido ingresada, condonada, compensada, aplazada o suspendida.**

Artículo 12 LGP: 3. Se suspenderá inmediatamente el procedimiento de apremio, sin necesidad de prestar garantía, cuando el interesado demuestre que se ha producido en su perjuicio error material, aritmético o de hecho en la determinación de la deuda, o bien que dicha deuda ha prescrito o ha sido ingresada, condonada, compensada, aplazada o suspendida.

9. **c) Cuando el deudor carezca de bienes suficientes para garantizar la deuda y la ejecución de su patrimonio afectara sustancialmente al mantenimiento de la capacidad productiva y del nivel de empleo de la actividad económica respectiva, salvo que ello produjera grave quebranto para los intereses de la Hacienda Pública estatal.**

Artículo 13 LGP: 1. Podrán aplazarse o fraccionarse, devengando el correspondiente interés de demora, las cantidades adeudadas a la Hacienda Pública estatal, en virtud de una relación jurídica de derecho público, en los casos, por los medios y a través del procedimiento establecido reglamentariamente. Dichas cantidades deberán garantizarse excepto en los casos siguientes:

a) Los de baja cuantía cuando sean inferiores a las cifras que fije el ministro de Hacienda.

b) Cuando el deudor carezca de bienes suficientes para garantizar la deuda y la ejecución de su patrimonio afectara sustancialmente al mantenimiento de la capacidad productiva y del nivel de empleo de la actividad económica respectiva, salvo que ello produjera grave quebranto para los intereses de la Hacienda Pública estatal.

10. **d) Cuatro años, contándose dicho plazo desde el día siguiente en que el derecho pudo ejercitarse.**

Artículo 15 LGP: 1. Salvo lo establecido por las leyes reguladoras de los distintos recursos, prescribirá a los cuatro años el derecho de la Hacienda Pública estatal:

a) A reconocer o liquidar créditos a su favor, contándose dicho plazo desde el día en que el derecho pudo ejercitarse.

11. **d) Cuatro años, a contar desde la fecha de su notificación, o si esta no fuera preceptiva, desde su vencimiento.**

Artículo 15 LGP: 1. Salvo lo establecido por las leyes reguladoras de los distintos recursos, prescribirá a los cuatro años el derecho de la Hacienda Pública estatal:

b) Al cobro de los créditos reconocidos o liquidados, a contar desde la fecha de su notificación o, si esta no fuera preceptiva, desde su vencimiento.

12. b) Desde el día siguiente al de su vencimiento.

Artículo 17 LGP: 1. Las cantidades adeudadas a la Hacienda Pública estatal devengarán interés de demora desde el día siguiente al de su vencimiento. Se incluyen en este apartado las cantidades recaudadas a través de entidades colaboradoras, cuentas restringidas, oficinas liquidadoras y demás entidades recaudadoras por cuenta de la Hacienda Pública estatal que no sean ingresadas por dichas entidades en el Tesoro en los plazos establecidos.

13. d) Los tres meses.

Artículo 24 LGP: Si la Administración no pagara al acreedor de la Hacienda Pública estatal dentro de los tres meses siguientes al día de notificación de la resolución judicial o del reconocimiento de la obligación, habrá de abonarle el interés señalado en el artículo 17 apartado 2 de esta ley, sobre la cantidad debida, desde que el acreedor, una vez transcurrido dicho plazo, reclame por escrito el cumplimiento de la obligación.

14. d) La Ley 2/2012, de 27 de abril.

Artículo 26 LGP: 1. La programación presupuestaria se regirá por los principios de estabilidad presupuestaria, sostenibilidad financiera, plurianualidad, transparencia, eficiencia en la asignación y utilización de los recursos públicos, responsabilidad y lealtad institucional, conforme a lo dispuesto en la Ley Orgánica 2/2012, de 27 de abril, de Estabilidad Presupuestaria y Sostenibilidad Financiera.

15. c) El conjunto de sus respectivas obligaciones, salvo que por ley se establezca su afectación a fines determinados.

Artículo 27 LGP: 3. Los recursos del Estado, los de cada uno de sus organismos autónomos y los de las entidades integrantes del sector público estatal con presupuesto limitativo se destinarán a satisfacer el conjunto de sus respectivas obligaciones, salvo que por ley se establezca su afectación a fines determinados.

16. c) El Ministerio de Hacienda.

Artículo 28 LGP: 3. Los escenarios presupuestarios plurianuales serán confeccionados por el Ministerio de Hacienda, que dará cuenta de los mismos al Consejo de ministros con anterioridad a la aprobación del proyecto de Ley de Presupuestos Generales del Estado de cada año y, en su caso, contendrán la actualización de las previsiones contenidas en los escenarios presupuestarios aprobados en el ejercicio anterior.

17. b) Referidos a los tres ejercicios siguientes.

Artículo 29 LGP: 1. Los escenarios presupuestarios plurianuales contendrán la distribución orgánica de los recursos disponibles y se desarrollarán en programas plurianuales, referidos a los tres ejercicios siguientes, y ajustados a sus previsiones y límites, en los que por centros gestores se establecerán los objetivos a conseguir y las acciones necesarias para alcanzarlos así como las dotaciones de los programas presupuestarios.

18. d) Todas son correctas.

Artículo 29 LGP: 6. Los programas plurianuales establecerán su contenido referido a los extremos siguientes:

a) Los objetivos plurianuales expresados de forma objetiva, clara y mensurable a alcanzar en el periodo, estructurados por programas o grupos de programas presupuestarios.

b) La actividad a realizar para la consecución de los objetivos.

c) Los medios económicos, materiales y personales necesarios con especificación de los créditos que, para el logro de los objetivos anuales que dichos programas establezcan, se propone poner a disposición de los centros gestores del gasto responsables de su ejecución.

d) Las inversiones reales y financieras a realizar.

e) Los indicadores de ejecución asociados a cada uno de los objetivos que permitan la medición, seguimiento y evaluación del resultado en términos de eficacia, eficiencia, economía y calidad.

19. c) La expresión cifrada, conjunta y sistemática de los derechos y obligaciones a liquidar durante el ejercicio por cada uno de los órganos y entidades que forman parte del sector público estatal.

Artículo 32 LGP: Los Presupuestos Generales del Estado constituyen la expresión cifrada, conjunta y sistemática de los derechos y obligaciones a liquidar durante el ejercicio por cada uno de los órganos y entidades que forman parte del sector público estatal.

20. a) Las obligaciones económicas que, como mínimo, pueden reconocer los sujetos del artículo 33 de la LGP.

Artículo 33 LGP: 2. Los Presupuestos Generales del Estado determinarán:

a) Las obligaciones económicas que, como máximo, pueden reconocer los sujetos referidos en el párrafo a) del apartado anterior.

b) Los derechos a reconocer durante el correspondiente ejercicio por los entes mencionados en el párrafo anterior.

c) Las operaciones no financieras y financieras a realizar por las entidades contempladas en el párrafo b) del apartado anterior.

d) Los objetivos a alcanzar en el ejercicio por cada uno de los gestores responsables de los programas con los recursos que el respectivo presupuesto les asigna.

e) La estimación de los beneficios fiscales que afecten a los tributos del Estado.

21. c) Orden del ministro de Hacienda.

Artículo 36 LGP: 2. El procedimiento por el cual se regirá la elaboración de los Presupuestos Generales del Estado se establecerá por orden del ministro de Hacienda.

22. a) Anuales fijados, conforme al programa plurianual respectivo.

Artículo 36 LGP: Tercera. Las propuestas de presupuesto de gastos se acompañarán, para cada programa, de su correspondiente memoria de objetivos anuales fijados, conforme al programa plurianual respectivo, dentro de los límites que resulten alcanzables con las dotaciones previstas para cada uno de los programas.

23. c) Antes del día 1 de octubre del año anterior al que se refiera.

Artículo 37 LGP: 1. El proyecto de ley de Presupuestos Generales del Estado, integrado por el articulado con sus anexos y los estados de ingresos y de gastos, con el nivel de especificación de créditos establecido en los artículos 40 y 41 de esta ley, será remitido a las Cortes Generales antes del día 1 de octubre del año anterior al que se refiera.

24. c) El informe de alineamiento de los Presupuestos Generales del Estado con los Objetivos de Desarrollo Sostenible de la Agenda 2050.

Artículo 37 LGP: d) El informe de alineamiento de los Presupuestos Generales del Estado con los Objetivos de Desarrollo Sostenible de la Agenda 2030.

25. a) Primer día del ejercicio económico correspondiente.

Artículo 38 LGP: 1. Si la ley de Presupuestos Generales del Estado no se aprobara antes del primer día del ejercicio económico correspondiente, se considerarán automáticamente prorrogados los presupuestos iniciales del ejercicio anterior hasta la aprobación y publicación de los nuevos en el "Boletín Oficial del Estado".

26. c) El Ministerio de Hacienda teniendo en cuenta la organización del sector público estatal, la naturaleza económica de los ingresos y de los gastos y las finalidades y objetivos que se pretenda conseguir.

Artículo 39 LGP: La estructura de los Presupuestos Generales del Estado y de sus anexos se determinará, de acuerdo con lo establecido en esta ley, por el Ministerio de Hacienda teniendo en cuenta la organización del sector público estatal, la naturaleza económica de los ingresos y de los gastos y las finalidades y objetivos que se pretenda conseguir.

27. b) Permitirá a los centros gestores agrupar sus créditos conforme a lo señalado en el artículo 35 de la LGP y establecer, de acuerdo con el Ministerio de Hacienda, los objetivos a conseguir como resultado de su gestión presupuestaria. La estructura de programas se adecuará a los contenidos de las políticas de gasto contenidas en la programación plurianual.

Artículo 40 LGP: b) La clasificación por programas, que permitirá a los centros gestores agrupar sus créditos conforme a lo señalado en el artículo 35 de esta ley y establecer, de acuerdo con el Ministerio de Hacienda, los objetivos a conseguir como resultado de su gestión presupuestaria. La estructura de programas se adecuará a los contenidos de las políticas de gasto contenidas en la programación plurianual.

28. c) Gastos de personal, gastos corrientes en bienes y servicios, gastos financieros y transferencias corrientes.

Artículo 40 LGP: En los créditos para operaciones corrientes se distinguirán los gastos de personal, los gastos corrientes en bienes y servicios, los gastos financieros y las transferencias corrientes.

29. b) Inversiones reales y transferencias de capital.

Artículo 40 LGP: En los créditos para operaciones de capital se distinguirán las inversiones reales y las transferencias de capital.

30. a) Activos financieros y pasivos financieros.

Artículo 40 LGP: En los créditos para operaciones financieras se distinguirán las de activos financieros y las de pasivos financieros.

31. b) En artículos y estos a su vez en conceptos que podrán dividirse en subconceptos.

Artículo 40 LGP: Los capítulos se desglosarán en artículos y estos, a su vez, en conceptos que podrán dividirse en subconceptos.

32. c) Enajenación de inversiones reales.

Artículo 41 LGP: En los ingresos corrientes se distinguirán: impuestos directos y cotizaciones sociales, impuestos indirectos, tasas, precios públicos y otros ingresos, transferencias corrientes e ingresos patrimoniales.

33. c) Sí, siempre que su ejecución se inicie en el propio ejercicio y que no superen los límites y anualidades fijados en el número siguiente.

Artículo 47 de la LGP: 1. Podrán adquirirse compromisos de gastos que hayan de extenderse a ejercicios posteriores a aquel en que se autoricen, siempre que su ejecución se inicie en el propio ejercicio y que no superen los límites y anualidades fijados en el número siguiente.

34. a) 4.

Artículo 47 LGP: 2. El número de ejercicios a que pueden aplicarse los gastos no será superior a cuatro. El gasto que se impute a cada uno de los ejercicios posteriores no podrá exceder de la cantidad que resulte de aplicar al crédito inicial a que corresponda la operación los siguientes porcentajes: en el ejercicio inmediato siguiente, el 70 %, en el segundo ejercicio, el 60 %, y en los ejercicios tercero y cuarto, el 50 %.

35. b) 10 % del importe de adjudicación, en el momento en que esta se realice.

Artículo 47 LGP: En los contratos de obra de carácter plurianual, con excepción de los realizados bajo la modalidad de abono total del precio, se efectuará una retención adicional de crédito del 10 % del importe de adjudicación, en el momento en que esta se realice.

36. c) Son traspasos de dotaciones entre créditos. Pueden realizarse entre los diferentes créditos del presupuesto incluso con la creación de créditos nuevos.

Artículo 52 LGP: 1. Las transferencias son traspasos de dotaciones entre créditos. Pueden realizarse entre los diferentes créditos del presupuesto incluso con la creación de créditos nuevos.

37. d) En el ámbito de las entidades que integran el sistema de la Seguridad Social no podrán minorarse créditos ampliables salvo para financiar suplementos de crédito.

Artículo 52 LGP: d) En el ámbito de las entidades que integran el sistema de la Seguridad Social no podrán minorarse créditos ampliables salvo para financiar otros créditos ampliables.

38. c) Reembolsos de préstamos.

Artículo 53 LGP: Podrán dar lugar a generaciones los ingresos realizados en el propio ejercicio como consecuencia de:

a) Aportación del Estado a los organismos autónomos o a las entidades con presupuesto limitativo, así como de los organismos autónomos y las entidades con presupuesto limitativo y otras personas naturales o jurídicas al Estado u otros organismos autónomos o entidades con presupuesto limitativo, para financiar conjuntamente gastos que por su naturaleza estén comprendidos en los fines u objetivos asignados a los mismos.

b) Ventas de bienes y prestación de servicios.

c) Enajenaciones de inmovilizado.

d) Reembolsos de préstamos.

e) Ingresos legalmente afectados a la realización de actuaciones determinadas.

f) Ingresos por reintegros de pagos indebidos realizados con cargo a créditos del presupuesto corriente.

39. b) Los derivados de retenciones efectuadas para la financiación de créditos extraordinarios o suplementos de crédito, cuando haya sido anticipado su pago de acuerdo con el procedimiento previsto en esta ley y las leyes de concesión hayan quedado pendientes de aprobación por el Parlamento al final del ejercicio presupuestario.

Artículo 58 LGP: b) Los derivados de retenciones efectuadas para la financiación de créditos extraordinarios o suplementos de crédito, cuando haya sido anticipado su pago de acuerdo con el procedimiento previsto en esta ley y las leyes de concesión hayan quedado pendientes de aprobación por el Parlamento al final del ejercicio presupuestario. El resto de respuestas contienen errores.

40. b) Autorización del pago.

Artículo 73 LGP: 1. La gestión del Presupuesto de gastos del Estado, de sus organismos autónomos y de las entidades integrantes del sector público estatal con presupuesto limitativo, así como, de las Entidades gestoras y Servicios comunes de la Seguridad Social se realizará a través de las siguientes fases:

a) Aprobación del gasto.

b) Compromiso de gasto.

c) Reconocimiento de la obligación.

d) Ordenación del pago.

e) Pago material.

41. b) Mediante el cual se acuerda, tras el cumplimiento de los trámites legalmente establecidos, la realización de gastos previamente aprobados, por un importe determinado o determinable.

Artículo 73 LGP: 3. El compromiso es el acto mediante el cual se acuerda, tras el cumplimiento de los trámites legalmente establecidos, la realización de gastos previamente aprobados, por un importe determinado o determinable.

42. c) Mediante el que se declara la existencia de un crédito exigible contra la Hacienda Pública estatal o contra la Seguridad Social, derivado de un gasto aprobado y comprometido y que comporta la propuesta de pago correspondiente.

Artículo 73 LGP: 4. El reconocimiento de la obligación es el acto mediante el que se declara la existencia de un crédito exigible contra la Hacienda Pública estatal o contra la Seguridad Social, derivado de un gasto aprobado y comprometido y que comporta la propuesta de pago correspondiente.

43. c) Al Director General del Tesoro y Política Financiera, bajo la superior autoridad del ministro de Economía.

Artículo 75 LGP: 1. Bajo la superior autoridad del ministro de Economía, competen al Director General del Tesoro y Política Financiera las funciones de Ordenador General de pagos del Estado.

44. c) Las provisiones de fondos de carácter extrapresupuestario y permanente que se realicen a pagadurías, cajas y habilitaciones para la atención inmediata y posterior aplicación al capítulo de gastos corrientes en bienes y servicios del presupuesto del año en que se realicen, de gastos periódicos o repetitivos.

Artículo 78 LGP: Se entienden por anticipos de caja fija las provisiones de fondos de carácter extrapresupuestario y permanente que se realicen a pagadurías, cajas y habilitaciones para la atención inmediata y posterior aplicación al capítulo de gastos corrientes en bienes y servicios del presupuesto del año en que se realicen, de gastos periódicos o repetitivos.

45. d) El 7 % del total de créditos del capítulo destinado a gastos corrientes en bienes y servicios del presupuesto vigente en cada momento.

Artículo 78 LGP: 3. En todo caso, la cuantía global de los anticipos de caja fija no podrá superar para cada ministerio u organismo autónomo el 7 % del total de créditos del capítulo destinado a gastos corrientes en bienes y servicios del presupuesto vigente en cada momento.

46. c) Reconocimiento del derecho y extinción del derecho.

Artículo 80 LGP: 1. La gestión del Presupuesto de ingresos se realizará en las siguientes fases sucesivas o simultáneas:

a) Reconocimiento del derecho.

b) Extinción del derecho.

47. a) Durante el mismo, mediante entregas a cuenta de la liquidación definitiva que se practique en el siguiente. La cuantía y periodicidad de dichas entregas se fijarán, para cada ejercicio, en la ley de Presupuestos Generales del Estado.

Artículo 87 LGP: 2. La participación de las entidades locales en los tributos del Estado de cada ejercicio económico, se hará efectiva durante el mismo, mediante entregas a cuenta de la liquidación definitiva que se practique en el siguiente. La cuantía y periodicidad de dichas entregas se fijarán, para cada ejercicio, en la ley de Presupuestos Generales del Estado.

48. d) Todas son correctas.

Todas ellas aparecen en el listado del artículo 91 de la LGP.

49. b) Los siete meses siguientes a la terminación del ejercicio económico.

Artículo 139 LGP: 1. En cumplimiento de su obligación de rendir cuentas, los cuentadantes deberán remitir sus cuentas anuales aprobadas a la Intervención General de la Administración del Estado, acompañadas del informe de auditoría que corresponda, en aplicación de los artículos 163 y 168 de esta ley o del, en su caso, impuesto por la normativa mercantil, en el caso de sociedades mercantiles estatales, dentro de los siete meses siguientes a la terminación del ejercicio económico. Tratándose de dichas sociedades deberá acompañarse, además, el informe de gestión y el informe previsto en el artículo 129 de esta ley. En el caso de fundaciones del sector público estatal deberá acompañarse este último informe.

50. d) Todas son correctas.

Artículo 164 LGP: 1. La auditoría pública adoptará las siguientes modalidades:

a) La auditoría de regularidad contable, consistente en la revisión y verificación de la información y documentación contable con el objeto de comprobar su adecuación a la normativa contable y en su caso presupuestaria que le sea de aplicación.

b) La auditoría de cumplimiento, cuyo objeto consiste en la verificación de que los actos, operaciones y procedimientos de gestión económico-financiera se han desarrollado de conformidad con las normas que les son de aplicación.

c) La auditoría operativa, que constituye el examen sistemático y objetivo de las operaciones y procedimientos de una organización, programa, actividad o función pública, con el objeto de proporcionar una valoración independiente de su racionalidad económico-financiera y su adecuación a los principios de la buena gestión, a fin de detectar sus posibles deficiencias y proponer las recomendaciones oportunas en orden a la corrección de aquellas.

Ley 38/2003, de 17 de noviembre, General de Subvenciones

TEST N.º 1

Ley General de Subvenciones

1. De conformidad con el artículo 2 de la Ley 38/2003, de 17 noviembre, General de Subvenciones (LGS) se entiende por subvención toda disposición dineraria realizada por cualesquiera de los sujetos contemplados en el artículo 3 de la Ley General de Subvenciones, a favor de personas públicas o privadas, y que cumpla los siguientes requisitos:

a) Que la entrega se realice con contraprestación directa de los beneficiarios.

b) Que la entrega esté sujeta al cumplimiento de un determinado objetivo, la ejecución de un proyecto, la realización de una actividad, la adopción de un comportamiento singular, ya realizados o por desarrollar, o la concurrencia de una situación, debiendo el beneficiario cumplir las obligaciones materiales y formales que se hubieran establecido.

c) Que el proyecto, la acción, conducta o situación financiada tenga por objeto el fomento de una actividad de utilidad pública o interés social o de promoción de una finalidad privada.

d) Todas son correctas.

2. De conformidad con la LGS no tienen carácter de subvenciones los siguientes supuestos:

a) Las prestaciones contributivas y no contributivas del Sistema de la Seguridad Social.

b) Las pensiones asistenciales por ancianidad a favor de los españoles no residentes en España, en los términos establecidos en su normativa reguladora.

c) Las prestaciones reconocidas por el Fondo de Garantía Salarial.

d) Todas son correctas.

3. Se entiende por Administraciones Públicas al efecto de la LGS:

a) La Administración General del Estado.

b) Las entidades que integran la Administración local.

c) La Administración de las comunidades autónomas.

d) Todas son correctas.

4. Marca la respuesta correcta o la más correcta. Quedan excluidos del ámbito de aplicación de la LGS:

a) Los premios que se otorguen con la previa solicitud del beneficiario.

b) Las subvenciones no previstas en la Ley Orgánica 5/1985, de 19 de junio, del Régimen Electoral General.

c) Las subvenciones a los grupos parlamentarios de las Cámaras de las Cortes Generales, en los términos previstos en los Reglamentos del Congreso de los Diputados y del Senado, así como las subvenciones a los grupos parlamentarios de las Asambleas autonómicas y a los grupos políticos de las corporaciones locales, según establezca su propia normativa.

d) Ninguna de las anteriores es correcta.

5. Las subvenciones que se otorguen por consorcios, mancomunidades u otras personificaciones públicas creadas por varias Administraciones Públicas u organismos o entes dependientes de ellas y las subvenciones que deriven de convenios formalizados entre estas se regularán de acuerdo con lo establecido:

a) En el instrumento jurídico de creación o en el propio convenio que, en todo caso, deberán ajustarse a las disposiciones contenidas en la LGS.

b) En la LGS únicamente.

c) En la normativa privada sobre subvenciones.

d) En la normativa privada sobre subvenciones y en su defecto por la LGS.

6. La gestión de las subvenciones reguladas en la LGS se realizará de acuerdo con los siguientes principios:

a) Publicidad, transparencia, concurrencia, objetividad, igualdad y no discriminación.

b) Eficiencia en el cumplimiento de los objetivos fijados por la Administración otorgante.

c) Eficacia en la asignación y utilización de los recursos públicos.

d) Todas son correctas.

7. ¿Por cuál de los siguientes principios no se rige la gestión de las subvenciones?

a) Publicidad.

b) Transparencia.

c) Equidad.

d) Igualdad.

8. De conformidad con el artículo 9 de la LGS, las bases reguladoras de cada tipo de subvención se publicarán en:

a) El "Boletín Oficial del Estado" o en el diario oficial correspondiente.

b) El "Boletín Oficial de la Unión Europea" o en el "Boletín Oficial del Estado".

c) El "Boletín Oficial del Estado" y en uno de los diarios de mayor difusión.

d) En el perfil del contratante de la Administración correspondiente.

9. Marca la respuesta incorrecta. De conformidad con el artículo 9 de la LGS, el otorgamiento de una subvención debe cumplir los siguientes requisitos:

a) La competencia del órgano administrativo concedente.

b) La existencia de crédito adecuado y suficiente para atender las obligaciones de contenido económico que se derivan de la concesión de la subvención.

c) La tramitación del procedimiento de concesión de acuerdo con las normas que resulten de aplicación.

d) La fiscalización posterior a su concesión, de los actos administrativos de contenido económico, en los términos previstos en las leyes.

10. En el ámbito de la Administración General del Estado y con carácter general, ¿qué órganos serán competentes para conceder subvenciones?

a) El Presidente del Gobierno y los Ministros.

b) Los Ministros y los Secretarios de Estado.

c) Los Secretarios de Estado y Subsecretarios.

d) Los Jefes de Servicio o de Oficina.

11. La concesión de subvenciones de cuantía superior a 12 millones de euros requerirá, con carácter general, la previa autorización del:

a) Consejo de Ministros o, en el caso de que así lo establezca la normativa reguladora de la subvención, de la Comisión Delegada del Gobierno para Asuntos Económicos.

b) Los ministros competentes o, en el caso de que así lo establezca la normativa reguladora de la subvención, de la Comisión Delegada del Gobierno para Asuntos Económicos.

c) El presidente del Gobierno o, en el caso de que así lo establezca la normativa reguladora de la subvención, de la Comisión Delegada del Gobierno para Asuntos Económicos.

d) Ninguna es correcta.

12. Marca la respuesta correcta o la más correcta. Tendrá la consideración de beneficiario de subvenciones:

a) La persona que haya de realizar la actividad que fundamentó su otorgamiento o que se encuentre en la situación que legitima su concesión.

b) La persona que haya solicitado la oportuna subvención.

c) La sociedad o persona física que haya realizado la actuación o que se encuentre en la situación que legitima su solicitud.

d) Todas son incorrectas.

13. ¿Pueden tener la condición de beneficiario las agrupaciones de personas físicas o jurídicas, públicas o privadas, las comunidades de bienes o cualquier otro tipo de unidad económica o patrimonio separado que, careciendo de personalidad jurídica, puedan llevar a cabo los proyectos, actividades o comportamientos o se encuentren en la situación que motiva la concesión de la subvención?

a) Sí, en cualquier caso.

b) No, en ningún caso.

c) Cuando se prevea expresamente en las bases reguladoras.

d) Cuando se prevea en el Plan estratégico de subvenciones.

14. De conformidad con el artículo 12 de la LGS, será entidad colaboradora:

a) Aquella que, actuando en su propio nombre, entregue y distribuya los fondos públicos a los beneficiarios cuando así se establezca en las bases reguladoras, o colabore en la gestión de la subvención sin que se produzca la previa entrega y distribución de los fondos recibidos.

b) Aquella que, actuando en nombre y por cuenta del órgano concedente a todos los efectos relacionados con la subvención, entregue y distribuya los fondos públicos a los beneficiarios cuando así se establezca en las bases reguladoras, o colabore en la gestión de la subvención sin que se produzca la previa entrega y distribución de los fondos recibidos.

c) Aquella que, actuando en nombre y por cuenta del destinatario de la subvención a todos los efectos relacionados con la subvención, entregue y distribuya los fondos públicos del órgano concedente cuando así se establezca en las bases reguladoras, o colabore en la gestión de la subvención sin que se produzca la previa entrega y distribución de los fondos recibidos.

d) Aquella que, actuando en nombre y por cuenta del beneficiario de la subvención, solicite los fondos públicos al órgano concedente cuando así se establezca en las bases reguladoras, o colabore en la gestión de la subvención sin que se produzca la previa entrega y distribución de los fondos recibidos.

15. Marca la respuesta correcta o la más correcta. No podrán obtener la condición de beneficiario o entidad colaboradora de las subvenciones reguladas en la LGS las personas o entidades en quienes concurra alguna de las circunstancias siguientes, salvo que por la naturaleza de la subvención se exceptúe por su normativa reguladora:

a) Haber sido condenadas mediante sentencia firme o provisional a la pena de pérdida de la posibilidad de obtener subvenciones o ayudas públicas o por delitos de prevaricación, cohecho, malversación de caudales públicos, tráfico de influencias, fraudes y exacciones ilegales o delitos urbanísticos.

b) Haber dado lugar, por cualquier causa, a la resolución firme de cualquier contrato celebrado con la Administración.

c) No hallarse al corriente de pago de obligaciones por reintegro de subvenciones en los términos que reglamentariamente se determinen.

d) No haber sido sancionado mediante resolución firme con la pérdida de la posibilidad de obtener subvenciones conforme a la LGS u otras leyes que así lo establezcan.

16. Marca la respuesta incorrecta. Son obligaciones del beneficiario de la subvención:

a) Cumplir el objetivo, ejecutar el proyecto, realizar la actividad o adoptar el comportamiento que fundamenta la concesión de las subvenciones.

b) Justificar ante el órgano concedente o la entidad colaboradora, en su caso, el cumplimiento de los requisitos y condiciones, así como la realización de la actividad y el cumplimiento de la finalidad que determinen la concesión o disfrute de la subvención.

c) Someterse a las actuaciones de comprobación, a efectuar por el órgano concedente o la entidad colaboradora, en su caso, así como cualesquiera otras de comprobación y control financiero que puedan realizar exclusivamente los órganos de control competentes nacionales, aportando cuanta información le sea requerida en el ejercicio de las actuaciones anteriores.

d) Disponer de los libros contables, registros diligenciados y demás documentos debidamente auditados en los términos exigidos por la legislación mercantil y sectorial aplicable al beneficiario en cada caso, así como cuantos estados contables y registros específicos sean exigidos por las bases reguladoras de las subvenciones, con la finalidad de garantizar el adecuado ejercicio de las facultades de comprobación y control.

17. Son obligaciones de las entidades colaboradoras en el ámbito de las subvenciones:

a) Entregar a los beneficiarios los fondos recibidos de acuerdo con los criterios establecidos en las bases reguladoras de la subvención y en el convenio suscrito con la entidad concedente.

b) Comprobar, en su caso, el cumplimiento y efectividad de las condiciones o requisitos determinantes para su otorgamiento, así como la realización de la actividad y el cumplimiento de la finalidad que determinen la concesión o disfrute de la subvención.

c) Justificar la entrega de los fondos percibidos ante el órgano concedente de la subvención y, en su caso, entregar la justificación presentada por los beneficiarios.

d) Todas son correctas.

18. Se formalizará un convenio de colaboración entre el órgano administrativo concedente y la entidad colaboradora en el que se regularán las condiciones y obligaciones asumidas por esta. El convenio de colaboración no podrá tener un plazo de vigencia superior a:

a) Un año.
b) Dos años.
c) Tres años.
d) Cuatro años.

19. Cuando la subvención tenga por objeto la subsidiación de préstamos, la vigencia del convenio podrá prolongarse:

a) Dos años.
b) Cuatro años.
c) Hasta la total cancelación de los préstamos.
d) Hasta que lo decida la entidad colaboradora.

20. Marca la respuesta incorrecta. De conformidad con el artículo 16 de la LGS, el convenio de colaboración deberá contener como mínimo:

a) Definición del objeto de la colaboración y de la entidad colaboradora.

b) Identificación de la normativa reguladora especial de las subvenciones que van a ser gestionadas por la entidad colaboradora.

c) Compensación económica que en su caso se fije a favor del beneficiario.

d) Todas son correctas.

21. En el ámbito de la Administración General del Estado, así como de los organismos públicos y restantes entidades de derecho público con personalidad jurídica propia vinculadas o dependientes de aquella, ¿a qué órgano corresponderá establecer las oportunas bases reguladoras de la concesión?

a) Al Consejo de Ministros.

b) A los ministros correspondientes.

c) Al Gobierno.

d) A los Secretarios de Estado.

22. De conformidad con el artículo 17 de la LGS, la norma reguladora de las bases de concesión de las subvenciones concretará, como mínimo, los siguientes extremos:

a) Definición del objeto de la subvención.

b) Criterios subjetivos de otorgamiento de la subvención y, en su caso, ponderación de los mismos.

c) Cuantía global de la subvención o criterios para su determinación.

d) Todas son correctas.

23. En cuanto a la publicidad de subvenciones, operará como sistema nacional de publicidad:

a) El BOE.

b) La Base de Datos Nacional de Subvenciones.

c) El Perfil del Contratante.

d) El Perfil de las Subvenciones.

24. De conformidad con el artículo 19 LGS, el importe de las subvenciones en ningún caso podrá ser de tal cuantía que:

a) Aisladamente o en concurrencia con otras subvenciones, ayudas, ingresos o recursos, supere el coste de la actividad subvencionada.

b) Aisladamente o en concurrencia con otras subvenciones, ayudas, ingresos o recursos, sea inferior al coste de la actividad subvencionada.

c) Aisladamente o en concurrencia con otras subvenciones, ayudas, ingresos o recursos, sea igual al coste de la actividad subvencionada.

d) Sea superior a 60.000 euros.

25. Marca la respuesta correcta, la más correcta o la más completa. Los principales procedimientos de concesión de subvenciones son:

a) Concesión directa e indirecta.

b) Concesión en régimen de concurrencia competitiva y no competitiva.

c) Concesión en régimen de concurrencia competitiva y concesión directa.
d) Subasta y concurso.

26. El procedimiento ordinario de concesión de subvenciones se tramitará en régimen de:

a) Concurrencia competitiva.
b) Concesión directa.
c) Concurso.
d) Concurrencia limitada.

27. Marca la respuesta incorrecta. Podrán concederse de forma directa las siguientes subvenciones:

a) Aquellas cuya concesión se realice mediante la comparación de las solicitudes presentadas, a fin de establecer una prelación entre las mismas de acuerdo con los criterios de valoración previamente fijados en las bases reguladoras y en la convocatoria, y adjudicar, con el límite fijado en la convocatoria dentro del crédito disponible, aquellas que hayan obtenido mayor valoración en aplicación de los citados criterios.
b) Aquellas cuyo otorgamiento o cuantía venga impuesto a la Administración por una norma de rango reglamentario, que seguirán el procedimiento de concesión que les resulte de aplicación de acuerdo con su propia normativa.
c) Con carácter ordinario, aquellas otras subvenciones en que se acrediten razones de interés público, social, económico o humanitario, u otras debidamente justificadas que dificulten su convocatoria pública.
d) Todas son incorrectas.

28. De conformidad con el artículo 23 de la LGS el procedimiento de concesión de subvenciones:

a) Se iniciará siempre a instancia de parte.
b) Se iniciará siempre de oficio.
c) Se podrá iniciar de oficio o a instancia de parte.
d) Lo habitual es la iniciación a instancia de parte, pero de forma excepcional podrá iniciarse de oficio.

29. Marca la respuesta incorrecta. De conformidad con el artículo 23 de la LGS, la convocatoria de la subvención tendrá necesariamente el siguiente contenido:

a) Indicación de la disposición que establezca, en su caso, las bases reguladoras y del diario oficial en que está publicada, debiendo incluirse obligatoriamente en la propia convocatoria.
b) Objeto, condiciones y finalidad de la concesión de la subvención.
c) Plazo de resolución y notificación.
d) Documentos e informaciones que deben acompañarse a la petición.

30. De conformidad con el artículo 23 de la LGS, si la solicitud de los interesados no reúne los requisitos establecidos en la norma de convocatoria, el órgano competente requerirá al interesado para que la subsane en el plazo máximo e improrrogable de:

a) 10 días.
b) 20 días.
c) 15 días.
d) 30 días.

31. La instrucción del procedimiento de concesión de subvenciones corresponde:

a) Al Jefe del Servicio de Subvenciones.
b) Al ministro correspondiente o en su caso al secretario de Estado, en el ámbito de la Administración General del Estado.
c) Al órgano que se designe en la convocatoria.
d) Al presidente de la corporación en el ámbito de las entidades locales.

32. Al órgano instructor del procedimiento de concesión de subvenciones le corresponde la petición de cuantos informes estime necesarios para resolver o que sean exigidos por las normas que regulan la subvención. En la petición se hará constar, en su caso, el carácter determinante de aquellos informes que sean preceptivos. El plazo para su emisión será de:

a) 5 días.
b) 10 días.
c) 15 días.
d) 20 días.

33. De conformidad con el artículo 24 de la LGS, el órgano instructor, a la vista del expediente y del informe del órgano colegiado, formulará la propuesta de resolución provisional, debidamente motivada, que deberá notificarse a los interesados en la forma que establezca la convocatoria, y se concederá un plazo para presentar alegaciones de:

a) 10 días.
b) 15 días.
c) 3 días.
d) 5 días.

34. En el procedimiento de concesión de subvenciones, ¿se puede prescindir del trámite de audiencia?

a) No, en ningún caso.
b) Sí, cuando lo acuerde motivadamente el órgano competente para resolver.

c) No, salvo manifestación expresa en la convocatoria.

d) Sí, cuando no figuren en procedimiento ni sean tenidos en cuenta otros hechos ni otras alegaciones y pruebas que las aducidas por los interesados.

35. El plazo máximo para resolver y notificar la resolución del procedimiento de concesión de subvenciones no podrá exceder, con carácter general, de:

a) Seis meses.

b) 10 días.

c) Doce meses.

d) Un mes.

36. De conformidad con el artículo 25 de la LGS, el vencimiento del plazo máximo sin haberse notificado la resolución legitima a los interesados:

a) Para entender estimada su solicitud por silencio administrativo.

b) Para entender desestimada su solicitud por silencio administrativo.

c) Dependerá de cada convocatorio si el silencio en su caso es positivo o negativo.

d) Ninguna es correcta.

37. De conformidad con el artículo 29 LGS, el beneficiario únicamente podrá subcontratar, total o parcialmente, la actividad cuando la normativa reguladora de la subvención así lo prevea. La actividad subvencionada que el beneficiario subcontrate con terceros no excederá del porcentaje que se fije en las bases reguladoras de la subvención. En el supuesto de que tal previsión no figure, el beneficiario podrá subcontratar hasta un porcentaje que no exceda del:

a) 10 %.

b) 20 %.

c) 45 %.

d) 50 %.

38. La subcontratación de la actividad subvencionada se deberá celebrar por escrito y se deberá autorizar previamente por la entidad concedente de la subvención en la forma que se determine en las bases reguladoras cuando:

a) La actividad concertada con terceros exceda del 30 % del importe de la subvención y dicho importe sea superior a 50.000 euros.

b) La actividad concertada con terceros exceda del 20 % del importe de la subvención y dicho importe sea superior a 40.000 euros.

c) La actividad concertada con terceros exceda del 30 % del importe de la subvención y dicho importe sea superior a 60.000 euros.

d) La actividad concertada con terceros exceda del 20 % del importe de la subvención y dicho importe sea superior a 60.000 euros.

39. Marca la respuesta incorrecta. De conformidad con el artículo 29 de la LGS, en ningún caso podrá concertarse por el beneficiario la ejecución total o parcial de las actividades subvencionadas con:

a) Personas o entidades que hayan percibido otras subvenciones para la realización de la actividad objeto de contratación.

b) Intermediarios o asesores en los que los pagos se definan como un porcentaje de coste total de la operación, a menos que dicho pago esté justificado con referencia al valor de mercado del trabajo realizado o los servicios prestados.

c) Personas o entidades vinculadas con el beneficiario, en cualquier caso.

d) Todas son correctas.

40. De conformidad con el artículo 31 de la LGS, en ningún caso serán gastos subvencionables:

a) Los gastos de asesoría jurídica o financiera si están directamente relacionados con la actividad subvencionada, sean indispensables y se prevean en las bases reguladoras.

b) Los gastos financieros si están directamente relacionados con la actividad subvencionada, sean indispensables y se prevean en las bases reguladoras.

c) Los intereses deudores de las cuentas bancarias si están directamente relacionados con la actividad subvencionada, sean indispensables y se prevean en las bases reguladoras.

d) Todos los anteriores.

41. La Administración podrá comprobar el valor de mercado de los gastos subvencionados empleando uno o varios de los siguientes medios:

a) Cotizaciones en mercados nacionales exclusivamente.

b) Estimación por referencia a los valores que figuren en los registros oficiales de carácter laboral.

c) Dictamen de peritos del beneficiario.

d) Tasación pericial contradictoria.

42. De conformidad con el artículo 37 de la LGS, son causas de reintegro de las subvenciones:

a) Obtención de la subvención falseando las condiciones requeridas para ello u ocultando aquellas que lo hubieran impedido.

b) Incumplimiento total o parcial del objetivo, de la actividad, del proyecto o la no adopción del comportamiento que fundamentan la concesión de la subvención.

c) Incumplimiento de las obligaciones impuestas por la Administración a las entidades colaboradoras y beneficiarios, así como de los compromisos por estos asumidos, con motivo de la concesión de la subvención, siempre que afecten o se refieran al modo en que se han de conseguir los objetivos, realizar la actividad, ejecutar el proyecto o adoptar el comportamiento que fundamenta la concesión de la subvención.

d) Todas son correctas.

43. En el reintegro de subvenciones, las cantidades a reintegrar tendrán la consideración de:

a) Ingresos de derecho público, resultando de aplicación para su cobranza lo previsto en la Ley General Presupuestaria.
b) Tributos de naturaleza indirecta.
c) Ingresos de derecho privado, resultando de aplicación para su cobranza lo previsto en la Ley General Tributaria.
d) Multa o sanción.

44. El interés de demora aplicable en materia de subvenciones será el interés legal del dinero incrementado en un:

a) 10 %.
b) 20 %.
c) 25 %.
d) 35 %.

45. El derecho de la Administración a reconocer o liquidar el reintegro prescribirá:

a) Al año.
b) A los dos años.
c) A los cuatro años.
d) A los cinco años.

46. El plazo máximo para resolver y notificar la resolución del procedimiento de reintegro de subvenciones será de:

a) 6 meses desde la fecha del acuerdo de iniciación.
b) 12 meses desde la fecha del acuerdo de iniciación.
c) 1 mes desde la fecha del acuerdo de iniciación.
d) 24 meses desde la fecha del acuerdo de iniciación.

47. De conformidad con el artículo 56 de la LGS, constituyen infracciones leves, las siguientes conductas:

a) La presentación fuera de plazo de las cuentas justificativas de la aplicación dada a los fondos percibidos.
b) El incumplimiento de las condiciones establecidas alterando sustancialmente los fines para los que la subvención fue concedida.
c) El incumplimiento por parte de la entidad colaboradora de la obligación de verificar, en su caso, el cumplimiento y efectividad de las condiciones o requisitos determinantes para el otorgamiento de las subvenciones, cuando de ello se derive la obligación de reintegro.
d) La falta de suministro de información por parte de las administraciones, organismos y demás entidades obligados a suministrar información a la Base de Datos Nacional de Subvenciones.

48. Marcar la respuesta incorrecta. Tendrán la consideración de infracciones muy graves, de conformidad con el artículo 58 de la LGS:

a) La falta de justificación del empleo dado a los fondos recibidos una vez transcurrido el plazo establecido para su presentación.

b) La obtención de una subvención falseando las condiciones requeridas para su concesión u ocultando las que la hubiesen impedido o limitado.

c) La falta de entrega, por parte de las entidades colaboradoras, cuando así se establezca, a los beneficiarios de los fondos recibidos de acuerdo con los criterios previstos en las bases reguladoras de la subvención.

d) La no aplicación, en todo o en parte, de las cantidades recibidas a los fines para los que la subvención fue concedida.

49. Dentro de las sanciones reguladas en la LGS, la multa fija estará comprendida entre:

a) 60 y 60.000 euros.
b) 75 y 6.000 euros.
c) 6 y 12.000 euros.
d) 60 y 120.000 euros.

50. Las infracciones graves serán sancionadas con multa pecuniaria proporcional del tanto al:

a) Triple de la cantidad indebidamente obtenida, aplicada o no justificada.
b) Cuádruple de la cantidad indebidamente obtenida, aplicada o no justificada.
c) Mitad de la cantidad indebidamente obtenida, aplicada o no justificada.
d) Doble de la cantidad indebidamente obtenida, aplicada o no justificada.

51. Cuando el importe del perjuicio económico correspondiente a la infracción muy grave exceda de 30.000 euros, concurriendo alguna de las circunstancias previstas en el artículo 61 de la LGS, los infractores podrán ser sancionados, además, con:

a) Pérdida, durante un plazo de hasta tres años, de la posibilidad de obtener subvenciones, ayudas públicas y avales de la Administración u otros entes públicos.

b) Prohibición, durante un plazo de hasta cinco años, para celebrar contratos con la Administración u otros entes públicos.

c) Pérdida, durante un plazo de hasta cuatro años, de la posibilidad de actuar como entidad colaboradora en relación con las subvenciones reguladas en esta ley.

d) Todas son correctas.

52. Las infracciones reguladas en la LGS prescribirán en el plazo de:

a) Tres años a contar desde el día en que la infracción se hubiera cometido.
b) Cuatro años a contar desde el día en que la infracción se hubiera cometido.

c) Cinco años a contar desde el día en que la infracción se hubiera cometido.
d) Un año a contar desde el día en que la infracción se hubiera cometido.

53. Las sanciones reguladas en la LGS prescribirán en el plazo de:

a) Tres años a contar desde el día en que la infracción se hubiera cometido.
b) Cuatro años a contar desde el día en que la infracción se hubiera cometido.
c) Seis meses a contar desde el día en que la infracción se hubiera cometido.
d) Dos años a contar desde el día en que la infracción se hubiera cometido.

54. La prescripción de infracciones y sanciones de las subvenciones:

a) Se aplicará de oficio, sin perjuicio de que pueda ser solicitada su declaración por el interesado.
b) Se aplicará de instancia de parte, sin perjuicio de que pueda ser instada de oficio.
c) Se aplicará exclusivamente de oficio.
d) Se aplicará exclusivamente a instancia de parte.

55. En el ámbito estatal, ¿quién será el órgano encargado de acordar e imponer las sanciones en materia de subvenciones?

a) El Gobierno.
b) El Consejo de Ministros.
c) El ministro de Hacienda o su equivalente en cada momento.
d) Los ministros o los secretarios de Estado de los departamentos ministeriales concedentes.

Soluciones comentadas

1. **b) Que la entrega esté sujeta al cumplimiento de un determinado objetivo, la ejecución de un proyecto, la realización de una actividad, la adopción de un comportamiento singular, ya realizados o por desarrollar, o la concurrencia de una situación, debiendo el beneficiario cumplir las obligaciones materiales y formales que se hubieran establecido.**

    Artículo 2 LGS: 1. Se entiende por subvención, a los efectos de esta ley, toda disposición dineraria realizada por cualesquiera de los sujetos contemplados en el artículo 3 de esta ley, a favor de personas públicas o privadas, y que cumpla los siguientes requisitos:

    a) Que la entrega se realice sin contraprestación directa de los beneficiarios.

    b) Que la entrega esté sujeta al cumplimiento de un determinado objetivo, la ejecución de un proyecto, la realización de una actividad, la adopción de un comportamiento singular, ya realizados o por desarrollar, o la concurrencia de una situación, debiendo el beneficiario cumplir las obligaciones materiales y formales que se hubieran establecido.

    c) Que el proyecto, la acción, conducta o situación financiada tenga por objeto el fomento de una actividad de utilidad pública o interés social o de promoción de una finalidad pública.

2. **d) Todas son correctas.**

    Todas ellas aparecen en el listado del artículo 2.4 de la LGS.

3. **d) Todas son correctas.**

    Artículo 3 LGS: 1. Se entiende por Administraciones Públicas a los efectos de esta ley:

    a) La Administración General del Estado.

    b) Las entidades que integran la Administración local.

    c) La Administración de las comunidades autónomas.

4. **c) Las subvenciones a los grupos parlamentarios de las Cámaras de las Cortes Generales, en los términos previstos en los Reglamentos del Congreso de los Diputados y del Senado, así como las subvenciones a los grupos parlamentarios de las Asambleas autonómicas y a los grupos políticos de las corporaciones locales, según establezca su propia normativa.**

Artículo 4 LGS: Quedan excluidos del ámbito de aplicación de esta ley:

a) Los premios que se otorguen sin la previa solicitud del beneficiario.

b) Las subvenciones previstas en la Ley Orgánica 5/1985, de 19 de junio, del Régimen Electoral General.

c) Las subvenciones reguladas en la Ley Orgánica 3/1987, de 2 de julio, de Financiación de los Partidos Políticos.

d) Las subvenciones a los grupos parlamentarios de las Cámaras de las Cortes Generales, en los términos previstos en los Reglamentos del Congreso de los Diputados y del Senado, así como las subvenciones a los grupos parlamentarios de las Asambleas autonómicas y a los grupos políticos de las corporaciones locales, según establezca su propia normativa.

5. **a) En el instrumento jurídico de creación o en el propio convenio que, en todo caso, deberán ajustarse a las disposiciones contenidas en la LGS.**

Artículo 5 LGS: 2. Las subvenciones que se otorguen por consorcios, mancomunidades u otras personificaciones públicas creadas por varias Administraciones públicas u organismos o entes dependientes de ellas y las subvenciones que deriven de convenios formalizados entre estas se regularán de acuerdo con lo establecido en el instrumento jurídico de creación o en el propio convenio que, en todo caso, deberán ajustarse a las disposiciones contenidas en esta ley.

6. **a) Publicidad, transparencia, concurrencia, objetividad, igualdad y no discriminación.**

Artículo 8 LGS: 3. La gestión de las subvenciones a que se refiere esta ley se realizará de acuerdo con los siguientes principios:

a) Publicidad, transparencia, concurrencia, objetividad, igualdad y no discriminación.

b) Eficacia en el cumplimiento de los objetivos fijados por la Administración otorgante.

c) Eficiencia en la asignación y utilización de los recursos públicos.

7. **c) Equidad.**

Artículo 8 LGS: 3. La gestión de las subvenciones a que se refiere esta ley se realizará de acuerdo con los siguientes principios:

a) Publicidad, transparencia, concurrencia, objetividad, igualdad y no discriminación.

b) Eficacia en el cumplimiento de los objetivos fijados por la Administración otorgante.

c) Eficiencia en la asignación y utilización de los recursos públicos.

8. **a) El "Boletín Oficial del Estado" o en el diario oficial correspondiente.**

Artículo 9 LGS: 3. Las bases reguladoras de cada tipo de subvención se publicarán en el "Boletín Oficial del Estado" o en el diario oficial correspondiente.

9. d) La fiscalización posterior a su concesión, de los actos administrativos de contenido económico, en los términos previstos en las leyes.

Artículo 9 LGSS: 4. Adicionalmente, el otorgamiento de una subvención debe cumplir los siguientes requisitos:

a) La competencia del órgano administrativo concedente.

b) La existencia de crédito adecuado y suficiente para atender las obligaciones de contenido económico que se derivan de la concesión de la subvención.

c) La tramitación del procedimiento de concesión de acuerdo con las normas que resulten de aplicación.

d) La fiscalización previa de los actos administrativos de contenido económico, en los términos previstos en las leyes.

e) La aprobación del gasto por el órgano competente para ello.

10. b) Los Ministros y los Secretarios de Estado.

Artículo 10 LGS: 1. Los Ministros y los Secretarios de Estado en la Administración General del Estado y los presidentes o directores de los organismos y las entidades públicas vinculados o dependientes de la Administración General del Estado, cualquiera que sea el régimen jurídico a que hayan de sujetar su actuación, son los órganos competentes para conceder subvenciones, en sus respectivos ámbitos, previa consignación presupuestaria para este fin.

11. a) Consejo de Ministros o, en el caso de que así lo establezca la normativa reguladora de la subvención, de la Comisión Delegada del Gobierno para Asuntos Económicos.

Artículo 10 LGS: 2. No obstante lo dispuesto en el apartado anterior, la concesión de subvenciones de cuantía superior a 12 millones de euros requerirá la previa autorización del Consejo de Ministros o, en el caso de que así lo establezca la normativa reguladora de la subvención, de la Comisión Delegada del Gobierno para Asuntos Económicos.

12. a) La persona que haya de realizar la actividad que fundamentó su otorgamiento o que se encuentre en la situación que legitima su concesión.

Artículo 11 LGS: 1. Tendrá la consideración de beneficiario de subvenciones la persona que haya de realizar la actividad que fundamentó su otorgamiento o que se encuentre en la situación que legitima su concesión.

13. c) Cuando se prevea expresamente en las bases reguladoras.

Artículo 11 LGS: 3. Cuando se prevea expresamente en las bases reguladoras, podrán acceder a la condición de beneficiario las agrupaciones de personas físicas o jurídicas, públicas o privadas, las comunidades de bienes o cualquier otro tipo de unidad económica o patrimonio separado que, aun careciendo de personalidad jurídica, puedan llevar a cabo los proyectos, actividades o comportamientos o se encuentren en la situación que motiva la concesión de la subvención.

14. b) Aquella que, actuando en nombre y por cuenta del órgano concedente a todos los efectos relacionados con la subvención, entregue y distribuya los fondos públicos a los beneficiarios cuando así se establezca en las bases reguladoras, o colabore en la gestión de la subvención sin que se produzca la previa entrega y distribución de los fondos recibidos.

Artículo 12 LGS: 1. Será entidad colaboradora aquella que, actuando en nombre y por cuenta del órgano concedente a todos los efectos relacionados con la subvención, entregue y distribuya los fondos públicos a los beneficiarios cuando así se establezca en las bases reguladoras, o colabore en la gestión de la subvención sin que se produzca la previa entrega y distribución de los fondos recibidos. Estos fondos, en ningún caso, se considerarán integrantes de su patrimonio.

15. c) No hallarse al corriente de pago de obligaciones por reintegro de subvenciones en los términos que reglamentariamente se determinen.

Artículo 13 LGS: g) No hallarse al corriente de pago de obligaciones por reintegro de subvenciones en los términos que reglamentariamente se determinen. El resto de respuestas contienen errores.

16. c) Someterse a las actuaciones de comprobación, a efectuar por el órgano concedente o la entidad colaboradora, en su caso, así como cualesquiera otras de comprobación y control financiero que puedan realizar exclusivamente los órganos de control competentes nacionales, aportando cuanta información le sea requerida en el ejercicio de las actuaciones anteriores.

Artículo 14 LGS: c) Someterse a las actuaciones de comprobación, a efectuar por el órgano concedente o la entidad colaboradora, en su caso, así como cualesquiera otras de comprobación y control financiero que puedan realizar los órganos de control competentes, tanto nacionales como comunitarios, aportando cuanta información le sea requerida en el ejercicio de las actuaciones anteriores.

17. d) Todas son correctas.

Artículo 15 LGS: Son obligaciones de la entidad colaboradora:

a) Entregar a los beneficiarios los fondos recibidos de acuerdo con los criterios establecidos en las bases reguladoras de la subvención y en el convenio suscrito con la entidad concedente.

b) Comprobar, en su caso, el cumplimiento y efectividad de las condiciones o requisitos determinantes para su otorgamiento, así como la realización de la actividad y el cumplimiento de la finalidad que determinen la concesión o disfrute de la subvención.

c) Justificar la entrega de los fondos percibidos ante el órgano concedente de la subvención y, en su caso, entregar la justificación presentada por los beneficiarios.

d) Someterse a las actuaciones de comprobación que respecto de la gestión de dichos fondos pueda efectuar el órgano concedente, así como cualesquiera otras de comprobación y control financiero que puedan realizar los órganos de control competentes, tanto nacionales como comunitarios, aportando cuanta información le sea requerida en el ejercicio de las actuaciones anteriores.

18. d) Cuatro años.

Artículo 16 LGS: 2. El convenio de colaboración no podrá tener un plazo de vigencia superior a cuatro años, si bien podrá preverse en el mismo su modificación y su prórroga por mutuo acuerdo de las partes antes de la finalización de aquel, sin que la duración total de las prórrogas pueda ser superior a la vigencia del período inicial y sin que en conjunto la duración total del convenio de colaboración pueda exceder de seis años.

19. c) Hasta la total cancelación de los préstamos.

Artículo 16 LGS: No obstante, cuando la subvención tenga por objeto la subsidiación de préstamos, la vigencia del convenio podrá prolongarse hasta la total cancelación de los préstamos.

20. c) Compensación económica que en su caso se fije a favor del beneficiario.

Artículo 16 LGS: m) Compensación económica que en su caso se fije a favor de la entidad colaboradora. El resto de respuestas son correctas.

21. b) A los ministros correspondientes.

Artículo 17 LGS: 1. En el ámbito de la Administración General del Estado, así como de los organismos públicos y restantes entidades de derecho público con personalidad jurídica propia vinculadas o dependientes de aquella, los ministros correspondientes establecerán las oportunas bases reguladoras de la concesión.

22. a) Definición del objeto de la subvención.

Artículo 17 LGS: 3. La norma reguladora de las bases de concesión de las subvenciones concretará, como mínimo, los siguientes extremos:

a) Definición del objeto de la subvención. El resto de respuestas contienen errores.

23. b) La Base de Datos Nacional de Subvenciones.

Artículo 18 LGS: 1. La Base de Datos Nacional de Subvenciones operará como sistema nacional de publicidad de subvenciones.

24. a) Aisladamente o en concurrencia con otras subvenciones, ayudas, ingresos o recursos, supere el coste de la actividad subvencionada.

Artículo 19 LGS: 3. El importe de las subvenciones en ningún caso podrá ser de tal cuantía que, aisladamente o en concurrencia con otras subvenciones, ayudas, ingresos o recursos, supere el coste de la actividad subvencionada.

25. c) Concesión en régimen de concurrencia competitiva y concesión directa.

Título I de la LGS: Capítulo II: Del procedimiento de concesión en régimen de concurrencia competitiva; Capítulo III: Del procedimiento de concesión directa.

26. a) Concurrencia competitiva.

Artículo 22 LGS: 1. El procedimiento ordinario de concesión de subvenciones se tramitará en régimen de concurrencia competitiva.

27. d) Todas son incorrectas.

Artículo 22 LGS: 2. Podrán concederse de forma directa las siguientes subvenciones:

a) Las previstas nominativamente en los Presupuestos Generales del Estado, de las Comunidades Autónomas o de las Entidades Locales, en los términos recogidos en los convenios y en la normativa reguladora de estas subvenciones.

b) Aquellas cuyo otorgamiento o cuantía venga impuesto a la Administración por una norma de rango legal, que seguirán el procedimiento de concesión que les resulte de aplicación de acuerdo con su propia normativa.

c) Con carácter excepcional, aquellas otras subvenciones en que se acrediten razones de interés público, social, económico o humanitario, u otras debidamente justificadas que dificulten su convocatoria pública.

28. b) Se iniciará siempre de oficio.

Artículo 23 LGS: 1. El procedimiento para la concesión de subvenciones se inicia siempre de oficio.

29. a) Indicación de la disposición que establezca, en su caso, las bases reguladoras y del diario oficial en que está publicada, debiendo incluirse obligatoriamente en la propia convocatoria.

Artículo 23 LGS:

a) Indicación de la disposición que establezca, en su caso, las bases reguladoras y del diario oficial en que está publicada, salvo que en atención a su especificidad estas se incluyan en la propia convocatoria. Las demás respuestas están correctas.

30. a) 10 días.

Artículo 23 LGS: 5. Si la solicitud no reúne los requisitos establecidos en la norma de convocatoria, el órgano competente requerirá al interesado para que la subsane en el plazo máximo e improrrogable de 10 días.

31. c) Al órgano que se designe en la convocatoria.

Artículo 24 LGS: 1. La instrucción del procedimiento de concesión de subvenciones corresponde al órgano que se designe en la convocatoria.

32. b) 10 días.

Artículo 24 LGS:

a) Petición de cuantos informes estime necesarios para resolver o que sean exigidos por las normas que regulan la subvención. En la petición se hará constar, en su caso, el carácter determinante de aquellos informes que sean preceptivos. El plazo para su emisión será de 10 días, salvo que el órgano instructor, atendiendo a las características del informe solicitado o del propio procedimiento, solicite su emisión en un plazo menor o mayor, sin que en este último caso pueda exceder de dos meses.

33. a) 10 días.

Artículo 24 LGS: El órgano instructor, a la vista del expediente y del informe del órgano colegiado, formulará la propuesta de resolución provisional, debidamente motivada, que deberá notificarse a los interesados en la forma que establezca la convocatoria, y se concederá un plazo de 10 días para presentar alegaciones.

34. d) Sí, cuando no figuren en procedimiento ni sean tenidos en cuenta otros hechos ni otras alegaciones y pruebas que las aducidas por los interesados.

Artículo 24 LGS: Se podrá prescindir del trámite de audiencia cuando no figuren en procedimiento ni sean tenidos en cuenta otros hechos ni otras alegaciones y pruebas que las aducidas por los interesados. En este caso, la propuesta de resolución formulada tendrá el carácter de definitiva.

35. a) Seis meses.

Artículo 25 LGS: 4. El plazo máximo para resolver y notificar la resolución del procedimiento no podrá exceder de seis meses, salvo que una norma con rango de ley establezca un plazo mayor o así venga previsto en la normativa de la Unión Europea. El plazo se computará a partir de la publicación de la correspondiente convocatoria, salvo que la misma posponga sus efectos a una fecha posterior.

36. b) Para entender desestimada su solicitud por silencio administrativo.

Artículo 25 LGS: 5. El vencimiento del plazo máximo sin haberse notificado la resolución legitima a los interesados para entender desestimada por silencio administrativo la solicitud de concesión de la subvención.

37. d) 50 %.

Artículo 29 LGS: 2. El beneficiario únicamente podrá subcontratar, total o parcialmente, la actividad cuando la normativa reguladora de la subvención así lo prevea. La actividad subvencionada que el beneficiario subcontrate con terceros no excederá del porcentaje que se fije en las bases reguladoras de la subvención. En el supuesto de que tal previsión no figure, el beneficiario podrá subcontratar hasta un porcentaje que no exceda del 50 % del importe de la actividad subvencionada.

38. d) La actividad concertada con terceros exceda del 20 % del importe de la subvención y dicho importe sea superior a 60.000 euros.

Artículo 29 LGS: 3. Cuando la actividad concertada con terceros exceda del 20 % del importe de la subvención y dicho importe sea superior a 60.000 euros, la subcontratación estará sometida al cumplimiento de los siguientes requisitos:

a) Que el contrato se celebre por escrito.

b) Que la celebración del mismo se autorice previamente por la entidad concedente de la subvención en la forma que se determine en las bases reguladoras.

39. c) Personas o entidades vinculadas con el beneficiario, en cualquier caso.

d) Personas o entidades vinculadas con el beneficiario, salvo que concurran las siguientes circunstancias:

1.ª Que se obtenga la previa autorización expresa del órgano concedente.

2.ª Que el importe subvencionable no exceda del coste incurrido por la entidad vinculada. La acreditación del coste se realizará en la justificación en los mismos términos establecidos para la acreditación de los gastos del beneficiario. El resto de respuestas son correctas.

40. c) Los intereses deudores de las cuentas bancarias si están directamente relacionados con la actividad subvencionada, sean indispensables y se prevean en las bases reguladoras.

Artículo 31 LGS: En ningún caso serán gastos subvencionables:

a) Los intereses deudores de las cuentas bancarias.

b) Intereses, recargos y sanciones administrativas y penales.

c) Los gastos de procedimientos judiciales. Las demás respuestas son correctas.

41. d) Tasación pericial contradictoria.

Artículo 33 LGS: 1. La Administración podrá comprobar el valor de mercado de los gastos subvencionados empleando uno o varios de los siguientes medios:

a) Precios medios de mercado.

b) Cotizaciones en mercados nacionales y extranjeros.

c) Estimación por referencia a los valores que figuren en los registros oficiales de carácter fiscal.

d) Dictamen de peritos de la Administración.

e) Tasación pericial contradictoria.

f) Cualesquiera otros medios de prueba admitidos en derecho.

42. d) Todas son correctas.

Todas ellas aparecen en el artículo 37 de la LGS.

43. a) Ingresos de derecho público, resultando de aplicación para su cobranza lo previsto en la Ley General Presupuestaria.

Artículo 38 LGS: 1. Las cantidades a reintegrar tendrán la consideración de ingresos de derecho público, resultando de aplicación para su cobranza lo previsto en la Ley General Presupuestaria.

44. c) 25 %.

Artículo 38 LGS: 2. El interés de demora aplicable en materia de subvenciones será el interés legal del dinero incrementado en un 25 %, salvo que la Ley de Presupuestos Generales del Estado establezca otro diferente.

45. c) A los cuatro años.

Artículo 39 LGS: 1. Prescribirá a los cuatro años el derecho de la Administración a reconocer o liquidar el reintegro.

46. b) 12 meses desde la fecha del acuerdo de iniciación.

Artículo 42 LGS: 4. El plazo máximo para resolver y notificar la resolución del procedimiento de reintegro será de 12 meses desde la fecha del acuerdo de iniciación.

47. a) La presentación fuera de plazo de las cuentas justificativas de la aplicación dada a los fondos percibidos.

Artículo 56 LGS: a) La presentación fuera de plazo de las cuentas justificativas de la aplicación dada a los fondos percibidos. El resto de infracciones tienen la consideración de graves de conformidad con el artículo 57 de la LGS.

48. a) La falta de justificación del empleo dado a los fondos recibidos una vez transcurrido el plazo establecido para su presentación.

Todas ellas aparecen en el listado del artículo 58 de la LGS excepto la respuesta a) que tiene la consideración de infracción grave.

49. b) 75 y 6.000 euros.

Artículo 59 LGS: La multa fija estará comprendida entre 75 y 6.000 euros y la multa proporcional puede ir del tanto al triple de la cantidad indebidamente obtenida, aplicada o no justificada o, en el caso de entidades colaboradoras, de los fondos indebidamente aplicados o justificados.

50. d) Doble de la cantidad indebidamente obtenida, aplicada o no justificada.

Artículo 62 LGS: 1. Las infracciones graves serán sancionadas con multa pecuniaria proporcional del tanto al doble de la cantidad indebidamente obtenida, aplicada o no justificada o, en el caso de entidades colaboradoras, de los fondos indebidamente aplicados o justificados.

51. b) Prohibición, durante un plazo de hasta cinco años, para celebrar contratos con la Administración u otros entes públicos.

Artículo 63 LGS: 2. Cuando el importe del perjuicio económico correspondiente a la infracción muy grave exceda de 30.000 euros, concurriendo alguna de las circunstancias previstas en los párrafos b) y c) del apartado 1 del artículo 60 de esta ley, los infractores podrán ser sancionados, además, con:

a) Pérdida, durante un plazo de hasta cinco años, de la posibilidad de obtener subvenciones, ayudas públicas y avales de la Administración u otros entes públicos.

b) Prohibición, durante un plazo de hasta cinco años, para celebrar contratos con la Administración u otros entes públicos.

c) Pérdida, durante un plazo de hasta cinco años, de la posibilidad de actuar como entidad colaboradora en relación con las subvenciones reguladas en esta ley.

52. **b) Cuatro años a contar desde el día en que la infracción se hubiera cometido.**

Artículo 65 LGS: 1. Las infracciones prescribirán en el plazo de cuatro años a contar desde el día en que la infracción se hubiera cometido.

53. **b) Cuatro años a contar desde el día en que la infracción se hubiera cometido.**

Artículo 65 LGS: 2. Las sanciones prescribirán en el plazo de cuatro años a contar desde el día siguiente a aquel en que hubiera adquirido firmeza la resolución por la que se impuso la sanción.

54. **a) Se aplicará de oficio, sin perjuicio de que pueda ser solicitada su declaración por el interesado.**

Artículo 65 LGS: 4. La prescripción se aplicará de oficio, sin perjuicio de que pueda ser solicitada su declaración por el interesado.

55. **d) Los ministros o los secretarios de Estado de los departamentos ministeriales concedentes.**

Artículo 65 LGS: 1. Las sanciones en materia de subvenciones serán acordadas e impuestas por los ministros o los secretarios de Estado de los departamentos ministeriales concedentes. En el caso de subvenciones concedidas por las demás entidades concedentes, las sanciones serán acordadas e impuestas por los titulares de los ministerios a los que estuvieran adscritas.

Ley 58/2003, de 17 de noviembre, General Tributaria

TEST N.º 1

Principios Generales

1. De conformidad con la Ley 58/2003, de 17 de diciembre, General Tributaria (LGT), los tributos se definen como:

a) Prestaciones pecuniarias exigidas exclusivamente por la Administración General del Estado como consecuencia de la realización del supuesto de hecho al que la ley vincula el deber de contribuir, con el fin primordial de obtener los ingresos necesarios para el sostenimiento de los gastos públicos.

b) Prestaciones pecuniarias o no pecuniarias exigidas por una Administración Pública como consecuencia de la realización del supuesto de hecho al que la ley o el reglamento vincula el deber de contribuir, con el fin primordial de obtener los ingresos necesarios para el sostenimiento de los gastos públicos.

c) Prestaciones pecuniarias exigidas por una Administración Pública como consecuencia de la realización del supuesto de hecho al que la ley vincula el deber de contribuir, con el fin primordial de obtener los ingresos necesarios para el sostenimiento de los gastos públicos.

d) Prestaciones pecuniarias exigidas por una Administración Pública o Administración Privada como consecuencia de la realización del supuesto de hecho al que la ley vincula el derecho y el deber de contribuir, con el fin primordial de obtener los ingresos necesarios para el sostenimiento de los gastos públicos.

2. De conformidad con el artículo 2 de la LGT, los tributos, cualquiera que sea su denominación, se clasifican en:

a) Tasas, contribuciones especiales e impuestos.
b) Tributos directos e indirectos.
c) Tasas, precios públicos, contribuciones especiales e impuestos.
d) Tasas, precios públicos e impuestos directos e indirectos.

3. ¿Cuál de las siguientes definiciones corresponde con la de tasas?

a) Son los tributos cuyo hecho imponible consiste en la obtención por el obligado tributario de un beneficio o de un aumento de valor de sus bienes como consecuencia de la realización de obras públicas o del establecimiento o ampliación de servicios públicos.

b) Son los tributos exigidos sin contraprestación cuyo hecho imponible está constituido por negocios, actos o hechos que ponen de manifiesto la capacidad económica del contribuyente.

c) Son los tributos cuyo hecho imponible consiste en la utilización privativa o el aprovechamiento especial del dominio público, la prestación de servicios o la realización de actividades en régimen de derecho público que se refieran, afecten o beneficien de modo particular al obligado tributario, cuando los servicios o actividades no sean de solicitud o recepción voluntaria para los obligados tributarios o no se presten o realicen por el sector privado.

d) Ninguna es correcta.

4. ¿Cuál de las siguientes definiciones corresponde con la de impuestos?

a) Son los tributos cuyo hecho imponible consiste en la obtención por el obligado tributario de un beneficio o de un aumento de valor de sus bienes como consecuencia de la realización de obras públicas o del establecimiento o ampliación de servicios públicos.

b) Son los tributos exigidos sin contraprestación cuyo hecho imponible está constituido por negocios, actos o hechos que ponen de manifiesto la capacidad económica del contribuyente.

c) Son los tributos cuyo hecho imponible consiste en la utilización privativa o el aprovechamiento especial del dominio público, la prestación de servicios o la realización de actividades en régimen de derecho público que se refieran, afecten o beneficien de modo particular al obligado tributario, cuando los servicios o actividades no sean de solicitud o recepción voluntaria para los obligados tributarios o no se presten o realicen por el sector privado.

d) Ninguna es correcta.

5. Marca la respuesta completa o la más completa. La ordenación del sistema tributario se basa en la capacidad económica de las personas obligadas a satisfacer los tributos y en los principios de:

a) Justicia, generalidad, igualdad, progresividad, equitativa distribución de la carga tributaria y no confiscatoriedad.

b) Proporcionalidad, eficacia y eficiencia.

c) Redistribución de ingresos, progresividad, justicia, pluralidad.

d) Igualdad, justicia, redistribución de renta, no confiscatoriedad, eficacia y eficiencia.

6. De conformidad con el artículo 3.2 de la LGT se prohíbe el establecimiento de cualquier instrumento extraordinario de regularización fiscal que pueda suponer:

a) Un aumento de la deuda tributaria devengada de acuerdo con la normativa vigente.

b) Una minoración de la deuda tributaria devengada de acuerdo con la normativa vigente.

c) Una injusta distribución de ingresos y gastos entre los ciudadanos.

d) Ninguna es correcta.

7. Marca la respuesta incorrecta. La aplicación del sistema tributario se basará en los principios de:

a) Proporcionalidad.

b) Eficacia.

c) Limitación de costes directos derivados del cumplimiento de obligaciones formales e informales.

d) Todas son correctas.

8. La potestad originaria para establecer tributos corresponde:

a) Al Estado y a las CC.AA.

b) Exclusivamente al Estado.

c) Al Estado, a las CC.AA. y a las entidades públicas con personalidad jurídica que se regulan en la LGT.

d) A cualquier Administración Pública cuando una ley así lo recoja.

9. Las comunidades autónomas y las entidades locales, ¿pueden establecer y exigir tributos?

a) No, dado que la potestad originaria corresponde al Estado.

b) Sí, en todo caso.

c) Sí, de acuerdo con las leyes y reglamentos tributarios.

d) Sí, de acuerdo con la Constitución y las leyes.

10. ¿Podrán exigir tributos el resto de entidades del derecho público que no sean el Estado, las Comunidades Autónomas o las Entidades Locales?

a) No, en ningún caso.

b) Sí, en las mismas condiciones que el Estado, las Comunidades Autónomas y las Entidades Locales.

c) No, salvo que así lo establezca una directiva comunitaria.

d) Sí, cuando una ley así lo determine.

11. De conformidad con el artículo 5.3 de la LGT, ¿a qué órgano corresponden las competencias en materia de aplicación de los tributos derivadas o atribuidas por la normativa sobre asistencia mutua?

a) Al Gobierno.

b) Al Interventor General.

c) A la Agencia Estatal de la Administración Tributaria.

d) Al Ministerio de Tributos.

12. Marca la respuesta incorrecta o la menos correcta. De conformidad con el artículo 7 de la LGT, los tributos se regirán:

a) Por la Constitución.

b) Por las normas que dicte la Unión Europea y otros organismos internacionales o supranacionales a los que se atribuya el ejercicio de competencias en materia tributaria de conformidad con el artículo 93 de la Constitución.

c) Por la Ley General Presupuestaria.

d) Por las disposiciones reglamentarias dictadas en desarrollo de las normas anteriores y, específicamente en el ámbito tributario local, por las correspondientes ordenanzas fiscales.

13. Marca la respuesta incorrecta o la menos correcta. De conformidad con el artículo 8 de la LGT, se regularán en todo caso por ley:

a) La delimitación del hecho imponible, del devengo, de la base imponible y liquidable, la fijación del tipo de gravamen y de los demás elementos directamente determinantes de la cuantía de la deuda tributaria, así como el establecimiento de presunciones que no admitan prueba en contrario.

b) La determinación de los actos susceptibles de reclamación en vía contencioso-administrativa.

c) Las consecuencias del incumplimiento de las obligaciones tributarias respecto de la eficacia de los actos o negocios jurídicos.

d) Los supuestos en que proceda el establecimiento de las intervenciones tributarias de carácter permanente.

14. Si no se dispone en ellas otra cosa, las normas tributarias entrarán en vigor:

a) A los veinte días naturales de su completa publicación en el boletín oficial que corresponda.

b) A los diez días hábiles de su completa publicación en el boletín oficial que corresponda.

c) A los diez días naturales de su completa publicación en el boletín oficial que corresponda.

d) A los treinta días naturales de su completa publicación en el boletín oficial que corresponda.

15. De conformidad con el artículo 10 de la LGT, salvo que se disponga lo contrario, las normas tributarias:

a) Tendrán efecto retroactivo y se aplicarán a los tributos sin periodo impositivo devengados a partir de su entrada en vigor y a los demás tributos cuyo periodo impositivo se inicie desde ese momento.

b) No tendrán efecto retroactivo y se aplicarán a los tributos sin periodo impositivo devengados a partir de su entrada en vigor y a los demás tributos cuyo periodo impositivo se inicie desde ese momento.

c) Tendrán efecto retroactivo y se aplicarán a los tributos sin periodo impositivo devengados a partir del día siguiente de su entrada en vigor y a los demás tributos cuyo periodo impositivo se inicie desde ese momento.

d) No tendrán efecto retroactivo y se aplicarán a los tributos sin periodo impositivo devengados a partir del día siguiente de su entrada en vigor y a los demás tributos cuyo periodo impositivo se inicie desde ese momento.

16. Las normas que regulen el régimen de infracciones y sanciones tributarias y el de los recargos:

a) Tendrán efectos retroactivos respecto de los actos que no sean firmes cuando su aplicación resulte más favorable para el interesado.

b) No tendrán efectos retroactivos respecto de los actos que no sean firmes cuando su aplicación resulte más favorable para el interesado.

c) Tendrán efectos retroactivos respecto de los actos que sean firmes cuando su aplicación resulte más favorable para el interesado.

d) No tendrán efectos retroactivos respecto de los actos que sean firmes cuando su aplicación resulte menos favorable para el interesado.

17. Marca la respuesta correcta o la más correcta de conformidad con el artículo 11 de la LGT:

a) Los tributos se aplicarán conforme a los criterios de progresividad o justicia que establezca la ley en cada caso. En su defecto, los tributos de carácter personal se exigirán conforme al criterio de residencia y los demás tributos conforme al criterio de territorialidad que resulte más adecuado a la naturaleza del objeto gravado.

b) Los tributos se aplicarán conforme a los criterios de residencia o territorialidad que establezca la ley en cada caso. En su defecto, los tributos de carácter personal se exigirán conforme al criterio de territorialidad y los demás tributos conforme al criterio de residencia que resulte más adecuado a la naturaleza del objeto gravado.

c) Los tributos se aplicarán conforme a los criterios de residencia o territorialidad que establezca la ley en cada caso. En su defecto, los tributos de carácter personal se exigirán conforme al criterio de residencia y los demás tributos conforme al criterio de territorialidad que resulte más adecuado a la naturaleza del objeto gravado.

d) Los tributos se aplicarán conforme a los criterios de carga impositiva o territorialidad que establezca la ley en cada caso. En su defecto, los tributos de carácter personal se exigirán conforme al criterio de no confiscatoriedad y los demás tributos conforme al criterio de territorialidad que resulte más adecuado a la naturaleza del objeto gravado.

18. Marca la respuesta correcta. Se entenderá que existe conflicto en la aplicación de la norma tributaria cuando se evite total o parcialmente la realización del hecho imponible o se minore la base o la deuda tributaria mediante actos o negocios en los que concurran las siguientes circunstancias:

a) Que, individualmente considerados o en su conjunto, sean notoriamente artificiosos o impropios para la consecución del resultado obtenido.

b) Que de su utilización resulten efectos jurídicos o económicos relevantes, distintos del ahorro fiscal y de los efectos que se hubieran obtenido con los actos o negocios usuales o propios.

c) Las respuestas a) y b) son correctas.

d) Ninguna es correcta.

19. Para que la Administración tributaria pueda declarar el conflicto en la aplicación de la norma tributaria será necesario:

a) El previo informe del Tribunal de Cuentas.
b) El previo informe del Interventor General.
c) El previo informe de la Comisión consultiva.
d) El previo informe de la Agencia Estatal de la Administración Tributaria.

20. De conformidad con el artículo 16 de la LGT, en la regularización que proceda como consecuencia de la existencia de simulación:

a) No se exigirán los intereses de demora ni, en su caso, la sanción pertinente.
b) Se exigirán los intereses de demora y, en su caso, la sanción pertinente.
c) Se exigirán los recargos y multas correspondientes.
d) Ninguna es correcta.

Soluciones comentadas

1. **c) Prestaciones pecuniarias exigidas por una Administración Pública como consecuencia de la realización del supuesto de hecho al que la ley vincula el deber de contribuir, con el fin primordial de obtener los ingresos necesarios para el sostenimiento de los gastos públicos.**

    Artículo 2 LGT: 1. Los tributos son los ingresos públicos que consisten en prestaciones pecuniarias exigidas por una Administración Pública como consecuencia de la realización del supuesto de hecho al que la ley vincula el deber de contribuir, con el fin primordial de obtener los ingresos necesarios para el sostenimiento de los gastos públicos.

2. **a) Tasas, contribuciones especiales e impuestos.**

    Artículo 2 LGT: 2. Los tributos, cualquiera que sea su denominación, se clasifican en tasas, contribuciones especiales e impuestos:

3. **c) Son los tributos cuyo hecho imponible consiste en la utilización privativa o el aprovechamiento especial del dominio público, la prestación de servicios o la realización de actividades en régimen de derecho público que se refieran, afecten o beneficien de modo particular al obligado tributario, cuando los servicios o actividades no sean de solicitud o recepción voluntaria para los obligados tributarios o no se presten o realicen por el sector privado.**

    Artículo 2 LGT: a) Tasas son los tributos cuyo hecho imponible consiste en la utilización privativa o el aprovechamiento especial del dominio público, la prestación de servicios o la realización de actividades en régimen de derecho público que se refieran, afecten o beneficien de modo particular al obligado tributario, cuando los servicios o actividades no sean de solicitud o recepción voluntaria para los obligados tributarios o no se presten o realicen por el sector privado.

4. **b) Son los tributos exigidos sin contraprestación cuyo hecho imponible está constituido por negocios, actos o hechos que ponen de manifiesto la capacidad económica del contribuyente.**

    Artículo 2 LGT: c) Impuestos son los tributos exigidos sin contraprestación cuyo hecho imponible está constituido por negocios, actos o hechos que ponen de manifiesto la capacidad económica del contribuyente.

5. **a) Justicia, generalidad, igualdad, progresividad, equitativa distribución de la carga tributaria y no confiscatoriedad.**

    Artículo 3 LGT: 1. La ordenación del sistema tributario se basa en la capacidad económica de las personas obligadas a satisfacer los tributos y en los principios de justicia, generalidad, igualdad, progresividad, equitativa distribución de la carga tributaria y no confiscatoriedad.

6. **b) Una minoración de la deuda tributaria devengada de acuerdo con la normativa vigente.**

    Artículo 3 LGT: A estos efectos, se prohíbe el establecimiento de cualquier instrumento extraordinario de regularización fiscal que pueda suponer una minoración de la deuda tributaria devengada de acuerdo con la normativa vigente.

7. **c) Limitación de costes directos derivados del cumplimiento de obligaciones formales e informales.**

    Artículo 3 LGT: 2. La aplicación del sistema tributario se basará en los principios de proporcionalidad, eficacia y limitación de costes indirectos derivados del cumplimiento de obligaciones formales y asegurará el respeto de los derechos y garantías de los obligados tributarios.

8. **b) Exclusivamente al Estado.**

    Artículo 4 LGT: 1. La potestad originaria para establecer tributos corresponde exclusivamente al Estado, mediante ley.

9. **d) Sí, de acuerdo con la Constitución y las leyes.**

    Artículo 4 LGT: 2. Las comunidades autónomas y las entidades locales podrán establecer y exigir tributos, de acuerdo con la Constitución y las leyes.

10. **d) Sí, cuando una ley así lo determine.**

    Artículo 4 LGT: 3. Las demás entidades de derecho público podrán exigir tributos cuando una ley así lo determine.

11. **c) A la Agencia Estatal de la Administración Tributaria.**

    Artículo 5 LGT: Corresponden a la Agencia Estatal de Administración Tributaria las competencias en materia de aplicación de los tributos derivadas o atribuidas por la normativa sobre asistencia mutua.

12. **c) Por la Ley General Presupuestaria.**

    Artículo 7 LGT: d) Por esta ley, por las leyes reguladoras de cada tributo y por las demás leyes que contengan disposiciones en materia tributaria. El resto de respuestas están correctas y completas.

13. **b) La determinación de los actos susceptibles de reclamación en vía contencioso-administrativa.**

    Artículo 8 LGT: l) La determinación de los actos susceptibles de reclamación en vía económico-administrativa. El resto de respuestas son correctas.

14. a) **A los veinte días naturales de su completa publicación en el boletín oficial que corresponda.**

Artículo 10 LGT: 1. Las normas tributarias entrarán en vigor a los veinte días naturales de su completa publicación en el boletín oficial que corresponda, si en ellas no se dispone otra cosa, y se aplicarán por plazo indefinido, salvo que se fije un plazo determinado.

15. b) **No tendrán efecto retroactivo y se aplicarán a los tributos sin periodo impositivo devengados a partir de su entrada en vigor y a los demás tributos cuyo periodo impositivo se inicie desde ese momento.**

Artículo 10 LGT: 2. Salvo que se disponga lo contrario, las normas tributarias no tendrán efecto retroactivo y se aplicarán a los tributos sin periodo impositivo devengados a partir de su entrada en vigor y a los demás tributos cuyo periodo impositivo se inicie desde ese momento.

16. a) **Tendrán efectos retroactivos respecto de los actos que no sean firmes cuando su aplicación resulte más favorable para el interesado.**

Artículo 10 LGT: No obstante, las normas que regulen el régimen de infracciones y sanciones tributarias y el de los recargos tendrán efectos retroactivos respecto de los actos que no sean firmes cuando su aplicación resulte más favorable para el interesado.

17. c) **Los tributos se aplicarán conforme a los criterios de residencia o territorialidad que establezca la ley en cada caso. En su defecto, los tributos de carácter personal se exigirán conforme al criterio de residencia y los demás tributos conforme al criterio de territorialidad que resulte más adecuado a la naturaleza del objeto gravado.**

Artículo 11 LGT: Los tributos se aplicarán conforme a los criterios de residencia o territorialidad que establezca la ley en cada caso. En su defecto, los tributos de carácter personal se exigirán conforme al criterio de residencia y los demás tributos conforme al criterio de territorialidad que resulte más adecuado a la naturaleza del objeto gravado.

18. a) **Que, individualmente considerados o en su conjunto, sean notoriamente artificiosos o impropios para la consecución del resultado obtenido.**

Artículo 15 LGT: 1. Se entenderá que existe conflicto en la aplicación de la norma tributaria cuando se evite total o parcialmente la realización del hecho imponible o se minore la base o la deuda tributaria mediante actos o negocios en los que concurran las siguientes circunstancias:

a) Que, individualmente considerados o en su conjunto, sean notoriamente artificiosos o impropios para la consecución del resultado obtenido.

b) Que de su utilización no resulten efectos jurídicos o económicos relevantes, distintos del ahorro fiscal y de los efectos que se hubieran obtenido con los actos o negocios usuales o propios.

19. c) El previo informe de la Comisión consultiva.

Artículo 15 LGT: 2. Para que la Administración tributaria pueda declarar el conflicto en la aplicación de la norma tributaria será necesario el previo informe favorable de la Comisión consultiva a que se refiere el artículo 159 de esta ley.

20. b) Se exigirán los intereses de demora y, en su caso, la sanción pertinente.

Artículo 16 LGT: 3. En la regularización que proceda como consecuencia de la existencia de simulación se exigirán los intereses de demora y, en su caso, la sanción pertinente.

TEST N.º 2

Obligaciones y obligados tributarios

1. Marca la respuesta más correcta o completa. Se entiende por relación jurídico-tributaria:

a) El conjunto de obligaciones y deberes, derechos y potestades originados por la aplicación de los impuestos.

b) El conjunto de obligaciones y deberes, derechos y potestades que corresponden al sujeto pasivo.

c) El conjunto de obligaciones y deberes, derechos y potestades originados por la aplicación de los tributos.

d) El conjunto de deberes y derechos originados por la aplicación de los tributos.

2. Son obligaciones tributarias materiales:

a) La obligación de solicitar y utilizar el número de identificación fiscal en sus relaciones de naturaleza o con trascendencia tributaria.

b) Las de realizar pagos a cuenta.

c) La obligación de expedir y entregar facturas o documentos sustitutivos y conservar las facturas, documentos y justificantes que tengan relación con sus obligaciones tributarias.

d) Todas las anteriores.

3. No es/son obligación/es tributaria/s material/es:

a) La obligación de facilitar la práctica de inspecciones y comprobaciones administrativas.

b) La de realizar pagos a cuenta.

c) La de carácter principal.

d) La accesoria.

4. La obligación tributaria principal:

a) Tiene por objeto el cobro de la deuda.

b) Tiene por objeto el pago de la cuota tributaria.

c) Tiene por objeto el cálculo de la base imponible.

d) Todas las opciones son correctas.

5. El hecho imponible:

a) Es el momento en el que se entiende realizado el hecho imponible y en el que se produce el nacimiento de la obligación tributaria principal.

b) Es la magnitud dineraria o de otra naturaleza que resulta de la medición o valoración del hecho imponible.

c) Es el presupuesto fijado por la ley para configurar cada tributo y cuya realización origina el nacimiento de la obligación tributaria principal.

d) Es la magnitud resultante de practicar, en su caso, en la base imponible las reducciones establecidas en la ley.

6. El devengo:

a) Es el momento en el que se entiende realizado el hecho imponible y en el que se produce el nacimiento de la obligación tributaria principal.

b) Es la magnitud dineraria o de otra naturaleza que resulta de la medición o valoración del hecho imponible.

c) Es el presupuesto fijado por la ley para configurar cada tributo y cuya realización origina el nacimiento de la obligación tributaria principal.

d) Es la magnitud resultante de practicar, en su caso, en la base imponible las reducciones establecidas en la ley.

7. Son supuestos de exención:

a) Aquellos en los que no existe una sujeción del tributo al hecho imponible.

b) Aquellos en que, a pesar de realizarse el hecho imponible, la ley exime del cumplimiento de la obligación tributaria principal.

c) Aquellos en los que al no realizarse el hecho imponible no puede exigirse el tributo.

d) Ninguna es correcta.

8. La obligación tributaria de realizar pagos a cuenta:

a) Tiene carácter solidario respecto de la obligación tributaria principal.

b) Tiene carácter dependiente respecto de la obligación tributaria principal.

c) Tiene carácter subsidiario respecto de la obligación tributaria principal.

d) Tiene carácter autónomo respecto de la obligación tributaria principal.

9. Son obligaciones entre particulares resultantes del tributo:

a) Las que tienen por objeto una prestación de naturaleza no tributaria exigible entre obligados tributarios.

b) Las que tienen por objeto una prestación de naturaleza pública exigible entre obligados tributarios.

c) Las que tienen por objeto una prestación de naturaleza pública o privada exigible entre obligados tributarios.

d) Las que tienen por objeto una prestación de naturaleza tributaria exigible entre obligados tributarios.

10. Marca la respuesta más correcta o completa. Son obligaciones entre particulares resultantes del tributo, entre otras:

a) Las que se generan como consecuencia de actos de repercusión.
b) Las que se generan como consecuencia de actos de retención.
c) Las que se generan como consecuencia de actos de ingreso a cuenta.
d) Todas son correctas.

11. Tienen la naturaleza de obligaciones tributarias accesorias las obligaciones de satisfacer:

a) El interés de demora.
b) Los recargos por declaración temporánea.
c) Los recargos del periodo de ejecución forzosa.
d) Todas son correctas.

12. Las sanciones tributarias:

a) No tienen la consideración de obligaciones accesorias.
b) Tienen la consideración de obligaciones accesorias.
c) No aparecen reguladas en la LGT.
d) Las respuestas b) y c) son correctas.

13. El interés de demora es una prestación accesoria que se exigirá a los obligados tributarios y a los sujetos infractores como consecuencia:

a) De la realización de un pago fuera de plazo o de la presentación de una autoliquidación o declaración de la que resulte una cantidad a ingresar una vez finalizado el plazo establecido al efecto en la normativa tributaria, del cobro de una devolución improcedente o en el resto de casos previstos en la normativa tributaria.
b) De la presentación de autoliquidaciones o declaraciones fuera de plazo sin requerimiento previo de la Administración tributaria.
c) Del inicio del periodo ejecutivo.
d) Ninguna es correcta.

14. La exigencia del interés de demora tributario:

a) Requiere la previa intimación de la Administración y la concurrencia de un retraso culpable en el obligado.
b) No requiere la previa intimación de la Administración, pero sí la concurrencia de un retraso culpable en el obligado.
c) No requiere la previa intimación de la Administración ni la concurrencia de un retraso culpable en el obligado.
d) Requiere la previa intimación de la Administración, pero no la concurrencia de un retraso culpable en el obligado.

15. Marca la respuesta incorrecta. El interés de demora se exigirá, entre otros, en los siguientes supuestos:

a) Cuando finalice el plazo establecido para el pago en periodo voluntario de una deuda resultante de una liquidación practicada por la Administración o del importe de una sanción, sin que el ingreso se hubiera efectuado.

b) Cuando se suspenda la ejecución del acto, salvo en el supuesto de recursos y reclamaciones contra sanciones durante el tiempo que transcurra hasta la finalización del plazo de pago en periodo voluntario abierto por la notificación de la resolución que ponga fin a la vía administrativa.

c) Cuando se reciba una petición de cobro de deudas de titularidad de otros Estados o de entidades internacionales o supranacionales conforme a la normativa sobre asistencia mutua, salvo que dicha normativa establezca otra cosa.

d) Cuando aún no se haya iniciado el periodo ejecutivo, salvo lo dispuesto en el apartado 5 del artículo 28 de la LGT respecto a los intereses de demora cuando sea exigible el recargo ejecutivo o el recargo de apremio reducido.

16. El interés de demora será el interés legal del dinero vigente a lo largo del periodo en el que aquel resulte exigible, incrementado en un:

a) 25 %, salvo que la Ley de Presupuestos Generales del Estado establezca otro diferente.

b) 1 % más otro 1 % adicional por cada mes completo de retraso con que se presente la autoliquidación o declaración respecto al término del plazo establecido para la presentación e ingreso.

c) 50 %, salvo que la Ley de Presupuestos Generales del Estado establezca otro diferente.

d) 10 % y se aplicará cuando se satisfaga la totalidad de la deuda no ingresada en periodo voluntario.

17. Los recargos por declaración extemporánea son prestaciones accesorias que deben satisfacer los obligados tributarios:

a) De la realización de un pago fuera de plazo o de la presentación de una autoliquidación o declaración de la que resulte una cantidad a ingresar una vez finalizado el plazo establecido al efecto en la normativa tributaria, del cobro de una devolución improcedente o en el resto de casos previstos en la normativa tributaria.

b) De la presentación de autoliquidaciones o declaraciones fuera de plazo sin requerimiento previo de la Administración tributaria.

c) Del inicio del periodo ejecutivo.

d) Ninguna es correcta.

18. El recargo por declaración extemporánea será un porcentaje:

a) Del 25 %, salvo que la Ley de Presupuestos Generales del Estado establezca otro diferente.

b) Igual al 1 % más otro 1 % adicional por cada mes completo de retraso con que se presente la autoliquidación o declaración respecto al término del plazo establecido para la presentación e ingreso.

c) Igual al 2 % más otro 1 % adicional por cada mes completo de retraso con que se presente la autoliquidación o declaración respecto al término del plazo establecido para la presentación e ingreso.

d) Del 20 % y se aplicará cuando se satisfaga la totalidad de la deuda no ingresada en periodo voluntario.

19. Respecto al recargo por declaración extemporánea, si la presentación de la autoliquidación o declaración se efectúa una vez transcurridos 12 meses desde el término del plazo establecido para la presentación:

a) El recargo será del 25 % y excluirá las sanciones que hubieran podido exigirse.
b) El recargo será del 25 % e incluirá las sanciones que hubieran podido exigirse.
c) El recargo será del 20 % e incluirá las sanciones que hubieran podido exigirse.
d) El recargo será del 15 % y excluirá las sanciones que hubieran podido exigirse.

20. Marca la respuesta correcta o la más correcta. Cuando el ingreso del importe del recargo por declaración extemporánea se realice en el plazo del artículo 2 del artículo 62 de la LGT, se reducirá en (marcar la correcta o más correcta):

a) El 25 %.
b) El 50 %.
c) El 10 %.
d) El 90 %.

21. Los recargos del periodo ejecutivo se devengan como consecuencia:

a) De la realización de un pago fuera de plazo o de la presentación de una autoliquidación o declaración de la que resulte una cantidad a ingresar una vez finalizado el plazo establecido al efecto en la normativa tributaria, del cobro de una devolución improcedente o en el resto de casos previstos en la normativa tributaria.

b) De la presentación de autoliquidaciones o declaraciones fuera de plazo sin requerimiento previo de la Administración tributaria.

c) Del inicio del periodo ejecutivo.
d) Ninguna es correcta.

22. ¿Cuál de los siguientes no es un tipo de recargo de periodo ejecutivo?

a) Recargo ejecutivo.
b) Recargo de apremio simple.
c) Recargo de apremio reducido.
d) Recargo de apremio ordinario.

23. El recargo ejecutivo será del:

a) 5 % y se aplicará cuando se satisfaga la totalidad de la deuda no ingresada en periodo voluntario antes de la notificación de la providencia de apremio.

b) 10 % y se aplicará cuando se satisfaga la totalidad de la deuda no ingresada en periodo voluntario y el propio recargo antes de la finalización del plazo previsto en el apartado 5 del artículo 62 de la LGT para las deudas apremiadas.

c) 20 % y será aplicable cuando no concurran las circunstancias indicadas en las respuestas a) y b).

d) Ninguna es correcta.

24. El recargo de apremio ordinario será del:

a) 5 % y se aplicará cuando se satisfaga la totalidad de la deuda no ingresada en periodo voluntario antes de la notificación de la providencia de apremio.

b) 10 % y se aplicará cuando se satisfaga la totalidad de la deuda no ingresada en periodo voluntario y el propio recargo antes de la finalización del plazo previsto en el apartado 5 del artículo 62 de la LGT para las deudas apremiadas.

c) 20 % y será aplicable cuando no concurran las circunstancias indicadas en las respuestas a) y b).

d) Ninguna es correcta.

25. Marca la respuesta correcta o la más correcta:

a) El recargo de apremio ordinario no es compatible con los intereses de demora.

b) Cuando resulte exigible el recargo ejecutivo o el recargo de apremio reducido se exigirán también los intereses de demora devengados desde el inicio del periodo ejecutivo.

c) El recargo de apremio ordinario es compatible con los intereses de demora.

d) El recargo de apremio simple no es compatible con los intereses de demora.

26. Son obligaciones tributarias formales:

a) Las que, sin tener carácter pecuniario, son impuestas por la normativa tributaria o aduanera a los obligados tributarios, deudores o no del tributo, y cuyo cumplimiento está relacionado con el desarrollo de actuaciones o procedimientos tributarios o aduaneros.

b) Aquellas que consisten en prestaciones pecuniarias que se deben satisfacer a la Administración tributaria y cuya exigencia se impone en relación con otra obligación tributaria.

c) Las que tienen por objeto una prestación de naturaleza tributaria exigible entre obligados tributarios.

d) Todas son correctas.

27. Marca la respuesta incorrecta. Dentro de las obligaciones formales y de conformidad con el artículo 29 de la LGT, los obligados tributarios deberán cumplir las siguientes obligaciones:

a) La obligación de llevar y conservar libros de contabilidad y registros, así como los programas, ficheros y archivos informáticos que les sirvan de soporte y los sistemas de codificación utilizados que permitan la interpretación de los datos cuando la obligación se cumpla con utilización de sistemas informáticos. Se deberá facilitar la conversión de dichos datos a formato legible cuando la lectura o interpretación de los mismos no fuera posible por estar encriptados o codificados.

b) Las establecidas entre particulares resultantes del tributo.

c) La obligación de expedir y entregar facturas o documentos sustitutivos y conservar las facturas, documentos y justificantes que tengan relación con sus obligaciones tributarias.

d) La obligación de entregar un certificado de las retenciones o ingresos a cuenta practicados a los obligados tributarios perceptores de las rentas sujetas a retención o ingreso a cuenta.

28. De conformidad con el artículo 31 de la LGT, son devoluciones derivadas de la normativa de cada tributo:

a) Las correspondientes a cantidades no ingresadas o soportadas debidamente como consecuencia de la aplicación del tributo.

b) Las correspondientes a cantidades ingresadas o soportadas indebidamente como consecuencia de la aplicación del tributo.

c) Las correspondientes a cantidades no ingresadas o soportadas indebidamente como consecuencia de la aplicación del tributo.

d) Las correspondientes a cantidades ingresadas o soportadas debidamente como consecuencia de la aplicación del tributo.

29. Completa el texto con la opción correcta. Transcurrido el plazo fijado en las normas reguladoras de cada tributo y, en todo caso, el plazo de _____, sin que se hubiera ordenado el pago de la devolución por causa imputable a la Administración Tributaria, esta abonará el interés de demora regulado en el artículo 26 de la LGT:

a) 12 meses.
b) 3 meses.
c) 6 meses.
d) 2 meses.

30. En el supuesto de las devoluciones de ingresos indebidos regulados en el artículo 32 de la LGT, ¿está la Administración obligada a abonar el interés de demora?

a) Sí, previa solicitud del obligado tributario.
b) Sí, sin necesidad de que el obligado tributario lo solicite.
c) No, en ningún caso.
d) No, salvo que una norma con rango de ley o reglamentario lo establezca.

31. Cuando se proceda a la devolución de un ingreso indebido derivado de una autoliquidación ingresada en varios plazos:

a) Se entenderá que la cantidad devuelta se ingresó en el último plazo y, de no resultar cantidad suficiente, la diferencia se considerará satisfecha en los plazos inmediatamente anteriores.

b) Se entenderá que la cantidad devuelta se ingresó en el primer plazo y, de no resultar cantidad suficiente, la diferencia se considerará satisfecha en los plazos inmediatamente posteriores.

c) Se entenderá que la cantidad devuelta se ingresó en el quinto plazo y, de no resultar cantidad suficiente, la diferencia se considerará satisfecha en los plazos inmediatamente anteriores.

d) Se entenderá que la cantidad devuelta se ingresó en el segundo plazo y, de no resultar cantidad suficiente, la diferencia se considerará satisfecha en los plazos inmediatamente posteriores.

32. Marca la respuesta incorrecta. De conformidad con el artículo 34 de la LGT, constituyen derechos de los obligados tributarios:

a) Derecho a conocer el estado de tramitación de los procedimientos en los que sea parte.

b) Derecho a ser informado de los valores de los bienes inmuebles que vayan a ser objeto de adquisición o transmisión.

c) Derecho a formular quejas y sugerencias en relación con el funcionamiento de la Administración tributaria.

d) Todas son correctas.

33. ¿En qué artículo de la LGT se regulan los obligados tributarios?

a) En el artículo 32.
b) En el artículo 33.
c) En el artículo 35.
d) En el artículo 77.

34. ¿Cuál de los siguientes no es un obligado tributario?

a) Los contribuyentes.
b) Los obligados a practicar ingresos a cuenta.
c) Los obligados a no soportar los ingresos a cuenta.
d) Todos son obligados tributarios.

35. La concurrencia de varios obligados tributarios en un mismo presupuesto de una obligación determinará:

a) Que queden solidariamente obligados frente a la Administración tributaria al cumplimiento de todas las prestaciones, salvo que por ley se disponga expresamente otra cosa.

b) Que queden subsidiariamente obligados frente a la Administración tributaria al cumplimiento de todas las prestaciones, salvo que por ley se disponga expresamente otra cosa.

c) Que queden obligados frente a la Administración tributaria al cumplimiento de todas las prestaciones en el orden en el que aparezcan en la correspondiente solicitud, salvo que por ley se disponga expresamente otra cosa.

d) Ninguna es correcta.

36. De conformidad con el artículo 36 de la LGT, indicar la respuesta incorrecta:

a) Es sujeto pasivo el obligado tributario que, según la ley, debe cumplir la obligación tributaria principal, así como las obligaciones formales inherentes a la misma, sea como contribuyente o como sustituto del mismo. No perderá la condición de sujeto pasivo quien deba repercutir la cuota tributaria a otros obligados, salvo que la ley de cada tributo disponga otra cosa.

b) Es contribuyente el sujeto pasivo que realiza el hecho imponible.

c) Es sustituto el sujeto pasivo que, por imposición de la ley y en lugar del contribuyente, está obligado a cumplir la obligación tributaria principal, así como las obligaciones formales inherentes a la misma.

d) El sustituto no podrá exigir del contribuyente el importe de las obligaciones tributarias satisfechas, salvo que la ley señale otra cosa.

37. A la muerte de los obligados tributarios:

a) Las obligaciones tributarias pendientes se transmitirán a los herederos, sin perjuicio de lo que establece la legislación civil en cuanto a la adquisición de la herencia.

b) Las obligaciones tributarias quedarán extinguidas salvo las de carácter real.

c) Las obligaciones tributarias pendientes y las sanciones se transmitirán a los herederos, sin perjuicio de lo que establece la legislación civil en cuanto a la adquisición de la herencia.

d) Las obligaciones tributarias pendientes y las sanciones se transmitirán a los herederos, excepto si la deuda tributaria no estuviera liquidada a la fecha del fallecimiento.

38. Mientras la herencia se encuentre yacente, el cumplimiento de las obligaciones tributarias del causante corresponderá:

a) Al esposo o a la esposa del fallecido.

b) Al hijo o hija de mayor edad en todo caso.

c) Al heredero principal.

d) Al representante de la herencia yacente.

39. Las obligaciones tributarias pendientes de las sociedades y entidades con personalidad jurídica disueltas y liquidadas en las que la ley limita la responsabilidad patrimonial de los socios, partícipes o cotitulares:

a) Se transmitirán a estos, que quedarán obligados solidariamente hasta el límite del valor de la cuota de liquidación que les corresponda y demás percepciones patrimoniales recibidas por los mismos en los dos años anteriores a la fecha de disolución que minoren el patrimonio social que debiera responder de tales obligaciones.

b) Se transmitirán íntegramente a estos, que quedarán hasta el límite del valor de la cuota de liquidación que les corresponda y demás percepciones patrimoniales recibidas por los mismos.

c) Se transmitirán a estos, que quedarán obligados subsidiariamente hasta el límite del valor de la cuota de liquidación que les corresponda y demás percepciones patrimoniales recibidas por los mismos en los cinco años anteriores a la fecha de disolución que minoren el patrimonio social que debiera responder de tales obligaciones.

d) Se transmitirán íntegramente a estos, que quedarán obligados solidariamente a su cumplimiento.

40. Las obligaciones tributarias pendientes de las sociedades y entidades con personalidad jurídica, disueltas y liquidadas, en las que la ley no limita la responsabilidad patrimonial de los socios, partícipes o cotitulares:

a) Se transmitirán a estos, que quedarán obligados subsidiariamente hasta el límite del valor de la cuota de liquidación que les corresponda y demás percepciones patrimoniales recibidas por los mismos en los cinco años anteriores a la fecha de disolución que minoren el patrimonio social que debiera responder de tales obligaciones.

b) Se transmitirán a estos, que quedarán obligados solidariamente hasta el límite del valor de la cuota de liquidación que les corresponda y demás percepciones patrimoniales recibidas por los mismos en los dos años anteriores a la fecha de disolución que minoren el patrimonio social que debiera responder de tales obligaciones.

c) Se transmitirán íntegramente a estos, que quedarán hasta el límite del valor de la cuota de liquidación que les corresponda y demás percepciones patrimoniales recibidas por los mismos.

d) Se transmitirán íntegramente a estos, que quedarán obligados solidariamente a su cumplimiento.

41. De conformidad con el artículo 41 de la LGT, salvo precepto legal expreso en contrario, la responsabilidad será:

a) Siempre subsidiaria.
b) Siempre solidaria.
c) Generalmente solidaria.
d) Excepcionalmente subsidiaria.

42. Marca la respuesta incorrecta. Serán responsables solidarios de la deuda tributaria las siguientes personas:

a) Las que sean causantes o colaboren activamente en la realización de una infracción tributaria. Su responsabilidad también se extenderá a la sanción.

b) Las que sucedan por cualquier concepto en la titularidad o ejercicio de explotaciones o actividades económicas, por las obligaciones tributarias contraídas del anterior titular y derivadas de su ejercicio.

c) Las personas o entidades depositarias de los bienes del deudor que, una vez recibida la notificación del embargo, colaboren o consientan en el levantamiento de aquellos.

d) Los representantes aduaneros cuando actúen en nombre y por cuenta de sus comitentes. No obstante, esta responsabilidad subsidiaria no alcanzará a la deuda aduanera.

43. Serán responsables subsidiarios de la deuda tributaria las siguientes personas o entidades:

a) Los administradores de hecho o de derecho de aquellas personas jurídicas que hayan cesado en sus actividades, por las obligaciones tributarias devengadas de estas que se encuentren pendientes en el momento del cese, siempre que no hubieran hecho lo necesario para su pago o hubieren adoptado acuerdos o tomado medidas causantes del impago.

b) Las personas o entidades que contraten o subcontraten la ejecución de obras o la prestación de servicios correspondientes a su actividad económica principal, por las obligaciones tributarias relativas a tributos que deban repercutirse o cantidades que deban retenerse a trabajadores, profesionales u otros empresarios, en la parte que corresponda a las obras o servicios objeto de la contratación o subcontratación.

c) Las personas o entidades que tengan el control efectivo, total o parcial, directo o indirecto, de las personas jurídicas o en las que concurra una voluntad rectora común con estas, cuando resulte acreditado que las personas jurídicas han sido creadas o utilizadas de forma abusiva o fraudulenta para eludir la responsabilidad patrimonial universal frente a la Hacienda Pública y exista unicidad de personas o esferas económicas, o confusión o desviación patrimonial. La responsabilidad se extenderá a las obligaciones tributarias y a las sanciones de dichas personas jurídicas.

d) Todas son correctas.

44. Marca la respuesta correcta respecto a la capacidad de obrar en el orden tributario:

a) Tendrán capacidad de obrar en el orden tributario, además de las personas que la tengan conforme a derecho, los mayores de edad y los incapacitados en las relaciones tributarias derivadas de las actividades cuyo ejercicio les esté permitido por el ordenamiento jurídico sin asistencia de la persona que ejerza la patria potestad, tutela, curatela o defensa judicial. Se exceptúa el supuesto de los menores de edad.

b) Tendrán capacidad de obrar en el orden tributario, además de las personas que la tengan conforme a derecho, los menores de edad y los incapacitados en las relaciones tributarias derivadas de las actividades cuyo ejercicio les esté permitido por el ordenamiento jurídico sin asistencia de la persona que ejerza la patria potestad, tutela, curatela o defensa judicial. Se exceptúa el supuesto de los menores incapacitados cuando la extensión de la incapacitación afecte al ejercicio y defensa de los derechos e intereses de que se trate.

c) Tendrán capacidad de obrar en el orden tributario, además de las personas que la tengan conforme a derecho, los menores de edad y los incapacitados en las relaciones tributarias derivadas de las actividades cuyo ejercicio les esté permitido por el ordenamiento jurídico sin asistencia de la persona que ejerza la patria potestad, tutela, curatela o defensa judicial. No se exceptúa el supuesto de los menores incapacitados cuando la extensión de la incapacitación afecte al ejercicio y defensa de los derechos e intereses de que se trate.

d) Tendrán capacidad de obrar en el orden tributario, además de las personas que la tengan conforme a derecho, los menores de edad y los incapacitados en las relaciones tributarias derivadas de las actividades cuyo ejercicio les esté permitido por el ordenamiento jurídico con la asistencia de la persona que ejerza la patria potestad, tutela, curatela o defensa judicial. Se exceptúa el supuesto de los menores y mayores incapacitados cuando la extensión de la incapacitación afecte al ejercicio y defensa de los derechos e intereses de que se trate.

45. Marca la respuesta correcta o la más correcta. La representación deberá acreditarse por cualquier medio válido en Derecho, de conformidad con el artículo 46 de la LGT:

a) Para interponer recursos o reclamaciones.

b) Para los actos de mero trámite.

c) Para solicitar devoluciones de ingresos debidos.

d) Todas son correctas.

46. El domicilio fiscal será:

a) Para las personas físicas, el lugar donde tengan su residencia habitual. No obstante, para las personas físicas que desarrollen principalmente actividades económicas, en los términos que reglamentariamente se determinen, la Administración tributaria podrá considerar como domicilio fiscal el lugar donde esté efectivamente centralizada la gestión administrativa y la dirección de las actividades desarrolladas. Si no pudiera establecerse dicho lugar, prevalecerá aquel donde radique el mayor valor del inmovilizado en el que se realicen las actividades económicas.

b) Para las personas jurídicas, su domicilio social, siempre que en él esté efectivamente centralizada su gestión administrativa y la dirección de sus negocios. En otro caso, se atenderá al lugar en el que se lleve a cabo dicha gestión o dirección.

c) Para las personas o entidades no residentes en España, el domicilio fiscal se determinará según lo establecido en la normativa reguladora de cada tributo.

d) Todas son correctas.

Soluciones comentadas

1. **c) El conjunto de obligaciones y deberes, derechos y potestades originados por la aplicación de los tributos.**

   Justificación: Artículo 17 LGT: 1. Se entiende por relación jurídico-tributaria el conjunto de obligaciones y deberes, derechos y potestades originados por la aplicación de los tributos.

2. **b) Las de realizar pagos a cuenta.**

   Justificación: Artículo 17 LGT: 3. Son obligaciones tributarias materiales las de carácter principal, las de realizar pagos a cuenta, las establecidas entre particulares resultantes del tributo y las accesorias. Son obligaciones tributarias formales las definidas en el apartado 1 del artículo 29 de esta ley. El resto son obligaciones formales.

3. **a) La obligación de facilitar la práctica de inspecciones y comprobaciones administrativas.**

   Justificación: Artículo 17 LGT: 3. Son obligaciones tributarias materiales las de carácter principal, las de realizar pagos a cuenta, las establecidas entre particulares resultantes del tributo y las accesorias. Son obligaciones tributarias formales las definidas en el apartado 1 del artículo 29 de esta ley.

4. **b) Tiene por objeto el pago de la cuota tributaria.**

   Justificación: Artículo 19 LGT: La obligación tributaria principal tiene por objeto el pago de la cuota tributaria.

5. **c) Es el presupuesto fijado por la ley para configurar cada tributo y cuya realización origina el nacimiento de la obligación tributaria principal.**

   Justificación: Artículo 20 LGT: 1. El hecho imponible es el presupuesto fijado por la ley para configurar cada tributo y cuya realización origina el nacimiento de la obligación tributaria principal.

6. **a) Es el momento en el que se entiende realizado el hecho imponible y en el que se produce el nacimiento de la obligación tributaria principal.**

   Justificación: Artículo 21 LGT: 1. El devengo es el momento en el que se entiende realizado el hecho imponible y en el que se produce el nacimiento de la obligación tributaria principal.

7. **b) Aquellos en que, a pesar de realizarse el hecho imponible, la ley exime del cumplimiento de la obligación tributaria principal.**

    Justificación: Artículo 22 LGT: Son supuestos de exención aquellos en que, a pesar de realizarse el hecho imponible, la ley exime del cumplimiento de la obligación tributaria principal.

8. **d) Tiene carácter autónomo respecto de la obligación tributaria principal.**

    Justificación: Artículo 23 LGT: 1. La obligación tributaria de realizar pagos a cuenta de la obligación tributaria principal consiste en satisfacer un importe a la Administración tributaria por el obligado a realizar pagos fraccionados, por el retenedor o por el obligado a realizar ingresos a cuenta. Esta obligación tributaria tiene carácter autónomo respecto de la obligación tributaria principal.

9. **d) Las que tienen por objeto una prestación de naturaleza tributaria exigible entre obligados tributarios.**

    Justificación: Artículo 24 LGT: 1. Son obligaciones entre particulares resultantes del tributo las que tienen por objeto una prestación de naturaleza tributaria exigible entre obligados tributarios.

10. **d) Todas son correctas.**

    Justificación: Artículo 24 LGT: 2. Entre otras, son obligaciones de este tipo las que se generan como consecuencia de actos de repercusión, de retención o de ingreso a cuenta previstos legalmente.

11. **a) El interés de demora.**

    Justificación: Artículo 25 LGT: Tienen la naturaleza de obligaciones tributarias accesorias las obligaciones de satisfacer el interés de demora, los recargos por declaración extemporánea y los recargos del periodo ejecutivo, así como aquellas otras que imponga la ley.

12. **a) No tienen la consideración de obligaciones accesorias.**

    Justificación: Artículo 25 LGT: 2. Las sanciones tributarias no tienen la consideración de obligaciones accesorias.

13. **a) De la realización de un pago fuera de plazo o de la presentación de una autoliquidación o declaración de la que resulte una cantidad a ingresar una vez finalizado el plazo establecido al efecto en la normativa tributaria, del cobro de una devolución improcedente o en el resto de casos previstos en la normativa tributaria.**

    Justificación: Artículo 26 LGT: 1. El interés de demora es una prestación accesoria que se exigirá a los obligados tributarios y a los sujetos infractores como consecuencia de la realización de un pago fuera de plazo o de la presentación de una autoliquidación o declaración de la que resulte una cantidad a ingresar una vez finalizado el plazo establecido al efecto en la normativa tributaria, del cobro de una devolución improcedente o en el resto de casos previstos en la normativa tributaria.

14. c) No requiere la previa intimación de la Administración ni la concurrencia de un retraso culpable en el obligado.

Justificación: Artículo 26 LGT: La exigencia del interés de demora tributario no requiere la previa intimación de la Administración ni la concurrencia de un retraso culpable en el obligado.

15. d) Cuando aún no se haya iniciado el periodo ejecutivo, salvo lo dispuesto en el apartado 5 del artículo 28 de la LGT respecto a los intereses de demora cuando sea exigible el recargo ejecutivo o el recargo de apremio reducido.

Justificación: Artículo 26 LGT: d) Cuando se inicie el periodo ejecutivo, salvo lo dispuesto en el apartado 5 del artículo 28 de esta ley respecto a los intereses de demora cuando sea exigible el recargo ejecutivo o el recargo de apremio reducido. Todas las demás son correctas.

16. a) 25 %, salvo que la Ley de Presupuestos Generales del Estado establezca otro diferente.

Justificación: Artículo 26 LGT: 6. El interés de demora será el interés legal del dinero vigente a lo largo del periodo en el que aquel resulte exigible, incrementado en un 25 %, salvo que la Ley de Presupuestos Generales del Estado establezca otro diferente.

17. b) De la presentación de autoliquidaciones o declaraciones fuera de plazo sin requerimiento previo de la Administración tributaria.

Justificación: Artículo 27 LGT: 1. Los recargos por declaración extemporánea son prestaciones accesorias que deben satisfacer los obligados tributarios como consecuencia de la presentación de autoliquidaciones o declaraciones fuera de plazo sin requerimiento previo de la Administración tributaria.

18. b) Igual al 1 % más otro 1 % adicional por cada mes completo de retraso con que se presente la autoliquidación o declaración respecto al término del plazo establecido para la presentación e ingreso.

Justificación: Artículo 27 LGT: 2. El recargo será un porcentaje igual al 1 % más otro 1 % adicional por cada mes completo de retraso con que se presente la autoliquidación o declaración respecto al término del plazo establecido para la presentación e ingreso.

19. d) El recargo será del 15 % y excluirá las sanciones que hubieran podido exigirse.

Justificación: Artículo 27 LGT: Si la presentación de la autoliquidación o declaración se efectúa una vez transcurridos 12 meses desde el término del plazo establecido para la presentación, el recargo será del 15 % y excluirá las sanciones que hubieran podido exigirse. En estos casos, se exigirán los intereses de demora por el periodo transcurrido desde el día siguiente al término de los 12 meses posteriores a la finalización del plazo establecido para la presentación hasta el momento en que la autoliquidación o declaración se haya presentado.

20. a) El 25 %.

Justificación: Artículo 27 LGT: 5. El importe de los recargos a que se refiere el apartado 2 anterior se reducirá en el 25 % siempre que se realice el ingreso total del importe restante del recargo en el plazo del apartado 2 del artículo 62 de esta ley abierto con la notificación de la liquidación de dicho recargo y siempre que se realice el ingreso total del importe de la deuda resultante de la autoliquidación extemporánea o de la liquidación practicada por la Administración derivada de la declaración extemporánea, al tiempo de su presentación o en el plazo del apartado 2 del artículo 62 de esta ley, respectivamente, o siempre que se realice el ingreso en el plazo o plazos fijados en el acuerdo de aplazamiento o fraccionamiento de dicha deuda que la Administración tributaria hubiera concedido con garantía de aval o certificado de seguro de caución y que el obligado al pago hubiera solicitado al tiempo de presentar la autoliquidación extemporánea o con anterioridad a la finalización del plazo del apartado 2 del artículo 62 de esta ley abierto con la notificación de la liquidación resultante de la declaración extemporánea.

21. c) Del inicio del periodo ejecutivo.

Justificación: Artículo 28 LGT: 1. Los recargos del periodo ejecutivo se devengan con el inicio de dicho periodo, de acuerdo con lo establecido en el artículo 161 de esta ley.

22. b) Recargo de apremio simple.

Justificación: Artículo 28 LGT: Los recargos del periodo ejecutivo son de tres tipos: recargo ejecutivo, recargo de apremio reducido y recargo de apremio ordinario.

23. a) 5 % y se aplicará cuando se satisfaga la totalidad de la deuda no ingresada en periodo voluntario antes de la notificación de la providencia de apremio.

Justificación: Artículo 28 LGT: 2. El recargo ejecutivo será del 5 % y se aplicará cuando se satisfaga la totalidad de la deuda no ingresada en periodo voluntario antes de la notificación de la providencia de apremio.

24. c) 20 % y será aplicable cuando no concurran las circunstancias indicadas en las respuestas a) y b).

Justificación: Artículo 28 LGT: 4. El recargo de apremio ordinario será del 20 % y será aplicable cuando no concurran las circunstancias a las que se refieren los apartados 2 y 3 de este artículo.

25. c) El recargo de apremio ordinario es compatible con los intereses de demora.

Justificación: Artículo 28 LGT: 5. El recargo de apremio ordinario es compatible con los intereses de demora. Cuando resulte exigible el recargo ejecutivo o el recargo de apremio reducido no se exigirán los intereses de demora devengados desde el inicio del periodo ejecutivo.

26. a) Las que, sin tener carácter pecuniario, son impuestas por la normativa tributaria o aduanera a los obligados tributarios, deudores o no del tributo, y cuyo cumplimiento está relacionado con el desarrollo de actuaciones o procedimientos tributarios o aduaneros.

Justificación: Artículo 29 LGT: 1. Son obligaciones tributarias formales las que, sin tener carácter pecuniario, son impuestas por la normativa tributaria o aduanera a los obligados tributarios, deudores o no del tributo, y cuyo cumplimiento está relacionado con el desarrollo de actuaciones o procedimientos tributarios o aduaneros.

27. b) Las establecidas entre particulares resultantes del tributo.

Justificación: Artículo 17 LGT: 3. Son obligaciones tributarias materiales las de carácter principal, las de realizar pagos a cuenta, las establecidas entre particulares resultantes del tributo y las accesorias. Son obligaciones tributarias formales las definidas en el apartado 1 del artículo 29 de esta ley. El resto de respuestas son obligaciones formales.

28. d) Las correspondientes a cantidades ingresadas o soportadas debidamente como consecuencia de la aplicación del tributo.

Justificación: Artículo 31 LGT: Son devoluciones derivadas de la normativa de cada tributo las correspondientes a cantidades ingresadas o soportadas debidamente como consecuencia de la aplicación del tributo.

29. c) 6 meses.

Justificación: Artículo 31 LGT: 2. Transcurrido el plazo fijado en las normas reguladoras de cada tributo y, en todo caso, el plazo de seis meses, sin que se hubiera ordenado el pago de la devolución por causa imputable a la Administración Tributaria, esta abonará el interés de demora regulado en el artículo 26 de esta ley, sin necesidad de que el obligado lo solicite. A estos efectos, el interés de demora se devengará desde la finalización de dicho plazo hasta la fecha en que se ordene el pago de la devolución.

30. b) Sí, sin necesidad de que el obligado tributario lo solicite.

Justificación: Artículo 32 LGT: 2. Con la devolución de ingresos indebidos la Administración Tributaria abonará el interés de demora regulado en el artículo 26 de esta ley, sin necesidad de que el obligado tributario lo solicite. A estos efectos, el interés de demora se devengará desde la fecha en que se hubiese realizado el ingreso indebido hasta la fecha en que se ordene el pago de la devolución.

31. a) Se entenderá que la cantidad devuelta se ingresó en el último plazo y, de no resultar cantidad suficiente, la diferencia se considerará satisfecha en los plazos inmediatamente anteriores.

Justificación: Artículo 32 LGT: 3. Cuando se proceda a la devolución de un ingreso indebido derivado de una autoliquidación ingresada en varios plazos, se entenderá que la cantidad devuelta se ingresó en el último plazo y, de no resultar cantidad suficiente, la diferencia se considerará satisfecha en los plazos inmediatamente anteriores.

32. d) Todas son correctas.

Justificación: Todos ellos aparecen regulados en el artículo 34 de la LGT.

33. c) En el artículo 35.

Justificación: En el artículo 35. Obligados tributarios.

34. c) Los obligados a no soportar los ingresos a cuenta.

Justificación: Artículo 35 LGT: i) Los obligados a soportar los ingresos a cuenta. El resto de respuestas están correctas.

35. a) Que queden solidariamente obligados frente a la Administración tributaria al cumplimiento de todas las prestaciones, salvo que por ley se disponga expresamente otra cosa.

Justificación: Artículo 35 LGT: 7. La concurrencia de varios obligados tributarios en un mismo presupuesto de una obligación determinará que queden solidariamente obligados frente a la Administración tributaria al cumplimiento de todas las prestaciones, salvo que por ley se disponga expresamente otra cosa.

36. d) El sustituto no podrá exigir del contribuyente el importe de las obligaciones tributarias satisfechas, salvo que la ley señale otra cosa.

Justificación: Artículo 36 LGT: El sustituto podrá exigir del contribuyente el importe de las obligaciones tributarias satisfechas, salvo que la ley señale otra cosa. El resto de respuestas son correctas.

37. a) Las obligaciones tributarias pendientes se transmitirán a los herederos, sin perjuicio de lo que establece la legislación civil en cuanto a la adquisición de la herencia.

Justificación: Artículo 39 LGT: 1. A la muerte de los obligados tributarios, las obligaciones tributarias pendientes se transmitirán a los herederos, sin perjuicio de lo que establece la legislación civil en cuanto a la adquisición de la herencia. Las referidas obligaciones tributarias se transmitirán a los legatarios en las mismas condiciones que las establecidas para los herederos cuando la herencia se distribuya a través de legados y en los supuestos en que se instituyan legados de parte alícuota. En ningún caso se transmitirán las sanciones. Tampoco se transmitirá la obligación del responsable salvo que se hubiera notificado el acuerdo de derivación de responsabilidad antes del fallecimiento. 2. No impedirá la transmisión a los sucesores de las obligaciones tributarias devengadas el hecho de que a la fecha de la muerte del causante la deuda tributaria no estuviera liquidada, en cuyo caso las actuaciones se entenderán con cualquiera de ellos, debiéndose notificar la liquidación que resulte de dichas actuaciones a todos los interesados que consten en el expediente.

38. d) Al representante de la herencia yacente.

Justificación: Artículo 39: 3. Mientras la herencia se encuentre yacente, el cumplimiento de las obligaciones tributarias del causante corresponderá al representante de la herencia yacente.

39. a) Se transmitirán a estos, que quedarán obligados solidariamente hasta el límite del valor de la cuota de liquidación que les corresponda y demás percepciones patrimoniales recibidas por los mismos en los dos años anteriores a la fecha de disolución que minoren el patrimonio social que debiera responder de tales obligaciones.

Justificación: Artículo 40 LGT: 1. Las obligaciones tributarias pendientes de las sociedades y entidades con personalidad jurídica disueltas y liquidadas en las que la ley limita la responsabilidad patrimonial de los socios, partícipes o cotitulares se transmitirán a estos, que quedarán obligados solidariamente hasta el límite del valor de la cuota de liquidación que les corresponda y demás percepciones patrimoniales recibidas por los mismos en los dos años anteriores a la fecha de disolución que minoren el patrimonio social que debiera responder de tales obligaciones, sin perjuicio de lo previsto en el artículo 42.2.a) de esta ley.

40. d) Se transmitirán íntegramente a estos, que quedarán obligados solidariamente a su cumplimiento.

Justificación: Artículo 40 LGT: Las obligaciones tributarias pendientes de las sociedades y entidades con personalidad jurídica disueltas y liquidadas en las que la ley no limita la responsabilidad patrimonial de los socios, partícipes o cotitulares se transmitirán íntegramente a estos, que quedarán obligados solidariamente a su cumplimiento.

41. a) Siempre subsidiaria.

Justificación: Artículo 41 LGT: 2. Salvo precepto legal expreso en contrario, la responsabilidad será siempre subsidiaria.

42. d) Los representantes aduaneros cuando actúen en nombre y por cuenta de sus comitentes. No obstante, esta responsabilidad subsidiaria no alcanzará a la deuda aduanera.

Justificación: Las respuestas a), b) y c) aparecen en el artículo 42 de la LGT como responsables solidarios, mientras que la respuesta d) es un supuesto de responsabilidad subsidiaria.

43. d) Todas son correctas.

Justificación: Todas ellas aparecen en el artículo 43 de la LGT.

44. b) Tendrán capacidad de obrar en el orden tributario, además de las personas que la tengan conforme a derecho, los menores de edad y los incapacitados en las relaciones tributarias derivadas de las actividades cuyo ejercicio les esté permitido por el ordenamiento jurídico sin asistencia de la persona que ejerza la patria potestad, tutela, curatela o defensa judicial. Se exceptúa el supuesto de los menores incapacitados cuando la extensión de la incapacitación afecte al ejercicio y defensa de los derechos e intereses de que se trate.

Justificación: Artículo 44 LGT: Tendrán capacidad de obrar en el orden tributario, además de las personas que la tengan conforme a derecho, los menores de edad y los incapacitados en las relaciones tributarias derivadas de las actividades cuyo ejercicio les esté permitido por el ordenamiento jurídico sin asistencia de la persona que ejerza la patria potestad, tutela, curatela o defensa judicial. Se exceptúa el supuesto de los menores incapacitados cuando la extensión de la incapacitación afecte al ejercicio y defensa de los derechos e intereses de que se trate.

45. a) Para interponer recursos o reclamaciones.

Justificación: Artículo 46 LGT: 2. Para interponer recursos o reclamaciones, desistir de ellos, renunciar a derechos, asumir o reconocer obligaciones en nombre del obligado tributario, solicitar devoluciones de ingresos indebidos o reembolsos y en los restantes supuestos en que sea necesaria la firma del obligado tributario en los procedimientos regulados en los títulos III, IV, V, VI y VII de esta ley, la representación deberá acreditarse por cualquier medio válido en Derecho que deje constancia fidedigna o mediante declaración en comparecencia personal del interesado ante el órgano administrativo competente. (…) 3. Para los actos de mero trámite se presumirá concedida la representación.

46. d) Todas son correctas.

Justificación: Todas las respuestas aparecen recogidas en el artículo 48 de la LGT.

TEST N.º 3

Elementos de cuantificación de la obligación tributaria. La deuda tributaria

1. La base imponible:

a) Es la magnitud dineraria o de otra naturaleza que resulta de la medición o valoración del hecho imponible.

b) Es la magnitud resultante de practicar, en su caso, en la base liquidable las reducciones establecidas en la ley.

c) Es la cifra, coeficiente o porcentaje que se aplica a la base liquidable para obtener como resultado la cuota íntegra.

d) Estará constituida por la cuota o cantidad a ingresar que resulte de la obligación tributaria principal o de las obligaciones de realizar pagos a cuenta.

2. Marca la respuesta incorrecta. La base imponible podrá determinarse por los siguientes métodos:

a) Estimación indirecta.
b) Estimación objetiva.
c) Estimación subjetiva.
d) Todas son correctas.

3. Las bases imponibles se determinarán con carácter general a través del método de:

a) Estimación directa.
b) Estimación indirecta.
c) Estimación objetiva.
d) Estimación subjetiva.

4. El método de estimación indirecta:

a) Será el utilizado con carácter general.
b) Tendrá carácter voluntario para los obligados tributarios.

c) No se podrá utilizar en ningún caso.

d) Tendrá carácter subsidiario respecto de los demás métodos de determinación.

5. En el método de estimación directa:

a) La Administración Tributaria utilizará las declaraciones o documentos presentados, los datos consignados en libros y registros comprobados administrativamente y los demás documentos, justificantes y datos que tengan relación con los elementos de la obligación tributaria.

b) La Administración determinará la base imponible mediante la aplicación de las magnitudes, índices, módulos o datos previstos en la normativa propia de cada tributo.

c) La Administración utilizará aquellos elementos que indirectamente acrediten la existencia de los bienes y de las rentas, así como de los ingresos, ventas, costes y rendimientos que sean normales en el respectivo sector económico, atendidas las dimensiones de las unidades productivas o familiares que deban compararse en términos tributarios.

d) Todas las respuestas son correctas.

6. El método de estimación objetiva podrá utilizarse para la determinación de la base imponible:

a) Mediante la aplicación de los datos y antecedentes disponibles que sean relevantes al efecto.

b) Mediante la aplicación de las magnitudes, índices, módulos o datos previstos en la normativa propia de cada tributo.

c) Mediante la valoración de las magnitudes, índices, módulos o datos que concurran en los respectivos obligados tributarios, según los datos o antecedentes que se posean de supuestos similares o equivalentes.

d) Todas son correctas.

7. El método de estimación objetiva se aplicará cuando la Administración Tributaria no pueda disponer de los datos necesarios para la determinación completa de la base imponible como consecuencia de alguna de las siguientes circunstancias:

a) Falta de presentación de declaraciones o presentación de declaraciones incompletas o inexactas.

b) Resistencia, obstrucción, excusa o negativa a la actuación inspectora.

c) Desaparición o destrucción, aun por causa de fuerza mayor, de los libros y registros contables o de los justificantes de las operaciones anotadas en los mismos.

d) Ninguna es correcta.

8. La base liquidable:

a) Es la magnitud dineraria o de otra naturaleza que resulta de la medición o valoración del hecho imponible.

b) Es la magnitud resultante de practicar, en su caso, en la base imponible las reducciones establecidas en la ley.

c) Es la cifra, coeficiente o porcentaje que se aplica a la base liquidable para obtener como resultado la cuota íntegra.

d) Estará constituida por la cuota o cantidad a ingresar que resulte de la obligación tributaria principal o de las obligaciones de realizar pagos a cuenta.

9. El tipo de gravamen:

a) Es la cifra, coeficiente o porcentaje que se aplica a la base liquidable para obtener como resultado la cuota íntegra.

b) Es la magnitud dineraria o de otra naturaleza que resulta de la medición o valoración del hecho imponible.

c) Estará constituida por la cuota o cantidad a ingresar que resulte de la obligación tributaria principal o de las obligaciones de realizar pagos a cuenta.

d) Es la magnitud resultante de practicar, en su caso, en la base imponible las reducciones establecidas en la ley.

10. Los tipos de gravamen pueden ser:

a) Fijos o variables.
b) Específicos o porcentuales.
c) Unitarios o mixtos.
d) Generales o particulares.

11. El conjunto de tipos de gravamen aplicables a las distintas unidades o tramos de base liquidable en un tributo se denominará:

a) Tarifa.
b) Tasa.
c) Tabla de tipos.
d) Aranceles.

12. La cuota íntegra se determinará:

a) Aplicando el tipo de gravamen a la base imponible.
b) Según cantidad fija señalada al efecto.
c) Las respuestas a) y b) son correctas.
d) Ninguna es correcta.

13. De conformidad con el artículo 56 de la LGT, la cuota líquida será el resultado:

a) De aplicar a la cuota íntegra el tipo de gravamen.

b) De aplicar sobre la cuota íntegra las deducciones, bonificaciones, adiciones o coeficientes previstos, en su caso, en la ley de cada tributo.

c) De aplicar sobre la cuota íntegra los supuestos de no sujeción.

d) De minorar la cuota íntegra en el importe de las deducciones, pagos fraccionados, retenciones, ingresos a cuenta y cuotas, conforme a la normativa de cada tributo.

14. Marca la respuesta incorrecta. El valor de las rentas, productos, bienes y demás elementos determinantes de la obligación tributaria podrá ser comprobado por la Administración Tributaria mediante los siguientes medios:

a) Capitalización o imputación de rendimientos al porcentaje que la ley de cada tributo señale.
b) Precios máximos en el mercado.
c) Dictamen de peritos de la Administración.
d) Precio o valor declarado correspondiente a otras transmisiones del mismo bien, teniendo en cuenta las circunstancias de estas, realizadas dentro del plazo que reglamentariamente se establezca.

15. Marca la respuesta incorrecta. La deuda tributaria estará integrada en su caso por:

a) Los recargos del periodo ejecutivo.
b) El interés de demora.
c) Las sanciones tributarias.
d) Todos los anteriores.

16. Marca la respuesta incorrecta. Las deudas tributarias podrán extinguirse por:

a) Pago.
b) Prescripción.
c) Compensación.
d) Todas son correctas.

17. El pago de la deuda tributaria, de conformidad con el artículo 60 de la LGT, podrá realizarse:

a) En efectivo.
b) Mediante efectos timbrados cuando así se disponga legalmente.
c) En especie cuando las deudas tributarias tengan la condición de inaplazables.
d) Todas son correctas.

18. En caso de empleo de efectos timbrados se entenderá pagada la deuda tributaria cuando:

a) Se haya realizado el ingreso de su importe en las cajas de los órganos competentes, oficinas recaudadoras o entidades autorizadas para su admisión.
b) Aquellos se utilicen en la forma que reglamentariamente se determine.
c) En el momento señalado en las normas que lo regulen.
d) Ninguna respuesta es correcta.

19. En el caso de deudas tributarias resultantes de liquidaciones practicadas por la Administración, el pago en periodo voluntario deberá hacerse en los siguientes plazos:

a) Si la notificación de la liquidación se realiza entre los días uno y 15 de cada mes, desde la fecha de recepción de la notificación hasta el día 30 del mes posterior o, si este no fuera hábil, hasta el inmediato hábil siguiente.

b) Si la notificación de la liquidación se realiza entre los días 16 y último de cada mes, desde la fecha de recepción de la notificación hasta el día cinco del segundo mes posterior o, si este no fuera hábil, hasta el inmediato hábil siguiente.

c) En el periodo comprendido entre el día uno de septiembre y el 20 de noviembre o, si este no fuera hábil, hasta el inmediato hábil siguiente.

d) Todas son correctas.

20. El pago en periodo voluntario de las deudas de notificación colectiva y periódica que no tengan establecido otro plazo en sus normas reguladoras deberá efectuarse en el periodo comprendido entre:

a) El día uno de enero y el 31 de diciembre.

b) El día uno de noviembre y el 20 de diciembre o, si este no fuera hábil, hasta el inmediato hábil siguiente.

c) El día uno de octubre y el 30 de noviembre o, si este no fuera hábil, hasta el inmediato hábil siguiente.

d) El día uno de septiembre y el 20 de noviembre o, si este no fuera hábil, hasta el inmediato hábil siguiente.

21. Una vez iniciado el periodo ejecutivo y notificada la providencia de apremio, el pago de la deuda tributaria deberá efectuarse en los siguientes plazos:

a) Si la notificación de la providencia se realiza entre los días 16 y último de cada mes, desde la fecha de recepción de la notificación hasta el día cinco del mes siguiente o, si este no fuera hábil, hasta el inmediato hábil siguiente.

b) Si la notificación de la liquidación se realiza entre los días uno y 15 de cada mes, desde la fecha de recepción de la notificación hasta el día 20 del mes posterior o, si este no fuera hábil, hasta el inmediato hábil siguiente.

c) Si la notificación de la liquidación se realiza entre los días 16 y último de cada mes, desde la fecha de recepción de la notificación hasta el día cinco del segundo mes posterior o, si este no fuera hábil, hasta el inmediato hábil siguiente.

d) Las respuestas a) y b) son correctas.

22. En cuanto a la imputación de pagos y de conformidad con el artículo 63 de la LGT, el obligado al pago de varias deudas:

a) Deberá imputar el pago a la primera deuda.

b) Deberá imputar el pago a la deuda de mayor importe.

c) Podrá imputar cada pago a la deuda que libremente determine.

d) Podrá imputar cada pago a la deuda que determine entre las dos opciones que le indique la Administración Tributaria.

23. En los casos de ejecución forzosa en que se hubieran acumulado varias deudas tributarias del mismo obligado tributario y no pudieran extinguirse totalmente, la Administración Tributaria:

a) Aplicará el pago a la deuda más antigua.

b) Aplicará el pago a la deuda de mayor importe.

c) Aplicará el pago a la deuda que libremente determine el obligado al pago.

d) Aplicará el pago a la deuda que libremente determine la Administración.

24. Marca la respuesta incorrecta. De conformidad con el artículo 65 de la LGT, no podrán ser objeto de aplazamiento o fraccionamiento las siguientes deudas tributarias:

a) Aquellas cuya exacción se realice por medio de efectos timbrados.

b) En caso de concurso del obligado tributario, las que, de acuerdo con la legislación concursal, tengan la consideración de créditos contra la masa.

c) Las correspondientes a obligaciones tributarias que deba cumplir el obligado a realizar pagos fraccionados del Impuesto sobre la Renta de las Personas Físicas.

d) Las derivadas de tributos que deban ser legalmente repercutidos salvo que se justifique debidamente que las cuotas repercutidas no han sido efectivamente pagadas.

25. La presentación de una solicitud de aplazamiento o fraccionamiento en periodo voluntario:

a) No impedirá el inicio del periodo ejecutivo, ni el devengo del interés de demora.

b) Impedirá el inicio del periodo ejecutivo, así como el devengo del interés de demora.

c) Impedirá el inicio del periodo ejecutivo, pero no el devengo del interés de demora.

d) No impedirá el inicio del periodo ejecutivo, pero sí el devengo del interés de demora.

26. Marca la respuesta correcta. De conformidad con el artículo 65 de la LGT:

a) Las solicitudes en periodo ejecutivo no podrán presentarse una vez que se notifique al obligado el acuerdo de enajenación de los bienes embargados. La Administración Tributaria podrá iniciar o, en su caso, continuar el procedimiento de apremio durante la tramitación del aplazamiento o fraccionamiento. No obstante, deberán suspenderse las actuaciones de enajenación de los bienes embargados hasta la notificación de la resolución denegatoria del aplazamiento o fraccionamiento.

b) Las solicitudes en periodo ejecutivo podrán presentarse hasta el momento en que se notifique al obligado el acuerdo de enajenación de los bienes embargados. La Administración Tributaria podrá iniciar o, en su caso, continuar el procedimiento de apremio durante la tramitación del aplazamiento o fraccionamiento. No obstante, deberán suspenderse las actuaciones de enajenación de los bienes embargados hasta la notificación de la resolución denegatoria del aplazamiento o fraccionamiento.

c) Las solicitudes en periodo ejecutivo podrán presentarse hasta el momento en que se proceda al embargo de los bienes del obligado tributario. La Administración Tributaria podrá iniciar o, en su caso, continuar el procedimiento de apremio durante la tramitación del aplazamiento o fraccionamiento. No podrán suspenderse las actuaciones de enajenación de los bienes embargados hasta la notificación de la resolución denegatoria del aplazamiento o fraccionamiento.

d) Las solicitudes en periodo voluntario podrán presentarse hasta el momento en que se notifique al obligado el acuerdo de enajenación de los bienes embargados. La Administración Tributaria podrá iniciar o, en su caso, finalizar el procedimiento de apremio durante la tramitación del aplazamiento o fraccionamiento. No podrán suspenderse las actuaciones de enajenación de los bienes embargados hasta la notificación de la resolución denegatoria del aplazamiento o fraccionamiento.

27. El derecho de la Administración para determinar la deuda tributaria mediante la oportuna liquidación, prescribirá en el plazo de:

a) 1 año.
b) 2 años.
c) 3 años.
d) 4 años.

28. El derecho a solicitar las devoluciones derivadas de la normativa de cada tributo, las devoluciones de ingresos indebidos y el reembolso del coste de las garantías, prescribirá en el plazo de:

a) 3 años.
b) 4 años.
c) 5 años.
d) 10 años.

29. El derecho de la Administración para iniciar el procedimiento de comprobación de las bases o cuotas compensadas o pendientes de compensación o de deducciones aplicadas o pendientes de aplicación, prescribirá:

a) A los diez años a contar desde el día siguiente a aquel en que finalice el plazo reglamentario establecido para presentar la declaración o autoliquidación correspondiente al ejercicio o periodo impositivo en que se generó el derecho a compensar dichas bases o cuotas o a aplicar dichas deducciones.

b) A los cinco años a contar desde el día siguiente a aquel en que finalice el plazo reglamentario establecido para presentar la declaración o autoliquidación correspondiente al ejercicio o periodo impositivo en que se generó el derecho a compensar dichas bases o cuotas o a aplicar dichas deducciones.

c) A los cuatro años a contar desde el día siguiente a aquel en que finalice el plazo reglamentario establecido para presentar la declaración o autoliquidación correspondiente al ejercicio o periodo impositivo en que se generó el derecho a compensar dichas bases o cuotas o a aplicar dichas deducciones.

d) A los veinte años a contar desde el día siguiente a aquel en que finalice el plazo reglamentario establecido para presentar la declaración o autoliquidación correspondiente al ejercicio o periodo impositivo en que se generó el derecho a compensar dichas bases o cuotas o a aplicar dichas deducciones.

30. Las deudas tributarias de un obligado tributario podrán extinguirse total o parcialmente por compensación con créditos reconocidos por acto administrativo a favor del mismo obligado, en las condiciones que reglamentariamente se establezcan, la compensación se acordará:

a) Exclusivamente de oficio.
b) Exclusivamente a instancia del obligado tributario.
c) De oficio o a instancia del obligado tributario.
d) Ninguna es correcta.

31. La Administración Tributaria compensará de oficio las deudas tributarias:

a) Que se encuentren en periodo voluntario.
b) Que se encuentren en periodo voluntario o ejecutivo.
c) Que se encuentren en periodo ejecutivo.
d) Ninguna es correcta.

32. Las deudas tributarias podrán condonarse:

a) Solo en virtud de ley.
b) En virtud de ley o de reglamento.
c) Cuando así lo acuerde exclusivamente la Administración Tributaria.
d) A instancia del obligado tributario y previa autorización de la Administración Tributaria.

33. De conformidad con el artículo 77 de la LGT, la Hacienda Pública tendrá prelación para el cobro de los créditos tributarios vencidos y no satisfechos en cuanto concurra con otros acreedores:

a) En cualquier caso.
b) Excepto que se trate de acreedores de dominio, prenda, hipoteca u otro derecho real debidamente inscrito en el registro correspondiente con anterioridad a la fecha en que se haga constar en el mismo el derecho de la Hacienda Pública.
c) Cuanto se trate de acreedores de dominio, prenda, hipoteca u otro derecho real debidamente inscrito en el registro correspondiente con anterioridad a la fecha en que se haga constar en el mismo el derecho de la Hacienda Pública.
d) Excepto que se trate de otras Administraciones Públicas.

34. En los tributos que graven periódicamente los bienes o derechos inscribibles en un registro público o sus productos directos, ciertos o presuntos, el Estado, las comunidades autónomas y las entidades locales tendrán preferencia sobre cualquier otro acreedor o adquirente:

a) Salvo que estos hayan inscrito sus derechos, para el cobro de las deudas devengadas y no satisfechas correspondientes al año natural en que se exija el pago y al inmediato anterior.

b) Aunque estos hayan inscrito sus derechos, para el cobro de las deudas devengadas y no satisfechas correspondientes en cualquier momento.

c) Aunque estos hayan inscrito sus derechos, para el cobro de las deudas devengadas y no satisfechas correspondientes al año natural en que se exija el pago y los tres años inmediatamente anteriores.

d) Aunque estos hayan inscrito sus derechos, para el cobro de las deudas devengadas y no satisfechas correspondientes al año natural en que se exija el pago y al inmediato anterior.

35. Los bienes y derechos transmitidos quedarán afectos a la responsabilidad del pago de las cantidades, liquidadas o no, correspondientes a los tributos que graven tales transmisiones, adquisiciones o importaciones, cualquiera que sea su poseedor:

a) Salvo que se trate de una Administración Pública.

b) Salvo que este resulte ser un tercero protegido por la fe pública registral o se justifique la adquisición de los bienes con buena fe y justo título, en establecimiento mercantil o industrial, en el caso de bienes muebles no inscribibles.

c) En cualquier caso.

d) Ninguna respuesta es correcta.

36. De conformidad con el artículo 81 de la LGT, las medidas cautelares podrán consistir en:

a) El embargo definitivo de bienes y derechos, del que se practicará, en su caso, anotación preventiva.

b) La retención del pago de devoluciones tributarias o de otros pagos que deba realizar la Administración Tributaria. La retención cautelar total o parcial de una devolución tributaria deberá ser notificada al interesado junto con el acuerdo de devolución.

c) La autorización de enajenar, gravar o disponer de bienes o derechos.

d) Todas son correctas.

37. Con carácter general los efectos de las medidas cautelares cesarán en el plazo de:

a) 8 meses.
b) 6 meses.
c) 12 meses.
d) 24 meses.

38. Marca la respuesta incorrecta o la más incorrecta. De conformidad con el artículo 82.1 de la LGT, para garantizar los aplazamientos o fraccionamientos de la deuda tributaria, la Administración Tributaria podrá exigir que se constituya a su favor:

a) Aval solidario de entidad de crédito o sociedad de garantía recíproca.
b) Certificado de seguro de caución.
c) Depósito de la cantidad total aplazada o fraccionada.
d) Ninguna es correcta.

39. De conformidad con el artículo 82 de la LGT, podrá dispensarse total o parcialmente al obligado tributario de la constitución de las garantías para garantizar los aplazamientos y fraccionamientos:

a) Cuando las deudas tributarias sean de cuantía inferior a la que se fije en la normativa tributaria. Esta excepción podrá limitarse a solicitudes formuladas en determinadas fases del procedimiento de recaudación.
b) Cuando el obligado al pago carezca de bienes suficientes para garantizar la deuda y la ejecución de su patrimonio pudiera afectar sustancialmente al mantenimiento de la capacidad productiva y del nivel de empleo de la actividad económica respectiva, o pudiera producir graves quebrantos para los intereses de la Hacienda Pública, en la forma prevista reglamentariamente.
c) En los demás casos que establezca la normativa tributaria.
d) Todas son correctas.

Soluciones comentadas

1. **a) Es la magnitud dineraria o de otra naturaleza que resulta de la medición o valoración del hecho imponible.**

    Justificación: Artículo 50 LGT: 1. La deuda tributaria estará constituida por la cuota o cantidad a ingresar que resulte de la obligación tributaria principal o de las obligaciones de realizar pagos a cuenta.

2. **c) Estimación subjetiva.**

    Justificación: Artículo 50 LGT: 2. La base imponible podrá determinarse por los siguientes métodos:

    a) Estimación directa.

    b) Estimación objetiva.

    c) Estimación indirecta.

3. **a) Estimación directa.**

    Justificación: Artículo 50 LGT: 3. Las bases imponibles se determinarán con carácter general a través del método de estimación directa. No obstante, la ley podrá establecer los supuestos en que sea de aplicación el método de estimación objetiva, que tendrá, en todo caso, carácter voluntario para los obligados tributarios.

4. **d) Tendrá carácter subsidiario respecto de los demás métodos de determinación.**

    Justificación: Artículo 50 LGT: 4. La estimación indirecta tendrá carácter subsidiario respecto de los demás métodos de determinación y se aplicará cuando se produzca alguna de las circunstancias previstas en el artículo 53 de esta ley.

5. **a) La Administración Tributaria utilizará las declaraciones o documentos presentados, los datos consignados en libros y registros comprobados administrativamente y los demás documentos, justificantes y datos que tengan relación con los elementos de la obligación tributaria.**

    Justificación: Artículo 51 LGT: El método de estimación directa podrá utilizarse por el contribuyente y por la Administración Tributaria de acuerdo con lo dispuesto en la normativa de cada tributo. A estos efectos, la Administración Tributaria utilizará las declaraciones o documentos presentados, los datos consignados en libros y registros comprobados administrativamente y los demás documentos, justificantes y datos que tengan relación con los elementos de la obligación tributaria.

6. b) Mediante la aplicación de las magnitudes, índices, módulos o datos previstos en la normativa propia de cada tributo.

Justificación: Artículo 52 LGT: El método de estimación objetiva podrá utilizarse para la determinación de la base imponible mediante la aplicación de las magnitudes, índices, módulos o datos previstos en la normativa propia de cada tributo.

7. d) Ninguna es correcta.

Justificación: El artículo 53 hace referencia al método de estimación indirecta, no de estimación objetiva.

8. b) Es la magnitud resultante de practicar, en su caso, en la base imponible las reducciones establecidas en la ley.

Justificación: Artículo 54 LGT: La base liquidable es la magnitud resultante de practicar, en su caso, en la base imponible las reducciones establecidas en la ley.

9. a) Es la cifra, coeficiente o porcentaje que se aplica a la base liquidable para obtener como resultado la cuota íntegra.

Justificación: Artículo 55 LGT: 1. El tipo de gravamen es la cifra, coeficiente o porcentaje que se aplica a la base liquidable para obtener como resultado la cuota íntegra.

10. b) Específicos o porcentuales.

Justificación: Artículo 55 LGT: 2. Los tipos de gravamen pueden ser específicos o porcentuales, y deberán aplicarse según disponga la ley propia de cada tributo a cada unidad, conjunto de unidades o tramo de la base liquidable.

11. a) Tarifa.

Justificación: Artículo 55 LGT: El conjunto de tipos de gravamen aplicables a las distintas unidades o tramos de base liquidable en un tributo se denominará tarifa.

12. b) Según cantidad fija señalada al efecto.

Justificación: Artículo 56 LGT: 1. La cuota íntegra se determinará:

a) Aplicando el tipo de gravamen a la base liquidable.

b) Según cantidad fija señalada al efecto.

13. b) De aplicar sobre la cuota íntegra las deducciones, bonificaciones, adiciones o coeficientes previstos, en su caso, en la ley de cada tributo.

Justificación: Artículo 56 LGT: 5. La cuota líquida será el resultado de aplicar sobre la cuota íntegra las deducciones, bonificaciones, adiciones o coeficientes previstos, en su caso, en la ley de cada tributo.

14. b) Precios máximos en el mercado.

Justificación: Artículo 57 LGT: c) Precios medios en el mercado. El resto de respuestas son correctas.

15. c) Las sanciones tributarias.

Justificación: Artículo 58 LGT: 2. Además, la deuda tributaria estará integrada, en su caso, por:

a) El interés de demora.

b) Los recargos por declaración extemporánea.

c) Los recargos del periodo ejecutivo.

d) Los recargos exigibles legalmente sobre las bases o las cuotas, a favor del Tesoro o de otros entes públicos.

3. Las sanciones tributarias que puedan imponerse de acuerdo con lo dispuesto en el título IV de esta ley no formarán parte de la deuda tributaria, pero en su recaudación se aplicarán las normas incluidas en el capítulo V del título III de esta ley.

16. d) Todas son correctas.

Justificación: Artículo 59 LGT: 1. Las deudas tributarias podrán extinguirse por pago, prescripción, compensación o condonación, por los medios previstos en la normativa aduanera y por los demás medios previstos en las leyes.

17. a) En efectivo.

Justificación: Artículo 60 LGT: 1. El pago de la deuda tributaria se efectuará en efectivo. Podrá efectuarse mediante efectos timbrados cuando así se disponga reglamentariamente. (…) No podrá admitirse el pago en especie en aquellos supuestos en los que, de acuerdo con el artículo 65.2 de esta ley, las deudas tributarias tengan la condición de inaplazables. Las solicitudes de pago en especie a que se refiere este apartado serán objeto de inadmisión.

18. b) Aquellos se utilicen en la forma que reglamentariamente se determine.

Justificación: Artículo 61 LGT: 2. En caso de empleo de efectos timbrados se entenderá pagada la deuda tributaria cuando aquellos se utilicen en la forma que reglamentariamente se determine.

19. b) Si la notificación de la liquidación se realiza entre los días 16 y último de cada mes, desde la fecha de recepción de la notificación hasta el día cinco del segundo mes posterior o, si este no fuera hábil, hasta el inmediato hábil siguiente.

Justificación: Artículo 62 LGT: 2. En el caso de deudas tributarias resultantes de liquidaciones practicadas por la Administración, el pago en periodo voluntario deberá hacerse en los siguientes plazos:

a) Si la notificación de la liquidación se realiza entre los días uno y 15 de cada mes, desde la fecha de recepción de la notificación hasta el día 20 del mes posterior o, si este no fuera hábil, hasta el inmediato hábil siguiente.

b) Si la notificación de la liquidación se realiza entre los días 16 y último de cada mes, desde la fecha de recepción de la notificación hasta el día cinco del segundo mes posterior o, si este no fuera hábil, hasta el inmediato hábil siguiente.

20. d) El día uno de septiembre y el 20 de noviembre o, si este no fuera hábil, hasta el inmediato hábil siguiente.

Justificación: Artículo 62 LGT: 3. El pago en periodo voluntario de las deudas de notificación colectiva y periódica que no tengan establecido otro plazo en sus normas reguladoras deberá efectuarse en el periodo comprendido entre el día uno de septiembre y el 20 de noviembre o, si este no fuera hábil, hasta el inmediato hábil siguiente.

21. a) Si la notificación de la providencia se realiza entre los días 16 y último de cada mes, desde la fecha de recepción de la notificación hasta el día cinco del mes siguiente o, si este no fuera hábil, hasta el inmediato hábil siguiente.

Justificación: Artículo 62 LGT: 2. En el caso de deudas tributarias resultantes de liquidaciones practicadas por la Administración, el pago en periodo voluntario deberá hacerse en los siguientes plazos:

a) Si la notificación de la liquidación se realiza entre los días uno y 15 de cada mes, desde la fecha de recepción de la notificación hasta el día 20 del mes posterior o, si este no fuera hábil, hasta el inmediato hábil siguiente.

b) Si la notificación de la liquidación se realiza entre los días 16 y último de cada mes, desde la fecha de recepción de la notificación hasta el día cinco del segundo mes posterior o, si este no fuera hábil, hasta el inmediato hábil siguiente.

22. c) Podrá imputar cada pago a la deuda que libremente determine.

Justificación: Artículo 63 LGT: 1. Las deudas tributarias son autónomas. El obligado al pago de varias deudas podrá imputar cada pago a la deuda que libremente determine.

23. a) Aplicará el pago a la deuda más antigua.

Justificación: Artículo 63 LGT: En los casos de ejecución forzosa en que se hubieran acumulado varias deudas tributarias del mismo obligado tributario y no pudieran extinguirse totalmente, la Administración Tributaria, salvo lo dispuesto en el apartado siguiente, aplicará el pago a la deuda más antigua. Su antigüedad se determinará de acuerdo con la fecha en que cada una fue exigible.

24. c) Las correspondientes a obligaciones tributarias que deba cumplir el obligado a realizar pagos fraccionados del Impuesto sobre la Renta de las Personas Físicas.

Justificación: Artículo 65 LGT: g) Las correspondientes a obligaciones tributarias que deba cumplir el obligado a realizar pagos fraccionados del Impuesto sobre Sociedades.

25. c) Impedirá el inicio del periodo ejecutivo, pero no el devengo del interés de demora.

Justificación: Artículo 65 LGT: 5. La presentación de una solicitud de aplazamiento o fraccionamiento en periodo voluntario impedirá el inicio del periodo ejecutivo, pero no el devengo del interés de demora.

26. b) Las solicitudes en periodo ejecutivo podrán presentarse hasta el momento en que se notifique al obligado el acuerdo de enajenación de los bienes embargados. La Administración Tributaria podrá iniciar o, en su caso, continuar el procedimiento de apremio durante la tramitación del aplazamiento o fraccionamiento. No obstante, deberán suspenderse las actuaciones de enajenación de los bienes embargados hasta la notificación de la resolución denegatoria del aplazamiento o fraccionamiento.

Justificación: Artículo 65 LGT: Las solicitudes en periodo ejecutivo podrán presentarse hasta el momento en que se notifique al obligado el acuerdo de enajenación de los bienes embargados. La Administración Tributaria podrá iniciar o, en su caso, continuar el procedimiento de apremio durante la tramitación del aplazamiento o fraccionamiento. No obstante, deberán suspenderse las actuaciones de enajenación de los bienes embargados hasta la notificación de la resolución denegatoria del aplazamiento o fraccionamiento.

27. d) 4 años.

Justificación: Artículo 66 LGT: Prescribirán a los cuatro años los siguientes derechos:

a) El derecho de la Administración para determinar la deuda tributaria mediante la oportuna liquidación.

b) El derecho de la Administración para exigir el pago de las deudas tributarias liquidadas y autoliquidadas.

c) El derecho a solicitar las devoluciones derivadas de la normativa de cada tributo, las devoluciones de ingresos indebidos y el reembolso del coste de las garantías.

d) El derecho a obtener las devoluciones derivadas de la normativa de cada tributo, las devoluciones de ingresos indebidos y el reembolso del coste de las garantías.

28. b) 4 años.

Justificación: Artículo 66 LGT: Prescribirán a los cuatro años los siguientes derechos:

a) El derecho de la Administración para determinar la deuda tributaria mediante la oportuna liquidación.

b) El derecho de la Administración para exigir el pago de las deudas tributarias liquidadas y autoliquidadas.

c) El derecho a solicitar las devoluciones derivadas de la normativa de cada tributo, las devoluciones de ingresos indebidos y el reembolso del coste de las garantías.

d) El derecho a obtener las devoluciones derivadas de la normativa de cada tributo, las devoluciones de ingresos indebidos y el reembolso del coste de las garantías.

29. a) A los diez años a contar desde el día siguiente a aquel en que finalice el plazo reglamentario establecido para presentar la declaración o autoliquidación correspondiente al ejercicio o periodo impositivo en que se generó el derecho a compensar dichas bases o cuotas o a aplicar dichas deducciones.

Justificación: Artículo 66 bis. LGT: 2. El derecho de la Administración para iniciar el procedimiento de comprobación de las bases o cuotas compensadas o pendientes de compensación o de deducciones aplicadas o pendientes de aplicación, prescribirá a los diez años a contar desde el día siguiente a aquel en que finalice el plazo reglamentario establecido para presentar la declaración o autoliquidación correspondiente al ejercicio o periodo impositivo en que se generó el derecho a compensar dichas bases o cuotas o a aplicar dichas deducciones.

30. c) De oficio o a instancia del obligado tributario.

Justificación: Artículo 71 LGT: 1. Las deudas tributarias de un obligado tributario podrán extinguirse total o parcialmente por compensación con créditos reconocidos por acto administrativo a favor del mismo obligado, en las condiciones que reglamentariamente se establezcan. 2. La compensación se acordará de oficio o a instancia del obligado tributario.

31. c) Que se encuentren en periodo ejecutivo.

Justificación: Artículo 73 LGT: 1. La Administración Tributaria compensará de oficio las deudas tributarias que se encuentren en periodo ejecutivo.

32. a) Solo en virtud de ley.

Justificación: Artículo 75 LGT: Las deudas tributarias solo podrán condonarse en virtud de ley, en la cuantía y con los requisitos que en la misma se determinen.

33. b) Excepto que se trate de acreedores de dominio, prenda, hipoteca u otro derecho real debidamente inscrito en el registro correspondiente con anterioridad a la fecha en que se haga constar en el mismo el derecho de la Hacienda Pública.

Justificación: Artículo 77 LGT: 1. La Hacienda Pública tendrá prelación para el cobro de los créditos tributarios vencidos y no satisfechos en cuanto concurra con otros acreedores, excepto que se trate de acreedores de dominio, prenda, hipoteca u otro derecho real debidamente inscrito en el registro correspondiente con anterioridad a la fecha en que se haga constar en el mismo el derecho de la Hacienda Pública, sin perjuicio de lo dispuesto en los artículos 78 y 79 de esta ley.

34. d) Aunque estos hayan inscrito sus derechos, para el cobro de las deudas devengadas y no satisfechas correspondientes al año natural en que se exija el pago y al inmediato anterior.

Justificación: Artículo 78 LGT: En los tributos que graven periódicamente los bienes o derechos inscribibles en un registro público o sus productos directos, ciertos o presuntos, el Estado, las comunidades autónomas y las entidades locales tendrán preferencia sobre cualquier otro acreedor o adquirente, aunque estos hayan inscrito sus derechos, para el cobro de las deudas devengadas y no satisfechas correspondientes al año natural en que se exija el pago y al inmediato anterior.

35. b) Salvo que este resulte ser un tercero protegido por la fe pública registral o se justifique la adquisición de los bienes con buena fe y justo título, en establecimiento mercantil o industrial, en el caso de bienes muebles no inscribibles.

Justificación: Artículo 79 LGT: 2. Los bienes y derechos transmitidos quedarán afectos a la responsabilidad del pago de las cantidades, liquidadas o no, correspondientes a los tributos que graven tales transmisiones, adquisiciones o importaciones, cualquiera que sea su poseedor, salvo que este resulte ser un tercero protegido por la fe pública registral o se justifique la adquisición de los bienes con buena fe y justo título, en establecimiento mercantil o industrial, en el caso de bienes muebles no inscribibles.

36. b) La retención del pago de devoluciones tributarias o de otros pagos que deba realizar la Administración Tributaria. La retención cautelar total o parcial de una devolución tributaria deberá ser notificada al interesado junto con el acuerdo de devolución.

Justificación: Artículo 81 LGT: a) La retención del pago de devoluciones tributarias o de otros pagos que deba realizar la Administración Tributaria. La retención cautelar total o parcial de una devolución tributaria deberá ser notificada al interesado junto con el acuerdo de devolución.

37. b) 6 meses.

Justificación: Artículo 81 LGT: 7. Los efectos de las medidas cautelares cesarán en el plazo de seis meses desde su adopción, salvo en los siguientes supuestos (…).

38. c) Depósito de la cantidad total aplazada o fraccionada.

Justificación: Artículo 82 LGT: 1. Para garantizar los aplazamientos o fraccionamientos de la deuda tributaria, la Administración Tributaria podrá exigir que se constituya a su favor aval solidario de entidad de crédito o sociedad de garantía recíproca o certificado de seguro de caución.

39. d) Todas son correctas.

Justificación: Artículo 82 LGT: 2. Podrá dispensarse total o parcialmente al obligado tributario de la constitución de las garantías a las que se refiere el apartado anterior en los casos siguientes:

a) Cuando las deudas tributarias sean de cuantía inferior a la que se fije en la normativa tributaria. Esta excepción podrá limitarse a solicitudes formuladas en determinadas fases del procedimiento de recaudación.

b) Cuando el obligado al pago carezca de bienes suficientes para garantizar la deuda y la ejecución de su patrimonio pudiera afectar sustancialmente al mantenimiento de la capacidad productiva y del nivel de empleo de la actividad económica respectiva, o pudiera producir graves quebrantos para los intereses de la Hacienda Pública, en la forma prevista reglamentariamente.

c) En los demás casos que establezca la normativa tributaria.

TEST N.º 4

La aplicación de los tributos

1. La aplicación de los tributos comprende todas las actividades administrativas dirigidas a:

a) La información y asistencia a los obligados tributarios.
b) La gestión, inspección y recaudación.
c) Las actuaciones de los obligados en el ejercicio de sus derechos o en cumplimiento de sus obligaciones tributarias.
d) Todas son correctas.

2. Marca la respuesta incorrecta. La Administración deberá prestar a los obligados tributarios la necesaria información y asistencia acerca de sus derechos y obligaciones, dicha actividad se instrumentará, a través de las siguientes actuaciones:

a) Publicación de textos actualizados de las normas tributarias, así como de la doctrina administrativa de mayor trascendencia.
b) Comunicaciones y actuaciones de información efectuadas por los servicios destinados a tal efecto en los órganos de la Administración Tributaria.
c) Contestaciones a consultas escritas y orales.
d) Actuaciones previas de valoración.

3. La Administración Tributaria acordará la publicación periódica de listados comprensivos de deudores a la Hacienda Pública, incluidos los que tengan la condición de deudores al haber sido declarados responsables solidarios, por deudas o sanciones tributarias cuando concurran las siguientes circunstancias:

a) Que el importe total de las deudas y sanciones tributarias pendientes de ingreso, incluidas en su caso las que se hubieran exigido tras la declaración de responsabilidad solidaria, supere el importe de 500.000 euros y que dichas deudas o sanciones tributarias no hubiesen sido pagadas transcurrido el plazo original de ingreso en periodo voluntario.
b) Que el importe total de las deudas y sanciones tributarias pendientes de ingreso, incluidas en su caso las que se hubieran exigido tras la declaración de responsabilidad solidaria, supere el importe de 600.000 euros y que dichas deudas o sanciones tributarias no hubiesen sido pagadas transcurrido el plazo original de ingreso en periodo voluntario.

c) Que el importe total de las deudas y sanciones tributarias pendientes de ingreso, incluidas en su caso las que se hubieran exigido tras la declaración de responsabilidad solidaria, supere el importe de 800.000 euros y que dichas deudas o sanciones tributarias no hubiesen sido pagadas transcurrido el plazo original de ingreso en periodo voluntario.

d) Que el importe total de las deudas y sanciones tributarias pendientes de ingreso, incluidas en su caso las que se hubieran exigido tras la declaración de responsabilidad solidaria, supere el importe de 1.000.000 euros y que dichas deudas o sanciones tributarias no hubiesen sido pagadas transcurrido el plazo original de ingreso en periodo voluntario.

4. La Administración Tributaria promoverá la utilización de las técnicas y medios electrónicos, informáticos y telemáticos necesarios para el desarrollo de su actividad y el ejercicio de sus competencias:

a) Sin ningún tipo de limitación.
b) Con las limitaciones que la Constitución y las leyes establezcan.
c) Con las limitaciones que las leyes y los reglamentos establezcan.
d) Ninguna es correcta.

5. Las actuaciones y procedimientos tributarios podrán iniciarse:

a) Exclusivamente de oficio.
b) De oficio o a instancia del obligado tributario exclusivamente mediante autoliquidación.
c) De oficio o a instancia del obligado tributario, mediante autoliquidación, declaración, comunicación, solicitud o cualquier otro medio previsto en la normativa tributaria.
d) Exclusivamente a instancia del obligado tributario, mediante autoliquidación, declaración, comunicación, solicitud o cualquier otro medio previsto en la normativa tributaria.

6. ¿Pueden los obligados tributarios rehusar la presentación de documentos? (artículo 99 LGT)

a) No, en ningún caso.
b) Sí, cuando se trate de documentos que no resulten exigibles por la normativa tributaria y de aquellos que hayan sido previamente presentados por ellos mismos y que se encuentren en poder de la Administración Tributaria actuante.
c) Sí, salvo que se trate de procedimientos de imposición de sanciones.
d) No, salvo autorización expresa de la Agencia Tributaria.

7. De conformidad con el artículo 99 de la LGT, las comunicaciones:

a) Son los documentos a través de los cuales la Administración notifica al obligado tributario el inicio del procedimiento u otros hechos o circunstancias relativos al mismo o efectúa los requerimientos que sean necesarios a cualquier persona o entidad. Las comunicaciones podrán incorporarse al contenido de las diligencias que se extiendan.

b) Son los documentos públicos que se extienden para hacer constar hechos, así como las manifestaciones del obligado tributario o persona con la que se entiendan las actuaciones. Las diligencias no podrán contener propuestas de liquidaciones tributarias.

c) Es el acto resolutorio mediante el cual el órgano competente de la Administración realiza las operaciones de cuantificación necesarias y determina el importe de la deuda tributaria o de la cantidad que, en su caso, resulte a devolver o a compensar de acuerdo con la normativa tributaria.

d) Son los documentos públicos que extiende la inspección de los tributos con el fin de recoger el resultado de las actuaciones inspectoras de comprobación e investigación, proponiendo la regularización que estime procedente de la situación tributaria del obligado o declarando correcta la misma.

8. De conformidad con el artículo 99 de la LGT, las diligencias:

a) Son los documentos públicos que extiende la inspección de los tributos con el fin de recoger el resultado de las actuaciones inspectoras de comprobación e investigación, proponiendo la regularización que estime procedente de la situación tributaria del obligado o declarando correcta la misma.

b) Son los documentos a través de los cuales la Administración notifica al obligado tributario el inicio del procedimiento u otros hechos o circunstancias relativos al mismo o efectúa los requerimientos que sean necesarios a cualquier persona o entidad. Las comunicaciones podrán incorporarse al contenido de las diligencias que se extiendan.

c) Es el acto resolutorio mediante el cual el órgano competente de la Administración realiza las operaciones de cuantificación necesarias y determina el importe de la deuda tributaria o de la cantidad que, en su caso, resulte a devolver o a compensar de acuerdo con la normativa tributaria.

d) Son los documentos públicos que se extienden para hacer constar hechos, así como las manifestaciones del obligado tributario o persona con la que se entiendan las actuaciones. Las diligencias no podrán contener propuestas de liquidaciones tributarias.

9. En los procedimientos tributarios, el trámite de alegaciones:

a) No podrá tener una duración inferior a 15 días ni superior a 30.
b) No podrá tener una duración inferior a 20 días ni superior a 30.
c) No podrá tener una duración inferior a 10 días ni superior a 15.
d) No podrá tener una duración inferior a 15 días ni superior a 20.

10. Pondrá fin a los procedimientos tributarios:

a) La resolución.
b) El desistimiento.
c) La renuncia al derecho en que se fundamente la solicitud.
d) Todos los anteriores.

11. De conformidad con el artículo 101 de la LGT, las liquidaciones podrán ser:

a) Provisionales o firmes.
b) Temporales o permanentes.
c) Provisionales o definitivas.
d) Brutas o líquidas.

12. Las liquidaciones deberán ser notificadas a los obligados tributarios con expresión de:

a) La identificación de la Administración Tributaria.
b) La motivación de las mismas, en cualquier caso, con expresión de los hechos y elementos esenciales que las originen, así como de los fundamentos de derecho.
c) Los medios de impugnación que puedan ser ejercidos, órgano ante el que hayan de presentarse y plazo para su interposición.
d) Todas son correctas.

13. De conformidad con el artículo 103 de la LGT, no existirá obligación de resolver expresamente en los procedimientos:

a) Relativos al ejercicio de derechos que solo deban ser objeto de comunicación por el obligado tributario.
b) En los que se produzca la caducidad.
c) En los que se produzca la pérdida sobrevenida del objeto del procedimiento.
d) Todas las respuestas son correctas.

14. De conformidad con el artículo 104 de la LGT, el plazo máximo en que debe notificarse la resolución será el fijado por la normativa reguladora del correspondiente procedimiento, sin que pueda exceder de:

a) 3 meses.
b) 4 meses.
c) 5 meses.
d) 6 meses.

15. De conformidad con el artículo 104 de la LGT, Cuando las normas reguladoras de los procedimientos no fijen plazo máximo de resolución este será:

a) De 6 meses.
b) De 3 meses.
c) De 10 días.
d) De 30 días.

16. Respecto a las notificaciones en materia tributaria, en los procedimientos iniciados de oficio, la notificación podrá practicarse:

a) En el domicilio fiscal del obligado tributario.
b) En el centro de trabajo.

c) En el lugar donde se desarrolle la actividad económica.

d) Todas son correctas.

17. Indicar la respuesta correcta o más correcta respecto a las notificaciones en materia tributaria de conformidad con el artículo 112 de la LGT:

a) Cuando no sea posible efectuar la notificación al interesado o a su representante por causas no imputables a la Administración Tributaria e intentada al menos tres veces en el domicilio fiscal, o en el designado por el interesado si se trata de un procedimiento iniciado a solicitud del mismo, se harán constar en el expediente las circunstancias de los intentos de notificación. Será suficiente dos solos intentos cuando el destinatario conste como desconocido en dicho domicilio o lugar.

b) Cuando no sea posible efectuar la notificación al interesado o a su representante por causas no imputables a la Administración Tributaria e intentada al menos dos veces en el domicilio fiscal, o en el designado por el interesado si se trata de un procedimiento iniciado a solicitud del mismo, se harán constar en el expediente las circunstancias de los intentos de notificación. Será suficiente un solo intento cuando el destinatario conste como desconocido en dicho domicilio o lugar.

c) Cuando no sea posible efectuar la notificación al interesado o a su representante por causas imputables a la Administración Tributaria e intentada al menos cuatro veces en el domicilio fiscal, o en el designado por el interesado si se trata de un procedimiento iniciado a solicitud del mismo, se harán constar en el expediente las circunstancias de los intentos de notificación. Será suficiente dos solos intentos cuando el destinatario conste como desconocido en dicho domicilio o lugar.

d) Cuando no sea posible efectuar la notificación al interesado o a su representante por causas no imputables a la Administración Tributaria e intentada al menos una vez en el domicilio fiscal, o en el designado por el interesado si se trata de un procedimiento iniciado a solicitud del mismo, se harán constar en el expediente las circunstancias del intento de notificación.

18. De conformidad con el artículo 112 de la LGT, cuando el destinatario conste como desconocido la publicación en el BOE se realizará los:

a) Lunes, martes y miércoles.

b) Lunes, miércoles y viernes.

c) Lunes y viernes.

d) Los miércoles y viernes.

19. De conformidad con el artículo 112 de la LGT, En la publicación constará la relación de notificaciones pendientes con indicación del obligado tributario o su representante, el procedimiento que las motiva, el órgano competente de su tramitación y el lugar y plazo en que el destinatario de las mismas deberá comparecer para ser notificado. En todo caso, la comparecencia deberá producirse en el plazo de:

a) 15 días hábiles naturales, contados desde el siguiente al de la publicación del anuncio en el "Boletín Oficial del Estado".

b) 15 días naturales, contados desde el siguiente al de la publicación del anuncio en el "Boletín Oficial del Estado".

c) 20 días naturales, contados desde el siguiente al de la publicación del anuncio en el "Boletín Oficial del Estado".

d) 20 días hábiles, contados desde el siguiente al de la publicación del anuncio en el "Boletín Oficial del Estado".

20. Si debido a las actuaciones o procedimientos de aplicación de los tributos fuera necesario entrar en el domicilio constitucionalmente protegido de un obligado tributario o efectuar registros en el mismo.

a) La Administración Tributaria solo podrá entrar con el consentimiento del obligado tributario.

b) La Administración Tributaria no podrá entrar en el domicilio en ningún caso.

c) La Administración Tributaria solo podrá entrar cuando una ley expresamente lo autorice.

d) Ninguna es correcta.

21. De conformidad con el artículo 116 de la LGT, la Administración Tributaria elaborará un Plan de control tributario:

a) Mensualmente.

b) Cada 4 años.

c) Anualmente.

d) Cada 6 meses.

22. De conformidad con el artículo 118 de la LGT, y de acuerdo con lo previsto en la normativa tributaria, la gestión tributaria se inicia:

a) Por una autoliquidación, por una comunicación de datos o por cualquier otra clase de declaración.

b) Por una solicitud del obligado tributario, de acuerdo con lo previsto en el artículo 98 de la LGT.

c) De oficio por la Administración Tributaria.

d) Todas son correctas.

23. ¿Qué son las autoliquidaciones?

a) Todo documento presentado ante la Administración Tributaria donde se reconozca o manifieste la realización de cualquier hecho relevante para la aplicación de los tributos.

b) Declaraciones en las que los obligados tributarios, además de comunicar a la Administración los datos necesarios para la liquidación del tributo y otros de contenido informativo, realizan por sí mismos las operaciones de calificación y cuantificación necesarias para determinar e ingresar el importe de la deuda tributaria o, en su caso, determinar la cantidad que resulte a devolver o a compensar.

c) La declaración presentada por el obligado tributario ante la Administración para que esta determine la cantidad que, en su caso, resulte a devolver. Se entenderá solicitada la devolución mediante la presentación de la citada comunicación.

d) Todas son correctas.

24. Son procedimientos de gestión tributaria entre otros (artículo 123 LGT):

a) El procedimiento de devolución iniciado mediante autoliquidación, solicitud o comunicación de datos.
b) El procedimiento iniciado mediante denuncia.
c) El procedimiento de comprobación ilimitada.
d) Todas las respuestas son correctas.

25. De conformidad con el artículo 129 de la LGT, en los procedimientos de gestión tributaria iniciados mediante declaración, La Administración Tributaria deberá notificar la liquidación:

a) En un plazo de seis meses desde el día siguiente a la finalización del plazo para presentar la declaración.
b) En un plazo de tres meses desde el día siguiente a la finalización del plazo para presentar la declaración.
c) En un plazo de ocho meses desde el día siguiente a la finalización del plazo para presentar la declaración.
d) En un plazo de doce meses desde el día siguiente a la finalización del plazo para presentar la declaración.

26. Marca la respuesta incorrecta. El procedimiento iniciado mediante declaración presentada por el obligado tributario terminará por alguna de las siguientes causas:

a) Por liquidación provisional practicada por la Administración Tributaria.
b) Por prescripción.
c) Por el inicio de un procedimiento de comprobación limitada o de inspección que incluya el objeto del procedimiento iniciado mediante declaración o algún elemento de dicho objeto, en los tributos que se liquiden por las importaciones de bienes en la forma prevista por la legislación aduanera para los derechos de importación.
d) Todas las respuestas son correctas.

27. En el procedimiento de comprobación de valores, si el valor determinado por la Administración Tributaria es distinto al declarado por el obligado tributario, aquella, al tiempo de notificar la propuesta de regularización, comunicará la propuesta de valoración debidamente motivada, con expresión de los medios y criterios empleados. Transcurrido el plazo de alegaciones abierto con la propuesta de regularización, la Administración Tributaria notificará la regularización que proceda a la que deberá acompañarse la valoración realizada:

a) Los obligados tributarios podrán interponer recurso o reclamación independiente contra la valoración, pero no podrán promover la tasación pericial contradictoria o plantear cualquier cuestión relativa a la valoración con ocasión de los recursos o reclamaciones que, en su caso, interpongan contra el acto de regularización.
b) Los obligados tributarios podrán interponer recurso o reclamación independiente contra la valoración, también podrán promover la tasación pericial contradictoria o plantear cualquier cuestión relativa a la valoración con ocasión de los recursos o reclamaciones que, en su caso, interpongan contra el acto de regularización.

c) Los obligados tributarios no podrán interponer recurso o reclamación independiente contra la valoración, pero podrán promover la tasación pericial contradictoria o plantear cualquier cuestión relativa a la valoración con ocasión de los recursos o reclamaciones que, en su caso, interpongan contra el acto de regularización.

d) Los obligados tributarios no podrán ejercitar ningún tipo de medida contra dicha decisión.

28. Respecto a la tasación pericial contradictoria regulada en el artículo 135 de la LGT:

a) Si la diferencia entre el valor determinado por el perito de la Administración y la tasación practicada por el perito designado por el obligado tributario, considerada en valores absolutos, es igual o inferior a 20.000 euros y al 10 % de dicha tasación, esta última servirá de base para la liquidación.

b) Si la diferencia entre el valor determinado por el perito de la Administración y la tasación practicada por el perito designado por el obligado tributario, considerada en valores absolutos, es igual o inferior a 60.000 euros y al 10 % de dicha tasación, esta última servirá de base para la liquidación.

c) Si la diferencia entre el valor determinado por el perito de la Administración y la tasación practicada por el perito designado por el obligado tributario, considerada en valores absolutos, es igual o inferior a 60.000 euros y al 5 % de dicha tasación, esta última servirá de base para la liquidación.

d) Si la diferencia entre el valor determinado por el perito de la Administración y la tasación practicada por el perito designado por el obligado tributario, considerada en valores absolutos, es igual o inferior a 120.000 euros y al 10 % de dicha tasación, esta última servirá de base para la liquidación.

29. Respecto a la tasación pericial contradictoria regulada en el artículo 135 de la LGT:

a) Los honorarios del perito del obligado tributario serán satisfechos por este. Cuando la diferencia entre la tasación practicada por el perito tercero y el valor declarado, considerada en valores absolutos, supere el 20 % del valor declarado, los gastos del tercer perito serán abonados por la Administración y, en caso contrario, correrán a cargo del obligado tributario. En este supuesto, aquel tendrá derecho a ser reintegrado de los gastos ocasionados por el depósito al que se refiere el párrafo siguiente.

b) Los honorarios del perito del obligado tributario serán satisfechos por este. Cuando la diferencia entre la tasación practicada por el perito tercero y el valor declarado, considerada en valores absolutos, supere el 30 % del valor declarado, los gastos del tercer perito serán abonados por el obligado tributario y, en caso contrario, correrán a cargo de la Administración. En este supuesto, aquel tendrá derecho a ser reintegrado de los gastos ocasionados por el depósito al que se refiere el párrafo siguiente.

c) Los honorarios del perito del obligado tributario serán satisfechos por este. Cuando la diferencia entre la tasación practicada por el perito tercero y el valor declarado, considerada en valores absolutos, supere el 20 % del valor declarado, los gastos del tercer perito serán abonados por el obligado tributario y, en caso contrario, correrán a cargo de la Administración. En este supuesto, aquel tendrá derecho a ser reintegrado de los gastos ocasionados por el depósito al que se refiere el párrafo siguiente.

d) Los honorarios del perito del obligado tributario serán satisfechos por este. Cuando la diferencia entre la tasación practicada por el perito tercero y el valor declarado, considerada en valores absolutos, supere el 30 % del valor declarado, los gastos del tercer perito serán abonados por la Administración Tributaria y, en caso contrario, correrán a cargo del obligado tributario. En este supuesto, aquel tendrá derecho a ser reintegrado de los gastos ocasionados por el depósito al que se refiere el párrafo siguiente.

30. De conformidad con el artículo 135, el perito tercero podrá exigir que, previamente al desempeño de su cometido, se haga provisión del importe de sus honorarios mediante depósito en el Banco de España o en el organismo público que determine cada Administración Tributaria:

a) En el plazo de 20 días.
b) En el plazo de 10 días.
c) En el plazo de 15 días.
d) En el plazo de 30 días.

31. ¿Pueden realizarse las actuaciones de comprobación limitada fuera de las oficinas de la Administración Tributaria?

a) Sí, en cualquier caso.
b) No, nunca.
c) No, salvo las que procedan, según la normativa aduanera o para el examen de la contabilidad, o en los supuestos previstos reglamentariamente al objeto de realizar comprobaciones censales o relativas a la aplicación de métodos objetivos de tributación.
d) Sí, salvo que una norma legal o reglamentaria no lo permita.

Soluciones comentadas

1. **d) Todas son correctas.**

   Justificación: Artículo 83 LGT: *1. La aplicación de los tributos comprende todas las actividades administrativas dirigidas a la información y asistencia a los obligados tributarios y a la gestión, inspección y recaudación, así como las actuaciones de los obligados en el ejercicio de sus derechos o en cumplimiento de sus obligaciones tributarias.*

2. **c) Contestaciones a consultas escritas y orales.**

   Justificación: Artículo 85 LGT: *c) Contestaciones a consultas escritas.*

3. **b) Que el importe total de las deudas y sanciones tributarias pendientes de ingreso, incluidas en su caso las que se hubieran exigido tras la declaración de responsabilidad solidaria, supere el importe de 600.000 euros y que dichas deudas o sanciones tributarias no hubiesen sido pagadas transcurrido el plazo original de ingreso en periodo voluntario.**

   Justificación: Artículo 95. Bis LGT: *1. La Administración Tributaria acordará la publicación periódica de listados comprensivos de deudores a la Hacienda Pública, incluidos los que tengan la condición de deudores al haber sido declarados responsables solidarios, por deudas o sanciones tributarias cuando concurran las siguientes circunstancias:*

   a) Que el importe total de las deudas y sanciones tributarias pendientes de ingreso, incluidas en su caso las que se hubieran exigido tras la declaración de responsabilidad solidaria, supere el importe de 600.000 euros.

   b) Que dichas deudas o sanciones tributarias no hubiesen sido pagadas transcurrido el plazo original de ingreso en periodo voluntario.

4. **b) Con las limitaciones que la Constitución y las leyes establezcan.**

   Justificación: Artículo 96 LGT: *1. La Administración Tributaria promoverá la utilización de las técnicas y medios electrónicos, informáticos y telemáticos necesarios para el desarrollo de su actividad y el ejercicio de sus competencias, con las limitaciones que la Constitución y las leyes establezcan.*

5. **c) De oficio o a instancia del obligado tributario, mediante autoliquidación, declaración, comunicación, solicitud o cualquier otro medio previsto en la normativa tributaria.**

   Justificación: Artículo 98 LGT: *1. Las actuaciones y procedimientos tributarios podrán iniciarse de oficio o a instancia del obligado tributario, mediante autoliquidación, declaración, comunicación, solicitud o cualquier otro medio previsto en la normativa tributaria.*

6. **b) Sí, cuando se trate de documentos que no resulten exigibles por la normativa tributaria y de aquellos que hayan sido previamente presentados por ellos mismos y que se encuentren en poder de la Administración Tributaria actuante.**

    Justificación: Artículo 99 LGT: *2. Los obligados tributarios pueden rehusar la presentación de los documentos que no resulten exigibles por la normativa tributaria y de aquellos que hayan sido previamente presentados por ellos mismos y que se encuentren en poder de la Administración Tributaria actuante. Se podrá, en todo caso, requerir al interesado la ratificación de datos específicos propios o de terceros, previamente aportados.*

7. **a) Son los documentos a través de los cuales la Administración notifica al obligado tributario el inicio del procedimiento u otros hechos o circunstancias relativos al mismo o efectúa los requerimientos que sean necesarios a cualquier persona o entidad. Las comunicaciones podrán incorporarse al contenido de las diligencias que se extiendan.**

    Justificación: Artículo 99 LGT: *Las comunicaciones son los documentos a través de los cuales la Administración notifica al obligado tributario el inicio del procedimiento u otros hechos o circunstancias relativos al mismo o efectúa los requerimientos que sean necesarios a cualquier persona o entidad. Las comunicaciones podrán incorporarse al contenido de las diligencias que se extiendan.*

8. **d) Son los documentos públicos que se extienden para hacer constar hechos, así como las manifestaciones del obligado tributario o persona con la que se entiendan las actuaciones. Las diligencias no podrán contener propuestas de liquidaciones tributarias.**

    Justificación: Artículo 99 LGT: *Las diligencias son los documentos públicos que se extienden para hacer constar hechos, así como las manifestaciones del obligado tributario o persona con la que se entiendan las actuaciones. Las diligencias no podrán contener propuestas de liquidaciones tributarias.*

9. **c) No podrá tener una duración inferior a 10 días ni superior a 15.**

    Justificación: Artículo 99 LGT: *El trámite de alegaciones no podrá tener una duración inferior a 10 días ni superior a 15.*

10. **d) Todos los anteriores.**

    Justificación: Artículo 100 LGT: *1. Pondrá fin a los procedimientos tributarios la resolución, el desistimiento, la renuncia al derecho en que se fundamente la solicitud, la imposibilidad material de continuarlos por causas sobrevenidas, la caducidad, el cumplimiento de la obligación que hubiera sido objeto de requerimiento o cualquier otra causa prevista en el ordenamiento tributario.*

11. **c) Provisionales o definitivas.**

    Justificación: Artículo 101 LGT: *2. Las liquidaciones tributarias serán provisionales o definitivas.*

12. c) Los medios de impugnación que puedan ser ejercidos, órgano ante el que hayan de presentarse y plazo para su interposición.

Justificación: Artículo 102 LGT: *Las liquidaciones se notificarán con expresión de:*

a) La identificación del obligado tributario.

b) Los elementos determinantes de la cuantía de la deuda tributaria.

c) La motivación de las mismas cuando no se ajusten a los datos consignados por el obligado tributario o a la aplicación o interpretación de la normativa realizada por el mismo, con expresión de los hechos y elementos esenciales que las originen, así como de los fundamentos de derecho.

d) Los medios de impugnación que puedan ser ejercidos, órgano ante el que hayan de presentarse y plazo para su interposición.

e) El lugar, plazo y forma en que debe ser satisfecha la deuda tributaria.

f) Su carácter de provisional o definitiva.

13. d) Todas las respuestas son correctas.

Justificación: Artículo 103 LGT: *2. No existirá obligación de resolver expresamente en los procedimientos relativos al ejercicio de derechos que solo deban ser objeto de comunicación por el obligado tributario y en los que se produzca la caducidad, la pérdida sobrevenida del objeto del procedimiento, la renuncia o el desistimiento de los interesados.*

14. d) 6 meses.

Justificación: Artículo 104 LGT: *1. El plazo máximo en que debe notificarse la resolución será el fijado por la normativa reguladora del correspondiente procedimiento, sin que pueda exceder de seis meses, salvo que esté establecido por una norma con rango de ley o venga previsto en la normativa comunitaria europea. Cuando las normas reguladoras de los procedimientos no fijen plazo máximo, este será de seis meses.*

15. a) De 6 meses.

Justificación: Artículo 104 LGT: *1. El plazo máximo en que debe notificarse la resolución será el fijado por la normativa reguladora del correspondiente procedimiento, sin que pueda exceder de seis meses, salvo que esté establecido por una norma con rango de ley o venga previsto en la normativa comunitaria europea. Cuando las normas reguladoras de los procedimientos no fijen plazo máximo, este será de seis meses.*

16. d) Todas son correctas.

Justificación: Artículo 110 LGT: *2. En los procedimientos iniciados de oficio, la notificación podrá practicarse en el domicilio fiscal del obligado tributario o su representante, en el centro de trabajo, en el lugar donde se desarrolle la actividad económica o en cualquier otro adecuado a tal fin.*

17. b) Cuando no sea posible efectuar la notificación al interesado o a su represen-tante por causas no imputables a la Administración Tributaria e intentada al menos dos veces en el domicilio fiscal, o en el designado por el interesado si se trata de un procedimiento iniciado a solicitud del mismo, se harán constar en el expediente las circunstancias de los intentos de notificación. Será suficiente un solo intento cuando el destinatario conste como desconocido en dicho domici-lio o lugar.

Justificación: Artículo 112 LGT: *1. Cuando no sea posible efectuar la notificación al interesado o a su representante por causas no imputables a la Administración Tributaria e intentada al menos dos veces en el domicilio fiscal, o en el designado por el interesado si se trata de un procedimiento iniciado a solicitud del mismo, se harán constar en el expediente las circunstancias de los intentos de notificación. Será suficiente un solo intento cuando el destinatario conste como desconocido en dicho domicilio o lugar.*

18. b) Lunes, miércoles y viernes.

Justificación: Artículo 112 LGT: *La publicación en el "Boletín Oficial del Estado" se efec-tuará los lunes, miércoles y viernes de cada semana. Estos anuncios podrán exponerse asimismo en la oficina de la Administración Tributaria correspondiente al último do-micilio fiscal conocido. En el caso de que el último domicilio conocido radicara en el ex-tranjero, el anuncio se podrá exponer en el consulado o sección consular de la embajada correspondiente.*

19. b) 15 días naturales, contados desde el siguiente al de la publicación del anun-cio en el "Boletín Oficial del Estado".

Justificación: Artículo 112 LGT: *2. En la publicación constará la relación de notificacio-nes pendientes con indicación del obligado tributario o su representante, el procedimien-to que las motiva, el órgano competente de su tramitación y el lugar y plazo en que el destinatario de las mismas deberá comparecer para ser notificado. En todo caso, la com-parecencia deberá producirse en el plazo de 15 días naturales, contados desde el siguien-te al de la publicación del anuncio en el "Boletín Oficial del Estado". Transcurrido dicho plazo sin comparecer, la notificación se entenderá producida a todos los efectos legales el día siguiente al del vencimiento del plazo señalado.*

20. d) Ninguna es correcta.

Justificación: Artículo 113 LGT: *Cuando en las actuaciones y en los procedimientos de aplicación de los tributos sea necesario entrar en el domicilio constitucionalmente protegido de un obligado tributario o efectuar registros en el mismo, la Administración Tributaria deberá obtener el consentimiento de aquel o la oportuna autorización judicial.*

21. c) Anualmente.

Justificación: Artículo 116 LGT: *La Administración Tributaria elaborará anualmente un Plan de control tributario que tendrá carácter reservado, aunque ello no impedirá que se hagan públicos los criterios generales que lo informen.*

22. d) Todas son correctas.

Justificación: Artículo 118 LGT: *De acuerdo con lo previsto en la normativa tributaria, la gestión tributaria se iniciará:*

a) Por una autoliquidación, por una comunicación de datos o por cualquier otra clase de declaración.

b) Por una solicitud del obligado tributario, de acuerdo con lo previsto en el artículo 98 de esta ley.

c) De oficio por la Administración Tributaria.

23. b) Declaraciones en las que los obligados tributarios, además de comunicar a la Administración los datos necesarios para la liquidación del tributo y otros de contenido informativo, realizan por sí mismos las operaciones de calificación y cuantificación necesarias para determinar e ingresar el importe de la deuda tributaria o, en su caso, determinar la cantidad que resulte a devolver o a compensar.

Justificación: Artículo 120 LGT: *1. Las autoliquidaciones son declaraciones en las que los obligados tributarios, además de comunicar a la Administración los datos necesarios para la liquidación del tributo y otros de contenido informativo, realizan por sí mismos las operaciones de calificación y cuantificación necesarias para determinar e ingresar el importe de la deuda tributaria o, en su caso, determinar la cantidad que resulte a devolver o a compensar.*

24. a) El procedimiento de devolución iniciado mediante autoliquidación, solicitud o comunicación de datos.

Justificación: Artículo 123 LGT: *1. Son procedimientos de gestión tributaria, entre otros, los siguientes:*

a) El procedimiento de devolución iniciado mediante autoliquidación, solicitud o comunicación de datos.

b) El procedimiento iniciado mediante declaración.

c) El procedimiento de verificación de datos.

d) El procedimiento de comprobación de valores.

e) El procedimiento de comprobación limitada.

25. a) En un plazo de seis meses desde el día siguiente a la finalización del plazo para presentar la declaración.

Justificación: Artículo 129 LGT: *1. La Administración Tributaria deberá notificar la liquidación en un plazo de seis meses desde el día siguiente a la finalización del plazo para presentar la declaración o desde el siguiente a la comunicación de la Administración por la que se inicie el procedimiento en el supuesto al que se refiere el apartado 2 del artículo anterior.*

26. b) Por prescripción.

Justificación: Artículo 130 LGT: *El procedimiento iniciado mediante declaración presentada por el obligado tributario terminará por alguna de las siguientes causas:*

a) Por liquidación provisional practicada por la Administración Tributaria.

b) Por caducidad, una vez transcurrido el plazo previsto en el apartado 1 del artículo anterior sin haberse notificado la liquidación, sin perjuicio de que la Administración Tributaria pueda iniciar de nuevo este procedimiento dentro del plazo de prescripción.
c) Por el inicio de un procedimiento de comprobación limitada o de inspección que incluya el objeto del procedimiento iniciado mediante declaración o algún elemento de dicho objeto, en los tributos que se liquiden por las importaciones de bienes en la forma prevista por la legislación aduanera para los derechos de importación.

27. c) Los obligados tributarios no podrán interponer recurso o reclamación independiente contra la valoración, pero podrán promover la tasación pericial contradictoria o plantear cualquier cuestión relativa a la valoración con ocasión de los recursos o reclamaciones que, en su caso, interpongan contra el acto de regularización.

Justificación: Artículo 134 LGT: *3. Si el valor determinado por la Administración Tributaria es distinto al declarado por el obligado tributario, aquella, al tiempo de notificar la propuesta de regularización, comunicará la propuesta de valoración debidamente motivada, con expresión de los medios y criterios empleados. Transcurrido el plazo de alegaciones abierto con la propuesta de regularización, la Administración Tributaria notificará la regularización que proceda a la que deberá acompañarse la valoración realizada. Los obligados tributarios no podrán interponer recurso o reclamación independiente contra la valoración, pero podrán promover la tasación pericial contradictoria o plantear cualquier cuestión relativa a la valoración con ocasión de los recursos o reclamaciones que, en su caso, interpongan contra el acto de regularización.*

28. d) Si la diferencia entre el valor determinado por el perito de la Administración y la tasación practicada por el perito designado por el obligado tributario, considerada en valores absolutos, es igual o inferior a 120.000 euros y al 10 % de dicha tasación, esta última servirá de base para la liquidación.

Justificación: Artículo 135 LGT: *2. Será necesaria la valoración realizada por un perito de la Administración cuando la cuantificación del valor comprobado no se haya realizado mediante dictamen de peritos de aquella. Si la diferencia entre el valor determinado por el perito de la Administración y la tasación practicada por el perito designado por el obligado tributario, considerada en valores absolutos, es igual o inferior a 120.000 euros y al 10 % de dicha tasación, esta última servirá de base para la liquidación. Si la diferencia es superior, deberá designarse un perito tercero de acuerdo con lo dispuesto en el apartado siguiente.*

29. c) Los honorarios del perito del obligado tributario serán satisfechos por este. Cuando la diferencia entre la tasación practicada por el perito tercero y el valor declarado, considerada en valores absolutos, supere el 20 % del valor declara-

do, los gastos del tercer perito serán abonados por el obligado tributario y, en caso contrario, correrán a cargo de la Administración. En este supuesto, aquel tendrá derecho a ser reintegrado de los gastos ocasionados por el depósito al que se refiere el párrafo siguiente.

Justificación: Artículo 135 LGT: *Los honorarios del perito del obligado tributario serán satisfechos por este. Cuando la diferencia entre la tasación practicada por el perito tercero y el valor declarado, considerada en valores absolutos, supere el 20 % del valor declarado, los gastos del tercer perito serán abonados por el obligado tributario y, en caso contrario, correrán a cargo de la Administración. En este supuesto, aquel tendrá derecho a ser reintegrado de los gastos ocasionados por el depósito al que se refiere el párrafo siguiente.*

30. b) En el plazo de 10 días.

Justificación: Artículo 135 LGT: *El perito tercero podrá exigir que, previamente al desempeño de su cometido, se haga provisión del importe de sus honorarios mediante depósito en el Banco de España o en el organismo público que determine cada Administración Tributaria, en el plazo de 10 días. La falta de depósito por cualquiera de las partes supondrá la aceptación de la valoración realizada por el perito de la otra, cualquiera que fuera la diferencia entre ambas valoraciones.*

31. c) No, salvo las que procedan, según la normativa aduanera o para el examen de la contabilidad, o en los supuestos previstos reglamentariamente al objeto de realizar comprobaciones censales o relativas a la aplicación de métodos objetivos de tributación.

Justificación: Artículo 136 LGT: *4. Las actuaciones de comprobación limitada no podrán realizarse fuera de las oficinas de la Administración Tributaria, salvo las que procedan, según la normativa aduanera o para el examen de la contabilidad, o en los supuestos previstos reglamentariamente al objeto de realizar comprobaciones censales o relativas a la aplicación de métodos objetivos de tributación, en cuyo caso los funcionarios que desarrollen dichas actuaciones tendrán las facultades reconocidas en los apartados 2 y 4 del artículo 142 de esta ley.*

TEST N.º 5

Actuaciones y procedimientos de inspección tributaria

1. Marca la respuesta incorrecta. La inspección tributaria consiste en el ejercicio de las funciones administrativas dirigidas a:

a) La investigación de los supuestos de hecho de las obligaciones tributarias para el descubrimiento de los que sean ignorados por la Administración.

b) La comprobación del cumplimiento de los requisitos exigidos para la obtención de beneficios o incentivos fiscales y devoluciones tributarias, así como para la aplicación de regímenes tributarios especiales.

c) La práctica de las liquidaciones tributarias resultantes de sus actuaciones de comprobación e investigación.

d) El asesoramiento e informe a órganos de la Administración Pública y particulares.

2. Cuando las actuaciones inspectoras lo requieran, ¿podrán los funcionarios que desarrollen funciones de inspección de los tributos entrar en las fincas, locales de negocio y demás establecimientos?

a) Sí, en todo caso.

b) No, nunca.

c) Sí, previa autorización judicial, salvo que el obligado tributario o la persona bajo cuya custodia se encontraren otorguen su consentimiento para ello.

d) Sí, previo acuerdo de entrada de la autoridad administrativa que reglamentariamente se determine, salvo que el obligado tributario o la persona bajo cuya custodia se encontraren otorguen su consentimiento para ello.

3. Marca la respuesta incorrecta. Las actuaciones de la inspección de los tributos se documentarán en:

a) Comunicaciones.

b) Declaraciones.

c) Informes.

d) Actas.

4. Dentro de las actuaciones de inspección, podemos definir las actas como:

a) Documentos públicos que extiende la inspección de los tributos con el fin de recoger el resultado de las actuaciones inspectoras de comprobación e investigación, proponiendo la regularización que estime procedente de la situación tributaria del obligado o declarando correcta la misma.

b) Declaraciones en las que los obligados tributarios, además de comunicar a la Administración los datos necesarios para la liquidación del tributo y otros de contenido informativo, realizan por sí mismos las operaciones de calificación y cuantificación necesarias para determinar e ingresar el importe de la deuda tributaria o, en su caso, determinar la cantidad que resulte a devolver o a compensar.

c) Declaración presentada por el obligado tributario ante la Administración para que esta determine la cantidad que, en su caso, resulte a devolver. Se entenderá solicitada la devolución mediante la presentación de la citada comunicación.

d) Ninguna es correcta.

5. El procedimiento de inspección tendrá por objeto:

a) Comprobar e investigar el adecuado cumplimiento de las obligaciones tributarias, debiendo tramitarse en otro procedimiento a la regularización de la situación tributaria del obligado mediante la práctica de una o varias liquidaciones, cuando fuera necesario.

b) Comprobar e investigar el adecuado cumplimiento de las obligaciones tributarias y en el mismo se procederá, en su caso, a la regularización de la situación tributaria del obligado mediante la práctica de una única liquidación.

c) Comprobar e investigar el adecuado cumplimiento de las obligaciones tributarias y en el mismo se procederá, en su caso, a la regularización de la situación tributaria del obligado mediante la práctica de una o varias liquidaciones.

d) Comprobar e investigar el adecuado cumplimiento de las obligaciones tributarias debiendo tramitarse en otro procedimiento y con otro instructor distinto, a la regularización de la situación tributaria del obligado mediante la práctica de una o varias liquidaciones, cuando fuera necesario.

6. Dentro del procedimiento de inspección, la investigación tendrá por objeto:

a) Descubrir la existencia, en todo caso, de hechos con relevancia tributaria declarados o no declarados incorrectamente por los obligados tributarios.

b) Descubrir la existencia, en su caso, de hechos con relevancia tributaria no declarados o declarados incorrectamente por los obligados tributarios.

c) Descubrir la existencia, en su caso, de hechos con relevancia tributaria no declarados o declarados correctamente por los obligados tributarios o por la Administración Tributaria.

d) Descubrir la existencia, en todo caso, de hechos sin relevancia tributaria declarados o declarados incorrectamente por los obligados tributarios.

7. En el supuesto de que durante el procedimiento de inspección se adoptaren medidas cautelares, dichas medidas deberán ser ratificadas por el órgano competente para liquidar en el plazo de:

a) 10 días desde su adopción y se levantarán si desaparecen las circunstancias que las motivaron.

b) 20 días desde su adopción y se levantarán si desaparecen las circunstancias que las motivaron.

c) 30 días desde su adopción y se levantarán si desaparecen las circunstancias que las motivaron.

d) 15 días desde su adopción y se levantarán si desaparecen las circunstancias que las motivaron.

8. De conformidad con el artículo 148 de la LGT, las actuaciones del procedimiento de inspección podrán tener:

a) Carácter definitivo o provisional.

b) Carácter local o nacional.

c) Carácter general o parcial.

d) Carácter público o privado.

9. Las actuaciones del procedimiento de inspección deberán concluir en el plazo de:

a) 18 meses, con carácter general.

b) 12 meses, con carácter general.

c) 24 meses, con carácter general.

d) 6 meses, con carácter general.

10. Cuando la cifra Anual de Negocios del obligado tributario sea igual o superior al requerido para auditar sus cuentas, las actuaciones del procedimiento de inspección deberán concluir en el plazo de:

a) 18 meses.

b) 12 meses.

c) 27 meses.

d) 36 meses.

11. Cuando el obligado tributario esté integrado en un grupo sometido al régimen de consolidación fiscal o al régimen especial de grupo de entidades que esté siendo objeto de comprobación inspectora, las actuaciones del procedimiento de inspección deberán concluir en el plazo de:

a) 18 meses.

b) 12 meses.

c) 27 meses.

d) 36 meses.

12. Marca la respuesta incorrecta. El cómputo del plazo del procedimiento inspector se suspenderá desde el momento en que concurra alguna de las siguientes circunstancias:

a) La recepción de una comunicación de un órgano jurisdiccional en la que se ordene la suspensión o paralización respecto de determinadas obligaciones tributarias o elementos de las mismas de un procedimiento inspector en curso.

b) La notificación al interesado de la remisión del expediente de conflicto en la aplicación de la norma tributaria a la Comisión consultiva.

c) La concurrencia de una causa de fuerza mayor que obligue a no suspender las actuaciones.

d) Todas son correctas.

13. En el supuesto de incumplimiento del plazo de las actuaciones inspectoras regulado en el artículo 150 LGT:

a) Se producirá la caducidad del procedimiento.

b) Se considerará interrumpida la prescripción como consecuencia de las actuaciones inspectoras desarrolladas.

c) No se exigirán intereses de demora desde que se produzca dicho incumplimiento hasta la finalización del procedimiento.

d) Todas son correctas.

14. Las actuaciones inspectoras podrán desarrollarse indistintamente, según determine la inspección:

a) En el lugar donde el obligado tributario tenga su domicilio fiscal, o en aquel donde su representante tenga su domicilio, despacho u oficina.

b) En el lugar donde se realicen total o parcialmente las actividades gravadas.

c) En las oficinas de la Administración tributaria, cuando los elementos sobre los que hayan de realizarse las actuaciones puedan ser examinados en ellas.

d) Todas son correctas.

15. En las inspecciones tributarias, ¿puede la inspección personarse ante el obligado tributario sin previa comunicación?

a) Sí, en cualquier caso.

b) No, se requiere una comunicación con 2 días de preaviso.

c) Sí, cuando se trate de en las empresas, oficinas, dependencias, instalaciones o almacenes del obligado tributario, entendiéndose las actuaciones con este o con el encargado o responsable de los locales.

d) No, se requiere una comunicación con 10 días de preaviso.

16. ¿Pueden salir los libros y documentos objetos de inspección del domicilio, local, despacho u oficina del obligado tributario?

a) Sí, en cualquier caso.

b) No, nunca.

c) Solo cuando el obligado tributario consienta su examen en las oficinas públicas.

d) Solo cuando exista autorización judicial.

17. Marca la respuesta correcta respecto al horario de las actuaciones inspectoras:

a) Las actuaciones que se desarrollen en oficinas públicas se realizarán fuera del horario oficial de apertura al público de las mismas y, en todo caso, dentro de la jornada de trabajo vigente.

b) Si las actuaciones se desarrollan en los locales del interesado se respetará la jornada laboral de oficina o de la actividad que se realice en los mismos, con la posibilidad de que pueda actuarse de común acuerdo en otras horas o días.

c) Cuando las circunstancias de las actuaciones lo exijan, se podrá actuar dentro de la jornada de trabajo en los términos que se establezcan reglamentariamente.

d) Todas son correctas.

18. Las actas de inspección podrán ser:

a) Con acuerdo, de conformidad o de disconformidad.

b) Con acuerdo, desacuerdo o aplazamiento.

c) Temporales o permanentes.

d) Con conformidad, disconformidad o anulación.

19. Cuando el obligado tributario o su representante se niegue a recibir o suscribir el acta, esta se tramitará como:

a) Conformidad.

b) Desacuerdo.

c) De disconformidad.

d) No se podrá tramitar en ningún caso.

20. En el supuesto de acta con acuerdo, dicho acuerdo se perfecciona:

a) En el momento de la notificación del acuerdo.

b) Mediante la suscripción del acta por el obligado tributario o su representante y la inspección de los tributos.

c) Mediante la firma de la notificación por parte del obligado tributario o su representante.

d) Cuando se abone la sanción.

21. Respecto a las actas de conformidad, se entenderá producida y notificada la liquidación tributaria de acuerdo con la propuesta formulada en el acta:

a) Sí, en el plazo de dos meses contados desde el día siguiente a la fecha del acta, no se hubiera notificado al interesado acuerdo del órgano competente para liquidar con alguno de los contenidos del artículo 156 de la LGT.

b) Sí, en el plazo de tres meses contados desde el día siguiente a la fecha del acta, no se hubiera notificado al interesado acuerdo del órgano competente para liquidar con alguno de los contenidos del artículo 156 de la LGT.

c) Sí, en el plazo de quince días contados desde el día siguiente a la fecha del acta, no se hubiera notificado al interesado acuerdo del órgano competente para liquidar con alguno de los contenidos del artículo 156 de la LGT.

d) Sí, en el plazo de un mes contado desde el día siguiente a la fecha del acta, no se hubiera notificado al interesado acuerdo del órgano competente para liquidar con alguno de los contenidos del artículo 156 de la LGT.

22. Respecto a las actas con disconformidad, desde la fecha en que se haya extendido el acta o desde la notificación de la misma, el obligado tributario podrá formular alegaciones ante el órgano competente para liquidar en el plazo de:

a) 10 días.
b) 15 días.
c) 20 días.
d) 30 días.

Soluciones comentadas

1. **d) El asesoramiento e informe a órganos de la Administración Pública y particulares.**
   Justificación: Artículo 141 LGT: i) El asesoramiento e informe a órganos de la Administración Pública. El resto de las respuestas son correctas.

2. **d) Sí, previo acuerdo de entrada de la autoridad administrativa que reglamentariamente se determine, salvo que el obligado tributario o la persona bajo cuya custodia se encontraren otorguen su consentimiento para ello.**
   Justificación: Artículo 142 LGT: 2. Cuando las actuaciones inspectoras lo requieran, los funcionarios que desarrollen funciones de inspección de los tributos podrán entrar, en las condiciones que reglamentariamente se determinen, en las fincas, locales de negocio y demás establecimientos o lugares en que se desarrollen actividades o explotaciones sometidas a gravamen, existan bienes sujetos a tributación, se produzcan hechos imponibles o supuestos de hecho de las obligaciones tributarias o exista alguna prueba de los mismos. Para el acceso a los lugares mencionados en el párrafo anterior de los funcionarios de la inspección de los tributos, se precisará de un acuerdo de entrada de la autoridad administrativa que reglamentariamente se determine, salvo que el obligado tributario o la persona bajo cuya custodia se encontraren otorguen su consentimiento para ello.

3. **b) Declaraciones.**
   Justificación: Artículo 143 LGT: 1. Las actuaciones de la inspección de los tributos se documentarán en comunicaciones, diligencias, informes y actas.

4. **a) Documentos públicos que extiende la inspección de los tributos con el fin de recoger el resultado de las actuaciones inspectoras de comprobación e investigación, proponiendo la regularización que estime procedente de la situación tributaria del obligado o declarando correcta la misma.**
   Justificación: Artículo 143 LGT: 2. Las actas son los documentos públicos que extiende la inspección de los tributos con el fin de recoger el resultado de las actuaciones inspectoras de comprobación e investigación, proponiendo la regularización que estime procedente de la situación tributaria del obligado o declarando correcta la misma.

5. **c) Comprobar e investigar el adecuado cumplimiento de las obligaciones tributarias y en el mismo se procederá, en su caso, a la regularización de la situación tributaria del obligado mediante la práctica de una o varias liquidaciones.**
   Justificación: Artículo 145 LGT: 1. El procedimiento de inspección tendrá por objeto comprobar e investigar el adecuado cumplimiento de las obligaciones tributarias y en el mismo se procederá, en su caso, a la regularización de la situación tributaria del obligado mediante la práctica de una o varias liquidaciones.

6. **b) Descubrir la existencia, en su caso, de hechos con relevancia tributaria no declarados o declarados incorrectamente por los obligados tributarios.**

Justificación: Artículo 145 LGT: 3. La investigación tendrá por objeto descubrir la existencia, en su caso, de hechos con relevancia tributaria no declarados o declarados incorrectamente por los obligados tributarios.

7. **d) 15 días desde su adopción y se levantarán si desaparecen las circunstancias que las motivaron.**

Justificación: Artículo 146 LGT: 3. Las medidas adoptadas deberán ser ratificadas por el órgano competente para liquidar en el plazo de 15 días desde su adopción y se levantarán si desaparecen las circunstancias que las motivaron.

8. **c) Carácter general o parcial.**

Justificación: Artículo 148 LGT: 1. Las actuaciones del procedimiento de inspección podrán tener carácter general o parcial.

9. **a) 18 meses, con carácter general.**

Justificación: Artículo 150 LGT: 1. Las actuaciones del procedimiento de inspección deberán concluir en el plazo de: a) 18 meses, con carácter general.

10. **c) 27 meses.**

Justificación: Artículo 150 LGT: 1. Las actuaciones del procedimiento de inspección deberán concluir en el plazo de:

a) 18 meses, con carácter general.

b) 27 meses, cuando concurra alguna de las siguientes circunstancias en cualquiera de las obligaciones tributarias o periodos objeto de comprobación: 1.º Que la Cifra Anual de Negocios del obligado tributario sea igual o superior al requerido para auditar sus cuentas. 2.º Que el obligado tributario esté integrado en un grupo sometido al régimen de consolidación fiscal o al régimen especial de grupo de entidades que esté siendo objeto de comprobación inspectora. 3.º Que el objeto del procedimiento sea la comprobación o investigación del Impuesto Complementario.

11. **c) 27 meses.**

Justificación: Artículo 150 LGT: 1. Las actuaciones del procedimiento de inspección deberán concluir en el plazo de:

a) 18 meses, con carácter general.

b) 27 meses, cuando concurra alguna de las siguientes circunstancias en cualquiera de las obligaciones tributarias o periodos objeto de comprobación: 1.º Que la Cifra Anual de Negocios del obligado tributario sea igual o superior al requerido para auditar sus cuentas. 2.º Que el obligado tributario esté integrado en un grupo sometido al régimen de consolidación fiscal o al régimen especial de grupo de entidades que esté siendo objeto de comprobación inspectora. 3.º Que el objeto del procedimiento sea la comprobación o investigación del Impuesto Complementario.

12. c) La concurrencia de una causa de fuerza mayor que obligue a no suspender las actuaciones.

Justificación: Artículo 150 LGT: g) La concurrencia de una causa de fuerza mayor que obligue a suspender las actuaciones.

13. c) No se exigirán intereses de demora desde que se produzca dicho incumplimiento hasta la finalización del procedimiento.

Justificación: Artículo 150 LGT: 6. El incumplimiento del plazo de duración del procedimiento al que se refiere el apartado 1 de este artículo no determinará la caducidad del procedimiento, que continuará hasta su terminación, pero producirá los siguientes efectos respecto a las obligaciones tributarias pendientes de liquidar:

a) No se considerará interrumpida la prescripción como consecuencia de las actuaciones inspectoras desarrolladas durante el plazo señalado en el apartado 1. La prescripción se entenderá interrumpida por la realización de actuaciones con posterioridad a la finalización del plazo al que se refiere el apartado 1. El obligado tributario tendrá derecho a ser informado sobre los conceptos y periodos a que alcanzan las actuaciones que vayan a realizarse.

b) Los ingresos realizados desde el inicio del procedimiento hasta la primera actuación practicada con posterioridad al incumplimiento del plazo de duración del procedimiento previsto en el apartado 1 y que hayan sido imputados por el obligado tributario al tributo y periodo objeto de las actuaciones inspectoras tendrán el carácter de espontáneos a los efectos del artículo 27 de esta ley.

c) No se exigirán intereses de demora desde que se produzca dicho incumplimiento hasta la finalización del procedimiento.

14. d) Todas son correctas.

Justificación: Artículo 151 LGT: 1. Las actuaciones inspectoras podrán desarrollarse indistintamente, según determine la inspección:

a) En el lugar donde el obligado tributario tenga su domicilio fiscal, o en aquel donde su representante tenga su domicilio, despacho u oficina.

b) En el lugar donde se realicen total o parcialmente las actividades gravadas.

c) En el lugar donde exista alguna prueba, al menos parcial, del hecho imponible o del presupuesto de hecho de la obligación tributaria.

d) En las oficinas de la Administración tributaria, cuando los elementos sobre los que hayan de realizarse las actuaciones puedan ser examinados en ellas.

e) En los lugares señalados en las letras anteriores o en otro lugar, cuando dichas actuaciones se realicen a través de los sistemas digitales previstos en el artículo 99.9 de esta ley. La utilización de dichos sistemas requerirá la conformidad del obligado tributario.

15. c) Sí, cuando se trate de en las empresas, oficinas, dependencias, instalaciones o almacenes del obligado tributario, entendiéndose las actuaciones con este o con el encargado o responsable de los locales.

Justificación: Artículo 151 LGT: 2. La inspección podrá personarse sin previa comunicación en las empresas, oficinas, dependencias, instalaciones o almacenes del obligado tributario, entendiéndose las actuaciones con este o con el encargado o responsable de los locales.

16. c) Solo cuando el obligado tributario consienta su examen en las oficinas públicas.

Justificación: Artículo 151 LGT: 3. Los libros y demás documentación a los que se refiere el apartado 1 del artículo 142 de esta ley deberán ser examinados en el domicilio, local, despacho u oficina del obligado tributario, en presencia del mismo o de la persona que designe, salvo que el obligado tributario consienta su examen en las oficinas públicas. No obstante, la inspección podrá analizar en sus oficinas las copias en cualquier soporte de los mencionados libros y documentos.

17. b) Si las actuaciones se desarrollan en los locales del interesado se respetará la jornada laboral de oficina o de la actividad que se realice en los mismos, con la posibilidad de que pueda actuarse de común acuerdo en otras horas o días.

Justificación: Artículo 152 LGT: 1. Las actuaciones que se desarrollen en oficinas públicas se realizarán dentro del horario oficial de apertura al público de las mismas y, en todo caso, dentro de la jornada de trabajo vigente. 2. Si las actuaciones se desarrollan en los locales del interesado se respetará la jornada laboral de oficina o de la actividad que se realice en los mismos, con la posibilidad de que pueda actuarse de común acuerdo en otras horas o días. 3. Cuando las circunstancias de las actuaciones lo exijan, se podrá actuar fuera de los días y horas a los que se refieren los apartados anteriores en los términos que se establezcan reglamentariamente.

18. a) Con acuerdo, de conformidad o de disconformidad.

Justificación: Artículo 154 LGT: 1. A efectos de su tramitación, las actas de inspección pueden ser con acuerdo, de conformidad o de disconformidad.

19. c) De disconformidad.

Justificación: Artículo 154 LGT: 2. Cuando el obligado tributario o su representante se niegue a recibir o suscribir el acta, esta se tramitará como de disconformidad.

20. b) Mediante la suscripción del acta por el obligado tributario o su representante y la inspección de los tributos.

Justificación: Artículo 155 LGT: 4. El acuerdo se perfeccionará mediante la suscripción del acta por el obligado tributario o su representante y la inspección de los tributos.

21. d) Sí, en el plazo de un mes contado desde el día siguiente a la fecha del acta, no se hubiera notificado al interesado acuerdo del órgano competente para liquidar con alguno de los contenidos del artículo 156 de la LGT.

Justificación: Artículo 156 LGT: 3. Se entenderá producida y notificada la liquidación tributaria de acuerdo con la propuesta formulada en el acta si, en el plazo de un mes contado desde el día siguiente a la fecha del acta, no se hubiera notificado al interesado acuerdo del órgano competente para liquidar, con alguno de los siguientes contenidos: (…).

22. b) 15 días.

Justificación: Artículo 157 LGT: 3. En el plazo de 15 días desde la fecha en que se haya extendido el acta o desde la notificación de la misma, el obligado tributario podrá formular alegaciones ante el órgano competente para liquidar.

TEST N.º 6

Actuaciones y procedimiento de recaudación

1. La recaudación de las deudas tributarias podrá realizarse:

a) En periodo ordinario o extraordinario.
b) En periodo voluntario o ejecutivo.
c) En periodo normal o anormal.
d) En periodo anual o puntual.

2. En el caso de deudas a ingresar mediante autoliquidación presentada sin realizar el ingreso, el periodo ejecutivo se iniciará:

a) Al día siguiente de la finalización del plazo que establezca la normativa de cada tributo para dicho ingreso o, si este ya hubiere concluido, el día siguiente a la presentación de la autoliquidación.
b) El mismo día de la finalización del plazo que establezca la normativa de cada tributo para dicho ingreso o, si este ya hubiere concluido, el día siguiente a la presentación de la autoliquidación.
c) El día siguiente al del vencimiento del plazo establecido para su ingreso en el artículo 62 de esta ley.
d) El día 15 del mes siguiente a la presentación de la autoliquidación.

3. La presentación de una solicitud de aplazamiento, fraccionamiento o compensación en periodo voluntario:

a) No impedirá el inicio del periodo ejecutivo durante la tramitación de dichos expedientes.
b) Suspenderá el inicio del periodo ejecutivo durante 12 meses.
c) Impedirá el inicio del periodo ejecutivo durante la tramitación de dichos expedientes.
d) Ninguna es correcta.

4. De conformidad con el artículo 162 de la LGT, si el obligado tributario no cumpliera las resoluciones o requerimientos que al efecto se hubiesen dictado, se podrá acordar:

a) Previo apercibimiento, la ejecución subsidiaria de dichas resoluciones o requerimientos, mediante acuerdo del órgano competente.
b) La ejecución subsidiaria de dichas resoluciones o requerimientos, mediante acuerdo del órgano competente, sin necesidad de apercibimiento previo.

c) La imposición de multas coercitivas por el importe aproximado que se establezca.

d) Ninguna es correcta.

5. De conformidad con el artículo 163 de la LGT, el procedimiento de apremio es exclusivamente:

a) Judicial.

b) Administrativo.

c) Civil.

d) Económico.

6. El procedimiento de apremio:

a) No será acumulable a los judiciales ni a otros procedimientos de ejecución.

b) Será acumulable a los judiciales, pero no a otros procedimientos de ejecución.

c) No será acumulable a los judiciales, pero sí a otros procedimientos de ejecución.

d) Será acumulable a los judiciales, y a otros procedimientos de ejecución.

7. El procedimiento de apremio se iniciará e impulsará:

a) De oficio o a instancia de parte.

b) Por denuncia exclusivamente.

c) A instancia de parte y, una vez iniciado, solo se suspenderá en los casos y en la forma prevista en la normativa tributaria.

d) De oficio en todos sus trámites y, una vez iniciado, solo se suspenderá en los casos y en la forma prevista en la normativa tributaria.

8. En caso de concurrencia del procedimiento de apremio para la recaudación de los tributos con otros procesos o procedimiento singulares de ejecución:

a) El procedimiento de apremio será preferente en todo caso.

b) Los procedimientos singulares de ejecución serán preferentes salvo disposición reglamentaria en contrario.

c) El procedimiento de apremio será preferente si el embargo efectuado en el curso del procedimiento de apremio fuera el más antiguo.

d) Ninguna es correcta.

9. En caso de concurrencia del procedimiento de apremio para la recaudación de los tributos con otros procesos o procedimientos concursales o universales de ejecución:

a) El procedimiento de apremio será preferente para la ejecución de los bienes o derechos embargados en el mismo, siempre que el embargo acordado en el mismo se hubiera efectuado con anterioridad a la fecha de declaración del concurso.

b) El procedimiento de apremio será preferente para la ejecución de los bienes o derechos embargados, en cualquier caso.

c) Los procedimientos concursales o universales de ejecución deberán ser preferentes, en cualquier caso.

d) El procedimiento de apremio será preferente para la ejecución de los bienes o derechos embargados en el mismo, siempre que el embargo acordado en el mismo se hubiera efectuado con posterioridad a la fecha de declaración del concurso.

10. De conformidad con el artículo 164 de la LGT, el carácter privilegiado de los créditos tributarios:

a) Otorga a la Hacienda Pública el derecho de retención en los procesos concursales.

b) No otorga a la Hacienda Pública ningún tipo de derecho.

c) Otorga a la Hacienda Pública el derecho de abstención en los procesos concursales.

d) Otorga a la Hacienda Pública el derecho de recusación en los procesos concursales.

11. El procedimiento de apremio se suspenderá de forma automática por los órganos de recaudación:

a) Sin necesidad de prestar garantía, cuando el interesado demuestre que se ha producido en su perjuicio error material, aritmético o de hecho en la determinación de la deuda, que la misma ha sido ingresada, condonada, compensada, aplazada o suspendida o que ha prescrito el derecho a exigir el pago.

b) Cuando el interesado demuestre que se ha producido en su perjuicio error material, aritmético o de hecho en la determinación de la deuda, que la misma ha sido ingresada, condonada, compensada, aplazada o suspendida o que ha prescrito el derecho a exigir el pago. Deberá depositarse garantía que cubra el importe de la deuda tributaria.

c) Cuando el interesado demuestre que se ha producido en su perjuicio error material, aritmético o de hecho en la determinación de la deuda, que la misma ha sido ingresada, condonada, compensada, aplazada o suspendida o que ha prescrito el derecho a exigir el pago. Solo será exigible garantía en los supuestos de condonación de deuda.

d) Sin necesidad de prestar garantía, cuando el interesado demuestre que se ha producido en su perjuicio error material, aritmético o de hecho en la determinación de la deuda, que la misma ha sido ingresada, condonada o compensada. En ningún caso se podrá suspender el procedimiento cuando se trate de aplazamiento o suspensión de la deuda.

12. De conformidad con el artículo 165 de la LGT, cuando un tercero pretenda el levantamiento del embargo por entender que le pertenece el dominio o titularidad de los bienes o derechos embargados o cuando considere que tiene derecho a ser reintegrado de su crédito con preferencia a la Hacienda Pública:

a) Deberá interponer recurso de reposición ante el órgano administrativo competente.

b) Deberá interponer recurso de alzada ante el órgano administrativo competente.

c) Formulará reclamación de tercería ante el órgano administrativo competente.

d) Deberá acudir a los tribunales ordinarios.

13. El procedimiento de apremio se iniciará:

a) Mediante diligencia notificada al obligado tributario en la que se identificará la deuda pendiente, se liquidarán los recargos y se le requerirá para que efectúe el pago.

b) Mediante providencia notificada al obligado tributario en la que se identificará la deuda pendiente, se liquidarán los recargos y se le requerirá para que efectúe el pago.

c) Mediante acuerdo motivado del órgano competente.

d) Mediante denuncia del órgano correspondiente.

14. Contra la providencia de apremio solo serán admisibles los siguientes motivos de oposición:

a) Extinción total o parcial de la deuda o prescripción del derecho a exigir el pago.

b) Solicitud de aplazamiento, fraccionamiento o compensación en periodo ejecutivo y otras causas de suspensión del procedimiento de recaudación.

c) Falta de notificación de la liquidación.

d) Condonación de la liquidación.

15. Si la deuda tributaria estuviera garantizada:

a) Se procederá de forma exclusiva a ejecutar la garantía a través del procedimiento administrativo voluntario.

b) Se procederá de forma exclusiva a ejecutar la garantía a través del procedimiento administrativo de apremio.

c) Se procederá en primer lugar a ejecutar la garantía a través del procedimiento administrativo de apremio. La Administración tributaria en ningún caso podrá optar por el embargo y enajenación de otros bienes o derechos con anterioridad a la ejecución de la garantía cuando esta no sea proporcionada a la deuda garantizada o cuando el obligado lo solicite, señalando bienes suficientes al efecto.

d) Se procederá en primer lugar a ejecutar la garantía a través del procedimiento administrativo de apremio. No obstante, la Administración tributaria podrá optar por el embargo y enajenación de otros bienes o derechos con anterioridad a la ejecución de la garantía cuando esta no sea proporcionada a la deuda garantizada o cuando el obligado lo solicite, señalando bienes suficientes al efecto. En estos casos, la garantía prestada quedará sin efecto en la parte asegurada por los embargos.

16. Marca la respuesta incorrecta. Con respeto siempre al principio de proporcionalidad, se procederá al embargo de los bienes y derechos del obligado tributario en cuantía suficiente para cubrir:

a) El importe de la deuda no ingresada.

b) Los intereses que se hayan devengado o se devenguen hasta la fecha del ingreso en el Tesoro.

c) Los recargos del periodo voluntario.

d) Las costas del procedimiento de apremio.

17. Si la Administración y el obligado tributario no hubieran acordado otro orden diferente al establecido en el artículo 169 de la LGT, se embargarán los bienes del obligado teniendo en cuenta:

a) La menor facilidad de su enajenación y la menor onerosidad de esta para el obligado.
b) La mayor facilidad de su enajenación y la mayor onerosidad de esta para el obligado.
c) La mayor facilidad de su enajenación y la mayor onerosidad de esta para el obligado.
d) La mayor facilidad de su enajenación y la menor onerosidad de esta para el obligado.

18. De conformidad con el artículo 169 de la LGT ¿cuál de los siguientes bienes deberá embargarse antes?

a) Bienes muebles y semovientes.
b) Sueldos, salarios y pensiones.
c) Establecimientos mercantiles o industriales.
d) Créditos, efectos, valores y derechos realizables a largo plazo.

19. De conformidad con el artículo 169 marca cuál de los siguientes listados es correcto en cuanto al orden de embargo de los bienes (de mayor a menor facilidad de enajenación):

a) Dinero efectivo o en cuentas abiertas en entidades de crédito; Sueldos, salarios y pensiones; Bienes muebles y semovientes; Intereses, rentas y frutos de toda especie.
b) Créditos, efectos, valores y derechos realizables en el acto o a corto plazo; Créditos, efectos, valores y derechos realizables a largo plazo; Bienes inmuebles; Metales preciosos, piedras finas, joyería, orfebrería y antigüedades.
c) Sueldos, salarios y pensiones; Intereses, rentas y frutos de toda especie; Bienes muebles y semovientes.; Créditos, efectos, valores y derechos realizables a largo plazo.
d) Bienes inmuebles; Sueldos, salarios y pensiones; Establecimientos mercantiles o industriales; Dinero efectivo o en cuentas abiertas en entidades de crédito.

20. A efectos de embargo se entiende que un crédito, efecto, valor o derecho es realizable a corto plazo cuando, en circunstancias normales y a juicio del órgano de recaudación, pueda ser realizado en un plazo no superior a:

a) 12 meses.
b) 3 meses.
c) 6 meses.
d) 24 meses.

21. Cada actuación de embargo se documentará:

a) En un acta.
b) En una diligencia.
c) En una denuncia.
d) En una instrucción.

22. Contra la diligencia de embargo solo serán admisibles los siguientes motivos de oposición:

a) Extinción de la deuda o prescripción del derecho a exigir el pago.
b) Falta de notificación de la providencia de apremio.
c) Suspensión del procedimiento de recaudación.
d) Todas son correctas.

23. La enajenación de los bienes embargados se realizará mediante:

a) Subasta.
b) Concurso.
c) Adjudicación directa.
d) Todas son correctas.

24. El procedimiento de apremio podrá concluir con la adjudicación de bienes a la Hacienda Pública cuando se trate de bienes inmuebles o de bienes muebles cuya adjudicación pueda interesar a la Hacienda Pública y no se hubieran adjudicado en el procedimiento de enajenación. La adjudicación se acordará por el importe del débito perseguido, sin que, en ningún caso, pueda rebasar:

a) El 50 % del tipo inicial fijado en el procedimiento de enajenación.
b) El 65 % del tipo inicial fijado en el procedimiento de enajenación.
c) El 75 % del tipo inicial fijado en el procedimiento de enajenación.
d) El 80 % del tipo inicial fijado en el procedimiento de enajenación.

25. La Administración tributaria no podrá proceder a la enajenación de los bienes y derechos embargados en el curso del procedimiento de apremio hasta que el acto de liquidación de la deuda tributaria ejecutada sea firme:

a) Sin ninguna excepción.
b) Salvo en los supuestos de fuerza mayor.
c) Salvo que se trate de bienes perecederos.
d) Las respuestas b) y c) son correctas.

26. De conformidad con el artículo 173 de la LGT, el procedimiento de apremio terminará:

a) Con el pago de la cantidad debida a que se refiere el apartado 1 del artículo 169 de la LGT.
b) Con el acuerdo que declare el crédito total o parcialmente incobrable, una vez declarados fallidos los obligados al pago solidarios.
c) Con el acuerdo de no haber quedado extinguida la deuda por cualquier otra causa.
d) Todas son correctas.

27. Las conclusiones de las actuaciones de la inspección conjunta se documentarán, en su caso, en un informe final que se notificará a los obligados tributarios en el plazo de:

a) 30 días naturales desde su emisión.
b) 60 días naturales desde su emisión.
c) 50 días naturales desde su emisión.
d) 15 días naturales desde su emisión.

Soluciones comentadas

1. **b) En periodo voluntario o ejecutivo.**

   Justificación: Artículo 160 LGT: 2. La recaudación de las deudas tributarias podrá realizarse:

   a) En periodo voluntario, mediante el pago o cumplimiento del obligado tributario en los plazos previstos en el artículo 62 de esta ley.

   b) En periodo ejecutivo, mediante el pago o cumplimiento espontáneo del obligado tributario o, en su defecto, a través del procedimiento administrativo de apremio.

2. **a) Al día siguiente de la finalización del plazo que establezca la normativa de cada tributo para dicho ingreso o, si este ya hubiere concluido, el día siguiente a la presentación de la autoliquidación.**

   Justificación: Artículo 161: 1. El periodo ejecutivo se inicia:

   a) En el caso de deudas liquidadas por la Administración tributaria, el día siguiente al del vencimiento del plazo establecido para su ingreso en el artículo 62 de esta ley.

   b) En el caso de deudas a ingresar mediante autoliquidación presentada sin realizar el ingreso, al día siguiente de la finalización del plazo que establezca la normativa de cada tributo para dicho ingreso o, si este ya hubiere concluido, el día siguiente a la presentación de la autoliquidación.

3. **c) Impedirá el inicio del periodo ejecutivo durante la tramitación de dichos expedientes.**

   Justificación: Artículo 161 LGT: La interposición de un recurso o reclamación en tiempo y forma contra una sanción impedirá el inicio del periodo ejecutivo hasta que la sanción sea firme en vía administrativa y haya finalizado el plazo para el ingreso voluntario del pago.

4. **a) Previo apercibimiento, la ejecución subsidiaria de dichas resoluciones o requerimientos, mediante acuerdo del órgano competente.**

   Justificación: Artículo 162 LGT: Si el obligado tributario no cumpliera las resoluciones o requerimientos que al efecto se hubiesen dictado, se podrá acordar, previo apercibimiento, la ejecución subsidiaria de dichas resoluciones o requerimientos, mediante acuerdo del órgano competente.

5. b) Administrativo.

Justificación: Artículo 163 LGT: El procedimiento de apremio es exclusivamente administrativo.

6. a) No será acumulable a los judiciales ni a otros procedimientos de ejecución.

Justificación: Artículo 163 LGT: 2. El procedimiento administrativo de apremio no será acumulable a los judiciales ni a otros procedimientos de ejecución. Su iniciación o tramitación no se suspenderá por la iniciación de aquellos, salvo cuando proceda de acuerdo con lo establecido en la Ley Orgánica 2/1987, de 18 de mayo, de Conflictos Jurisdiccionales, o con las normas del artículo siguiente.

7. d) De oficio en todos sus trámites y, una vez iniciado, solo se suspenderá en los casos y en la forma prevista en la normativa tributaria.

Justificación: Artículo 163 LGT: 3. El procedimiento de apremio se iniciará e impulsará de oficio en todos sus trámites y, una vez iniciado, solo se suspenderá en los casos y en la forma prevista en la normativa tributaria.

8. c) El procedimiento de apremio será preferente si el embargo efectuado en el curso del procedimiento de apremio fuera el más antiguo.

Justificación: Artículo 164 LGT: 1. Sin perjuicio del respeto al orden de prelación que para el cobro de los créditos viene establecido por la ley en atención a su naturaleza, en caso de concurrencia del procedimiento de apremio para la recaudación de los tributos con otros procedimientos de ejecución, ya sean singulares o universales, judiciales o no judiciales, la preferencia para la ejecución de los bienes trabados en el procedimiento vendrá determinada con arreglo a las siguientes reglas: 1.º Cuando concurra con otros procesos o procedimientos singulares de ejecución, el procedimiento de apremio será preferente si el embargo efectuado en el curso del procedimiento de apremio fuera el más antiguo. 2.º Cuando concurra con otros procesos o procedimientos concursales o universales de ejecución, el procedimiento de apremio será preferente para la ejecución de los bienes o derechos embargados en el mismo, siempre que el embargo acordado en el mismo se hubiera efectuado con anterioridad a la fecha de declaración del concurso.

9. a) El procedimiento de apremio será preferente para la ejecución de los bienes o derechos embargados en el mismo, siempre que el embargo acordado en el mismo se hubiera efectuado con anterioridad a la fecha de declaración del concurso.

Justificación: Artículo 164 LGT: 1. Sin perjuicio del respeto al orden de prelación que para el cobro de los créditos viene establecido por la ley en atención a su naturaleza, en caso de concurrencia del procedimiento de apremio para la recaudación de los tributos con otros procedimientos de ejecución, ya sean singulares o universales, judiciales o no judiciales, la preferencia para la ejecución de los bienes trabados en el procedimiento vendrá determinada con arreglo a las siguientes reglas: 1.º Cuando concurra con otros procesos o procedimientos singulares de ejecución, el procedimiento de apremio será preferente si el embargo efectuado en el curso del procedimiento de apremio fuera el más antiguo. 2.º Cuando concurra con otros procesos o procedimientos concursales o universales de ejecución, el procedimiento de apremio será preferente para la ejecución de los bienes o derechos embargados en el mismo, siempre que el embargo acordado en el mismo se hubiera efectuado con anterioridad a la fecha de declaración del concurso.

10. c) Otorga a la Hacienda Pública el derecho de abstención en los procesos concursales.

Justificación: Artículo 164 LGT: 4. El carácter privilegiado de los créditos tributarios otorga a la Hacienda Pública el derecho de abstención en los procesos concursales.

11. a) Sin necesidad de prestar garantía, cuando el interesado demuestre que se ha producido en su perjuicio error material, aritmético o de hecho en la determinación de la deuda, que la misma ha sido ingresada, condonada, compensada, aplazada o suspendida o que ha prescrito el derecho a exigir el pago.

Justificación: 2. El procedimiento de apremio se suspenderá de forma automática por los órganos de recaudación, sin necesidad de prestar garantía, cuando el interesado demuestre que se ha producido en su perjuicio error material, aritmético o de hecho en la determinación de la deuda, que la misma ha sido ingresada, condonada, compensada, aplazada o suspendida o que ha prescrito el derecho a exigir el pago.

12. c) Formulará reclamación de tercería ante el órgano administrativo competente.

Justificación: Artículo 165 LGT: 3. Cuando un tercero pretenda el levantamiento del embargo por entender que le pertenece el dominio o titularidad de los bienes o derechos embargados o cuando considere que tiene derecho a ser reintegrado de su crédito con preferencia a la Hacienda Pública, formulará reclamación de tercería ante el órgano administrativo competente.

13. b) Mediante providencia notificada al obligado tributario en la que se identificará la deuda pendiente, se liquidarán los recargos y se le requerirá para que efectúe el pago.

Justificación: Artículo 167 LGT: 1. El procedimiento de apremio se iniciará mediante providencia notificada al obligado tributario en la que se identificará la deuda pendiente, se liquidarán los recargos a los que se refiere el artículo 28 de esta ley y se le requerirá para que efectúe el pago.

14. c) Falta de notificación de la liquidación.

Justificación: Artículo 167 LGT: 3. Contra la providencia de apremio solo serán admisibles los siguientes motivos de oposición:

a) Extinción total de la deuda o prescripción del derecho a exigir el pago.

b) Solicitud de aplazamiento, fraccionamiento o compensación en periodo voluntario y otras causas de suspensión del procedimiento de recaudación.

c) Falta de notificación de la liquidación.

d) Anulación de la liquidación.

e) Error u omisión en el contenido de la providencia de apremio que impida la identificación del deudor o de la deuda apremiada.

15. d) Se procederá en primer lugar a ejecutar la garantía a través del procedimiento administrativo de apremio. No obstante, la Administración tributaria podrá optar por el embargo y enajenación de otros bienes o derechos con anterioridad a la ejecución de la garantía cuando esta no sea proporcionada a la deuda garantizada o cuando el obligado lo solicite, señalando bienes suficientes al efecto. En estos casos, la garantía prestada quedará sin efecto en la parte asegurada por los embargos.

Justificación: Artículo 168 LGT: Si la deuda tributaria estuviera garantizada se procederá en primer lugar a ejecutar la garantía a través del procedimiento administrativo de apremio. No obstante, la Administración tributaria podrá optar por el embargo y enajenación de otros bienes o derechos con anterioridad a la ejecución de la garantía cuando esta no sea proporcionada a la deuda garantizada o cuando el obligado lo solicite, señalando bienes suficientes al efecto. En estos casos, la garantía prestada quedará sin efecto en la parte asegurada por los embargos.

16. c) Los recargos del periodo voluntario.

Justificación: Artículo 169 LGT: 1. Con respecto siempre al principio de proporcionalidad, se procederá al embargo de los bienes y derechos del obligado tributario en cuantía suficiente para cubrir:

a) El importe de la deuda no ingresada.

b) Los intereses que se hayan devengado o se devenguen hasta la fecha del ingreso en el Tesoro.

c) Los recargos del periodo ejecutivo.

d) Las costas del procedimiento de apremio.

17. d) La mayor facilidad de su enajenación y la menor onerosidad de esta para el obligado.

Justificación: Artículo 169 LGT: 2. Si la Administración y el obligado tributario no hubieran acordado otro orden diferente en virtud de lo dispuesto en el apartado 4 de este artículo, se embargarán los bienes del obligado teniendo en cuenta la mayor facilidad de su enajenación y la menor onerosidad de esta para el obligado.

18. b) Sueldos, salarios y pensiones.

Justificación: Artículo 169 LGT: Si los criterios establecidos en el párrafo anterior fueran de imposible o muy difícil aplicación, los bienes se embargarán por el siguiente orden:

a) Dinero efectivo o en cuentas abiertas en entidades de crédito.

b) Créditos, efectos, valores y derechos realizables en el acto o a corto plazo.

c) Sueldos, salarios y pensiones.

d) Bienes inmuebles.

e) Intereses, rentas y frutos de toda especie.

f) Establecimientos mercantiles o industriales.

g) Metales preciosos, piedras finas, joyería, orfebrería y antigüedades.

h) Bienes muebles y semovientes.

i) Créditos, efectos, valores y derechos realizables a largo plazo.

19. c) Sueldos, salarios y pensiones; Intereses, rentas y frutos de toda especie; Bienes muebles y semovientes.; Créditos, efectos, valores y derechos realizables a largo plazo.

Justificación: Justificación: Artículo 169 LGT: Si los criterios establecidos en el párrafo anterior fueran de imposible o muy difícil aplicación, los bienes se embargarán por el siguiente orden:

a) Dinero efectivo o en cuentas abiertas en entidades de crédito.

b) Créditos, efectos, valores y derechos realizables en el acto o a corto plazo.

c) Sueldos, salarios y pensiones.

d) Bienes inmuebles.

e) Intereses, rentas y frutos de toda especie.

f) Establecimientos mercantiles o industriales.

g) Metales preciosos, piedras finas, joyería, orfebrería y antigüedades.

h) Bienes muebles y semovientes.

i) Créditos, efectos, valores y derechos realizables a largo plazo.

20. c) 6 meses.

Justificación: Artículo 169 LGT: 3. A efectos de embargo se entiende que un crédito, efecto, valor o derecho es realizable a corto plazo cuando, en circunstancias normales y a juicio del órgano de recaudación, pueda ser realizado en un plazo no superior a seis meses. Los demás se entienden realizables a largo plazo.

21. b) En una diligencia.

Justificación: Artículo 170 LGT: 1. Cada actuación de embargo se documentará en diligencia, que se notificará a la persona con la que se entienda dicha actuación.

22. d) Todas son correctas.

Justificación: Artículo 170 LGT: 3. Contra la diligencia de embargo solo serán admisibles los siguientes motivos de oposición:

a) Extinción de la deuda o prescripción del derecho a exigir el pago.

b) Falta de notificación de la providencia de apremio.

c) Incumplimiento de las normas reguladoras del embargo contenidas en esta ley.

d) Suspensión del procedimiento de recaudación.

23. d) Todas son correctas.

Justificación: Artículo 172 LGT: 1. La enajenación de los bienes embargados se realizará mediante subasta, concurso o adjudicación directa, en los casos y condiciones que se fijen reglamentariamente.

24. c) El 75 % del tipo inicial fijado en el procedimiento de enajenación.

Justificación: Artículo 172 LGT: La adjudicación se acordará por el importe del débito perseguido, sin que, en ningún caso, pueda rebasar el 75 % del tipo inicial fijado en el procedimiento de enajenación.

25. d) Las respuestas b) y c) son correctas.

Justificación: Artículo 172 LGT: 3. La Administración tributaria no podrá proceder a la enajenación de los bienes y derechos embargados en el curso del procedimiento de apremio hasta que el acto de liquidación de la deuda tributaria ejecutada sea firme, salvo en los supuestos de fuerza mayor, bienes perecederos, bienes en los que exista un riesgo de pérdida inminente de valor o cuando el obligado tributario solicite de forma expresa su enajenación.

26. a) Con el pago de la cantidad debida a que se refiere el apartado 1 del artículo 169 de la LGT.

Justificación: Artículo 173 LGT: 1. El procedimiento de apremio termina:

a) Con el pago de la cantidad debida a que se refiere el apartado 1 del artículo 169 de esta ley.

b) Con el acuerdo que declare el crédito total o parcialmente incobrable, una vez declarados fallidos todos los obligados al pago.

c) Con el acuerdo de haber quedado extinguida la deuda por cualquier otra causa.

27. b) 60 días naturales desde su emisión.

Justificación: Artículo 177 quinquies: 4. Las conclusiones de las actuaciones de la inspección conjunta se documentarán, en su caso, en un informe final que se notificará a los obligados tributarios en el plazo de 60 días naturales desde su emisión.

TEST N.º 7

Potestad sancionadora

1. Marca la respuesta incorrecta. La potestad sancionadora en materia tributaria se ejercerá de acuerdo con los principios reguladores de la misma en materia administrativa con las especialidades establecidas en esta ley. En particular serán aplicables los principios de:

a) Legalidad.
b) Tipicidad.
c) Concurrencia.
d) Todas son correctas.

2. De conformidad con el artículo 179 de la LGT, las acciones u omisiones tipificadas en las leyes no darán lugar a responsabilidad por infracción tributaria en los siguientes supuestos:

a) Cuando se realicen por quienes carezcan de capacidad de obrar en el orden civil.
b) Cuando deriven de una decisión colectiva, para quienes hubieran salvado su voto o no hubieran asistido a la reunión en que se adoptó la misma.
c) Cuando sean imputables a una deficiencia técnica de los programas informáticos que utilice el obligado tributario.
d) Todas las respuestas son correctas.

3. Marca la respuesta correcta o la más correcta:

a) Las sanciones tributarias no se transmitirán a los herederos y legatarios de las personas físicas infractoras.
b) Las sanciones tributarias se transmitirán a los herederos y legatarios de las personas físicas infractoras.
c) Las sanciones tributarias no se transmitirán a los herederos, pero sí a los legatarios de las personas físicas infractoras.
d) Las sanciones tributarias se transmitirán a los herederos, pero no legatarios de las personas físicas infractoras.

4. Las infracciones tributarias se clasifican en:

a) Tributarias y no tributarias.
b) Voluntarias y ejecutivas.
c) Leves, moderadas, graves y muy graves.
d) Leves, graves y muy graves.

5. De conformidad con el artículo 184 de la LGT, se entenderá que existe ocultación de datos a la Administración tributaria cuando no se presenten declaraciones o se presenten declaraciones en las que se incluyan hechos u operaciones inexistentes o con importes falsos, o en las que se omitan total o parcialmente operaciones, ingresos, rentas, productos, bienes o cualquier otro dato que incida en la determinación de la deuda tributaria:

a) Siempre que la incidencia de la deuda derivada de la ocultación en relación con la base de la sanción sea superior al 10 %.
b) Siempre que la incidencia de la deuda derivada de la ocultación en relación con la base de la sanción sea superior al 20 %.
c) Siempre que la incidencia de la deuda derivada de la ocultación en relación con la base de la sanción sea superior al 30 %.
d) Siempre que la incidencia de la deuda derivada de la ocultación en relación con la base de la sanción sea superior al 50 %.

6. De conformidad con el artículo 184 de la LGT se consideran medios fraudulentos:

a) Las anomalías sustanciales en la contabilidad y en los libros o registros establecidos por la normativa tributaria.
b) El empleo de facturas, justificantes u otros documentos falsos o falseados, siempre que la incidencia de los documentos o soportes falsos o falseados represente un porcentaje superior al 10 % de la base de la sanción.
c) La utilización de personas o entidades interpuestas cuando el sujeto infractor, con la finalidad de ocultar su identidad haya hecho figurar a nombre de un tercero, con o sin su consentimiento, la titularidad de los bienes o derechos, la obtención de las rentas o ganancias patrimoniales o la realización de las operaciones con trascendencia tributaria de las que se deriva la obligación tributaria cuyo incumplimiento constituye la infracción que se sanciona.
d) Todas son correctas.

7. La sanción accesoria de pérdida de la posibilidad de obtener subvenciones o ayudas públicas y del derecho a aplicar beneficios e incentivos fiscales de carácter rogado durante un plazo de un año si la infracción cometida hubiera sido grave o de dos años si hubiera sido muy grave, se podrá imponer cuando se trate de infracciones graves o muy graves de importe igual o superior a:

a) 10.000 euros.
b) 20.000 euros.

c) 30.000 euros.
d) 40.000 euros.

8. De conformidad con el artículo 186 de la LGT, cuando la multa pecuniaria impuesta por infracción muy grave sea de importe igual o superior a 60.000 euros y se haya utilizado el criterio de graduación de comisión repetida de infracciones tributarias, se podrán imponer, además la sanción accesoria de pérdida de la posibilidad de obtener subvenciones o ayudas públicas y del derecho a aplicar beneficios e incentivos fiscales de carácter rogado durante un plazo de tres años:

a) Cuando el importe de la sanción impuesta hubiera sido igual o superior a 60.000 euros.
b) Cuando el importe de la sanción impuesta hubiera sido igual o superior a 100.000 euros.
c) Cuando el importe de la sanción impuesta hubiera sido igual o superior a 120.000 euros.
d) Cuando el importe de la sanción impuesta hubiera sido igual o superior a 200.000 euros.

9. De conformidad con el artículo 186 de la LGT, cuando la multa pecuniaria impuesta por infracción muy grave sea de importe igual o superior a 60.000 euros y se haya utilizado el criterio de graduación de comisión repetida de infracciones tributarias, se podrán imponer, además la sanción accesoria de prohibición para contratar con la Administración Pública que hubiera impuesto la sanción durante un plazo de cinco años, cuando el importe de la sanción impuesta hubiera sido igual o superior a:

a) 150.000 euros.
b) 300.000 euros.
c) 600.000 euros.
d) 750.000 euros.

10. Las sanciones tributarias se podrán graduar por el criterio de comisión repetida de infracciones tributarias, en este caso, cuando el sujeto infractor hubiera sido sancionado por una infracción leve, la sanción mínima se incrementará en:

a) 5 puntos porcentuales.
b) 10 puntos porcentuales.
c) 15 puntos porcentuales.
d) 20 puntos porcentuales.

11. Las sanciones tributarias se podrán graduar por el criterio de comisión repetida de infracciones tributarias, en este caso, cuando el sujeto infractor hubiera sido sancionado por una infracción muy grave, la sanción mínima se incrementará en:

a) 7 puntos porcentuales.
b) 10 puntos porcentuales.
c) 15 puntos porcentuales.
d) 25 puntos porcentuales.

12. La cuantía de las sanciones pecuniarias, en el supuesto de actas de instrucción con acuerdo se podrán reducir en:

a) Un 30 %.
b) Un 50 %.
c) Un 65 %.
d) Un 75 %.

13. La cuantía de las sanciones pecuniarias, en el supuesto de actas de instrucción de conformidad se podrán reducir en:

a) Un 30 %.
b) Un 50 %.
c) Un 65 %.
d) Un 75 %.

14. El plazo de prescripción para imponer sanciones tributarias será de:

a) 3 años.
b) 4 años.
c) 5 años.
d) 10 años.

15. En cuanto a la infracción tributaria por dejar de ingresar la deuda tributaria que debiera resultar de una autoliquidación, la base de la sanción será la cuantía no ingresada en la autoliquidación como consecuencia de la comisión de la infracción, dicha infracción será leve cuando la base de la sanción sea inferior o igual a:

a) 1.000 euros, o siendo superior, no exista ocultación.
b) 2.000 euros, o siendo superior, no exista ocultación.
c) 3.000 euros, o siendo superior, no exista ocultación.
d) 4.000 euros, o siendo superior, no exista ocultación.

16. Respecto a la infracción tributaria por solicitar indebidamente devoluciones, beneficios o incentivos fiscales, tendrá la consideración de:

a) Leve.
b) Grave.
c) Muy grave.
d) No se considera infracción sino irregularidad.

17. En cuanto a la infracción tributaria por imputar incorrectamente o no imputar bases imponibles, rentas o resultados por las entidades sometidas a un régimen de imputación de rentas, la sanción consistirá en multa pecuniaria proporcional del:

a) 10 %.
b) 20 %.

c) 30 %.
d) 40 %.

18. Constituye infracción tributaria no presentar en plazo autoliquidaciones o declaraciones, así como los documentos relacionados con las obligaciones aduaneras, siempre que no se haya producido o no se pueda producir perjuicio económico a la Hacienda Pública, de conformidad con el artículo 198 de la LGT dicha infracción tendrá la consideración de:

a) Leve.
b) Grave.
c) Muy Grave.
d) No constituye infracción sino irregularidad.

19. La infracción tributaria por incumplir obligaciones contables y registrales tiene el carácter de infracción:

a) Leve.
b) Grave.
c) Muy Grave.
d) No constituye infracción sino irregularidad.

20. Respecto a la infracción tributaria por resistencia, obstrucción, excusa o negativa a la actuación de la Administración tributaria, cuando esta consista en desatender en el plazo concedido requerimientos distintos a los previstos en el apartado siguiente, la sanción consistirá en multa pecuniaria fija de:

a) 200 euros, si se ha incumplido por primera vez un requerimiento.
b) 300 euros, si se ha incumplido por segunda vez el requerimiento.
c) 500 euros, si se ha incumplido por tercera vez el requerimiento.
d) Todas las respuestas son correctas.

21. Respecto a la infracción tributaria por incumplir el deber de sigilo exigido a los retenedores y a los obligados a realizar ingresos a cuenta, la sanción consistirá en multa pecuniaria fija de:

a) 300 euros por cada dato o conjunto de datos referidos a una misma persona o entidad que hubiera sido comunicado indebidamente.
b) 600 euros por cada dato o conjunto de datos referidos a una misma persona o entidad que hubiera sido comunicado indebidamente.
c) 400 euros por cada dato o conjunto de datos referidos a una misma persona o entidad que hubiera sido comunicado indebidamente.
d) 500 euros por cada dato o conjunto de datos referidos a una misma persona o entidad que hubiera sido comunicado indebidamente.

22. De conformidad con el artículo 209 de la LGT, el procedimiento sancionador en materia tributaria se iniciará:

a) De oficio o a instancia de parte.
b) Solo a instancia de parte.
c) Siempre de oficio.
d) Mediante denuncia o actuación inspectora.

23. La propuesta de resolución del procedimiento sancionador será notificada al interesado, indicándole la puesta de manifiesto del expediente y concediéndole:

a) Un plazo de 5 días para que alegue cuanto considere conveniente y presente los documentos, justificantes y pruebas que estime oportunos.
b) Un plazo de 15 días para que alegue cuanto considere conveniente y presente los documentos, justificantes y pruebas que estime oportunos.
c) Un plazo de 20 días para que alegue cuanto considere conveniente y presente los documentos, justificantes y pruebas que estime oportunos.
d) Un plazo de 30 días para que alegue cuanto considere conveniente y presente los documentos, justificantes y pruebas que estime oportunos.

24. Cuando al tiempo de iniciarse el expediente sancionador se encontrasen en poder del órgano competente todos los elementos que permitan formular la propuesta de imposición de sanción, esta se incorporará al acuerdo de iniciación. Dicho acuerdo se notificará al interesado, indicándole la puesta de manifiesto del expediente y concediéndole:

a) Un plazo de 10 días para que alegue cuanto considere conveniente y presente los documentos, justificantes y pruebas que estime oportunos.
b) Un plazo de 15 días para que alegue cuanto considere conveniente y presente los documentos, justificantes y pruebas que estime oportunos.
c) Un plazo de 20 días para que alegue cuanto considere conveniente y presente los documentos, justificantes y pruebas que estime oportunos.
d) Un plazo de 30 días para que alegue cuanto considere conveniente y presente los documentos, justificantes y pruebas que estime oportunos.

25. El procedimiento sancionador en materia tributaria deberá concluir en el plazo máximo de:

a) Tres meses contados desde la notificación de la comunicación de inicio del procedimiento.
b) Seis meses contados desde la notificación de la comunicación de inicio del procedimiento.
c) Doce meses contados desde la notificación de la comunicación de inicio del procedimiento.
d) Veinticuatro meses contados desde la notificación de la comunicación de inicio del procedimiento.

Soluciones comentadas

1. **c) Concurrencia.**

   Justificación: Artículo 178 LGT: La potestad sancionadora en materia tributaria se ejercerá de acuerdo con los principios reguladores de la misma en materia administrativa con las especialidades establecidas en esta ley. En particular serán aplicables los principios de legalidad, tipicidad, responsabilidad, proporcionalidad y no concurrencia. El principio de irretroactividad se aplicará con carácter general, teniendo en consideración lo dispuesto en el apartado 2 del artículo 10 de esta ley.

2. **b) Cuando deriven de una decisión colectiva, para quienes hubieran salvado su voto o no hubieran asistido a la reunión en que se adoptó la misma.**

   Justificación: Artículo 179 LGT: c) Cuando deriven de una decisión colectiva, para quienes hubieran salvado su voto o no hubieran asistido a la reunión en que se adoptó la misma. El resto de respuestas contienen errores.

3. **a) Las sanciones tributarias no se transmitirán a los herederos y legatarios de las personas físicas infractoras.**

   Justificación: Artículo 182 LGT: 3. Las sanciones tributarias no se transmitirán a los herederos y legatarios de las personas físicas infractoras.

4. **d) Leves, graves y muy graves.**

   Justificación: Artículo 183 LGT: 2. Las infracciones tributarias se clasifican en leves, graves y muy graves.

5. **a) Siempre que la incidencia de la deuda derivada de la ocultación en relación con la base de la sanción sea superior al 10 %.**

   Justificación: Artículo 184 LGT: 2. A efectos de lo establecido en este título, se entenderá que existe ocultación de datos a la Administración tributaria cuando no se presenten declaraciones o se presenten declaraciones en las que se incluyan hechos u operaciones inexistentes o con importes falsos, o en las que se omitan total o parcialmente operaciones, ingresos, rentas, productos, bienes o cualquier otro dato que incida en la determinación de la deuda tributaria, siempre que la incidencia de la deuda derivada de la ocultación en relación con la base de la sanción sea superior al 10 %.

6. **d) Todas son correctas.**

   Justificación: Todas ellas aparecen en el apartado 2 del artículo 184 de la LGT.

7. c) 30.000 euros.

Justificación: Artículo 186 LGT: 1. Cuando la multa pecuniaria impuesta por infracción grave o muy grave sea de importe igual o superior a 30.000 euros y se hubiera utilizado el criterio de graduación de comisión repetida de infracciones tributarias, se podrán imponer, además, las siguientes sanciones accesorias:

a) Pérdida de la posibilidad de obtener subvenciones o ayudas públicas y del derecho a aplicar beneficios e incentivos fiscales de carácter rogado durante un plazo de un año si la infracción cometida hubiera sido grave o de dos años si hubiera sido muy grave.

8. a) Cuando el importe de la sanción impuesta hubiera sido igual o superior a 60.000 euros.

Justificación: Artículo 186 LGT: 2. Cuando la multa pecuniaria impuesta por infracción muy grave sea de importe igual o superior a 60.000 euros y se haya utilizado el criterio de graduación de comisión repetida de infracciones tributarias, se podrán imponer, además, las siguientes sanciones accesorias:

a) Pérdida de la posibilidad de obtener subvenciones o ayudas públicas y del derecho a aplicar beneficios e incentivos fiscales de carácter rogado durante un plazo de tres, cuatro o cinco años, cuando el importe de la sanción impuesta hubiera sido igual o superior a 60.000, 150.000 o 300.000 euros, respectivamente.

9. b) 300.000 euros.

Justificación: Artículo 186 LGT: 2. Cuando la multa pecuniaria impuesta por infracción muy grave sea de importe igual o superior a 60.000 euros y se haya utilizado el criterio de graduación de comisión repetida de infracciones tributarias, se podrán imponer, además, las siguientes sanciones accesorias:

a) Pérdida de la posibilidad de obtener subvenciones o ayudas públicas y del derecho a aplicar beneficios e incentivos fiscales de carácter rogado durante un plazo de tres, cuatro o cinco años, cuando el importe de la sanción impuesta hubiera sido igual o superior a 60.000, 150.000 o 300.000 euros, respectivamente.

b) Prohibición para contratar con la Administración pública que hubiera impuesto la sanción durante un plazo de tres, cuatro o cinco años, cuando el importe de la sanción impuesta hubiera sido igual o superior a 60.000, 150.000 o 300.000 euros, respectivamente.

10. a) 5 puntos porcentuales.

Justificación: Artículo 187 LGT: Cuando el sujeto infractor hubiera sido sancionado por una infracción leve, el incremento será de cinco puntos porcentuales.

11. d) 25 puntos porcentuales.

Justificación: Artículo 187 LGT: Cuando el sujeto infractor hubiera sido sancionado por una infracción muy grave, el incremento será de 25 puntos porcentuales.

12. c) Un 65 %.

Justificación: Artículo 188 LGT: 1. La cuantía de las sanciones pecuniarias impuestas según los artículos 191 a 197 de esta ley se reducirá en los siguientes porcentajes:

a) Un 65 % en los supuestos de actas con acuerdo previstos en el artículo 155 de esta ley.

b) Un 30 % en los supuestos de conformidad.

13. a) Un 30 %.

Justificación: Artículo 188 LGT: 1. La cuantía de las sanciones pecuniarias impuestas según los artículos 191 a 197 de esta ley se reducirá en los siguientes porcentajes:

a) Un 65 % en los supuestos de actas con acuerdo previstos en el artículo 155 de esta ley.

b) Un 30 % en los supuestos de conformidad.

14. b) 4 años.

Justificación: Artículo 189 LGT: 2. El plazo de prescripción para imponer sanciones tributarias será de cuatro años y comenzará a contarse desde el momento en que se cometieron las correspondientes infracciones.

15. c) 3.000 euros, o siendo superior, no exista ocultación.

Justificación: Artículo 191 LGT: 2. La infracción tributaria será leve cuando la base de la sanción sea inferior o igual a 3.000 euros o, siendo superior, no exista ocultación.

16. b) Grave.

Justificación: Artículo 194 LGT: La infracción tributaria prevista en este apartado será grave.

17. d) 40 %.

Justificación: Artículo 196 LGT: 2. La sanción consistirá en multa pecuniaria proporcional del 40 %.

18. a) Leve.

Justificación: Artículo 198.1: Constituye infracción tributaria no presentar en plazo autoliquidaciones o declaraciones, así como los documentos relacionados con las obligaciones aduaneras, siempre que no se haya producido o no se pueda producir perjuicio económico a la Hacienda Pública. La infracción prevista en este apartado será leve.

19. b) Grave.

Justificación: Artículo 200 LGT: 2. La infracción prevista en este artículo será grave.

20. b) 300 euros, si se ha incumplido por segunda vez el requerimiento.

Justificación: Artículo 203 LGT: 4. Cuando la resistencia, obstrucción, excusa o negativa a la actuación de la Administración tributaria consista en desatender en el plazo concedido requerimientos distintos a los previstos en el apartado siguiente, la sanción consistirá en multa pecuniaria fija de:

a) 150 euros, si se ha incumplido por primera vez un requerimiento.

b) 300 euros, si se ha incumplido por segunda vez el requerimiento.

c) 600 euros, si se ha incumplido por tercera vez el requerimiento.

21. a) 300 euros por cada dato o conjunto de datos referidos a una misma persona o entidad que hubiera sido comunicado indebidamente.

Justificación: Artículo 204 LGT: 2. La sanción consistirá en multa pecuniaria fija de 300 euros por cada dato o conjunto de datos referidos a una misma persona o entidad que hubiera sido comunicado indebidamente.

22. c) Siempre de oficio.

Justificación: Artículo 209 LGT: 1. El procedimiento sancionador en materia tributaria se iniciará siempre de oficio, mediante la notificación del acuerdo del órgano competente.

23. b) Un plazo de 15 días para que alegue cuanto considere conveniente y presente los documentos, justificantes y pruebas que estime oportunos.

Justificación: Artículo 210 LGT: La propuesta de resolución será notificada al interesado, indicándole la puesta de manifiesto del expediente y concediéndole un plazo de 15 días para que alegue cuanto considere conveniente y presente los documentos, justificantes y pruebas que estime oportunos.

24. b) Un plazo de 15 días para que alegue cuanto considere conveniente y presente los documentos, justificantes y pruebas que estime oportunos.

Justificación: Artículo 210 LGT: 5. Cuando al tiempo de iniciarse el expediente sancionador se encontrasen en poder del órgano competente todos los elementos que permitan formular la propuesta de imposición de sanción, esta se incorporará al acuerdo de iniciación. Dicho acuerdo se notificará al interesado, indicándole la puesta de manifiesto del expediente y concediéndole un plazo de 15 días para que alegue cuanto considere conveniente y presente los documentos, justificantes y pruebas que estime oportunos.

25. b) Seis meses contados desde la notificación de la comunicación de inicio del procedimiento.

Justificación: Artículo 211 LGT: 2. El procedimiento sancionador en materia tributaria deberá concluir en el plazo máximo de seis meses contados desde la notificación de la comunicación de inicio del procedimiento. Se entenderá que el procedimiento concluye en la fecha en que se notifique el acto administrativo de resolución del mismo. A efectos de entender cumplida la obligación de notificar y de computar el plazo de resolución serán aplicables las reglas contenidas en el apartado 2 del artículo 104 de esta ley.

TEST N.º 8

Revisión en vía administrativa

1. De conformidad con el artículo 213 de la LGT, los actos y actuaciones de aplicación de los tributos y los actos de imposición de sanciones tributarias podrán revisarse mediante:

a) Los procedimientos generales de revisión.
b) El recurso de reposición.
c) Las reclamaciones económico-tributarias.
d) Todas las respuestas son correctas.

2. De conformidad con el artículo 215 de la LGT, también deberán motivarse los actos dictados en estos procedimientos relativos a las siguientes cuestiones:

a) La admisión de escritos de cualquier clase presentados por los interesados.
b) La suspensión de la ejecución de los actos impugnados, la denegación de la suspensión y la inadmisión a trámite de la solicitud de suspensión.
c) La procedencia o improcedencia de la abstención, la denegación del recibimiento a prueba o de cualquier diligencia de ella y la caducidad de la instancia.
d) Las que limiten derechos objetivos o subjetivos de los interesados en el procedimiento.

3. Son procedimientos especiales de revisión los de:

a) Revisión de actos anulables de pleno derecho.
b) Declaración de lesividad de actos nulos.
c) Revocación.
d) Todos los anteriores.

4. Podrá declararse la nulidad de pleno derecho de los actos dictados en materia tributaria, así como de las resoluciones de los órganos económico-administrativos, que hayan puesto fin a la vía administrativa o que no hayan sido recurridos en plazo, en los siguientes supuestos:

a) Que lesionen los derechos y libertades susceptibles de amparo constitucional o legal.
b) Que hayan sido dictados por órgano manifiestamente incompetente por razón de jerarquía o del territorio.

c) Que tengan un contenido imposible.

d) Que sean constitutivos de infracción penal o civil y se dicten como consecuencia de esta.

5. Marca la respuesta incorrecta. Podrá declararse la nulidad de pleno derecho de los actos dictados en materia tributaria, así como de las resoluciones de los órganos económico-administrativos, que hayan puesto fin a la vía administrativa o que no hayan sido recurridos en plazo, en los siguientes supuestos:

a) Que hayan sido dictados prescindiendo total o parcialmente del procedimiento legalmente establecido para ello o de las normas que contienen las reglas esenciales para la formación de la voluntad en los órganos colegiados.

b) Los actos expresos o presuntos contrarios al ordenamiento jurídico por los que se adquieren facultades o derechos cuando se carezca de los requisitos esenciales para su adquisición.

c) Cualquier otro que se establezca expresamente en una disposición de rango legal.

d) Todas son correctas.

6. El procedimiento para declarar la nulidad de pleno derecho podrá iniciarse:

a) Exclusivamente de oficio.

b) Por acuerdo del órgano competente que dictó el acto o de superior jerárquico y a instancia del interesado.

c) A instancia del interesado o mediante denuncia.

d) Exclusivamente por acuerdo del órgano superior jerárquico.

7. En la declaración de nulidad de pleno derecho, se podrá acordar motivadamente la inadmisión a trámite de las solicitudes formuladas por los interesados, sin necesidad de recabar dictamen del órgano consultivo, cuando:

a) El acto no sea firme en vía administrativa.

b) La solicitud no se base en alguna de las causas de nulidad del artículo 217 de la LGT.

c) Carezca manifiestamente de fundamento.

d) Todas son correctas.

8. En la declaración de nulidad de pleno derecho, el plazo máximo para notificar resolución expresa será:

a) De seis meses desde que se presente la solicitud por el interesado o desde que se le notifique el acuerdo de iniciación de oficio del procedimiento.

b) De dos años desde que se presente la solicitud por el interesado o desde que se le notifique el acuerdo de iniciación de oficio del procedimiento.

c) De un año desde que se presente la solicitud por el interesado o desde que se le notifique el acuerdo de iniciación de oficio del procedimiento.

d) No existe plazo máximo para notificar la resolución expresa.

9. En la declaración de nulidad de pleno derecho, el transcurso del plazo máximo previsto sin que se hubiera notificado la resolución expresa producirá los siguientes efectos:

a) La caducidad del procedimiento iniciado de oficio, lo que impide que pueda iniciarse de nuevo otro procedimiento con posterioridad.

b) La desestimación por silencio administrativo de la solicitud, si el procedimiento se hubiera iniciado a instancia del interesado.

c) La caducidad del procedimiento iniciado a instancia de parte, sin que ello impida que pueda iniciarse de nuevo otro procedimiento con posterioridad.

d) Las respuestas a) y b) son correctas.

10. La Administración Tributaria podrá declarar lesivos para el interés público:

a) Sus actos y resoluciones favorables a los interesados que incurran en cualquier infracción del ordenamiento jurídico, a fin de proceder a su posterior impugnación en vía contencioso-administrativa.

b) Sus actos y resoluciones desfavorables a los interesados que incurran en cualquier infracción del ordenamiento jurídico, a fin de proceder a su posterior impugnación en vía contencioso-administrativa.

c) Sus actos y resoluciones favorables a los interesados que incurran en cualquier infracción del ordenamiento jurídico, a fin de proceder a su anterior impugnación en vía contencioso-administrativa.

d) Sus actos y resoluciones desfavorables a los interesados, a fin de proceder a su posterior impugnación en vía contencioso-administrativa.

11. La declaración de lesividad no podrá adoptarse una vez transcurridos:

a) Tres años desde que se notificó el acto administrativo y exigirá la previa audiencia de cuantos aparezcan como interesados en el procedimiento.

b) Dos años desde que se notificó el acto administrativo y exigirá la previa audiencia de cuantos aparezcan como interesados en el procedimiento.

c) Cinco años desde que se notificó el acto administrativo y exigirá la previa audiencia de cuantos aparezcan como interesados en el procedimiento.

d) Cuatro años desde que se notificó el acto administrativo y exigirá la previa audiencia de cuantos aparezcan como interesados en el procedimiento.

12. Respecto a la declaración de lesividad, se producirá la caducidad del procedimiento:

a) Transcurrido el plazo de tres meses desde la iniciación del procedimiento sin que se hubiera declarado la lesividad.

b) Transcurrido el plazo de dos meses desde la iniciación del procedimiento sin que se hubiera declarado la lesividad.

c) Transcurrido el plazo de cuatro meses desde la iniciación del procedimiento sin que se hubiera declarado la lesividad.

d) Transcurrido el plazo de seis meses desde la iniciación del procedimiento sin que se hubiera declarado la lesividad.

13. Respecto a la revocación de los actos de aplicación de los tributos y de imposición de las sanciones, el plazo máximo para notificar la resolución expresa será de:

a) Cuatro meses desde la notificación del acuerdo de iniciación del procedimiento.
b) Tres meses desde la notificación del acuerdo de iniciación del procedimiento.
c) Dos meses desde la notificación del acuerdo de iniciación del procedimiento.
d) Seis meses desde la notificación del acuerdo de iniciación del procedimiento.

14. El artículo 220 de la LGT regula la rectificación de errores, en estos supuestos, el plazo máximo para notificar la resolución expresa será de:

a) Un mes desde la notificación del acuerdo de iniciación del procedimiento.
b) Seis meses desde la notificación del acuerdo de iniciación del procedimiento.
c) Tres meses desde la notificación del acuerdo de iniciación del procedimiento.
d) Dos meses desde la notificación del acuerdo de iniciación del procedimiento.

15. El procedimiento para el reconocimiento del derecho a la devolución de ingresos indebidos se iniciará de oficio o a instancia del interesado, en los siguientes supuestos:

a) Cuando se haya producido una duplicidad en el pago de deudas tributarias o sanciones.
b) Cuando la cantidad pagada haya sido superior al importe a ingresar resultante de un acto administrativo o de una autoliquidación.
c) Cuando así lo establezca la normativa tributaria.
d) Todas son correctas.

16. En el procedimiento para la devolución de ingresos indebidos:

a) Se liquidarán intereses de demora.
b) Se liquidarán los recargos por declaración extemporánea.
c) Se liquidarán los recargos del periodo ejecutivo.
d) Todas son correctas.

17. Las resoluciones que se dicten en el procedimiento de devolución de ingresos indebidos:

a) No serán susceptibles de ningún tipo de recurso.
b) Serán susceptibles de recurso de alzada ante el órgano superior jerárquico.
c) Serán susceptibles de recurso de reposición y de reclamación económico-administrativa.
d) Solo serán susceptibles de reclamación económico-administrativa.

18. Respecto al recurso de reposición en materia tributaria regulado en el artículo 222 de la LGT:

a) Deberá interponerse, en su caso, con carácter posterior a la resolución de la reclamación económico-administrativa.
b) Deberá interponerse, en su caso, con carácter previo a la reclamación económico-administrativa.

c) Puede interponerse de forma paralela a la interposición de la reclamación económico-administrativa.

d) En el caso de que se opte por interponer reclamación económico-administrativa, no podrá interponerse recurso de reposición.

19. El plazo de interposición del recurso de reposición será:

a) De tres meses contado a partir del día siguiente al de la notificación del acto recurrible o del siguiente a aquel en que se produzcan los efectos del silencio administrativo.

b) De cuatro meses contado a partir del día siguiente al de la notificación del acto recurrible o del siguiente a aquel en que se produzcan los efectos del silencio administrativo.

c) De un mes contado a partir del día siguiente al de la notificación del acto recurrible o del siguiente a aquel en que se produzcan los efectos del silencio administrativo.

d) Se podrá interponer en cualquier momento.

20. El plazo máximo para notificar la resolución del recurso de reposición será:

a) De un mes contado desde el día siguiente al de presentación del recurso.
b) De dos meses contado desde el día siguiente al de presentación del recurso.
c) De tres meses contado desde el día siguiente al de presentación del recurso.
d) De seis meses contado desde el día siguiente al de presentación del recurso.

21. Respecto a las reclamaciones económico-administrativas, en materia de aplicación de los tributos son reclamables:

a) Las liquidaciones provisionales o definitivas.

b) Las comprobaciones de valor de rentas, productos, bienes, derechos y gastos, así como los actos de fijación de valores, rendimientos y bases, cuando la normativa tributaria lo establezca.

c) Los actos dictados en el procedimiento de recaudación.

d) Todas son correctas.

22. En el ámbito de competencias del Estado, son órganos económico-administrativos:

a) El Tribunal Económico-Administrativo General.
b) Los tribunales económico-administrativos regionales y locales.
c) Los tribunales económico-administrativos autonómicos.
d) Todas son correctas.

23. No están legitimados para promover las reclamaciones económico-administrativas:

a) Los obligados tributarios y los sujetos infractores.

b) Cualquier otra persona cuyos intereses legítimos resulten afectados por el acto o la actuación tributaria.

c) Los particulares, cuando obren por delegación de la Administración o como agentes o mandatarios de ella.

d) Todos ellos están legitimados.

24. La reclamación económico-administrativa en única o primera instancia se interpondrá en el plazo de:

a) Un mes a contar desde el día siguiente al de la notificación del acto impugnado, o desde el día siguiente a aquel en que quede constancia de la realización u omisión de la retención o ingreso a cuenta, de la repercusión motivo de la reclamación o de la sustitución derivada de las relaciones entre el sustituto y el contribuyente.

b) Tres meses a contar desde el día siguiente al de la notificación del acto impugnado, o desde el día siguiente a aquel en que quede constancia de la realización u omisión de la retención o ingreso a cuenta, de la repercusión motivo de la reclamación o de la sustitución derivada de las relaciones entre el sustituto y el contribuyente.

c) Dos meses a contar desde el día siguiente al de la notificación del acto impugnado, o desde el día siguiente a aquel en que quede constancia de la realización u omisión de la retención o ingreso a cuenta, de la repercusión motivo de la reclamación o de la sustitución derivada de las relaciones entre el sustituto y el contribuyente.

d) Seis meses a contar desde el día siguiente al de la notificación del acto impugnado, o desde el día siguiente a aquel en que quede constancia de la realización u omisión de la retención o ingreso a cuenta, de la repercusión motivo de la reclamación o de la sustitución derivada de las relaciones entre el sustituto y el contribuyente.

25. Respecto a la tramitación de las reclamaciones económico-administrativa, el Tribunal, una vez recibido y, en su caso, completado el expediente, lo pondrá de manifiesto a los interesados que hubieran comparecido en la reclamación y no hubieran presentado alegaciones en la interposición o las hubiesen formulado, pero con la solicitud expresa de este trámite, por plazo común de:

a) Quince días en el que deberán presentar escrito de alegaciones con aportación de las pruebas oportunas.

b) Veinte días en el que deberán presentar escrito de alegaciones con aportación de las pruebas oportunas.

c) Un mes en el que deberán presentar escrito de alegaciones con aportación de las pruebas oportunas.

d) Dos meses en el que deberán presentar escrito de alegaciones con aportación de las pruebas oportunas.

26. La duración del procedimiento en única o primera instancia relativo a la reclamación económico-administrativa será de:

a) Tres meses.
b) Seis meses.
c) Un año.
d) Dos años.

27. Son recursos en vía económico-administrativa regulados en la LGT:

a) Recurso de alzada ordinario.
b) Recurso de anulación.
c) Recurso contra la ejecución.
d) Todas son correctas.

Soluciones comentadas

1. **b) El recurso de reposición.**

   Justificación: Artículo 213 LGT: 1. Los actos y actuaciones de aplicación de los tributos y los actos de imposición de sanciones tributarias podrán revisarse, conforme a lo establecido en los capítulos siguientes, mediante:

   a) Los procedimientos especiales de revisión.

   b) El recurso de reposición.

   c) Las reclamaciones económico-administrativas.

2. **b) La suspensión de la ejecución de los actos impugnados, la denegación de la suspensión y la inadmisión a trámite de la solicitud de suspensión.**

   Justificación: Artículo 215 LGT: b) La suspensión de la ejecución de los actos impugnados, la denegación de la suspensión y la inadmisión a trámite de la solicitud de suspensión. El resto de respuestas contienen errores.

3. **c) Revocación.**

   Justificación: Artículo 216 LGT: Son procedimientos especiales de revisión los de:

   a) Revisión de actos nulos de pleno derecho.

   b) Declaración de lesividad de actos anulables.

   c) Revocación.

   d) Rectificación de errores.

   e) Devolución de ingresos indebidos.

4. **c) Que tengan un contenido imposible.**

   Justificación: Artículo 217 LGT: 1. Podrá declararse la nulidad de pleno derecho de los actos dictados en materia tributaria, así como de las resoluciones de los órganos económico-administrativos, que hayan puesto fin a la vía administrativa o que no hayan sido recurridos en plazo, en los siguientes supuestos:

   a) Que lesionen los derechos y libertades susceptibles de amparo constitucional.

   b) Que hayan sido dictados por órgano manifiestamente incompetente por razón de la materia o del territorio.

   c) Que tengan un contenido imposible.

d) Que sean constitutivos de infracción penal o se dicten como consecuencia de esta.

e) Que hayan sido dictados prescindiendo total y absolutamente del procedimiento legalmente establecido para ello o de las normas que contienen las reglas esenciales para la formación de la voluntad en los órganos colegiados.

f) Los actos expresos o presuntos contrarios al ordenamiento jurídico por los que se adquieren facultades o derechos cuando se carezca de los requisitos esenciales para su adquisición.

g) Cualquier otro que se establezca expresamente en una disposición de rango legal.

5. **a) Que hayan sido dictados prescindiendo total o parcialmente del procedimiento legalmente establecido para ello o de las normas que contienen las reglas esenciales para la formación de la voluntad en los órganos colegiados.**

Justificación: Artículo 217 LGT: 1. Podrá declararse la nulidad de pleno derecho de los actos dictados en materia tributaria, así como de las resoluciones de los órganos económico-administrativos, que hayan puesto fin a la vía administrativa o que no hayan sido recurridos en plazo, en los siguientes supuestos:

a) Que lesionen los derechos y libertades susceptibles de amparo constitucional.

b) Que hayan sido dictados por órgano manifiestamente incompetente por razón de la materia o del territorio.

c) Que tengan un contenido imposible.

d) Que sean constitutivos de infracción penal o se dicten como consecuencia de esta.

e) Que hayan sido dictados prescindiendo total y absolutamente del procedimiento legalmente establecido para ello o de las normas que contienen las reglas esenciales para la formación de la voluntad en los órganos colegiados.

f) Los actos expresos o presuntos contrarios al ordenamiento jurídico por los que se adquieren facultades o derechos cuando se carezca de los requisitos esenciales para su adquisición.

g) Cualquier otro que se establezca expresamente en una disposición de rango legal.

6. **b) Por acuerdo del órgano competente que dictó el acto o de superior jerárquico y a instancia del interesado.**

Justificación: Artículo 217 LGT: 2. El procedimiento para declarar la nulidad a que se refiere este artículo podrá iniciarse:

a) Por acuerdo del órgano que dictó el acto o de su superior jerárquico.

b) A instancia del interesado.

7. **d) Todas son correctas.**

Justificación: Artículo 217 LGT: 3. Se podrá acordar motivadamente la inadmisión a trámite de las solicitudes formuladas por los interesados, sin necesidad de recabar dictamen del órgano consultivo, cuando el acto no sea firme en vía administrativa o la solicitud no se base en alguna de las causas de nulidad del apartado 1 de este artículo o carezca manifiestamente de fundamento, así como en el supuesto de que se hubieran desestimado en cuanto al fondo otras solicitudes sustancialmente iguales.

8. c) De un año desde que se presente la solicitud por el interesado o desde que se le notifique el acuerdo de iniciación de oficio del procedimiento.

Justificación: Artículo 217 LGT: 6. El plazo máximo para notificar resolución expresa será de un año desde que se presente la solicitud por el interesado o desde que se le notifique el acuerdo de iniciación de oficio del procedimiento.

9. b) La desestimación por silencio administrativo de la solicitud, si el procedimiento se hubiera iniciado a instancia del interesado.

Justificación: Artículo 217 LGT: El transcurso del plazo previsto en el párrafo anterior sin que se hubiera notificado resolución expresa producirá los siguientes efectos:

a) La caducidad del procedimiento iniciado de oficio, sin que ello impida que pueda iniciarse de nuevo otro procedimiento con posterioridad.

b) La desestimación por silencio administrativo de la solicitud, si el procedimiento se hubiera iniciado a instancia del interesado.

10. a) Sus actos y resoluciones favorables a los interesados que incurran en cualquier infracción del ordenamiento jurídico, a fin de proceder a su posterior impugnación en vía contencioso-administrativa.

Justificación: Artículo 218 LGT: La Administración Tributaria podrá declarar lesivos para el interés público sus actos y resoluciones favorables a los interesados que incurran en cualquier infracción del ordenamiento jurídico, a fin de proceder a su posterior impugnación en vía contencioso-administrativa.

11. d) Cuatro años desde que se notificó el acto administrativo y exigirá la previa audiencia de cuantos aparezcan como interesados en el procedimiento.

Justificación: Artículo 218 LGT: 2. La declaración de lesividad no podrá adoptarse una vez transcurridos cuatro años desde que se notificó el acto administrativo y exigirá la previa audiencia de cuantos aparezcan como interesados en el procedimiento.

12. a) Transcurrido el plazo de tres meses desde la iniciación del procedimiento sin que se hubiera declarado la lesividad.

Justificación: Artículo 218 LGT: 3. Transcurrido el plazo de tres meses desde la iniciación del procedimiento sin que se hubiera declarado la lesividad se producirá la caducidad del mismo.

13. d) Seis meses desde la notificación del acuerdo de iniciación del procedimiento.

Justificación: Artículo 219 LGT: 4. El plazo máximo para notificar resolución expresa será de seis meses desde la notificación del acuerdo de iniciación del procedimiento.

14. **b) Seis meses desde la notificación del acuerdo de iniciación del procedimiento.**

Justificación: Artículo 220 LGT: 2. El plazo máximo para notificar resolución expresa será de seis meses desde que se presente la solicitud por el interesado o desde que se le notifique el acuerdo de iniciación de oficio del procedimiento.

15. **d) Todas son correctas.**

Justificación: Artículo 221 LGT: 1. El procedimiento para el reconocimiento del derecho a la devolución de ingresos indebidos se iniciará de oficio o a instancia del interesado, en los siguientes supuestos:

a) Cuando se haya producido una duplicidad en el pago de deudas tributarias o sanciones.

b) Cuando la cantidad pagada haya sido superior al importe a ingresar resultante de un acto administrativo o de una autoliquidación.

c) Cuando se hayan ingresado cantidades correspondientes a deudas o sanciones tributarias después de haber transcurrido los plazos de prescripción. En ningún caso se devolverán las cantidades satisfechas en la regularización voluntaria establecida en el artículo 252 de esta ley.

d) Cuando así lo establezca la normativa tributaria.

16. **a) Se liquidarán intereses de demora.**

Justificación: Artículo 221 LGT: 5. En la devolución de ingresos indebidos se liquidarán intereses de demora de acuerdo con lo dispuesto en el apartado 2 del artículo 32 de esta ley.

17. **c) Serán susceptibles de recurso de reposición y de reclamación económico-administrativa.**

Justificación: Artículo 221 LGT: 6. Las resoluciones que se dicten en este procedimiento serán susceptibles de recurso de reposición y de reclamación económico-administrativa.

18. **b) Deberá interponerse, en su caso, con carácter previo a la reclamación económico-administrativa.**

Justificación: Artículo 222: 2. El recurso de reposición deberá interponerse, en su caso, con carácter previo a la reclamación económico-administrativa.

19. **c) De un mes contado a partir del día siguiente al de la notificación del acto recurrible o del siguiente a aquel en que se produzcan los efectos del silencio administrativo.**

Justificación: Artículo 223 LGT: 1. El plazo para la interposición de este recurso será de un mes contado a partir del día siguiente al de la notificación del acto recurrible o del siguiente a aquel en que se produzcan los efectos del silencio administrativo.

20. **a) De un mes contado desde el día siguiente al de presentación del recurso.**

Justificación: Artículo 225 LGT: 4. El plazo máximo para notificar la resolución será de un mes contado desde el día siguiente al de presentación del recurso.

21. d) Todas son correctas.

Justificación: Todas ellas aparecen en la enumeración del artículo 227.2 de la LGT.

22. b) Los tribunales económico-administrativos regionales y locales.

Justificación: Artículo 228 LGT: 2. En el ámbito de competencias del Estado, son órganos económico-administrativos:

a) El Tribunal Económico-Administrativo Central.

b) Los tribunales económico-administrativos regionales y locales.

23. c) Los particulares, cuando obren por delegación de la Administración o como agentes o mandatarios de ella.

Justificación: Artículo 232 LGT: 2. No estarán legitimados:

a) Los funcionarios y empleados públicos, salvo en los casos en que inmediata y directamente se vulnere un derecho que en particular les esté reconocido o resulten afectados sus intereses legítimos.

b) Los particulares, cuando obren por delegación de la Administración o como agentes o mandatarios de ella.

c) Los denunciantes.

d) Los que asuman obligaciones tributarias en virtud de pacto o contrato.

e) Los organismos u órganos que hayan dictado el acto impugnado, así como cualquier otra entidad por el mero hecho de ser destinataria de los fondos gestionados mediante dicho acto.

24. a) Un mes a contar desde el día siguiente al de la notificación del acto impugnado, o desde el día siguiente a aquel en que quede constancia de la realización u omisión de la retención o ingreso a cuenta, de la repercusión motivo de la reclamación o de la sustitución derivada de las relaciones entre el sustituto y el contribuyente.

Justificación: Artículo 235 LGT: 1. La reclamación económico-administrativa en única o primera instancia se interpondrá en el plazo de un mes a contar desde el día siguiente al de la notificación del acto impugnado, o desde el día siguiente a aquel en que quede constancia de la realización u omisión de la retención o ingreso a cuenta, de la repercusión motivo de la reclamación o de la sustitución derivada de las relaciones entre el sustituto y el contribuyente.

25. c) Un mes en el que deberán presentar escrito de alegaciones con aportación de las pruebas oportunas.

Justificación: Artículo 236 LGT: 1. El Tribunal, una vez recibido y, en su caso, completado el expediente, lo pondrá de manifiesto a los interesados que hubieran comparecido en la reclamación y no hubieran presentado alegaciones en la interposición o las hubiesen formulado pero con la solicitud expresa de este trámite, por plazo común de un mes en el que deberán presentar escrito de alegaciones con aportación de las pruebas oportunas. La puesta de manifiesto del expediente electrónico podrá tener lugar por medios electrónicos, informáticos o telemáticos, pudiendo presentarse por estos medios las alegaciones y pruebas. Los obligados a interponer la reclamación de forma electrónica, habrán de presentar las alegaciones, pruebas, y cualquier otro escrito, por esta misma vía. En caso de deficiencia técnica imputable a la Administración Tributaria que imposibilite la realización del trámite por esta vía, el Tribunal adoptará las medidas oportunas para evitar perjuicios al interesado, pudiendo, entre otras, conceder un nuevo plazo, prorrogar el anteriormente concedido o autorizar que se realice por otros medios.

26. c) Un año.

Justificación: Artículo 240 LGT: 1. La duración del procedimiento en cualquiera de sus instancias será de un año contado desde la interposición de la reclamación. Transcurrido ese plazo el interesado podrá entender desestimada la reclamación al objeto de interponer el recurso procedente.

27. d) Todas son correctas.

Justificación: Todos ellos aparecen en la subsección segunda de la sección segunda (Capítulo IV del Título V).

Real Decreto 500/1990, de 20 de abril

TEST N.º 1

Real Decreto 500/1990, de 20 de abril, por el que se desarrolla la Ley de Haciendas Locales en materia presupuestaria

1. De conformidad con el artículo 2 del RD 500/1990 de 20 de abril por el que se desarrolla la Ley de Haciendas Locales en materia presupuestaria (RD 500/1990), los Presupuestos Generales de las Entidades locales constituyen la expresión cifrada, conjunta y sistemática de:

a) Las obligaciones que, como máximo, pueden reconocer la Entidad y sus Organismos autónomos, y los derechos que prevean liquidar durante el correspondiente ejercicio.

b) Las obligaciones que, como mínimo, pueden reconocer la Entidad y sus Organismos autónomos, y los derechos que prevean liquidar durante el correspondiente ejercicio.

c) Las previsiones de ingresos y gastos de las Sociedades mercantiles cuyo capital social pertenezca parcialmente a la Entidad local correspondiente.

d) Las respuestas b) y c) son correctas.

2. El ejercicio presupuestario:

a) Coincidirá con el año hábil.

b) Coincidirá con el año natural.

c) Tendrá una duración de 4 años.

d) Tendrá una duración de un año y podrá coincidir o no con el año natural, según cuando se haya aprobado el presupuesto.

3. Las Entidades locales elaborarán y aprobarán anualmente un Presupuesto General en el que se integrarán:

a) El Presupuesto de la propia Entidad.

b) Los de los Organismos autónomos dependientes de la misma.

c) Los estados de previsión de gastos e ingresos de las Sociedades mercantiles cuyo capital social pertenezca íntegramente a la Entidad local.

d) Todas son correctas.

4. Los Organismos autónomos de las Entidades locales se clasifican, a efectos de su régimen presupuestario y contable, en la forma siguiente:

a) Organismos autónomos de carácter administrativo y organismos autónomos de carácter comercial, industrial, financiero o análogo.

b) Organismos autónomos públicos y organismos autónomos privados.

c) Organismos autónomos locales y organismos autónomos provinciales.

d) Todas son correctas.

5. El Presupuesto General contendrá para cada uno de los presupuestos que en él se integren:

a) Los estados de gastos, en los que se incluirán, con la debida especificación, los créditos necesarios para atender al cumplimiento de las obligaciones.

b) Los estados de ingresos, en los que figurarán las estimaciones de los distintos recursos económicos a pagar durante el ejercicio.

c) Los estados de recaudación, en los que diferenciará entre ingresos y cobros.

d) Todas son correctas.

6. El Presupuesto General incluirá las bases de ejecución del mismo que contendrán, para cada ejercicio:

a) La adaptación de las disposiciones particulares en materia presupuestaria a la organización y circunstancias de la propia Entidad, de sus Organismos autónomos y Sociedades mercantiles públicas, así como aquellas otras necesarias para su acertada gestión, estableciendo cuantas prevenciones se consideren oportunas o convenientes para la mejor realización de los gastos y recaudación de los recursos, sin que se pueda modificar lo legislado para la administración económica ni comprender preceptos de orden administrativo que requieran legalmente de procedimientos y solemnidades específicas distintas de lo preceptuado para el Presupuesto.

b) La adaptación de las disposiciones generales en materia presupuestaria a la organización y circunstancias de la propia Entidad y de sus Organismos autónomos, así como aquellas otras necesarias para su acertada gestión, estableciendo cuantas prevenciones se consideren oportunas o convenientes para la mejor realización de los gastos y recaudación de los recursos, pudiendo modificar lo legislado para la administración económica.

c) La adaptación de las disposiciones particulares en materia presupuestaria a la organización y circunstancias de la propia Entidad y de sus Organismos autónomos, así como aquellas otras necesarias para su acertada gestión, estableciendo cuantas prevenciones se consideren oportunas o convenientes para la mejor realización de los gastos y recaudación de los recursos, modificando lo legislado en normas autonómicas.

d) La adaptación de las disposiciones generales en materia presupuestaria a la organización y circunstancias de la propia Entidad y de sus Organismos autónomos, así como aquellas otras necesarias para su acertada gestión, estableciendo cuantas prevenciones se consideren oportunas o convenientes para la mejor realización de los gastos y recaudación de los recursos, sin que se pueda modificar lo legislado para la administración económica ni comprender preceptos de orden administrativo que requieran legalmente de procedimientos y solemnidades específicas distintas de lo preceptuado para el Presupuesto.

7. Las entidades locales regularán, entre otras materias, en las bases de ejecución del Presupuesto:

a) Niveles de vinculación jurídica de los ingresos.

b) Tramitación de los expedientes de ampliación y disminución de créditos, así como de incorporación de remanentes de créditos.

c) Relación orientativa de los créditos que se declaren ampliables, con detalle de los recursos afectados.

d) Normas que regulen el procedimiento de ejecución del Presupuesto.

8. De conformidad con el artículo 10 del RD 500/1990:

a) Solo podrán afectarse a fines determinados aquellos recursos que, por su naturaleza o condiciones específicas, tengan una relación objetiva y directa con el gasto a financiar, salvo en los supuestos expresamente establecidos en las leyes.

b) Entre otros, podrán afectarse a fines determinados aquellos recursos que, por su naturaleza o condiciones específicas, tengan una relación objetiva y directa con el gasto a financiar, salvo en los supuestos expresamente establecidos en las leyes.

c) No podrán afectarse a fines determinados aquellos recursos que, por su naturaleza o condiciones específicas, tengan una relación objetiva y directa con el gasto a financiar, salvo en los supuestos expresamente establecidos en las leyes.

d) Ninguna es correcta.

9. Los derechos liquidados y las obligaciones reconocidas se aplicarán a los Presupuestos:

a) Por su importe íntegro, quedando prohibido atender obligaciones mediante minoración de los derechos a liquidar o ya ingresados, salvo que la ley lo autorice de modo expreso incluyendo las devoluciones de ingresos que se declaren indebidos por Tribunal o Autoridad competente.

b) Por su importe íntegro, quedando prohibido atender obligaciones mediante minoración de los derechos a liquidar o ya ingresados, salvo que la ley lo autorice de modo expreso. Se exceptúan de lo anterior las devoluciones de ingresos que se declaren indebidos por Tribunal o Autoridad competente.

c) Por su importe bruto, quedando prohibido atender obligaciones mediante minoración de los derechos a liquidar o ya ingresados, salvo que la ley lo autorice de modo expreso incluyendo las devoluciones de ingresos que se declaren indebidos por Tribunal o Autoridad competente.

d) Por su importe bruto, quedando pudiendo atender obligaciones mediante minoración de los derechos a liquidar o ya ingresados, salvo que la ley lo autorice de modo expreso incluyendo las devoluciones de ingresos que se declaren indebidos por Tribunal o Autoridad competente.

10. Se unirán como anexos al Presupuesto General:

a) Los programas anuales de actuación, inversiones y financiación de las Sociedades mercantiles de cuyo capital social sea titular único o partícipe mayoritario la Entidad local.

b) El estado de consolidación del Presupuesto de la propia Entidad con el de todos los Presupuestos y estados de previsión de sus Organismos autónomos y Sociedades mercantiles.

c) Los planes de inversión y sus programas de financiación que, en su caso y para un plazo de cuatro años, puedan formular los municipios y demás Entidades locales de ámbito supramunicipal.
d) Todas son correctas.

11. Los proyectos incluidos en el Plan de Inversiones se identificarán mediante el código que en aquel se les asigne y que no podrá ser alterado hasta su finalización. Por cada proyecto deberá especificarse, como mínimo (artículo 13 RD 500/1990):

a) Año y mes de inicio y año y mes de finalización previstos.
b) Importe bruto y neto previsto.
c) Anualidad prevista para cada uno de los cuatro ejercicios.
d) Todas son correctas.

12. De los Planes de Inversión y sus programas de financiación se dará cuenta, en su caso, al:

a) Pleno de la Corporación, coincidiendo con la aprobación del Presupuesto, debiendo ser objeto de revisión anual, añadiendo un nuevo ejercicio a sus previsiones.
b) Presidente de la Corporación, coincidiendo con la aprobación del Presupuesto, debiendo ser objeto de revisión anual, añadiendo un nuevo ejercicio a sus previsiones.
c) Tribunal de Cuentas, coincidiendo con la aprobación del Presupuesto, debiendo ser objeto de revisión anual, añadiendo un nuevo ejercicio a sus previsiones.
d) Junta de Gobierno Local, coincidiendo con la aprobación del Presupuesto, debiendo ser objeto de revisión anual, añadiendo un nuevo ejercicio a sus previsiones.

13. De conformidad con el artículo 16 del RD 500/1990, cada uno de los Presupuestos que se integran en el Presupuesto General:

a) Se puede aprobar con un déficit del 1 %.
b) Se deben aprobar con superávit.
c) Se deben aprobar sin déficit inicial.
d) Se deben liquidar sin déficit final.

14. Marca la respuesta correcta o la más correcta. ¿A quién corresponde, con carácter general, establecer la estructura general de los Presupuestos de las Entidades Locales de conformidad con la Ley de Haciendas Locales?

a) Al Presidente.
b) Al Pleno.
c) Al Ministerio competente.
d) Al Tribunal de Cuentas.

15. El presupuesto de la Entidad Local será formado por:

a) El Pleno de la Corporación.
b) Su Presidente.

c) La Junta de Gobierno Local.

d) El Ministerio correspondiente.

16. Marca la respuesta incorrecta. Al presupuesto de la entidad local habrá de unirse la siguiente documentación:

a) Memoria suscrita por el Presidente explicativa de su contenido y de las principales modificaciones que presente en relación con el vigente.

b) Liquidación del Presupuesto del ejercicio anterior y avance de la del corriente, referida, al menos, a tres meses del mismo, suscritas, una y otro, por el Interventor y confeccionados conforme dispone la Instrucción de Contabilidad.

c) Anexo de las inversiones a realizar en el ejercicio, suscrito por el Presidente y debidamente codificado.

d) Un informe económico-financiero, en el que se expongan las bases utilizadas para la evaluación de los ingresos y de las operaciones de crédito previstas, la suficiencia de los créditos para atender el cumplimiento de las obligaciones exigibles y los gastos de funcionamiento de los servicios y, en consecuencia, la efectiva nivelación del Presupuesto.

17. El Presupuesto de cada uno de los Organismos autónomos integrantes del General, propuesto inicialmente por el órgano competente de los mismos, será remitido a la Entidad local de la que dependan antes del:

a) 15 de junio de cada año.

b) 31 de marzo de cada año.

c) 1 de enero de cada año.

d) 15 de septiembre de cada año.

18. Las Sociedades mercantiles, cuyo capital pertenezca íntegra o mayoritariamente a la Entidad local, remitirán a esta, sus previsiones de gastos e ingresos, así como los programas anuales de actuación, inversiones y financiación antes del:

a) 15 de septiembre de cada año.

b) 15 de enero de cada año.

c) 15 de octubre de cada año.

d) 31 de marzo de cada año.

19. Sobre la base de los Presupuestos y estados de previsión a que se refieren los apartados anteriores, el Presidente de la Entidad formará el Presupuesto General y lo remitirá, informado por la Intervención y con los anexos y documentación complementaria, al Pleno de la Corporación antes del día:

a) 15 de diciembre para su aprobación inicial, enmienda o devolución.

b) 15 de marzo para su aprobación inicial, enmienda o devolución.

c) 15 de septiembre para su aprobación inicial, enmienda o devolución.

d) 15 de octubre para su aprobación inicial, enmienda o devolución.

20. De conformidad con el artículo 18 del RD 500/1990, la remisión a la Intervención del Presupuesto General se efectuará de forma que el Presupuesto, con todos sus anexos y documentación complementaria, pueda ser objeto de estudio durante un plazo:

a) No inferior a treinta días e informado antes del 15 de octubre.

b) No inferior a veinte días e informado antes del 1 de octubre.

c) No inferior a diez días e informado antes del 10 de octubre.

d) No inferior a cinco días e informado antes del 15 de septiembre.

21. El anexo de inversiones, integrado, en su caso, en el plan cuatrienal, recogerá la totalidad de los proyectos de inversión que se prevean realizar en el ejercicio y deberá especificar para cada uno de los proyectos:

a) Código de identificación.

b) Mes de inicio y mes de finalización previstos.

c) Tipo de financiación, determinando si se financia con recursos propios o con ingresos externos.

d) Todas son correctas.

22. El acto de aprobación provisional del Presupuesto General, señalando el lugar y fecha inicial del cómputo del plazo de exposición al público, se anunciará en el «Boletín Oficial» de la provincia o, en su caso, de la Comunidad Autónoma Uniprovincial, y simultáneamente se pondrá a disposición del público la correspondiente documentación por un plazo:

a) De veinte días hábiles, durante los cuales los interesados podrán examinarlo y presentar reclamaciones ante el Pleno.

b) De quince días hábiles, durante los cuales los interesados podrán examinarlo y presentar reclamaciones ante el Pleno.

c) De treinta días hábiles, durante los cuales los interesados podrán examinarlo y presentar reclamaciones ante el Pleno.

d) De un mes, durante los cuales los interesados podrán examinarlo y presentar reclamaciones ante el Pleno.

23. El Presupuesto se considerará definitivamente aprobado si durante el plazo de presentación de reclamaciones no se hubiesen presentado reclamaciones por los interesados; en caso contrario, el Pleno deberá resolverlas en un plazo de:

a) 15 días.

b) Dos meses.

c) Un mes.

d) 20 días.

24. La aprobación definitiva del Presupuesto General por el Pleno de la Corporación habrá de realizarse antes del día:

a) 1 de enero del año en que deba producir efectos.

b) 31 de diciembre del año anterior al del ejercicio en que deba aplicarse.

c) 15 de diciembre del año anterior al del ejercicio en que deba aplicarse.

d) 30 de noviembre del año anterior al del ejercicio en que deba aplicarse.

25. De conformidad con el artículo 20 del RD 500/1990 el Presupuesto entrará en vigor en el ejercicio correspondiente:

a) Una vez aprobado por el Pleno.

b) Una vez fiscalizado por intervención.

c) Una vez publicado en el «Boletín Oficial» de la Corporación, si lo tuviere y, resumido por capítulos de cada uno de los Presupuestos que lo integren, en el de la provincia o, en su caso, en el de la Comunidad Autónoma Uniprovincial.

d) Una vez emitido informe favorable por el Tribunal de Cuentas.

26. Si al iniciarse el ejercicio económico no hubiese entrado en vigor el Presupuesto correspondiente:

a) No puede darse dicha circunstancia en ningún caso.

b) Se considerará automáticamente prorrogado el del anterior hasta el límite global de sus créditos iniciales, como máximo.

c) Se considerará automáticamente prorrogado el del anterior hasta el límite global de sus créditos finales, como mínimo.

d) Se considerará automáticamente prorrogado el del anterior hasta el límite global de sus créditos finales, como máximo.

27. En tanto no se apruebe el Presupuesto definitivo:

a) El prorrogado podrá ser objeto de cualquiera de las modificaciones previstas por la ley.

b) El prorrogado no podrá ser objeto de las modificaciones previstas por la ley.

c) El prorrogado solo podrá ser objeto de modificación mediante ampliaciones de crédito o suplementos de crédito.

d) El prorrogado solo podrá ser objeto de modificación mediante créditos extraordinarios y generación de créditos.

28. Cuando nos encontremos con una situación de presupuesto prorrogado, el Presupuesto definitivo se aprobará:

a) Con efectos en la fecha en la que se haya realizado el acuerdo de aprobación definitiva.

b) Con efectos 31 de diciembre del ejercicio anterior y los créditos en él incluidos tendrán la consideración de créditos iniciales.

c) Con efectos 31 de diciembre y los créditos en él incluidos tendrán la consideración de créditos finales.

d) Con efectos 1 de enero y los créditos en él incluidos tendrán la consideración de créditos iniciales.

29. Marca la respuesta incorrecta. Tendrán la consideración de interesados a los efectos de examinar y presentar alegaciones al presupuesto provisional:

a) Los habitantes en el territorio de la respectiva Entidad local.

b) Los que resulten directamente o indirectamente afectados, aunque no habiten en el territorio de la Entidad local.

c) Los Colegios Oficiales, Cámaras Oficiales, Sindicatos, Asociaciones y demás Entidades legalmente constituidas para velar por intereses profesionales o económicos y vecinales, cuando actúen en defensa de los que les son propios.

d) Todas son correctas.

30. Únicamente podrán entablarse reclamaciones contra el Presupuesto:

a) Por no haberse ajustado su elaboración y aprobación a los trámites legales.

b) Por omitir el crédito necesario para el cumplimiento de obligaciones exigibles a la Entidad local, en virtud de precepto legal o de cualquier otro título legítimo.

c) Por ser de manifiesta insuficiencia los ingresos con relación a los gastos presupuestados o bien de estos respecto a las necesidades para las que estén previstos.

d) Todas las respuestas son correctas.

31. Contra la aprobación definitiva del presupuesto:

a) No procederá ningún tipo de recurso.

b) Podrá interponerse recurso de alzada ante el Presidente de la Corporación.

c) Podrá interponerse directamente recurso contencioso-administrativo en la forma y plazos que establecen las normas de dicha jurisdicción.

d) Podrá interponerse recurso potestativo de reposición o directamente recurso contencioso-administrativo en la forma y plazos que establecen las normas de dicha jurisdicción.

32. Marca la respuesta correcta o la más correcta:

a) No podrán adquirirse compromisos de gasto en cuantía superior al importe de los créditos autorizados en los estados de gastos, siendo nulos de pleno derecho los acuerdos, resoluciones y actos administrativos que infrinjan la expresada norma, sin perjuicio de las responsabilidades a que haya lugar.

b) Podrán adquirirse compromisos de gasto en cuantía superior al importe de los créditos autorizados en los estados de gastos, siempre que así lo autorice expresamente el Pleno de la entidad Local.

c) No podrán adquirirse compromisos de gasto en cuantía superior al importe de los créditos autorizados en los estados de gastos, siendo anulables los acuerdos, resoluciones y actos administrativos que infrinjan la expresada norma, sin perjuicio de las responsabilidades a que haya lugar.

d) Podrán adquirirse compromisos de gasto en cuantía superior al importe de los créditos disponibles en los estados de ingresos, siendo declarados irregulares los acuerdos, resoluciones y actos administrativos que infrinjan la expresada norma, sin perjuicio de las responsabilidades a que haya lugar.

33. Con cargo a los créditos del estado de gastos de cada Presupuesto:

a) Solo podrán contraerse obligaciones derivadas de adquisiciones, obras, servicios y demás prestaciones o gastos en general que se realicen en el plazo de dos años desde el ejercicio presupuestario actual.

b) Solo podrán contraerse obligaciones derivadas de adquisiciones, obras, servicios y demás prestaciones o gastos en general que se realicen en el año natural del propio ejercicio presupuestario.

c) No podrán contraerse obligaciones derivadas de adquisiciones, obras, servicios y demás prestaciones o gastos en general que se realicen en el año natural del propio ejercicio presupuestario.

d) Solo podrán contraerse obligaciones derivadas de adquisiciones, obras, servicios y demás prestaciones o gastos en general que se realicen en el año natural del propio ejercicio presupuestario y de los tres años posteriores.

34. Se aplicarán a los créditos del Presupuesto vigente, en el momento de su reconocimiento, las obligaciones siguientes:

a) Las que resulten de la liquidación de atrasos a favor del personal que no perciba sus retribuciones con cargo a los Presupuestos Generales de la Entidad local.

b) Las derivadas de compromisos de gastos debidamente adquiridos en ejercicios posteriores.

c) Las obligaciones procedentes de ejercicios anteriores a que se refiere el artículo 60.2 del RD 500/1990.

d) Todas son correctas.

35. De conformidad con el artículo 30 del RD 500/1990, los créditos consignados en el Presupuesto de gastos, así como los procedentes de las modificaciones presupuestarias podrán encontrarse, con carácter general, en cualquiera las situaciones siguientes:

a) Créditos disponibles.

b) Créditos retenidos pendientes de utilización.

c) Créditos no disponibles.

d) Todas son correctas.

36. Retención de crédito es el acto mediante el cual:

a) Se expide, respecto al de una partida presupuestaria, certificación de existencia de saldo suficiente para la autorización de un gasto o de una transferencia de crédito, por una cuantía determinada, produciéndose por el mismo importe una reserva para dicho gasto o transferencia.

b) Se acuerda la realización de un gasto determinado por una cuantía cierta o aproximada, reservando a tal fin la totalidad o parte de un crédito presupuestario.

c) Se acuerda, tras el cumplimiento de los trámites legalmente establecidos, la realización de gastos, previamente autorizados, por un importe exactamente determinado.

d) Se declara la existencia de un crédito exigible contra la Entidad derivado de un gasto autorizado y comprometido.

37. ¿A qué órgano corresponderá la expedición de certificaciones de existencia de crédito?

a) Al Presidente de la Corporación.
b) A la Junta de Gobierno Local.
c) Al Pleno.
d) Al Interventor.

38. De conformidad con el artículo 33 del RD 500/1990, ¿a qué órgano corresponderá la declaración de no disponibilidad de créditos, así como su reposición a disponible?

a) Al Presidente de la Corporación.
b) A la Junta de Gobierno Local.
c) Al Pleno.
d) Al Tesorero.

39. Los créditos extraordinarios son:

a) Aquellas modificaciones del Presupuesto de gastos en los que, concurriendo las mismas circunstancias que en los suplementos de crédito en relación con el gasto a realizar, el crédito previsto resulta insuficiente y no puede ser objeto de ampliación.

b) Aquellas modificaciones del Presupuesto de gastos mediante los que se asigna crédito para la realización de un gasto específico y determinado que no puede demorarse hasta el ejercicio siguiente y para el que no existe crédito.

c) Modificaciones al alza del Presupuesto de gastos que se concreta en el aumento de crédito presupuestario en alguna de las partidas ampliables relacionadas expresa y taxativamente en las Bases de Ejecución del Presupuesto, previo cumplimiento de los requisitos exigidos en este artículo y en función de la efectividad de recursos afectados no procedentes de operaciones de crédito.

d) Aquella modificación del Presupuesto de gastos mediante la que, sin alterar la cuantía total del mismo, se imputa el importe total o parcial de un crédito a otras partidas presupuestarias con diferente vinculación jurídica.

40. Los suplementos de créditos son:

a) Aquellas modificaciones del Presupuesto de gastos en los que, concurriendo las mismas circunstancias que en los créditos extraordinarios en relación con el gasto a realizar, el crédito previsto resulta insuficiente y no puede ser objeto de ampliación.

b) Aquellas modificaciones del Presupuesto de gastos mediante los que se asigna crédito para la realización de un gasto específico y determinado que no puede demorarse hasta el ejercicio siguiente y para el que no existe crédito.

c) Modificaciones al alza del Presupuesto de gastos que se concreta en el aumento de crédito presupuestario en alguna de las partidas ampliables relacionadas expresa y taxativamente en las Bases de Ejecución del Presupuesto, previo cumplimiento de los requisitos exigidos en este artículo y en función de la efectividad de recursos afectados no procedentes de operaciones de crédito.

d) Aquella modificación del Presupuesto de gastos mediante la que, sin alterar la cuantía total del mismo, se imputa el importe total o parcial de un crédito a otras partidas presupuestarias con diferente vinculación jurídica.

41. Los créditos extraordinarios y suplementos de crédito se podrán financiar indistintamente con alguno o algunos de los siguientes recursos:

a) Aportaciones o compromisos firmes de aportación, de personas físicas o jurídicas para financiar, juntamente con la Entidad local o con alguno de sus Organismos autónomos, gastos que por su naturaleza estén comprendidos en los fines u objetivos de los mismos.

b) Enajenaciones de bienes de la Entidad local o de sus Organismos autónomos.

c) Prestación de servicios.

d) Ninguna es correcta.

42. Siempre que se reconozca por el Pleno de la Entidad local la insuficiencia de otros medios de financiación, y con el quórum establecido por el artículo 47.3 de la Ley 7/1985, de 2 de abril, se considerarán recursos efectivamente disponibles para financiar nuevos o mayores gastos por operaciones corrientes que sean expresamente declarados necesarios y urgentes, los procedentes de operaciones de crédito en que se den conjuntamente las siguientes condiciones:

a) Que su importe total anual no supere el 10 por 100 de los recursos por operaciones corrientes del Presupuesto de la Entidad.

b) Que la carga financiera total de la Entidad, cualquiera que sea su naturaleza, incluida la derivada de las operaciones en tramitación, no supere el 30 por 100 de los expresados recursos.

c) Que las operaciones queden canceladas antes de que se proceda a la renovación de la Corporación que las concierte.

d) Todas son correctas.

43. La propuesta de modificación, previo informe de la Intervención (mediante crédito extraordinario o suplemento de crédito):

a) Será sometida por el Pleno de la corporación a aprobación por el Tribunal de Cuentas.

b) Será sometida por el Presidente a la aprobación por la Junta de Gobierno Local.

c) Será sometida por el Presidente a la aprobación del Pleno de la Corporación.

d) Será sometida por el Tesorero a la aprobación por el Presidente de la Corporación.

44. Las ampliaciones de crédito son:

a) Las modificaciones al alza del Presupuesto de gastos que se concreta en el aumento de crédito presupuestario en alguna de las partidas ampliables relacionadas expresa y taxativamente en las Bases de Ejecución del Presupuesto, previo cumplimiento de los requisitos exigidos en este artículo y en función de la efectividad de recursos afectados no procedentes de operaciones de crédito.

b) Aquella modificación del Presupuesto de gastos mediante la que, sin alterar la cuantía total del mismo, se imputa el importe total o parcial de un crédito a otras partidas presupuestarias con diferente vinculación jurídica.

c) Aquellas modificaciones del Presupuesto de gastos en los que, concurriendo las mismas circunstancias que en los créditos extraordinarios en relación con el gasto a realizar, el crédito previsto resulta insuficiente y no puede ser objeto de ampliación.

d) Aquellas modificaciones del Presupuesto de gastos mediante los que se asigna crédito para la realización de un gasto específico y determinado que no puede demorarse hasta el ejercicio siguiente y para el que no existe crédito.

45. Únicamente pueden declararse ampliables aquellas partidas presupuestarias:

a) Que correspondan a gastos financiados con recursos del ejercicio corriente.

b) Que correspondan a gastos financiados con recursos del ejercicio anterior.

c) Que correspondan a gastos financiados con recursos expresamente afectados.

d) Que correspondan a gastos financiados con recursos expresamente desafectados.

46. Las transferencias de crédito son:

a) Las modificaciones al alza del Presupuesto de gastos que se concreta en el aumento de crédito presupuestario en alguna de las partidas ampliables relacionadas expresa y taxativamente en las Bases de Ejecución del Presupuesto, previo cumplimiento de los requisitos exigidos en este artículo y en función de la efectividad de recursos afectados no procedentes de operaciones de crédito.

b) Aquellas modificaciones del Presupuesto de gastos mediante los que se asigna crédito para la realización de un gasto específico y determinado que no puede demorarse hasta el ejercicio siguiente y para el que no existe crédito.

c) Aquella modificación del Presupuesto de gastos mediante la que, sin alterar la cuantía total del mismo, se imputa el importe total o parcial de un crédito a otras partidas presupuestarias con diferente vinculación jurídica.

d) Aquellas modificaciones del Presupuesto de gastos en los que, concurriendo las mismas circunstancias que en los créditos extraordinarios en relación con el gasto a realizar, el crédito previsto resulta insuficiente y no puede ser objeto de ampliación.

47. Las transferencias de crédito de cualquier clase estarán sujetas a las siguientes limitaciones:

a) No afectarán a transferencias de crédito anteriores ni a los extraordinarios concedidos durante el ejercicio.

b) No podrán minorarse los créditos que hayan sido minorados con suplementos o transferencias, salvo cuando afecten a créditos de personal, ni los créditos incorporados como consecuencia de remanentes comprometidos procedentes de Presupuestos cerrados.

c) No incrementaran créditos que, como consecuencia de otras transferencias, hayan sido objeto de minoración, salvo cuando afecten a créditos de personal.
d) Todas son correctas.

48. Marca la respuesta incorrecta. Podrán generar crédito en los estados de gastos de los presupuestos los ingresos de naturaleza no tributaria derivados de las siguientes operaciones:

a) Aportaciones o compromisos firmes de aportación, de personas físicas o jurídicas para financiar, juntamente con la Entidad local o con alguno de sus Organismos autónomos, gastos que por su naturaleza estén comprendidos en los fines u objetivos de los mismos.
b) Reembolsos de préstamos.
c) Nuevos o mayores ingresos efectivamente recaudados sobre los totales previstos en algún concepto del Presupuesto corriente.
d) Todas son correctas.

49. De conformidad con el artículo 47 del RD 500/1990 podrán ser incorporados a los correspondientes créditos de los presupuestos de gastos del ejercicio inmediato siguiente, los remanentes de crédito no utilizados procedentes de:

a) Los créditos extraordinarios y los suplementos de crédito, así como las transferencias de crédito que hayan sido concedidos o autorizados, respectivamente, en el último semestre del ejercicio.
b) Los créditos por operaciones de capital.
c) Los créditos autorizados y dispuestos en función de la efectiva recaudación de los derechos afectados.
d) Todas son correctas.

50. Baja por anulación es la modificación del presupuesto de gastos:

a) Que supone una disminución total o parcial en el crédito asignado a una partida del presupuesto.
b) Mediante la que se asigna crédito para la realización de un gasto específico y determinado que no puede demorarse hasta el ejercicio siguiente y para el que no existe crédito.
c) Mediante la que, sin alterar la cuantía total del mismo, se imputa el importe total o parcial de un crédito a otras partidas presupuestarias con diferente vinculación jurídica.
d) En la que, concurriendo las mismas circunstancias que en los créditos extraordinarios en relación con el gasto a realizar, el crédito previsto resulta insuficiente y no puede ser objeto de ampliación.

51. Podrán dar lugar a una baja de créditos:

a) La financiación de remanentes de tesorería negativos.
b) La financiación de créditos extraordinarios y suplementos de crédito.

c) La ejecución de otros acuerdos del Pleno de la Entidad local.

d) Todas son correctas.

52. La autorización es el acto mediante el cual:

a) Se acuerda, tras el cumplimiento de los trámites legalmente establecidos, la realización de gastos, previamente autorizados, por un importe exactamente determinado.

b) El ordenador de pagos, en base a una obligación reconocida y liquidada, expide la correspondiente orden de pago contra la Tesorería de la Entidad.

c) Se acuerda la realización de un gasto determinado por una cuantía cierta o aproximada, reservando a tal fin la totalidad o parte de un crédito presupuestario.

d) Se declara la existencia de un crédito exigible contra la Entidad derivado de un gasto autorizado y comprometido.

53. La disposición o compromiso es el acto mediante el cual:

a) Se acuerda, tras el cumplimiento de los trámites legalmente establecidos, la realización de gastos, previamente autorizados, por un importe exactamente determinado.

b) El ordenador de pagos, en base a una obligación reconocida y liquidada, expide la correspondiente orden de pago contra la Tesorería de la Entidad.

c) Se acuerda la realización de un gasto determinado por una cuantía cierta o aproximada, reservando a tal fin la totalidad o parte de un crédito presupuestario.

d) Se declara la existencia de un crédito exigible contra la Entidad derivado de un gasto autorizado y comprometido.

54. De conformidad con el artículo 59 del RD 500/1990, previamente al reconocimiento de las obligaciones:

a) Habrá de acreditarse documentalmente ante el Órgano competente la realización de la prestación o el derecho del acreedor de conformidad con los acuerdos que en su día reconocieron el gasto.

b) Habrá de acreditarse documentalmente ante el Órgano competente la realización de la prestación o el derecho del acreedor de conformidad con los acuerdos que en su día ordenaron el pago.

c) Habrá de acreditarse documentalmente ante el Órgano competente la realización de la prestación o el derecho del deudor de conformidad con los acuerdos que en su día autorizaron y comprometieron el gasto.

d) Habrá de acreditarse documentalmente ante el Órgano competente la realización de la prestación o el derecho del acreedor de conformidad con los acuerdos que en su día autorizaron y comprometieron el gasto.

55. ¿A qué órgano corresponderá el reconocimiento extrajudicial de créditos, siempre que no exista dotación presupuestaria, operaciones especiales de crédito, o concesiones de quita y espera?

a) Al Presidente de la corporación.

b) Al Pleno de la Entidad Local.

c) Al Interventor de la Entidad Local.
d) Al Tesorero de la Entidad Local.

56. ¿Qué órgano podrá crear una Unidad de Ordenación de Pagos que ejerza las funciones administrativas de la ordenación de pagos?

a) El Presidente de la Entidad local, a propuesta del Interventor.
b) La Junta de Gobierno Local, a propuesta del Tesorero.
c) El Pleno de la Entidad local, a propuesta del Presidente.
d) El Interventor de la Entidad local, a propuesta del Pleno.

57. El acto administrativo de la ordenación se materializará en relaciones de órdenes de pago que recogerán, como mínimo y para cada una de las obligaciones en ellas incluidas:

a) Sus importes brutos sin aplicar minoraciones.
b) La identificación del deudor.
c) La aplicación o aplicaciones presupuestarias a que deban imputarse las operaciones.
d) Todas son correctas.

58. Un mismo acto administrativo podrá abarcar más de una de las fases de ejecución del presupuesto de gastos, pudiéndose dar los siguientes casos:

a) Autorización-disposición-ordenación del pago.
b) Autorización-disposición-reconocimiento de la obligación.
c) Autorización-disposición-reconocimiento de la obligación-ordenación del pago.
d) Todas son correctas.

59. La expedición de órdenes de pago «a justificar» habrá de acomodarse al plan de disposición de Fondos de la Tesorería que se establezca por:

a) El Pleno de la Corporación.
b) El Presidente de la Corporación.
c) El Tesorero de la Corporación.
d) El Interventor de la Corporación.

60. Para las atenciones corrientes de carácter periódico o repetitivo, tales como dietas, gastos de locomoción, material de oficina no inventariable, conservación y otros de similares características, los fondos librados a justificar podrán tener el carácter de:

a) Gastos plurianuales.
b) Pagos a justificar.
c) Anticipos de caja fija.
d) Órdenes de Pago.

61. Tendrán la consideración de anticipos de caja fija:

a) Las provisiones de fondos de carácter presupuestario y permanente que se realicen a pagadurías, cajas y habilitaciones para la atención inmediata y posterior aplicación al Presupuesto del año en que se realicen, de los gastos a que se refiere el apartado anterior.

b) Las provisiones de fondos de carácter no presupuestario y temporal que se realicen a pagadurías, cajas y habilitaciones para la atención inmediata y posterior aplicación al Presupuesto del año en que se realicen, de los gastos a que se refiere el apartado anterior.

c) Las provisiones de fondos de carácter presupuestario y temporal que se realicen a pagadurías, cajas y habilitaciones para la atención inmediata y posterior aplicación al Presupuesto del año en que se realicen, de los gastos a que se refiere el apartado anterior.

d) Las provisiones de fondos de carácter no presupuestario y permanente que se realicen a pagadurías, cajas y habilitaciones para la atención inmediata y posterior aplicación al Presupuesto del año en que se realicen, de los gastos a que se refiere el apartado anterior.

62. Las Entidades Locales podrán establecer en las bases de ejecución del Presupuesto, previo informe de la Intervención, las normas que regulen los anticipos de caja fija. Las citadas normas deberán determinar, necesariamente:

a) Partidas presupuestarias cuyos ingresos podrán financiar los anticipos de caja fija.
b) Límites cualitativos.
c) Régimen de reposiciones.
d) Las respuestas b) y c) son correctas.

63. Son gastos de carácter plurianual:

a) Aquellos que extienden sus efectos económicos a ejercicios anteriores a aquel en que se autoricen y comprometan.

b) Aquellos que extienden sus efectos económicos a ejercicios posteriores a aquel en que se incluyen en el presupuesto.

c) Las provisiones de fondos de carácter no presupuestario y permanente que se realicen a pagadurías, cajas y habilitaciones para la atención inmediata y posterior aplicación al Presupuesto del año en que se realicen.

d) Aquellos que extienden sus efectos económicos a ejercicios posteriores a aquel en que se autoricen y comprometan.

64. Podrán adquirirse compromisos de gastos con carácter plurianual siempre que su ejecución se inicie en el propio ejercicio y que, además, se encuentren en alguno de los casos siguientes (marcar la incorrecta):

a) Inversiones y transferencias de capital.

b) Contratos de suministros, de asistencia técnica y científica, de prestación de servicios, de ejecución de obras, de mantenimiento y de arrendamiento de equipos que no puedan ser estipulados o resulten antieconómicos por un año.

c) Arrendamiento de bienes muebles e inmuebles.

d) Cargas financieras de las deudas de la Entidad local.

65. El número de ejercicios posteriores a que pueden aplicarse los gastos relativos a inversiones y transferencias de capital no será superior a:

a) Dos.

b) Tres.

c) Cuatro.

d) Cinco.

66. En el caso de inversiones y transferencias de capital el gasto que se impute a cada uno de los ejercicios futuros autorizados no podrá exceder de la cantidad que resulte de aplicar al crédito inicial correspondiente en el año en que se adquiera el compromiso en firme los siguientes porcentajes:

a) En el ejercicio inmediato siguiente, el 80 por 100.

b) En el segundo ejercicio, el 70 por 100.

c) En el tercer y cuarto ejercicio, el 50 por 100.

d) Todas son correctas.

67. La gestión de los gastos de carácter plurianual se realizará en las siguientes fases:

a) Autorización del gasto – Disposición o compromiso del gasto.

b) Autorización del gasto – Disposición o compromiso del gasto – Reconocimiento de la liquidación.

c) Disposición o compromiso del gasto – Reconocimiento de la liquidación.

d) Autorización del gasto – Disposición o compromiso del gasto – Reconocimiento de la liquidación – Orden de pago.

68. Los créditos para gastos que el último día del ejercicio presupuestario no estén afectados al cumplimiento de obligaciones ya reconocidas:

a) Se integrarán en el presupuesto del año siguiente.

b) Quedarán anulados de pleno derecho, sin más excepciones que las señaladas en la Ley de Haciendas Locales.

c) Formaran parte del remanente de Tesorería.

d) Se deberán imputar al cumplimiento de una obligación antes del 1 de enero.

69. Como consecuencia de la liquidación del Presupuesto deberán determinarse:

a) Los derechos pendientes de cobro y las obligaciones pendientes de pago a 31 de diciembre.

b) El resultado presupuestario del ejercicio.

c) El remanente de Tesorería.

d) Todas son correctas.

70. Los derechos pendientes de cobro y las obligaciones reconocidas pendientes de pago a 31 de diciembre integrarán la agrupación de Presupuestos cerrados y tendrán la consideración de:

a) Operaciones de la Tesorería local.
b) Remanente de crédito.
c) Resultado del ejercicio.
d) Operaciones con financiación afectada.

71. Marca la respuesta incorrecta. De conformidad con el artículo 101 del RD 500/1990, los derechos pendientes de cobro comprenderán:

a) Derechos presupuestarios liquidados durante el ejercicio pendientes de cobro.
b) Derechos presupuestarios liquidados en ejercicios anteriores pendientes de cobro.
c) Los saldos de las cuentas de deudores no presupuestarios.
d) Las cuentas de acreedores no presupuestarios.

72. De conformidad con el artículo 103 del RD 500/1990, la determinación de la cuantía de los derechos que se consideren de difícil o imposible recaudación podrá realizarse:

a) De forma individualizada.
b) De forma colectiva.
c) Mediante la fijación de un porcentaje a tanto alzado.
d) Las respuestas a) y c) son correctas.

Soluciones comentadas

1. **a) Las obligaciones que, como máximo, pueden reconocer la Entidad y sus Organismos autónomos, y los derechos que prevean liquidar durante el correspondiente ejercicio.**

   Justificación: Artículo 2 RD 500/1990: Los Presupuestos Generales de las Entidades locales constituyen la expresión cifrada, conjunta y sistemática de:

   a) Las obligaciones que, como máximo, pueden reconocer la Entidad y sus Organismos autónomos, y los derechos que prevean liquidar durante el correspondiente ejercicio.

   b) Las previsiones de ingresos y gastos de las Sociedades mercantiles cuyo capital social pertenezca íntegramente a la Entidad local correspondiente.

2. **b) Coincidirá con el año natural.**

   Justificación: Artículo 3 RD 500/1990: El ejercicio presupuestario coincidirá con el año natural.

3. **d) Todas son correctas.**

   Justificación: Artículo 5 RD 500/1990: Las Entidades locales elaborarán y aprobarán anualmente un Presupuesto General en el que se integrarán:

   a) El Presupuesto de la propia Entidad [art. 145.1, a), LRHL].

   b) Los de los Organismos autónomos dependientes de la misma [art. 145.1, b), LRHL].

   c) Los estados de previsión de gastos e ingresos de las Sociedades mercantiles cuyo capital social pertenezca íntegramente a la Entidad local [art. 145.1, c), LRHL].

4. **a) Organismos autónomos de carácter administrativo y organismos autónomos de carácter comercial, industrial, financiero o análogo.**

   Justificación: Artículo 7 RD 500/1990: 1. Los Organismos autónomos de las Entidades locales se clasifican, a efectos de su régimen presupuestario y contable, en la forma siguiente:

   a) Organismos autónomos de carácter administrativo [art. 145.2, a), LRHL]. b) Organismos autónomos de carácter comercial, industrial, financiero o análogo [art. 145.2, b), LRHL].

5. **a) Los estados de gastos, en los que se incluirán, con la debida especificación, los créditos necesarios para atender al cumplimiento de las obligaciones.**

Justificación: Artículo 8 RD 500/1990: El Presupuesto General contendrá para cada uno de los presupuestos que en él se integren:

a) Los estados de gastos, en los que se incluirán, con la debida especificación, los créditos necesarios para atender al cumplimiento de las obligaciones [art. 146. 1, a), LRHL].

b) Los estados de ingresos, en los que figurarán las estimaciones de los distintos recursos económicos a liquidar durante el ejercicio [artículo 146.1, b), LRHL].

6. **d) La adaptación de las disposiciones generales en materia presupuestaria a la organización y circunstancias de la propia Entidad y de sus Organismos autónomos, así como aquellas otras necesarias para su acertada gestión, estableciendo cuantas prevenciones se consideren oportunas o convenientes para la mejor realización de los gastos y recaudación de los recursos, sin que se pueda modificar lo legislado para la administración económica ni comprender preceptos de orden administrativo que requieran legalmente de procedimientos y solemnidades específicas distintas de lo preceptuado para el Presupuesto.**

Justificación: Artículo 9 RD 500/1990: 1. El Presupuesto General incluirá las bases de ejecución del mismo que contendrán, para cada ejercicio, la adaptación de las disposiciones generales en materia presupuestaria a la organización y circunstancias de la propia Entidad y de sus Organismos autónomos, así como aquellas otras necesarias para su acertada gestión, estableciendo cuantas prevenciones se consideren oportunas o convenientes para la mejor realización de los gastos y recaudación de los recursos, sin que se pueda modificar lo legislado para la administración económica ni comprender preceptos de orden administrativo que requieran legalmente de procedimientos y solemnidades específicas distintas de lo preceptuado para el Presupuesto (art. 146.1, LRHL).

7. **d) Normas que regulen el procedimiento de ejecución del Presupuesto.**

Justificación: Artículo 9 RD 500/1990: e) Normas que regulen el procedimiento de ejecución del Presupuesto. Todas las demás contienen errores.

8. **a) Solo podrán afectarse a fines determinados aquellos recursos que, por su naturaleza o condiciones específicas, tengan una relación objetiva y directa con el gasto a financiar, salvo en los supuestos expresamente establecidos en las leyes.**

Justificación: Artículo 10 RD 500/1990: 2. Solo podrán afectarse a fines determinados aquellos recursos que, por su naturaleza o condiciones específicas, tengan una relación objetiva y directa con el gasto a financiar, salvo en los supuestos expresamente establecidos en las leyes.

9. **b) Por su importe íntegro, quedando prohibido atender obligaciones mediante minoración de los derechos a liquidar o ya ingresados, salvo que la ley lo autorice de modo expreso. Se exceptúan de lo anterior las devoluciones de ingresos que se declaren indebidos por Tribunal o Autoridad competente.**

Justificación: Artículo 11 RD 500/1990: Los derechos liquidados y las obligaciones reconocidas se aplicarán a los Presupuestos por su importe íntegro, quedando prohibido atender obligaciones mediante minoración de los derechos a liquidar o ya ingresados, salvo que la ley lo autorice de modo expreso (art. 146.3, LRHL). Se exceptúan de lo anterior las devoluciones de ingresos que se declaren indebidos por Tribunal o Autoridad competente.

10. **d) Todas son correctas.**

Justificación: Artículo 12 RD 500/1990:

a) Los programas anuales de actuación, inversiones y financiación de las Sociedades mercantiles de cuyo capital social sea titular único o partícipe mayoritario la Entidad local [art. 147.1, b), LRHL].

b) El estado de consolidación del Presupuesto de la propia Entidad con el de todos los Presupuestos y estados de previsión de sus Organismos autónomos y Sociedades mercantiles [art. 147.1, c), LRHL].

c) Los planes de inversión y sus programas de financiación que, en su caso y para un plazo de cuatro años, puedan formular los municipios y demás Entidades locales de ámbito supramunicipal.

11. **c) Anualidad prevista para cada uno de los cuatro ejercicios.**

Justificación: Artículo 13 RD 500/1990: e) Anualidad prevista para cada uno de los cuatro ejercicios.

12. **a) Pleno de la Corporación, coincidiendo con la aprobación del Presupuesto, debiendo ser objeto de revisión anual, añadiendo un nuevo ejercicio a sus previsiones.**

Justificación: Artículo 15 RD 500/1990: De los Planes de Inversión y sus programas de financiación se dará cuenta, en su caso, al Pleno de la Corporación, coincidiendo con la aprobación del Presupuesto, debiendo ser objeto de revisión anual, añadiendo un nuevo ejercicio a sus previsiones (art. 147.3, LRHL).

13. **c) Se deben aprobar sin déficit inicial.**

Justificación: Artículo 16 RD 500/1990: 1. Cada uno de los Presupuestos que se integran en el Presupuesto General deberá aprobarse sin déficit inicial (art. 146.4, LRHL).

14. **c) Al Ministerio competente.**

Justificación: Artículo 17 RD 500/1990: Corresponde al Ministerio de Economía y Hacienda establecer con carácter general la estructura de los Presupuestos de las Entidades locales de acuerdo con los criterios que se establecen en el artículo 148 de la Ley 39/1988, de 28 de diciembre, teniendo en cuenta la naturaleza económica de los ingresos y de los gastos y las finalidades u objetivos que con estos últimos se propongan conseguir.

15. b) Su Presidente.

Justificación: Artículo 18 RD 500/1990: El presupuesto de la Entidad local será formado por su Presidente y al mismo habrá de unirse, para su elevación al Pleno.

16. b) Liquidación del Presupuesto del ejercicio anterior y avance de la del corriente, referida, al menos, a tres meses del mismo, suscritas, una y otro, por el Interventor y confeccionados conforme dispone la Instrucción de Contabilidad.

Justificación: Artículo 18 RD 500/1990: b) Liquidación del Presupuesto del ejercicio anterior y avance de la del corriente, referida, al menos, a seis meses del mismo, suscritas, una y otro, por el Interventor y confeccionados conforme dispone la Instrucción de Contabilidad. El resto son correctas.

17. d) 15 de septiembre de cada año.

Justificación: Artículo 18 RD 500/1990: 2. El Presupuesto de cada uno de los Organismos autónomos integrantes del General, propuesto inicialmente por el órgano competente de los mismos, será remitido a la Entidad local de la que dependan antes del 15 de septiembre de cada año, acompañado de la documentación detallada en el apartado anterior (art. 149.2, LRHL). Los Organismos autónomos de carácter comercial, industrial, financiero o análogo remitirán además en igual plazo y forma los estados de previsión establecidos en el artículo 106.

18. a) 15 de septiembre de cada año.

Justificación: Artículo 18 RD 500/1990: 3. Las Sociedades mercantiles, cuyo capital pertenezca, íntegra o mayoritariamente, a la Entidad local, remitirán a esta antes del día 15 de septiembre de cada año, sus previsiones de gastos e ingresos, así como los programas anuales de actuación, inversiones y financiación, definidos en el artículo 112 y siguientes.

19. d) 15 de octubre para su aprobación inicial, enmienda o devolución.

Justificación: Artículo 18 RD 500/1990: 4. Sobre la base de los Presupuestos y estados de previsión a que se refieren los apartados anteriores, el Presidente de la Entidad formará el Presupuesto General y lo remitirá, informado por la Intervención y con los anexos y documentación complementaria detallada en el artículo 12 y en el presente artículo, al Pleno de la Corporación antes del día 15 de octubre para su aprobación inicial, enmienda o devolución.

20. c) No inferior a diez días e informado antes del 10 de octubre.

Justificación: Artículo 18 RD 500/1990: La remisión a la Intervención se efectuará de forma que el Presupuesto, con todos sus anexos y documentación complementaria, pueda ser objeto de estudio durante un plazo no inferior a diez días e informado antes del 10 de octubre.

21. a) Código de identificación.

Justificación: Artículo 19 RD 500/1990: El anexo de inversiones, integrado, en su caso, en el plan cuatrienal regulado por el artículo 12, c), del presente Real Decreto, recogerá la totalidad de los proyectos de inversión que se prevean realizar en el ejercicio y deberá especificar para cada uno de los proyectos:

a) Código de identificación.

b) Denominación de proyecto.

c) Año de inicio y año de finalización previstos.

d) Importe de la anualidad.

e) Tipo de financiación, determinando si se financia con recursos generales o con ingresos afectados.

f) Vinculación de los créditos asignados.

g) Órgano encargado de su gestión.

22. b) De quince días hábiles, durante los cuales los interesados podrán examinarlo y presentar reclamaciones ante el Pleno.

Justificación: Artículo 20 RD 500/1990: 1. El acto de aprobación provisional del Presupuesto General, señalando el lugar y fecha inicial del cómputo del plazo de exposición al público, se anunciará en el «Boletín Oficial» de la provincia o, en su caso, de la Comunidad Autónoma Uniprovincial, y simultáneamente se pondrá a disposición del público la correspondiente documentación por un plazo de quince días hábiles, durante los cuales los interesados podrán examinarlo y presentar reclamaciones ante el Pleno. El Presupuesto se considerará definitivamente aprobado si durante el citado período no se hubiesen presentado reclamaciones; en caso contrario, el Pleno dispondrá de un plazo de un mes para resolverlas.

23. c) Un mes.

Justificación: Artículo 20 RD 500/1990: 1. El acto de aprobación provisional del Presupuesto General, señalando el lugar y fecha inicial del cómputo del plazo de exposición al público, se anunciará en el «Boletín Oficial» de la provincia o, en su caso, de la Comunidad Autónoma Uniprovincial, y simultáneamente se pondrá a disposición del público la correspondiente documentación por un plazo de quince días hábiles, durante los cuales los interesados podrán examinarlo y presentar reclamaciones ante el Pleno. El Presupuesto se considerará definitivamente aprobado si durante el citado período no se hubiesen presentado reclamaciones; en caso contrario, el Pleno dispondrá de un plazo de un mes para resolverlas.

24. b) 31 de diciembre del año anterior al del ejercicio en que deba aplicarse.

Justificación: Artículo 20 RD 500/1990: 2. La aprobación definitiva del Presupuesto General por el Pleno de la Corporación habrá de realizarse antes del día 31 de diciembre del año anterior al del ejercicio en que deba aplicarse (art. 150.2, LRHL).

25. c) Una vez publicado en el «Boletín Oficial» de la Corporación, si lo tuviere y, resumido por capítulos de cada uno de los Presupuestos que lo integren, en el de la provincia o, en su caso, en el de la Comunidad Autónoma Uniprovincial.

Justificación: Artículo 20 RD 500/1990: 3. El Presupuesto General, definitivamente aprobado con o sin modificaciones sobre el inicial, será insertado en el «Boletín Oficial» de la Corporación, si lo tuviere y, resumido por capítulos de cada uno de los Presupuestos que lo integren, en el de la provincia o, en su caso, en el de la Comunidad Autónoma Uniprovincial (artículo 150.3, LRHL).

26. b) Se considerará automáticamente prorrogado el del anterior hasta el límite global de sus créditos iniciales, como máximo.

Justificación: Artículo 21 RD 500/1990: 1. Si al iniciarse el ejercicio económico no hubiese entrado en vigor el Presupuesto correspondiente, se considerará automáticamente prorrogado el del anterior hasta el límite global de sus créditos iniciales, como máximo.

27. a) El prorrogado podrá ser objeto de cualquiera de las modificaciones previstas por la ley.

Justificación: Artículo 21 RD 500/1990: 5. En tanto no se apruebe el Presupuesto definitivo, el prorrogado podrá ser objeto de cualquiera de las modificaciones previstas por la ley.

28. d) Con efectos 1 de enero y los créditos en él incluidos tendrán la consideración de créditos iniciales.

Justificación: Artículo 21 RD 500/1990: 6. El Presupuesto definitivo se aprobará con efectos de 1 de enero y los créditos en él incluidos tendrán la consideración de créditos iniciales. Las modificaciones y ajustes efectuados sobre el Presupuesto prorrogado se entenderán hechas sobre el Presupuesto definitivo, salvo que el Pleno disponga en el propio acuerdo de aprobación de este último que determinadas modificaciones o ajustes se consideran incluidas en los créditos iniciales, en cuyo caso deberán anularse los mismos.

29. b) Los que resulten directamente o indirectamente afectados, aunque no habiten en el territorio de la Entidad local.

Justificación: Artículo 22 RD 500/1990: 1. A los efectos de lo dispuesto en el apartado 1 del artículo 20, tendrán la consideración de interesados:

a) Los habitantes en el territorio de la respectiva Entidad local (artículo 151.1, a), LRHL).

b) Los que resulten directamente afectados, aunque no habiten en el territorio de la Entidad local (artículo 151.1, b), LRHL).

c) Los Colegios Oficiales, Cámaras Oficiales, Sindicatos, Asociaciones y demás Entidades legalmente constituidas para velar por intereses profesionales o económicos y vecinales, cuando actúen en defensa de los que les son propios (artículo 151.1, c), LRHL).

30. d) Todas las respuestas son correctas.

Justificación: Artículo 22 RD 500/1990: 2. Únicamente podrán entablarse reclamaciones contra el Presupuesto:

a) Por no haberse ajustado su elaboración y aprobación a los trámites legales.

b) Por omitir el crédito necesario para el cumplimiento de obligaciones exigibles a la Entidad local, en virtud de precepto legal o de cualquier otro título legítimo (artículo 151.2, b), LRHL).

c) Por ser de manifiesta insuficiencia los ingresos con relación a los gastos presupuestados o bien de estos respecto a las necesidades para las que estén previstos (artículo 151.2, c), LRHL).

31. c) Podrá interponerse directamente recurso contencioso-administrativo en la forma y plazos que establecen las normas de dicha jurisdicción.

Justificación: Artículo 23 RD 500/1990: 1. Contra la aprobación definitiva del Presupuesto podrá interponerse directamente recurso contencioso-administrativo en la forma y plazos que establecen las normas de dicha jurisdicción.

32. a) No podrán adquirirse compromisos de gasto en cuantía superior al importe de los créditos autorizados en los estados de gastos, siendo nulos de pleno derecho los acuerdos, resoluciones y actos administrativos que infrinjan la expresada norma, sin perjuicio de las responsabilidades a que haya lugar.

Justificación: Artículo 25 RD 500/1990: No podrán adquirirse compromisos de gasto en cuantía superior al importe de los créditos autorizados en los estados de gastos, siendo nulos de pleno derecho los acuerdos, resoluciones y actos administrativos que infrinjan la expresada norma, sin perjuicio de las responsabilidades a que haya lugar.

33. b) Solo podrán contraerse obligaciones derivadas de adquisiciones, obras, servicios y demás prestaciones o gastos en general que se realicen en el año natural del propio ejercicio presupuestario.

Justificación: Artículo 26 RD 500/1990: 1. Con cargo a los créditos del estado de gastos de cada Presupuesto solo podrán contraerse obligaciones derivadas de adquisiciones, obras, servicios y demás prestaciones o gastos en general que se realicen en el año natural del propio ejercicio presupuestario (artículo 157.1, LRHL).

34. c) Las obligaciones procedentes de ejercicios anteriores a que se refiere el artículo 60.2 del RD 500/1990.

Justificación: Artículo 26 RD 500/1990: 2. No obstante lo dispuesto en el apartado anterior, se aplicarán a los créditos del Presupuesto vigente, en el momento de su reconocimiento, las obligaciones siguientes:

a) Las que resulten de la liquidación de atrasos a favor del personal que perciba sus retribuciones con cargo a los Presupuestos Generales de la Entidad local (artículo 157.2, a), LRHL).

b) Las derivadas de compromisos de gastos debidamente adquiridos en ejercicios anteriores. En el supuesto establecido en el artículo 47.5 se requerirá la previa incorporación de los créditos correspondientes.

c) Las obligaciones procedentes de ejercicios anteriores a que se refiere el artículo 60.2 del presente Real Decreto.

35. d) Todas son correctas.

Justificación: Artículo 30 RD 500/1990: 1. Los créditos consignados en el Presupuesto de gastos, así como los procedentes de las modificaciones presupuestarias a que se refiere el artículo 34 podrán encontrarse, con carácter general, en cualquiera de las tres situaciones siguientes:

a) Créditos disponibles.

b) Créditos retenidos pendientes de utilización.

c) Créditos no disponibles.

36. a) Se expide, respecto al de una partida presupuestaria, certificación de existencia de saldo suficiente para la autorización de un gasto o de una transferencia de crédito, por una cuantía determinada, produciéndose por el mismo importe una reserva para dicho gasto o transferencia.

Justificación: Artículo 31 RD 500/1990: 1. Retención de crédito es el acto mediante el cual se expide, respecto al de una partida presupuestaria, certificación de existencia de saldo suficiente para la autorización de un gasto o de una transferencia de crédito, por una cuantía determinada, produciéndose por el mismo importe una reserva para dicho gasto o transferencia.

37. d) Al Interventor.

Justificación: Artículo 32 RD 500/1990: 2. Corresponderá la expedición de certificaciones de existencia de crédito al Interventor.

38. c) Al Pleno.

Justificación: Artículo 33 RD 500/1990: 3. Corresponderá la declaración de no disponibilidad de créditos, así como su reposición a disponible, al Pleno de la Entidad.

39. b) Aquellas modificaciones del Presupuesto de gastos mediante los que se asigna crédito para la realización de un gasto específico y determinado que no puede demorarse hasta el ejercicio siguiente y para el que no existe crédito.

Justificación: Artículo 35 RD 500/1990: Los créditos extraordinarios son aquellas modificaciones del Presupuesto de gastos mediante los que se asigna crédito para la realización de un gasto específico y determinado que no puede demorarse hasta el ejercicio siguiente y para el que no existe crédito.

40. a) Aquellas modificaciones del Presupuesto de gastos en los que, concurriendo las mismas circunstancias que en los créditos extraordinarios en relación con el gasto a realizar, el crédito previsto resulta insuficiente y no puede ser objeto de ampliación.

Justificación: Artículo 35 RD 500/1990: Los suplementos de créditos son aquellas modificaciones del Presupuesto de gastos en los que concurriendo las mismas circunstancias anteriores en relación con el gasto a realizar, el crédito previsto resulta insuficiente y no puede ser objeto de ampliación (Artículo 158.1, LRHL).

41. d) Ninguna es correcta.

Justificación: 1. Los créditos extraordinarios y suplementos de crédito, se podrán financiar indistintamente con alguno o algunos de los siguientes recursos:

a) Con cargo al Remanente Líquido de Tesorería, calculado de acuerdo con lo establecido en los artículos 101 a 104.

b) Con nuevos o mayores ingresos efectivamente recaudados sobre los totales previstos en algún concepto del Presupuesto corriente.

c) Mediante anulaciones o bajas de créditos de otras partidas del Presupuesto vigente no comprometidas, cuyas dotaciones se estimen reducibles sin perturbación del respectivo servicio.

42. c) Que las operaciones queden canceladas antes de que se proceda a la renovación de la Corporación que las concierte.

Justificación: Artículo 36 RD 500/1990: 3. Siempre que se reconozca por el Pleno de la Entidad local la insuficiencia de otros medios de financiación, y con el quórum establecido por el artículo 47.3 de la Ley 7/1985, de 2 de abril, se considerarán recursos efectivamente disponibles para financiar nuevos o mayores gastos por operaciones corrientes que sean expresamente declarados necesarios y urgentes, los procedentes de operaciones de crédito en que se den conjuntamente las siguientes condiciones:

a) Que su importe total anual no supere el 5 por 100 de los recursos por operaciones corrientes del Presupuesto de la Entidad. (Artículo 158.5, LRHL).

b) Que la carga financiera total de la Entidad, cualquiera que sea su naturaleza, incluida la derivada de las operaciones en tramitación, no supere el 25 por 100 de los expresados recursos. (Artículo 158.5, LRHL).

c) Que las operaciones queden canceladas antes de que se proceda a la renovación de la Corporación que las concierte. (Artículo 158.5, LRHL).

43. c) Será sometida por el Presidente a la aprobación del Pleno de la Corporación.

Justificación: Artículo 37 RD 500/1990: 3. La propuesta de modificación, previo informe de la Intervención, será sometida por el Presidente a la aprobación del Pleno de la Corporación. (Artículo 158.2, LRHL).

44. a) Las modificaciones al alza del Presupuesto de gastos que se concreta en el aumento de crédito presupuestario en alguna de las partidas ampliables relacionadas expresa y taxativamente en las Bases de Ejecución del Presupuesto, previo cumplimiento de los requisitos exigidos en este artículo y en función de la efectividad de recursos afectados no procedentes de operaciones de crédito.

Justificación: Artículo 39 RD 500/1990: 1. Ampliación de crédito es la modificación al alza del Presupuesto de gastos que se concreta en el aumento de crédito presupuestario en alguna de las partidas ampliables relacionadas expresa y taxativamente en las Bases de Ejecución del Presupuesto, previo cumplimiento de los requisitos exigidos en este artículo y en función de la efectividad de recursos afectados no procedentes de operaciones de crédito.

45. c) Que correspondan a gastos financiados con recursos expresamente afectados.

Justificación: Artículo 39 RD 500/1990: 2. Únicamente pueden declararse ampliables aquellas partidas presupuestarias que correspondan a gastos financiados con recursos expresamente afectados. (Artículo 159, LRHL).

46. c) Aquella modificación del Presupuesto de gastos mediante la que, sin alterar la cuantía total del mismo, se imputa el importe total o parcial de un crédito a otras partidas presupuestarias con diferente vinculación jurídica.

Justificación: Artículo 40 RD 500/1990: 1. Transferencia de crédito es aquella modificación del Presupuesto de gastos mediante la que, sin alterar la cuantía total del mismo, se imputa el importe total o parcial de un crédito a otras partidas presupuestarias con diferente vinculación jurídica.

47. c) No incrementaran créditos que, como consecuencia de otras transferencias, hayan sido objeto de minoración, salvo cuando afecten a créditos de personal.

Justificación: Artículo 41 RD 500/1990: Las transferencias de crédito de cualquier clase estarán sujetas a las siguientes limitaciones:

a) No afectarán a los créditos ampliables ni a los extraordinarios concedidos durante el ejercicio. [Artículo 161.1.a), LRHL].

b) No podrán minorarse los créditos que hayan sido incrementados con suplementos o transferencias, salvo cuando afecten a créditos de personal, ni los créditos incorporados como consecuencia de remanentes no comprometidos procedentes de Presupuestos cerrados. [Artículo 161.1.b), LRHL].

c) No incrementaran créditos que, como consecuencia de otras transferencias, hayan sido objeto de minoración, salvo cuando afecten a créditos de personal. [Artículo 161.1.c), LRHL].

48. c) Nuevos o mayores ingresos efectivamente recaudados sobre los totales previstos en algún concepto del Presupuesto corriente.

Justificación: Artículo 43 RD 500/1990: 1. Podrán generar crédito en los estados de gastos de los presupuestos los ingresos de naturaleza no tributaria derivados de las siguientes operaciones:

a) Aportaciones o compromisos firmes de aportación, de personas físicas o jurídicas para financiar, juntamente con la Entidad local o con alguno de sus Organismos autónomos, gastos que por su naturaleza estén comprendidos en los fines u objetivos de los mismos [artículo 162.a), LRHL].

b) Enajenaciones de bienes de la Entidad local o de sus Organismos autónomos [artículo 162.b), LRHL].

c) Prestación de servicios [artículo 162.c), LRHL].

d) Reembolsos de préstamos [artículo 162.d), LRHL].

e) Los importes procedentes de reintegros de pagos indebidos con cargo al presupuesto corriente, en cuanto a la reposición de crédito en la correlativa partida presupuestaria.

49. b) Los créditos por operaciones de capital.

Justificación: Artículo 47 RD 500/1990: No obstante lo dispuesto en el artículo 99 podrán ser incorporados a los correspondientes créditos de los presupuestos de gastos del ejercicio inmediato siguiente, los remanentes de crédito no utilizados definidos en el artículo 98 procedentes de:

a) Los créditos extraordinarios y los suplementos de crédito, así como las transferencias de crédito que hayan sido concedidos o autorizados, respectivamente, en el último trimestre del ejercicio [artículo 163.1.a), LRHL].

b) Los créditos que amparen compromisos de gasto del ejercicio anterior a que hace referencia el artículo 26.2.b) de este Real Decreto.

c) Los créditos por operaciones de capital [artículo 163.1.c), LRHL].

d) Los créditos autorizados en función de la efectiva recaudación de los derechos afectados [artículo 163.1.d), LRHL].

50. a) Que supone una disminución total o parcial en el crédito asignado a una partida del presupuesto.

Justificación: Artículo 49 RD 500/1990: Baja por anulación es la modificación del presupuesto de gastos que supone una disminución total o parcial en el crédito asignado a una partida del presupuesto.

51. d) Todas son correctas.

Justificación: Artículo 51 RD 500/1990: Podrán dar lugar a una baja de créditos:

a) La financiación de remanentes de tesorería negativos.

b) La financiación de créditos extraordinarios y suplementos de crédito.

c) La ejecución de otros acuerdos del Pleno de la Entidad local.

52. c) Se acuerda la realización de un gasto determinado por una cuantía cierta o aproximada, reservando a tal fin la totalidad o parte de un crédito presupuestario.

Justificación: Artículo 54 RD 500/1990: 1. La autorización es el acto mediante el cual se acuerda la realización de un gasto determinado por una cuantía cierta o aproximada, reservando a tal fin la totalidad o parte de un crédito presupuestario.

53. a) Se acuerda, tras el cumplimiento de los trámites legalmente establecidos, la realización de gastos, previamente autorizados, por un importe exactamente determinado.

Justificación: Artículo 56 RD 500/1990: 1. La disposición o compromiso es el acto mediante el cual se acuerda, tras el cumplimiento de los trámites legalmente establecidos, la realización de gastos, previamente autorizados, por un importe exactamente determinado.

54. d) Habrá de acreditarse documentalmente ante el Órgano competente la realización de la prestación o el derecho del acreedor de conformidad con los acuerdos que en su día autorizaron y comprometieron el gasto.

Justificación: Artículo 59 RD 500/1990: 1. Previamente al reconocimiento de las obligaciones habrá de acreditarse documentalmente ante el Órgano competente la realización de la prestación o el derecho del acreedor de conformidad con los acuerdos que en su día autorizaron y comprometieron el gasto.

55. b) Al Pleno de la Entidad Local.

Justificación: Artículo 60 RD 500/1990: 2. Corresponderá al Pleno de la Entidad el reconocimiento extrajudicial de créditos, siempre que no exista dotación presupuestaria, operaciones especiales de crédito, o concesiones de quita y espera.

56. c) El Pleno de la Entidad local, a propuesta del Presidente.

Justificación: Artículo 63 RD 500/1990: 1. El Pleno de la Entidad local, a propuesta del Presidente, podrá crear una Unidad de Ordenación de Pagos que, bajo la superior autoridad de este, ejerza las funciones administrativas de la ordenación de pagos (artículo 167.2, LRHL).

57. c) La aplicación o aplicaciones presupuestarias a que deban imputarse las operaciones.

Justificación: Artículo 66 RD 500/1990: 1. El acto administrativo de la ordenación se materializará en relaciones de órdenes de pago que recogerán, como mínimo y para cada una de las obligaciones en ellas incluidas, sus importes bruto y líquido, la identificación del acreedor y la aplicación o aplicaciones presupuestarias a que deban imputarse las operaciones.

58. b) Autorización-disposición-reconocimiento de la obligación.

Justificación: Artículo 67 RD 500/1990: 1. Un mismo acto administrativo podrá abarcar más de una de las fases de ejecución del presupuesto de gastos enumeradas en el artículo 52, pudiéndose dar los siguientes casos:

a) Autorización-disposición.

b) Autorización-disposición-reconocimiento de la obligación.

59. b) El Presidente de la Corporación.

Justificación: Artículo 69 RD 500/1990: 3. La expedición de órdenes de pago «a justificar» habrá de acomodarse al plan de disposición de Fondos de la Tesorería que se establezca por el Presidente de la Entidad, salvo en el caso de que se trate de paliar las consecuencias de acontecimientos catastróficos, situaciones que supongan grave peligro o necesidades que afecten directamente a la seguridad pública.

60. c) Anticipos de caja fija.

Justificación: Artículo 73 RD 500/1990: 1. Para las atenciones corrientes de carácter periódico o repetitivo, tales como dietas, gastos de locomoción, material de oficina no inventariable, conservación y otros de similares características, los fondos librados a justificar podrán tener el carácter de anticipos de caja fija (artículo 171.3 LRHL).

61. d) Las provisiones de fondos de carácter no presupuestario y permanente que se realicen a pagadurías, cajas y habilitaciones para la atención inmediata y posterior aplicación al Presupuesto del año en que se realicen, de los gastos a que se refiere el apartado anterior.

Justificación: Artículo 73 RD 500/1990: 2. Tendrán la consideración de anticipos de caja fija las provisiones de fondos de carácter no presupuestario y permanente que se realicen a pagadurías, cajas y habilitaciones para la atención inmediata y posterior aplicación al Presupuesto del año en que se realicen, de los gastos a que se refiere el apartado anterior.

62. c) Régimen de reposiciones.

Justificación: Artículo 75 RD 500/1990: 2. Las citadas normas deberán determinar, necesariamente:

a) Partidas presupuestarias cuyos gastos se podrán atender mediante anticipos de caja fija.

b) Límites cuantitativos.

c) Régimen de reposiciones.

d) Situación y disposición de los fondos.

e) Contabilidad y control.

63. d) Aquellos que extienden sus efectos económicos a ejercicios posteriores a aquel en que se autoricen y comprometan.

Justificación: Artículo 79 RD 500/1990: 1. Son gastos de carácter plurianual aquellos que extienden sus efectos económicos a ejercicios posteriores a aquel en que se autoricen y comprometan.

64. c) Arrendamiento de bienes muebles e inmuebles.

Justificación: Artículo 80 RD 500/1990: 1. Podrán adquirirse compromisos de gastos con carácter plurianual siempre que su ejecución se inicie en el propio ejercicio y que, además, se encuentren en alguno de los casos siguientes. (Artículo 155.2, LRHL):

a) Inversiones y transferencias de capital.

b) Contratos de suministros, de asistencia técnica y científica, de prestación de servicios, de ejecución de obras, de mantenimiento y de arrendamiento de equipos que no puedan ser estipulados o resulten antieconómicos por un año.

c) Arrendamiento de bienes inmuebles.

d) Cargas financieras de las deudas de la Entidad local.

65. c) Cuatro.

Justificación: Artículo 81 RD 500/1990: El número de ejercicios posteriores a que pueden aplicarse los gastos referidos en los apartados a) y b) del artículo anterior no será superior a cuatro. (Artículo 155.3, LRHL).

66. c) En el tercer y cuarto ejercicio, el 50 por 100.

Justificación: Artículo 82 RD 500/1990: 1. En el caso de inversiones y transferencias de capital el gasto que se impute a cada uno de los ejercicios futuros autorizados no podrá exceder de la cantidad que resulte de aplicar al crédito inicial correspondiente en el año en que se adquiera el compromiso en firme los siguientes porcentajes. (Artículo 155.3, LRHL): En el ejercicio inmediato siguiente, el 70 por 100. En el segundo ejercicio, el 60 por 100. En el tercer y cuarto ejercicio, el 50 por 100.

67. a) Autorización del gasto – Disposición o compromiso del gasto.

Justificación: Artículo 85 RD 500/1990: 1. La gestión de los gastos de carácter plurianual se realizará en las siguientes fases:

a) Autorización del gasto.

b) Disposición o compromiso del gasto.

68. b) Quedarán anulados de pleno derecho, sin más excepciones que las señaladas en la Ley de Haciendas Locales.

Justificación: Artículo 92 RD 500/1990: 1. Los créditos para gastos que el último día del ejercicio presupuestario no estén afectados al cumplimiento de obligaciones ya reconocidas quedarán anulados de pleno derecho, sin más excepciones que las señaladas en el artículo 163 de la Ley 39/1988, de 28 de diciembre.

69. d) Todas son correctas.

Justificación: Artículo 93 RD 500/1990: 2. Como consecuencia de la liquidación del Presupuesto deberán determinarse:

a) Los derechos pendientes de cobro y las obligaciones pendientes de pago a 31 de diciembre.

b) El resultado presupuestario del ejercicio.

c) Los remanentes de crédito.

d) El remanente de Tesorería.

70. a) Operaciones de la Tesorería local.

Justificación: Artículo 94 RD 500/1990: Los derechos pendientes de cobro y las obligaciones reconocidas pendientes de pago a 31 de diciembre integrarán la agrupación de Presupuestos cerrados y tendrán la consideración de operaciones de la Tesorería local.

71. d) Las cuentas de acreedores no presupuestarios.

Justificación: Artículo 101 RD 500/1990: 2. Los derechos pendientes de cobro comprenderán:

a) Derechos presupuestarios liquidados durante el ejercicio pendientes de cobro.

b) Derechos presupuestarios liquidados en ejercicios anteriores pendientes de cobro.

c) Los saldos de las cuentas de deudores no presupuestarios.

72. d) Las respuestas a) y c) son correctas.

Justificación: Artículo 103 RD 500/1990: 2. La determinación de la cuantía de los derechos que se consideren de difícil o imposible recaudación podrá realizarse bien de forma individualizada, bien mediante la fijación de un porcentaje a tanto alzado.

Orden 3565/2008, de 3 de diciembre

TEST N.º 1

Orden 3565/2008, de 3 de diciembre, por la que se aprueba la estructura de los presupuestos de las entidades locales

1. De conformidad con el artículo 2 de la Orden 3565/2008 de 3 de diciembre por la que se aprueba la estructura de los presupuestos de las entidades locales, marca la respuesta correcta o la más correcta:

a) Las entidades locales elaborarán sus presupuestos teniendo en cuenta la naturaleza económica de los ingresos y de los gastos, y las finalidades y objetivos que con estos últimos se pretendan conseguir. En ningún caso podrán clasificar los gastos e ingresos atendiendo a su propia estructura.

b) Las entidades locales elaborarán sus presupuestos teniendo en cuenta la naturaleza económica de los ingresos y de los gastos, y las finalidades y objetivos que con estos últimos se pretendan conseguir. Igualmente deberán clasificar los gastos e ingresos atendiendo a su propia estructura de acuerdo con sus reglamentos o decretos de organización.

c) Las entidades locales elaborarán sus presupuestos teniendo en cuenta la naturaleza económica de los ingresos y de los gastos, y las finalidades y objetivos que con estos últimos se pretendan conseguir. Igualmente podrán clasificar los gastos e ingresos atendiendo a su propia estructura de acuerdo con sus reglamentos o decretos de organización.

d) Las entidades locales podrán elaborar sus presupuestos teniendo en cuenta la naturaleza económica de los ingresos y de los gastos, y las finalidades y objetivos que con estos últimos se pretendan conseguir. Igualmente deberán clasificar los gastos e ingresos atendiendo a su propia estructura de acuerdo con sus reglamentos o decretos de organización.

2. Los estados de gastos de los presupuestos de las entidades locales se clasificarán con los siguientes criterios:

a) Funcionalmente.
b) Por categorías económica.
c) Obligatoriamente, por unidades orgánicas.
d) Todas son correctas.

3. Los créditos se ordenarán según su finalidad y los objetivos que con ellos se proponga conseguir, con arreglo a la clasificación por:

a) Áreas de gasto, políticas de gasto, grupos de programas y programas.
b) Capítulo, artículo, concepto y subconcepto.
c) Gastos corrientes, gastos de capital y gastos financieros.
d) Ingresos y gastos.

4. De conformidad con la clasificación por programas del artículo 4 de la Orden 3565/2008, marca la respuesta correcta o la más correcta:

a) Los programas pueden desagregarse en subconceptos.
b) Los artículos pueden desagregarse en capítulos.
c) Los programas pueden desagregarse en subprogramas.
d) Los conceptos pueden desagregarse en subconceptos.

5. De conformidad con el artículo 4 de la Orden 3565/2008, con carácter general, el detalle de los créditos se presentará, como mínimo, en el nivel de:

a) Área de gasto.
b) Política de gasto.
c) Grupo de Programas.
d) Programas de gasto.

6. La clasificación económica de gasto agrupará los créditos por capítulos separando (artículo 5 de la Orden 3565/2008):

a) Las operaciones corrientes, de capital y financieras.
b) Las áreas de gastos, política de gasto y grupo de programas.
c) Gastos de personal, gastos corrientes y gastos financieros.
d) Gastos a largo plazo y gastos a corto plazo.

7. Atendiendo a su naturaleza económica, los capítulos se desglosarán:

a) En partidas, y estos, a su vez, en subpartidas, que se podrán subdividir en aplicaciones.
b) En conceptos, y estos, a su vez, en artículos, que se podrán subdividir en subartículos.
c) En programas, y estos, a su vez, en subprogramas, que se podrán subdividir en conceptos.
d) En artículos, y estos, a su vez, en conceptos, que se podrán subdividir en subconceptos.

8. La aplicación presupuestaria cuya expresión cifrada constituye el crédito presupuestario vendrá definida, al menos:

a) Por la conjunción de las clasificaciones por programas y orgánica, en el nivel de grupo de programa o programa y de área funcional.
b) Por la conjunción de las clasificaciones por programas y económica, en el nivel de grupo de programa o programa y concepto o subconcepto, respectivamente.

c) Por la conjunción de las clasificaciones por programas y económica, en el nivel de programa o subprograma y concepto o subconcepto, respectivamente.

d) Por la conjunción de las clasificaciones por programas y económica, en el nivel de grupo de programa o programa y capítulo o artículo, respectivamente.

9. El registro contable de los créditos, de sus modificaciones y de las operaciones de ejecución del gasto se realizará:

a) Como mínimo, sobre la aplicación presupuestaria.
b) Como máximo, sobre la aplicación presupuestaria.
c) Como mínimo, sobre el crédito disponible.
d) Como máximo, sobre el crédito incluyendo las modificaciones.

10. De conformidad con el artículo 8 de la Orden 3565/2008, se entenderá por crédito inicial:

a) El asignado a cada aplicación presupuestaria en el presupuesto de la entidad inicialmente aprobado.

b) El asignado a todas las aplicaciones presupuestarias en el presupuesto de la entidad inicialmente aprobado.

c) El asignado a cada aplicación presupuestaria en el presupuesto de la entidad una vez liquidado.

d) El asignado a cada aplicación presupuestaria en el presupuesto de la entidad definitivamente aprobado.

11. Las previsiones incluidas en los estados de ingresos del presupuesto de la entidad local se clasificarán de conformidad con el artículo 9 de la Orden 3565/2008:

a) Por programas, por su naturaleza económica y, opcionalmente, por unidades orgánicas.

b) Separando las operaciones a corto plazo y a largo plazo, de acuerdo con la estructura que por capítulos, artículos, conceptos y subconceptos se detalla en el anexo IV de la Orden 3565/2008.

c) Separando las operaciones corrientes, las de capital y las financieras, de acuerdo con la estructura que por capítulos, artículos, conceptos y subconceptos se detalla en el anexo IV de la Orden 3565/2008.

d) Separando los impuestos, las tasas y las contribuciones especiales.

12. De conformidad con la Orden 3565/2008 y dentro de la clasificación por programas de los gastos del presupuesto de las entidades locales, el área de gasto 1 hace referencia a:

a) Actuaciones de carácter económico.
b) Servicios públicos básicos.
c) Actuaciones de protección y promoción social.
d) Producción de bienes públicos de carácter permanente.

13. De conformidad con la Orden 3565/2008 y dentro de la clasificación por programas de los gastos del presupuesto de las entidades locales, el área de gasto 2 hace referencia a:

a) Actuaciones de protección y promoción social.
b) Actuaciones de carácter económico.
c) Servicios públicos básicos.
d) Producción de bienes públicos de carácter permanente.

14. De conformidad con la Orden 3565/2008 y dentro de la clasificación por programas de los gastos del presupuesto de las entidades locales, el área de gasto 3 hace referencia a:

a) Actuaciones de carácter económico.
b) Servicios públicos básicos.
c) Actuaciones de protección y promoción social.
d) Producción de bienes públicos de carácter preferente.

15. De conformidad con la Orden 3565/2008 y dentro de la clasificación por programas de los gastos del presupuesto de las entidades locales, el área de gasto 4 hace referencia a:

a) Actuaciones de carácter económico.
b) Servicios públicos básicos.
c) Actuaciones de protección y promoción social.
d) Actuaciones de carácter general.

16. De conformidad con la Orden 3565/2008 y dentro de la clasificación por programas de los gastos del presupuesto de las entidades locales, el área de gasto 5 hace referencia a:

a) Actuaciones de carácter económico.
b) Actuaciones de carácter general.
c) Actuaciones de protección y promoción social.
d) Ninguna es correcta.

17. De conformidad con la Orden 3565/2008 y dentro de la clasificación por programas de los gastos del presupuesto de las entidades locales, el área de gasto 9 hace referencia a:

a) Deuda pública.
b) Actuaciones de carácter general.
c) Actuaciones de protección y promoción social.
d) Todas son correctas.

18. De conformidad con la Orden 3565/2008 y dentro de la clasificación por programas de los gastos del presupuesto de las entidades locales, el área de gasto 0 hace referencia a:

a) Deuda pública.
b) Actuaciones de carácter general.
c) Actuaciones de protección y promoción social.
d) Todas son correctas.

19. De conformidad con la Orden 3565/2008 y dentro de la clasificación económica de los gastos del presupuesto de las entidades locales y sus organismos autónomos, las operaciones no financieras incluyen los capítulos:

a) 1 a 5.
b) 1 a 3.
c) 1 a 7.
d) 1 a 9.

20. De conformidad con la Orden 3565/2008 y dentro de la clasificación económica de los gastos del presupuesto de las entidades locales y sus organismos autónomos, las operaciones corrientes incluyen los capítulos:

a) 1 a 5.
b) 1 a 3.
c) 1 a 7.
d) 1 a 9.

21. De conformidad con la Orden 3565/2008 y dentro de la clasificación económica de los gastos del presupuesto de las entidades locales y sus organismos autónomos, las operaciones de capital incluyen los capítulos:

a) 1 a 5.
b) 6 a 7.
c) 1 a 7.
d) 8 a 9.

22. De conformidad con la Orden 3565/2008 y dentro de la clasificación económica de los gastos del presupuesto de las entidades locales y sus organismos autónomos, las operaciones financieras incluyen los capítulos:

a) 1 a 5.
b) 4 a 5.
c) 6 a 7.
d) 8 a 9.

23. El capítulo 1 de la clasificación económica de los gastos del presupuesto de las entidades locales hace referencia a:

a) Gastos corrientes en bienes y servicios.
b) Transferencias corrientes.
c) Activos financieros.
d) Gastos de personal.

24. El capítulo 3 de la clasificación económica de los gastos del presupuesto de las entidades locales hace referencia a:

a) Gastos corrientes en bienes y servicios.
b) Gastos financieros.
c) Activos financieros.
d) Gastos de personal.

25. El capítulo 6 de la clasificación económica de los gastos del presupuesto de las entidades locales hace referencia a:

a) Gastos corrientes en bienes y servicios.
b) Gastos financieros.
c) Inversiones reales.
d) Activos financieros.

26. El capítulo 2 de la clasificación económica de los gastos del presupuesto de las entidades locales hace referencia a:

a) Gastos corrientes en bienes y servicios.
b) Transferencias de capital.
c) Activos financieros.
d) Gastos de personal.

27. El capítulo 5 de la clasificación económica de los gastos del presupuesto de las entidades locales hace referencia a:

a) Gastos corrientes en bienes y servicios.
b) Pasivos financieros.
c) Activos financieros.
d) Fondo de contingencia y otros imprevistos.

28. El capítulo 8 de la clasificación económica de los gastos del presupuesto de las entidades locales hace referencia a:

a) Activos financieros.
b) Gastos de personal.

c) Gastos corrientes en bienes y servicios.
d) Gastos financieros.

29. El capítulo 4 de la clasificación económica de los gastos del presupuesto de las entidades locales hace referencia a:

a) Gastos corrientes en bienes y servicios.
b) Transferencias corrientes.
c) Activos financieros.
d) Gastos de personal.

30. El capítulo 9 de la clasificación económica de los gastos del presupuesto de las entidades locales hace referencia a:

a) Inversiones reales.
b) Transferencias de capital.
c) Activos financieros.
d) Pasivos financieros.

31. El capítulo 7 de la clasificación económica de los gastos del presupuesto de las entidades locales hace referencia a:

a) Transferencias de capital.
b) Transferencias corrientes.
c) Activos financieros.
d) Fondo de contingencia y otros imprevistos.

32. Marca la respuesta incorrecta. Dentro del capítulo 1 de la clasificación económica de los ingresos del presupuesto de las entidades locales se incluye:

a) Impuesto sobre la renta.
b) Impuesto sobre actividades económicas.
c) Impuesto sobre el valor añadido.
d) Todas son correctas.

33. Dentro del capítulo 2 de la clasificación económica de los ingresos del presupuesto de las entidades locales se incluye:

a) Impuesto sobre el capital.
b) Impuesto sobre actividades económicas.
c) Recargos sobre impuestos directos de otros entes locales.
d) Impuesto sobre construcciones, instalaciones y obras.

34. El capítulo 4 de la clasificación económica de los ingresos del presupuesto de las entidades locales hace referencia a:

a) Impuestos directos.
b) Activos financieros.

c) Ingresos patrimoniales.
d) Transferencias corrientes.

35. El capítulo 1 de la clasificación económica de los ingresos del presupuesto de las entidades locales hace referencia a:

a) Impuestos directos.
b) Impuestos indirectos.
c) Ingresos patrimoniales.
d) Transferencias de capital.

36. El capítulo 3 de la clasificación económica de los ingresos del presupuesto de las entidades locales hace referencia a:

a) Impuestos directos.
b) Tasas, precios públicos y otros ingresos.
c) Ingresos patrimoniales.
d) Transferencias de capital.

37. Las contribuciones especiales como ingresos, ¿en qué capítulo de la clasificación económica del presupuesto de las entidades locales se incluye?

a) Capítulo 1.
b) Capítulo 2.
c) Capítulo 3.
d) Capítulo 5.

38. El capítulo 2 de la clasificación económica de los ingresos del presupuesto de las entidades locales hace referencia a:

a) Impuestos directos.
b) Impuestos indirectos.
c) Transferencias corrientes.
d) Transferencias de capital.

39. El capítulo 6 de la clasificación económica de los ingresos del presupuesto de las entidades locales hace referencia a:

a) Enajenación de inversiones reales.
b) Impuestos indirectos.
c) Inversiones reales.
d) Transferencias de capital.

40. El capítulo 7 de la clasificación económica de los ingresos del presupuesto de las entidades locales hace referencia a:

a) Enajenación de inversiones reales.
b) Transferencias corrientes.

c) Pasivos financieros.
d) Transferencias de capital.

41. El capítulo 9 de la clasificación económica de los ingresos del presupuesto de las entidades locales hace referencia a:

a) Pasivos financieros.
b) Enajenación de inversiones reales.
c) Transferencias corrientes.
d) Transferencias de capital.

42. El capítulo 5 de la clasificación económica de los ingresos del presupuesto de las entidades locales hace referencia a:

a) Pasivos financieros.
b) Ingresos patrimoniales.
c) Activos financieros.
d) Enajenación de inversiones reales.

43. El capítulo 8 de la clasificación económica de los ingresos del presupuesto de las entidades locales hace referencia a:

a) Pasivos financieros.
b) Ingresos patrimoniales.
c) Activos financieros.
d) Transferencias corrientes.

44. Dentro de las operaciones corrientes de la clasificación económica de los ingresos del presupuesto de las entidades locales se incluye:

a) Las transferencias corrientes.
b) Las transferencias de capital.
c) La enajenación de inversiones reales.
d) La respuesta a) y c) son correctas.

45. Dentro de las operaciones financieras de la clasificación económica de los ingresos del presupuesto de las entidades locales se incluye:

a) El capítulo 7.
b) El capítulo 6.
c) El capítulo 8.
d) Todos los anteriores.

46. Los prestamos recibidos en euros, se incluyen.

a) En el capítulo 8 del presupuesto de gastos.
b) En el capítulo 8 del presupuesto de ingresos.

c) En el capítulo 9 del presupuesto de gastos.
d) En el capítulo 9 del presupuesto de ingresos.

47. La adquisición de acciones y participaciones del sector público, se incluyen.

a) En el capítulo 8 del presupuesto de gastos.
b) En el capítulo 8 del presupuesto de ingresos.
c) En el capítulo 9 del presupuesto de gastos.
d) En el capítulo 9 del presupuesto de ingresos.

48. Los productos de concesiones y aprovechamientos especiales, se incluyen:

a) En el capítulo 1 del presupuesto de ingresos.
b) En el capítulo 2 del presupuesto de ingresos.
c) En el capítulo 4 del presupuesto de ingresos.
d) En el capítulo 5 del presupuesto de ingresos.

49. El importe de las multas recibidas por las entidades locales se incluyen:

a) En el capítulo 1 del presupuesto de ingresos.
b) En el capítulo 2 del presupuesto de ingresos.
c) En el capítulo 3 del presupuesto de ingresos.
d) En el capítulo 5 del presupuesto de ingresos.

50. Los elementos de transporte, en cuanto al presupuesto de gastos de las entidades locales, se incluye en el:

a) Capítulo 4.
b) Capítulo 8.
c) Capítulo 6.
d) Capítulo 7.

Soluciones comentadas

1. **c) Las entidades locales elaborarán sus presupuestos teniendo en cuenta la naturaleza económica de los ingresos y de los gastos, y las finalidades y objetivos que con estos últimos se pretendan conseguir. Igualmente podrán clasificar los gastos e ingresos atendiendo a su propia estructura de acuerdo con sus reglamentos o decretos de organización.**

    Justificación: Artículo 2 Orden 3565/2008: 1. Las entidades locales elaborarán sus presupuestos teniendo en cuenta la naturaleza económica de los ingresos y de los gastos, y las finalidades y objetivos que con estos últimos se pretendan conseguir. 2. Igualmente podrán clasificar los gastos e ingresos atendiendo a su propia estructura de acuerdo con sus reglamentos o decretos de organización.

2. **b) Por categorías económica.**

    Justificación: Artículo 3 Orden 3565/2008: Los estados de gastos de los presupuestos de las entidades locales se clasificarán con los siguientes criterios:

    a) Por programas.

    b) Por categorías económicas.

    c) Opcionalmente, por unidades orgánicas.

3. **a) Áreas de gasto, políticas de gasto, grupos de programas y programas.**

    Justificación: Artículo 4 Orden 3565/2008: 1. Los créditos se ordenarán según su finalidad y los objetivos que con ellos se proponga conseguir, con arreglo a la clasificación por áreas de gasto, políticas de gasto, grupos de programas y programas que se detallan en el anexo I. Estos últimos podrán desarrollarse en subprogramas.

4. **c) Los programas pueden desagregarse en subprogramas.**

    Justificación: Artículo 4 Orden 3565/2008: 1. Los créditos se ordenarán según su finalidad y los objetivos que con ellos se proponga conseguir, con arreglo a la clasificación por áreas de gasto, políticas de gasto, grupos de programas y programas que se detallan en el anexo I. Estos últimos podrán desarrollarse en subprogramas.

5. **d) Programas de gasto.**

    Justificación: Artículo 4 Orden 3565/2008: 2. Con carácter general, el detalle de los créditos se presentará, como mínimo, en el nivel de grupos de programas de gasto. No obstante, este detalle se deberá presentar en el nivel de programas de gasto en los casos que se especifican en el anexo I.

6. a) Las operaciones corrientes, de capital y financieras.

Justificación: Artículo 5 Orden 3565/2008: 1. La clasificación económica del gasto agrupará los créditos por capítulos separando las operaciones corrientes, las de capital y las financieras.

7. d) En artículos, y estos, a su vez, en conceptos, que se podrán subdividir en subconceptos.

Justificación: Artículo 5 Orden 3565/2008: 2. Atendiendo a su naturaleza económica, los capítulos se desglosarán en artículos, y estos, a su vez, en conceptos, que se podrán subdividir en subconceptos.

8. b) Por la conjunción de las clasificaciones por programas y económica, en el nivel de grupo de programa o programa y concepto o subconcepto, respectivamente.

Justificación: Artículo 6 Orden 3565/2008: La aplicación presupuestaria cuya expresión cifrada constituye el crédito presupuestario vendrá definida, al menos, por la conjunción de las clasificaciones por programas y económica, en el nivel de grupo de programa o programa y concepto o subconcepto, respectivamente.

9. a) Como mínimo, sobre la aplicación presupuestaria.

Justificación: Artículo 7 Orden 3565/2008: 1. El registro contable de los créditos, de sus modificaciones y de las operaciones de ejecución del gasto se realizará, como mínimo, sobre la aplicación presupuestaria definida en el artículo anterior.

10. d) El asignado a cada aplicación presupuestaria en el presupuesto de la entidad definitivamente aprobado.

Justificación: Artículo 8 Orden 3565/2008: 1. Se entenderá por crédito inicial el asignado a cada aplicación presupuestaria en el presupuesto de la entidad definitivamente aprobado.

11. c) Separando las operaciones corrientes, las de capital y las financieras, de acuerdo con la estructura que por capítulos, artículos, conceptos y subconceptos se detalla en el anexo IV de la Orden 3565/2008.

Justificación: Artículo 9 Orden 3565/2008: 1. Las previsiones incluidas en los estados de ingresos del presupuesto de la entidad local se clasificarán separando las operaciones corrientes, las de capital y las financieras, de acuerdo con la estructura que por capítulos, artículos, conceptos y subconceptos se detalla en el anexo IV de la presente Orden.

12. b) Servicios públicos básicos.

Justificación: Anexo I de la Orden 3565/2008: Área de Gasto 1. Servicios Públicos Básicos.

13. a) Actuaciones de protección y promoción social.

Justificación: Anexo I de la Orden 3565/2008: Área de Gasto 2. Actuaciones de protección y promoción social.

14. d) Producción de bienes públicos de carácter preferente.

Justificación: Anexo I de la Orden 3565/2008: Área de Gasto 3. Producción de bienes públicos de carácter preferente.

15. a) Actuaciones de carácter económico.

Justificación: Anexo I de la Orden 3565/2008: Área de Gasto 4. Actuaciones de carácter económico.

16. d) Ninguna es correcta.

Justificación: Anexo I de la Orden 3565/2008: No existe el área de gasto 5.

17. b) Actuaciones de carácter general.

Justificación: Anexo I de la Orden 3565/2008: Área de Gasto 9. Actuaciones de carácter general.

18. a) Deuda pública.

Justificación: Anexo I de la Orden 3565/2008: Área de Gasto 0. Deuda Pública.

19. c) 1 a 7.

Justificación: Estructura de los códigos de la clasificación económica dentro del anexo III de la Orden 3565/2008.

20. a) 1 a 5.

Justificación: Estructura de los códigos de la clasificación económica dentro del anexo III de la Orden 3565/2008.

21. b) 6 a 7.

Justificación: Estructura de los códigos de la clasificación económica dentro del anexo III de la Orden 3565/2008.

22. d) 8 a 9.

Justificación: Estructura de los códigos de la clasificación económica dentro del anexo III de la Orden 3565/2008.

23. d) Gastos de personal.

Justificación: Anexo III Orden 3565/2008: Capítulo 1. Gastos de personal.

24. b) Gastos financieros.

Justificación: Anexo III Orden 3565/2008: Capítulo 3. Gastos financieros.

25. c) Inversiones reales.

Justificación: Anexo III Orden 3565/2008: Capítulo 6. Inversiones reales.

26. a) Gastos corrientes en bienes y servicios.

Justificación: Anexo III Orden 3565/2008: Capítulo 2. Gastos corrientes en bienes y servicios.

27. d) Fondo de contingencia y otros imprevistos.

Justificación: Anexo III Orden 3565/2008: Capítulo 5. Fondo de contingencia y otros imprevistos.

28. a) Activos financieros.

Justificación: Anexo III Orden 3565/2008: Capítulo 8. Activos financieros.

29. b) Transferencias corrientes.

Justificación: Anexo III Orden 3565/2008: Capítulo 4. Transferencias corrientes.

30. d) Pasivos financieros.

Justificación: Anexo III Orden 3565/2008: Capítulo 9. Pasivos financieros.

31. a) Transferencias de capital.

Justificación: Anexo III Orden 3565/2008: Capítulo 7. Transferencias de capital.

32. c) Impuesto sobre el valor añadido.

Justificación: Anexo IV Orden 3565/2008: El impuesto sobre el valor añadido forma parte del capítulo II (impuestos indirectos).

33. d) Impuesto sobre construcciones, instalaciones y obras.

Justificación: Anexo IV Orden 3565/2008: Concepto 290. Impuesto sobre construcciones, instalaciones y obras.

34. d) Transferencias corrientes.

Justificación: Anexo IV Orden 3565/2008: Capítulo 4: Transferencias corrientes.

35. a) Impuestos directos.

Justificación: Anexo IV Orden 3565/2008: Capítulo 1: Impuestos directos.

36. b) Tasas, precios públicos y otros ingresos.

Justificación: Anexo IV Orden 3565/2008: Capítulo 3: Tasas, precios públicos y otros ingresos.

37. c) Capítulo 3.

Justificación: Anexo IV Orden 3565/2008: Artículo 35. Contribuciones especiales.

38. b) Impuestos indirectos.

Justificación: Anexo IV Orden 3565/2008: Capítulo 2: Impuestos indirectos.

39. a) Enajenación de inversiones reales.

Justificación: Anexo IV Orden 3565/2008: Capítulo 6: Enajenación de inversiones reales.

40. d) Transferencias de capital.

Justificación: Anexo IV Orden 3565/2008: Capítulo 7: Transferencias de capital.

41. a) Pasivos financieros.

Justificación: Anexo IV Orden 3565/2008: Capítulo 9: Pasivos financieros.

42. b) Ingresos patrimoniales.

Justificación: Anexo IV Orden 3565/2008: Capítulo 5: Ingresos patrimoniales.

43. c) Activos financieros.

Justificación: Anexo IV Orden 3565/2008: Capítulo 8: Activos financieros.

44. a) Las transferencias corrientes.

Justificación: Estructura de los códigos de la clasificación económica de ingresos dentro del anexo IV de la Orden 3565/2008.

45. c) El capítulo 8.

Justificación: Estructura de los códigos de la clasificación económica de ingresos dentro del anexo IV de la Orden 3565/2008.

46. d) En el capítulo 9 del presupuesto de ingresos.

Justificación: Anexo IV de la clasificación económica de ingresos de la Orden 3565/2008: Artículo 91. Préstamos recibidos en euros.

47. a) En el capítulo 8 del presupuesto de gastos.

Justificación: Anexo III de la clasificación económica de gastos de la Orden 3565/2008: Artículo 85. Adquisición de acciones y participaciones del sector público.

48. d) En el capítulo 5 del presupuesto de ingresos.

Justificación: Anexo IV de la clasificación económica de ingresos de la Orden 3565/2008: Artículo 55. Productos de concesiones y aprovechamientos especiales.

49. c) En el capítulo 3 del presupuesto de ingresos.

Justificación: Anexo IV de la clasificación económica de ingresos de la Orden 3565/2008: Concepto 391. Multas.

50. c) Capítulo 6.

Justificación: Anexo III de la clasificación económica de gastos de la Orden 3565/2008: Concepto 624. Elementos de transporte.

Real Decreto 424/2017, de 28 de abril

TEST N.º 1

Real Decreto 424/2017, de 28 de abril, por el que se regula el régimen jurídico del control interno en las entidades del Sector Público Local

1. A los efectos del RD 424/2017, de 28 de abril, por el que se regula el régimen jurídico del control interno de las entidades locales del sector público local (en adelante RD 424/2017) forman parte del sector público local (marcar la incorrecta):

a) La propia Entidad Local.

b) Las entidades públicas empresariales locales.

c) Los fondos carentes de personalidad jurídica cuya dotación se efectúe de forma parcial desde los Presupuestos Generales de la Entidad Local.

d) Las fundaciones del sector público dependientes de la Entidad Local.

2. De conformidad con el artículo 3 del RD 424/2017, el control interno de la actividad económico- financiera del sector público local se ejercerá por el órgano interventor mediante el ejercicio de:

a) La función interventora.

b) El control financiero.

c) El control de costes.

d) Las respuestas a) y b) son correctas.

3. La función interventora tiene por objeto:

a) Controlar los actos de la Entidad Local y de sus organismos autónomos, cualquiera que sea su calificación, que den lugar al reconocimiento de derechos o a la realización de gastos, así como los ingresos y pagos que de ellos se deriven, y la inversión o aplicación en general de sus fondos públicos, con el fin de asegurar que su gestión se ajuste a las disposiciones aplicables en cada caso.

b) Verificar el funcionamiento de los servicios del sector público local en el aspecto económico financiero para comprobar el cumplimiento de la normativa y directrices que los rigen y, en general, que su gestión se ajusta a los principios de buena gestión financiera, comprobando que la gestión de los recursos públicos se encuentra orientada por la eficacia, la eficiencia, la economía, la calidad y la transparencia, y por los principios de estabilidad presupuestaria y sostenibilidad financiera en el uso de los recursos públicos locales.

c) Controlar los actos de la Entidad Local, de sus organismos autónomos, y resto de entidades, cualquiera que sea su calificación, que den lugar a la autorización de derechos o a la realización de gastos, así como los ingresos y pagos que de ellos se deriven, y la inversión o aplicación en general de sus fondos públicos, con el fin de asegurar que su gestión se ajuste a las disposiciones aplicables en cada caso.

d) Verificar el funcionamiento de los servicios del sector público local en el aspecto económico mercantil para comprobar el cumplimiento de la normativa y directrices que los rigen y, en general, que su gestión se ajusta a los principios de buena gestión financiera, comprobando que la gestión de los recursos públicos se encuentra orientada por la eficacia, la eficiencia, la economía, la calidad y la concurrencia, y por los principios de estabilidad presupuestaria y sostenibilidad financiera en el uso de los recursos públicos locales.

4. El control financiero tiene por objeto:

a) Controlar los actos de la Entidad Local y de sus organismos autónomos, cualquiera que sea su calificación, que den lugar al reconocimiento de derechos o a la realización de gastos, así como los ingresos y pagos que de ellos se deriven, y la inversión o aplicación en general de sus fondos públicos, con el fin de asegurar que su gestión se ajuste a las disposiciones aplicables en cada caso.

b) Controlar los actos de la Entidad Local, de sus organismos autónomos, y resto de entidades, cualquiera que sea su calificación, que den lugar a la autorización de derechos o a la realización de gastos, así como los ingresos y pagos que de ellos se deriven, y la inversión o aplicación en general de sus fondos públicos, con el fin de asegurar que su gestión se ajuste a las disposiciones aplicables en cada caso.

c) Verificar el funcionamiento de los servicios del sector público local en el aspecto económico mercantil para comprobar el cumplimiento de la normativa y directrices que los rigen y, en general, que su gestión se ajusta a los principios de buena gestión financiera, comprobando que la gestión de los recursos públicos se encuentra orientada por la eficacia, la eficiencia, la economía, la calidad y la concurrencia, y por los principios de estabilidad presupuestaria y sostenibilidad financiera en el uso de los recursos públicos locales.

d) Verificar el funcionamiento de los servicios del sector público local en el aspecto económico financiero para comprobar el cumplimiento de la normativa y directrices que los rigen y, en general, que su gestión se ajusta a los principios de buena gestión financiera, comprobando que la gestión de los recursos públicos se encuentra orientada por la eficacia, la eficiencia, la economía, la calidad y la transparencia, y por los principios de estabilidad presupuestaria y sostenibilidad financiera en el uso de los recursos públicos locales.

5. El control financiero comprende las modalidades de:

a) Control permanente y auditoría pública.
b) Control permanente y control temporal.
c) Auditoría financiera y auditoría pública.
d) Auditoría económica y control local.

6. De conformidad con el artículo 4 del RD 424/2017, el órgano interventor de la Entidad Local, en el ejercicio de sus funciones de control interno, estará sometido a los principios de:

a) Autonomía legal.
b) Ejercicio descentralizado.
c) Procedimiento contradictorio.
d) Todas son correctas.

7. El órgano interventor dispondrá de un modelo de control eficaz y para ello se le deberán habilitar los medios necesarios y suficientes. A estos efectos el modelo asegurará, con medios propios o externos, el control efectivo de, al menos:

a) El noventa por ciento del presupuesto general consolidado del ejercicio mediante la aplicación de las modalidades de función interventora y control financiero.
b) El ochenta por ciento del presupuesto general consolidado del ejercicio mediante la aplicación de las modalidades de función interventora y control financiero.
c) El setenta por ciento del presupuesto general consolidado del ejercicio mediante la aplicación de las modalidades de función interventora y control financiero.
d) El cincuenta por ciento del presupuesto general consolidado del ejercicio mediante la aplicación de las modalidades de función interventora y control financiero.

8. De conformidad con el artículo 4 del RD 424/2017, El órgano interventor dispondrá de un modelo de control eficaz y para ello se le deberán habilitar los medios necesarios y suficientes. A estos efectos el modelo asegurará, que en el transcurso de:

a) Dos ejercicios consecutivos y en base a un análisis previo de riesgos, deberá haber alcanzado el cien por cien de dicho presupuesto.
b) Tres ejercicios consecutivos y en base a un análisis previo de riesgos, deberá haber alcanzado el cien por cien de dicho presupuesto.
c) Cinco ejercicios consecutivos y en base a un análisis previo de riesgos, deberá haber alcanzado el cien por cien de dicho presupuesto.
d) Diez ejercicios consecutivos y en base a un análisis previo de riesgos, deberá haber alcanzado el cien por cien de dicho presupuesto.

9. De conformidad con el artículo 6 del RD 424/2017, los órganos interventores podrán recabar el asesoramiento e informe de los Servicios de Asistencia Municipal y de los órganos competentes de las Diputaciones Provinciales, Cabildos, Consejos Insulares y Comunidades Autónomas Uniprovinciales, a través del:

a) Pleno de la Corporación.
b) El Presidente de la Entidad Local.
c) Consejero delegado de la Entidad Local.
d) Consejero de Hacienda de la respectiva Comunidad Autónoma.

10. El ejercicio de la función interventora comprenderá las siguientes fases:

a) La fiscalización previa de los actos que reconozcan derechos de contenido económico, autoricen o aprueben gastos, dispongan o comprometan gastos y acuerden movimientos de fondos y valores.

b) La intervención del reconocimiento de las obligaciones e intervención de la comprobación material de la inversión.

c) La intervención formal de la ordenación del pago.

d) Todas son correctas.

11. La función interventora se ejercerá en sus modalidades de (artículo 7 RD 424/2017):

a) Intervención previa y posterior.

b) Intervención formal y material.

c) Intervención pública y privada.

d) Intervención legal y económica.

12. La intervención formal consistirá:

a) En la verificación del cumplimiento de los requisitos legales necesarios para la adopción del acuerdo mediante el examen de todos los documentos que preceptivamente deban estar incorporados al expediente.

b) En la comprobación real y efectiva aplicación de los fondos públicos.

c) En la realización efectiva de los ingresos y pagos por parte de la entidad local.

d) Todas son correctas.

13. Se entiende por fiscalización previa:

a) La facultad que compete al órgano interventor de examinar, una vez dictada la correspondiente resolución, todo acto, documento o expediente susceptible de producir deberes u obligaciones de contenido económico o movimiento de fondos y valores, con el fin de asegurar, según el procedimiento legalmente establecido, su conformidad con las disposiciones aplicables en cada caso.

b) La facultad del órgano interventor para comprobar, antes de que se dicte la correspondiente resolución, que las obligaciones se ajustan a la ley o a los negocios jurídicos suscritos por las autoridades competentes y que el acreedor ha cumplido o garantizado, en su caso, su correlativa prestación.

c) La facultad que compete al órgano interventor de examinar, antes de que se dicte la correspondiente resolución, todo acto, documento o expediente susceptible de producir derechos u obligaciones de contenido económico o movimiento de fondos y valores, con el fin de asegurar, según el procedimiento legalmente establecido, su conformidad con las disposiciones aplicables en cada caso.

d) La facultad del órgano interventor para comprobar, una vez dictada la correspondiente resolución, que los gastos e ingresos se ajustan a la ley o a los negocios jurídicos suscritos por las autoridades competentes y que el acreedor ha cumplido o garantizado, en su caso, su correlativa prestación.

14. De conformidad con el artículo 8 del RD 424/2017 la intervención formal de la ordenación del pago es:

a) La facultad que compete al órgano interventor para verificar que dicho pago se ha dispuesto por órgano competente y se realiza en favor del perceptor y por el importe establecido.

b) La facultad que corresponde a la corporación para asegurar el pago de todas las deudas.

c) La facultad atribuida al órgano interventor para verificar la correcta expedición de las órdenes de pago.

d) La facultad que compete al órgano interventor para comprobar los pagos e ingresos realizados por la tesorería local.

15. De conformidad con el artículo 8 del RD 424/2017 la intervención material del pago es:

a) La facultad atribuida al órgano interventor para verificar la correcta expedición de las órdenes de pago.

b) La facultad que compete al órgano interventor para comprobar los pagos e ingresos realizados por la tesorería local.

c) La facultad que compete al órgano interventor para verificar que dicho pago se ha dispuesto por órgano competente y se realiza en favor del perceptor y por el importe establecido.

d) La facultad que corresponde a la corporación para asegurar el pago de todas las deudas.

16. La fiscalización previa de los derechos e ingresos de la Tesorería de la Entidad Local y la de sus organismos autónomos se podrá sustituir, siempre que lo haya acordado el Pleno (artículo 9 RD 424/2017):

a) Por el control inherente a la toma de razón en contabilidad y el control posterior a que se refiere el artículo 9 del RD 424/2017.

b) Por la fiscalización realizada por un órgano externo.

c) Por la fiscalización realizada por el Tribunal de Cuentas.

d) Todas son correctas.

17. En el caso de que en el ejercicio de la función interventora el órgano interventor se manifestase en desacuerdo con el fondo o con la forma de los actos, documentos o expedientes examinados y la disconformidad se refiera al reconocimiento o liquidación de derechos a favor de las Entidades Locales o sus organismos autónomos, así como a la anulación de derechos, la oposición se formalizará en:

a) Resolución dictada por el Presidente de la corporación que con carácter general no suspenderá la tramitación del expediente.

b) Nota de reparo que en ningún caso suspenderá la tramitación del expediente.

c) Resolución de la Consejería de Hacienda suspendiendo la tramitación del expediente.

d) Diligencia de reparo que en todo caso suspenderá provisionalmente la tramitación del expediente.

18. Respecto al procedimiento para el ejercicio de la función interventora, el órgano interventor fiscalizará el expediente en el plazo de:

a) 5 días hábiles.
b) 5 días naturales.
c) 10 días hábiles.
d) 20 días naturales.

19. Respecto a los reparos, si el órgano interventor se manifestase en desacuerdo con el fondo o con la forma de los actos, documentos o expedientes examinados:

a) Formulará sus reparos de forma escrita u oral.
b) Deberá formular sus reparos mediante una resolución.
c) Deberá formular sus reparos por escrito.
d) Podrá formular sus reparos verbalmente ante el Secretario del Pleno.

20. En el supuesto de omisión en el expediente de requisitos o trámites esenciales (de conformidad con el artículo 216.2 c) de la Ley Reguladora de las Haciendas Locales), procederá la formulación de un reparo suspensivo en los siguientes supuestos (marcar la incorrecta):

a) Cuando el gasto se proponga a un órgano que carezca de competencia para su aprobación.
b) Cuando se aprecien graves irregularidades en la documentación justificativa del reconocimiento de la obligación o no se acredite suficientemente el derecho de su perceptor.
c) Cuando se hayan omitido requisitos o trámites que pudieran dar lugar a la nulidad o anulabilidad del acto, o cuando la continuación de la gestión administrativa pudiera causar quebrantos económicos a la Tesorería de la Entidad Local o a un tercero.
d) Las respuestas a) y c) son incorrectas.

21. De conformidad con el artículo 12 del RD 424/2017, cuando el órgano al que se dirija el reparo lo acepte, deberá subsanar las deficiencias observadas y remitir de nuevo las actuaciones al órgano interventor:

a) En el plazo de treinta días.
b) En el plazo de veinte días.
c) En el plazo de diez días.
d) En el plazo de quince días.

22. Las resoluciones y los acuerdos adoptados que sean contrarios a los reparos formulados conforme a lo previsto en el artículo 12 del RD 424/2017 se remitirán:

a) Al Tribunal de Cuentas.
b) Al Ministerio de Hacienda.
c) Al Consejero competente de la Comunidad Autónoma.
d) A la Junta de Gobierno Local, si existiera.

23. Indique la respuesta correcta de conformidad con el artículo 13 del RD 424/2017:

a) Previo informe del Pleno y a propuesta del Presidente, el órgano interventor de la Entidad Local podrá acordar el régimen de fiscalización e intervención limitada previa.

b) Previo informe del Presidente y a propuesta del órgano interventor, el Pleno de la Entidad Local podrá acordar el régimen de fiscalización e intervención limitada previa.

c) Previo informe del órgano interventor y a propuesta del Pleno, el Presidente de la Entidad Local podrá acordar el régimen de fiscalización e intervención limitada previa.

d) Previo informe del órgano interventor y a propuesta del Presidente, el Pleno de la Entidad Local podrá acordar el régimen de fiscalización e intervención limitada previa.

24. Para aquellos casos en los que el Pleno acuerde la fiscalización e intervención limitada previa, el órgano interventor se limitará a comprobar los requisitos básicos siguientes:

a) La existencia de crédito presupuestario y que el propuesto es el adecuado a la naturaleza del gasto u obligación que se proponga contraer.

b) Que las obligaciones o gastos se generan por órgano competente.

c) Aquellos otros extremos que, por su trascendencia en el proceso de gestión, se determinen por el Pleno a propuesta del Presidente previo informe del órgano interventor.

d) Todas son correctas.

25. Sin perjuicio del carácter suspensivo de los reparos en los términos previstos en la Ley reguladora de las Haciendas Locales, las opiniones del órgano interventor respecto al cumplimiento de las normas (artículo 15 RD 424/2017):

a) Prevalecerán sobre las de los órganos de gestión

b) No prevalecerán sobre las de los órganos de gestión.

c) Prevalecerán sobre las del Secretario del Pleno.

d) No prevalecerán sobre las del Tesorero de la Corporación.

26. Cuando el órgano gestor no acepte el reparo formulado por el órgano interventor en el ejercicio de la función interventora planteará, con carácter general, una discrepancia ante:

a) El Tribunal de Cuentas.

b) El Pleno en todo caso.

c) El Presidente de la Entidad Local.

d) El Servicio correspondiente.

27. De conformidad con el artículo 15 del RD 424/2017, cuando se trate de discrepancias relativas a la insuficiencia o inadecuación de crédito, la resolución de las mismas, corresponderá:

a) Al Presidente la Entidad Local.

b) Al Pleno.

c) A la Junta de Gobierno Local.

d) Al órgano gestor correspondiente.

28. En el plazo de _____ desde la recepción del reparo, las discrepancias se plantearán al Presidente o al Pleno de la Corporación Local, según corresponda, y, en su caso, a través de los Presidentes o máximos responsables de los organismos autónomos locales, y organismos públicos en los que se realice la función interventora, para su inclusión obligatoria, y en un punto independiente, en el orden del día de la correspondiente sesión plenaria (indique la respuesta correcta para rellenar el hueco indicado).

a) 15 días.

b) 10 días.

c) 5 días.

d) 2 días.

29. Respecto a las discrepancias reguladas en el artículo 15 del RD 424/2017, indique la respuesta correcta o más correcta:

a) La discrepancia deberá ser motivada solo cuando un precepto legal lo indique y se formulará por escrito, con cita de los preceptos legales en los que sustente su criterio.

b) La discrepancia deberá ser motivada por escrito o de forma oral en casos de urgencia, con cita de los preceptos legales en los que sustente su criterio.

c) La discrepancia deberá ser motivada por escrito, con cita de los preceptos legales en los que sustente su criterio.

d) La discrepancia podrá ser por escrito o de forma oral en cuyo caso se exige motivación, con cita de los preceptos legales en los que sustente su criterio.

30. De conformidad con el artículo 15 del RD 424/2017, la resolución de la discrepancia por parte del Presidente o el Pleno será indelegable, deberá recaer:

a) En el plazo de diez días y no tendrá naturaleza ejecutiva hasta que no quepa recurso en vía judicial.

b) En el plazo de diez días y tendrá naturaleza ejecutiva.

c) En el plazo de veinte días y tendrá naturaleza ejecutiva.

d) En el plazo de quince días y tendrá naturaleza ejecutiva.

31. De conformidad con el artículo 15 del RD 424/2017, ¿qué órgano gestionará una base de datos sobre los informes emitidos en relación con las propuestas de resolución de discrepancias sometidas a su valoración, al objeto de unificar criterios y realizar el seguimiento de su aplicación?

a) El Pleno de la Corporación.

b) El Interventor General de la Corporación Local.

c) La Intervención General de la Administración del Estado.

d) El Tribunal de Cuentas.

32. Con ocasión de la dación de cuenta de la liquidación del Presupuesto, el órgano interventor elevará al Pleno el informe de todas las resoluciones adoptadas por el Presidente de la Entidad Local contrarias a los reparos efectuados, o, en su caso, a la opinión del órgano competente de la Administración que ostente la tutela al que se haya solicitado informe, así como un resumen de las principales anomalías detectadas en materia de ingresos. Dicho informe tendrá periodicidad:

a) Mensual.
b) Trimestral.
c) Semestral.
d) Anual.

33. De conformidad con el artículo 16 del RD 424/2017, se consideran actos sometidos a la intervención previa:

a) Los actos resolutorios de recursos administrativos que tengan contenido económico.
b) Los Convenios que se suscriban y cualquier otro acto de naturaleza análoga, siempre que tenga contenido jurídico.
c) Las respuestas a) y b) son correctas.
d) Ninguna es correcta.

34. No estarán sometidos a la fiscalización previa prevista en el artículo 7.1.a) del RD 424/2017:

a) Los gastos de material no inventariable.
b) Los contratos menores.
c) Los gastos menores de 3.005,06 euros que, de acuerdo con la normativa vigente, se hagan efectivos a través del sistema de anticipos de caja fija.
d) Todas son correctas.

35. Con carácter general al efectuar la intervención previa de la liquidación del gasto o reconocimiento de obligaciones se deberá comprobar, además:

a) Que las obligaciones responden a gastos aprobados y, en su caso, fiscalizados favorablemente, salvo que la aprobación del gasto y el reconocimiento de la obligación deban realizarse simultáneamente.
b) Que los documentos justificativos de la obligación se ajustan a las disposiciones legales y reglamentarias que resulten de aplicación. En todo caso, en la documentación deberá constar: la identificación del deudor, importe aproximado de la obligación y las prestaciones, servicios u otras causas de las que derive la obligación del pago.
c) Que las obligaciones responden a gastos autorizados y, en su caso, fiscalizados favorable o desfavorablemente, salvo que la aprobación del gasto y el reconocimiento de la obligación deban realizarse simultáneamente.
d) Ninguna es correcta.

36. De conformidad con el artículo 20 del RD 424/2017, los órganos gestores deberán solicitar al órgano interventor, o en quien delegue, su asistencia a la comprobación material de la inversión cuando el importe de ésta sea igual o superior:

a) 10.000 euros.
b) 20.000 euros.
c) 50.000 euros.
d) 75.000 euros.

37. En los casos en que la intervención de la comprobación material de la inversión no sea preceptiva, la comprobación de la inversión se justificará con el acta de conformidad firmada por quienes participaron en la misma o con una certificación en la que se expresará haberse hecho cargo del material adquirido, especificándolo con el detalle necesario para su identificación, o haberse ejecutado la obra o servicio con arreglo a las condiciones generales y particulares que, en relación con ellos, hubieran sido previamente establecidas. Dicha certificación será expedida:

a) Por el Interventor General.
b) Por el Jefe del centro, dependencia u organismo a quien corresponda recibir o aceptar las obras, servicios o adquisiciones.
c) Por el Presidente de la Corporación.
d) Por el Secretario del Pleno.

38. De conformidad con el artículo 23 del RD 424/2017, está sometida a intervención material del pago la ejecución de las órdenes de pago que tengan por objeto:

a) Cumplir, directamente, las obligaciones de la Tesorería de la entidad.
b) Situar fondos a disposición de cajeros y agentes facultados legalmente para realizar pagos a los acreedores.
c) Instrumentar el movimiento de fondos y valores entre las cuentas de la Tesorería.
d) Todas las respuestas son correctas.

39. La fiscalización previa de las órdenes de pago a justificar por las que se ponen fondos a disposición de los órganos pagadores de la Entidad Local y sus organismos autónomos se verificará mediante la comprobación de los siguientes requisitos (marcar la incorrecta):

a) Que las propuestas de ingreso a justificar se basan en orden o resolución de autoridad competente para autorizar los ingresos a que se refieran.
b) Que existe crédito y el propuesto es el adecuado.
c) Que se adaptan a las normas que regulan la expedición de órdenes de pago a justificar con cargo a sus respectivos presupuestos de gastos.
d) Todas son correctas.

40. De conformidad con el artículo 25 del RD 424/2017, sin perjuicio del resto de requisitos que puedan regular las bases de ejecución, en la fiscalización previa de las reposiciones de fondos por anticipos de caja fija el órgano interventor comprobará, en cualquier caso:

a) Que el importe total de las cuentas justificativas coincide con el de los documentos contables de ejecución del presupuesto de gastos.
b) Que las propuestas de pagos se basan en resolución de autoridad competente.
c) Que existe crédito y el propuesto es adecuado.
d) Todas son correctas.

41. En los supuestos en los que, con arreglo a lo establecido en el RD 424/2017, la función interventora fuera preceptiva y se hubiese omitido:

a) No se podrá reconocer la obligación, ni tramitar el pago, ni intervenir favorablemente estas actuaciones en ningún caso.
b) Se podrá reconocer la obligación y tramitar el pago, pero no se podrá intervenir favorablemente estas actuaciones hasta que se conozca y resuelva dicha omisión.
c) No se podrá reconocer la obligación, ni tramitar el pago, ni intervenir favorablemente estas actuaciones hasta que se conozca y resuelva dicha omisión.
d) Se podrá reconocer la obligación, tramitar el pago, e intervenir favorablemente estas actuaciones cuando se recoja dicha posibilidad en el Presupuesto de la entidad local.

42. Si el órgano interventor al conocer de un expediente observara omisión de la función interventora lo manifestará a la autoridad que hubiera iniciado aquel y emitirá al mismo tiempo su opinión respecto de la propuesta, a fin de que, uniendo este informe a las actuaciones:

a) Pueda el Presidente de la Entidad Local decidir si continua el procedimiento o no y demás actuaciones que, en su caso, procedan.
b) Pueda el Pleno de la Entidad Local decidir si continua el procedimiento o no y demás actuaciones que, en su caso, procedan.
c) Pueda el Interventor General del Estado decidir si continua el procedimiento o no y demás actuaciones que, en su caso, procedan.
d) Pueda la Junta de Gobierno Local decidir si continua el procedimiento o no y demás actuaciones que, en su caso, procedan.

43. De conformidad con el artículo 28 del RD 424/2017 y dentro de la omisión de la función interventora, en los municipios de gran población ¿a qué órgano corresponderá acordar, en su caso, el sometimiento del asunto a la Junta de Gobierno Local para que adopte la resolución procedente?

a) Al Pleno de la Corporación, pudiendo dicha competencia ser objeto de delegación.
b) Al Pleno de la Corporación, sin que dicha competencia pueda ser objeto de delegación.

c) Al órgano titular del departamento o de la concejalía de área al que pertenezca el órgano responsable de la tramitación del expediente o al que esté adscrito el organismo autónomo, pudiendo dicha competencia ser objeto de delegación.

d) Al órgano titular del departamento o de la concejalía de área al que pertenezca el órgano responsable de la tramitación del expediente o al que esté adscrito el organismo autónomo, sin que dicha competencia pueda ser objeto de delegación.

44. El control permanente se ejercerá sobre la Entidad Local y los organismos públicos en los que se realice la función interventora con objeto de:

a) Comprobar, de forma puntual, que el funcionamiento de la actividad económico-financiera del sector público local se ajusta al ordenamiento jurídico y a los principios generales de buena gestión financiera, con el fin último de mejorar la gestión en su aspecto económico, financiero, patrimonial, presupuestario, contable, organizativo y procedimental. A estos efectos, el órgano de control no podrá aplicar técnicas de auditoría.

b) Comprobar, de forma continua, que el funcionamiento de la actividad económico-financiera del sector público local se ajusta al ordenamiento jurídico y a los principios generales de buena gestión financiera, con el fin último de mejorar la gestión en su aspecto económico, financiero, patrimonial, presupuestario, contable, organizativo y procedimental. A estos efectos, el órgano de control podrá aplicar técnicas de auditoría.

c) Comprobar, de forma puntual, que el funcionamiento de la actividad económico-financiera del sector público local se ajusta al ordenamiento jurídico y a los principios generales de buena gestión económica, con el fin último de mejorar la gestión en su aspecto económico, financiero, patrimonial, presupuestario, contable, organizativo y procedimental. A estos efectos, el órgano de control podrá aplicar técnicas de auditoría.

d) Comprobar, de forma continua, que el funcionamiento de la actividad mercantil del sector público nacional se ajusta al ordenamiento jurídico y a los principios generales de buena gestión económica, con el fin último de mejorar la gestión en su aspecto económico, financiero, patrimonial, presupuestario, contable, organizativo y procedimental. A estos efectos, el órgano de control no podrá aplicar técnicas de auditoría.

45. De conformidad con el artículo 29 del RD 424/2017, la auditoría pública consistirá:

a) En la verificación, realizada con anterioridad y efectuada de forma sistemática, de la actividad económico-financiera del sector público local, mediante la aplicación de los procedimientos de revisión selectivos contenidos en las normas de auditoría e instrucciones que dicte la Intervención General de la Administración del Estado.

b) En la verificación, realizada con posterioridad y efectuada de forma sistemática, de la actividad económico-financiera del sector público local, mediante la aplicación de los procedimientos de revisión selectivos contenidos en las normas de auditoría e instrucciones que dicte la Intervención de la Entidad Local.

c) En la verificación, realizada con posterioridad y efectuada de forma sistemática, de la actividad económico-financiera del sector público local, mediante la aplicación de los procedimientos de revisión selectivos contenidos en las normas de auditoría e instrucciones que dicte la Intervención General de la Administración del Estado.

d) En la verificación, realizada con anterioridad y efectuada de forma asistemática, de la actividad económico-financiera del sector público local y autonómico, mediante la aplicación de los procedimientos de revisión selectivos contenidos en las normas de auditoría e instrucciones que dicte la Intervención General de la Administración del Estado.

46. La auditoría pública engloba, en particular, las siguientes modalidades (artículo 29 RD 424/2017):

a) La auditoría de cuentas, la auditoria de cumplimiento y la auditoría operativa.
b) La auditoría nacional, autonómica y local.
c) La auditoría general y la auditoría particular.
d) La auditoría de cumplimiento, la auditoría de incumpliendo y la auditoría limitada.

47. La auditoría de cumplimiento tiene por objeto:

a) La verificación relativa a si las cuentas anuales representan en todos los aspectos significativos la imagen fiel del patrimonio, de la situación financiera, de los resultados de la entidad y, en su caso, la ejecución del presupuesto de acuerdo con las normas y principios contables y presupuestarios que le son de aplicación y contienen la información necesaria para su interpretación y comprensión adecuada.

b) El examen sistemático y objetivo de las operaciones y procedimientos de una organización, programa, actividad o función pública, con el objeto de proporcionar una valoración independiente de su racionalidad económico-financiera y su adecuación a los principios de la buena gestión, a fin de detectar sus posibles deficiencias y proponer las recomendaciones oportunas en orden a la corrección de aquéllas.

c) La verificación de que los actos, operaciones y procedimientos de gestión económico-financiera se han desarrollado de conformidad con las normas que les son de aplicación.

d) Todas son incorrectas.

48. De conformidad con el artículo 33 del RD 424/2017, las actuaciones de auditoría pública se podrán desarrollar en los siguientes lugares:

a) En las dependencias u oficinas de la entidad auditada.
b) En los locales de firmas privadas de auditoría cuando sea necesario utilizar documentos soporte del trabajo realizado por dichas firmas de auditoría por encargo de las entidades auditadas
c) En las dependencias del órgano interventor encargado de la realización de dichas actuaciones.
d) Todas son correctas.

49. La Entidad Local podrá contratar para colaborar con el órgano interventor a firmas privadas de auditoría que deberán ajustarse a las instrucciones dictadas por el órgano interventor, los auditores serán contratados por un plazo máximo de:

a) Dos años, prorrogable en los términos establecidos en la legislación de contratos del sector público, no pudiendo superarse los ocho años de realización de trabajos sobre una misma entidad a través de contrataciones sucesivas, incluidas sus correspondientes prórrogas.

b) Tres años, prorrogable en los términos establecidos en la legislación de contratos del sector público, no pudiendo superarse los diez años de realización de trabajos sobre una misma entidad a través de contrataciones sucesivas, incluidas sus correspondientes prórrogas.

c) Tres años, prorrogable en los términos establecidos en la legislación de contratos del sector público, no pudiendo superarse los cinco años de realización de trabajos sobre una misma entidad a través de contrataciones sucesivas, incluidas sus correspondientes prórrogas.

d) Cinco años, prorrogable en los términos establecidos en la legislación de contratos del sector público, no pudiendo superarse los diez años de realización de trabajos sobre una misma entidad a través de contrataciones sucesivas, incluidas sus correspondientes prórrogas.

50. El órgano interventor deberá elaborar, con ocasión de la aprobación de la cuenta general, el informe resumen de los resultados del control interno señalado en el artículo 213 del Texto Refundido de la Ley reguladora de las Haciendas Locales:

a) Mensualmente.
b) Semestralmente.
c) Trimestralmente.
d) Anualmente.

51. El informe resumen de los resultados de control interno será remitido al Pleno, a través del Presidente de la Corporación, y a la Intervención General de la Administración del Estado:

a) En el curso del primer trimestre de cada año y contendrá los resultados más significativos derivados de las de las actuaciones de control financiero y de función interventora realizadas en el ejercicio anterior.

b) En el curso del primer semestre de cada año y contendrá los resultados más significativos derivados de las de las actuaciones de control financiero y de función interventora realizadas en el ejercicio anterior.

c) En el curso del primer cuatrimestre de cada año y contendrá los resultados más significativos derivados de las de las actuaciones de control financiero y de función interventora realizadas en el ejercicio anterior.

d) Antes del 31 de enero de cada año y contendrá los resultados más significativos derivados de las de las actuaciones de control financiero y de función interventora realizadas en el ejercicio anterior.

52. El Presidente de la Corporación formalizará un plan de acción que determine las medidas a adoptar para subsanar las debilidades, deficiencias, errores e incumplimientos que se pongan de manifiesto en el informe resumen referido en el artículo anterior. El plan de acción se elaborará en el plazo máximo de:

a) 3 meses desde la remisión del informe resumen al Pleno.
b) 6 meses desde la remisión del informe resumen al Pleno.
c) 4 meses desde la remisión del informe resumen al Pleno.
d) 2 meses desde la remisión del informe resumen al Pleno.

Soluciones comentadas

1. **c) Los fondos carentes de personalidad jurídica cuya dotación se efectúe de forma parcial desde los Presupuestos Generales de la Entidad Local.**

    Justificación: Artículo 2 RD 424/2017: f) Los fondos carentes de personalidad jurídica cuya dotación se efectúe totalmente desde los Presupuestos Generales de la Entidad Local.

2. **d) Las respuestas a) y b) son correctas.**

    Justificación: Artículo 3 RD 424/2017: 1. El control interno de la actividad económico-financiera del sector público local se ejercerá por el órgano interventor mediante el ejercicio de la función interventora y el control financiero.

3. **a) Controlar los actos de la Entidad Local y de sus organismos autónomos, cualquiera que sea su calificación, que den lugar al reconocimiento de derechos o a la realización de gastos, así como los ingresos y pagos que de ellos se deriven, y la inversión o aplicación en general de sus fondos públicos, con el fin de asegurar que su gestión se ajuste a las disposiciones aplicables en cada caso.**

    Justificación: Artículo 3 RD 424/2017: 2. La función interventora tiene por objeto controlar los actos de la Entidad Local y de sus organismos autónomos, cualquiera que sea su calificación, que den lugar al reconocimiento de derechos o a la realización de gastos, así como los ingresos y pagos que de ellos se deriven, y la inversión o aplicación en general de sus fondos públicos, con el fin de asegurar que su gestión se ajuste a las disposiciones aplicables en cada caso.

4. **d) Verificar el funcionamiento de los servicios del sector público local en el aspecto económico financiero para comprobar el cumplimiento de la normativa y directrices que los rigen y, en general, que su gestión se ajusta a los principios de buena gestión financiera, comprobando que la gestión de los recursos públicos se encuentra orientada por la eficacia, la eficiencia, la economía, la calidad y la transparencia, y por los principios de estabilidad presupuestaria y sostenibilidad financiera en el uso de los recursos públicos locales.**

    Justificación: Artículo 3 RD 424/2017: 3. El control financiero tiene por objeto verificar el funcionamiento de los servicios del sector público local en el aspecto económico financiero para comprobar el cumplimiento de la normativa y directrices que los rigen y, en general, que su gestión se ajusta a los principios de buena gestión financiera, comprobando que la gestión de los recursos públicos se encuentra orientada por la eficacia, la eficiencia, la economía, la calidad y la transparencia, y por los principios de estabilidad presupuestaria y sostenibilidad financiera en el uso de los recursos públicos locales.

5. a) Control permanente y auditoría pública.

Justificación: Artículo 3 RD 424/2017: 4. El control financiero así definido comprende las modalidades de control permanente y la auditoría pública, incluyéndose en ambas el control de eficacia referido en el artículo 213 del texto refundido de la Ley de las Haciendas Locales.

6. c) Procedimiento contradictorio.

Justificación: Artículo 4 RD 424/2017: 1. El órgano interventor de la Entidad Local, en el ejercicio de sus funciones de control interno, estará sometido a los principios de autonomía funcional, ejercicio desconcentrado y procedimiento contradictorio.

7. b) El ochenta por ciento del presupuesto general consolidado del ejercicio mediante la aplicación de las modalidades de función interventora y control financiero.

Justificación: Artículo 4 RD 424/2017: 3. El órgano interventor dispondrá de un modelo de control eficaz y para ello se le deberán habilitar los medios necesarios y suficientes. A estos efectos el modelo asegurará, con medios propios o externos, el control efectivo de, al menos, el ochenta por ciento del presupuesto general consolidado del ejercicio mediante la aplicación de las modalidades de función interventora y control financiero. En el transcurso de tres ejercicios consecutivos y en base a un análisis previo de riesgos, deberá haber alcanzado el cien por cien de dicho presupuesto.

8. b) Tres ejercicios consecutivos y en base a un análisis previo de riesgos, deberá haber alcanzado el cien por cien de dicho presupuesto.

Justificación: Artículo 4 RD 424/2017: 3. El órgano interventor dispondrá de un modelo de control eficaz y para ello se le deberán habilitar los medios necesarios y suficientes. A estos efectos el modelo asegurará, con medios propios o externos, el control efectivo de, al menos, el ochenta por ciento del presupuesto general consolidado del ejercicio mediante la aplicación de las modalidades de función interventora y control financiero. En el transcurso de tres ejercicios consecutivos y en base a un análisis previo de riesgos, deberá haber alcanzado el cien por cien de dicho presupuesto.

9. b) El Presidente de la Entidad Local.

Justificación: Artículo 6 RD 424/2017: Asimismo, los órganos interventores podrán recabar a través del Presidente de la Entidad Local, el asesoramiento e informe de los Servicios de Asistencia Municipal y de los órganos competentes de las Diputaciones Provinciales, Cabildos, Consejos Insulares y Comunidades Autónomas Uniprovinciales.

10. d) Todas son correctas.

Justificación: Artículo 7 RD 424/2017: 1. El ejercicio de la función interventora comprenderá las siguientes fases: a) La fiscalización previa de los actos que reconozcan derechos de contenido económico, autoricen o aprueben gastos, dispongan o comprometan gastos y acuerden movimientos de fondos y valores. b) La intervención del reconocimiento de las obligaciones e intervención de la comprobación material de la inversión. c) La intervención formal de la ordenación del pago. d) La intervención material del pago.

11. b) Intervención formal y material.

Justificación: Artículo 7 RD 424/2017: 2. La función interventora se ejercerá en sus modalidades de intervención formal y material. La intervención formal consistirá en la verificación del cumplimiento de los requisitos legales necesarios para la adopción del acuerdo mediante el examen de todos los documentos que preceptivamente deban estar incorporados al expediente. En la intervención material se comprobará la real y efectiva aplicación de los fondos públicos.

12. a) En la verificación del cumplimiento de los requisitos legales necesarios para la adopción del acuerdo mediante el examen de todos los documentos que preceptivamente deban estar incorporados al expediente.

Justificación: Artículo 7 RD 424/2017: 2. La función interventora se ejercerá en sus modalidades de intervención formal y material. La intervención formal consistirá en la verificación del cumplimiento de los requisitos legales necesarios para la adopción del acuerdo mediante el examen de todos los documentos que preceptivamente deban estar incorporados al expediente. En la intervención material se comprobará la real y efectiva aplicación de los fondos públicos.

13. c) La facultad que compete al órgano interventor de examinar, antes de que se dicte la correspondiente resolución, todo acto, documento o expediente susceptible de producir derechos u obligaciones de contenido económico o movimiento de fondos y valores, con el fin de asegurar, según el procedimiento legalmente establecido, su conformidad con las disposiciones aplicables en cada caso.

Justificación: Artículo 8 RD 424/2017: 2. Se entiende por fiscalización previa la facultad que compete al órgano interventor de examinar, antes de que se dicte la correspondiente resolución, todo acto, documento o expediente susceptible de producir derechos u obligaciones de contenido económico o movimiento de fondos y valores, con el fin de asegurar, según el procedimiento legalmente establecido, su conformidad con las disposiciones aplicables en cada caso. El ejercicio de la función interventora no atenderá a cuestiones de oportunidad o conveniencia de las actuaciones fiscalizadas.

14. c) La facultad atribuida al órgano interventor para verificar la correcta expedición de las órdenes de pago.

Justificación: Artículo 8 RD 424/2017: 4. La intervención formal de la ordenación del pago es la facultad atribuida al órgano interventor para verificar la correcta expedición de las órdenes de pago.

15. c) La facultad que compete al órgano interventor para verificar que dicho pago se ha dispuesto por órgano competente y se realiza en favor del perceptor y por el importe establecido.

Justificación: Artículo 8 RD 424/2017: 5. La intervención material del pago es la facultad que compete al órgano interventor para verificar que dicho pago se ha dispuesto por órgano competente y se realiza en favor del perceptor y por el importe establecido.

16. a) Por el control inherente a la toma de razón en contabilidad y el control posterior a que se refiere el artículo 9 del RD 424/2017.

Justificación: Artículo 9 RD 424/2017: 1. La fiscalización previa de los derechos e ingresos de la Tesorería de la Entidad Local y la de sus organismos autónomos se podrá sustituir, siempre que lo haya acordado el Pleno, por el control inherente a la toma de razón en contabilidad y el control posterior a que se refiere el apartado siguiente.

17. b) Nota de reparo que en ningún caso suspenderá la tramitación del expediente.

Justificación: Artículo 9 RD 424/2017: En el caso de que en el ejercicio de la función interventora el órgano interventor se manifestase en desacuerdo con el fondo o con la forma de los actos, documentos o expedientes examinados y la disconformidad se refiera al reconocimiento o liquidación de derechos a favor de las Entidades Locales o sus organismos autónomos, así como a la anulación de derechos, la oposición se formalizará en nota de reparo que en ningún caso suspenderá la tramitación del expediente.

18. c) 10 días hábiles.

Justificación: Artículo 10 RD 424/2017: 2. El órgano interventor fiscalizará el expediente en el plazo de diez días hábiles. Este plazo se reducirá a cinco días hábiles cuando se haya declarado urgente la tramitación del expediente o se aplique el régimen especial de fiscalización e intervención previa regulada en los artículos 13 y 14 de este Reglamento.

19. c) Deberá formular sus reparos por escrito.

Justificación: Artículo 12 RD 424/2017: 1. Si el órgano interventor se manifestase en desacuerdo con el fondo o con la forma de los actos, documentos o expedientes examinados, deberá formular sus reparos por escrito.

20. c) Cuando se hayan omitido requisitos o trámites que pudieran dar lugar a la nulidad o anulabilidad del acto, o cuando la continuación de la gestión administrativa pudiera causar quebrantos económicos a la Tesorería de la Entidad Local o a un tercero.

Justificación: Artículo 12 RD 424/2017: 3. En el supuesto previsto en el apartado c) del artículo 216.2 citado, procederá la formulación de un reparo suspensivo en los casos siguientes: a) Cuando el gasto se proponga a un órgano que carezca de competencia para su aprobación. b) Cuando se aprecien graves irregularidades en la documentación justificativa del reconocimiento de la obligación o no se acredite suficientemente el derecho de su perceptor. c) Cuando se hayan omitido requisitos o trámites que pudieran dar lugar a la nulidad del acto, o cuando la continuación de la gestión administrativa pudiera causar quebrantos económicos a la Tesorería de la Entidad Local o a un tercero.

21. d) En el plazo de quince días.

Justificación: Artículo 12 RD 424/2017: 4. Cuando el órgano al que se dirija el reparo lo acepte, deberá subsanar las deficiencias observadas y remitir de nuevo las actuaciones al órgano interventor en el plazo de quince días. Cuando el órgano al que se dirija el reparo no lo acepte, iniciará el procedimiento descrito en el artículo 15.

22. a) 1Al Tribunal de Cuentas.

Justificación: Artículo 12 RD 424/2017: Las resoluciones y los acuerdos adoptados que sean contrarios a los reparos formulados conforme a lo previsto en este apartado se remitirán al Tribunal de Cuentas de conformidad con el artículo 218.3 del texto refundido de la Ley reguladora de las Haciendas Locales.

23. d) Previo informe del órgano interventor y a propuesta del Presidente, el Pleno de la Entidad Local podrá acordar el régimen de fiscalización e intervención limitada previa.

Justificación: Artículo 13 RD 424/2017: 1. Previo informe del órgano interventor y a propuesta del Presidente, el Pleno de la Entidad Local podrá acordar el régimen de fiscalización e intervención limitada previa.

24. d) Todas son correctas.

Justificación: Todas ellas aparecen reguladas en el artículo 13 del RD 424/2017.

25. b) No prevalecerán sobre las de los órganos de gestión.

Justificación: Artículo 15 RD 424/2017: 1. Sin perjuicio del carácter suspensivo de los reparos en los términos previstos en el texto refundido de la Ley reguladora de las Haciendas Locales, las opiniones del órgano interventor respecto al cumplimiento de las normas no prevalecerán sobre las de los órganos de gestión.

26. c) El Presidente de la Entidad Local.

Justificación: Artículo 15 RD 424/2017: 2. Cuando el órgano gestor no acepte el reparo formulado por el órgano interventor en el ejercicio de la función interventora planteará al Presidente de la Entidad Local una discrepancia.

27. b) Al Pleno.

Justificación: Artículo 15 RD 424/2017: No obstante, lo dispuesto en el apartado anterior, corresponderá al Pleno la resolución de las discrepancias cuando los reparos: a) Se basen en insuficiencia o inadecuación de crédito. b) Se refieran a obligaciones o gastos cuya aprobación sea de su competencia.

28. a) 15 días.

Justificación: Artículo 15 RD 424/2017: En el plazo de quince días desde la recepción del reparo, las discrepancias se plantearán al Presidente o al Pleno de la Corporación Local, según corresponda, y, en su caso, a través de los Presidentes o máximos responsables de los organismos autónomos locales, y organismos públicos en los que se realice la función interventora, para su inclusión obligatoria, y en un punto independiente, en el orden del día de la correspondiente sesión plenaria.

29. c) La discrepancia deberá ser motivada por escrito, con cita de los preceptos legales en los que sustente su criterio.

Justificación: Artículo 15 RD 424/2017: La discrepancia deberá ser motivada por escrito, con cita de los preceptos legales en los que sustente su criterio.

30. d) En el plazo de quince días y tendrá naturaleza ejecutiva.

Justificación: Artículo 15 RD 424/2017: La resolución de la discrepancia por parte del Presidente o el Pleno será indelegable, deberá recaer en el plazo de quince días y tendrá naturaleza ejecutiva.

31. c) La Intervención General de la Administración del Estado.

Justificación: Artículo 15 RD 424/2017: 5. La Intervención General de la Administración del Estado gestionará una base de datos sobre los informes emitidos en relación con las propuestas de resolución de discrepancias sometidas a su valoración, con objeto de unificar criterios y realizar el seguimiento de su aplicación.

32. d) Anual.

Justificación: Artículo 15 RD 424/2017: Con ocasión de la dación de cuenta de la liquidación del Presupuesto, el órgano interventor elevará al Pleno el informe anual de todas las resoluciones adoptadas por el Presidente de la Entidad Local contrarias a los reparos efectuados, o, en su caso, a la opinión del órgano competente de la Administración que ostente la tutela al que se haya solicitado informe, así como un resumen de las principales anomalías detectadas en materia de ingresos.

33. a) Los actos resolutorios de recursos administrativos que tengan contenido económico.

Justificación: Artículo 16 RD 424/2017: Entre los actos sometidos a la intervención previa se consideran incluidos: a) Los actos resolutorios de recursos administrativos que tengan contenido económico. b) Los Convenios que se suscriban y cualquier otro acto de naturaleza análoga, siempre que tenga contenido económico.

34. d) Todas son correctas.

Justificación: Artículo 17 RD 424/2017: No estarán sometidos a la fiscalización previa prevista en el artículo 7.1.a): a) Los gastos de material no inventariable. b) Los contratos menores. c) Los gastos de carácter periódico y demás de tracto sucesivo, una vez fiscalizado el gasto correspondiente al período inicial del acto o contrato del que deriven o sus modificaciones. d) Los gastos menores de 3.005,06 euros que, de acuerdo con la normativa vigente, se hagan efectivos a través del sistema de anticipos de caja fija.

35. a) Que las obligaciones responden a gastos aprobados y, en su caso, fiscalizados favorablemente, salvo que la aprobación del gasto y el reconocimiento de la obligación deban realizarse simultáneamente.

Justificación: Artículo 19 RD 424/2017: Sin perjuicio de lo establecido en el artículo 13 de este Reglamento, al efectuar la intervención previa de la liquidación del gasto o reconocimiento de obligaciones se deberá comprobar, además: a) Que las obligaciones responden a gastos aprobados y, en su caso, fiscalizados favorablemente, salvo que la aprobación del gasto y el reconocimiento de la obligación deban realizarse simultáneamente. b) Que los documentos justificativos de la obligación se ajustan a las disposiciones legales y reglamentarias que resulten de aplicación. En todo caso, en la documentación deberá constar: 1.º Identificación del acreedor. 2.º Importe exacto de la obligación. 3.º Las prestaciones, servicios u otras causas de las que derive la obligación del pago.

36. c) 50.000 euros.

Justificación: Artículo 20 RD 424/2017: 3. Los órganos gestores deberán solicitar al órgano interventor, o en quien delegue, su asistencia a la comprobación material de la inversión cuando el importe de ésta sea igual o superior a 50.000,00 euros, con exclusión del Impuesto sobre el Valor Añadido, y sin perjuicio de que las bases de ejecución del presupuesto fijen un importe inferior, con una antelación de veinte días a la fecha prevista para la recepción de la inversión de que se trate.

37. b) Por el Jefe del centro, dependencia u organismo a quien corresponda recibir o aceptar las obras, servicios o adquisiciones.

Justificación: Artículo 20 RD 424/2017: 6. En los casos en que la intervención de la comprobación material de la inversión no sea preceptiva, la comprobación de la inversión se justificará con el acta de conformidad firmada por quienes participaron en la misma o con una certificación expedida por el Jefe del centro, dependencia u organismo a quien corresponda recibir o aceptar las obras, servicios o adquisiciones, en la que se expresará haberse hecho cargo del material adquirido, especificándolo con el detalle necesario para su identificación, o haberse ejecutado la obra o servicio con arreglo a las condiciones generales y particulares que, en relación con ellos, hubieran sido previamente establecidas.

38. d) Todas las respuestas son correctas.

Justificación: Artículo 23 RD 424/2017: 1. Está sometida a intervención material del pago la ejecución de las órdenes de pago que tengan por objeto: a) Cumplir, directamente, las obligaciones de la Tesorería de la entidad. b) Situar fondos a disposición de cajeros y agentes facultados legalmente para realizar pagos a los acreedores. c) Instrumentar el movimiento de fondos y valores entre las cuentas de la Tesorería.

39. a) Que las propuestas de ingreso a justificar se basan en orden o resolución de autoridad competente para autorizar los ingresos a que se refieran.

Justificación: Artículo 24 RD 424/2017: a) Que las propuestas de pago a justificar se basan en orden o resolución de autoridad competente para autorizar los gastos a que se refieran. El resto de respuestas son correctas.

40. d) Todas son correctas.

Justificación: Artículo 25 RD 424/2017: 2. Sin perjuicio del resto de requisitos que puedan regular las bases de ejecución, en la fiscalización previa de las reposiciones de fondos por anticipos de caja fija el órgano interventor comprobará, en cualquier caso: a) Que el importe total de las cuentas justificativas coincide con el de los documentos contables de ejecución del presupuesto de gastos. b) Que las propuestas de pagos se basan en resolución de autoridad competente. c) Que existe crédito y el propuesto es adecuado.

41. c) No se podrá reconocer la obligación, ni tramitar el pago, ni intervenir favorablemente estas actuaciones hasta que se conozca y resuelva dicha omisión.

Justificación: Artículo 28 RD 424/2017: 1. En los supuestos en los que, con arreglo a lo dispuesto en este Reglamento, la función interventora fuera preceptiva y se hubiese omitido, no se podrá reconocer la obligación, ni tramitar el pago, ni intervenir favorablemente estas actuaciones hasta que se conozca y resuelva dicha omisión en los términos previstos en el presente artículo.

42. a) Pueda el Presidente de la Entidad Local decidir si continua el procedimiento o no y demás actuaciones que, en su caso, procedan.

Justificación: Artículo 28 RD 424/2017: 2. Si el órgano interventor al conocer de un expediente observara omisión de la función interventora lo manifestará a la autoridad que hubiera iniciado aquel y emitirá al mismo tiempo su opinión respecto de la propuesta, a fin de que, uniendo este informe a las actuaciones, pueda el Presidente de la Entidad Local decidir si continua el procedimiento o no y demás actuaciones que, en su caso, procedan.

43. d) Al órgano titular del departamento o de la concejalía de área al que pertenezca el órgano responsable de la tramitación del expediente o al que esté adscrito el organismo autónomo, sin que dicha competencia pueda ser objeto de delegación.

Justificación: Artículo 28 RD 424/2017: 3. En los municipios de gran población corresponderá al órgano titular del departamento o de la concejalía de área al que pertenezca el órgano responsable de la tramitación del expediente o al que esté adscrito el organismo autónomo, sin que dicha competencia pueda ser objeto de delegación, acordar, en su caso, el sometimiento del asunto a la Junta de Gobierno Local para que adopte la resolución procedente.

44. b) Comprobar, de forma continua, que el funcionamiento de la actividad económico-financiera del sector público local se ajusta al ordenamiento jurídico y a los principios generales de buena gestión financiera, con el fin último de mejo-

rar la gestión en su aspecto económico, financiero, patrimonial, presupuestario, contable, organizativo y procedimental. A estos efectos, el órgano de control podrá aplicar técnicas de auditoría.

Justificación: Artículo 29 RD 424/2017: 2. El control permanente se ejercerá sobre la Entidad Local y los organismos públicos en los que se realice la función interventora con objeto de comprobar, de forma continua, que el funcionamiento de la actividad económico-financiera del sector público local se ajusta al ordenamiento jurídico y a los principios generales de buena gestión financiera, con el fin último de mejorar la gestión en su aspecto económico, financiero, patrimonial, presupuestario, contable, organizativo y procedimental. A estos efectos, el órgano de control podrá aplicar técnicas de auditoría.

45. c) En la verificación, realizada con posterioridad y efectuada de forma sistemática, de la actividad económico-financiera del sector público local, mediante la aplicación de los procedimientos de revisión selectivos contenidos en las normas de auditoría e instrucciones que dicte la Intervención General de la Administración del Estado.

Justificación: Artículo 29 RD 424/2017: 3. La auditoría pública consistirá en la verificación, realizada con posterioridad y efectuada de forma sistemática, de la actividad económico-financiera del sector público local, mediante la aplicación de los procedimientos de revisión selectivos contenidos en las normas de auditoría e instrucciones que dicte la Intervención General de la Administración del Estado.

46. a) La auditoría de cuentas, la auditoria de cumplimiento y la auditoría operativa.

Justificación: Todas ellas aparecen reguladas en el artículo 29 RD 424/2017.

47. c) La verificación de que los actos, operaciones y procedimientos de gestión económico-financiera se han desarrollado de conformidad con las normas que les son de aplicación.

Justificación: Artículo 29 RD 424/2017: La auditoría de cumplimiento tiene como objeto la verificación de que los actos, operaciones y procedimientos de gestión económico-financiera se han desarrollado de conformidad con las normas que les son de aplicación.

48. d) Todas son correctas.

Justificación: Artículo 33 RD 424/2017: 3. Las actuaciones de auditoría pública se podrán desarrollar en los siguientes lugares: a) En las dependencias u oficinas de la entidad auditada. b) En las dependencias u oficinas de otras entidades o servicios en los que exista documentación, archivos, información o activos cuyo examen se considere relevante para la realización de las actuaciones. c) En los locales de firmas privadas de auditoría cuando sea necesario utilizar documentos soporte del trabajo realizado por dichas firmas de auditoría por encargo de las entidades auditadas. d) En las dependencias del órgano interventor encargado de la realización de dichas actuaciones.

49. a) Dos años, prorrogable en los términos establecidos en la legislación de contratos del sector público, no pudiendo superarse los ocho años de realización de trabajos sobre una misma entidad a través de contrataciones sucesivas, incluidas sus correspondientes prórrogas.

Justificación: Artículo 34 RD 424/2017: Los auditores serán contratados por un plazo máximo de dos años, prorrogable en los términos establecidos en la legislación de contratos del sector público, no pudiendo superarse los ocho años de realización de trabajos sobre una misma entidad a través de contrataciones sucesivas, incluidas sus correspondientes prórrogas, ni pudiendo a dichos efectos ser contratados para la realización de trabajos sobre una misma entidad hasta transcurridos dos años desde la finalización del período de ocho.

50. d) Anualmente.

Justificación: Artículo 37 RD 424/2017: El órgano interventor deberá elaborar con carácter anual y con ocasión de la aprobación de la cuenta general, el informe resumen de los resultados del control interno señalado en el artículo 213 del Texto Refundido de la Ley reguladora de las Haciendas Locales.

51. c) En el curso del primer cuatrimestre de cada año y contendrá los resultados más significativos derivados de las de las actuaciones de control financiero y de función interventora realizadas en el ejercicio anterior.

Justificación: Artículo 37 RD 424/2017: 2. El informe resumen será remitido al Pleno, a través del Presidente de la Corporación, y a la Intervención General de la Administración del Estado en el curso del primer cuatrimestre de cada año y contendrá los resultados más significativos derivados de las de las actuaciones de control financiero y de función interventora realizadas en el ejercicio anterior.

52. a) 3 meses desde la remisión del informe resumen al Pleno.

Justificación: Artículo 38 RD 424/2017: 2. El plan de acción se elaborará en el plazo máximo de 3 meses desde la remisión del informe resumen al Pleno y contendrá las medidas de corrección adoptadas, el responsable de implementarlas y el calendario de actuaciones a realizar, relativos tanto a la gestión de la propia Corporación como a la de los organismos y entidades públicas adscritas o dependientes y de las que ejerza la tutela.

Orden HAP/1781/2013, de 20 de septiembre, por la que se aprueba la Instrucción del modelo normal de contabilidad local

TEST N.º 1

Principios generales del modelo normal de contabilidad local

1. ¿De cuántos artículos consta la Orden HAP/1781/2013, de 20 de septiembre, por la que se aprueba la instrucción del modelo normal de contabilidad local?

a) 320.
b) 15.
c) 1.
d) 78.

2. ¿De cuántos anexos consta la HAP/1781/2013?

a) De uno.
b) De dos.
c) De tres.
d) De cinco.

3. Las normas contenidas en la Instrucción del modelo normal de Contabilidad Local (en adelante IMNCL) deberán aplicarse a:

a) Los municipios cuyo presupuesto exceda de 3.000.000 €, así como a aquellos cuyo presupuesto no supere este importe, pero exceda de 100.000 € y cuya población sea superior a 25.000 habitantes.
b) Las demás entidades locales siempre que su presupuesto exceda de 3.000.000 €.
c) Las sociedades mercantiles dependientes de las entidades locales contempladas en los apartados anteriores.
d) Todas son correctas.

4. Las entidades locales incluidas en el ámbito de aplicación de la Instrucción del modelo simplificado de contabilidad local:

a) No podrán aplicar el modelo normal de contabilidad local.
b) Podrán aplicar el modelo normal de contabilidad local.
c) Podrán aplicar el modelo normal de contabilidad local cuando su presupuesto exceda de 1.000.000 €.
d) No podrán aplicar el modelo normal de contabilidad local salvo que así lo acuerde por mayoría absoluta el Pleno de la Corporación.

5. Los organismos autónomos deberán aplicar:

a) La Instrucción del modelo normal de contabilidad en todo caso.
b) La misma Instrucción de contabilidad que la entidad local de la que dependan.
c) La Instrucción del modelo que les corresponda según el número de trabajadores.
d) La Instrucción del modelo simplificado en todo caso.

6. De conformidad con la Regla 2 del IMNCL, constituye/n una entidad contable:

a) Cada Servicio o Departamento de las entidades locales incluidas en el ámbito de aplicación de la Instrucción.
b) Todas las entidades locales incluidas en el ámbito de aplicación de la Instrucción, en su conjunto.
c) Cada Área de Gobierno de las entidades locales incluidas en el ámbito de aplicación de la Instrucción.
d) Cada entidad local u organismo autónomo incluido en el ámbito de aplicación de la Instrucción.

7. De conformidad con la Regla 4 del IMNCL, el ejercicio contable:

a) Coincidirá con el año hábil en todo caso.
b) Coincidirá con el año natural en todo caso.
c) Coincidirá con el año hábil excepto en los casos de disolución o creación de la entidad.
d) Coincidirá con el año natural excepto en los casos de disolución o creación de la entidad.

8. Cada entidad contable deberá aplicar un modelo contable centralizado, de acuerdo con lo indicado en la regla sexta de IMNCL y teniendo en cuenta los siguientes principios:

a) Se externalizará de la Unidad de contabilidad de la entidad contable el registro de todas las operaciones, con independencia del lugar físico donde se capturen las mismas o donde se obtenga la información contable.
b) Las cuentas anuales tendrán carácter unitario y mostrarán la situación patrimonial y financiera, el resultado económico patrimonial y la ejecución del Presupuesto de la entidad contable en su conjunto.
c) Se centralizará en la Unidad de presupuestación de la entidad contable el registro de todas las operaciones, todo ello dependiendo del lugar físico donde se capturen las mismas o donde se obtenga la información contable.
d) Las respuestas a) y b) son correctas.

9. La Contabilidad de las entidades contables se llevará por:

a) El método de partida simple.
b) El método de múltiple partida.
c) El método de partida doble.
d) El método de partida triple.

10. En función de sus necesidades de gestión e información, la entidad contable podrá (Regla 6 IMNCL):

a) Desarrollar sus propias cuentas de primer orden en los casos expresamente previstos en el Plan.

b) Utilizar cuentas de primer orden y de segundo orden no previstas en el Plan, así como otras divisionarias.

c) Desarrollar sus propias cuentas de segundo orden en los casos expresamente previstos en el Plan.

d) Las respuestas a) y b) son correctas.

11. La información contable que se elabore por las entidades contables irá dirigida a los siguientes destinatarios:

a) El Pleno de la Corporación local.

b) Los órganos de gestión, solo a nivel administrativo.

c) Los ciudadanos del municipio.

d) Todos los anteriores.

12. Marca la respuesta incorrecta. La información contable que se elabore por las entidades contables irá dirigida a los siguientes destinatarios:

a) El Tribunal de Cuentas y los órganos de control externo de las Comunidades Autónomas, así como la Comisión Especial de Cuentas de cada entidad local.

b) Los órganos de las Administraciones públicas que ejerzan funciones de tutela en relación con la entidad contable.

c) Los órganos de la Unión Europea, tanto administrativos como de control.

d) Los deudores de la propia entidad contable.

13. De conformidad con la Regla 8 del IMNCL, corresponderá al Pleno de la Corporación:

a) Aprobar la Cuenta General de la entidad local.

b) Llevar y desarrollar la contabilidad financiera y la de ejecución del presupuesto de la entidad local de acuerdo con la presente Instrucción, las demás normas de carácter general que dicte el Ministro de Hacienda y Administraciones Públicas y las dictadas por el Pleno de la Corporación.

c) Coordinar las funciones o actividades contables de la entidad local, emitiendo las instrucciones técnicas oportunas e inspeccionando su aplicación.

d) Todas las anteriores.

14. No es una función del Pleno de la Corporación (Regla 8 IMNCL):

a) Establecer, a propuesta de la Intervención u órgano de la entidad local que tenga atribuida la función de contabilidad, los procedimientos a seguir para la inspección de la contabilidad de los organismos autónomos, de las sociedades mercantiles dependientes de la entidad local, así como de sus entidades públicas empresariales.

b) Determinar, a propuesta de la Intervención u órgano de la entidad local que tenga atribuida la función de contabilidad, los criterios a seguir por la entidad en la aplicación del marco conceptual de la contabilidad pública y de las normas de reconocimiento y valoración recogidos en el Plan General de Contabilidad Pública adaptado a la Administración local.

c) Recabar de las entidades dependientes, multigrupo y asociadas la presentación de las cuentas anuales, en su caso, el correspondiente informe de gestión y, cuando proceda, el informe de auditoría, así como cualquier otra información que se considere necesaria para la formación de la Cuenta General y, en su caso, para la elaboración de las cuentas anuales consolidadas.

d) Todas son competencias del Pleno de la Corporación.

15. De conformidad con la Regla 9 de la IMNCL, corresponde a la Intervención u órgano de la entidad local que tenga atribuida la función de contabilidad:

a) Formar la Cuenta General de la entidad local.

b) Organizar un adecuado sistema de archivo y conservación de toda la documentación e información contable que permita poner a disposición de los órganos de control los justificantes, documentos, cuentas o registros del sistema de información contable por ellos solicitados en los plazos requeridos.

c) Inspeccionar la contabilidad de los organismos autónomos, de las sociedades mercantiles dependientes de la entidad local, así como de sus entidades públicas empresariales, de acuerdo con los procedimientos que establezca el Pleno.

d) Todas son correctas.

16. Marca la respuesta incorrecta. Corresponde a la Intervención General de la Administración del Estado:

a) Promover el ejercicio de la potestad reglamentaria atribuida al Ministro de Hacienda (hoy de Hacienda y Administraciones Públicas) en materia contable, por el Texto refundido de la Ley Reguladora de las Haciendas Locales.

b) Determinar la estructura del Avance de la Liquidación del presupuesto corriente a que se refiere el artículo 168 del texto refundido de la Ley Reguladora de las Haciendas Locales, de conformidad con lo que se establezca por el Pleno de la entidad.

c) Emitir pronunciamientos y dictar recomendaciones en orden a facilitar la aplicación de las normas reguladoras de la contabilidad pública local.

d) Resolver las consultas que le formulen en relación con las normas a que se refiere el apartado anterior.

Soluciones comentadas

1. **c) 1.**
    Estructura de la HAP/1781/2013.

2. **b) De dos.**
    Estructura de la HAP/1781/2013.

3. **b) Las demás entidades locales siempre que su presupuesto exceda de 3.000.000 €.**
    Regla 1 de la IMNCL: Deben aplicar las normas contenidas en la presente Instrucción:

    a) Los municipios cuyo presupuesto exceda de 3.000.000 €, así como aquellos cuyo presupuesto no supere este importe pero exceda de 300.000 € y cuya población sea superior a 5.000 habitantes.

    b) Las demás entidades locales siempre que su presupuesto exceda de 3.000.000 €.

    c) Los organismos autónomos dependientes de las entidades locales contempladas en los apartados anteriores.

4. **b) Podrán aplicar el modelo normal de contabilidad local.**
    Regla 1 IMNCL: 2. Las entidades locales incluidas en el ámbito de aplicación de la Instrucción del modelo simplificado de contabilidad local podrán aplicar la presente Instrucción.

5. **b) La misma Instrucción de contabilidad que la entidad local de la que dependan.**
    Regla 1 IMNCL: En todo caso, los organismos autónomos deberán aplicar la misma Instrucción de contabilidad que la entidad local de la que dependan.

6. **d) Cada entidad local u organismo autónomo incluido en el ámbito de aplicación de la Instrucción.**
    Regla 2 IMNCL: Cada entidad local u organismo autónomo incluido en el ámbito de aplicación de esta Instrucción constituye una entidad contable, a los efectos previstos en la misma.

7. **d) Coincidirá con el año natural excepto en los casos de disolución o creación de la entidad.**
    Regla 4 IMNCL: El ejercicio contable coincidirá con el año natural, salvo en los casos de disolución o creación de la entidad. En los casos de disolución de una entidad las cuentas anuales se referirán al periodo que va desde el 1 de enero hasta la fecha de

disolución, mientras que, en los casos de creación de una entidad, las cuentas anuales se referirán al periodo que va desde la fecha de creación hasta el 31 de diciembre de dicho ejercicio.

8. b) Las cuentas anuales tendrán carácter unitario y mostrarán la situación patrimonial y financiera, el resultado económico patrimonial y la ejecución del Presupuesto de la entidad contable en su conjunto.

Regla 5 IMNCL: Cada entidad contable deberá aplicar un modelo contable centralizado, de acuerdo con lo indicado en la regla siguiente y teniendo en cuenta los siguientes principios:

a) Se centralizará en la Unidad de contabilidad de la entidad contable el registro de todas las operaciones, con independencia del lugar físico donde se capturen las mismas o donde se obtenga la información contable.

b) Las cuentas anuales tendrán carácter unitario y mostrarán la situación patrimonial y financiera, el resultado económico patrimonial y la ejecución del Presupuesto de la entidad contable en su conjunto.

9. c) El método de partida doble.

Regla 6 IMNCL: La contabilidad de las entidades contables se llevará por el método de partida doble, de acuerdo con las normas contenidas en la presente Instrucción y con las que se dicten en desarrollo de la misma, debiendo ajustarse al Plan General de Contabilidad Pública adaptado a la Administración local anexo a esta Instrucción.

10. a) Desarrollar sus propias cuentas de primer orden en los casos expresamente previstos en el Plan.

Regla 6 IMNCL: En función de sus necesidades de gestión e información, la entidad contable podrá: b.1) Desarrollar sus propias cuentas de primer orden en los casos expresamente previstos en el Plan. b.2) Utilizar cuentas de segundo orden y de tercer orden no previstas en el Plan, así como otras divisionarias.

11. a) El Pleno de la Corporación local.

Regla 7 IMNCL: La información contable que se elabore por las entidades contables irá dirigida a los siguientes destinatarios:

a) El Pleno de la Corporación local.

b) Los órganos de gestión, tanto en el nivel político como en el administrativo.

c) El Tribunal de Cuentas y los órganos de control externo de las Comunidades Autónomas, así como la Comisión Especial de Cuentas de cada entidad local.

d) Los órganos encargados del control interno de las entidades contables en sus distintas acepciones: función interventora y controles financiero y de eficacia.

e) Los órganos de las Administraciones públicas que ejerzan funciones de tutela en relación con la entidad contable.

f) Los órganos de la Unión Europea, tanto administrativos como de control.

g) Los acreedores de la propia entidad contable.

h) Los analistas financieros y económicos.

i) Otras entidades públicas y privadas, asociaciones, usuarios de los servicios presta-dos por la entidad contable y ciudadanos en general.

12. d) Los deudores de la propia entidad contable.

Regla 7 IMNCL: La información contable que se elabore por las entidades contables irá dirigida a los siguientes destinatarios:

a) El Pleno de la Corporación local.

b) Los órganos de gestión, tanto en el nivel político como en el administrativo.

c) El Tribunal de Cuentas y los órganos de control externo de las Comunidades Autónomas, así como la Comisión Especial de Cuentas de cada entidad local.

d) Los órganos encargados del control interno de las entidades contables en sus dis-tintas acepciones: función interventora y controles financiero y de eficacia.

e) Los órganos de las Administraciones públicas que ejerzan funciones de tutela en relación con la entidad contable.

f) Los órganos de la Unión Europea, tanto administrativos como de control.

g) Los acreedores de la propia entidad contable.

h) Los analistas financieros y económicos.

i) Otras entidades públicas y privadas, asociaciones, usuarios de los servicios presta-dos por la entidad contable y ciudadanos en general.

13. a) Aprobar la Cuenta General de la entidad local.

Regla 8 IMNCL: Corresponde al Pleno de la Corporación: a) Aprobar la Cuenta General de la entidad local. El resto de competencias corresponden a la Intervención u órga-no de la entidad local que tenga atribuida la función de contabilidad.

14. c) Recabar de las entidades dependientes, multigrupo y asociadas la presenta-ción de las cuentas anuales, en su caso, el correspondiente informe de gestión y, cuando proceda, el informe de auditoría, así como cualquier otra información que se considere necesaria para la formación de la Cuenta General y, en su caso, para la elaboración de las cuentas anuales consolidadas.

Las competencias de las respuestas a) y b) aparecen en la Regla 8 de la IMNCL, mien-tras que la respuesta c) es una competencia de la Intervención u órgano de la entidad local que tenga atribuida la función de contabilidad.

15. d) Todas son correctas.

Todas ellas aparecen en el listado de la Regla 9 de la IMNCL.

16. b) Determinar la estructura del Avance de la Liquidación del presupuesto corriente a que se refiere el artículo 168 del texto refundido de la Ley Reguladora de las Haciendas Locales, de conformidad con lo que se establezca por el Pleno de la entidad.

Regla 10 IMNCL: Corresponde a la Intervención General de la Administración del Estado:

a) Promover el ejercicio de la potestad reglamentaria atribuida al Ministro de Hacienda (hoy de Hacienda y Administraciones Públicas) en materia contable, por el Texto refundido de la Ley Reguladora de las Haciendas Locales.

b) Emitir pronunciamientos y dictar recomendaciones en orden a facilitar la aplicación de las normas reguladoras de la contabilidad pública local.

c) Resolver las consultas que le formulen en relación con las normas a que se refiere el apartado anterior.

TEST N.º 2

Del modelo normal del sistema de información contable para la Administración Local

1. La contabilidad de las entidades locales y sus organismos autónomos se configura como:

a) Un sistema de registro, elaboración y comunicación de información sobre la actividad económico-financiera y jurídica desarrollada durante cuatro ejercicios, de acuerdo con los principios recogidos en el texto refundido de la Ley Reguladora de las Haciendas Locales y en IMNCL.

b) Un sistema de registro, elaboración y comunicación de información sobre la actividad económico-financiera y presupuestaria desarrollada durante el ejercicio contable, de acuerdo con los principios recogidos en el texto refundido de la Ley Reguladora de las Haciendas Locales y en IMNCL.

c) Un sistema de registro, suministro y comunicación de información sobre la actividad económico-financiera y presupuestaria desarrollada durante el ejercicio contable por todas las entidades contables, de acuerdo con los principios recogidos en el texto refundido de la Ley Reguladora de las Haciendas Locales y en IMNCL.

d) Un sistema de registro, elaboración y comunicación de información sobre la actividad mercantil y presupuestaria desarrollada durante el ejercicio natural, de acuerdo con los principios recogidos en el texto refundido de la Ley Reguladora de las Haciendas Locales y en IMNCL.

2. El modelo normal del sistema de información contable para la Administración local (en adelante SICAL-Normal) tiene por objeto:

a) Registrar todas las operaciones de gasto y de naturaleza presupuestaria, económica y patrimonial que se produzcan en el ámbito de la entidad contable, así como mostrar, a través de estados e informes, la imagen fiel de su patrimonio, de su situación financiera, del resultado económico patrimonial y de la ejecución de su presupuesto, para satisfacer los fines que se describen en la regla 13 de la IMNCL.

b) Registrar todas las operaciones de naturaleza contable que se produzcan en el ámbito de la entidad contable y de sus organismos autónomos, así como mostrar, a través de estados e informes, la imagen fiel de su patrimonio, de su situación financiera, del resultado económico patrimonial y de la ejecución de su presupuesto, para satisfacer los fines que se describen en la regla 13 de la IMNCL.

c) Registrar las operaciones de naturaleza presupuestaria, económica, financiera y patrimonial que se produzcan en el ámbito de la entidad contable y que hayan sido fiscalizadas previamente, así como mostrar, a través de estados e informes, la imagen fiel de su patrimonio, de su situación financiera, del resultado económico patrimonial y de la ejecución o inejecución de su presupuesto, para satisfacer los fines que se describen en la regla 13 de la IMNCL.

d) Registrar todas las operaciones de naturaleza presupuestaria, económica, financiera y patrimonial que se produzcan en el ámbito de la entidad contable, así como mostrar, a través de estados e informes, la imagen fiel de su patrimonio, de su situación financiera, del resultado económico patrimonial y de la ejecución de su presupuesto, para satisfacer los fines que se describen en la regla 13 de la IMNCL.

3. El SICAL-Normal debe estar organizado de forma que, al menos, permita a cada entidad contable:

a) Registrar las operaciones de naturaleza no presupuestaria.

b) Registrar y poner de manifiesto los movimientos y situación de la tesorería, posibilitando el control de las diferentes cuentas que constituyen la tesorería de la entidad contable.

c) Registrar la información relativa a los terceros que se relacionen con la entidad contable.

d) Todas son correctas.

4. De conformidad con la Regla 13 de la IMNCL, el SICAL-Normal debe permitir el cumplimiento de los siguientes fines:

a) Suministrar la información económica y financiera que sea necesaria para la toma de decisiones, exclusivamente en el orden de gestión.

b) Proporcionar los datos necesarios para la formación y rendición de la Cuenta General de la entidad local, así como de las cuentas, estados y documentos que deban elaborarse o remitirse a los órganos de control interno.

c) Facilitar los datos y demás antecedentes que sean precisos para la confección de las cuentas nacionales de las unidades que componen el sector de las Administraciones Públicas.

d) Todas son correctas.

5. De conformidad con la Regla 15 de la IMNCL:

a) El registro contable de las operaciones podrá efectuarse expresando los valores en euros o en otra moneda distinta, debidamente justificada.

b) El registro contable de las operaciones deberá efectuarse expresando los valores en cualquier moneda de curso legal.

c) El registro contable de las operaciones deberá efectuarse expresando los valores en euros, dólares o libras.

d) El registro contable de las operaciones deberá efectuarse expresando los valores en euros.

6. Los remanentes de crédito serán objeto de un seguimiento y control individualizado, a efectos de su posible incorporación a los créditos del presupuesto del ejercicio inmediato siguiente. Dicho seguimiento y control se realizará a través del sistema de información contable y deberá mostrar en cada momento:

a) Los remanentes de crédito totales.
b) Los acuerdos de incorporabilidad.
c) Los remanentes de crédito finales.
d) Todos los anteriores.

7. Los remanentes de crédito iniciales son:

a) Los que deben determinarse como consecuencia de la aprobación del presupuesto.
b) Los que deben determinarse como consecuencia de la aprobación inicial del presupuesto.
c) Los que deben determinarse como consecuencia de la ejecución del presupuesto.
d) Los que deben determinarse como consecuencia de la liquidación del Presupuesto.

8. Los remanentes de crédito se clasifican en:

a) Disponibles y no disponibles.
b) Iniciales y finales.
c) Comprometidos y no comprometidos.
d) Provisionales y definitivos.

9. De conformidad con la Regla 19 de la IMNCL, ¿pueden anularse certificaciones de existencia de remanente de crédito?

a) No, en ningún caso.
b) Exclusivamente en el supuesto de errores en sus datos.
c) Sí, en cualquier caso.
d) Ninguna es correcta.

10. Un proyecto de gasto es:

a) Una unidad de gasto presupuestario perfectamente identificable, en términos genéricos o específicos, cuya ejecución se efectúe con cargo a créditos de una o varias aplicaciones presupuestarias y se extienda a uno o más ejercicios, requiere un seguimiento y control individualizado.
b) Una unidad de gasto presupuestario o no presupuestario perfectamente identificable, en términos genéricos o específicos, cuya ejecución, se efectúe con cargo a créditos de una o varias aplicaciones presupuestarias y se extienda a uno o más ejercicios, requiere un seguimiento y control individualizado.

c) Una unidad de gasto presupuestario perfectamente identificable, en términos genéricos o específicos, cuya ejecución, se extiende a un único ejercicio y que requiere un seguimiento y control individualizado.

d) Una unidad de gasto presupuestario o extrapresupuestario perfectamente identificable, en términos genéricos o específicos, cuya ejecución, se efectúe con cargo a créditos de una o varias aplicaciones presupuestarias o de forma externa al presupuesto y se extienda a uno o más ejercicios, requiere un seguimiento y control individualizado.

11. Tendrán la consideración de proyecto de gastos:

a) Los proyectos de inversión incluidos en el Anexo de Inversiones que acompaña al Presupuesto.

b) Los gastos con financiación afectada.

c) Cualesquiera otras unidades de gasto presupuestario sobre las que la entidad quiera efectuar un seguimiento y control individualizado.

d) Todas son correctas.

12. Todo proyecto de gasto estará identificado:

a) Por un código único que variará cada ejercicio económico.

b) Por un código único e invariable a lo largo de su vida, determinado según lo establecido por la propia entidad local.

c) Por un código múltiple que identificará todos los proyectos de gasto.

d) Por un código único e invariable durante el primer ejercicio económico, su determinación vendrá establecida por la Intervención General del Estado.

13. Cada proyecto de gasto podrá desglosarse en niveles inferiores. Asimismo, si la entidad local lo considerara oportuno, podrá establecer el:

a) Nivel supremo.

b) Nivel de superproyecto.

c) Nivel máximo.

d) Nivel inicial.

14. El seguimiento y control de los proyectos de gasto tendrá por objeto, entre otros, la consecución de los siguientes fines:

a) Asegurar el cumplimiento de las vinculaciones jurídicas que para los distintos proyectos se hayan establecido.

b) Controlar la ejecución presupuestaria de cada proyecto, de forma que los importes de cada fase no puedan superar a los de fases posteriores.

c) Posibilitar, cuando proceda, el inventario de los proyectos de gasto.

d) Todas son correctas.

15. Para el cumplimiento de sus fines, el sistema de seguimiento y control de los proyectos de gasto deberá ofrecer, al menos, la siguiente información:

a) Datos particulares del proyecto.
b) Información sobre la gestión presupuestaria, tanto del presupuesto corriente como de presupuestos cerrados y futuros.
c) Datos de los proyectos de gastos ya finalizados.
d) Todas son correctas.

16. Un gasto con financiación afectada es:

a) Cualquier proyecto de gasto que se financie, en todo o en parte, con recursos concretos que en caso de no realizarse el gasto no podrían percibirse o si se hubieran percibido deberían reintegrarse a los agentes que los aportaron.
b) Cualquier proyecto de gasto que se financie, totalmente, con recursos concretos que en caso de no realizarse el gasto no podrían percibirse o si se hubieran percibido deberían reintegrarse a los agentes que los aportaron.
c) Cualquier proyecto de gasto que se financie, en todo o en parte, con recursos concretos que en caso de realizarse el gasto no podrían percibirse o si se hubieran percibido deberían reintegrarse a los agentes que los aportaron.
d) Cualquier proyecto de gasto que se financie, en todo o en parte, con recursos concretos que en caso de no realizarse el gasto no podrían percibirse. En el caso que se hubieran percibido no podrá efectuarse su devolución.

17. En todo caso, el seguimiento y control de los gastos con financiación afectada ha de garantizar el cumplimiento de los siguientes fines:

a) Asegurar que la ejecución, en términos económico-presupuestarios, de todo gasto con financiación afectada se efectúe en su totalidad, de modo tal que se cumplan las condiciones que, en su caso, se hubiesen acordado para la percepción de los recursos afectados.
b) Calcular, en la liquidación de cada uno de los presupuestos a que afecte la realización de los gastos con financiación afectada, las desviaciones de financiación que, en su caso, se hayan producido como consecuencia de desfases, cualquiera que sea su origen, en el ritmo de ejecución del gasto y de los ingresos específicos que los financien.
c) Controlar la ejecución presupuestaria de cada gasto con financiación afectada, tanto la del gasto como la de los ingresos afectados.
d) Todas son correctas.

18. Marca la respuesta incorrecta. Para el cumplimiento de sus fines el sistema de seguimiento y control de los gastos con financiación afectada deberá ofrecer, al menos, la siguiente información:

a) Datos generales del proyecto.
b) Información sobre la gestión del ingreso presupuestario, tanto del presupuesto corriente como de presupuestos cerrados y futuros.

c) Información sobre la gestión de los ingresos presupuestarios afectados, tanto del presupuesto corriente como de presupuestos cerrados y futuros.

d) Todas son correctas.

19. El coeficiente de financiación es el resultado:

a) De dividir los ingresos presupuestarios (reconocidos y pendientes de reconocer) afectados a la realización de un gasto presupuestario, por el importe total de este (realizado y a realizar).

b) De multiplicar los ingresos presupuestarios (reconocidos y pendientes de reconocer) afectados a la realización de un gasto presupuestario, por el importe total de este (realizado y a realizar).

c) De dividir los gastos presupuestarios (reconocidos y pendientes de reconocer) afectados a la realización de un ingreso presupuestario, por el importe total de este (realizado y a realizar).

d) De dividir los ingresos presupuestarios y no presupuestarios (reconocidos y pendientes de reconocer) afectados a la realización de un gasto presupuestario y no presupuestario, por el importe parcial de este (realizado y a realizar).

20. De conformidad con el apartado 4 de la Regla 28 de la IMNCL, el coeficiente de financiación puede clasificarse en:

a) Presupuestario y no presupuestario.

b) Global y parcial.

c) Bruto y neto.

d) Del ejercicio actual o de ejercicios pasados.

21. La desviación de financiación:

a) Es la magnitud que representa el desfase existente entre los ingresos presupuestarios autorizados durante un ejercicio presupuestario, para la realización de un gasto con financiación afectada y los que, en función de la parte del mismo efectuada en ese periodo, deberían haberse reconocido, si la ejecución de los ingresos afectados se realizase de forma progresiva con la del gasto presupuestario.

b) Es la magnitud que representa el desfase existente entre los gastos presupuestarios reconocidos durante un periodo determinado, para la realización de un gasto con financiación afectada y los que, en función de la parte del mismo efectuada en ese periodo, deberían haberse reconocido, si la ejecución de los ingresos afectados se realizase armónicamente con la del gasto presupuestario.

c) Es la magnitud que representa el desfase existente entre los ingresos presupuestarios reconocidos durante un periodo determinado, para la realización de un ingreso con financiación afectada y los que, en función de la parte del mismo efectuada en ese periodo, deberían haberse reconocido, si la ejecución de los gastos afectados se realizase armónicamente con la del gasto presupuestario.

d) Es la magnitud que representa el desfase existente entre los ingresos presupuestarios reconocidos durante un periodo determinado, para la realización de un gasto con financiación afectada y los que, en función de la parte del mismo efectuada en ese periodo, deberían haberse reconocido, si la ejecución de los ingresos afectados se realizase armónicamente con la del gasto presupuestario.

22. Las desviaciones de financiación, para cada gasto con financiación afectada se calcularán:

a) Mediante la suma de los derechos reconocidos netos o los ingresos afectados y el producto del coeficiente de financiación por el total de obligaciones reconocidas netas, referidos unos y otras al periodo considerado.

b) Por diferencia entre los derechos reconocidos netos por los ingresos afectados y el producto del coeficiente de financiación por el total de obligaciones reconocidas netas, referidos unos y otras al periodo considerado.

c) Por el producto entre los derechos reconocidos netos por los ingresos afectados y el cociente del coeficiente de financiación por el total de obligaciones reconocidas netas, referidos unos y otras al periodo considerado.

d) Por diferencia entre las obligaciones reconocidas netas por los ingresos afectados y el producto del coeficiente de financiación por el total de derechos reconocidos netos, referidos unos y otras al periodo considerado.

23. Las desviaciones de financiación del ejercicio se calcularán:

a) Tomando en consideración el coeficiente de financiación global por agente financiador y el importe de las obligaciones y los derechos reconocidos relativos al agente de que se trate, referidos unas y otros al ejercicio presupuestario anterior al actual.

b) Tomando en consideración el coeficiente de financiación parcial por gasto y el importe de las obligaciones y los derechos reconocidos relativos el gasto de que se trate, referidos unas y otros al ejercicio presupuestario.

c) Tomando en consideración el coeficiente de financiación parcial por agente financiador y el importe de las obligaciones y los derechos reconocidos relativos al agente de que se trate, referidos unas y otros al ejercicio presupuestario.

d) Se calcularán del mismo modo que las desviaciones de financiación acumulada, pero tomando en consideración las obligaciones y los derechos reconocidos desde el inicio de la ejecución del gasto con financiación afectada hasta el final del ejercicio.

24. Las desviaciones de financiación acumuladas se calcularán:

a) Tomando en consideración el coeficiente de financiación parcial por agente financiador y el importe de las obligaciones y los derechos reconocidos relativos al agente de que se trate, referidos unas y otros al ejercicio presupuestario.

b) Del mismo modo que las imputables al ejercicio, pero tomando en consideración las obligaciones y los derechos reconocidos desde el inicio de la ejecución del gasto con financiación afectada hasta el final del ejercicio.

c) Tomando en consideración el coeficiente de financiación parcial por gasto y el importe de las obligaciones y los derechos reconocidos relativos el gasto de que se trate, referidos unas y otros al ejercicio presupuestario.

d) Del mismo modo que las imputables al ejercicio, pero tomando en consideración las obligaciones y los derechos reconocidos desde el inicio del ejercicio hasta el final de la ejecución del gasto con financiación afectada.

25. Cuando una entidad administre recursos por cuenta de otros entes públicos, deberá facilitar periódicamente, a cada uno de los entes por cuya cuenta se realice la oportuna gestión, la información necesaria para que estos últimos puedan imputar a su presupuesto las diferentes operaciones que se hubiesen efectuado respecto de los recursos de los que sean titulares. La periodicidad con la que se ha de remitir dicha información señalada deberá ser:

a) Igual o superior a la que esté establecida para el pago del producto de la recaudación líquida al ente titular de los recursos, ya se efectúe dicho pago de forma directa o mediante el procedimiento de entregas a cuenta.

b) Igual o superior a la que esté establecida para el pago del producto de la recaudación bruta al ente titular de los recursos, ya se efectúe dicho pago de forma directa o indirecta.

c) Igual o inferior a la que esté establecida para el pago del producto de los ingresos netos, ya se efectúe dicho pago de forma directa o mediante el procedimiento de entregas a cuenta.

d) Igual o inferior a la que esté establecida para el pago del producto de la recaudación líquida al ente titular de los recursos, ya se efectúe dicho pago de forma directa o mediante el procedimiento de entregas a cuenta.

26. Las entidades que administren recursos por cuenta de otros entes públicos registrarán en su contabilidad patrimonial las operaciones derivadas de la gestión que realicen en relación con dichos recursos, cuando se suministre la información indicada en el apartado 1 de la regla 31 de la IMNCL a las entidades titulares de los recursos, se utilizarán exclusivamente las cuentas:

a) 453 y 456.
b) 201 y 202.
c) 450 y 470.
d) 240 y 250.

27. Las entidades que administren recursos por cuenta de otros entes públicos registrarán en su contabilidad patrimonial las operaciones derivadas de la gestión que realicen en relación con dichos recursos, cuando no se suministre la información indicada en el apartado 1 de la regla 31 de la IMNCL a las entidades titulares de los recursos, se utilizarán.

a) La totalidad de las cuentas que se contienen en el subgrupo 44.
b) La totalidad de las cuentas que se contienen en el subgrupo 45.

c) La totalidad de las cuentas que se contienen en el subgrupo 46.

d) La totalidad de las cuentas que se contienen en el subgrupo 47.

28. Cuando las entidades que sean titulares de recursos gestionados por otro ente público dispongan de información relativa a la totalidad de las operaciones realizadas por el ente gestor, en la contabilización de las respectivas operaciones se seguirán los siguientes criterios:

a) Las operaciones relativas a la recaudación de derechos darán lugar al nacimiento de un crédito a favor de la entidad que se recogerá en la cuenta 4420, «Entes públicos deudores por recursos recaudados», disminuyéndose dicho crédito por las operaciones de pagos de devoluciones de ingreso.

b) La imputación al presupuesto de ingresos de las diferentes operaciones se efectuará de la forma prevista para los ingresos presupuestarios en el Plan General de Contabilidad Pública adaptado a la Administración local anexo a esta Instrucción, sin que haya ninguna particularidad en comparación con las operaciones que realice la propia entidad en relación con los recursos que ella misma gestione. Si en el momento de aplicar la recaudación hubiese que realizar imputaciones no presupuestarias, las anotaciones correspondientes se realizarán de acuerdo con lo previsto al respecto en el referido plan contable.

c) Cuando el ente gestor de los recursos efectúe entregas a cuenta de la recaudación, dichas entregas a cuenta se reflejarán en la contabilidad de las entidades titulares de los mismos mediante un débito que se recogerá en la cuenta 5500, «Cuentas corrientes no bancarias con entes públicos, por administración de recursos». Cuando se realice la liquidación definitiva de los recursos recaudados se compensará contablemente este débito con el crédito recogido en la cuenta 4420, «Entes públicos deudores por recursos recaudados»; los saldos deudores a favor de la entidad titular de los recursos, o en su caso acreedores, que resulten de dicha liquidación quedarán recogidos en la citada cuenta 5500.

d) Todas son correctas.

Soluciones comentadas

1. **b) Un sistema de registro, elaboración y comunicación de información sobre la actividad económico-financiera y presupuestaria desarrollada durante el ejercicio contable, de acuerdo con los principios recogidos en el texto refundido de la Ley Reguladora de las Haciendas Locales y en IMNCL.**

   Regla 11 IMNCL: La contabilidad de las entidades locales y sus organismos autónomos se configura como un sistema de registro, elaboración y comunicación de información sobre la actividad económico-financiera y presupuestaria desarrollada durante el ejercicio contable, de acuerdo con los principios recogidos en el texto refundido de la Ley Reguladora de las Haciendas Locales y en esta Instrucción.

2. **d) Registrar todas las operaciones de naturaleza presupuestaria, económica, financiera y patrimonial que se produzcan en el ámbito de la entidad contable, así como mostrar, a través de estados e informes, la imagen fiel de su patrimonio, de su situación financiera, del resultado económico patrimonial y de la ejecución de su presupuesto, para satisfacer los fines que se describen en la regla 13 de la IMNCL.**

   Regla 12 IMNCL: 1. El modelo normal del sistema de información contable para la Administración Local (en adelante SICAL-Normal) tiene por objeto registrar todas las operaciones de naturaleza presupuestaria, económica, financiera y patrimonial que se produzcan en el ámbito de la entidad contable, así como mostrar, a través de estados e informes, la imagen fiel de su patrimonio, de su situación financiera, del resultado económico patrimonial y de la ejecución de su presupuesto, para satisfacer los fines que se describen en la regla siguiente.

3. **d) Todas son correctas.**

   Todas ellas aparecen recogidas en el Regla 12.3 de la IMNCL.

4. **c) Facilitar los datos y demás antecedentes que sean precisos para la confección de las cuentas nacionales de las unidades que componen el sector de las Administraciones Públicas.**

   Regla 13 IMNCL: e) Facilitar los datos y demás antecedentes que sean precisos para la confección de las cuentas nacionales de las unidades que componen el sector de las Administraciones Públicas. El resto de respuestas contienen errores.

5. **d) El registro contable de las operaciones deberá efectuarse expresando los valores en euros.**

    Regla 15 IMNCL: 3. El registro contable de las operaciones deberá efectuarse expresando los valores en euros.

6. **a) Los remanentes de crédito totales.**

    Regla 16 IMNCL: Dicho seguimiento y control se realizará a través del sistema de información contable y deberá mostrar en cada momento:

    a) Los remanentes de crédito iniciales.

    b) Las rectificaciones.

    c) Los acuerdos de no incorporabilidad.

    d) Los remanentes de crédito totales.

    e) Las certificaciones de existencia de remanentes de crédito expedidas.

    f) Los saldos de remanentes de crédito pendientes de certificar.

7. **d) Los que deben determinarse como consecuencia de la liquidación del Presupuesto.**

    Regla 17 IMNCL: 1. Los remanentes de crédito iniciales son los que deben determinarse como consecuencia de la liquidación del Presupuesto.

8. **c) Comprometidos y no comprometidos.**

    Regla 17 IMNCL: 2. Dichos remanentes de crédito se clasificarán en comprometidos y no comprometidos, y unos y otros, a su vez, en incorporables y no incorporables.

9. **d) Ninguna es correcta.**

    Regla 19 IMNCL: 4. Podrán anularse certificaciones expedidas, ya sea por resultar improcedentes o como consecuencia de errores en sus datos. Nunca podrán anularse certificaciones que hayan dado lugar a las correspondientes incorporaciones de remanentes de crédito sin que, previamente, se hayan anulado dichas incorporaciones.

10. **a) Una unidad de gasto presupuestario perfectamente identificable, en términos genéricos o específicos, cuya ejecución se efectúe con cargo a créditos de una o varias aplicaciones presupuestarias y se extienda a uno o más ejercicios, requiere un seguimiento y control individualizado.**

    Regla 21 IMNCL: 1. Un proyecto de gasto es una unidad de gasto presupuestario perfectamente identificable, en términos genéricos o específicos cuya ejecución se efectúe con cargo a créditos de una o varias aplicaciones presupuestarias y se extienda a uno o más ejercicios, requiere un seguimiento y control individualizado.

11. **d) Todas son correctas.**

    Regla 21 IMNCL: 2. Tendrán la consideración de proyectos de gasto:

    a) Los proyectos de inversión incluidos en el Anexo de Inversiones que acompaña al Presupuesto.

b) Los gastos con financiación afectada a que se refiere la Sección 3.ª de este Capítulo.

c) Cualesquiera otras unidades de gasto presupuestario sobre las que la entidad quiera efectuar un seguimiento y control individualizado.

12. b) Por un código único e invariable a lo largo de su vida, determinado según lo establecido por la propia entidad local.

Regla 22 IMNCL: 1. Todo proyecto de gasto estará identificado por un código único e invariable a lo largo de su vida, determinado según lo establecido por la propia entidad local.

13. b) Nivel de superproyecto.

Regla 22 IMNCL: 3. Asimismo, si la entidad local lo considerara oportuno, podrá establecer el nivel de superproyecto.

14. a) Asegurar el cumplimiento de las vinculaciones jurídicas que para los distintos proyectos se hayan establecido.

Regla 24 IMNCL: 2. El seguimiento y control de los proyectos de gasto tendrá por objeto, entre otros, la consecución de los siguientes fines:

a) Asegurar el cumplimiento de las vinculaciones jurídicas que para los distintos proyectos se hayan establecido.

b) Controlar la ejecución presupuestaria de cada proyecto, de forma que los importes de cada fase no puedan superar a los de fases anteriores.

c) Posibilitar, cuando proceda, el inventario de los proyectos de inversión.

15. b) Información sobre la gestión presupuestaria, tanto del presupuesto corriente como de presupuestos cerrados y futuros.

Regla 24 IMNCL: b) Información sobre la gestión presupuestaria, tanto del presupuesto corriente como de presupuestos cerrados y futuros. El resto de respuestas están erróneas.

16. a) Cualquier proyecto de gasto que se financie, en todo o en parte, con recursos concretos que en caso de no realizarse el gasto no podrían percibirse o si se hubieran percibido deberían reintegrarse a los agentes que los aportaron.

Regla 25: 1. Un gasto con financiación afectada es cualquier proyecto de gasto que se financie, en todo o en parte, con recursos concretos que en caso de no realizarse el gasto no podrían percibirse o si se hubieran percibido deberían reintegrarse a los agentes que los aportaron.

17. d) Todas son correctas.

Regla 27 IMNCL: 2. En todo caso, el seguimiento y control de los gastos con financiación afectada ha de garantizar el cumplimiento de los siguientes fines:

a) Asegurar que la ejecución, en términos económico-presupuestarios, de todo gasto con financiación afectada se efectúe en su totalidad, de modo tal que se cumplan las condiciones que, en su caso, se hubiesen acordado para la percepción de los recursos afectados.

b) Calcular, en la liquidación de cada uno de los presupuestos a que afecte la realización de los gastos con financiación afectada, las desviaciones de financiación que, en su caso, se hayan producido como consecuencia de desfases, cualquiera que sea su origen, en el ritmo de ejecución del gasto y de los ingresos específicos que los financien.

c) Controlar la ejecución presupuestaria de cada gasto con financiación afectada, tanto la del gasto como la de los ingresos afectados.

18. b) Información sobre la gestión del ingreso presupuestario, tanto del presupuesto corriente como de presupuestos cerrados y futuros.

Regla 27 IMNCL: b) Información sobre la gestión del gasto presupuestario, tanto del presupuesto corriente como de presupuestos cerrados y futuros.

19. a) De dividir los ingresos presupuestarios (reconocidos y pendientes de reconocer) afectados a la realización de un gasto presupuestario, por el importe total de este (realizado y a realizar).

Regla 28 IMNCL: 1. El coeficiente de financiación es el resultado de dividir los ingresos presupuestarios (reconocidos y pendientes de reconocer) afectados a la realización de un gasto presupuestario, por el importe total de este (realizado y a realizar).

20. b) Global y parcial.

Regla 28 IMNCL: 4. El coeficiente de financiación será global cuando exprese la parte del gasto que queda cubierta con la totalidad de los ingresos a él afectados, y será parcial cuando exprese la parte del gasto que queda cubierta con una parte de los ingresos seleccionada según un cierto criterio (el agente del que provienen, la aplicación presupuestaria, etc.).

21. d) Es la magnitud que representa el desfase existente entre los ingresos presupuestarios reconocidos durante un periodo determinado, para la realización de un gasto con financiación afectada y los que, en función de la parte del mismo efectuada en ese periodo, deberían haberse reconocido, si la ejecución de los ingresos afectados se realizase armónicamente con la del gasto presupuestario.

Regla 29 IMNCL: 1. La desviación de financiación es la magnitud que representa el desfase existente entre los ingresos presupuestarios reconocidos durante un periodo determinado, para la realización de un gasto con financiación afectada y los que, en función de la parte del mismo efectuada en ese periodo, deberían haberse reconocido, si la ejecución de los ingresos afectados se realizase armónicamente con la del gasto presupuestario.

22. b) Por diferencia entre los derechos reconocidos netos por los ingresos afectados y el producto del coeficiente de financiación por el total de obligaciones reconocidas netas, referidos unos y otras al periodo considerado.

Regla 29 IMNCL: 2. Las desviaciones de financiación, para cada gasto con financiación afectada, se calcularán por diferencia entre los derechos reconocidos netos por los ingresos afectados y el producto del coeficiente de financiación por el total de obligaciones reconocidas netas, referidos unos y otras al periodo considerado.

23. c) Tomando en consideración el coeficiente de financiación parcial por agente financiador y el importe de las obligaciones y los derechos reconocidos relativos al agente de que se trate, referidos unas y otros al ejercicio presupuestario.

Regla 29 IMNCL: 4. Las desviaciones de financiación del ejercicio se calcularán tomando en consideración el coeficiente de financiación parcial por agente financiador y el importe de las obligaciones y los derechos reconocidos relativos al agente de que se trate, referidos unas y otros al ejercicio presupuestario.

24. b) Del mismo modo que las imputables al ejercicio, pero tomando en consideración las obligaciones y los derechos reconocidos desde el inicio de la ejecución del gasto con financiación afectada hasta el final del ejercicio.

Regla 29 IMNCL: 5. Las desviaciones de financiación acumuladas se calcularán del mismo modo que las imputables al ejercicio, pero tomando en consideración las obligaciones y los derechos reconocidos desde el inicio de la ejecución del gasto con financiación afectada hasta el final del ejercicio.

25. d) Igual o inferior a la que esté establecida para el pago del producto de la recaudación líquida al ente titular de los recursos, ya se efectúe dicho pago de forma directa o mediante el procedimiento de entregas a cuenta.

Regla 31 IMNCL: 2. La periodicidad con la que se ha de remitir la información señalada deberá ser igual o inferior a la que esté establecida para el pago del producto de la recaudación líquida al ente titular de los recursos, ya se efectúe dicho pago de forma directa o mediante el procedimiento de entregas a cuenta.

26. a) 453 y 456.

Regla 32 IMNCL: 1. Las entidades que administren recursos por cuenta de otros entes públicos registrarán en su contabilidad patrimonial las operaciones derivadas de la gestión que realicen en relación con dichos recursos de acuerdo con los criterios que seguidamente se indican: a) Cuando se suministre la información indicada en el apartado 1 de la regla anterior a las entidades titulares de los recursos, solo se incorporarán al balance de la entidad gestora los débitos y créditos existentes con dichas entidades derivados de los cobros y pagos que se hubiesen producido en relación con los recursos gestionados. A estos efectos, se utilizarán exclusivamente las cuentas 453, «Entes públicos, por ingresos pendientes de liquidar», y 456, «Entes públicos, c/c efectivo», de acuerdo con lo que se establece para las mismas en el Plan General de Contabilidad Pública adaptado a la Administración Local anexo a esta Instrucción.

27. b) La totalidad de las cuentas que se contienen en el subgrupo 45.

Regla 32 IMNCL: 1. Las entidades que administren recursos por cuenta de otros entes públicos registrarán en su contabilidad patrimonial las operaciones derivadas de la gestión que realicen en relación con dichos recursos de acuerdo con los criterios que seguidamente se indican: (…) b) Si la información indicada en el apartado 1 de la regla anterior no se suministra, dándose la circunstancia señalada en el párrafo primero de su apartado 3, al margen de los débitos y créditos referidos para el caso anterior, también deberán incorporarse al balance de la entidad gestora los créditos y débitos que se deriven de las actuaciones de gestión que se hubiesen realizado en relación con recursos de otros entes públicos. En esta situación las entidades que administren recursos por cuenta de otros entes públicos utilizarán la totalidad de las cuentas que se contienen en el subgrupo 45, «Deudores y acreedores por administración de recursos por cuenta de otros entes públicos», del mencionado plan contable.

28. d) Todas son correctas.

Todas ellas aparecen reguladas en el apartado 2 de la Regla 33 de la IMNCL.

TEST N.º 3

De los datos a incorporar al sistema.
De la información a obtener del sistema

1. Todo acto o hecho que, en aplicación de lo previsto en el Título II de esta Instrucción, deba dar lugar a anotaciones en el SICAL-Normal, debe estar debidamente acreditado con:

a) El correspondiente asiento que ponga de manifiesto su realización.
b) El correspondiente ingreso o pago que ponga de manifiesto su realización.
c) El correspondiente justificante que ponga de manifiesto su realización.
d) Ninguna es correcta.

2. La justificación de los distintos hechos susceptibles de incorporación al SICAL-Normal podrá estar soportada en:

a) Documentos en papel exclusivamente.
b) A través de medios electrónicos, informáticos o telemáticos, exclusivamente.
c) A través de medios electrónicos, informáticos o telemáticos, debiendo ajustarse, en todo caso, a los requisitos y garantías que se establezcan para cada uno de los distintos tipos de operaciones, de acuerdo con las normas que regulen los procedimientos administrativos a través de los que dichos hechos se materialicen. De forma excepcional y motivada se permitirán documentos en papel.
d) Documentos en papel o a través de medios electrónicos, informáticos o telemáticos, debiendo ajustarse, en todo caso, a los requisitos y garantías que se establezcan para cada uno de los distintos tipos de operaciones, de acuerdo con las normas que regulen los procedimientos administrativos a través de los que dichos hechos se materialicen.

3. El registro de las operaciones en el SICAL-Normal se podrá realizar por alguno de los siguientes procedimientos:

a) Mediante captura directa en el sistema de los datos que consten en el propio justificante de la operación o, en su caso, en el oportuno documento contable.
b) A través de la incorporación de los datos que consten en el propio justificante al sistema mediante la utilización de procedimientos o soportes electrónicos, informáticos o telemáticos.

c) A través de la incorporación de los datos que consten en el propio justificante al sistema mediante la utilización de documentos en papel.

d) Las respuestas a) y b) son correctas.

4. De conformidad con la regla 37 de la IMNCL, cuando las operaciones se incorporen al sistema mediante captura directa de los datos que consten en el propio justificante o en el oportuno documento contable, para que aquella incorporación tenga efecto:

a) Es necesario que dichos documentos (justificantes y documentos contables) estén debidamente autorizados, mediante diligencias, firmas manuscritas, sellos u otros medios manuales, por quien tenga atribuidas facultades para ello.

b) Es necesario que dichos documentos (justificantes y documentos contables) estén debidamente aprobados por el órgano competente.

c) Es necesario que dichos documentos (justificantes y documentos contables) estén debidamente autorizados mediante controles establecidos por las aplicaciones informáticas que garanticen su integridad.

d) Ninguna es correcta.

5. Cuando las operaciones se incorporen al sistema mediante la utilización de soportes electrónicos, informáticos o telemáticos:

a) Es necesario que dichos documentos (justificantes y documentos contables) estén debidamente autorizados, mediante diligencias, firmas manuscritas, sellos u otros medios manuales, por quien tenga atribuidas facultades para ello.

b) Es necesario que dichos documentos (justificantes y documentos contables) estén debidamente aprobados por el órgano competente.

c) Los procedimientos de autorización y control mediante diligencias, firmas manuscritas, sellos u otros medios manuales podrán ser sustituidos por autorizaciones y controles establecidos en las propias aplicaciones informáticas que garanticen la identificación y el ejercicio de la competencia por quien la tenga atribuida.

d) Los procedimientos de autorización y control mediante diligencias, firmas manuscritas, sellos u otros medios manuales no podrán ser sustituidos por otros sistemas, salvo que lo autorice expresamente el Pleno de la Corporación.

6. En todo documento que haya producido anotaciones en contabilidad, ya se trate del propio justificante de la operación o de un documento contable específico para el registro de la misma:

a) Deberá figurar una diligencia de toma de razón, certificada por el responsable de la contabilidad, acreditativa, como mínimo, de la fecha, el número de asiento y el importe con que dicho documento hubiese quedado registrado individualizadamente. Dicha diligencia podrá realizarse mediante certificación mecánica efectuada por el propio equipo informático en que esté soportado el SICAL-Normal.

b) Deberá figurar una diligencia de toma de razón, certificada por el Interventor de la Entidad Local, acreditativa, como máximo, de la fecha, el número de asiento y el importe con que dicho documento hubiese quedado registrado individualizadamente. Dicha diligencia podrá realizarse mediante certificación mecánica efectuada por el propio equipo informático en que esté soportado el SICAL-Normal.

c) Deberán figurar dos diligencias de toma de razón, una certificada por el responsable de la contabilidad, acreditativa, como mínimo, de la fecha, el número de asiento y el importe con que dicho documento hubiese quedado registrado individualizadamente; la otra certificación expedida con el conforme del presidente de la Corporación.

d) La diligencia de toma de razón se sustituirá, en todo caso, por los oportunos procesos de validación en el sistema, mediante los cuales dichas operaciones queden referenciadas en relación con las anotaciones contables que hayan producido.

7. Tanto los justificantes formalizados en documentos en papel como los que lo estén en soportes electrónicos, informáticos o telemáticos se deberán conservar durante un plazo de:

a) Diez años contados desde la fecha de remisión al órgano u órganos de control externo, de las cuentas anuales donde se pongan de manifiesto las respectivas operaciones, salvo que la justificación de que se trate esté sometida a otros plazos de conservación o se hubiera interrumpido el plazo de prescripción de la posible responsabilidad contable.

b) Cuatro años contados desde la fecha de remisión al órgano u órganos de control externo, de las cuentas anuales donde se pongan de manifiesto las respectivas operaciones, salvo que la justificación de que se trate esté sometida a otros plazos de conservación o se hubiera interrumpido el plazo de prescripción de la posible responsabilidad contable.

c) Cinco años contados desde la fecha de remisión al órgano u órganos de control externo, de las cuentas anuales donde se pongan de manifiesto las respectivas operaciones, salvo que la justificación de que se trate esté sometida a otros plazos de conservación o se hubiera interrumpido el plazo de prescripción de la posible responsabilidad contable.

d) Seis años contados desde la fecha de remisión al órgano u órganos de control externo, de las cuentas anuales donde se pongan de manifiesto las respectivas operaciones, salvo que la justificación de que se trate esté sometida a otros plazos de conservación o se hubiera interrumpido el plazo de prescripción de la posible responsabilidad contable.

8. De conformidad con la Regla 39 de la IMNCL, la documentación justificativa de las valoraciones asignadas a activos y pasivos deberá conservarse, al menos, durante:

a) El periodo en que dichos activos y pasivos figuren en balance.

b) El periodo en que dichos activos y pasivos figuren en balance, sin que dicho plazo pueda exceder de diez años.

c) Seis años.

d) Cinco años.

9. Los registros de las operaciones anotadas en el SICAL-Normal se conservarán durante un periodo de:

a) Seis años contados desde la fecha de remisión al órgano u órganos de control externo, de las cuentas anuales donde se hubiese plasmado la información contenida en dichos registros, salvo que esta información esté sometida a otros plazos de conservación o se hubiera comunicado la interrupción del plazo de prescripción de la posible responsabilidad contable.

b) Cinco años contados desde la fecha de remisión al órgano u órganos de control externo, de las cuentas anuales donde se hubiese plasmado la información contenida en dichos registros, salvo que esta información esté sometida a otros plazos de conservación o se hubiera comunicado la interrupción del plazo de prescripción de la posible responsabilidad contable.

c) Cuatro años contados desde la fecha de remisión al órgano u órganos de control externo, de las cuentas anuales donde se hubiese plasmado la información contenida en dichos registros, salvo que esta información esté sometida a otros plazos de conservación o se hubiera comunicado la interrupción del plazo de prescripción de la posible responsabilidad contable.

d) Tres años contados desde la fecha de remisión al órgano u órganos de control externo, de las cuentas anuales donde se hubiese plasmado la información contenida en dichos registros, salvo que esta información esté sometida a otros plazos de conservación o se hubiera comunicado la interrupción del plazo de prescripción de la posible responsabilidad contable.

10. De conformidad con la regla 40 de la IMNCL, no procederá la destrucción de los registros contables en aquellos supuestos en que, por la naturaleza de los mismos:

a) Así lo establezca el Pleno de la Corporación.
b) Esté establecido su envío a un archivo histórico de documentos.
c) Así lo requiera el Tribunal de Cuentas.
d) En todos los casos anteriores.

11. Para el cumplimiento de los fines del sistema de información contable, que se relacionan en la regla 13 de la IMNCL, y para poder satisfacer las necesidades de información contable de los destinatarios de la misma, enumerados en la regla 7 de la IMNCL, la información a obtener del sistema de información contable será, al menos:

a) La necesaria para la formación de las cuentas anuales de la entidad contable de que se trate.
b) La información económico-financiera necesaria para facilitar la toma de decisiones en el ámbito de la gestión y el ejercicio del control externo en sus distintas acepciones.
c) La información económico-financiera que deba remitirse a los acreedores.
d) Todas son correctas.

12. La Cuenta General de la entidad local:

a) Mostrará la imagen fiel del patrimonio, de la situación financiera, de los resultados y de la ejecución del presupuesto.
b) Mostrará la imagen fiel de los activos y pasivos, de la situación fiscal y de la ejecución del presupuesto.
c) Mostrará la imagen fiel del resultado, del patrimonio, de los beneficios y de la liquidación del presupuesto.
d) Mostrará la imagen correcta del patrimonio, de la situación económica, de los resultados y de la aprobación del presupuesto.

13. De conformidad con la Regla 44 de la IMNCL, la Cuenta General estará integrada por:

a) La Cuenta de la propia entidad.
b) La Cuenta de los organismos autónomos.
c) Las cuentas anuales de las entidades públicas empresariales.
d) Todas son correctas.

14. Marca la respuesta incorrecta. Las cuentas anuales que integran la Cuenta de la propia entidad local y las que deberá formar cada uno de sus organismos autónomos son las siguientes:

a) El Balance.
b) La Cuenta de Pérdidas y Ganancias.
c) El Estado de flujos de efectivo.
d) La Memoria.

15. Las cuentas anuales que deberán formar las sociedades mercantiles en cuyo capital social tenga participación total o mayoritaria la entidad local serán, en todo caso:

a) Las previstas en el Plan General de Contabilidad o en el de pequeñas y medianas empresas con las adaptaciones a los criterios específicos de las microempresas que, en su caso, procedan.
b) Las previstas en el Plan General de Contabilidad Pública o en el de grandes y medianas empresas con las adaptaciones a los criterios específicos de las microempresas que, en su caso, procedan.
c) El Balance y la Memoria.
d) Todas las respuestas anteriores son correctas.

16. La Cuenta General de cada ejercicio se formará por:

a) El presidente de la Corporación u órgano en quien delegue.
b) El Pleno de la Corporación Local.
c) La Intervención u órgano de la entidad local que tenga atribuida la función de contabilidad.
d) La Tesorería.

17. Los municipios con población superior a 50.000 habitantes y las demás entidades locales de ámbito superior acompañarán, además de lo indicado en la Regla 48 de la IMNCL, a la Cuenta General:

a) Una Memoria justificativa del coste y rendimiento de los servicios públicos.
b) Una Memoria demostrativa del grado en que se hayan cumplido los objetivos programados con indicación de los previstos y alcanzados con los ingresos obtenidos por los mismos.

c) Una Memoria en la que se indiquen las inversiones a realizar durante el ejercicio anterior.

d) Todas son correctas.

18. La Cuenta General de cada ejercicio se someterá a informe de la Comisión Especial de Cuentas de la entidad local antes del:

a) 1 de enero del ejercicio inmediato siguiente.

b) 1 de mayo del ejercicio inmediato siguiente.

c) 1 de junio del ejercicio inmediato siguiente.

d) 1 de octubre del ejercicio inmediato siguiente.

19. Acompañada de los informes de la Comisión Especial de Cuentas y de las reclamaciones y reparos formulados, la Cuenta General se someterá al Pleno de la Corporación para que, en su caso, pueda ser aprobada antes del día:

a) 1 de enero.

b) 1 de mayo.

c) 1 de octubre.

d) 31 de diciembre.

20. Serán cuentadantes los titulares de las entidades y órganos sujetos a la obligación de rendir cuentas y en todo caso:

a) El Presidente de la entidad local.

b) Los miembros del Junta de Gobierno Local.

c) El Interventor.

d) Todos los anteriores.

21. A los cuentadantes les corresponde rendir las cuentas que hayan de enviarse al órgano u órganos de control externo, antes del:

a) 15 de mayo del ejercicio inmediato siguiente al que correspondan y debidamente autorizadas.

b) 15 de octubre del ejercicio inmediato siguiente al que correspondan y debidamente autorizadas.

c) 1 de febrero del ejercicio inmediato siguiente al que correspondan y debidamente autorizadas.

d) 31 de marzo del ejercicio inmediato siguiente al que correspondan y debidamente autorizadas.

22. Una vez aprobada la Cuenta General por el Pleno de la Corporación, se rendirá al órgano u órganos de control externo competentes en los plazos previstos en la normativa vigente por:

a) El Interventor General.

b) El Presidente de la Entidad Local.

c) El Tesorero.

d) El Secretario General.

23. En cumplimiento de lo previsto en el artículo 207 del Texto refundido de la Ley Reguladora de las Haciendas Locales, ¿a qué órgano corresponderá elaborar la información de la ejecución de los presupuestos y del movimiento y la situación de la tesorería, que debe remitir al Pleno de la Corporación, por conducto de la Presidencia, en los plazos y con la periodicidad que el Pleno haya establecido?

a) Al Presidente de la Corporación.

b) Al Tesorero.

c) A la Intervención u órgano de la entidad local que tenga atribuida la función de contabilidad.

d) A la Jefatura del Servicio de Presupuestos.

24. La información relativa a la ejecución de los presupuestos y del movimiento y la situación de la tesorería contendrá datos relativos a:

a) La ejecución del presupuesto de gastos corriente.

b) La ejecución del presupuesto de ingresos corriente.

c) Los movimientos y la situación de la tesorería.

d) Todas son correctas.

25. De conformidad con la Regla 53 del IMNCL, la información sobre la ejecución del presupuesto de gastos corriente pondrá de manifiesto para cada aplicación presupuestaria, al menos el importe correspondiente a:

a) Los créditos iniciales, sus modificaciones y los créditos definitivos.

b) Los créditos brutos.

c) Los créditos autorizados.

d) Todas son correctas.

26. La información sobre la ejecución del presupuesto de ingresos corriente pondrá de manifiesto para cada aplicación presupuestaria, al menos el importe correspondiente a:

a) Las previsiones iniciales, sus modificaciones y las previsiones definitivas.

b) Los derechos autorizados netos.

c) La recaudación bruta.

d) Todas son correctas.

27. El Avance de la Liquidación del presupuesto corriente a que se refiere el artículo 168 del texto refundido de la Ley reguladora de las Haciendas Locales, que habrá de unirse al correspondiente presupuesto de los integrados en el Presupuesto General, constará de las siguientes partes:

a) Liquidación del presupuesto referida, al menos, a tres meses del ejercicio.

b) Estimación de la Liquidación del presupuesto referida a 31 de julio.

c) Liquidación del presupuesto referida, al menos, a seis meses del ejercicio.
d) Las respuestas a) y b) son correctas.

28. La estructura del avance de la Liquidación del Presupuesto se determinará:

a) Por el Presidente de la Corporación.
b) Por el Pleno de la Corporación.
c) Por la Intervención u órgano de la entidad local que tenga atribuida la función de contabilidad.
d) Por la Jefatura del Servicio de Contabilidad.

29. Respecto a la primera parte de la Liquidación del Presupuesto regulada en la Regla 56 de la IMNCL, podrán de manifiesto el importe correspondiente en relación con el estado de gastos y como mínimo a nivel de capítulo:

a) Los créditos iniciales, sus modificaciones (distinguiendo, al menos, las incorporaciones de remanentes de crédito de las demás modificaciones) y los créditos definitivos.
b) Los gastos comprometidos, con indicación del porcentaje de ejecución sobre los créditos definitivos.
c) Las obligaciones reconocidas netas, con indicación del porcentaje de ejecución sobre los créditos definitivos.
d) Todas son correctas.

30. Respecto a la primera parte de la Liquidación del Presupuesto regulada en la Regla 56 de la IMNCL, podrán de manifiesto el importe correspondiente en relación con el estado de ingresos y como mínimo a nivel de capítulo:

a) Los derechos reconocidos netos, con indicación del porcentaje de ejecución sobre las previsiones definitivas.
b) Las obligaciones pendientes de pago.
c) Los remanentes de crédito.
d) Todas son correctas.

31. De conformidad con la Regla 58 de la IMNCL, el sistema de información contable deberá permitir obtener la información económico-financiera que, para el adecuado ejercicio de sus funciones, sea demandada por:

a) Los órganos de control externo de la entidad.
b) Los órganos de control interno de la entidad.
c) Por los distintos órganos de gestión.
d) Las respuestas b) y c) son correctas.

Soluciones comentadas

1. **c) El correspondiente justificante que ponga de manifiesto su realización.**

   Regla 34 IMNCL: Todo acto o hecho que, en aplicación de lo previsto en el Título II de esta Instrucción, deba dar lugar a anotaciones en el SICAL-Normal, debe estar debidamente acreditado con el correspondiente justificante que ponga de manifiesto su realización.

2. **d) Documentos en papel o a través de medios electrónicos, informáticos o telemáticos, debiendo ajustarse, en todo caso, a los requisitos y garantías que se establezcan para cada uno de los distintos tipos de operaciones, de acuerdo con las normas que regulen los procedimientos administrativos a través de los que dichos hechos se materialicen.**

   Regla 35 IMNCL: 1. La justificación de los distintos hechos susceptibles de incorporación al SICAL-Normal podrá estar soportada en documentos en papel o a través de medios electrónicos, informáticos o telemáticos, debiendo ajustarse, en todo caso, a los requisitos y garantías que se establezcan para cada uno de los distintos tipos de operaciones, de acuerdo con las normas que regulen los procedimientos administrativos a través de los que dichos hechos se materialicen.

3. **d) Las respuestas a) y b) son correctas.**

   Regla 36 IMNCL: 2. El registro de las operaciones en el SICAL-Normal se podrá realizar por alguno de los siguientes procedimientos:

   a) Mediante captura directa en el sistema de los datos que consten en el propio justificante de la operación o, en su caso, en el oportuno documento contable.

   b) A través de la incorporación de dichos datos al sistema mediante la utilización de procedimientos o soportes electrónicos, informáticos o telemáticos.

4. **a) Es necesario que dichos documentos (justificantes y documentos contables) estén debidamente autorizados, mediante diligencias, firmas manuscritas, sellos u otros medios manuales, por quien tenga atribuidas facultades para ello.**

   Regla 37 IMNCL: 1. Cuando las operaciones se incorporen al sistema mediante captura directa de los datos que consten en el propio justificante o en el oportuno documento contable, para que aquella incorporación tenga efecto es necesario que dichos documentos (justificantes y documentos contables) estén debidamente autorizados, mediante diligencias, firmas manuscritas, sellos u otros medios manuales, por quien tenga atribuidas facultades para ello.

5. **c) Los procedimientos de autorización y control mediante diligencias, firmas manuscritas, sellos u otros medios manuales podrán ser sustituidos por autorizaciones y controles establecidos en las propias aplicaciones informáticas que garanticen la identificación y el ejercicio de la competencia por quien la tenga atribuida.**

   Regla 37 IMNCL: 2. Cuando las operaciones se incorporen al sistema mediante la utilización de soportes electrónicos, informáticos o telemáticos, los procedimientos de autorización y control mediante diligencias, firmas manuscritas, sellos u otros medios manuales podrán ser sustituidos por autorizaciones y controles establecidos en las propias aplicaciones informáticas que garanticen la identificación y el ejercicio de la competencia por quien la tenga atribuida.

6. **a) Deberá figurar una diligencia de toma de razón, certificada por el responsable de la contabilidad, acreditativa, como mínimo, de la fecha, el número de asiento y el importe con que dicho documento hubiese quedado registrado individualizadamente.** Dicha diligencia podrá realizarse mediante certificación mecánica efectuada por el propio equipo informático en que esté soportado el SICAL-Normal.

   Regla 38 IMNCL: 1. En todo documento que haya producido anotaciones en contabilidad, ya se trate del propio justificante de la operación o de un documento contable específico para el registro de la misma, deberá figurar una diligencia de toma de razón, certificada por el responsable de la contabilidad, acreditativa, como mínimo, de la fecha, el número de asiento y el importe con que dicho documento hubiese quedado registrado individualizadamente. Dicha diligencia podrá realizarse mediante certificación mecánica efectuada por el propio equipo informático en que esté soportado el SICAL-Normal.

   2. En caso de que las operaciones sean registradas a partir de los datos contenidos en soportes electrónicos, informáticos o telemáticos, la diligencia de toma de razón se sustituirá por los oportunos procesos de validación en el sistema, mediante los cuales dichas operaciones queden referenciadas en relación con las anotaciones contables que hayan producido.

7. **d) Seis años contados desde la fecha de remisión al órgano u órganos de control externo, de las cuentas anuales donde se pongan de manifiesto las respectivas operaciones, salvo que la justificación de que se trate esté sometida a otros plazos de conservación o se hubiera interrumpido el plazo de prescripción de la posible responsabilidad contable.**

   Regla 39 IMNCL: 3. Tanto los justificantes formalizados en documentos en papel como los que lo estén en soportes electrónicos, informáticos o telemáticos se deberán conservar durante un plazo de seis años contados desde la fecha de remisión al órgano u órganos de control externo, de las cuentas anuales donde se pongan de manifiesto las respectivas operaciones, salvo que la justificación de que se trate esté sometida a otros plazos de conservación o se hubiera interrumpido el plazo de prescripción de la posible responsabilidad contable.

8. **a) El periodo en que dichos activos y pasivos figuren en balance.**

Regla 39 IMNCL: Sin perjuicio de lo establecido en el párrafo anterior, la documentación justificativa de las valoraciones asignadas a activos y pasivos deberá conservarse, al menos, durante el periodo en que dichos activos y pasivos figuren en balance.

9. **a) Seis años contados desde la fecha de remisión al órgano u órganos de control externo, de las cuentas anuales donde se hubiese plasmado la información contenida en dichos registros, salvo que esta información esté sometida a otros plazos de conservación o se hubiera comunicado la interrupción del plazo de prescripción de la posible responsabilidad contable.**

Regla 40 IMNCL: 1. Los registros de las operaciones anotadas en el SICAL-Normal se conservarán durante un periodo de seis años contados desde la fecha de remisión, al órgano u órganos de control externo, de las cuentas anuales donde se hubiese plasmado la información contenida en dichos registros, salvo que esta información esté sometida a otros plazos de conservación o se hubiera comunicado la interrupción del plazo de prescripción de la posible responsabilidad contable.

10. **b) Esté establecido su envío a un archivo histórico de documentos.**

Regla 40 IMNCL: No procederá la destrucción de los registros contables en aquellos supuestos en que, por la naturaleza de los mismos, esté establecido su envío a un archivo histórico de documentos.

11. **a) La necesaria para la formación de las cuentas anuales de la entidad contable de que se trate.**

Regla 41 IMNCL: Para el cumplimiento de los fines del sistema de información contable, que se relacionan en la regla 13, y para poder satisfacer las necesidades de información contable de los destinatarios de la misma, enumerados en la regla 7, la información a obtener del sistema de información contable será, al menos:

a) La necesaria para la formación de las cuentas anuales de la entidad contable de que se trate. b) La que, en virtud del artículo 207 del texto refundido de la Ley Reguladora de las Haciendas Locales, debe remitir la Intervención u órgano de la entidad local que tenga atribuida la función de contabilidad al Pleno de la Corporación.

c) La necesaria para la confección del Avance de la Liquidación del Presupuesto corriente a que se refiere el artículo 168 del Texto refundido de la Ley Reguladora de las Haciendas Locales.

d) La información económico-financiera necesaria para facilitar la toma de decisiones en el ámbito de la gestión y el ejercicio del control interno en sus distintas acepciones.

e) La información económico-financiera que deba remitirse a otras Administraciones Públicas.

12. a) Mostrará la imagen fiel del patrimonio, de la situación financiera, de los resultados y de la ejecución del presupuesto.

Regla 44 IMNCL: 1. La Cuenta General de la entidad local mostrará la imagen fiel del patrimonio, de la situación financiera, de los resultados y de la ejecución del presupuesto.

13. d) Todas son correctas.

Regla 44 IMNCL: 2. La Cuenta General estará integrada por:

a) La Cuenta de la propia entidad.

b) La Cuenta de los organismos autónomos.

c) Las cuentas anuales de las sociedades mercantiles de capital íntegramente propiedad de la entidad local.

d) Las cuentas anuales de las entidades públicas empresariales.

14. b) La Cuenta de Pérdidas y Ganancias.

Regla 45 IMNCL: 1. Las cuentas anuales que integran la Cuenta de la propia entidad local y las que deberá formar cada uno de sus organismos autónomos son las siguientes:

a) El Balance.

b) La Cuenta del resultado económico-patrimonial.

c) El Estado de cambios en el patrimonio neto.

d) El Estado de flujos de efectivo.

e) El Estado de Liquidación del Presupuesto.

f) La Memoria.

15. a) Las previstas en el Plan General de Contabilidad o en el de pequeñas y medianas empresas con las adaptaciones a los criterios específicos de las microempresas que, en su caso, procedan.

Regla 46 IMNCL: 1. Las cuentas anuales que deberán formar las sociedades mercantiles en cuyo capital social tenga participación total o mayoritaria la entidad local serán, en todo caso, las previstas en el Plan General de Contabilidad o en el de pequeñas y medianas empresas con las adaptaciones a los criterios específicos de las microempresas que, en su caso, procedan.

16. c) La Intervención u órgano de la entidad local que tenga atribuida la función de contabilidad.

Regla 47 IMNCL: 1. La Cuenta General de cada ejercicio se formará por la Intervención u órgano de la entidad local que tenga atribuida la función de contabilidad.

17. a) Una Memoria justificativa del coste y rendimiento de los servicios públicos.

Regla 48 IMNCL: 3. Los municipios con población superior a 50.000 habitantes y las demás entidades locales de ámbito superior acompañarán, además, a la Cuenta General:

a) Una Memoria justificativa del coste y rendimiento de los servicios públicos.

b) Una Memoria demostrativa del grado en que se hayan cumplido los objetivos programados con indicación de los previstos y alcanzados con el coste de los mismos.

18. c) 1 de junio del ejercicio inmediato siguiente.

Regla 49 IMNCL: 1. La Cuenta General de cada ejercicio se someterá antes del 1 de junio del ejercicio inmediato siguiente a informe de la Comisión Especial de Cuentas de la entidad local.

19. c) 1 de octubre.

Regla 49 IMNCL: 3. Acompañada de los informes de la Comisión Especial de Cuentas y de las reclamaciones y reparos formulados, la Cuenta General se someterá al Pleno de la Corporación para que, en su caso, pueda ser aprobada antes del día 1 de octubre.

20. a) El Presidente de la entidad local.

Regla 50 IMNCL: 1. Serán cuentadantes los titulares de las entidades y órganos sujetos a la obligación de rendir cuentas y en todo caso:

a) El Presidente de la entidad local.

b) Los Presidentes o Directores de los organismos autónomos y de las entidades públicas empresariales.

c) Los Presidentes del Consejo de Administración de las sociedades mercantiles dependientes de la entidad local.

d) Los liquidadores de las sociedades mercantiles dependientes de la entidad local en proceso de liquidación.

21. a) 15 de mayo del ejercicio inmediato siguiente al que correspondan y debidamente autorizadas.

Regla 50 IMNCL: A los cuentadantes les corresponde rendir, antes del 15 de mayo del ejercicio inmediato siguiente al que correspondan y debidamente autorizadas, las cuentas que hayan de enviarse al órgano u órganos de control externo.

22. b) El Presidente de la Entidad Local.

Regla 51 IMNCL: 2. Una vez aprobada la Cuenta General por el Pleno de la Corporación, se rendirá por el Presidente de la entidad local al órgano u órganos de control externo competentes en los plazos previstos en la normativa vigente.

23. c) A la Intervención u órgano de la entidad local que tenga atribuida la función de contabilidad.

Regla 52 IMNCL: 1. En cumplimiento de lo previsto en el artículo 207 del Texto refundido de la Ley Reguladora de las Haciendas Locales, la Intervención u órgano de la entidad local que tenga atribuida la función de contabilidad elaborará la información de la ejecución de los presupuestos y del movimiento y la situación de la tesorería, que debe remitir al Pleno de la Corporación, por conducto de la Presidencia, en los plazos y con la periodicidad que el Pleno haya establecido.

24. d) Todas son correctas.

Regla 53 IMNCL: 1. La información a que se refiere la regla anterior contendrá datos relativos a:

a) La ejecución del presupuesto de gastos corriente.

b) La ejecución del presupuesto de ingresos corriente.

c) Los movimientos y la situación de la tesorería.

25. a) Los créditos iniciales, sus modificaciones y los créditos definitivos.

Regla 53 IMNCL: 2. La información sobre la ejecución del presupuesto de gastos corriente pondrá de manifiesto para cada aplicación presupuestaria, al menos el importe correspondiente a:

a) Los créditos iniciales, sus modificaciones y los créditos definitivos.

b) Los gastos comprometidos.

c) Las obligaciones reconocidas netas.

d) Los pagos realizados.

26. a) Las previsiones iniciales, sus modificaciones y las previsiones definitivas.

Regla 53 IMNCL: 3. La información sobre la ejecución del presupuesto de ingresos corriente pondrá de manifiesto para cada aplicación presupuestaria, al menos el importe correspondiente a:

a) Las previsiones iniciales, sus modificaciones y las previsiones definitivas.

b) Los derechos reconocidos netos.

c) La recaudación neta.

27. c) Liquidación del presupuesto referida, al menos, a seis meses del ejercicio.

Regla 55 IMNCL: 1. El Avance de la Liquidación del presupuesto corriente a que se refiere el artículo 168 del texto refundido de la Ley reguladora de las Haciendas Locales, que habrá de unirse al correspondiente presupuesto de los integrados en el Presupuesto General, constará de dos partes: Primera parte: Liquidación del presupuesto referida, al menos, a seis meses del ejercicio. Segunda parte: Estimación de la Liquidación del presupuesto referida a 31 de diciembre.

28. c) Por la Intervención u órgano de la entidad local que tenga atribuida la función de contabilidad.

Regla 55 IMNCL: 2. Su estructura se determinará por la Intervención u órgano de la entidad local que tenga atribuida la función de contabilidad, de conformidad con lo que se establezca por el Pleno de la entidad.

29. d) Todas son correctas.

Regla 56 IMNCL: Esta primera parte pondrá de manifiesto el importe correspondiente a: 1. En relación con el estado de gastos, y como mínimo a nivel de capítulo:

a) Los créditos iniciales, sus modificaciones (distinguiendo, al menos, las incorporaciones de remanentes de crédito de las demás modificaciones) y los créditos definitivos.

b) Los gastos comprometidos, con indicación del porcentaje de ejecución sobre los créditos definitivos.

c) Las obligaciones reconocidas netas, con indicación del porcentaje de ejecución sobre los créditos definitivos.

d) Los pagos realizados, con indicación del porcentaje de ejecución sobre las obligaciones reconocidas netas.

e) Las obligaciones pendientes de pago.

f) Los remanentes de crédito.

30. a) Los derechos reconocidos netos, con indicación del porcentaje de ejecución sobre las previsiones definitivas.

Regla 56 IMNCL: 2. En relación con el estado de ingresos, y como mínimo a nivel de capítulo:

a) Las previsiones iniciales, sus modificaciones y las previsiones definitivas.

b) Los derechos reconocidos.

c) Los derechos anulados.

d) Los derechos cancelados.

e) Los derechos reconocidos netos, con indicación del porcentaje de ejecución sobre las previsiones definitivas.

f) La recaudación neta, con indicación del porcentaje de ejecución sobre los derechos reconocidos netos.

g) Los derechos pendientes de cobro.

h) La comparación de los derechos reconocidos netos y las previsiones definitivas.

31. d) Las respuestas b) y c) son correctas.

Regla 58 IMNCL: El sistema de información contable deberá permitir obtener la información económico-financiera que, para el adecuado ejercicio de sus funciones, sea demandada por los distintos órganos de gestión y por los órganos encargados del control interno de la entidad.

TEST N.º 4

PGCPL: Marco conceptual

1. Las cuentas anuales comprenden los siguientes documentos que forman una unidad:

a) El estado de cambios en el patrimonio neto.
b) Las cuentas anuales de las entidades públicas empresariales.
c) El anexo de inversiones anuales.
d) Todas las anteriores.

2. La aplicación sistemática y regular de los requisitos de la información y principios y criterios contables incluidos en el marco conceptual del Plan General de Contabilidad Pública adaptado a la Administración Local (en adelante PGCPL) deberá conducir a que las cuentas anuales muestren la imagen fiel. A tal efecto, en la contabilización de las operaciones:

a) Se atenderá a su realidad económica y no a su forma jurídica.
b) Se atenderá a su realidad jurídica y no solo a su naturaleza económica.
c) Se atenderá a su realidad económica y no solo a su forma jurídica.
d) Se atenderá a su realidad económica y no solo a su forma contable.

3. Cuando se considere que el cumplimiento de los requisitos de la información y principios y criterios contables incluidos en el Plan General de Contabilidad Pública Local no sea suficiente para mostrar la mencionada imagen fiel, se suministrará en la memoria la información complementaria precisa para alcanzar este objetivo. En aquellos casos excepcionales en los que dicho cumplimiento fuera incompatible con la imagen fiel que deben proporcionar las cuentas anuales, se considerará improcedente dicha aplicación:

a) Sin ser necesaria motivación alguna.
b) En tales casos, en la memoria se motivará suficientemente esta circunstancia, y se explicará su influencia sobre el patrimonio, la situación financiera y los resultados de la entidad.
c) En tales casos se deberá informar a la Intervención General del Estado.
d) En tales casos, en la memoria se hará referencia a dicha circunstancia y se explicará su influencia sobre el balance y la situación de tesorería.

4. La información incluida en las cuentas anuales deberá cumplir los siguientes requisitos (apartado 2.º marco conceptual del PGCPL):

a) Claridad.
b) Relevancia.
c) Fiabilidad.
d) Todas son correctas.

5. Marca la respuesta incorrecta. La contabilidad de la entidad local se desarrollará aplicando los principios contables de carácter económico siguientes:

a) Gestión continuada.
b) Desafectación.
c) Devengo.
d) Prudencia.

6. El principio de Prudencia, de conformidad con el apartado 3.º marco conceptual del PGCPL se puede definir como:

a) Las transacciones y otros hechos económicos deberán reconocerse en función de la corriente real de bienes y servicios que los mismos representan, y no en el momento en que se produzca la corriente monetaria o financiera derivada de aquellos. Los elementos reconocidos de acuerdo con este principio son activos, pasivos, patrimonio neto, ingresos y gastos.

b) Adoptado un criterio contable dentro de las alternativas permitidas, deberá mantenerse en el tiempo y aplicarse a todos los elementos patrimoniales que tengan las mismas características en tanto no se alteren los supuestos que motivaron su elección.

c) Se deberá mantener cierto grado de precaución en los juicios de los que se derivan estimaciones bajo condiciones de incertidumbre, de tal manera que los activos o los ingresos no se sobrevaloren, y que las obligaciones o los gastos no se infravaloren. Pero, además, el ejercicio de la prudencia no debe suponer la minusvaloración de activos o ingresos ni la sobrevaloración de obligaciones o gastos, realizados de forma intencionada, ya que ello privaría de neutralidad a la información, suponiendo un menoscabo a su fiabilidad.

d) Todas son correctas.

7. El principio de importancia relativa, de conformidad con el apartado 3.º marco conceptual del PGCPL se puede definir como:

a) No podrán compensarse las partidas del activo y del pasivo del balance, ni las de gastos e ingresos que integran la cuenta del resultado económico patrimonial o el estado de cambios en el patrimonio neto, y se valorarán separadamente los elementos integrantes de las cuentas anuales, salvo aquellos casos en que de forma excepcional así se regule.

b) La aplicación de los principios y criterios contables deberá estar presidida por la consideración de la importancia en términos relativos que los mismos y sus efectos pudieran presentar. Por consiguiente, podrá ser admisible la no aplicación estricta de alguno de ellos, siempre y cuando la importancia relativa en términos cuantitativos o cualitativos de la variación constatada sea escasamente significativa y no altere, por tanto, la imagen fiel de la situación patrimonial y de los resultados del sujeto económico. Las partidas o importes cuya importancia relativa sea escasamente significativa podrán aparecer agrupados con otros de similar naturaleza o función. La aplicación de este principio no podrá implicar en caso alguno la trasgresión de normas legales.

c) Adoptado un criterio contable dentro de las alternativas permitidas, deberá mantenerse en el tiempo y aplicarse a todos los elementos patrimoniales que tengan las mismas características en tanto no se alteren los supuestos que motivaron su elección.

d) Se presumirá, salvo prueba en contrario, que continúa la actividad de la entidad por tiempo indefinido. Por tanto, la aplicación de los presentes principios no irá encaminada a determinar el valor liquidativo del patrimonio.

8. De conformidad con el apartado 3.º marco conceptual, en los casos de conflicto entre los principios contables de carácter económico deberá prevalecer el:

a) Principio de prudencia.
b) Principio de Gestión continuada.
c) Principio de Devengo.
d) Ninguna respuesta es correcta.

9. El principio de desafectación se puede definir como:

a) Con carácter general, los ingresos de carácter presupuestario se destinarán a financiar la totalidad de los gastos de dicha naturaleza, sin que exista relación directa entre unos y otros. En el supuesto de que determinados gastos presupuestarios se financien con ingresos presupuestarios específicos a ellos afectados, el sistema contable deberá reflejar esta circunstancia y permitir su seguimiento.

b) Los gastos e ingresos presupuestarios se imputarán de acuerdo con su naturaleza económica y, en el caso de los gastos, además, de acuerdo con la finalidad que con ellos se pretende conseguir. Los gastos e ingresos presupuestarios se clasificarán, en su caso, atendiendo al órgano encargado de su gestión.

c) Las obligaciones presupuestarias derivadas de adquisiciones, obras, servicios, prestaciones o gastos en general se imputarán al Presupuesto del ejercicio en que estos se realicen y con cargo a los respectivos créditos; los derechos se imputarán al Presupuesto del ejercicio en que se reconozcan o liquiden.

d) No podrán compensarse las partidas del activo y del pasivo del balance, ni las de gastos e ingresos que integran la cuenta del resultado económico patrimonial o el estado de cambios en el patrimonio neto, y se valorarán separadamente los elementos integrantes de las cuentas anuales, salvo aquellos casos en que de forma excepcional así se regule.

10. De conformidad con el apartado 3.º del marco conceptual del PGCPL, son principios contables de carácter presupuestario:

a) Principio de devengo y principio de prudencia.
b) Principio de imputación presupuestaria y principio de desafectación.

c) Principio de uniformidad y principio de regla de gasto.

d) Principio de afectación y principio de desimputación.

11. De conformidad con el apartado 4.º del marco conceptual del PGCPL, los elementos de las cuentas anuales relacionados con el patrimonio y la situación financiera de la entidad, que se registran en el balance son:

a) Los ingresos y los gastos.

b) Los activos, pasivos y patrimonio neto.

c) Los activos, pasivos y la tesorería.

d) Los ingresos, gastos, cobros y pagos.

12. De conformidad con el apartado 4.º del marco conceptual del PGCPL, los elementos relacionados con la medida del resultado económico patrimonial y otros ajustes en el patrimonio neto, que se reflejan en la cuenta del resultado económico patrimonial o en el estado de cambios en el patrimonio neto son:

a) Los ingresos y los gastos.

b) Los gastos presupuestarios y los ingresos presupuestarios.

c) Los activos, pasivos y la tesorería.

d) Los ingresos, gastos, cobros y pagos.

13. De conformidad con el apartado 4.º del marco conceptual del PGCPL, los elementos relacionados con la ejecución del presupuesto que se reflejan en el estado de liquidación del presupuesto son:

a) Ingresos y gastos.

b) Pagos y cobros.

c) Gastos presupuestarios e ingresos presupuestarios.

d) Activos y pasivos.

14. De conformidad con el apartado 4.º del marco conceptual del PGCPL, los elementos relacionados con movimientos de tesorería que tienen su reflejo en el estado de flujos de efectivo son:

a) Ingresos y gastos.

b) Gastos presupuestarios e ingresos presupuestarios.

c) Activos y pasivos.

d) Cobros y pagos.

15. De conformidad con el apartado 4.º del marco conceptual del PGCPL, los ingresos presupuestarios se pueden definir como:

a) Los flujos de entrada de efectivo y suponen un aumento de la tesorería de la entidad.

b) Los flujos que determinan recursos para financiar los gastos presupuestarios de la entidad. Generan derechos de cobro presupuestarios, que deben imputarse al correspondiente presupuesto, con origen en ingresos, en la enajenación, el vencimiento o la cancelación de activos, en la emisión de pasivos financieros, en la disminución de gastos o en el incremento del patrimonio neto.

c) Los incrementos en el patrimonio neto de la entidad, ya sea en forma de entradas o aumentos en el valor de los activos, o de disminución de los pasivos, siempre que no tengan su origen en aportaciones patrimoniales, monetarias o no, de la entidad o entidades propietarias cuando actúen como tales.

d) Ninguna es correcta.

16. De conformidad con el apartado 5.º del marco conceptual del PGCPL, los activos deben reconocerse en el balance cuando:

a) Se considere probable que la entidad obtenga, a partir de los mismos, rendimientos económicos o un potencial de servicio en el futuro.

b) Siempre que puedan valorarse de forma aproximada.

c) Se considere seguro que la entidad obtenga, a partir de los mismos, rendimientos económicos o un potencial de servicio en el futuro.

d) Las respuestas b) y c) son correctas.

17. El reconocimiento contable de un pasivo implica el reconocimiento simultáneo:

a) De un activo.

b) De un gasto.

c) La disminución de otro pasivo.

d) Todas son correctas.

18. Se reconocerá un gasto presupuestario en el estado de liquidación del presupuesto cuando:

a) De acuerdo con el procedimiento establecido, se dicte el correspondiente acto administrativo de reconocimiento y liquidación de la obligación presupuestaria. Supone el reconocimiento de la obligación presupuestaria a pagar y, simultáneamente, el de un activo o de un gasto o la disminución de otro pasivo.

b) De acuerdo con el procedimiento establecido, se dicte el correspondiente acto administrativo de liquidación del derecho de cobro, o documento equivalente que lo cuantifique. Supone el reconocimiento del derecho presupuestario a cobrar, y simultáneamente el de un pasivo, o de un ingreso, o bien la disminución de otro activo, o de un gasto o el incremento del patrimonio neto.

c) Como consecuencia de un incremento de los recursos económicos o del potencial de servicio de la entidad, ya sea mediante un incremento de activos, o una disminución de los pasivos, y siempre que su cuantía pueda determinarse con fiabilidad. Por lo tanto, conlleva el reconocimiento simultáneo de un activo, o de un incremento en un activo, o la desaparición o disminución de un pasivo.

d) Cuando se produzca una disminución de recursos económicos o del potencial de servicio de la entidad, ya sea mediante un decremento en los activos, o un aumento en los pasivos, y siempre que pueda valorarse o estimarse su cuantía con fiabilidad. El reconocimiento de un gasto implica, por tanto, el simultáneo reconocimiento de un pasivo, o de un incremento en este, o la desaparición o disminución de un activo. *Sensu contrario*, el reconocimiento de una obligación sin reconocer simultáneamente un activo relacionado con la misma, implica la existencia de un gasto, que debe ser reflejado contablemente.

19. Podemos definir el precio de adquisición, de conformidad con el apartado 6º del marco conceptual del PGCPL:

a) El valor de la contrapartida recibida a cambio de incurrir en la deuda.

b) El importe, en efectivo u otros activos, pagado o pendiente de pago, que corresponda al mismo, así como cualquier coste directamente relacionado con la compra o puesta en condiciones de servicio del activo para el uso al que está destinado.

c) El importe por el que puede ser adquirido un activo o liquidado un pasivo, entre partes interesadas y debidamente informadas, que realizan una transacción en condiciones de independencia mutua.

d) Todas son correctas.

20. El valor razonable se determinará:

a) Deduciendo los costes de transacción en los que se pudiera incurrir en su adquisición.

b) Incluyendo el importe en una transacción forzada.

c) Sin deducir los costes de transacción en los que pudiera incurrirse en su enajenación.

d) Incluyendo el importe de una liquidación involuntaria.

21. ¿Cómo se obtendrá el valor razonable en aquellos elementos para los que no exista un mercado activo?

a) Aplicando su valor contable.

b) Aplicando el valor de compra inicial.

c) Mediante la aplicación de modelos y técnicas de valoración.

d) Todas son correctas.

22. De conformidad con el apartado 6º del marco conceptual del PGCP, el valor realizable neto de un activo es:

a) El importe por el que puede ser adquirido un activo o liquidado un pasivo, entre partes interesadas y debidamente informadas, que realizan una transacción en condiciones de independencia mutua.

b) El importe que se puede obtener por su enajenación en el mercado, de manera natural o no forzada, deduciendo los costes estimados necesarios para llevarla a cabo, así como, en el caso de los productos en curso, los costes estimados necesarios para terminar su producción, construcción o fabricación.

c) El valor actual de los flujos de efectivo esperados a través de su utilización en el curso normal de la actividad de la entidad, y, en su caso, de su enajenación u otra forma de disposición, actualizados a un tipo de interés de mercado sin riesgos.

d) El importe de los flujos de efectivo a recibir o pagar en el curso normal de la actividad de la entidad, según se trate de un activo o de un pasivo, respectivamente, actualizados a un tipo de descuento adecuado.

23. De conformidad con el apartado 6.º del marco conceptual del PGCP, el valor actual de un activo o de un pasivo es:

a) El importe que se puede obtener por su enajenación en el mercado, de manera natural o no forzada, deduciendo los costes estimados necesarios para llevarla a cabo, así como, en el caso de los productos en curso, los costes estimados necesarios para terminar su producción, construcción o fabricación.

b) El valor actual de los flujos de efectivo esperados a través de su utilización en el curso normal de la actividad de la entidad, y, en su caso, de su enajenación u otra forma de disposición, actualizados a un tipo de interés de mercado sin riesgos.

c) El importe de los flujos de efectivo a recibir o pagar en el curso normal de la actividad de la entidad, según se trate de un activo o de un pasivo, respectivamente, actualizados a un tipo de descuento adecuado.

d) Los gastos directamente atribuibles a la venta de un activo en los que la entidad no habría incurrido de no haber tomado la decisión de vender, excluidos los gastos financieros. Se incluyen los gastos legales necesarios para transferir la propiedad del activo y las comisiones de venta.

24. El coste amortizado de un activo financiero es:

a) El importe al que inicialmente fue valorado un activo financiero menos los reembolsos de principal, más o menos, según proceda, la parte que de la diferencia entre el importe inicial y el valor de reembolso en el vencimiento se haya imputado en la cuenta de resultado económico patrimonial mediante la utilización del método del tipo de interés efectivo y menos cualquier reducción de valor por deterioro reconocida mediante una cuenta correctora de su valor.

b) El importe al que inicialmente fue valorado un pasivo financiero menos los reembolsos de principal y, más o menos, según proceda, la parte que de la diferencia entre el importe inicial y el valor de reembolso en el vencimiento se haya imputado en la cuenta de resultado económico patrimonial mediante la utilización del método del tipo de interés efectivo.

c) El tipo de actualización que iguala exactamente el valor contable de un activo o un pasivo financiero con los flujos de efectivo estimados a lo largo de la vida del mismo, a partir de sus condiciones contractuales y sin considerar las pérdidas por riesgo de crédito futuras; en su cálculo se incluirán las comisiones financieras que se carguen por adelantado en la concesión de financiación. Cuando no se disponga de una estimación fiable de los flujos de efectivo a partir de un determinado periodo, se considerará que los flujos restantes son iguales a los del último periodo para el que se dispone de una estimación fiable.

d) Los gastos directamente atribuibles a la compra o enajenación de un activo financiero, o a la emisión o asunción de un pasivo financiero, en los que no se habría incurrido si la entidad no hubiera realizado la transacción. Entre ellos se incluyen las comisiones pagadas a intermediarios, tales como las de corretaje, los gastos de intervención de fedatario público y otros, y se excluyen las primas o descuentos obtenidos en la compra o emisión, los gastos financieros, los administrativos internos y los incurridos por estudios y análisis previos.

25. El valor residual de un activo es:

a) El importe que la entidad podría obtener en el momento futuro por su compra u otra forma de disposición, una vez sumados los costes estimados para realizar esta, tomando en consideración que el activo hubiese alcanzado la antigüedad y demás condiciones que se espera que tenga al final de su vida útil.

b) El importe que la entidad podría obtener en un momento futuro por su venta u otra forma de disposición, una vez deducidos los costes estimados para realizar esta, tomando en consideración que el activo hubiese alcanzado la antigüedad y demás condiciones que se espera que tenga al final de su vida útil.

c) El importe que la entidad podría obtener en el momento actual por su compra u otra forma de disposición, una vez sumados los costes estimados para realizar esta, tomando en consideración que el activo no hubiese alcanzado la antigüedad y demás condiciones que se espera que tenga al final de su vida útil.

d) El importe que la entidad podría obtener en el momento actual por su venta u otra forma de disposición, una vez deducidos los costes estimados para realizar esta, tomando en consideración que el activo hubiese alcanzado la antigüedad y demás condiciones que se espera que tenga al final de su vida útil.

Soluciones comentadas

1. **a) El estado de cambios en el patrimonio neto.**

   Plan General de Contabilidad Pública adaptado a la Administración Local (marco conceptual 1.º): Las cuentas anuales comprenden los siguientes documentos que forman una unidad: el balance, la cuenta del resultado económico patrimonial, el estado de cambios en el patrimonio neto, el estado de liquidación del presupuesto, el estado de flujos de efectivo y la memoria.

2. **c) Se atenderá a su realidad económica y no solo a su forma jurídica.**

   PGCPL (marco conceptual 1.º): La aplicación sistemática y regular de los requisitos de la información y principios y criterios contables incluidos en los apartados siguientes deberá conducir a que las cuentas anuales muestren la anteriormente citada imagen fiel. A tal efecto, en la contabilización de las operaciones, se atenderá a su realidad económica y no solo a su forma jurídica.

3. **b) En tales casos, en la memoria se motivará suficientemente esta circunstancia, y se explicará su influencia sobre el patrimonio, la situación financiera y los resultados de la entidad.**

   PGCPL (marco conceptual 1.º): En aquellos casos excepcionales en los que dicho cumplimiento fuera incompatible con la imagen fiel que deben proporcionar las cuentas anuales, se considerará improcedente dicha aplicación. En tales casos, en la memoria se motivará suficientemente esta circunstancia, y se explicará su influencia sobre el patrimonio, la situación financiera y los resultados de la entidad.

4. **d) Todas son correctas.**

   Todas ellas aparecen en el apartado 2.º marco conceptual del PGCPL.

5. **b) Desafectación.**

   Apartado 3.º marco conceptual del PGCPL: El principio de desafectación tiene el carácter de principio contable de carácter presupuestario.

6. **c) Se deberá mantener cierto grado de precaución en los juicios de los que se derivan estimaciones bajo condiciones de incertidumbre, de tal manera que los activos o los ingresos no se sobrevaloren, y que las obligaciones o los gastos no se infravaloren. Pero, además, el ejercicio de la prudencia no debe suponer la minusvaloración de activos o ingresos ni la sobrevaloración de obligaciones o**

gastos, realizados de forma intencionada, ya que ello privaría de neutralidad a la información, suponiendo un menoscabo a su fiabilidad.

Apartado 3.º marco conceptual del PGCPL: Prudencia. Se deberá mantener cierto grado de precaución en los juicios de los que se derivan estimaciones bajo condiciones de incertidumbre, de tal manera que los activos o los ingresos no se sobrevaloren, y que las obligaciones o los gastos no se infravaloren. Pero, además, el ejercicio de la prudencia no debe suponer la minusvaloración de activos o ingresos ni la sobrevaloración de obligaciones o gastos, realizados de forma intencionada, ya que ello privaría de neutralidad a la información, suponiendo un menoscabo a su fiabilidad.

7. **b) La aplicación de los principios y criterios contables deberá estar presidida por la consideración de la importancia en términos relativos que los mismos y sus efectos pudieran presentar. Por consiguiente, podrá ser admisible la no aplicación estricta de alguno de ellos, siempre y cuando la importancia relativa en términos cuantitativos o cualitativos de la variación constatada sea escasamente significativa y no altere, por tanto, la imagen fiel de la situación patrimonial y de los resultados del sujeto económico. Las partidas o importes cuya importancia relativa sea escasamente significativa podrán aparecer agrupados con otros de similar naturaleza o función. La aplicación de este principio no podrá implicar en caso alguno la trasgresión de normas legales.**

Apartado 3.º marco conceptual del PGCPL: f) Importancia relativa. La aplicación de los principios y criterios contables, deberá estar presidida por la consideración de la importancia en términos relativos que los mismos y sus efectos pudieran presentar. Por consiguiente, podrá ser admisible la no aplicación estricta de alguno de ellos, siempre y cuando la importancia relativa en términos cuantitativos o cualitativos de la variación constatada sea escasamente significativa y no altere, por tanto, la imagen fiel de la situación patrimonial y de los resultados del sujeto económico. Las partidas o importes cuya importancia relativa sea escasamente significativa podrán aparecer agrupados con otros de similar naturaleza o función. La aplicación de este principio no podrá implicar en caso alguno la trasgresión de normas legales.

8. **d) Ninguna respuesta es correcta.**

Apartado 3.º marco conceptual del PGCPL: En los casos de conflicto entre los anteriores principios contables deberá prevalecer el que mejor conduzca a que las cuentas anuales expresen la imagen fiel del patrimonio, de la situación financiera y del resultado económico patrimonial de la entidad.

9. **a) Con carácter general, los ingresos de carácter presupuestario se destinarán a financiar la totalidad de los gastos de dicha naturaleza, sin que exista relación directa entre unos y otros. En el supuesto de que determinados gastos presupuestarios se financien con ingresos presupuestarios específicos a ellos afectados, el sistema contable deberá reflejar esta circunstancia y permitir su seguimiento.**

Apartado 3.º marco conceptual del PGCPL: b) Principio de desafectación: Con carácter general, los ingresos de carácter presupuestario se destinarán a financiar la totalidad de los gastos de dicha naturaleza, sin que exista relación directa entre unos y otros. En el supuesto de que determinados gastos presupuestarios se financien con ingresos presupuestarios específicos a ellos afectados, el sistema contable deberá reflejar esta circunstancia y permitir su seguimiento.

10. b) Principio de imputación presupuestaria y principio de desafectación.

Apartado 3.º marco conceptual del PGCPL: 2. También se aplicarán los principios contables de carácter presupuestario recogidos en la normativa presupuestaria aplicable, y en especial los siguientes:

a) Principio de imputación presupuestaria (…)

b) Principio de desafectación.

11. b) Los activos, pasivos y patrimonio neto.

Todos ellos aparecen en el punto 1 del apartado 4.º del marco conceptual del PGCPL.

12. a) Los ingresos y los gastos.

Todos ellos aparecen en el punto 2 del apartado 4.º del marco conceptual del PGCPL.

13. c) Gastos presupuestarios e ingresos presupuestarios.

Todos ellos aparecen en el punto 3 del apartado 4.º del marco conceptual del PGCPL.

14. d) Cobros y pagos.

Todos ellos aparecen en el punto 4 del apartado 4.º del marco conceptual del PGCPL.

15. b) Los flujos que determinan recursos para financiar los gastos presupuestarios de la entidad. Generan derechos de cobro presupuestarios, que deben imputarse al correspondiente presupuesto, con origen en ingresos, en la enajenación, el vencimiento o la cancelación de activos, en la emisión de pasivos financieros, en la disminución de gastos o en el incremento del patrimonio neto.

Apartado 4.º del marco conceptual del PGCPL: b) Ingresos presupuestarios: Son aquellos flujos que determinan recursos para financiar los gastos presupuestarios de la entidad. Generan derechos de cobro presupuestarios, que deben imputarse al correspondiente presupuesto, con origen en ingresos, en la enajenación, el vencimiento o la cancelación de activos, en la emisión de pasivos financieros, en la disminución de gastos o en el incremento del patrimonio neto.

16. a) Se considere probable que la entidad obtenga, a partir de los mismos, rendimientos económicos o un potencial de servicio en el futuro.

Apartado 5.º del marco conceptual del PGCPL: 2. Activos y pasivos. Los activos deben reconocerse en el balance cuando: Se considere probable que la entidad obtenga, a partir de los mismos, rendimientos económicos o un potencial de servicio en el futuro. Y siempre que puedan valorarse con fiabilidad.

17. d) Todas son correctas.

Apartado 5.º del marco conceptual del PGCPL: El reconocimiento contable de un pasivo implica el reconocimiento simultáneo de un activo o de un gasto, o la disminución de otro pasivo, o de ingresos o del patrimonio neto.

18. a) De acuerdo con el procedimiento establecido, se dicte el correspondiente acto administrativo de reconocimiento y liquidación de la obligación presupuestaria. Supone el reconocimiento de la obligación presupuestaria a pagar y, simultáneamente, el de un activo o de un gasto o la disminución de otro pasivo.

Apartado 5.º del marco conceptual del PGCPL: Se reconocerá un gasto presupuestario en el estado de liquidación del presupuesto cuando, de acuerdo con el procedimiento establecido, se dicte el correspondiente acto administrativo de reconocimiento y liquidación de la obligación presupuestaria. Supone el reconocimiento de la obligación presupuestaria a pagar y, simultáneamente, el de un activo o de un gasto o la disminución de otro pasivo.

19. b) El importe, en efectivo u otros activos, pagado o pendiente de pago, que corresponda al mismo, así como cualquier coste directamente relacionado con la compra o puesta en condiciones de servicio del activo para el uso al que está destinado.

Apartado 6.º del marco conceptual del PGCPL: El precio de adquisición de un activo es el importe, en efectivo u otros activos, pagado o pendiente de pago, que corresponda al mismo, así como cualquier coste directamente relacionado con la compra o puesta en condiciones de servicio del activo para el uso al que está destinado.

20. c) Sin deducir los costes de transacción en los que pudiera incurrirse en su enajenación.

Apartado 6.º del marco conceptual del PGCPL: Es el importe por el que puede ser adquirido un activo o liquidado un pasivo, entre partes interesadas y debidamente informadas, que realizan una transacción en condiciones de independencia mutua. El valor razonable se determinará sin deducir los costes de transacción en los que pudiera incurrirse en su enajenación. No tendrá en ningún caso el carácter de valor razonable el que sea resultado de una transacción forzada, urgente, o como consecuencia de una liquidación involuntaria.

21. c) Mediante la aplicación de modelos y técnicas de valoración.

Apartado 6.º del marco conceptual del PGCPL: En aquellos elementos para los que no exista un mercado activo, el valor razonable se obtendrá mediante la aplicación de modelos y técnicas de valoración.

22. b) El importe que se puede obtener por su enajenación en el mercado, de manera natural o no forzada, deduciendo los costes estimados necesarios para llevarla a cabo, así como, en el caso de los productos en curso, los costes estimados necesarios para terminar su producción, construcción o fabricación.

Apartado 6.º del marco conceptual del PGCPL: El valor realizable neto de un activo es el importe que se puede obtener por su enajenación en el mercado, de manera natural o no forzada, deduciendo los costes estimados necesarios para llevarla a cabo, así como, en el caso de los productos en curso, los costes estimados necesarios para terminar su producción, construcción o fabricación.

23. c) El importe de los flujos de efectivo a recibir o pagar en el curso normal de la actividad de la entidad, según se trate de un activo o de un pasivo, respectivamente, actualizados a un tipo de descuento adecuado.

Apartado 6.º del marco conceptual del PGCPL: El valor actual es el importe de los flujos de efectivo a recibir o pagar en el curso normal de la actividad de la entidad, según se trate de un activo o de un pasivo, respectivamente, actualizados a un tipo de descuento adecuado.

24. a) El importe al que inicialmente fue valorado un activo financiero menos los reembolsos de principal, más o menos, según proceda, la parte que de la diferencia entre el importe inicial y el valor de reembolso en el vencimiento se haya imputado en la cuenta de resultado económico patrimonial mediante la utilización del método del tipo de interés efectivo y menos cualquier reducción de valor por deterioro reconocida mediante una cuenta correctora de su valor.

Apartado 6.º del marco conceptual del PGCPL: El coste amortizado de un activo financiero es el importe al que inicialmente fue valorado un activo financiero menos los reembolsos de principal, más o menos, según proceda, la parte que de la diferencia entre el importe inicial y el valor de reembolso en el vencimiento se haya imputado en la cuenta de resultado económico patrimonial mediante la utilización del método del tipo de interés efectivo y menos cualquier reducción de valor por deterioro reconocida mediante una cuenta correctora de su valor.

25. d) El importe que la entidad podría obtener en el momento actual por su venta u otra forma de disposición, una vez deducidos los costes estimados para realizar esta, tomando en consideración que el activo hubiese alcanzado la antigüedad y demás condiciones que se espera que tenga al final de su vida útil.

Apartado 6.º del marco conceptual del PGCPL: El valor residual de un activo es el importe que la entidad podría obtener en el momento actual por su venta u otra forma de disposición, una vez deducidos los costes estimados para realizar esta, tomando en consideración que el activo hubiese alcanzado la antigüedad y demás condiciones que se espera que tenga al final de su vida útil.

TEST N.º 5

PGCPL: Normas de reconocimiento y valoración

1. De conformidad con la Norma de reconocimiento y valoración (NRV) 1.ª del PGCPL, el inmovilizado material:

a) Son los activos tangibles, muebles e inmuebles que: a) Poseen la entidad para su uso en la producción o suministro de bienes y servicios o para sus propios propósitos administrativos o para los propósitos de otra Administración o empresa. b) Se espera tengan una vida útil mayor a dos años.

b) Son los activos tangibles e intangibles muebles e inmuebles que: a) Posee la entidad para su uso en la producción o suministro de bienes y servicios o para sus propios propósitos administrativos. b) Se espera tengan una vida útil mayor a diez años.

c) Son los activos y pasivos tangibles e intangibles, muebles e inmuebles que: a) Posee la entidad para su uso en la producción o suministro de bienes y servicios o para sus propios propósitos administrativos. b) Se espera tengan una vida útil mayor a un año.

d) Son los activos tangibles, muebles e inmuebles que: a) Posee la entidad para su uso en la producción o suministro de bienes y servicios o para sus propios propósitos administrativos. b) Se espera tengan una vida útil mayor a un año.

2. Marca la respuesta incorrecta. A la hora de determinar el precio de adquisición del inmovilizado material, se consideran costes directamente relacionados con la compra o puesta en condiciones del servicio, entre otros los siguientes:

a) Los de preparación del emplazamiento físico.

b) Los correspondientes a la entrega final y los de manipulación o transporte anterior.

c) Los honorarios profesionales, tales como los pagados a arquitectos, ingenieros o fedatarios públicos, así como las comisiones y remuneraciones pagadas a agentes o intermediarios.

d) El valor actual del coste estimado de desmantelamiento del activo y la restauración de su emplazamiento, en la medida en que se reconozca una provisión.

3. Las entidades podrán incorporar al precio de adquisición o coste de producción los gastos financieros que se hayan devengado con anterioridad a su puesta en condiciones de funcionamiento, cuando se trata de inmovilizados que necesiten un periodo para estar en condiciones de uso:

a) Inferior a un año.

b) Superior a un año.

c) Superior a 5 años.
d) Inferior a 5 años.

4. Respecto a la activación de los gastos financieros en el inmovilizado, se consideran gastos financieros los intereses y otros costes en los que incurre la entidad en relación con la financiación recibida. Entre otros, se incluyen:

a) Los intereses de préstamos recibidos o asumidos, sean singulares o emitidos en masa.
b) La imputación de primas o descuentos relativos a los préstamos.
c) La imputación de los gastos de formalización de préstamos.
d) Todas son correctas.

5. Marca la respuesta incorrecta. Respecto a la activación de los gastos financieros en el inmovilizado, podrán activarse aquellos gastos financieros que cumplan la totalidad de los siguientes requisitos y condiciones:

a) Que provengan de préstamos recibidos o asumidos con la finalidad exclusiva de financiar la adquisición, acondicionamiento o fabricación de un activo.
b) Que se hayan devengado por la efectiva utilización de la financiación recibida o asumida. En aquellos casos en los que se perciba posteriormente todo el efectivo necesario, se considerará únicamente los gastos financieros devengados a partir de los pagos relacionados con la adquisición, acondicionamiento o fabricación del activo o pasivo.
c) Solo se activarán durante el periodo de tiempo en el que se estén llevando a cabo tareas de acondicionamiento o fabricación entendiendo, como tales, las actividades necesarias para dejar el activo en las condiciones de servicio y uso al que está destinado. La activación se suspenderá durante los periodos de interrupción de las mencionadas actividades.
d) Cuando el acondicionamiento o fabricación de un activo se realice por partes, y cada una de estas partes pueda estar en condiciones de servicio y uso por separado, aunque no haya finalizado el acondicionamiento o producción de las restantes, la activación de gastos financieros de cada parte finalizará cuando cada una de ellas esté terminada.

6. La valoración inicial de los distintos elementos patrimoniales pertenecientes al inmovilizado material se hará al coste. En concreto, se entenderá como coste:

a) Para los activos adquiridos a terceros mediante una transacción onerosa: el precio de venta.
b) Para los activos producidos por la propia entidad: el coste de producción.
c) Para los activos aflorados como consecuencia de la realización de un inventario inicial: su coste se obtendrá conforme se establece en la norma de reconocimiento y valoración n.º 13, «Transferencias y subvenciones».
d) Todas son correctas.

7. Los desembolsos posteriores al registro inicial del inmovilizado:

a) No deben ser añadidos al importe del valor contable.
b) Deben ser añadidos al importe del valor contable en todo caso.

c) Deben ser añadidos al importe del valor contable cuando sea probable que de los mismos se deriven rendimientos económicos futuros o un potencial de servicio, adicionales a los originalmente evaluados para el activo existente.

d) No deben ser añadidos al importe del valor contable salvo que se compruebe fehacientemente que han producido rendimientos económicos para la entidad local.

8. Marca la respuesta correcta. Respecto al modelo de coste para la valoración posterior del inmovilizado material:

a) Con posterioridad a su reconocimiento inicial como activo, todos los elementos del inmovilizado material deben ser contabilizados a su valoración inicial, incrementada, en su caso, por los desembolsos posteriores, y descontando la amortización acumulada practicada y la corrección valorativa acumulada por deterioro que hayan sufrido a lo largo de su vida útil.

b) Cuando las circunstancias del mercado impliquen unos incrementos sustanciales en el precio, que hagan que el valor contable de un elemento del inmovilizado material sea poco significativo respecto a su valor real se permite que el valor de los activos afectados por esta circunstancia se exprese por su valor razonable, en el momento de la revalorización, menos la amortización acumulada practicada posteriormente y la corrección valorativa acumulada por deterioro que haya sufrido el elemento desde la fecha de la revalorización hasta la fecha de las cuentas anuales.

c) El modelo de coste solo será aplicable en aquellos casos en los que exista un mercado suficientemente significativo y transparente que minimice el sesgo que pudiera producirse en el cálculo de las plusvalías.

d) Todas son correctas.

9. La definición de amortización según la NRV 1.º del PGCPL es:

a) La amortización es la distribución asistemática de la depreciación de un activo a lo largo de su vida útil y no útil. Su determinación se realizará, en cada momento, distribuyendo la base amortizable del bien entre la vida útil que reste, según el método de amortización utilizado. La base amortizable será igual al valor contable del bien en cada momento detrayéndole en su caso el valor residual que pudiera tener.

b) La amortización es la distribución sistemática de la depreciación de un activo a lo largo de su vida útil. Su determinación se realizará, en cada momento, distribuyendo la base total del bien entre la vida útil que reste, según el método de amortización utilizado. La base amortizable será igual al valor de adquisición del bien en cada momento detrayéndole en su caso el valor residual que pudiera tener.

c) La amortización es la distribución sistemática de la depreciación de un activo a lo largo de su vida útil. Su determinación se realizará, en cada momento, distribuyendo la base amortizable del bien entre la vida útil que reste, según el método de amortización utilizado. La base amortizable será igual al valor contable del bien en cada momento detrayéndole en su caso el valor residual que pudiera tener.

d) La amortización es la distribución sistemática del aumento de valor de un activo a lo largo de su vida útil. Su determinación se realizará, en cada momento, distribuyendo la base amortizable del bien entre la vida útil que reste, según el método de amortización utilizado. La base amortizable será igual al valor residual del bien en cada momento detrayéndole en su caso el valor contable que pudiera tener.

10. Como métodos de amortización se podrán utilizar:

a) El método de amortización lineal.
b) El método de tasa constante sobre valor contable.
c) El método de suma de unidades producidas.
d) Todas las respuestas son correctas.

11. De conformidad con la NRV 1.º del PGCPL:

a) Los terrenos y los edificios son activos independientes, pero se tratarán contablemente de forma conjunta, aunque hayan sido adquiridos en momentos temporales distintos.

b) Los terrenos y los edificios son activos independientes y se tratarán contablemente por separado, incluso si han sido adquiridos conjuntamente.

c) Los terrenos y los edificios son activos dependientes, pero se tratarán contablemente por separado, incluso si han sido adquiridos conjuntamente.

d) Los terrenos y los edificios son activos dependientes y se tratarán contablemente de forma conjunta, salvo que hayan sido adquiridos en momentos temporales distintos.

12. El deterioro del valor de un activo perteneciente al inmovilizado material, se determinará, con carácter general:

a) Por la cantidad que exceda el valor contable de un activo a su importe recuperable, siempre que la diferencia sea significativa.

b) Por la cantidad que exceda el valor de adquisición de un activo a su importe actual, siempre que la diferencia sea significativa.

c) Por la cantidad que no exceda el valor de adquisición de un activo a su importe recuperable, siempre que la diferencia sea significativa.

d) Por la cantidad que exceda el valor final de un activo a su importe amortizado, siempre que la diferencia sea significativa.

13. De conformidad con la NRV n.º 2 del PGCPL, las infraestructuras son:

a) Activos no corrientes, que se materializan en obras de ingeniería civil o en inmuebles, utilizables por la generalidad de los ciudadanos o destinados a la prestación de servicios públicos, adquiridos a título oneroso o gratuito, o construidos por la entidad, y que cumplen alguno de los requisitos siguientes: son parte de un sistema o red ó tienen una finalidad específica que no suele admitir otros usos alternativos.

b) Aquellos bienes que aun siendo del dominio público, su aprovechamiento corresponde exclusivamente al común de los vecinos.

c) Elementos patrimoniales muebles o inmuebles de interés artístico, histórico, paleontológico, arqueológico, etnográfico, científico o técnico, así como el patrimonio documental y bibliográfico, los yacimientos, zonas arqueológicas, sitios naturales, jardines y parques que tengan valor artístico, histórico o antropológico.

d) Todas son correctas.

14. La NRV n.º 4 del PGCPL hace referencia a:

a) El patrimonio público del suelo.
b) Las inversiones inmobiliarias.
c) El inmovilizado intangible.
d) Los activos en estado de venta.

15. De conformidad con la NRV n.º 5 del PGCPL indique la respuesta correcta o más correcta:

a) Con carácter particular, podrán excluirse del inmovilizado tangible y, por tanto, considerarse gasto del ejercicio, aquellos bienes y derechos cuyo precio unitario e importancia relativa, dentro de la masa patrimonial, así lo aconsejen.
b) Con carácter general, podrán excluirse del inmovilizado intangible y, por tanto, considerarse inversión del ejercicio, aquellos bienes y derechos cuyo precio unitario e importancia relativa, dentro de la masa patrimonial, sea de un importe inferior a 6.000 euros.
c) Con carácter general, podrán incluirse en el inmovilizado intangible, aquellos bienes y derechos cuyo precio unitario e importancia relativa, dentro de la masa patrimonial, así lo aconsejen.
d) Con carácter general, podrán excluirse del inmovilizado intangible y, por tanto, considerarse gasto del ejercicio, aquellos bienes y derechos cuyo precio unitario e importancia relativa, dentro de la masa patrimonial, así lo aconsejen.

16. Los activos que integren el inmovilizado intangible deberán cumplir con el criterio de:

a) Uniformidad.
b) Publicidad.
c) Identificabilidad.
d) Igualdad.

17. ¿Será objeto de amortización el inmovilizado intangible? Indique la respuesta correcta o más correcta:

a) No.
b) Si.
c) Depende de los casos, debiendo valorarse por la entidad.
d) Depende del precio de adquisición de los mismos.

18. De conformidad con la NRV n.º 5 del PGCPL, los gastos de investigación que figuren en el activo deberán amortizarse durante su vida útil, y siempre dentro del plazo de:

a) Tres años.
b) Cinco años.

c) Diez años.
d) Veinte años.

19. Los programas informáticos integrados en un equipo que no puedan funcionar sin él:

a) Serán tratados como elementos del inmovilizado material.
b) Serán tratados como inmovilizado inmaterial.
c) Serán tratados como inmovilizado material, salvo que se hayan adquirido a la vez que el equipo informático.
d) Serán tratado como inmovilizado inmaterial, salvo que se haya adquirido simultáneamente al equipo informático.

20. Un arrendamiento tendrá la consideración de arrendamiento financiero:

a) Cuando no se transfieren los riesgos y ventajas que son inherentes a la propiedad.
b) Cuando de las condiciones económicas de un acuerdo de arrendamiento se deduzca que se transfieren sustancialmente todos los riesgos y ventajas inherentes a la propiedad del activo objeto del contrato.
c) Cuando se lleve a cabo el arrendamiento de un inmovilizado inmaterial.
d) Ninguna es correcta.

21. Respecto a los Activos en venta, se considera que su venta será altamente probable, cuando concurran las siguientes circunstancias:

a) La entidad debe encontrarse comprometida por un plan para vender el activo y haber finalizado un programa para encontrar comprador y concretar el plan.
b) Se espera completar la venta dentro del año siguiente a la fecha de clasificación del activo como en estado de venta, salvo que por hechos o circunstancias fuera del control de la entidad, el plazo de venta se tenga que alargar y exista evidencia suficiente de que la entidad siga comprometida con el plan de disposición del activo.
c) Se espera completar la venta dentro del mes siguiente a la fecha de clasificación del activo como en estado de venta, salvo que por hechos o circunstancias fuera del control de la entidad, el plazo de venta se tenga que alargar y exista evidencia suficiente de que la entidad siga comprometida con el plan de disposición del activo.
d) Las respuestas a) y b) son correctas.

22. Los activos en estado de venta:

a) Son objeto de amortización en todo caso.
b) Son objeto de amortización mientras estén clasificados como tales.
c) No son objeto de amortización mientras estén clasificados como tales.
d) No son objeto de amortización salvo que se justifique su necesidad por el importe del mismo.

23. Los activos financieros, a efectos de su valoración, se clasificarán inicialmente en alguna de las siguientes categorías:

a) Créditos y partidas a pagar.
b) Inversiones mantenidas hasta el vencimiento.
c) Inversiones en el patrimonio de entidades del grupo, multigrupo, asociadas e independientes.
d) Activos financieros disponibles para la compra.

24. Con carácter general, los créditos y partidas a cobrar se valorarán inicialmente:

a) Por su valor contable.
b) Por su valor razonable.
c) Por su coste amortizado.
d) Por su valor de adquisición.

25. Los créditos y partidas a cobrar se valorarán posteriormente:

a) Por su valor contable.
b) Por su coste razonable.
c) Por su coste amortizado.
d) Por su valor de adquisición.

26. Las reclasificaciones entre las diferentes categorías de activos financieros, deben atenerse a las siguientes reglas:

a) La entidad no podrá reclasificar ningún activo financiero a la categoría de activos financieros a valor razonable con cambios en resultados.
b) Los instrumentos financieros derivados no podrán reclasificarse fuera de la categoría de activos financieros a valor razonable con cambios en resultados.
c) Si como consecuencia de un evento inusual y altamente improbable de que se repita en un futuro, surgido con posterioridad a su clasificación inicial, un instrumento de deuda clasificado en la categoría de activos financieros a valor razonable con cambios en resultados no se mantiene ya con la intención de realizarlo en el corto plazo, la entidad podrá reclasificarlo a la categoría de inversiones mantenidas hasta el vencimiento, si tiene la intención efectiva y la capacidad financiera de conservarlo hasta su vencimiento.
d) Todas son correctas.

27. Los intereses y dividendos devengados con posterioridad al momento de la adquisición:

a) Se reconocerá como mayor valor del activo.
b) Se reconocerán como resultados del ejercicio.
c) No podrán reconocerse hasta el ejercicio siguiente.
d) Ninguna es correcta.

28. De conformidad con la NRV 9º del PGCPL, a los solos efectos de su valoración, los pasivos financieros se clasificarán inicialmente en las siguientes categorías (marcar la incorrecta):

a) Pasivos financieros a coste amortizado.
b) Pasivos financieros a valor razonable con cambios en resultados.
c) Pasivos financieros a valor contable sin cambios en resultados.
d) Todas son correctas.

29. Los pasivos financieros a coste amortizado se valorarán por:

a) Su valor amortizado.
b) Su valor de enajenación.
c) Su valor de mercado.
d) Su valor contable.

30. La NRV n.º 10 hace referencia a:

a) Las coberturas contables.
b) Las existencias.
c) Las transacciones en moneda extranjera.
d) Los ingresos con contraprestación.

31. Los bienes y servicios comprendidos en las existencias se valorarán:

a) Por su valor contable.
b) Por su valor razonable.
c) Por el precio de adquisición o el coste de producción.
d) Por su valor amortizado.

32. Respecto a los métodos de asignación de valor para las existencias:

a) Cuando se trate de bienes concretos que forman parte de un inventario de bienes intercambiables entre sí, se adoptará con carácter general el método FIFO. El método LIFO es aceptable y puede adoptarse, si la entidad lo considera más conveniente para su gestión. Se utilizará el mismo método para inventarios de la misma naturaleza o uso.

b) Cuando se trate de bienes concretos que forman parte de un inventario de bienes intercambiables entre sí, se adoptará con carácter general el método del precio medio o coste medio ponderado. El método FIFO es aceptable y puede adoptarse, si la entidad lo considera más conveniente para su gestión. Se utilizará el mismo método para inventarios de la misma naturaleza o uso.

c) Cuando se trate de bienes concretos que forman parte de un inventario de bienes no intercambiables entre sí, se adoptará con carácter general el método del precio medio o ingreso medio ponderado. El método FIFO es aceptable y puede adoptarse, si la entidad lo considera más conveniente para su gestión. Se utilizará el mismo método para inventarios de la misma naturaleza o uso.

d) Cuando se trate de bienes concretos que forman parte de un inventario de bienes intercambiables entre sí, se adoptará con carácter general el método FIFO. El método del precio medio o coste medio ponderado, es aceptable y puede adoptarse, si la entidad lo considera más conveniente para su gestión. Se utilizará el mismo método para inventarios de la misma naturaleza o uso.

33. De conformidad con la NRV n.º 14 del PGCPL:

a) El IVA soportado deducible no formará parte del precio de adquisición de los bienes y servicios objeto de las operaciones gravadas por el impuesto, y será objeto de registro en una rúbrica específica.

b) El IVA no soportado deducible formará parte del precio de adquisición de los bienes y servicios objeto de las operaciones gravadas por el impuesto, y será objeto de registro en una rúbrica específica.

c) El IVA soportado deducible formará parte del precio de adquisición de los bienes y servicios objeto de las operaciones gravadas por el impuesto, y será objeto de registro en una rúbrica específica.

d) El IVA soportado no deducible no formará parte del precio de adquisición de los bienes y servicios objeto de las operaciones gravadas por el impuesto, y será objeto de registro en una rúbrica específica.

34. La NRV n.º 16 del PGCPL hace referencia a:

a) Ingresos con contraprestación.
b) Ingresos sin contraprestación.
c) Provisiones, activos y pasivos contingentes.
d) Ninguna es correcta.

35. De conformidad con la NRV n.º 18 del PGCPL, las transferencias:

a) Tienen por objeto una entrega dineraria o en especie entre los distintos agentes de las administraciones públicas, y de estos a otras entidades públicas o privadas y a particulares, y viceversa, todas ellas sin contrapartida directa por parte de los beneficiarios, destinándose a financiar operaciones o actividades no singularizadas.

b) Tienen por objeto una entrega dineraria o en especie entre los distintos agentes de las administraciones públicas, y de estos a otras entidades públicas o privadas y a particulares, y viceversa, todas ellas sin contrapartida directa por parte de los beneficiarios, destinándose a un fin, propósito, actividad o proyecto específico, con la obligación por parte del beneficiario de cumplir las condiciones y requisitos que se hubieran establecido o, en caso contrario, proceder a su reintegro.

c) Tienen por objeto una entrega dineraria o en especie entre los distintos agentes de las administraciones públicas, y de estos a otras entidades públicas o privadas y a particulares, y viceversa, todas ellas con contrapartida directa o indirecta por parte de los beneficiarios, destinándose a un fin, propósito, actividad o proyecto específico, con la obligación por parte del beneficiario de cumplir las condiciones y requisitos que se hubieran establecido o, en caso contrario, proceder a su reintegro.

d) Tienen por objeto una entrega dineraria exclusivamente entre los distintos agentes de las administraciones públicas, y de estos a otras entidades públicas o privadas y a particulares, y viceversa, todas ellas sin contrapartida directa o indirecta por parte de los beneficiarios, destinándose a financiar operaciones o actividades no singularizadas.

36. Las subvenciones recibidas:

a) Se considerarán reintegrables y se reconocerán como un activo por el ente beneficiario cuando exista un acuerdo individualizado de concesión de la subvención a favor de dicho ente, se hayan cumplido las condiciones asociadas a su disfrute y no existan dudas razonables sobre su percepción, sin perjuicio de la imputación presupuestaria de las mismas, que se efectuará de acuerdo con los criterios recogidos en la primera parte de este texto relativa al marco conceptual de la contabilidad pública. En los demás casos las subvenciones recibidas se considerarán no reintegrables y se reconocerán como pasivo.

b) Se considerarán no reintegrables y se reconocerán como ingresos por el ente beneficiario cuando exista un acuerdo individualizado de concesión de la subvención a favor de dicho ente, se hayan cumplido las condiciones asociadas a su disfrute y no existan dudas razonables sobre su percepción, sin perjuicio de la imputación presupuestaria de las mismas, que se efectuará de acuerdo con los criterios recogidos en la primera parte de este texto relativa al marco conceptual de la contabilidad pública. En los demás casos las subvenciones recibidas se considerarán reintegrables y se reconocerán como pasivo.

c) Se considerarán no reintegrables y se reconocerán como pasivos por el ente beneficiario cuando exista un acuerdo individualizado de concesión de la subvención a favor de dicho ente, se hayan cumplido las condiciones asociadas a su disfrute y no existan dudas razonables sobre su percepción, sin perjuicio de la imputación presupuestaria de las mismas, que se efectuará de acuerdo con los criterios recogidos en la primera parte de este texto relativa al marco conceptual de la contabilidad pública. En los demás casos las subvenciones recibidas se considerarán reintegrables y se reconocerán como activos.

d) Se considerarán no reintegrables y se reconocerán como gastos por el ente beneficiario cuando exista un acuerdo individualizado de concesión de la subvención a favor de dicho ente, se hayan cumplido las condiciones asociadas a su disfrute y no existan dudas razonables sobre su percepción, sin perjuicio de la imputación presupuestaria de las mismas, que se efectuará de acuerdo con los criterios recogidos en la primera parte de este texto relativa al marco conceptual de la contabilidad pública. En los demás casos las subvenciones recibidas se considerarán reintegrables y se reconocerán como ingreso.

37. La NRV n.º 20 del PGCPL hace referencia a:

a) Cambios en criterios y estimaciones contables y errores.
b) Coberturas contables.
c) Operaciones conjuntas.
d) Hechos posteriores al cierre.

38. De conformidad con la NRV n.º 22 del PGCPL, los hechos posteriores que pongan de manifiesto condiciones que ya existían al cierre del ejercicio:

a) Deberán tenerse en cuenta para la formulación de las cuentas anuales o, en su caso, para su reformulación, siempre antes de su aprobación por el órgano competente.

b) No deberán tenerse en cuenta para la formulación de las cuentas anuales o, en su caso, para su reformulación, siempre antes de su aprobación por el órgano competente.

c) No supondrán un ajuste en las cuentas anuales, pero deberán tenerse en cuenta en el ejercicio siguiente.

d) Ninguna respuesta es correcta.

Soluciones comentadas

1. **d) Son los activos tangibles, muebles e inmuebles que: a) Posee la entidad para su uso en la producción o suministro de bienes y servicios o para sus propios propósitos administrativos. b) Se espera tengan una vida útil mayor a un año.**

   NRV 1.º del PGCPL: El inmovilizado material son los activos tangibles, muebles e inmuebles que: a) Posee la entidad para su uso en la producción o suministro de bienes y servicios o para sus propios propósitos administrativos.

   b) Se espera tengan una vida útil mayor a un año.

2. **b) Los correspondientes a la entrega final y los de manipulación o transporte anterior.**

   NRV 1.º del PGCPL: 2) Los correspondientes a la entrega inicial y los de manipulación o transporte posterior. El resto de respuestas son correctas.

3. **b) Superior a un año.**

   NRV 1.º del PGCPL: En los inmovilizados que necesiten un periodo de tiempo superior a un año para estar en condiciones de uso, las entidades podrán incorporar al precio de adquisición o coste de producción los gastos financieros que se hayan devengado con anterioridad a su puesta en condiciones de funcionamiento, de acuerdo con lo establecido en los párrafos siguientes.

4. **d) Todas son correctas.**

   NRV 1.º del PGCPL: Se consideran gastos financieros los intereses y otros costes en los que incurre la entidad en relación con la financiación recibida. Entre otros, se incluyen:

   – Los intereses de préstamos recibidos o asumidos, sean singulares o emitidos en masa.

   – La imputación de primas o descuentos relativos a los préstamos.

   – La imputación de los gastos de formalización de préstamos.

5. **b) Que se hayan devengado por la efectiva utilización de la financiación recibida o asumida. En aquellos casos en los que se perciba posteriormente todo el efectivo necesario, se considerará únicamente los gastos financieros devengados a partir de los pagos relacionados con la adquisición, acondicionamiento o fabricación del activo o pasivo.**

   NRV 1.º del PGCPL: b) Que se hayan devengado por la efectiva utilización de la financiación recibida o asumida. En aquellos casos en los que se haya percibido previamente una parte o todo el efectivo necesario, se considerará únicamente los gastos financieros devengados a partir de los pagos relacionados con la adquisición, acondicionamiento o fabricación del activo.

6. **b) Para los activos producidos por la propia entidad: el coste de producción.**

    NRV 1.º del PGCPL: b) Para los activos producidos por la propia entidad: el coste de producción. El resto de respuestas contienen errores.

7. **c) Deben ser añadidos al importe del valor contable cuando sea probable que de los mismos se deriven rendimientos económicos futuros o un potencial de servicio, adicionales a los originalmente evaluados para el activo existente.**

    NRV 1.º del PGCPL: Los desembolsos posteriores al registro inicial deben ser añadidos al importe del valor contable cuando sea probable que de los mismos se deriven rendimientos económicos futuros o un potencial de servicio, adicionales a los originalmente evaluados para el activo existente (…).

8. **a) Con posterioridad a su reconocimiento inicial como activo, todos los elementos del inmovilizado material deben ser contabilizados a su valoración inicial, incrementada, en su caso, por los desembolsos posteriores, y descontando la amortización acumulada practicada y la corrección valorativa acumulada por deterioro que hayan sufrido a lo largo de su vida útil.**

    NRV 1.º del PGCPL: 6. Valoración posterior. a) Tratamiento general: Modelo del coste. Con posterioridad a su reconocimiento inicial como activo, todos los elementos del inmovilizado material, deben ser contabilizados a su valoración inicial, incrementada, en su caso, por los desembolsos posteriores, y descontando la amortización acumulada practicada y la corrección valorativa acumulada por deterioro que hayan sufrido a lo largo de su vida útil.

9. **c) La amortización es la distribución sistemática de la depreciación de un activo a lo largo de su vida útil. Su determinación se realizará, en cada momento, distribuyendo la base amortizable del bien entre la vida útil que reste, según el método de amortización utilizado. La base amortizable será igual al valor contable del bien en cada momento detrayéndole en su caso el valor residual que pudiera tener.**

    NRV 1.º PGCPL: La amortización es la distribución sistemática de la depreciación de un activo a lo largo de su vida útil. Su determinación se realizará, en cada momento, distribuyendo la base amortizable del bien entre la vida útil que reste, según el método de amortización utilizado. La base amortizable será igual al valor contable del bien en cada momento detrayéndole en su caso el valor residual que pudiera tener.

10. **d) Todas las respuestas son correctas.**

    NRV 1.º del PGCPL: Se podrán utilizar, entre otros, el método de amortización lineal, el de tasa constante sobre valor contable o el de suma de unidades producidas.

11. b) Los terrenos y los edificios son activos independientes y se tratarán contablemente por separado, incluso si han sido adquiridos conjuntamente.

NRV 1.º PGCPL: Los terrenos y los edificios son activos independientes y se tratarán contablemente por separado, incluso si han sido adquiridos conjuntamente. Con algunas excepciones, tales como minas, canteras y vertederos, los terrenos tienen una vida ilimitada y por tanto no se amortizan. Los edificios tienen una vida limitada y, por tanto, son activos amortizables. Un incremento en el valor de los terrenos en los que se asienta un edificio no afectará a la determinación del importe amortizable del edificio.

12. a) Por la cantidad que exceda el valor contable de un activo a su importe recuperable, siempre que la diferencia sea significativa.

NRV 1.º del PGCPL: El deterioro del valor de un activo perteneciente al inmovilizado material, se determinará, con carácter general, por la cantidad que exceda el valor contable de un activo a su importe recuperable, siempre que la diferencia sea significativa.

13. a) Activos no corrientes, que se materializan en obras de ingeniería civil o en inmuebles, utilizables por la generalidad de los ciudadanos o destinados a la prestación de servicios públicos, adquiridos a título oneroso o gratuito, o construidos por la entidad, y que cumplen alguno de los requisitos siguientes: son parte de un sistema o red ó tienen una finalidad específica que no suele admitir otros usos alternativos.

NRV n.º 2 del PGCPL: Infraestructuras: Son activos no corrientes, que se materializan en obras de ingeniería civil o en inmuebles, utilizables por la generalidad de los ciudadanos o destinados a la prestación de servicios públicos, adquiridos a título oneroso o gratuito, o construidos por la entidad, y que cumplen alguno de los requisitos siguientes: son parte de un sistema o red, tienen una finalidad específica que no suele admitir otros usos alternativos.

14. b) Las inversiones inmobiliarias.

NRV del PGCLP: 4.º Inversiones inmobiliarias

15. d) Con carácter general, podrán excluirse del inmovilizado intangible y, por tanto, considerarse gasto del ejercicio, aquellos bienes y derechos cuyo precio unitario e importancia relativa, dentro de la masa patrimonial, así lo aconsejen.

NRV n.º 5 del PGCPL: Con carácter general, podrán excluirse del inmovilizado intangible y, por tanto, considerarse gasto del ejercicio, aquellos bienes y derechos cuyo precio unitario e importancia relativa, dentro de la masa patrimonial, así lo aconsejen.

16. c) Identificabilidad.

NRV n.º 5 del PGCPL: Los activos que integren el inmovilizado intangible deberán cumplir con el criterio de identificabilidad.

17. c) Depende de los casos, debiendo valorarse por la entidad.

NRV n.º 5 del PGCPL: 3.3 Amortización y deterioro: Se deberá valorar por la entidad si la vida útil del activo es definida o indefinida (…) Los activos con vida útil indefinida no se amortizarán (…) Los activos con vida útil definida se amortizarán durante su vida útil.

18. b) Cinco años.

NRV n.º 5 del PGCPL: Los gastos de investigación que figuren en el activo deberán amortizarse durante su vida útil, y siempre dentro del plazo de cinco años. En el caso de que las condiciones del párrafo anterior que justifican la capitalización dejen de cumplirse, el saldo que permanezca sin amortizar deberá llevarse a resultados del ejercicio.

19. a) Serán tratados como elementos del inmovilizado material.

NRV n.º 5 PGCPL: Los programas informáticos integrados en un equipo que no puedan funcionar sin él, serán tratados como elementos del inmovilizado material. Lo mismo se aplica al sistema operativo de un ordenador.

20. b) Cuando de las condiciones económicas de un acuerdo de arrendamiento se deduzca que se transfieren sustancialmente todos los riesgos y ventajas inherentes a la propiedad del activo objeto del contrato.

NRV N.º 6 PGCPL: Concepto: Cuando de las condiciones económicas de un acuerdo de arrendamiento se deduzca que se transfieren sustancialmente todos los riesgos y ventajas inherentes a la propiedad del activo objeto del contrato, el arrendamiento deberá calificarse como financiero.

21. b) Se espera completar la venta dentro del año siguiente a la fecha de clasificación del activo como en estado de venta, salvo que por hechos o circunstancias fuera del control de la entidad, el plazo de venta se tenga que alargar y exista evidencia suficiente de que la entidad siga comprometida con el plan de disposición del activo.

NRV n.º 7 PGCPL: Se considera que su venta será altamente probable, cuando concurran las siguientes circunstancias: a) La entidad debe encontrarse comprometida por un plan para vender el activo y haber iniciado un programa para encontrar comprador y concretar el plan. b) Se espera completar la venta dentro del año siguiente a la fecha de clasificación del activo como en estado de venta, salvo que por hechos o circunstancias fuera del control de la entidad, el plazo de venta se tenga que alargar y exista evidencia suficiente de que la entidad siga comprometida con el plan de disposición del activo.

22. c) No son objeto de amortización mientras estén clasificados como tales.

NRV n.º 7 PGCPL: Los activos en estado de venta no son objeto de amortización mientras estén clasificados como tales.

23. b) Inversiones mantenidas hasta el vencimiento.

NRV n.º 8 del PGCPL: b) Inversiones mantenidas hasta el vencimiento. El resto de respuestas contienen errores.

24. b) Por su valor razonable.

NRV n.º 8 del PGCPL: 4. Créditos y partidas a cobrar. 4.1 Valoración inicial: Con carácter general los créditos y partidas a cobrar se valorarán inicialmente por su valor razonable que, salvo evidencia en contrario, será el precio de la transacción, que equivaldrá al valor razonable de la contraprestación entregada más los costes de transacción que les sean directamente atribuibles. Sin embargo, los costes de transacción se podrán imputar a resultados del ejercicio en el que se reconoce el activo cuando tengan poca importancia relativa.

25. c) Por su coste amortizado.

NRV n.º 8 del PGCPL: 4.2 Valoración posterior: Los créditos y partidas a cobrar se valorarán por su coste amortizado. Los intereses devengados se contabilizarán como resultados del ejercicio utilizando el método del tipo de interés efectivo.

26. d) Todas son correctas.

Todas ellas aparecen reguladas en el apartado 9 de la NRV 8 del PGCPL.

27. b) Se reconocerán como resultados del ejercicio.

NRV n.º 8 del PGCPL: Los intereses y dividendos devengados con posterioridad al momento de la adquisición se reconocerán como resultados del ejercicio.

28. c) Pasivos financieros a valor contable sin cambios en resultados.

NRV n.º 9 del PGCPL: 2. Clasificación de los pasivos financieros. A los solos efectos de su valoración, los pasivos financieros se clasificarán inicialmente en las siguientes categorías: a) Pasivos financieros a coste amortizado (…) b) Pasivos financieros a valor razonable con cambios en resultados.

29. a) Su valor amortizado.

NRV 9.º del PGCPL: 5.1 Pasivos financieros a coste amortizado: Los pasivos financieros a coste amortizado se valorarán por su coste amortizado. Los intereses devengados se contabilizarán como resultados del ejercicio utilizando el método del tipo de interés efectivo.

30. a) Las coberturas contables.

NRV n.º 10 del PGCPL Coberturas contables.

31. c) Por el precio de adquisición o el coste de producción.

NRV n.º 11 del PGCPL: Los bienes y servicios comprendidos en las existencias se valorarán por el precio de adquisición o el coste de producción.

32. b) Cuando se trate de bienes concretos que forman parte de un inventario de bienes intercambiables entre sí, se adoptará con carácter general el método del precio medio o coste medio ponderado. El método FIFO es aceptable y puede adoptarse, si la entidad lo considera más conveniente para su gestión. Se utilizará el mismo método para inventarios de la misma naturaleza o uso.

NRV n.º 11 del PGCPL: 1.3 Métodos de asignación de valor: Cuando se trate de bienes concretos que forman parte de un inventario de bienes intercambiables entre sí, se adoptará con carácter general el método del precio medio o coste medio ponderado. El método FIFO es aceptable y puede adoptarse, si la entidad lo considera más conveniente para su gestión. Se utilizará el mismo método para inventarios de la misma naturaleza o uso.

33. a) El IVA soportado deducible no formará parte del precio de adquisición de los bienes y servicios objeto de las operaciones gravadas por el impuesto, y será objeto de registro en una rúbrica específica.

NRV n.º 14 del PGCPL: El IVA soportado deducible no formará parte del precio de adquisición de los bienes y servicios objeto de las operaciones gravadas por el impuesto, y será objeto de registro en una rúbrica específica.

34. b) Ingresos sin contraprestación.

NRV n.º 16 del PGCPL: Ingresos sin contraprestación.

35. a) Tienen por objeto una entrega dineraria o en especie entre los distintos agentes de las administraciones públicas, y de estos a otras entidades públicas o privadas y a particulares, y viceversa, todas ellas sin contrapartida directa por parte de los beneficiarios, destinándose a financiar operaciones o actividades no singularizadas.

NRV n.º 18 del PGCPL: Las transferencias tienen por objeto una entrega dineraria o en especie entre los distintos agentes de las administraciones públicas, y de estos a otras entidades públicas o privadas y a particulares, y viceversa, todas ellas sin contrapartida directa por parte de los beneficiarios, destinándose a financiar operaciones o actividades no singularizadas.

36. b) Se considerarán no reintegrables y se reconocerán como ingresos por el ente beneficiario cuando exista un acuerdo individualizado de concesión de la subvención a favor de dicho ente, se hayan cumplido las condiciones asociadas a su disfrute y no existan dudas razonables sobre su percepción, sin perjuicio de la imputación presupuestaria de las mismas, que se efectuará de acuerdo con los criterios recogidos en la primera parte de este texto relativa al marco conceptual de la contabilidad pública. En los demás casos las subvenciones recibidas se considerarán reintegrables y se reconocerán como pasivo.

NRV n.º 18 del PGCPL: b.2) Subvenciones recibidas: Las subvenciones recibidas se considerarán no reintegrables y se reconocerán como ingresos por el ente beneficiario cuando exista un acuerdo individualizado de concesión de la subvención a favor de dicho ente, se hayan cumplido las condiciones asociadas a su disfrute y no existan dudas razonables sobre su percepción, sin perjuicio de la imputación presupuestaria de las mismas, que se efectuará de acuerdo con los criterios recogidos en la primera parte de este texto relativa al marco conceptual de la contabilidad pública. En los demás casos las subvenciones recibidas se considerarán reintegrables y se reconocerán como pasivo.

37. c) Operaciones conjuntas.

NRV n.º 20 PGCPL: Operaciones conjuntas.

38. a) Deberán tenerse en cuenta para la formulación de las cuentas anuales o, en su caso, para su reformulación, siempre antes de su aprobación por el órgano competente.

NRV n.º 22 del PGCPL: Los hechos posteriores que pongan de manifiesto condiciones que ya existían al cierre del ejercicio deberán tenerse en cuenta para la formulación de las cuentas anuales o, en su caso, para su reformulación, siempre antes de su aprobación por el órgano competente. Estos hechos posteriores motivarán en las cuentas anuales, en función de su naturaleza, un ajuste, información en la memoria, o ambos.

TEST N.º 6

PGCPL: Cuentas anuales

1. Las cuentas anuales comprenden:

a) El Balance.
b) La Cuenta de pérdidas y ganancias.
c) El anexo de Personal.
d) Todas las anteriores.

2. ¿Cuál de los siguientes documentos no forma parte de las cuentas anuales de las entidades locales?

a) El estado de cambios del patrimonio bruto.
b) El estado de flujos de efectivo.
c) El estado de liquidación del presupuesto.
d) La memoria.

3. De conformidad con el apartado 1 de las cuentas anuales del PGCPL, los documentos que forman parte de las cuentas anuales de la entidad local:

a) Forman un conjunto independiente de documentos y deben ser redactados con claridad y mostrar la imagen fiel del patrimonio, de la situación financiera, del resultado económico patrimonial, y de la ejecución del presupuesto de la entidad de conformidad con este Plan de Cuentas.

b) Forman una unidad y deben ser redactados con concisión y mostrar la imagen fiel del patrimonio, de la situación financiera, del resultado económico patrimonial, y de la ejecución del presupuesto de la entidad de conformidad con este Plan de Cuentas.

c) Forman una unidad y deben ser redactados con claridad y mostrar la imagen fiel del patrimonio, de la situación financiera, del resultado económico patrimonial, y de la ejecución del presupuesto de la entidad de conformidad con este Plan de Cuentas.

d) Forman una unidad y deben ser redactados con claridad y mostrar la imagen fiel del patrimonio, de la situación financiera y mercantil, del resultado económico patrimonial, y de la liquidación del presupuesto de la entidad de conformidad con este Plan de Cuentas.

4. Sin perjuicio de lo dispuesto en las normas particulares de cada uno de los estados que componen las cuentas anuales, el balance, la cuenta del resultado económico patrimonial, el estado de cambios en el patrimonio neto y el estado de flujos de efectivo se formularán teniendo en cuenta las siguientes reglas:

a) En cada partida deberán figurar, además de las cifras del ejercicio que se cierra las correspondientes al ejercicio inmediatamente posterior, salvo en la primera parte del estado de cambios en el patrimonio neto.

b) No podrán modificarse, en ningún caso, los criterios de registro y valoración de un ejercicio a otro.

c) No figurarán las partidas a las que no corresponda importe alguno en el ejercicio ni en el precedente.

d) Todas son correctas.

5. El Balance comprende, con la debida separación:

a) El activo y el pasivo.

b) El activo, el pasivo y el patrimonio neto.

c) El activo, el pasivo, el patrimonio neto y los resultados del ejercicio.

d) Los ingresos y gastos del ejercicio.

6. Un activo debe clasificarse como activo corriente cuando:

a) Se espere realizar en el corto plazo, es decir, dentro del periodo de doce meses contados a partir de la fecha de las cuentas anuales.

b) Se trate de efectivo u otro medio líquido equivalente.

c) Se espere realizar en el corto plazo, es decir, dentro del periodo de seis meses contados a partir de la fecha de las cuentas anuales.

d) Las respuestas a) y b) son correctas.

7. Respecto a la Cuenta del resultado económico patrimonial, los ingresos y gastos se clasificarán:

a) De acuerdo con su naturaleza económica.

b) De acuerdo con su naturaleza presupuestaria.

c) De acuerdo con la finalidad a conseguir.

d) De acuerdo con la estructura de la propia entidad local.

8. El importe correspondiente a los ingresos tributarios y urbanísticos, las ventas, prestaciones de servicios y otros ingresos de gestión ordinaria se reflejará en la cuenta del resultado económico patrimonial:

a) Por su importe bruto.

b) Por su importe neto.

c) Por su importe amortizado.

d) Ninguna respuesta es correcta.

9. Los resultados originados fuera de la actividad normal de la entidad, así como de su control, como, por ejemplo, las multas o sanciones soportadas se incluirán:

a) En la partida 14, «Otras partidas no ordinarias», informando de ello en la memoria.
b) En la partida 15, «ingresos financieros», informando de ello en la memoria.
c) En la partida 16, «gastos financieros», informando de ello en la memoria.
d) En la partida 3, «ventas y prestación de servicios», informando de ello en la memoria.

10. Marca la respuesta correcta o la más correcta respecto de la Cuenta del resultado económico patrimonial:

a) El importe de las cuentas con saldo acreedor figurará con signo negativo.
b) El importe de las cuentas con saldo acreedor figurará con signo positivo.
c) El importe de las cuentas con saldo deudor figurará con signo positivo.
d) Las respuestas a) y c) son correctas.

11. El Estado de cambios en el patrimonio neto se divide en las siguientes partes:

a) Estado parcial de cambios en el patrimonio neto.
b) Estado de ingresos y gastos pendientes de reconocer.
c) Estado de operaciones con la entidad o entidades propietarias.
d) Todas las respuestas son correctas.

12. El estado de ingresos y gastos reconocidos, dentro del estado de cambios en el patrimonio neto recogerá los cambios en el patrimonio neto derivados de:

a) El resultado económico patrimonial.
b) Los ingresos y gastos reconocidos directamente en el patrimonio neto, distinguiendo los ingresos de los gastos.
c) Las transferencias a la cuenta del resultado económico patrimonial, o al valor inicial de la partida cubierta, de ingresos y gastos reconocidos directamente en el patrimonio neto.
d) Todas son correctas.

13. El estado de flujos del efectivo:

a) Informa sobre el origen y destino de los movimientos habidos en las partidas monetarias de activo representativas de efectivo y otros activos líquidos equivalentes, e indica la variación neta sufrida por las mismas en el ejercicio.
b) Comprende, con la debida separación, la liquidación del Presupuesto de gastos y del Presupuesto de ingresos de la entidad, así como el Resultado presupuestario.
c) Recoge el resultado económico patrimonial obtenido en el ejercicio y está formada por los ingresos y los gastos del mismo, excepto cuando proceda su imputación directa al patrimonio neto de acuerdo con lo previsto en las normas de reconocimiento y valoración.
d) Completa, amplía y comenta la información contenida en los otros documentos que integran las cuentas anuales.

14. Marca la respuesta errónea. Las agrupaciones del estado de flujos de efectivo son las siguientes:

a) Flujos de efectivo de las actividades de gestión.

b) Flujos de efectivo de las actividades de inversión.

c) Los flujos de efectivo de las actividades de financiación.

d) Los flujos de efectivo pendientes de amortización.

15. En la elaboración del estado de flujos de efectivo se ha de tener en cuenta:

a) Los pagos del estado de flujos de efectivo se mostrarán brutos de los cobros realizados por el reintegro o devolución de aquellos, cuando estos se produjeran en el mismo ejercicio. En caso contrario, si los cobros por reintegros de pagos previos, se producen en distinto ejercicio, se descontarán de los mismos, y se reflejarán como flujos de efectivo de las actividades de gestión.

b) Los pagos del estado de flujos de efectivo se mostrarán netos de los cobros realizados por el reintegro o devolución de aquellos, cuando estos se produjeran en distinto ejercicio. En caso contrario, si los cobros por reintegros de pagos previos, se producen en el mismo ejercicio, no se descontarán de los mismos, y se reflejarán como flujos de efectivo de las actividades de gestión.

c) Los pagos del estado de flujos de efectivo se mostrarán netos de los cobros realizados por el reintegro o devolución de aquellos, cuando estos se produjeran en el ejercicio anterior. En caso contrario, si los cobros por reintegros de pagos previos, se producen en distinto ejercicio, se descontarán de los mismos, y se reflejarán como flujos de efectivo de las actividades de inversión.

d) Los pagos del estado de flujos de efectivo se mostrarán netos de los cobros realizados por el reintegro o devolución de aquellos, cuando estos se produjeran en el mismo ejercicio. En caso contrario, si los cobros por reintegros de pagos previos, se producen en distinto ejercicio, no se descontarán de los mismos, y se reflejarán como flujos de efectivo de las actividades de gestión.

16. En la elaboración del estado de flujos de efectivo, se ha de tener en cuenta:

a) Respecto de los cobros y pagos pendientes de clasificar, se presentará su correcta clasificación en el ejercicio corriente, formando parte de la información relativa al ejercicio actual, dentro del estado de flujos de efectivo.

b) Respecto de los cobros y pagos pendientes de clasificar, se presentará su correcta clasificación en el ejercicio siguiente, formando parte de la información relativa al ejercicio precedente, dentro del estado de flujos de efectivo.

c) Respecto de los cobros y pagos pendientes de clasificar, se presentará su correcta clasificación en el ejercicio pasado, formando parte de la información relativa al ejercicio actual, dentro del estado de flujos de efectivo.

d) Respecto de los cobros y pagos correctamente clasificados, se presentará su clasificación en el ejercicio posterior, formando parte de la información relativa al ejercicio siguiente, dentro del estado de flujos de efectivo.

17. El Estado de liquidación del Presupuesto, comprende, con la debida separación:

a) La liquidación del Presupuesto de gastos y del Presupuesto de ingresos de la entidad, así como el Resultado presupuestario.

b) La liquidación del Presupuesto de gastos y del Presupuesto de ingresos de la entidad, el Resultado presupuestario, el remanente de crédito y de tesorería.

c) La liquidación del Presupuesto de gastos y del Presupuesto de ingresos de la entidad.

d) La liquidación del Presupuesto de gastos y del Presupuesto de ingresos de la entidad, el Resultado presupuestario, los remanentes de crédito y la estimación del presupuesto del ejercicio siguiente.

18. El resultado presupuestario del ejercicio:

a) Es la diferencia entre las obligaciones presupuestarias y no presupuestarias netas liquidadas durante el ejercicio y los derechos presupuestarios y no presupuestarios netos reconocidos durante el mismo período y deberá, en su caso, ajustarse en función de las obligaciones financiadas con remanente de crédito para gastos generales y de las desviaciones de financiación del ejercicio derivadas de gastos con financiación afectada.

b) Es la diferencia entre los derechos presupuestarios brutos liquidados durante el ejercicio y las obligaciones presupuestarias brutas reconocidas durante el mismo período y deberá, en su caso, ajustarse en función de las obligaciones financiadas con remanente de tesorería para gastos de inversión y de las desviaciones de financiación del ejercicio derivadas de gastos con financiación afectada.

c) Es la diferencia entre los derechos presupuestarios y no presupuestarios netos liquidados durante el ejercicio y las obligaciones presupuestarias y no presupuestarias netas reconocidas durante el mismo período y deberá, en su caso, ajustarse en función de los derechos financiados con remanente de tesorería para gastos generales y de las desviaciones de financiación del ejercicio derivadas de gastos con financiación no afectada.

d) Es la diferencia entre los derechos presupuestarios netos liquidados durante el ejercicio y las obligaciones presupuestarias netas reconocidas durante el mismo período y deberá, en su caso, ajustarse en función de las obligaciones financiadas con remanente de tesorería para gastos generales y de las desviaciones de financiación del ejercicio derivadas de gastos con financiación afectada.

19. Los derechos reconocidos netos y las obligaciones reconocidas netas que conforman el resultado presupuestario se presentarán en las siguientes agrupaciones:

a) Operaciones corrientes: operaciones imputadas a los capítulos 1 a 7 del Presupuesto.

b) Operaciones corrientes: operaciones imputadas a los capítulos 1 a 5 del Presupuesto.

c) Operaciones corrientes: operaciones imputadas a los capítulos 1 a 9 del Presupuesto.

d) Operaciones corrientes: operaciones imputadas a los capítulos 1 a 6 del Presupuesto.

20. Los derechos reconocidos netos y las obligaciones reconocidas netas que conforman el resultado presupuestario se presentarán en las siguientes agrupaciones:

a) Operaciones de capital: operaciones imputadas a los capítulos 5 a 7 del Presupuesto.

b) Operaciones de capital: operaciones imputadas a los capítulos 6 a 9 del Presupuesto.

c) Operaciones de capital: operaciones imputadas a los capítulos 6 y 7 del Presupuesto.

d) Operaciones de capital: operaciones imputadas a los capítulos 5 a 9 del Presupuesto.

21. Los derechos reconocidos netos y las obligaciones reconocidas netas que conforman el resultado presupuestario se presentarán en las siguientes agrupaciones:

a) Pasivos financieros: operaciones imputadas al capítulo 9 del Presupuesto.

b) Pasivos financieros: operaciones imputadas a los capítulos 8 a 9 del Presupuesto.

c) Pasivos financieros: operaciones imputadas a los capítulos 7 a 9 del Presupuesto.

d) Pasivos financieros: operaciones imputadas al capítulo 8 del Presupuesto.

22. Marca la respuesta correcta o la más correcta. Dentro de las Cuentas anuales del PGCPL, la memoria:

a) Desarrolla el contenido del Balance y la Cuenta del resultado económico patrimonial.

b) Completa, amplía y comenta la información contenida en los otros documentos que integran las cuentas anuales.

c) Comprende, con la debida separación, la liquidación del Presupuesto de gastos y del Presupuesto de ingresos de la entidad, así como el Resultado presupuestario.

d) Informa sobre el origen y destino de los movimientos habidos en las partidas monetarias de activo representativas de efectivo y otros activos líquidos equivalentes, e indica la variación neta sufrida por las mismas en el ejercicio.

23. La memoria se formulará teniendo en cuenta:

a) El modelo de memoria recoge la información mínima a cumplimentar; no obstante, en aquellos casos en que la información que se solicita no sea significativa no se cumplimentarán las notas correspondientes a la misma. Si como consecuencia de lo anterior ciertas notas carecieran de contenido y, por tanto, no se cumplimentarán, se mantendrá, para aquellas notas que sí tengan contenido, la numeración prevista en el modelo de memoria de este Plan y se incorporará en dicha memoria una relación de aquellas notas que no tengan contenido.

b) Deberá indicarse cualquier otra información no incluida en el modelo de la memoria que sea necesaria para permitir el conocimiento de la situación y actividad de la entidad en el ejercicio, facilitando la comprensión de las cuentas anuales objeto de presentación, con el fin de que las mismas reflejen la imagen fiel del patrimonio, de la situación financiera, del resultado económico patrimonial y de la liquidación del presupuesto de la entidad contable.

c) Cuando en los apartados de la Memoria se incluyan cuadros para reflejar toda o parte de la información que se solicita será obligatoria su cumplimentación.

d) Todas las respuestas son correctas.

24. La memoria se formulará teniendo en cuenta:

a) Con carácter general, en relación con la nota 18. «Activos en estado de venta», las entidades contables que administren recursos por cuenta de otros entes públicos solo vendrán obligadas a cumplimentar la información relativa a «1. Obligaciones derivadas de la gestión», así como la información relativa a «2. Entes públicos, cuentas corrientes en efectivo» en el caso de que efectúen entregas a cuenta a las entidades titulares.

b) Con carácter general, en relación con la nota 16. «Provisiones y contingencias», las entidades contables que administren recursos por cuenta de otros entes públicos solo vendrán obligadas a cumplimentar la información relativa a «1. Obligaciones derivadas de la gestión», así como la información relativa a «2. Entes públicos, cuentas corrientes en efectivo» en el caso de que efectúen entregas a cuenta a las entidades titulares.

c) Con carácter general, en relación con la nota 20. «Operaciones por administración de recursos por cuenta de otros entes públicos», las entidades contables que administren recursos por cuenta de otros entes públicos solo vendrán obligadas a cumplimentar la información relativa a «1. Obligaciones derivadas de la gestión», así como la información relativa a «2. Entes públicos, cuentas corrientes en efectivo» en el caso de que efectúen entregas a cuenta a las entidades titulares.

d) Ninguna respuesta es correcta.

25. La memoria se formulará teniendo en cuenta que la información contenida en las notas 26. «Información sobre el coste de las actividades» y 27. «Indicadores de gestión» se elaborará, al menos, para los servicios y actividades que se financien con tasas o precios públicos y, únicamente, estarán obligados a cumplimentarla los municipios:

a) De más de 500.000 habitantes y las demás entidades locales de ámbito superior.
b) De más de 100.000 habitantes y las demás entidades locales de ámbito superior.
c) De más de 50.000 habitantes y las demás entidades locales de ámbito superior.
d) De más de 20.000 habitantes y las demás entidades locales de ámbito superior.

Soluciones comentadas

1. **a) El Balance.**

   Cuentas Anuales del PGCPL: Las cuentas anuales comprenden el balance, la cuenta del resultado económico patrimonial, el estado de cambios en el patrimonio neto, el estado de flujos de efectivo, el estado de liquidación del presupuesto y la memoria.

2. **a) El estado de cambios del patrimonio bruto.**

   Cuentas Anuales del PGCPL: Las cuentas anuales comprenden el balance, la cuenta del resultado económico patrimonial, el estado de cambios en el patrimonio neto, el estado de flujos de efectivo, el estado de liquidación del presupuesto y la memoria.

3. **c) Forman una unidad y deben ser redactados con claridad y mostrar la imagen fiel del patrimonio, de la situación financiera, del resultado económico patrimonial, y de la ejecución del presupuesto de la entidad de conformidad con este Plan de Cuentas.**

   Cuentas anuales del PGCPL: Las cuentas anuales comprenden el balance, la cuenta del resultado económico patrimonial, el estado de cambios en el patrimonio neto, el estado de flujos de efectivo, el estado de liquidación del presupuesto y la memoria. Estos documentos forman una unidad y deben ser redactados con claridad y mostrar la imagen fiel del patrimonio, de la situación financiera, del resultado económico patrimonial, y de la ejecución del presupuesto de la entidad de conformidad con este Plan de Cuentas.

4. **c) No figurarán las partidas a las que no corresponda importe alguno en el ejercicio ni en el precedente.**

   Cuentas anuales del PGCPL: 5.º Normas comunes al balance, la cuenta de resultado económico patrimonial, el estado de cambios en el patrimonio neto y el estado de flujos de efectivo. Sin perjuicio de lo dispuesto en las normas particulares de cada uno de los estados que componen las cuentas anuales, el balance, la cuenta del resultado económico patrimonial, el estado de cambios en el patrimonio neto y el estado de flujos de efectivo se formularán teniendo en cuenta las siguientes reglas: 1. En cada partida deberán figurar, además de las cifras del ejercicio que se cierra las correspondientes al ejercicio inmediatamente anterior, salvo en la primera parte del estado de cambios en el patrimonio neto. (…) 2. No podrán modificarse los criterios de registro y valoración de un ejercicio a otro, salvo casos excepcionales que se indicarán y justificarán en la memoria. 3. No figurarán las partidas a las que no corresponda importe alguno en el ejercicio ni en el precedente. 4. Cuando proceda, cada partida contendrá una referencia cruzada a la información correspondiente dentro de la memoria.

5. **b) El activo, el pasivo y el patrimonio neto.**

    Cuentas anuales del PGCPL: El balance comprende, con la debida separación, el activo, el pasivo y el patrimonio neto de la entidad.

6. **d) Las respuestas a) y b) son correctas.**

    Cuentas anuales del PGCPL: a) Un activo debe clasificarse como activo corriente cuando: a.1) Se espere realizar en el corto plazo, es decir, dentro del periodo de doce meses contados a partir de la fecha de las cuentas anuales, o a.2) Se trate de efectivo u otro medio líquido equivalente.

7. **a) De acuerdo con su naturaleza económica.**

    Cuentas anuales del PGCPL: 1. Los ingresos y los gastos se clasificarán de acuerdo con su naturaleza económica.

8. **b) Por su importe neto.**

    Cuentas anuales del PGCPL: 2. El importe correspondiente a los ingresos tributarios y urbanísticos, las ventas, prestaciones de servicios y otros ingresos de gestión ordinaria se reflejará en la cuenta del resultado económico patrimonial por su importe neto.

9. **a) En la partida 14, «Otras partidas no ordinarias», informando de ello en la memoria.**

    Cuentas anuales del PGCPL: 8. Los resultados originados fuera de la actividad normal de la entidad, así como de su control, como, por ejemplo, las multas o sanciones soportadas se incluirán en la partida 14, «Otras partidas no ordinarias», informando de ello en la memoria.

10. **b) El importe de las cuentas con saldo acreedor figurará con signo positivo.**

    Cuentas anuales del PGCPL: 11. El importe de las cuentas con saldo acreedor figurará con signo positivo y el de las cuentas con saldo deudor con signo negativo.

11. **c) Estado de operaciones con la entidad o entidades propietarias.**

    Cuentas anuales del PGCPL: El estado de cambios en el patrimonio neto está dividido en tres partes: 1. Estado total de cambios en el patrimonio neto. 2. Estado de ingresos y gastos reconocidos. 3. Estado de operaciones con la entidad o entidades propietarias.

12. **d) Todas son correctas.**

    Cuentas anuales del PGCPL: 2. En la segunda parte, «estado de ingresos y gastos reconocidos», se recogerán los cambios en el patrimonio neto derivados de:

    – El resultado económico patrimonial.

    – Los ingresos y gastos reconocidos directamente en el patrimonio neto, distinguiendo los ingresos de los gastos.

    – Las transferencias a la cuenta del resultado económico patrimonial, o al valor inicial de la partida cubierta, de ingresos y gastos reconocidos directamente en el patrimonio neto.

13. a) Informa sobre el origen y destino de los movimientos habidos en las partidas monetarias de activo representativas de efectivo y otros activos líquidos equivalentes, e indica la variación neta sufrida por las mismas en el ejercicio.

Cuentas anuales del PGCPL: El estado de flujos de efectivo informa sobre el origen y destino de los movimientos habidos en las partidas monetarias de activo representativas de efectivo y otros activos líquidos equivalentes, e indica la variación neta sufrida por las mismas en el ejercicio.

14. d) Los flujos de efectivo pendientes de amortización.

Cuentas anuales del PGCPL: IV. Los flujos de efectivo pendientes de clasificación. El resto de respuestas son correctas.

15. d) Los pagos del estado de flujos de efectivo se mostrarán netos de los cobros realizados por el reintegro o devolución de aquellos, cuando estos se produjeran en el mismo ejercicio. En caso contrario, si los cobros por reintegros de pagos previos, se producen en distinto ejercicio, no se descontarán de los mismos, y se reflejarán como flujos de efectivo de las actividades de gestión.

Cuentas anuales del PGCPL: Los pagos del estado de flujos de efectivo se mostrarán netos de los cobros realizados por el reintegro o devolución de aquellos, cuando estos se produjeran en el mismo ejercicio. En caso contrario, si los cobros por reintegros de pagos previos, se producen en distinto ejercicio, no se descontarán de los mismos, y se reflejarán como flujos de efectivo de las actividades de gestión.

16. b) Respecto de los cobros y pagos pendientes de clasificar, se presentará su correcta clasificación en el ejercicio siguiente, formando parte de la información relativa al ejercicio precedente, dentro del estado de flujos de efectivo.

Cuentas anuales del PGCPL: Respecto de los cobros y pagos pendientes de clasificar, se presentará su correcta clasificación en el ejercicio siguiente, formando parte de la información relativa al ejercicio precedente, dentro del estado de flujos de efectivo.

17. a) La liquidación del Presupuesto de gastos y del Presupuesto de ingresos de la entidad, así como el Resultado presupuestario.

Cuentas anuales del PGCPL: El Estado de liquidación del Presupuesto, comprende, con la debida separación, la liquidación del Presupuesto de gastos y del Presupuesto de ingresos de la entidad, así como el Resultado presupuestario.

18. d) Es la diferencia entre los derechos presupuestarios netos liquidados durante el ejercicio y las obligaciones presupuestarias netas reconocidas durante el mismo período y deberá, en su caso, ajustarse en función de las obligaciones financiadas con remanente de tesorería para gastos generales y de las desviaciones de financiación del ejercicio derivadas de gastos con financiación afectada.

Cuentas anuales del PGCPL: El Resultado presupuestario del ejercicio es la diferencia entre los derechos presupuestarios netos liquidados durante el ejercicio y las obligaciones presupuestarias netas reconocidas durante el mismo periodo y deberá, en su caso, ajustarse en función de las obligaciones financiadas con remanente de tesorería para gastos generales y de las desviaciones de financiación del ejercicio derivadas de gastos con financiación5 afectada.

19. b) Operaciones corrientes: operaciones imputadas a los capítulos 1 a 5 del Presupuesto.

Cuentas anuales del PGCPL: Los derechos reconocidos netos y las obligaciones reconocidas netas que conforman el resultado presupuestario se presentarán en las siguientes agrupaciones:

a) Operaciones corrientes: operaciones imputadas a los capítulos 1 a 5 del Presupuesto.

b) Operaciones de capital: operaciones imputadas a los capítulos 6 y 7 del Presupuesto.

c) Activos financieros: operaciones imputadas al capítulo 8 del Presupuesto.

d) Pasivos financieros: operaciones imputadas al capítulo 9 del Presupuesto.

20. c) Operaciones de capital: operaciones imputadas a los capítulos 6 y 7 del Presupuesto.

Cuentas anuales del PGCPL: Los derechos reconocidos netos y las obligaciones reconocidas netas que conforman el resultado presupuestario se presentarán en las siguientes agrupaciones:

a) Operaciones corrientes: operaciones imputadas a los capítulos 1 a 5 del Presupuesto.

b) Operaciones de capital: operaciones imputadas a los capítulos 6 y 7 del Presupuesto.

c) Activos financieros: operaciones imputadas al capítulo 8 del Presupuesto.

d) Pasivos financieros: operaciones imputadas al capítulo 9 del Presupuesto.

21. a) Pasivos financieros: operaciones imputadas al capítulo 9 del Presupuesto.

Cuentas anuales del PGCPL: Los derechos reconocidos netos y las obligaciones reconocidas netas que conforman el resultado presupuestario se presentarán en las siguientes agrupaciones:

a) Operaciones corrientes: operaciones imputadas a los capítulos 1 a 5 del Presupuesto.

b) Operaciones de capital: operaciones imputadas a los capítulos 6 y 7 del Presupuesto.

c) Activos financieros: operaciones imputadas al capítulo 8 del Presupuesto.

d) Pasivos financieros: operaciones imputadas al capítulo 9 del Presupuesto.

22. b) Completa, amplía y comenta la información contenida en los otros documentos que integran las cuentas anuales.

Cuentas anuales del PGCPL: La memoria completa, amplía y comenta la información contenida en los otros documentos que integran las cuentas anuales.

23. d) Todas las respuestas son correctas.

Cuentas anuales del PGCPL: Todas las respuestas aparecen en el aparto 11.º Memoria de las Cuentas anuales del PGCPL.

24. c) Con carácter general, en relación con la nota 20. «Operaciones por administración de recursos por cuenta de otros entes públicos», las entidades contables que administren recursos por cuenta de otros entes públicos solo vendrán obligadas a cumplimentar la información relativa a «1. Obligaciones derivadas de la gestión», así como la información relativa a «2. Entes públicos, cuentas corrientes en efectivo» en el caso de que efectúen entregas a cuenta a las entidades titulares.

Cuentas anuales del PGCPL: e) Con carácter general, en relación con la nota 20. «Operaciones por administración de recursos por cuenta de otros entes públicos», las entidades contables que administren recursos por cuenta de otros entes públicos solo vendrán obligadas a cumplimentar la información relativa a «1. Obligaciones derivadas de la gestión», así como la información relativa a «2. Entes públicos, cuentas corrientes en efectivo» en el caso de que efectúen entregas a cuenta a las entidades titulares.

25. c) De más de 50.000 habitantes y las demás entidades locales de ámbito superior.

Cuentas anuales del PGCPL: f) La información contenida en las notas 26. «Información sobre el coste de las actividades» y 27. «Indicadores de gestión» se elaborará, al menos, para los servicios y actividades que se financien con tasas o precios públicos y, únicamente, estarán obligados a cumplimentarla los municipios de más de 50.000 habitantes y las demás entidades locales de ámbito superior.

PGCPL: Cuadro de cuentas. Definiciones y relaciones contables

1. El grupo 1 del cuadro de cuentas del PGCPL hace referencia a:

a) Activo no corriente.
b) Existencias y otros activos en estado de venta.
c) Financiación básica.
d) Acreedores y deudores.

2. La cuenta 120 del cuadro de cuentas del PGCPL es:

a) Resultados de ejercicios anteriores.
b) Resultados del ejercicio.
c) Patrimonio.
d) Construcciones.

3. La cuenta 173 del cuadro de cuentas del PGCPL es:

a) Proveedores de inmovilizado a corto plazo.
b) Proveedores de inmovilizado a largo plazo.
c) Provisión a largo plazo para responsabilidades.
d) Fianzas recibidas a largo plazo.

4. El grupo 2 del cuadro de cuentas del PGCPL hace referencia a:

a) Existencias y otros activos en estado de venta.
b) Activo no corriente.
c) Financiación básica.
d) Cuentas financieras.

5. La cuenta 200 del cuadro de cuentas del PGCPL es:

a) Inversión en investigación.
b) Terrenos y bienes naturales.

c) Infraestructuras.
d) Construcciones.

6. La cuenta 216 del cuadro de cuentas del PGCPL es:

a) Equipos para procesos de información.
b) Mobiliario.
c) Aplicaciones informáticas.
d) Inversión en desarrollo.

7. La cuenta 262 del cuadro de cuentas del PGCPL es:

a) Inversiones financieras a largo plazo en instrumentos de patrimonio.
b) Valores representativos de deuda a largo plazo.
c) Créditos a largo plazo.
d) Imposiciones a largo plazo.

8. La cuenta 281 del cuadro de cuentas del PGCPL es:

a) Amortización acumulada del inmovilizado intangible.
b) Amortización acumulada del inmovilizado material.
c) Amortización acumulada del Patrimonio público del suelo.
d) Deterioro de valor del inmovilizado intangible.

9. El grupo 3 del cuadro de cuentas del PGCPL hace referencia a:

a) Existencias y otros activos en estado de venta.
b) Cuentas de control presupuestario.
c) Gastos imputados al patrimonio neto.
d) Cuentas financieras.

10. El grupo 4 del cuadro de cuentas del PGCPL hace referencia a:

a) Ventas e ingresos por naturaleza.
b) Activo no corriente.
c) Cuentas de control presupuestario.
d) Acreedores y deudores.

11. La cuenta 400 del cuadro de cuentas del PGCPL es:

a) Deudores por derechos reconocidos. Presupuesto de ingresos corriente.
b) Deudores por derechos reconocidos. Presupuestos de ingresos cerrados.
c) Acreedores por obligaciones reconocidas. Presupuesto de gastos corriente.
d) Acreedores por obligaciones reconocidas. Presupuestos de gastos cerrados.

12. La cuenta 430 del cuadro de cuentas del PGCPL es:

a) Deudores por derechos reconocidos. Presupuesto de ingresos corriente.
b) Deudores por derechos reconocidos. Presupuestos de ingresos cerrados.
c) Acreedores por obligaciones reconocidas. Presupuesto de gastos corriente.
d) Acreedores por obligaciones reconocidas. Presupuestos de gastos cerrados.

13. La cuenta 437 del cuadro de cuentas del PGCPL es:

a) Derechos cancelados de presupuestos cerrados.
b) Deudores por IVA repercutido.
c) Hacienda Pública, IVA soportado.
d) Devolución de ingresos.

14. La cuenta 472 del cuadro de cuentas del PGCPL es:

a) Deudores por servicio de recaudación.
b) Deudores por IVA repercutido.
c) Hacienda Pública, IVA soportado.
d) Gastos anticipados.

15. El grupo 5 del cuadro de cuentas del PGCPL hace referencia a:

a) Existencias y otros activos en estado de venta.
b) Compras y gastos por naturaleza.
c) Financiación básica.
d) Cuentas financieras.

16. La cuenta 520 del cuadro de cuentas del PGCPL es:

a) Obligaciones y bonos a corto plazo.
b) Deudas a corto plazo con entidades de crédito.
c) Participaciones a corto plazo en entidades del grupo.
d) Deudas a corto plazo con entidades de crédito.

17. La cuenta 542 del cuadro de cuentas del PGCPL es:

a) Valores representativos de deuda a corto plazo.
b) Créditos a corto plazo.
c) Caja operativa.
d) Depósitos recibidos a corto plazo.

18. La cuenta 571 del cuadro de cuentas del PGCPL es:

a) Caja restringida.
b) Bancos e instituciones de crédito. Cuentas operativas.

c) Caja operativa.
d) Caja. Anticipos de caja fija.

19. La cuenta 520 del cuadro de cuentas del PGCPL es:

a) Obligaciones y bonos a corto plazo.
b) Deudas a largo plazo con entidades de crédito.
c) Participaciones a corto plazo en entidades del grupo.
d) Deudas a corto plazo con entidades de crédito.

20. La cuenta 542 del cuadro de cuentas del PGCPL es:

a) Valores representativos de deuda a corto plazo.
b) Créditos a corto plazo.
c) Caja operativa.
d) Depósitos recibidos a corto plazo.

21. El grupo 6 del cuadro de cuentas del PGCPL hace referencia a:

a) Compras y gastos por naturaleza.
b) Ventas e ingresos por naturaleza.
c) Ingresos imputados al patrimonio neto.
d) Cuentas financieras.

22. La cuenta 624 del cuadro de cuentas del PGCPL es:

a) Gastos en investigación y desarrollo.
b) Arrendamientos y cánones.
c) Transportes.
d) Primas de seguros.

23. La cuenta 640 del cuadro de cuentas del PGCPL es:

a) Tributos de carácter local.
b) Intereses de deuda.
c) Sueldos y salarios.
d) Pérdidas de créditos incobrables.

24. La cuenta 680 del cuadro de cuentas del PGCPL es:

a) Amortización del inmovilizado intangible.
b) Amortización del inmovilizado material.
c) Amortización del Patrimonio público del suelo.
d) Pérdidas por deterioro del inmovilizado intangible.

25. El grupo 7 del cuadro de cuentas del PGCPL hace referencia a:

a) Compras y gastos por naturaleza.
b) Ventas e ingresos por naturaleza.
c) Ingresos imputados al patrimonio neto.
d) Gastos imputados al patrimonio neto.

26. La cuenta 724 del cuadro de cuentas del PGCPL es:

a) Impuesto sobre la renta de las personas físicas.
b) Impuesto sobre el valor añadido.
c) Otros impuestos.
d) Impuesto sobre bienes inmuebles.

27. La cuenta 750 del cuadro de cuentas del PGCPL es:

a) Transferencias.
b) Aprovechamientos urbanísticos.
c) Ingresos de créditos.
d) Contribuciones especiales.

28. El grupo 8 del cuadro de cuentas del PGCPL hace referencia a:

a) Cuentas financieras.
b) Financiación básica.
c) Ingresos imputados al patrimonio neto.
d) Gastos imputados al patrimonio neto.

29. El grupo 9 del cuadro de cuentas del PGCPL hace referencia a:

a) Ingresos imputados al patrimonio neto.
b) Cuentas de control presupuestario.
c) Financiación básica.
d) Gastos imputados al patrimonio neto.

30. El grupo 0 del cuadro de cuentas del PGCPL hace referencia a:

a) Ingresos imputados al patrimonio neto.
b) Cuentas de control presupuestario.
c) Compras y gastos por naturaleza.
d) Gastos imputados al patrimonio neto.

31. La cuenta 000 del cuadro de cuentas del PGCPL es:

a) Presupuesto de gastos: créditos definitivos.
b) Presupuesto del ejercicio corriente.

c) Presupuesto de gastos: gastos autorizados.

d) Presupuesto de ingresos: previsiones iniciales.

32. La cuenta 0030 del cuadro de cuentas del PGCPL es:

a) Créditos retenidos para gastar.

b) Créditos disponibles.

c) Créditos no disponibles.

d) Presupuesto de ingresos: previsiones definitivas.

33. La cuenta 008 del cuadro de cuentas del PGCPL es:

a) Créditos retenidos para gastar.

b) Presupuesto de ingresos: modificación de previsiones.

c) Créditos no disponibles.

d) Presupuesto de ingresos: previsiones definitivas.

34. De conformidad con las definiciones y relaciones contables del PGCPL, la cuenta 129 se abonará con cargo a:

a) Cuentas de los grupos 6, «Compras y gastos por naturaleza», y 7, «Ventas e ingresos por naturaleza», que presenten al final del ejercicio saldo acreedor, para determinar el resultado del ejercicio.

b) Cuentas de los grupos 6, «Compras y gastos por naturaleza», y 7, «Ventas e ingresos por naturaleza», que presenten al final del ejercicio saldo deudor, para determinar el resultado del ejercicio.

c) La cuenta 120, «Resultados de ejercicios anteriores», por el traspaso del resultado positivo.

d) Todas son correctas.

35. De conformidad con las definiciones y relaciones contables del PGCPL, la cuenta 281 se abonará:

a) Por la dotación mensual, con cargo, generalmente, a la cuenta 781, «Amortización del inmovilizado material», y en su caso, a la cuenta 921, «Ajustes negativos en la valoración del inmovilizado no financiero por amortizaciones».

b) Cuando se enajene el inmovilizado material o se produzca la baja en el inventario por cualquier otro motivo, con abono a cuentas del subgrupo 21, «Inmovilizaciones materiales».

c) Por la dotación anual, con cargo, generalmente, a la cuenta 681, «Amortización del inmovilizado material», y en su caso, a la cuenta 821, «Ajustes negativos en la valoración del inmovilizado no financiero por amortizaciones».

d) Por la dotación anual, con cargo, generalmente, a la cuenta 684, «Amortización del Patrimonio público del suelo», y en su caso, a la cuenta 821, «Ajustes negativos en la valoración del inmovilizado no financiero por amortizaciones».

36. De conformidad con las definiciones y relaciones contables del PGCPL, la cuenta 001:

a) Se abonará con cargo a la cuenta 000 «Presupuesto ejercicio corriente», por el importe de los créditos concedidos en el presupuesto de gastos inicialmente aprobado.

b) Se cargará, simultáneamente al asiento anterior, con abono a la subcuenta 0030 «Créditos disponibles», por el mismo importe.

c) Las respuestas a) y b) son correctas.

d) Ninguna respuesta es correcta.

37. De conformidad con las definiciones y relaciones contables del PGCPL, la cuenta 0031:

a) Se abonará con cargo a la subcuenta 0030 «Créditos disponibles», por el importe de la retención efectuada. En el caso de que tal retención se anule, el asiento será de signo negativo.

b) Se cargará con abono a la cuenta 004 «Presupuesto de gastos: gastos autorizados», por los gastos autorizados.

c) Se cargará con abono a la cuenta 000 «Presupuesto ejercicio corriente», en el momento del cierre, por su saldo.

d) Todas son correctas.

Soluciones comentadas

1. **c) Financiación básica.**
   Cuadro de cuentas del PGCPL: GRUPO 1 FINANCIACIÓN BÁSICA.

2. **a) Resultados de ejercicios anteriores.**
   Estructura del cuadro de cuentas del PGCPL.

3. **b) Proveedores de inmovilizado a largo plazo.**
   Estructura del cuadro de cuentas del PGCPL.

4. **b) Activo no corriente.**
   Cuadro de cuentas del PGCPL: GRUPO 2 ACTIVO NO CORRIENTE.

5. **a) Inversión en investigación.**
   Estructura del cuadro de cuentas del PGCPL.

6. **b) Mobiliario.**
   Estructura del cuadro de cuentas del PGCPL.

7. **c) Créditos a largo plazo.**
   Estructura del cuadro de cuentas del PGCPL.

8. **b) Amortización acumulada del inmovilizado material.**
   Estructura del cuadro de cuentas del PGCPL.

9. **a) Existencias y otros activos en estado de venta.**
   Cuadro de cuentas del PGCPL: GRUPO 3 EXISTENCIAS Y OTROS ACTIVOS EN ESTADO DE VENTA.

10. **d) Acreedores y deudores.**
    Cuadro de cuentas del PGCPL: GRUPO 4 ACREEDORES Y DEUDORES.

11. **c) Acreedores por obligaciones reconocidas.** Presupuesto de gastos corriente.
    Estructura del cuadro de cuentas del PGCPL.

12. a) Deudores por derechos reconocidos. Presupuesto de ingresos corriente.

Estructura del cuadro de cuentas del PGCPL.

13. d) Devolución de ingresos.

Estructura del cuadro de cuentas del PGCPL.

14. c) Hacienda Pública, IVA soportado.

Estructura del cuadro de cuentas del PGCPL.

15. d) Cuentas financieras.

Cuadro de cuentas del PGCPL: GRUPO 5 CUENTAS FINANCIERAS.

16. d) Deudas a corto plazo con entidades de crédito.

Estructura del cuadro de cuentas del PGCPL.

17. b) Créditos a corto plazo.

Estructura del cuadro de cuentas del PGCPL.

18. b) Bancos e instituciones de crédito. Cuentas operativas.

Estructura del cuadro de cuentas del PGCPL.

19. d) Deudas a corto plazo con entidades de crédito.

Estructura del cuadro de cuentas del PGCPL.

20. b) Créditos a corto plazo.

Estructura del cuadro de cuentas del PGCPL.

21. a) Compras y gastos por naturaleza.

Cuadro de cuentas del PGCPL: GRUPO 6 COMPRAS Y GASTOS POR NATURALEZA.

22. c) Transportes.

Estructura del cuadro de cuentas del PGCPL.

23. c) Sueldos y salarios.

Estructura del cuadro de cuentas del PGCPL.

24. a) Amortización del inmovilizado intangible.

Estructura del cuadro de cuentas del PGCPL.

25. b) Ventas e ingresos por naturaleza.

Cuadro de cuentas del PGCPL: GRUPO 7 VENTAS E INGRESOS POR NATURALEZA.

26. d) Impuesto sobre bienes inmuebles.

Estructura del cuadro de cuentas del PGCPL.

27. a) Transferencias.

Estructura del cuadro de cuentas del PGCPL.

28. d) Gastos imputados al patrimonio neto.

Cuadro de cuentas del PGCPL: GRUPO 8 GASTOS IMPUTADOS AL PATRIMONIO NETO.

29. a) Ingresos imputados al patrimonio neto.

Cuadro de cuentas del PGCPL: GRUPO 9 INGRESOS IMPUTADOS AL PATRIMONIO NETO.

30. b) Cuentas de control presupuestario.

Cuadro de cuentas del PGCPL: GRUPO 0 CUENTAS DE CONTROL PRESUPUESTARIO.

31. b) Presupuesto del ejercicio corriente.

Estructura del cuadro de cuentas del PGCPL.

32. b) Créditos disponibles.

Estructura del cuadro de cuentas del PGCPL.

33. d) Presupuesto de ingresos: previsiones definitivas.

Estructura del cuadro de cuentas del PGCPL.

34. a) Cuentas de los grupos 6, «Compras y gastos por naturaleza», y 7, «Ventas e ingresos por naturaleza», que presenten al final del ejercicio saldo acreedor, para determinar el resultado del ejercicio.

Definiciones y relaciones contables del PGCPL.

35. c) Por la dotación anual, con cargo, generalmente, a la cuenta 681, «Amortización del inmovilizado material», y en su caso, a la cuenta 821, «Ajustes negativos en la valoración del inmovilizado no financiero por amortizaciones».

Definiciones y relaciones contables del PGCPL.

36. c) Las respuestas a) y b) son correctas.

Definiciones y relaciones contables del PGCPL.

37. d) Todas son correctas.

Definiciones y relaciones contables del PGCPL.

Cómo acceder al Curso

Normativa general, presupuestaria y contable de las Entidades Locales
Test comentados para oposiciones

El uso de los códigos **es exclusivo de los compradores de los productos de Editorial MAD**. Cada producto posee un código único y de un solo uso. Es personal e intransferible y da acceso a servicios y contenidos adicionales. Editorial MAD se reserva el derecho de hacer cuantas comprobaciones sean necesarias para identificar al legítimo poseedor del código y dejar de dar servicio a quien haga uso fraudulento del mismo, además de emprender cuantas acciones legales estime oportunas según la legislación vigente.

Deberás acceder a:

mad.es/registro-campus

Si una vez aceptadas las condiciones de uso del Campus decides hacer uso del mismo, necesitarás del siguiente código de acceso junto con los códigos del resto de títulos que se exigen (si fuera el caso):

U4BPSWT7ZN